Investindo em Ações no Longo Prazo

S571i Siegel, Jeremy J.
Investindo em ações no longo prazo : o guia indispensável do investidor do mercado financeiro / Jeremy J. Siegel ; tradução: Beth Honorato ; revisão técnica: Guilherme Ribeiro de Macêdo. – 5. ed. – Porto Alegre : Bookman, 2015.
xxiv, 423 p. : il. ; 25 cm.

ISBN 978-85-8260-281-2

1. Finanças. 2. Mercado financeiro. I. Título.

CDU 336.76

Catalogação na publicação: Poliana Sanchez de Araujo – CRB 10/2094

JEREMY J. SIEGEL

Professor de Finanças da Cátedra Russell E. Palmer
da Wharton School, Universidade da Pensilvânia

QUINTA EDIÇÃO

Investindo em Ações no Longo Prazo

O GUIA INDISPENSÁVEL DO INVESTIDOR DO MERCADO FINANCEIRO

Tradução:
Beth Honorato

Revisão técnica:
Guilherme Ribeiro de Macêdo
Doutor em Administração pela UFRGS – Ênfase em Finanças
Professor da Escola de Administração da UFRGS e
do Programa de Pós-Graduação em Economia da UFRGS

Reimpressão 2021

2015

Obra originalmente publicada sob o título
Stocks for the Long Run, 5th Edition
ISBN 0-07-180051-4 / 978-0-07-180051-8

Edição original ©2013, McGraw-Hill Global Education Holdings, LLC, New York, New York 10121. Todos os direitos reservados.
Tradução para língua portuguesa © 2015, Grupo A Educação S.A.
Todos os direitos reservados.

Gerente editorial: *Arysinha Jacques Affonso*

Colaboraram nesta edição:

Editora: *Mariana Belloli*

Capa: *Maurício Pamplona*, arte sobre capa original

Leitura final: *Flávia Simões Pires*

Editoração: *Techbooks*

Reservados todos os direitos de publicação ao GRUPO A EDUCAÇÃO S.A.
(Bookman é um selo editorial do GRUPO A EDUCAÇÃO S.A.)
Av. Jerônimo de Ornelas, 670 – Santana
90040-340 – Porto Alegre – RS
Fone: (51) 3027-7000   Fax: (51) 3027-7070

É proibida a duplicação ou reprodução deste volume, no todo ou em parte, sob quaisquer formas ou por quaisquer meios (eletrônico, mecânico, gravação, fotocópia, distribuição na Web e outros), sem permissão expressa da Editora.

Unidade São Paulo
Av. Embaixador Macedo Soares, 10.735 – Pavilhão 5 – Cond. Espace Center
Vila Anastácio – 05095-035 – São Paulo – SP
Fone: (11) 3665-1100   Fax: (11) 3667-1333

SAC 0800 703-3444 – www.grupoa.com.br

IMPRESSO NO BRASIL
PRINTED IN BRAZIL

Agradecimentos

É impossível relacionar todas as pessoas e organizações que elogiaram o livro *Investindo em Ações no Longo Prazo* e incentivaram-me a atualizar e ampliar as edições precedentes. Muitos daqueles que me haviam fornecido dados para as quatro primeiras edições deste livro contribuíram imensamente para esta quinta edição. David Bianco, estrategista-chefe de ações americanas do Deutsche Bank, cujo trabalho histórico sobre ganhos e margens de lucro do S&P 500 foi inestimável para o capítulo sobre avaliação de ações, e Walter Lenhard, estrategista sênior de investimento do Vanguard, que mais uma vez obteve dados históricos sobre o desempenho dos fundos mútuos para o Capítulo 23. Meu novo colega na Wharton, Jeremy Tobacman, ajudou-me a atualizar o conteúdo sobre finanças comportamentais.

Esta edição não teria sido possível sem o árduo trabalho de Shaun Smith, que também realizou as pesquisas e análises de dados para a primeira edição de *Investindo em Ações no Longo Prazo*, no início da década de 1990. Jeremy Schwartz, que foi meu principal pesquisador em *The Future for Investors*, também ofereceu uma assistência inestimável a esta edição.

Agradecimentos especiais aos milhares de consultores financeiros de dezenas de empresas financeiras, como Merrill Lynch, Morgan Stanley, UBS, Wells Fargo e várias outras, que me forneceram um *feedback* fundamental sobre as edições anteriores deste livro em seminários e fóruns abertos.

Como sempre, o apoio da minha família foi essencial para que pudesse trabalhar nesta edição. Agora que meus filhos cresceram e saíram de casa, foi minha esposa, Ellen, que pagou o preço pelas longas horas dedicadas à revisão deste livro. Estabeleci o prazo final de 1º de setembro para entregar o material à McGraw-Hill para que pudéssemos sair em um cruzeiro bastante merecido de Veneza ao mar Adriático. Embora não tenha conseguido prometer que esta seria a última edição, sei que a conclusão deste projeto liberou um tempo muito bem-vindo para nós dois.

Apresentação

Em julho de 1997, telefonei a Peter Bernstein e disse-lhe que iria a Nova York e que gostaria de almoçar com ele. Tinha uma intenção velada. Havia apreciado enormemente seu livro *Capital Ideas: The Improbable Origins of Modern Wall Street*, bem como o periódico *Journal of Portfolio Management*, que ele havia fundado e do qual era editor. Acreditava que poderia haver uma pequena chance de ele concordar em escrever a apresentação da segunda edição de *Investindo em Ações no Longo Prazo*.

Sua secretária agendou uma data em um de seus restaurantes favoritos, o Circus, no Upper East Side. Ele chegou com sua esposa, Barbara, e um exemplar da primeira edição do meu livro embaixo do braço. Ao se aproximar, perguntou se poderia autografá-lo. "Claro", respondi, dizendo que me sentiria honrado se ele escrevesse uma apresentação para a segunda edição. Ele sorriu. "Sem dúvida!", respondeu ele, entusiasmado. A hora seguinte foi preenchida com uma das conversas mais fascinantes sobre livros, tendências acadêmicas e profissionais em finanças e até o que mais apreciávamos em Filadélfia e Nova York.

Lembrei-me do nosso almoço quando fiquei sabendo, em junho de 2009, que ele havia falecido, então com 90 anos. Ao longo dos 12 anos após o nosso primeiro encontro, Peter foi mais produtivo do que nunca, escrevendo três outros livros, que inclui o mais consagrado, *The Remarkable Story of Risk*. Não obstante o inacreditável ritmo que ele mantinha, sempre encontrou tempo para atualizar a apresentação das duas edições seguintes do meu livro. Ao passar os olhos por suas palavras na quarta edição, percebi que suas constatações a respeito das frustrações e das recompensas de ser um investidor de longo prazo são tão relevantes no presente quanto o eram na época em que ele as redigiu, quase duas décadas antes. Não vejo uma forma melhor de prestar uma homenagem a Peter do que repetir suas sábias palavras aqui.

> Algumas pessoas consideram o processo de compilação de dados um fastio mortal. Outros o consideram um desafio. Jeremy Siegel o transformou em uma forma de arte. Não há como não admirar o escopo, a lucidez e o enorme prazer com que o professor Siegel expõe as evidências para respaldar seu argumento a favor do investimento em ações no longo prazo.
>
> Mas seu livro é muito mais do que o título leva a crer. Você aprenderá muito de teoria econômica o longo do caminho, guarnecido de uma fascinante história sobre os mercados de capitais e a economia dos Estados Unidos. Tirando o máximo proveito da história, o professor Siegel dá aos números uma vivacidade e um significado que eles jamais desfrutariam

em um cenário menos convincente. Além disso, ele trava um combate audacioso com todos os episódios históricos que poderiam contradizer sua tese e emerge vitorioso – e isso inclui os anos insanos da década de 1990.

Nesta quarta edição, Jeremy Siegel dá continuidade ao seu estilo alegre e extraordinário de produzir obras de excelente valor sobre a melhor forma de investir no mercado acionário. Seus adendos sobre finanças comportamentais, globalização e fundos negociados em bolsa enriqueceram o conteúdo original com constatações atuais sobre questões fundamentais. As revisões ao longo do livro trazem conteúdos factuais valiosos e argumentos novos e convincentes para respaldar seu argumento a favor do investimento em ações no longo prazo. Seja você um principiante em investimentos ou um profissional experiente, aprenderá muito com a leitura deste livro.

Jeremy Siegel nunca se acanha, e seus argumentos nesta nova edição demonstram que ele continua tão destemido quanto antes. A característica mais interessante do livro como um todo são suas conclusões paralelas sobre notícias boas e notícias ruins. Primeiro, o mundo globalizado do presente permite índices médios de preço/lucro mais altos do que no passado. Contudo, esses P/Es mais altos são uma bênção duvidosa, visto que eles podem significar que os retornos médios do futuro serão inferiores ao do passado.

Não discordarei da previsão contida nesse ponto de vista. Entretanto, argumentações semelhantes poderiam ter sido feitas em outras circunstâncias do passado, circunstâncias trágicas e também felizes. Uma das maiores lições da história evidencia que nenhuma circunstância econômica conserva-se no longo prazo. Não temos absolutamente nenhuma percepção sobre o tipo de problema ou triunfo que nos aguarda em um futuro distante – digamos, daqui a 20 anos ou mais – e sobre que influência essas forças terão sobre índices de preço/lucro apropriados.

Tudo bem. A observação mais importante do professor Siegel sobre o futuro supera essa previsão controversa de P/Es médios mais altos e retornos realizados mais baixos. "Embora esses retornos possam diminuir em relação ao passado", escreve ele, "existe um motivo convincente para acreditar que as ações continuarão a ser o melhor investimento para todos aqueles que estão em busca de ganhos constantes e de longo prazo."

"Motivo convincente" é um eufemismo. O prêmio de risco obtido pelas ações no longo prazo deve se manter intacto para que o sistema sobreviva. No sistema capitalista, os títulos não conseguem superar e possivelmente não superarão o desempenho das ações no longo prazo. Os títulos são contratos executáveis nos tribunais. As ações não prometem nada aos detentores – elas são investimentos de risco e envolvem um alto grau de convicção no futuro. Portanto, as ações não são inerentemente "melhores" do que os títulos, mas exigimos um retorno mais alto das ações para compensar seu risco maior. Se o retorno de longo prazo dos títulos fosse mais alto do que o retorno de longo prazo esperado das ações, os ativos seriam precificados de forma que o risco não obtivesse nenhuma recompensa. Essa condição é insustentável. As ações provavelmente continuarão a ser "o melhor investimento para todos aqueles que estão em busca de ganhos constantes e de longo prazo", porque, do contrário, nosso sistema se extinguirá – e com um estrondo, não com um gemido.

— Peter Bernstein

Prefácio

A quarta edição de *Investindo em Ações no Longo Prazo* foi escrita em 2007. Ao longo dos últimos anos, como vários colegas da minha idade haviam diminuído o ritmo de suas pesquisas, muitas vezes fui indagado sobre o que me levava a trabalhar com tanto afinco em mais outra edição deste livro. Com o olhar sério, eu respondia: "Acredito que ocorreram alguns eventos importantes nos últimos seis anos".

De fato alguns eventos! Os anos de 2008 e 2009 testemunharam a recessão econômica e a queda de mercado mais profundas desde a Grande Depressão da década de 1930. As rupturas foram tão amplas que adiei esta edição até o momento em que obtive uma visão melhor sobre as causas e consequências da crise financeira da qual ainda não nos recuperamos completamente.

Por esse motivo, esta edição foi reescrita bem mais detalhadamente do que todas as demais. Não porque as conclusões das edições anteriores precisassem ser alteradas. Na verdade, as altas inéditas ocorridas nos mercados acionários dos Estados Unidos em 2013 apenas reforçam o princípio básico deste livro: as ações são o melhor investimento de longo prazo para aqueles que aprendem a resistir à volatilidade de curto prazo. Aliás, o retorno de longo prazo real de uma carteira diversificada de ações ordinárias manteve-se praticamente idêntico ao retorno de 6,7% divulgado na primeira edição de *Investindo em Ações no Longo Prazo*, que examinou os retornos até 1992.

ENFRENTANDO A CRISE FINANCEIRA

Em virtude do impacto severo da crise, senti que o que havia transcorrido nos últimos anos precisava ser abordado com mais profundidade nesta edição. Por esse motivo, acrescentei dois capítulos que descrevem as causas e as consequências do colapso financeiro. O Capítulo 1 agora faz uma apresentação prévia das principais conclusões obtidas em minha pesquisa sobre ações e títulos e delineia como investidores, gestores de recursos financeiros e acadêmicos encararam as ações ao longo do último século.

O Capítulo 2 descreve a crise financeira, colocando a culpa em seu devido lugar – nos diretores executivos dos gigantescos bancos de investimento, nas agências reguladoras e no Congresso dos Estados Unidos. Disponho a sequência de passos em falso fatais que levaram a Standard and Poor's, a maior agência de classificação do mundo, a conceder a cobiçada classificação AAA a hipotecas *subprime*, declarando-as insensatamente como tão seguras quanto os títulos do Tesouro.

O Capítulo 3 analisa o extraordinário impacto da crise financeira sobre os mercados financeiros: o inédito e repentino aumento do "*spread* da Libor", que avaliava o custo de capital dos bancos, o colapso dos preços das ações que exterminou dois terços de seu valor e a diminuição dos rendimentos das letras do Tesouro para zero e até mesmo para um nível inferior aos dias sombrios da década de 1930.

A maior parte dos economistas acreditava que nosso sistema de seguro de depósito, exigências de margem e regulamentações financeiras havia tornando a repetição dos acontecimentos anteriores praticamente impossível. A confluência de forças que provocaram a crise foi extraordinariamente semelhante ao que ocorreu após a quebra do mercado acionário de 1929, mas desta vez foram os títulos garantidos por hipotecas que ocuparam o lugar de principal culpado, e não as ações.

Embora desastrosamente o Fed não tenha conseguido prever a crise, o presidente Ben Bernanke tomou medidas inéditas para manter os mercados financeiros abertos fornecendo liquidez e garantindo trilhões de dólares em empréstimos e depósitos de curto prazo. Essas medidas inflaram o balanço patrimonial do Fed para cerca de US$ 4 trilhões, cinco vezes seu nível anterior à crise, e trouxeram à tona várias questões sobre como o Fed afrouxaria esse estímulo sem precedentes.

Além disso, a crise mudou a correlação entre as classes de ativos. Os mercados acionários mundiais tornaram-se bem mais correlacionados, reduzindo os ganhos de diversificação do investimento global, ao passo que os títulos do Tesouro dos Estados Unidos e o dólar ganharam o *status* de "paraíso seguro", incitando uma demanda inédita por dívidas garantidas pelo governo federal. Todas as *commodities*, incluindo o ouro, sofreram durante os piores estágios da recessão econômica, mas os metais preciosos se recuperaram diante do temor de que as políticas expansionistas do banco central gerassem alta inflação.

O Capítulo 4 aborda questões de mais longo prazo que afetam nosso bem-estar econômico. A recessão econômica viu o déficit orçamentário dos Estados Unidos disparar para US$ 1,3 trilhão, o nível mais alto em relação ao PIB desde a Segunda Guerra Mundial. A desaceleração do crescimento da produtividade gerou o temor de que haja uma redução ou mesmo a estagnação no aumento do padrão de vida. Isso traz à tona a questão sobre se nossos filhos serão a primeira geração cujo padrão de vida ficará abaixo do de seus pais.

Esse capítulo atualiza e estende os resultados das edições anteriores utilizando os novos dados fornecidos pela Comissão de População das Nações Unidas e as previsões de produtividade fornecidas pelo Banco Mundial e pelo FMI. Agora eu calculo a distribuição da produção mundial dos principais países e regiões do mundo até o final do século XXI. Essa análise indica convincentemente que, embora o mundo desenvolvido deva aumentar a idade em que a previdência social e os benefícios de saúde são oferecidos pelo governo, essa elevação será moderada se o crescimento da produtividade nas economias emergentes permanecer forte.

OUTROS CONTEÚDOS NOVOS NA QUINTA EDIÇÃO

Embora a crise financeira e suas consequências estejam em primeiro plano e ocupem o lugar central desta edição, fiz outras mudanças igualmente significativas. Além de todos os gráficos e tabelas terem sido atualizados até 2012, o capítulo sobre avaliação de ações foi ampliado para que pudesse analisar modelos de previsão novos e importantes, como o índice CAPE, bem como o significado das margens de lucro como determinante dos futuros retornos acionários.

O Capítulo 19, "Volatilidade do Mercado", analisa a "quebra-relâmpago" de maio de 2010 e documenta em que sentido a volatilidade associada com a crise financeira compara-se com a crise bancária da década de 1930. O Capítulo 20 mostra que, uma vez mais, a adoção de uma regra técnica simples como a média móvel de 200 dias teria evitado a pior parte do mercado baixista recente.

Além disso, esta edição discute se as conhecidas anomalias de calendário, como o "efeito de janeiro", o "efeito das ações de baixa capitalização" e o "efeito de setembro", sobreviveram ao longo das duas décadas desde que elas foram descritas na primeira edição deste livro. Incluo também, pela primeira vez, uma descrição sobre o "investimento em liquidez" e explico como ele pode suplementar os efeitos de "tamanho" e "valor" que foram considerados pelos pesquisadores como determinantes fundamentais do retorno de ações individuais.

COMENTÁRIOS FINAIS

Sinto-me ao mesmo tempo honrado e lisonjeado pela extraordinária acolhida que *Investindo em Ações no Longo Prazo* recebeu. Desde a publicação da primeira edição, há aproximadamente 20 anos, ministrei centenas de palestras sobre os mercados e a economia ao redor do mundo. Ouvi com muita atenção as perguntas levantadas pelo público e levei em conta as várias cartas, telefonemas e *e-mails* recebidos dos leitores.

Não há dúvida de que houve alguns acontecimentos extraordinários nos mercados de capitais nos últimos anos. Mesmo aqueles que ainda acreditavam na superioridade de longo prazo das ações foram testados severamente durante a crise financeira. Em 1937, John Maynard Keynes afirmou em *The General Theory of Employment, Interest and Money*, "Investir com base em uma expectativa de longo prazo genuína é tão difícil hoje que chega a ser praticamente inviável". E não é nem um pouco mais fácil 75 anos depois.

Contudo, aqueles que persistiram nas ações sempre foram recompensados. Ninguém lucrou no longo prazo apostando contra as ações ou o futuro crescimento de nossa economia. A expectativa é de que esta última edição fortaleça aqueles que inevitavelmente hesitarão quando o pessimismo uma vez mais dominar economistas e investidores. A história demonstra convincentemente que as ações foram e continuarão a ser o melhor investimento para todos aqueles que estão em busca de ganhos de longo prazo.

Jeremy J. Siegel

Sumário

PARTE I
RETORNOS DAS AÇÕES: PASSADO, PRESENTE E FUTURO

Capítulo 1
Um argumento a favor das ações
Fatos históricos e jornalismo de ficção 3

"Todo mundo deveria ser rico" 3
   Retornos dos ativos desde 1802 5
Perspectiva histórica das ações como investimento 7
   A influência da obra de Smith 8
   Teoria de investimento em ações ordinárias 8
   O pico de mercado 9
   O "patamar permanentemente alto" de Fisher 9
Uma mudança radical no entusiasmo 10
A visão pós-quebra sobre os retornos acionários 11
O grande mercado altista de 1982-2000 12
   Advertências sobre a supervalorização 13
   O último estágio do grande mercado altista, 1997-2000 14
   O topo do mercado 15
   A explosão da bolha de tecnologia 16
Rumores da crise financeira 17
   Princípio do fim do Lehman Brothers 18

Capítulo 2
A grande crise financeira de 2008
Origem, impacto e legado 21

A semana que abalou os mercados mundiais 21
A grande depressão poderia ocorrer novamente? 22
A causa da crise financeira 23
   A Grande Moderação 23
   Hipotecas subprime 24

O erro de classificação decisivo 25
A bolha imobiliária 28
Falha regulatória 30
Superalavancagem das instituições financeiras em ativos de risco 31

O papel do Federal Reserve na mitigação da crise 32
O credor de última instância entra em ação 32
O Lehman Brothers deveria ter sido salvo? 34
Reflexões sobre a crise 36

Capítulo 3

Mercados, economia e política governamental na esteira da crise 39

Evitando a deflação 40
Reação dos mercados financeiros à crise financeira 41
Ações 41
Imóveis 45
Mercados de dívidas do Tesouro 45
O mercado da Libor 46
Mercados de commodities 47
Mercados de moedas estrangeiras 48
Impacto da crise financeira sobre os retornos e as correlações dos ativos 48
Correlações menores 50
Efeito legislativo da crise financeira 52
Comentários finais 55

Capítulo 4

A crise dos benefícios sociais
A onda de envelhecimento inundará o mercado acionário? 57

As realidades que enfrentamos 58
A onda de envelhecimento 58
Expectativa de vida crescente 59
Idade de aposentadoria decrescente 59
A necessidade de aumentar a idade de aposentadoria 60
Demografia mundial e onda de envelhecimento 62
Pergunta fundamental 64
As economias emergentes podem preencher a lacuna 68
O crescimento da produtividade consegue acompanhar o ritmo? 69
Conclusão 71

PARTE II

O VEREDITO DA HISTÓRIA

Capítulo 5

Retornos de ações e títulos desde 1802   75

Dados do mercado financeiro de 1802 ao presente   75

Retorno total dos ativos   76

O desempenho de longo prazo dos títulos de renda fixa   78

Ouro, dólar e inflação   79

Retornos reais totais   81

Retornos reais sobre ativos de renda fixa   84

A queda contínua dos retornos de renda fixa   86

O prêmio das ações   87

Retornos mundiais sobre ações e dívidas   88

Conclusão: ações para longo prazo   90

Apêndice 1: ações de 1802 a 1870   91

Capítulo 6

Risco, retorno e alocação de carteiras
Por que, em longo prazo, as ações são menos arriscadas do que os títulos   93

Avaliando risco e retorno   93

Risco e horizonte de investimento   94

Medida padrão de risco   97

Correlação variada entre os retornos das ações e dos títulos   99

Fronteiras eficientes   101

Conclusão   103

Capítulo 7

Índices de ações
Proxies de mercado   105

Médias do mercado   105

As médias Dow Jones   106

Cálculo do índice Dow   108

Tendências de longo prazo no índice industrial Dow Jones   108

Cuidado com a utilização de linhas de tendência para prever retornos futuros   109

Índices ponderados pelo valor 110
    Índice Standard & Poor's 110
    Índice Nasdaq 111
    Outros índices de ações: o Centro de Pesquisa de Preços de Títulos 113
Tendenciosidade dos retornos nos índices de ações 114
Apêndice: o que ocorreu com as 12 empresas Dow originais? 115

Capítulo 8
O índice S&P 500
Mais de meio século de história corporativa americana 119

Rotatividade setorial no índice S&P 500 120
Empresa de mais alto desempenho 126
Como as notícias ruins para uma empresa tornam-se boas notícias para os investidores 128
Firmas sobreviventes de melhor desempenho 128
Outras empresas que se tornaram de ouro 129
Desempenho superior das empresas originais do S&P 500 130
Conclusão 131

Capítulo 9
O impacto dos impostos sobre os retornos das ações e dos títulos
As ações levam vantagem 133

Impostos históricos sobre renda e ganhos de capital 133
Taxas de retorno antes e após os impostos 135
As vantagens de adiar os impostos sobre ganhos de capital 135
Inflação e imposto sobre ganhos de capital 137
Fatores tributários cada vez mais favoráveis às ações 139
Ações ou títulos em contas com impostos diferidos? 140
Conclusão 141
Apêndice: história do código tributário 141

Capítulo 10
Fontes de valor para os acionistas
Lucros e dividendos 143

Fluxos de caixa descontados 143
Fontes de valor para os acionistas 144
Dados históricos de dividendos e crescimento dos lucros 145
    O modelo de crescimento de dividendos de Gordon para avaliação de ações 147
    Dividendos descontados, não lucros 149

Conceitos de lucro 149

   Métodos de divulgação de lucro 150

   Lucro operacional e lucros NIPA 153

   O relatório de lucro trimestral 154

Conclusão 155

Capítulo 11

Parâmetros para avaliar o mercado de ações 157

Retornos que anunciam maus presságios 157

Parâmetros históricos para avaliar o mercado 159

   Índice de preço/lucro e ganhos de rendimento 159

   O viés de agregação 160

   Os ganhos de rendimento 161

   O índice CAPE 162

   Modelo do Fed, ganhos de rendimento e rendimentos dos títulos de longo prazo 164

   Lucros corporativos e PIB 166

   Valor contábil, valor de mercado e Q de Tobin 166

   Margens de lucro 168

Fatores que podem elevar os futuros índices de avaliação 169

   Queda nos custos de transação 169

   Retornos reais mais baixos sobre ativos de renda fixa 170

   O prêmio de risco das ações 171

Conclusão 172

Capítulo 12

Superando o desempenho do mercado
A importância do tamanho, do rendimento de dividendos e dos índices de preço/lucro 173

Ações que superam o desempenho do mercado 173

   O que determina o retorno das ações? 175

Ações de baixa e alta capitalização 176

   Tendências dos retornos das ações de baixa capitalização 177

Avaliação: as ações de "valor" oferecem retornos mais altos do que as ações de "crescimento" 179

Rendimento de dividendos 179

   Outras estratégias de rendimento de dividendos 181

Índices de preço/lucro 183

Índices de preço/valor contábil 185

Associando critérios de tamanho e avaliação 186

Oferta pública inicial: os retornos decepcionantes das novas empresas de crescimento de baixa capitalização   187

A natureza das ações de crescimento e valor   190

Explicações sobre os efeitos de tamanho e avaliação   190

   A hipótese de mercado ruidoso   191

   Investindo em liquidez   192

Conclusão   193

Capítulo 13
Investimento global

Investimento externo e crescimento econômico   196

Diversificação em mercados mundiais   198

   Retornos de ações internacionais   199

   A bolha do mercado japonês   199

Riscos das ações   201

   Você deve se proteger contra o risco da taxa de câmbio?   201

   Diversificação: setor ou país?   202

   Alocação setorial ao redor do mundo   203

   Capital privado e público   206

Conclusão   206

PARTE III
COMO O AMBIENTE ECONÔMICO AFETA AS AÇÕES

Capítulo 14
Ouro, política monetária e inflação   209

Dinheiro e preços   210

O padrão-ouro   213

O estabelecimento do Federal Reserve   213

A queda do padrão-ouro   214

Política monetária pós-desvalorização   215

Política monetária pós-ouro   216

O Federal Reserve e a criação de dinheiro   217

Como as medidas do Fed afetam as taxas de juros   217

Preço das ações e política do banco central   218

As ações como proteção contra a inflação   220

Por que as ações não funcionam como proteção de curto prazo contra a inflação   223

   Taxas de juros mais altas   223

Inflação não neutra: efeitos da oferta 223
Impostos sobre lucros corporativos 224
Vieses inflacionários nos custos de juros 225
Impostos sobre ganhos de capital 226
Conclusão 227

Capítulo 15

Ações e o ciclo econômico 229
Quem prevê o ciclo econômico? 230
Retornos das ações em torno dos pontos de virada do ciclo econômico 233
Ganhos por meio do *timing* do ciclo econômico 235
Até que ponto é difícil prever o ciclo econômico? 236
Conclusão 239

Capítulo 16

Quando os eventos mundiais afetam os mercados financeiros 241
O que move o mercado? 243
Incerteza e mercado 247
Democratas e republicanos 248
Ações e guerra 249
Os mercados durante as guerras mundiais 252
Conflitos pós-1945 254
Conclusão 256

Capítulo 17

Ações, títulos e o fluxo de dados econômicos 257
Dados econômicos e o mercado 258
Princípios de reação ao mercado 258
Conteúdo informacional dos dados divulgados 259
Crescimento econômico e preço das ações 260
O relatório de emprego 261
O ciclo dos comunicados 263
Relatórios sobre inflação 264
Inflação básica 265
Custos do emprego 266
Impacto sobre os mercados financeiros 266
Política do banco central 267
Conclusão 268

PARTE IV
OSCILAÇÃO DAS AÇÕES NO CURTO PRAZO

Capítulo 18

Fundos negociados em bolsa, futuros de índices de ações e opções   271

Fundos negociados em bolsa   272

Futuros de índices de ações   273

Fundamentos dos mercados de futuros   276

Arbitragem de índice   278

Prevendo a abertura de Nova York com a negociação da Globex   279

Hora das bruxas dupla e tripla   280

Margem e alavancagem   281

Vantagens tributárias dos ETFs e futuros   282

Para onde você deve direcionar seus investimentos indexados: ETFs, futuros ou fundos mútuos de índice?   282

Opções de índice   284

Comprando opções de índice   286

Vendendo opções de índice   287

A importância dos produtos indexados   288

Capítulo 19

Volatilidade do mercado   289

Quebra do mercado acionário de outubro de 1987   291

As causas da quebra de outubro de 1987   293

Políticas de taxa de câmbio   293

O mercado de futuros   295

Suspensões no pregão   296

Quebra-relâmpago: 6 de maio de 2010   297

A natureza da volatilidade do mercado   300

Tendências históricas da volatilidade das ações   301

O índice de volatilidade   303

A distribuição de grandes mudanças diárias   305

Os aspectos econômicos da volatilidade do mercado   307

O significado da volatilidade do mercado   308

Capítulo 20

Análise técnica e investimento de acordo com as tendências   311

A natureza da análise técnica   311

Charles Dow, analista técnico 312
A aleatoriedade dos preços das ações 312
Simulação de preços acionários aleatórios 314
Mercados tendenciais e reversões de preço 314
Médias móveis 316
   Testando a estratégia da média móvel Dow Jones 317
   Teste retrospectivo da média móvel de 200 dias 318
   Evitando os grandes mercados baixistas 320
   Distribuição de ganhos e perdas 321
Investimento *momentum* 322
Conclusão 323

Capítulo 21

Anomalias de calendário 325

Anomalias sazonais 326
O efeito de janeiro 326
   Causas do efeito de janeiro 328
   Enfraquecimento do efeito de janeiro nos últimos anos 329
Retornos mensais das ações de alta capitalização 330
O efeito de setembro 330
Outros retornos sazonais 334
Efeitos do dia da semana 336
O que o investidor deve fazer? 337

Capítulo 22

Finanças comportamentais e psicologia do investimento 339

A bolha de tecnologia, 1999 a 2001 340
Finanças comportamentais 342
   Modismos, dinâmicas sociais e bolhas acionárias 342
   Negociações excessivas, excesso de confiança e viés de representatividade 344
   Teoria da perspectiva, aversão à perda e decisão de manter negociações fracassadas 347
   Regras para evitar armadilhas comportamentais 350
   Aversão míope à perda, monitoramento de carteiras e prêmio de risco das ações 351
   Investimentos contrários e entusiasmo do investidor: estratégias para melhorar os retornos de carteira 352
   Ações desfavorecidas e estratégia Dow 10 354

PARTE V
CONSTRUINDO RIQUEZA POR MEIO DE AÇÕES

Capítulo 23
Desempenho dos fundos, indexação e superação do mercado 357

O desempenho dos fundos mútuos de ações 358
Encontrando gestores de recursos financeiros competentes 363
   Persistência dos retornos superiores 364
Motivos do subdesempenho do dinheiro gerenciado 365
Ter pouco conhecimento é perigoso 365
Tirando proveito de negociações informadas 366
Como os custos afetam os retornos 367
A crescente popularidade do investimento passivo 367
As armadilhas da indexação ponderada por capitalização 368
Indexação ponderada fundamentalmente *versus* ponderada por capitalização 369
A história da indexação ponderada fundamentalmente 371
Conclusão 372

Capítulo 24
Estruturando uma carteira para um crescimento de longo prazo 373

Aspectos práticos do investimento 373
Orientações para um investimento bem-sucedido 374
Implementação de um plano e papel de um consultor de investimento 377
Comentários finais 378

Notas 379
Índice 405

PARTE I

RETORNOS DAS AÇÕES
Passado, presente e futuro

1

Um argumento a favor das ações
Fatos históricos e jornalismo de ficção

A doutrina da "nova era" – de que as ações de "primeira linha" (ou "blue chips") eram investimentos confiáveis independentemente de quão alto fosse o preço pago por elas – estava na base apenas como meio de justificar, sob o título de "investimento", a capitulação quase universal da febre especulativa.
— Benjamin Graham e David Dodd, Security Anaylysis[1]

O investimento em ações tornou-se um hobby nacional e uma obsessão nacional. Atualizando Marx, é a religião do povo.
— Roger Lowenstein, "A Common Market: The Public's Zeal to Invest"[2]

Investindo em Ações no Longo Prazo, de Siegel? Agora só serve para segurar a porta
— Opinião de um investidor convidado do CNBC, março de 2009[3]

"TODO MUNDO DEVERIA SER RICO"

No verão de 1929, um jornalista chamado Samuel Crowther entrevistou John J. Raskob, um alto executivo financeiro da General Motors, sobre como um indivíduo comum poderia criar riqueza investindo em ações. Em agosto desse mesmo ano, Crowther publicou as ideias de Raskob em um artigo no *Ladies' Home Journal* com o audacioso título "Everybody Ought to Be Rich" ("Todo mundo deveria ser rico").

Na entrevista, Raskob alegou que os Estados Unidos estavam à beira de uma enorme expansão industrial. Ele afirmou que, investindo apenas US$ 15 por mês em ações ordinárias seguras, os investidores poderiam esperar um crescimento constante em sua riqueza de US$ 80.000 nos 20 anos seguintes. Um retorno dessa magnitude – 24% ao ano – era inédito, mas a perspectiva de acumular sem esforço uma grande fortuna parecia plausível na atmosfera do mercado altista da década de 1920. As ações incitavam os investidores, e milhões deles injetaram suas economias no mercado, procurando lucro rápido.

Em 3 de setembro de 1929, poucos dias depois que o plano de Raskob veio a público, o índice industrial Dow Jones atingiu uma alta histórica de 381,17. Sete semanas depois, as ações despencaram. Os 34 meses subsequentes assistiram à queda mais devastadora no valor das ações da história americana.

Em 8 de julho de 1932, quando o massacre já havia chegado ao fim, o Dow manteve-se em 41,22. O valor de mercado das maiores corporações mundiais havia caído, inacreditavelmente, 89%. As economias poupadas durante uma vida por milhões de investidores foram exterminadas e milhares daqueles que haviam tomado empréstimo para comprar ações foram à falência. Os Estados Unidos estavam atravessando a depressão econômica mais profunda de sua história.

A recomendação de Raskob foi ridicularizada e condenada durante anos. Foi dito que ela representava a insanidade daqueles que acreditavam que o mercado poderia subir o sempre e a insensatez daqueles que ignoraram os enormes riscos das ações. O senador Arthur Robinson, de Indiana, culpou Raskob publicamente pela quebra das ações, exortando o povo a comprar ações nos picos de mercado.[4] Em 1992, 63 anos depois, a revista *Forbes* advertiu os investidores sobre a supervalorização das ações na edição intitulada "Popular Delusions and the Madness of Crowds". Em uma revisão sobre a história dos ciclos do mercado, a Forbes qualificou Raskob como o "pior ofensor" dentre aqueles que viam o mercado acionário como um instrumento garantido de riqueza.[5]

Segundo o senso comum, a recomendação temerária de Raskob simboliza a mania que de tempos em tempos invade Wall Street. Mas esse veredito é justo? A resposta é decididamente não. O investimento em ações ao longo do tempo é uma estratégia bem-sucedida, independentemente se o plano de investimento é iniciado em um mercado em alta. Se você calcular o valor da carteira de um investidor que seguiu o conselho de Raskob em 1929, colocando pacientemente US$ 15 por mês no mercado, constatará que, em menos de quatro anos, a soma que ele acumulou ultrapassou o valor acumulado por alguém que aplicou esse mesmo valor em letras do Tesouro. Em 1949, a carteira de ações desse investidor teria acumulado quase US$ 9.000, um retorno de 7,86%, mais do dobro do retorno anual em títulos. Após 30 anos, essa carteira teria aumentado para mais de US$ 60.000, e o retorno anual teria subido para

12,72%. Embora esses retornos não fossem tão altos quanto Raskob havia projetado, o retorno total da carteira de ações ao longo de 30 anos correspondia a mais de oito vezes a acumulação em títulos e a mais de nove vezes a das letras do Tesouro. Aqueles que nunca haviam comprado ações, citando a Grande Quebra como justificativa de sua precaução, com o tempo se viram bem aquém dos investidores que haviam acumulado ações pacientemente.[6]

A história da previsão infame de John Raskob ilustra um tema importante na história de Wall Street. Os mercados altistas e os mercados baixistas resultaram em histórias sensacionais sobre ganhos inacreditáveis e perdas devastadoras. Contudo, os investidores acionários pacientes que conseguem ver além das manchetes amedrontadoras sempre superaram o desempenho daqueles que procuram refúgio em títulos e outros ativos. Mesmo eventos calamitosos como a grande quebra do mercado de ações de 1929 ou a crise financeira de 2008 não negam a superioridade das ações como investimento de longo prazo.

Retornos dos ativos desde 1802

A Figura 1.1 é o gráfico mais importante deste livro. Ela remonta, ano a ano, a riqueza real (descontada a inflação) acumulada por um investidor hipotético que aplicou um dólar em (1) ações, (2) títulos de longo prazo do governo, (3) letras do Tesouro dos Estados Unidos, (4) ouro e (5) dólar americano. Esses retornos são chamados de *retornos reais totais* e incluem o lucro distribuído do investimento (se houver) mais ganhos e perdas de capital, todos eles avaliados com base na paridade do poder de compra constante.

Esses retornos são representados graficamente em escala de proporção ou *logarítmica*. Os economistas utilizam essa escala para retratar dados de longo prazo porque a mesma distância vertical em qualquer lugar do gráfico representa a mesma mudança percentual. Na escala logarítmica, a inclinação de uma linha de tendência representa a taxa de retorno constante descontada a inflação.

Os retornos reais anuais compostos dessas classes de ativos também são relacionados nessa figura. Ao longo dos 210 anos de retornos acionários que examinei, o retorno real sobre uma carteira de ações amplamente diversificada girou em torno de 6,6% ao ano. Isso significa que, em média, uma carteira de ações diversificada, como um fundo de índice, praticamente dobrou em poder aquisitivo a cada década dos últimos dois séculos. O retorno real sobre investimentos de renda fixa teve uma média bem menor; em títulos governamentais de longo prazo, o retorno real médio foi de 3,6% ao ano e em títulos de curto prazo (letras) foi apenas 2,7% ao ano.

O retorno real médio sobre o ouro foi somente 0,7% ao ano. No longo prazo, os preços do ouro permaneceram acima da taxa de inflação, mas apenas um pouco. Em média, o dólar perdeu 1,4% ao ano em poder aqui-

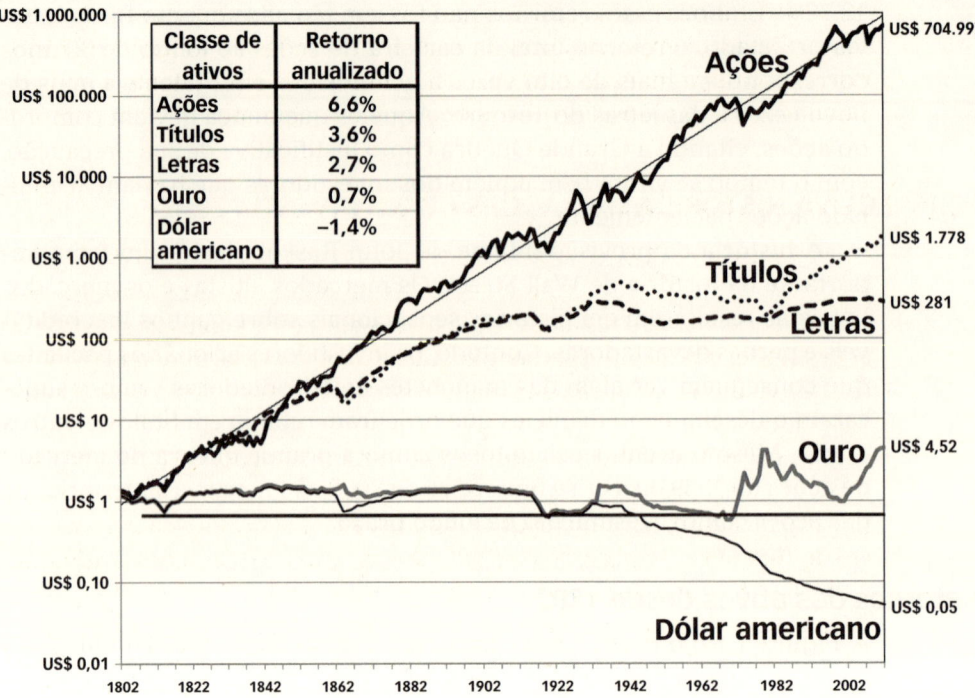

Figura 1.1 Retornos reais totais sobre ações, títulos, letras, ouro e dólar nos Estados Unidos, 1802-2012.

sitivo desde 1802, mas se depreciou em um ritmo significativamente mais rápido desde a Segunda Guerra Mundial. No Capítulo 5, examinamos os detalhes dessas séries de retornos e como elas são construídas.

Na Figura 1.1, ajustei as melhores linhas de tendência estatística aos retornos acionários reais. A estabilidade dos retornos reais é surpreendente; os retornos acionários reais no século XIX não se diferem muito dos retornos reais no século XX. Observe que as ações flutuam abaixo e acima da linha de tendência e com o tempo retornam à tendência. Os economistas chamam esse comportamento de reversão à média, uma propriedade que indica que os períodos com retornos acima da média tendem a ser acompanhados de períodos com retornos abaixo da média e vice-versa. Nenhuma outra classe de ativos – títulos, *commodities* ou o dólar – exibe a estabilidade de retornos reais de longo prazo demonstrada pelas ações.

Entretanto, no horizonte de curto prazo, os retornos das ações são muito voláteis, volatilidade essa provocada por mudanças nos lucros, nas taxas de juros, no risco e na incerteza, bem como por fatores psicológicos, como otimismo e pessimismo e medo e ganância. Entretanto, essas oscilações de curto prazo no mercado, que tanto preocupam os investidores e a imprensa especializada, são insignificantes em comparação com o amplo movimento ascendente nos retornos acionários.

No restante deste capítulo, examino como os economistas e investidores avaliaram a importância do investimento em ações ao longo da história e como os grandes mercados altistas e baixistas afetam tanto a imprensa quanto as opiniões dos profissionais de investimento.

PERSPECTIVA HISTÓRICA DAS AÇÕES COMO INVESTIMENTO

Durante o século XIX, as ações eram vistas como um domínio de especuladores e *insiders*, mas certamente não de investidores conservadores. Foi somente no início do século XX que os pesquisadores constataram que as ações poderiam ser investimentos adequados em determinadas circunstâncias econômicas para os investidores não pertencentes a esses canais tradicionais.

Na primeira metade do século XX, o grande economista americano Irving Fisher, professor na Universidade Yale e investidor extremamente bem-sucedido, acreditava que as ações eram superiores aos títulos de renda fixa durante períodos inflacionários, mas que as ações ordinárias poderiam ter um desempenho inferior ao dos títulos em períodos de deflação, uma visão que se tornou senso comum durante essa época.[7]

Edgar Lawrence Smith, analista financeiro e gestor de investimento na década de 1920, fez um levantamento sobre os preços históricos das ações e demoliu esse pensamento convencional. Smith foi o primeiro a demonstrar que as somas acumuladas em uma carteira diversificada de ações ordinárias superavam o desempenho dos títulos não apenas quando os preços das *commodities* estivessem subindo, mas também quando estivessem caindo. Smith publicou seus estudos em 1925, no livro *Common Stocks as Long-Term Investments*. Na introdução, ele afirmou:

> Esses estudos registram uma falha – a incapacidade de os fatos respaldarem uma teoria preconcebida, [...] de que os títulos de alta qualidade se revelaram um melhor investimento durante períodos de [baixa nos preços de *commodities*].[8]

Smith sustentou que as ações deveriam ser um componente essencial da carteira de um investidor. Ao examinar os retornos das ações desde a Guerra Civil, ele constatou que havia uma probabilidade bastante pequena de que um investidor tivesse de aguardar um longo tempo (que definiu entre 6 e 15 anos) para poder vender suas ações com lucro. Smith assim concluiu:

> Constatamos que existe uma força em jogo em nossos investimentos acionários que sempre tende a aumentar o valor do principal. [...] [A] menos que tenhamos tido o extremo infortúnio de investir justamente no pico de uma elevação digna de nota, os períodos nos quais o valor de mercado médio de nossos investimentos mantiverem-se inferior à quantia que pagamos por eles terão uma duração comparativamente curta. Nosso risco, mesmo nesses casos extremos, parece ser apenas o do momento.[9]

A conclusão de Smith estava correta não apenas historicamente, mas também em relação ao futuro. Foram necessários mais de 15 anos para que se recuperasse o dinheiro investido no pico de 1929, após uma quebra bem pior à que Smith já havia examinado. E desde a Segunda Guerra Mundial o período de recuperação em relação às ações tem sido ainda melhor. Mesmo incluindo a crise financeira recente, que assistiu ao pior mercado baixista desde a década de 1930, o período mais longo de todos os tempos necessário para um investidor recuperar-se de um investimento original no mercado de ações (incluindo dividendos reinvestidos) foi o de cinco anos e oito meses, de agosto de 2000 a abril de 2006.

A influência da obra de Smith

Smith escreveu seu livro na década de 1920, no princípio de um dos maiores mercados altistas de nossa história. Suas conclusões causaram sensação nos círculos acadêmicos e de investimento. A prestigiosa revista semanal *The Economist* afirmou: "Todo investidor e corretor de valores inteligente deve examinar o pequeno e mais interessante livro de Smith, bem como cada um dos testes e seus resultados extremamente surpreendentes."[10]

As ideias de Smith cruzaram rapidamente o Atlântico e foram objeto de intensa discussão na Grã-Bretanha. O grande economista britânico John Maynard Keynes, precursor da teoria de ciclo econômico que se tornou um paradigma para as gerações futuras de economistas, analisou o livro de Smith com muito entusiasmo. Keynes afirmou:

> Os resultados são surpreendentes. Smith constata em quase todos os casos, não somente quando os preços estavam subindo, mas também quando estavam caindo, que as ações ordinárias se revelaram as melhores a longo prazo, aliás, de uma forma notória [...]. Essa experiência real nos Estados Unidos nos últimos cinquenta anos oferece evidências *prima facie* de que a inclinação dos investidores e das instituições de investimento a favor dos títulos, por serem "seguros", e contra as ações ordinárias, por terem, mesmo as melhores delas, uma característica distintivamente "especulativa", deu origem a uma supervalorização relativa dos títulos e a uma subvalorização das ações ordinárias.[11]

Teoria de investimento em ações ordinárias

Os escritos de Smith ganharam credibilidade acadêmica quando foram publicados em periódicos de prestígio como *Review of Economic Statistics* e *Journal of the American Statistical Association*.[12] Smith ganhou um séquito internacional quando Siegfried Stern publicou um abrangente estudo sobre os retornos das ações ordinárias em 13 países europeus desde o início da Primeira Guerra Mundial até 1928. O estudo de Stern demonstrou que a vantagem do investimento em ações ordinárias sobre os títulos e outros investimentos financeiros estendia-se bem além dos mercados financeiros dos Estados Unidos.[13] As pesquisas que demonstravam a superioridade das ações tornaram-se conhecidas como teoria de investimento em ações ordinárias.[14]

O pico de mercado

A pesquisa de Smith mudou também a mente do renomado economista de Yale Irving Fisher, que considerou o estudo de Smith uma confirmação de sua opinião há muito mantida de que os títulos eram superestimados enquanto investimento seguro em um mundo com inflação incerta. Em 1925, Fisher sintetizou as constatações de Smith com as seguintes observações prescientes sobre o comportamento dos investidores:

> Parece, portanto, que o mercado superestima a segurança dos títulos "seguros" e paga demasiadamente por eles, que superestima o risco dos títulos de risco e paga muito pouco por eles, que paga muito por retornos imediatos e muito pouco por retornos remotos e, finalmente, que confunde a estabilidade do ganho nominal de um título com a estabilidade do ganho real que ele não possui. Com relação à estabilidade do ganho real, ou poder aquisitivo, uma lista de ações ordinárias diversificadas supera os títulos.[15]

O "patamar permanentemente alto" de Fisher

O professor Fisher, citado por muitos como o maior economista americano e pai da teoria do capital, não era um mero acadêmico. Ele analisou e previu ativamente as condições do mercado financeiro, escreveu dezenas de boletins informativos sobre temas variados, de saúde a investimentos, e criou uma empresa extremamente bem-sucedida de fichários com base em suas invenções patenteadas. Embora de origem modesta, seu patrimônio pessoal no verão de 1929 era superior a US$ 10 milhões, que corresponde a mais de US$ 100 milhões em dólares de hoje.[16]

Irving Fisher, assim como muitos outros economistas na década de 1920, acreditava que o estabelecimento do Federal Reserve System (o Fed, ou o Banco Central dos Estados Unidos) em 1913 era fundamental para diminuir a severidade das flutuações econômicas. Aliás, a década de 1920 foi um período de crescimento notadamente estável, visto que a instabilidade em variáveis econômicas como produção industrial e preços do produtor foi em grande medida abreviada, um fator que impulsionou ativos de risco como as ações. Tal como veremos no capítulo seguinte, existe uma semelhança marcante entre a estabilidade da década de 1920 e a da década que precedeu a recente crise financeira de 2008. Em ambos os períodos não houve apenas uma moderação no ciclo econômico, mas também a grande convicção – posteriormente estilhaçada – de que o Federal Reserve seria capaz de mitigar, se não eliminar, o ciclo econômico.

O mercado altista da década de 1920 atraiu milhões de americanos para as ações, e o sucesso e a reputação do próprio Fisher como profeta de mercado lhe renderam um amplo séquito de investidores e analistas. A turbulência do mercado no início de outubro de 1929 aumentou enormemente o interesse por suas opiniões.

Os seguidores de mercado não ficaram surpresos na noite de 14 de outubro de 1929, quando Irving Fisher chegou ao Builders' Exchange Club em Nova York para dirigir a palavra no encontro mensal da Associação de Agentes de Compra a um grande número de pessoas, incluindo repórteres, apinhadas na sala de reuniões. A ansiedade dos investidores vinha aumentando desde o início de setembro, quando Roger Babson, empresário e profeta de mercado, previu uma quebra "terrível" nos preços das ações.[17] Fisher havia repudiado o pessimismo de Babson, ressaltando que já havia algum tempo que Babson estava pessimista. Mas o público desejava ser tranquilizado pelo grande homem que por tanto tempo defendera as ações.

A plateia não se decepcionou. Após algumas observações iniciais, Fisher proferiu uma frase que, para seu grande arrependimento, tornou-se uma das mais citadas na história do mercado acionário: "Os preços das ações", declarou ele, "atingiram algo semelhante a um patamar permanentemente alto".[18]

Em 29 de outubro, duas semanas depois do dia seguinte ao discurso de Fisher, as ações desmoronaram. Seu "patamar alto" transformou-se em um abismo sem fundo. Os três dias posteriores assistiram à quebra de mercado mais devastadora da história. Não obstante todas as várias realizações de Irving Fisher, sua reputação – e a tese de que as ações eram uma forma segura de acumular riqueza – estava estilhaçada.

UMA MUDANÇA RADICAL NO ENTUSIASMO

O colapso da economia e do mercado acionário na década de 1930 deixou uma marca indelével na psique dos investidores. A teoria de investimento em ações ordinárias foi atacada de todos os ângulos, e muitos rejeitaram sumariamente a ideia de que as ações eram investimentos fundamentalmente sólidos. Lawrence Chamberlain, autor e banqueiro de investimento de renome, afirmou: *"As ações ordinárias, em si, não são superiores aos títulos enquanto investimento de longo prazo porque, em essência, não são investimento em hipótese alguma. São especulações"*.[19]

Em 1934, Benjamin Graham, gestor de fundos de investimento, e David Dodd, professor de finanças na Universidade Columbia, escreveram *Security Analysis*, que se tornou a bíblia da abordagem direcionada ao valor para análise de ações e títulos. Em suas várias edições, esse livro teve um impacto duradouro sobre estudantes e profissionais do mercado.

Graham e Dodd censuraram claramente o livro de Smith por ter alimentado a mania do mercado altista da década de 1920 ao propor teorias aparentemente plausíveis, porém falaciosas, para justificar a compra de ações.

Segundo eles:

> Entretanto, o autoengano do especulador do povo deve ter seu fundamento de justificação. [...] No mercado altista da nova era, o princípio "racional" era o registro da melhoria de longo prazo demonstrada por investimentos diversificados em ações ordinárias. [Existe] um livro pequeno e bastante incompleto do qual se pode dizer que a teoria da nova era brotou. Esse livro é intitulado *Common Stocks as Long-Term Investments*, de Edgar Lawrence Smith, publicado em 1924.[20]

A VISÃO PÓS-QUEBRA SOBRE OS RETORNOS ACIONÁRIOS

Após a Grande Quebra, tanto a imprensa quanto os analistas criticaram o mercado de ações e igualmente aqueles que defendiam o investimento em ações. No entanto, pesquisas sobre os índices de retorno do mercado acionário receberam grande impulso na década de 1930 quando Alfred Cowles III, fundador da Comissão Cowles para Pesquisa Econômica, construiu índices acionários ponderados por capitalização desde 1871 de todas as ações negociadas na Bolsa de Valores de Nova York. Seus índices de retorno total incluíram dividendos investidos e são praticamente idênticos à metodologia que é utilizada no presente para calcular os retornos das ações. Cowles confirmou as constatações às quais Smith havia chegado antes da quebra das ações e concluiu que na maior parte das vezes as ações estavam subvalorizadas e permitiam que os investidores colhessem retornos superiores nesse tipo de instrumento de investimento.[21]

Após a Segunda Guerra Mundial, dois professores da Universidade de Michigan, Wilford J. Eiteman e Frank P. Smith, publicaram um estudo sobre os retornos de investimento de empresas industriais ativamente negociadas e constatou que, comprando regularmente essas 92 ações sem considerar de forma alguma o ciclo do mercado (uma estratégia denominada *média do custo do dólar*), os investidores acionários obtinham retornos de 12,2% ao ano, bem acima daqueles oferecidos por investimentos de renda fixa. Doze anos depois, eles repetiram esse estudo, utilizando as mesmas ações do estudo anterior. Dessa vez os retornos se evidenciaram ainda mais altos, não obstante o fato de eles não terem feito nenhum ajuste para nenhuma das novas empresas ou novos setores que haviam surgido nesse intervalo. Segundo eles:

> Se uma carteira de ações ordinárias escolhida com base nesses métodos aleatórios, tal como foi empregado nesse estudo, evidenciar uma taxa de retorno anual composta tão alta quanto 14,2%, um pequeno investidor com pouco conhecimento sobre as condições do mercado poderá investir suas economias em uma lista diversificada de ações ordinárias com certa garantia de que, com o tempo, seu investimento lhe oferecerá segurança em relação ao principal e um rendimento anual adequado.[22]

Muitos rejeitaram o estudo de Eiteman e Smith porque o período analisado não incluiu a Grande Quebra de 1929 a 1932. Contudo, em 1964, dois professores da Universidade de Chicago, Lawrence Fisher e James H. Lorie, examinaram os retornos acionários ao longo da quebra de 1929, da Grande Depressão e Segunda Guerra Mundial.[23] Fisher e Lorie concluíram que as ações ofereceram retornos significativamente mais altos (segundo eles, de 9,0% ao ano) do que os de qualquer outro instrumento de investimento no decorrer do período de 35 anos, isto é, entre 1926 a 1960. Eles chegaram até a computar os impostos e custos de transação em seus cálculos de retorno e concluíram:

> Talvez seja uma surpresa para muitos que os retornos tenham sido sistematicamente tão altos. [...] O fato de várias pessoas escolherem investimentos com uma taxa de retorno média consideravelmente inferior à disponível nas ações ordinárias é uma indicação da natureza essencialmente conservadora e do grau de preocupação desses investidores com o risco de perda inerente nas ações ordinárias.[24]

Dez anos depois, em 1974, Roger Ibbotson e Rex Sinquefield publicaram uma revisão ainda mais extensa em um artigo intitulado "Stocks, Bonds, Bills, and Inflation: Year-by-Year Historical Returns (1926–74)".[25] Eles reconheceram sua gratidão ao estudo de Lorie e Fisher e confirmaram a superioridade das ações como investimento de longo prazo. As estatísticas resumidas desses autores, que são publicadas anualmente em anuários, são citadas com frequência e muitas vezes foram utilizadas como referência de retorno do setor de títulos.[26]

O GRANDE MERCADO ALTISTA DE 1982-2000

A década de 1970 não foi um bom período nem para as ações nem para a economia. A inflação repentina e a acentuada elevação do preço do petróleo foram responsáveis por retornos acionários reais negativos no período de 15 anos, entre o final de 1966 ao verão de 1982. Contudo, a rígida política monetária do Fed suprimiu a inflação, as taxas de juros caíram consideravelmente e o mercado acionário entrou em seu maior período altista de todos os tempos, um mercado que mais à frente veria uma valorização de mais de dez vezes no preço das ações. Da baixa de 790 em agosto de 1982, as ações subiram de forma acentuada, e o índice industrial Dow Jones ficou subitamente acima de 1.000, atingindo um novo recorde no final de 1982 e finalmente ultrapassando as altas que havia atingido em 1973, quase uma década antes.

Embora muitos analistas tivessem expressado ceticismo quanto à continuidade dessa alta, alguns estavam bastante otimistas. Robert Foman, presidente e *chairman* da E. F. Hutton, declarou em outubro de 1983 que estávamos "no alvorecer de uma nova era de ações" e previu ousadamente que o índice Dow Jones poderia chegar a 2.000 ou mais no final da década.

Porém, até mesmo Foman estava muito pessimista, visto que o Dow Jones ultrapassou 2.000 em janeiro de 1987 e então 3.000 logo depois que Saddam Hussein invadiu o Kuwait em agosto de 1990. A Guerra do Golfo e a recessão imobiliária precipitaram um mercado baixista, mas esse, tal como a quebra das ações de outubro de 1987, foi efêmero. A derrota do Iraque na Guerra do Golfo marcou o início de uma das décadas mais fabulosas da história do mercado acionário. O mundo assistiu à queda do comunismo e ao abrandamento da ameaça de conflito global. A transferência de recursos dos gastos militares para o consumo doméstico possibilitou que os Estados Unidos aumentasse o crescimento econômico e ao mesmo tempo mantivesse a inflação baixa.

Quando as ações subiram, alguns imaginaram que o mercado altista perduraria. Em 1992, na matéria de capa "The Crazy Things People Say to Rationalize Stock Prices", a *Forbes* advertiu os investidores de que as ações estavam "no meio de um pânico de compra especulativa" e citou o conselho insensato dado por Raskob para que se investisse no pico de mercado em 1929.[27]

Mas essa precaução foi desconsiderada. Após um bem-sucedido combate contra a inflação em 1994, o Fed abrandou as taxas de juros e subsequentemente, no início de 1995, o Dow ficou acima de 4.000. Pouco tempo depois, a *BusinessWeek* defendeu a durabilidade do mercado altista em um artigo de 15 de maio de 1995, intitulado "Dow 5000? Don't Laugh". O Dow ultrapassou rapidamente a barreira em novembro e 11 meses depois chegou a 6.000.

No final de 1995, a elevação persistente dos preços das ações levou muitos outros analistas a soar o alarme. Michael Metz, da Oppenheimer, Charles Clough, do Merrill Lynch, e Byron Wien, do Morgan Stanley, expressaram grande dúvida quanto às bases dessa recuperação. Em setembro de 1995, David Shulman, estrategista-chefe de ações do Salomon Brothers, escreveu o artigo intitulado "Fear and Greed", que comparou o clima do mercado da época com a atmosfera de picos de mercado semelhantes como os de 1929 e 1961. Shulman afirmou que o apoio intelectual era um importante ingrediente na sustentação dos mercados altistas, mencionando a obra de Edgar Smith e Irving Fisher na década de 1920, os estudos de Fisher-Lorie na década de 1960 e meu livro *Stocks for the Long Run* (*Investindo em Ações no Longo Prazo*), publicado originalmente em 1994.[28] Contudo, esses pessimistas tiveram pouco impacto, visto que as ações continuaram subindo.

Advertências sobre a supervalorização

Em 1996, os índices de preço/lucro no índice S&P 500 chegaram a 20, consideravelmente acima de seu nível médio pós-guerra. Outras advertências se seguiram. Roger Lowenstein, renomado autor e redator financeiro, asseverou no *Wall Street Journal*:

O investimento em ações tornou-se um hobby *nacional e uma obsessão nacional.* O povo pode criticar seu governo, suas escolas, suas mimadas estrelas esportivas. Mas a crença no mercado é praticamente universal. Atualizando Marx, é a religião povo.[29]

Floyd Norris, redator-chefe de finanças do New York Times, reiterou os comentários de Lowenstein escrevendo um artigo em janeiro de 1997, "In the Market We Trust".[30] Henry Kaufman, guru do Salomon Brothers cujas opiniões sobre o mercado de renda fixa muitas vezes abalaram os títulos na década de 1980, afirmou que "a exagerada euforia financeira está cada vez mais ostensiva" e citou garantias oferecidas por otimistas equivalentes à declaração de Irving Fisher de que as ações haviam atingido um patamar permanentemente alto.[31]

As advertências sobre o final do mercado altista não emanaram apenas da imprensa e de Wall Street. Os acadêmicos estavam crescentemente investigando essa elevação inédita nos valores das ações. Robert Shiller, da Universidade Yale, e John Campbell, de Harvard, escreveram um artigo acadêmico demonstrando que o mercado estava significativamente supervalorizado e apresentaram essa pesquisa ao Conselho de Governadores do Federal Reserve System no início de dezembro de 1996.[32]

Quando o Dow ultrapassou repentinamente 6.400 pontos, Alan Greenspan, presidente do Federal Reserve, emitiu um alerta em um discurso no jantar anual do Instituto Empresarial Americano em Washington, em 5 de dezembro de 1996. Ele perguntou: "Como podemos saber em que momento a *exuberância irracional* aumentou excessivamente os valores dos ativos, que então se tornam objeto de contrações inesperadas e prolongadas como de fato ocorreu no Japão na última década? E como incluímos essa avaliação na política monetária?".

Suas palavras surtiram um efeito eletrizante e o termo exuberância irracional tornou-se a declaração mais celebrada do mandato de Greenspan como presidente do Fed. Os mercados asiáticos e europeus caíram sensivelmente quando suas palavras reverberaram nas telas dos computadores, e na manhã seguinte Wall Street abriu em grande baixa. Contudo, os investidores rapidamente recuperaram o otimismo e as ações fecharam em Nova York apenas com perdas moderadas.

O último estágio do grande mercado altista, 1997-2000

Desde então, as ações se tornaram cada vez mais bem-sucedidas, e o Dow ultrapassou 7.000 em fevereiro de 1997 e 8.000 em julho. Nem mesmo a precaução da *Newsweek*, na matéria de capa "Married to the Market", retratando uma união em Wall Street entre os Estados Unidos e o mercado altista, foi capaz de frear o otimismo dos investidores.[33]

O mercado tornou-se uma preocupação crescente dos americanos de média e alta renda. Livros e revistas de negócio proliferavam e as emissoras de TV a cabo especializadas em negócios, particularmente o canal

CNBC, começaram a atrair grandes audiências. Cotações eletrônicas e programas especializados em negócios eram transmitidos em refeitórios, bares e mesmo nos *lounges* das principais escolas de negócios do país. Passageiros em voos a 35.000 pés de altitude podiam ver as médias mais recentes de Dow Jones e Nasdaq na tela afixada na parte de trás das poltronas.

O que veio a aumentar ainda mais o ímpeto do mercado já em surto foi a explosão da tecnologia da informação. A internet possibilitou que os investidores se mantivessem em contato com os mercados e suas carteiras em qualquer lugar do mundo. Por meio de salas de bate-papo, *sites* financeiros ou boletins enviados por *e-mail*, os investidores passaram a ter fácil acesso a muitas informações. O CNBC tornou-se tão popular que a maioria das empresas de investimentos passou a exigir que seus corretores assistissem aos seus programas, pela televisão ou computador, para que ficassem um passo à frente dos clientes que ligassem com notícias de negócio de última hora.

A psicologia do mercado altista parecia impermeável a choques financeiros e econômicos. A primeira onda da crise asiática provocou uma baixa recorde no mercado de 554 pontos em 27 de outubro de 1997 e fechou as negociações temporariamente. Isso, entretanto, foi pouco para afetar o entusiasmo dos investidores pelas ações.

No ano seguinte, o governo russo ficou inadimplente em seus títulos e o Long-Term Capital Management, considerado o principal *hedge fund* do mundo, se viu envolvido em posições especulativas no valor de trilhões de dólares que não podia negociar. Esses acontecimentos provocaram uma baixa no índice industrial Dow Jones de quase 2.000 pontos, ou 20%, mas três cortes rápidos na taxa do Fed fizeram o mercado ascender novamente. Em 29 de março de 1999, o Dow fechou abaixo de 10.000 e em 14 de janeiro de 2000 fechou com um recorde de 11.722,98.

O topo do mercado

Tal como ocorreu tantas vezes, no pico do mercado altista os pessimistas desacreditados bateram em retirada, enquanto os otimistas, cujo ego havia sido reforçado pelo movimento ascendente nos preços das ações, tornaram-se ainda mais ousados. Em 1999, dois economistas, James Glassman e Kevin Hassett, publicaram o livro *Dow 36,000*. Eles afirmaram que o índice industrial Dow Jones, não obstante sua meteórica elevação, ainda estava excessivamente subvalorizado e que sua verdadeira avaliação era três vezes superior, a 36.000. Para minha grande surpresa, eles afirmaram que o fundamento teórico para essa análise provinha do meu livro *Investindo em Ações no Longo Prazo*! Eles alegaram que, na medida em que eu havia demonstrado que os títulos eram tão arriscados quanto as ações em horizontes de longo prazo, os preços das ações precisavam subir três vezes para diminuir seus retornos em relação aos dos títulos, ignorando que a comparação real deveria ser com os títulos do Tesouro protegidos contra a inflação, cujo rendimento era bem superior na época.[34]

Não obstante a marcha ascendente do índice industrial Dow Jones, o movimento real no mercado encontrava-se nas ações de tecnologia que eram listadas na Nasdaq, que incluíam ações da Cisco, Sun Microsystems, Oracle, JDS Uniphase e de outras empresas, bem como o grupo em ascensão de ações da internet. De novembro de 1997 a março de 2000, o Dow Jones subiu 40%, mas o índice Nasdaq teve uma elevação de 185% e o índice ponto-com de 24 empresas *on-line* elevou-se quase dez vezes, de 142 para 1.350.

A explosão da bolha de tecnologia

A data de 10 de março de 2000 marcou o pico não apenas da Nasdaq, mas também de vários índices de ações da internet e de tecnologia. Até mesmo eu, otimista de longa data, escrevi que as ações de tecnologia estavam sendo vendidas por preços ridículos que pressagiavam um colapso.[35]

Quando os gastos com tecnologia desaceleraram inesperadamente, a bolha explodiu e se iniciou um forte mercado baixista. O valor das empresas despencou, batendo o recorde de US$ 9 trilhões, e o índice S&P 500 teve uma queda de 49,15%, eclipsando o declínio de 48,2% do mercado baixista de 1972 a 1974, o pior desde a Grande Depressão. O Nasdaq caiu 78% e o índice ponto-com teve uma queda de mais de 95%.

Do mesmo modo que o mercado altista gerou otimistas irracionais, os preços declinantes das ações trouxeram de volta os pessimistas em penca. Em setembro de 2002, quando o Dow girava em torno 7.500 e apenas algumas semanas antes da queda do mercado baixista de 7.286, Bill Gross, o lendário diretor da PIMCO, que abriga o maior fundo mútuo do mundo, surgiu com um artigo intitulado "Dow 5,000", no qual afirmou que, não obstante o terrível declínio do mercado, as ações ainda não haviam chegado nem perto da baixa que deveriam, de acordo com os fundamentos econômicos. Era surpreendente que, no espaço de dois anos, um previsor bem conceituado tenha declarado que o valor correto do Dow era 36.000, quando outro havia alegado que ele deveria cair para 5.000!

O mercado baixista silenciou a fascinação popular pelas ações. Nos espaços públicos, os televisores não estavam mais sintonizados no CNBC, mas em esportes e fofocas hollywoodianas. Como disse o proprietário de um bar: "As pessoas estão lambendo suas feridas e não querem falar mais sobre ações. Voltou-se a falar de esportes, mulheres e quem ganhou o jogo".[36]

O mercado declinante deixou vários profissionais profundamente céticos quanto às ações e ainda assim os títulos não pareciam uma alternativa atraente, visto que seus rendimentos haviam caído para menos de 4%. Os investidores ficaram se perguntando se haveria investimentos atraentes além do mundo das ações e dos títulos de renda fixa.

David Swenson, diretor executivo de investimento na Universidade Yale desde 1985, parecia ter a resposta. No pico do mercado altista, ele escreveu um livro, *Pioneering Portfolio Management: An Unconventional Approach to Institutional Investment*, que defendeu as qualidades de ativos "não tradicionais" (com frequência ilíquidos), como *private equity*, *venture capital*, imóveis, madeira e *hedge funds*. Consequentemente, os *hedge funds*, *pools* de dinheiro de investimento que pode ser reinvestido de qualquer modo que os gestores do fundo considerarem adequado, experimentaram um *boom*.[37] De meros US$ 100 bilhões em 1990, os ativos dos *hedge funds* cresceram para mais de US$ 1,5 trilhão em 2007.

Mas a onda dos ativos para os *hedge funds* impulsionaram os preços de vários ativos não convencionais para níveis nunca vistos. Jeremy Grantham, um bem-sucedido gestor de recursos financeiros na GMO e outrora grande incentivador de investimentos não convencionais, afirmou em abril de 2007: "Depois desses movimentos, os ativos mais diversificados e exóticos estão extremamente supervalorizados".[38]

RUMORES DA CRISE FINANCEIRA

Das cinzas do colapso tecnológico de 2000-2002, o mercado acionário quase dobrou, da baixa de 7.286 em 9 de outubro de 2002 para a maior alta de todos os tempos de 14.165, exatamente cinco anos depois de 9 de outubro de 2007. Diferentemente do pico do *boom* tecnológico, quando as ações S&P 500 estava sendo vendidas por 30 vezes o lucro, não houve nenhuma supervalorização no pico de mercado de 2007; as ações eram vendidas pelo valor bem mais modesto de 16 vezes o lucro.

Mas havia sinais de que nem tudo estava bem. O setor financeiro, que no mercado altista tornara-se o maior setor do índice S&P 500, atingiu o pico em maio de 2007, e o preço de vários bancos de grande porte, como Citi e BankAmerica, seguiu uma queda contínua ao longo do ano.

Outros acontecimentos agourentos partiram do mercado imobiliário. Os preços dos imóveis, depois de quase triplicar na década anterior, atingiram o pico no verão de 2006 e estavam tendendo para baixo. De repente, as hipotecas *subprime* experimentaram grandes inadimplências. Em abril de 2007, a New Century Financial, importante concessora de empréstimos *subprime*, entrou com pedido de falência, e em junho o Bear Stearns informou os investidores de que estava suspendendo os resgates de seu High--Grade Structured Credit Strategies Enhanced Leverage Fund, um fundo cujo nome é tão complexo quanto os títulos que mantinha.

A princípio, o mercado ignorou esses acontecimentos, mas em 9 de agosto de 2007, quando o BNP Paribas, maior banco da França, interrompeu os resgates em seus fundos hipotecários, os mercados acionários mundiais caíram acentuadamente. As ações se restabeleceram quando o Fed reduziu a taxa dos fundos federais em 50 pontos-base em uma reunião de emergência em agosto e em mais 50 pontos-base em sua reunião regular em setembro.

Contudo, 2008 não trouxe nenhum alívio para os problemas das *subprime*. O Bear Stearns, que havia sido obrigado a reincorporar um volume crescente de hipotecas *subprime* em seus balanços patrimoniais, começou a experimentar problemas de financiamento, e o preço de suas ações despencou. Em 17 de março de 2008, o Federal Reserve, em um esforço para proteger o Bear contra uma falência iminente, providenciou uma venda de emergência de todos os ativos do Bear Stearns para o JPMorgan pelo preço de US$ 2 (posteriormente aumentado para US$ 10) por ação, quase 99% abaixo de sua alta de US$ 172,61 atingida em janeiro do ano anterior.

Princípio do fim do Lehman Brothers

Mas o Bear Stearns foi apenas o antepasto desse mercado baixista, e o prato principal estava a caminho. O Lehman Brothers, fundado na década de 1850, tinha uma história célebre que incluía a abertura de capital de grandes empresas como Sears, Woolworth's, Macy's e Studebaker. Sua lucratividade disparou depois que seu capital foi aberto em 1994 e, em 2007, a empresa divulgou seu quarto ano consecutivo de lucratividade recorde, visto que suas receitas líquidas haviam atingido US$ 19,2 bilhões e o número de funcionários aproximava-se de 30.000.

Mas o Lehman Brothers, tal como Bear Stearns, estava envolvido com o mercado *subprime* e outros investimentos imobiliários alavancados. Seu preço afundou de um valor acima de US$ 40 para US$ 20 por ação quando o Bear fundiu-se com o JPMorgan em março. O Lehman era famoso por financiar grandes transações imobiliárias, cobrando taxas significativas quando os investidores vendiam e refinanciavam imóveis comerciais por preços ainda mais altos. A Blackstone, outra grande empresa de investimento que abriu seu capital em julho de 2007, comprou a Sam Zell's Equity Office Property por US$ 22,9 bilhões nesse mesmo mês, e passou a cobrar altas taxas para colocar quase todas as propriedades antes que o mercado entrasse em colapso.

O Lehman sentia-se confiante, não obstante o caos que envolvia o mercado de *subprime*. Muitos analistas estavam convencidos de que os imóveis comerciais não haviam experimentado o excesso de construções que infestou o setor residencial. Na verdade, os preços dos imóveis comerciais continuaram subindo satisfatoriamente depois que o mercado atingiu o pico. Ao reagir favoravelmente a taxas de juros mais baixas, o índice REIT Dow Jones de todos os fundos de investimento imobiliário negociados publicamente atingiu o pico em fevereiro de 2008, quatro meses depois do mercado geral e mais de um ano depois que os maiores bancos comerciais atingiram seu ponto máximo.[39]

Em maio, assim que os preços dos imóveis comerciais chegaram ao pico, o Lehman financiou uma enorme participação de US$ 22 bilhões no Archstone-Smith Trust, com a expectativa de transferir as propriedades para os compradores, do mesmo modo que Blackstone havia feito alguns meses antes.[40] Mas no jogo infantil da dança de cadeiras a música cessou no verão de 2008. A Blackstone ficou exatamente com a última cadeira na sala de negociações imobiliárias, mas o Lehman foi deixado em pé. Em 15 de setembro de 2008, quando Richard Fuld, diretor executivo do Lehman, apressou-se para encontrar um comprador de última hora, o Lehman Brothers, uma empresa de investimento que havia prosperado durante mais de um século e meio, entrou com pedido de falência. O Lehman, até então o maior banco da história dos Estados Unidos, registrou um recorde de US$ 613 bilhões em passivos. Do mesmo modo que a Grande Quebra de 1929 principiou a Grande Depressão da década de 1930, a quebra do Lehman Brothers em 2008 precipitou a maior crise financeira e a mais profunda contração econômica que o mundo testemunhara em quase um século.

2

A grande crise financeira de 2008
Origem, impacto e legado

Com relação à Grande Depressão. Vocês estão certos, nós a criamos. Sentimos muito. Mas graças a vocês, não faremos isso novamente.
— Ben Bernanke, 8 de novembro de 2002,
na Celebração do Nonagésimo Aniversário
de Milton Friedman

A SEMANA QUE ABALOU OS MERCADOS MUNDIAIS

Era apenas quarta-feira, 17 de setembro, mas eu já havia enfrentado uma semana exaustiva tentando dar sentido à agitação dos mercados financeiros. Na segunda, as ações surpreenderam os investidores ao abrirem em alta, não obstante as notícias no domingo à noite sobre a falência do Lehman Brothers, a maior da história americana. Sem nenhuma ajuda governamental em vista, o Lehman Brothers, empresa de investimento de 150 anos que havia sobrevivido à Grande Depressão, dessa vez não teve chance.

Contudo, essa abertura promissora foi rapidamente contra-atacada por rumores de que empresas importantes não cobririam as transações dos clientes do Lehman, desencadeando um estado de ansiedade nos mercados.[1] Quando os ganhos da manhã de segunda transformaram-se em perdas, os mercados financeiros se viram envoltos em medo. Os investidores se perguntavam: que ativos eram seguros? Que empresa seria a próxima a falir? E poderia a crise ser contida? Os prêmios de risco dispararam no momento em que os credores afastaram-se de todos os mercados de crédito, com exceção dos títulos do Tesouro dos Estados Unidos.[2]

No final do dia, o índice industrial Dow Jones havia caído mais de 500 pontos.

No dia seguinte, os especuladores investiram contra a AIG, a maior e mais lucrativa seguradora do mundo. O preço unitário das ações da AIG, que havia chegado a quase US$ 60 um ano antes, despencou para menos de US$ 3 em comparação com o preço de fechamento de mais de US$ 10 da sexta-feira anterior. O colapso da AIG reduziu acentuadamente o preço das ações; porém, alguns *traders* conjecturaram – corretamente, pelo que se viu depois – que o Fed não poderia correr o risco de deixar outra importante empresa financeira afundar, e no final do dia o mercado se estabilizou. Aliás, após o fechamento das negociações, o Fed anunciou que havia emprestado US$ 85 bilhões à AIG, evitando outra falência capaz de abalar o mercado. A decisão do Fed de socorrer a AIG foi uma virada excepcional, visto que uma semana antes o presidente Ben Bernanke havia recusado o pedido de empréstimo de US$ 40 bilhões dessa gigante de seguros.

Mas essa crise estava longe de acabar. Depois que os mercados fecharam na terça, o Reserve Primary Money Market Fund, de US$ 36 bilhões, fez uma declaração um tanto fatídica. Como o preço dos títulos do Lehman mantidos por esse fundo monetário havia se reduzido a zero, o Reserve "quebraria o dólar" e pagaria aos investidores apenas 97 centavos do dólar.[3]

Embora outros fundos monetários tenham garantido aos investidores que não mantinham nenhuma dívida do Lehman e honrariam o valor total de todos os resgates, estava claro que essas declarações fariam pouco para acalmar a ansiedade dos investidores. O Bear Stearns havia tranquilizado repetidas vezes os investidores de que tudo estava bem antes de o Fed forçar a empresa então em crise a se fundir com o JPMorgan seis meses antes. De modo semelhante, exatamente uma semana antes de entrar com pedido de falência, Richard Fuld, diretor executivo do Lehman havia dito aos investidores que tudo estava bem e culpado os vendedores a descoberto de forçar o preço de suas ações para baixo.

A GRANDE DEPRESSÃO PODERIA OCORRER NOVAMENTE?

Naquela quarta-feira, voltei ao meu escritório depois do almoço e examinei a tela da Bloomberg. Sim, as ações estavam em queda novamente, e isso não me surpreendeu. Mas o que chamou minha atenção foi o rendimento das letras do Tesouro dos Estados Unidos. Um leilão do Tesouro de letras de três meses, conduzido no início da tarde, atraiu um número tão grande de inscrições, que os compradores fizeram com que a taxa de juros caísse centésimos de 1%.

Eu havia monitorado rigorosamente os mercados durante quase 50 anos, como a crise da poupança e dos empréstimos na década de 1970, a quebra do mercado acionário de 1987, a crise asiática, a crise do Long-Term Capital Management, a inadimplência da Rússia, os ataques terroristas de 11 de setembro e várias outras crises. Mas nunca havia visto uma tal corrida dos investidores a títulos do Tesouro. A última vez em que os rendimentos das letras do Tesouro reduziram-se a zero havia sido durante a Grande Depressão, 75 anos antes.[4]

Meus olhos voltaram-se novamente para a tela à minha frente e senti um frio na espinha. Seria isso um *replay* de um período que nós, economistas, imaginávamos morto e enterrado? Poderia ser o início da segunda "Grande depressão"? Os formuladores de políticas seriam capazes de prevenir a repetição dessa catástrofe financeira e econômica?

Nos meses seguintes, as respostas a essas perguntas começaram a surgir. O Federal Reserve implementou programas agressivos para evitar outra depressão. Mas os distúrbios de crédito que se seguiram à falência do Lehman provocaram a mais profunda contração econômica do mundo e o mais profundo declínio nos preços das ações desde a Grande Depressão. E a recuperação em relação à "Grande Recessão", nome pelo qual essa crise econômica ficou conhecida, foi uma das mais lentas da história americana, o que levou muitas pessoas a perguntar se o futuro da economia dos Estados Unidos algum dia poderia ser tão brilhante quanto parecia quando o índice industrial Dow Jones ultrapassou 14.000 pontos em outubro de 2007.

A CAUSA DA CRISE FINANCEIRA

A Grande Moderação

O pano de fundo econômico da crise financeira de 2008 foi a "Grande Moderação", nome que os economistas deram ao período econômico notadamente longo e estável que precedeu a Grande Recessão. A volatilidade das principais variáveis econômicas, como as mudanças trimestrais no PIB real e nominal, teve uma queda de aproximadamente 50% durante o período de 1983 a 2005 em comparação com os níveis médios que se evidenciaram desde a Segunda Guerra Mundial.[5] Embora parte dessa estabilidade tenha sido imputada ao crescimento do setor de serviços e a avanços no controle de estoque que moderaram o "ciclo de estoque", para muitos essa menor volatilidade econômica deveu-se à eficácia crescente da política monetária, principalmente daquela praticada durante o mandato de Alan Greenspan, presidente do Fed, entre 1986 e 2006.

Como seria de esperar, os prêmios de risco de vários instrumentos financeiros diminuíram acentuadamente durante a Grande Moderação porque os investidores acreditavam que uma medida imediata do banco central frustraria qualquer impacto austero sobre a economia. Aliás, a recessão de 2001 reforçou a opinião do mercado de que a economia estava mais estável. Essa recessão foi bastante branda em comparação com os padrões históricos, não obstante a explosão da grande bolha de tecnologia em 2000 e a retração do consumo após os ataques terroristas de 11 de setembro.

A estabilidade econômica incomum que precedeu a Grande Recessão foi muito semelhante à da década de 1920, um período de calmaria anterior à quebra do mercado acionário de 1929 e à Grande Depressão. O desvio padrão das mudanças na produção industrial de 1920 a 1929 foi inferior à metade do desvio nos 20 anos precedentes, parecido com o que ocorreu durante a Grande Moderação. Na década de 1920, muitos economistas, incluindo o influente Irving Fisher, da Universidade Yale, atribuíram essa maior estabilidade ao Federal Reserve, tal como o fizeram os economistas antes da recente crise financeira. E na década de 1920 os investidores também acreditavam que o Federal Reserve, criado na década precedente, poderia "amparar" a economia no caso de uma crise e moderar qualquer retração.

Infelizmente, o maior apetite por ativos de risco durante uma conjuntura econômica estável pode armar o palco para uma crise mais severa. O arrefecimento da atividade econômica, que, em tempos normais seria bem tolerado, pode assoberbar facilmente os tomadores de empréstimo altamente alavancados que têm pouca proteção em um declínio do mercado.

Alguns economistas acreditam que o ciclo dos prêmios de risco declinantes e da alavancagem crescente é a principal causa das flutuações econômicas. Hyman Minsky, professor de economia da Universidade de Washington em Saint Louis, formulou a "hipótese de instabilidade financeira",[6] na qual ele acreditava que longos períodos de estabilidade econômica e de elevação nos preços dos ativos atraíram não apenas especuladores e investidores de *momentum*, mas também trapaceiros envolvidos em esquemas Ponzi que ludibriam os investidores comuns que desejam antecipar mudanças ascendentes do mercado. As teorias de Minsky nunca ganharam muita aceitação junto aos principais economistas porque ele não as formulou de uma forma acurada. Contudo, Minsky exerceu um forte impacto sobre vários profissionais, incluindo o finado Charles Kindleberger, professor de economia do MIT cujas cinco edições de *Manias, Panics, and Crashes: A History of Financial Crises* atraíram um imenso séquito.

Hipotecas *subprime*

Diferentemente de 1929, quando a desenfreada concessão de empréstimos com garantia no mercado acionário ascendente contribuiu para a crise financeira, a principal causa da crise financeira de 2008 foi o rápido crescimento das hipotecas *subprime* e de outros títulos imobiliários que passaram a integrar o balanço patrimonial de instituições financeiras extremamente grandes e altamente alavancadas. Quando os imóveis tomaram a direção oposta e os preços desses títulos despencaram, as empresas que haviam tomado empréstimo foram arremessadas em uma crise que levou algumas à falência, outras a se fundirem com empresas mais sólidas e algumas outras a procurar o socorro financeiro do governo para assegurar sua sobrevivência.[7]

Muitos investidores acolheram favoravelmente esses títulos hipotecários de alto prêmio, acreditando que a Grande Moderação e a "proteção" do Federal Reserve haviam diminuído de forma significativa o risco de inadimplência desses títulos. Contudo, a proliferação desses títulos acelerou quando as principais agências de classificação, como Standard & Poor's e Moody's, atribuíram-lhes classificações altas. Isso possibilitou que centenas de bilhões de dólares em títulos garantidos por hipotecas fossem vendidos no mundo inteiro para fundos de pensão, municípios e outras organizações que procuravam apenas investimentos de renda fixa da mais alta qualidade. E isso também seduziu várias empresas de Wall Street que desejavam adquirir títulos com rendimento mais alto, atraídas por sua classificação AAA.

Embora alguns presumam que os bancos de investimento pressionaram as agências a atribuir a esses títulos a classificação de baixo risco de crédito, para que assim os bancos pudessem ampliar seu *pool* de compradores em potencial, na verdade eles foram classificados por técnicas estatísticas bastante semelhantes àquelas utilizadas para avaliar outros títulos. Infelizmente, essas técnicas eram pouco adequadas para analisar a probabilidade de inadimplência em um mercado habitacional em que os preços dos imóveis se elevavam bem acima dos fundamentos.

O erro de classificação decisivo

A Figura 2.1 é uma representação gráfica anual dos preços de moradia desde o final da Segunda Guerra Mundial, mensurados com e sem desconto da inflação. O período de 1997 a 2006 foi marcado por um ritmo crescente na valorização dos imóveis, em termos tanto reais quanto nominais. Ao longo desses anos, os preços nominais de moradia, com base na avaliação do índice Case-Shiller de 20 comunidades metropolitanas, quase triplicaram e os preços reais de moradia tiveram uma elevação de 130%, bem acima do aumento ao longo da década de 1970 e superior às elevações recordistas precedentes que se deram imediatamente após a Segunda Guerra Mundial.

Antes do *boom* nos preços de moradia, as hipotecas convencionais baseavam-se em um índice de valor de empréstimo/valor de mercado de 80% e a capacidade creditícia do tomador de empréstimo era importante para o credor. Isso porque o preço de uma residência particular, ou mesmo o preço médio das casas em regiões geográficas específicas, podia cair mais de 20% e, portanto, prejudicar o valor da garantia do credor.

Mas e se as hipotecas de várias e diferentes localidades pudessem ser agrupadas para formar um título capaz de diminuir consideravelmente o risco de flutuações imobiliárias locais? Desse modo, o preço dos ativos subjacentes que garantem o título deveria ser semelhante à série de preços nominais mostrada na Figura 2.1, os quais – até 2006 – evidenciaram um movimento negativo bastante pequeno. Na verdade, antes de 1997,

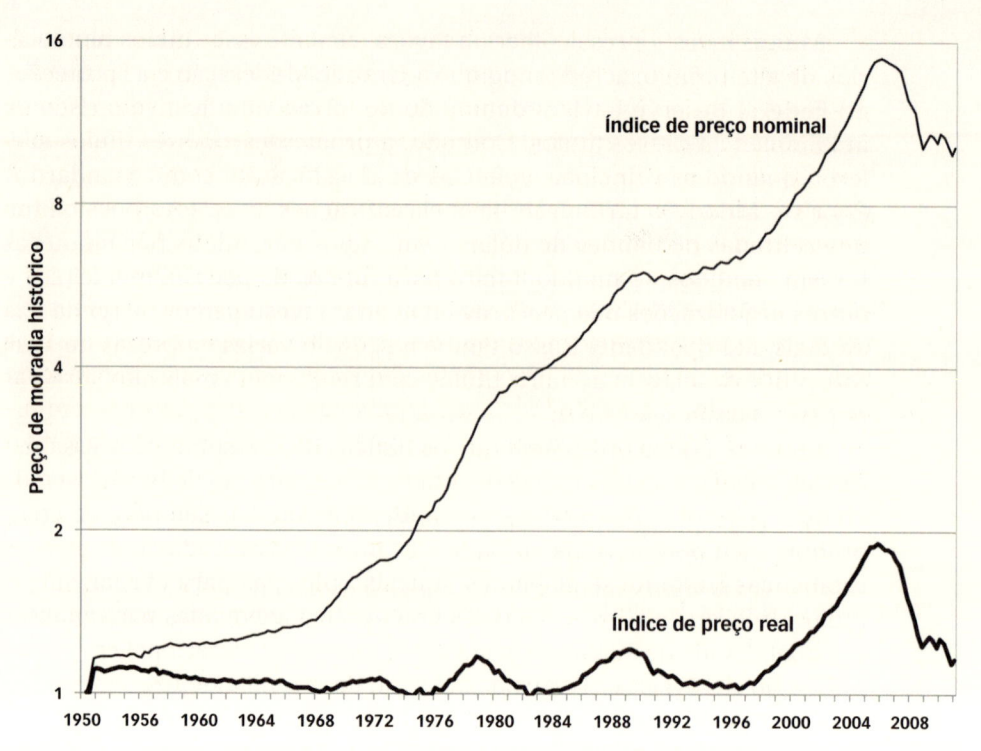

Figura 2.1 Preços nominais e reais de moradia nos Estados Unidos, 1950-2012.

o índice de moradia nominal nacional havia caído apenas em três anos específicos: dois desses declínios foram inferiores a 1,0% e o terceiro, do segundo trimestre de 1990 ao segundo trimestre de 1991, foi de 2,8%. Portanto, com base em dados históricos pós-guerra, parece não ter havido nenhum período em que o índice de preço imobiliário de âmbito nacional chegou ao menos a se aproximar do declínio de 20% necessário para interferir na garantia da hipoteca convencional.[8,9]

A Standard & Poor 's, a Moody's e outras agências de classificação analisaram essa série histórica de preços de moradia e realizaram testes estatísticos para avaliar o risco e retorno desses títulos. Com base nesses estudos, elas divulgaram que a probabilidade de a garantia por trás de uma carteira de hipotecas residenciais diversificada nacionalmente ser violada era praticamente zero. Os departamentos de administração de vários bancos de investimento concordaram com essa conclusão.

Uma conclusão igualmente importante alcançada por essa análise foi de que, na medida em que o valor do imóvel subjacente à hipoteca quase sempre ultrapassaria o da hipoteca, a capacidade creditícia do tomador não deveria ser importante para o credor. Se o tomador ficar inadimplente, o credor pode tomar a propriedade e vendê-la por um valor superior ao do empréstimo. Dessa forma, as agências de classificação identificavam esses títulos com "AAA", ignorando a capacidade creditícia do comprador de casa própria. Essa suposição impulsionou a venda de centenas de bilhões de dólares em hipotecas *subprime* e outras hipotecas "não convencionais" com pouca ou nenhuma documentação de crédito de garantia, desde que o empréstimo fosse garantido por um *pool* de hipotecas diversificadas geograficamente.

Algumas agências sabiam que as classificações de crédito altas para essas hipotecas dependiam da valorização contínua e de um baixo risco de queda nos preços das moradias. Isso é evidenciado pelo seguinte diálogo entre um membro da First Pacific Advisors, empresa de consultoria de investimento da Califórnia, e a agência de classificação Fitch em junho de 2007, tal como revelado por Robert Rodriguez, diretor executivo da First Pacific:

> Meu colega perguntou [a Fitch], "Quais são os principais determinantes de seu modelo de classificação?".
>
> Eles [Fitch] responderam, as pontuações [de crédito] da FICO e as valorizações baixas ou intermediárias de um único dígito nos preços de moradia, tal como se deu nos últimos 50 anos.
>
> Meu colega então perguntou: "E se a valorização dos preços de moradia se mantiver constante durante um longo período?".
>
> Eles responderam que o modelo de classificação começaria a colapsar.
>
> Ele então perguntou: "E se a valorização dos preços de moradia diminuísse de 1% para 2% durante um longo período?".
>
> Eles responderam que o modelo colapsaria completamente. "Com 2% de depreciação, até que nível a escala de classificação seria prejudicada?", perguntou meu colega.
>
> Eles responderam que isso poderia atingir a fatia AA ou AAA.[10]

É necessário ressaltar que na época que esse diálogo ocorreu os preços de moradia já haviam caído 4% em relação ao ano anterior, uma queda superior a de qualquer outro período pós-guerra. Desse modo, um cenário de preços de moradia decrescentes tornou-se altamente provável. Contudo, essa probabilidade não foi incorporada nas classificações de crédito desses títulos.

Tal como a Fitch previu no diálogo anterior, à medida que os preços de moradia diminuíam, as classificações desses títulos hipotecários degeneravam rapidamente. Em abril de 2006, poucos meses antes do pico nos preços de moradia, o Goldman Sachs vendeu aos investidores doze títulos hipotecários, dos quais dez haviam sido originalmente classificados como investimento com baixo risco de crédito e três como AAA. Por volta de setembro de 2007, sete das dez *tranches* (fatias) originais com baixo risco foram rebaixadas para o *status* de alto risco e quatro foram totalmente eliminadas.[11]

A bolha imobiliária

O que deveria ter alertado as agências de classificação de que a elevação constante dos preços de moradia não poderia continuar está demonstrado na Figura 2.2. O índice de preços de moradia em relação à renda familiar média permaneceu em um intervalo apertado de 2,5 e 3,1 de 1978 a 2002, mas depois aumentou acentuadamente e acabou ficando acima 4,0 em 2006, quase 50% superior aos níveis anteriores.

Mas o fato de o preço de um ativo ficar acima de seus fundamentos econômicos não significa que exista uma "bolha". Os investidores devem reconhecer que pode haver mudanças estruturais que justificam a elevação de preço. Aliás, houve períodos na história em que os preços distanciaram-se dos fundamentos, mas foram totalmente justificados por mudanças na conjuntura econômica. Um episódio desse tipo, que descreverei no Capítulo 11, é a relação entre o rendimento de dividendos das ações e a taxa de juros das dívidas de longo prazo do Tesouro.

Entre 1871 e 1956, o rendimento de dividendos ficou invariavelmente acima do rendimento das dívidas e isso foi considerado necessário porque as ações eram vistas como mais arriscadas do que as dívidas. A estratégia

Figura 2.2 Índice de preços de moradia nos Estados Unidos em relação à renda familiar média, 1978-2012.

de vender ações quando o *spread* diminuía e de comprá-las quando ele aumentava foi lucrativa durante várias décadas.

Contudo, quando os Estados Unidos abandonaram o padrão-ouro, a inflação crônica começou a ser incorporada na taxa de juros e em 1957 as taxas ficaram acima do rendimento de dividendos das ações e assim se mantiveram por mais de meio século. Aqueles que venderam ações e compraram títulos de dívida em 1957 quando esse indicador fundamentalista emitiu o alerta "Venda!" obtiveram retornos insatisfatórios porque as ações se demonstraram muito mais bem protegidas contra a inflação e ofereceram retornos mais altos do que os investimentos de renda fixa.

De uma maneira semelhante, havia motivos plausíveis para a elevação dos preços dos imóveis acima de sua relação histórica com a renda familiar média no início da década de 2000. Primeiro, houve declínios significativos nas taxas de juros nominais e reais que fizeram com que o custo do financiamento habitacional ficasse extremamente baixo. Segundo, houve a proliferação de novos instrumentos hipotecários, como hipotecas *subprime* e "totalmente financiadas", que emprestavam um valor igual – e em alguns casos superior – ao preço de compra da casa. Essas hipotecas abriram a porta para os tomadores que anteriormente não tinham capacidade creditícia para um empréstimo e ampliou de maneira significativa a demanda por habitação. A popularidade dessas hipotecas totalmente financiadas foi esclarecida pela Associação Nacional de Corretores de Imóveis (National Association of Realtors – NAR) quando, em janeiro de 2006, essa associação anunciou que 43% daqueles que compraram sua primeira residência a adquiriram com empréstimos sem entrada e que o pagamento de entrada médio equivalia a meros 2% de uma casa com preço médio de US$ 150.000.[12]

Economistas renomados e altamente respeitados, como Charles Himmelberg, economista sênior do Federal Reserve Bank de Nova York, Chris Mayer, diretor do Centro de Pesquisa Imobiliária da Escola de Negócios da Universidade Columbia, e Todd Sidar professor associado da área imobiliária da Escola Wharton, defenderam que as taxas de juros mais baixas justificavam o alto nível dos preços imobiliários.[13] Alguns também mencionaram o *boom* na compra de uma segunda residência, um fator que muitos imaginaram que persistiria durante anos, quando os *baby boomers* se aposentassem.[14]

Mas vários outros questionaram a sustentabilidade do aumento dos preços de moradia. O professor Robert Shiller, da Universidade Yale, e seu colega Karl Case, que desenvolveram os índices Case-Shiller de preços de moradia que se tornaram referência para a categoria, chamaram a atenção pela primeira vez para a bolha imobiliária em um artigo de 2003, no *Brookings Papers*, intitulado "Is There a Housing Bubble?".[15] Dean Baker, codiretor do Centro de Pesquisa Econômica e Política em Washington, também escreveu e falou amplamente sobre os perigos da bolha da habitação em 2005 e início de 2006.[16,17] O desacordo entre os especialistas sobre se de fato existia uma bolha imobiliária deve ter alertado as agências de classificação para que se abstivessem de classificar esses títulos como se basicamente não houvesse nenhuma probabilidade de eles ficarem inadimplentes.[18]

Falha regulatória

A despeito dessas advertências, os órgãos reguladores em geral, e o Federal Reserve em particular, não acreditavam que a inflação nos preços de moradia representasse uma ameaça à economia e não questionaram as classificações altas atribuídas aos títulos hipotecários *subprime*. Além disso, eles não monitoraram o aumento gradativo dos títulos associados a hipotecas de risco no balanço patrimonial das principais instituições financeiras. Essas falhas deixam uma grave mancha na história da autoridade monetária americana.

É particularmente desastroso que Alan Greenspan, presidente do Federal Reserve, de longe a autoridade pública mais influente em assuntos econômicos, não tenha advertido contra os riscos crescentes representados pela elevação sem precedentes nos preços da habitação. Greenspan provavelmente estava ciente da dívida *subprime* florescente e da possível ameaça que isso representava para a economia porque um de seus colegas governadores no Federal Reserve, Edward Gramlich, escreveu sobre esses instrumentos *subprime* e publicou um livro intitulado *Subprime Mortgages: America's Latest Boom and Bust* em junho de 2007.[19]

Alguns sustentaram que o Fed não tinha o papel de supervisão sobre as instituições financeiras não bancárias e que o impacto dos preços imobiliários mais altos estava fora de sua alçada. Mas por que então Greenspan ficou preocupado com a elevação dos preços das ações uma década antes para dar feitio ao seu famoso discurso sobre "exuberância irracional" no Clube Econômico de Washington em dezembro de 1996? Todas as questões que afetam a estabilidade do setor financeiro são responsabilidade do Federal Reserve, tenham elas origem nos bancos ou não. A falta de preocupação de Greenspan com o aumento gradativo de ativos de risco no balanço patrimonial das empresas financeiras foi evidenciada quando ele declarou perante os comitês do congresso, em outubro de 2008, que se encontrava em um estado de choque e descrença ("*shocked disbelief*") quanto ao fato de as principais instituições de empréstimo não terem tomado medidas para proteger o patrimônio líquido dos acionistas contra um colapso no mercado de imóveis residenciais nem neutralizado sua exposição ao risco por meio de derivativos financeiros ou *swaps* de risco de inadimplência.[20,21]

Embora Greenspan não tenha previsto a crise financeira, eu, ao contrário de outros,[22] não o responsabilizo pela origem da bolha de imóveis residenciais. Isso porque a política do Fed de aumentar lentamente as taxas de juros não foi a principal força motriz na elevação dos preços dos imóveis. A queda das taxas de juros de longo prazo, impulsionada pelo arrefecimento do crescimento econômico, a mudança de ações para dívidas nos fundos de pensão corporativos, o imenso acúmulo de reservas nos países asiáticos, particularmente na China, e a proliferação de hipotecas *subprime* e totalmente financiadas, tiveram um influência muito maior sobre a elevação dos preços imobiliários do que o nível das taxas dos fundos do Fed definido por Greenspan e pelo Comitê Federal de Mercado Aberto. Além disso, as forças que impelem os preços imobiliários para cima impõem-se em nível mundial e nas moedas das nações que têm um banco central completamente independente. Por exemplo, os preços de moradia dispararam na Espanha e na Grécia, países cuja política monetária foi estabelecida pelo Banco Central Europeu.

Superalavancagem das instituições financeiras em ativos de risco

É improvável que a elevação e queda nos preços imobiliários e os títulos garantidos por hipotecas correspondentes *por si sós* provocassem a crise financeira ou uma grave recessão, não fosse o acúmulo desses títulos no balanço patrimonial de empresas financeiras importantes. O valor total de *subprime*, "alt-A" (dívida de qualidade levemente superior à *subprime*), e das hipotecas de alto risco chegou a US$ 2,8 trilhões no segundo trimestre de 2007.[23] Mesmo que o preço de todos esses títulos se reduzisse a zero, a perda de valor seria inferior à queda de valor das ações de tecnologia durante o colapso do *boom* das ponto-com ocorrido sete anos antes. E esse colapso do mercado, mesmo quando seguido pelas rupturas econômicas que se deram após os devastadores ataques terroristas de 11 de setembro, provocou uma recessão apenas moderada.

A grande diferença entre esses dois episódios é que, no pico do *boom* tecnológico, as empresas de corretagem e os bancos de investimento não mantinham grandes quantidades de ações especulativas, cujo preço estava fadado a despencar. Isso porque, antes da explosão da bolha das ponto-com, as empresas de investimento já haviam vendido praticamente todos os seus investimentos de risco em tecnologia.

De uma maneira marcadamente diferente, no pico do mercado imobiliário, Wall Street estava enterrada até o pescoço em dívidas relacionadas à habitação. Tal como já ressaltado, no cenário de taxas de juros declinantes, os investidores estavam ávidos por rendimentos, e esses títulos associados a hipotecas tinham taxas de juros mais altas do que as taxas de dívidas corporativas e governamentais com classificação comparável. Isso induziu os bancos de investimento, como o Bear Stearns, a vender esses títulos aos investidores com a promessa de um rendimento mais alto e uma segurança comparável.[24] Embora muitos bancos de investimento mantivessem esses títulos por conta própria, seus investimentos em dívida *subprime* aumentaram consideravelmente quando eles foram forçados a receber de volta os fundos *subprime* instáveis que haviam vendido aos investidores em virtude das reclamações de que estes não estavam totalmente a par de seus riscos.[25]

Os riscos para o sistema financeiro foram agravados quando a AIG, a maior seguradora do mundo, propôs-se a proteger centenas de bilhões de dólares em hipotecas desse tipo contra inadimplência por meio de um instrumento denominado *swap de risco de inadimplência*. Quando os preços dessas hipotecas caíram, a AIG teve de cobrir bilhões de dólares em reservas que ela não possuía. Ao mesmo tempo, os bancos de investimento que tiveram de tomar empréstimos pesados para comprar essas hipotecas constataram que seus recursos haviam secado quando os credores solicitaram de volta os empréstimos garantidos por esses ativos. A queda no valor desses títulos imobiliários precipitou a crise financeira. É provável que, se os bancos de investimento tivessem mantido as ações de tecnologia quando os preços despencaram no final de 2000, uma crise de liquidez semelhante teria ocorrido na época. Mas eles não o fizeram.

O PAPEL DO FEDERAL RESERVE NA MITIGAÇÃO DA CRISE

A concessão de empréstimos é a força vital, é o óleo que lubrifica todas as grandes economias. Em uma crise financeira, as instituições que um dia foram consideradas seguras e dignas de crédito de repente são vistas com suspeitas. Quando o Lehman faliu, propagaram-se temores de que várias outras instituições financeiras também estavam em dificuldade. Isso levou os credores a solicitar de volta seus empréstimos e a cortar suas linhas de crédito, ao mesmo tempo em que os investidores vendiam ativos de risco e tentavam aumentar o nível de ativos "seguros" em sua carteira.

Contudo, existe apenas uma entidade capaz de oferecer tal liquidez em uma época de crise: o banco central – uma instituição que Walter Bagehot, jornalista inglês do século XIX, apelidou de "credor de última instância".[26] O banco central cria liquidez ao conceder reservas aos bancos que, por sua vez, emprestam ou vendem títulos ao banco central. Sob solicitação, os bancos podem transformar essas reservas em notas ou "moeda" do banco central, que são o ativo líquido supremo. Dessa forma, os bancos centrais podem responder a uma "corrida bancária", ou ao desejo dos depositantes de resgatar seus depósitos em forma de moeda, emprestando a esses bancos qualquer quantidade de reservas garantidas por seus ativos, independentemente de a qualidade ou de o preço desses ativos ter caído.

O credor de última instância entra em ação

Após a falência do Lehman, o Fed ofereceu a liquidez desejada pelo mercado. Em 19 de setembro, três dias depois que o Reserve Primary Fund anunciou que quebraria abaixo do dólar, o Tesouro divulgou que estava assegurando a todos os fundos do mercado monetário participantes o montante total do investimento histórico. O Tesouro revelou que estava utilizando o dinheiro de seu Fundo de Estabilização Cambial, normalmente usado para transações cambiais, para garantir seu plano de seguro. Entretanto, como o Tesouro tinha apenas US$ 50 bilhões em seu fundo, menos de 2% dos ativos nos fundos do mercado monetário, teria de depender de uma linha de crédito ilimitada do Fed para honrar sua promessa. O próprio Fed criou uma linha de crédito para estender empréstimos *nonrecourse* aos bancos por meio da compra de *commercial papers* dos fundos mútuos,[27] e um mês depois a Linha de Financiamento ao Investidor do Mercado Monetário foi estabelecida.

Em 29 de setembro de 2008, a Corporação Federal de Seguro de Depósito (Federal Deposit Insurance Corporation – FDIC) anunciou que havia firmado um acordo de compartilhamento de perdas com o Citigroup em um *pool* de empréstimos de US$ 312 bilhões, no qual o Citigroup absorveria os primeiros US$ 42 bilhões em perdas e a FDIC absorveria perdas acima desse valor. O Fed forneceu um empréstimo *nonrecourse* sobre os US$ 270 bilhões remanescentes do plano. Em janeiro houve um acordo semelhante com o Bank of America correspondente a aproximadamente um terço do tamanho do anterior. Em troca, o Citigroup emitiu para a FDIC US$ 12 bilhões em ações preferenciais e garantias. Em 18 de setembro o Fed firmou um acordo de *swap* de US$ 180 bilhões com os principais bancos centrais para melhorar a liquidez nos mercados financeiros globais.

Além das garantias aos fundos mútuos do mercado monetário anunciadas imediatamente após a falência do Lehman, a FDIC divulgou em 7 de outubro que estava aumentando a cobertura de seguro de depósito para US$ 250.000 por depositante, aumento autorizado pela Lei de Estabilização Econômica de Emergência de 2008 que havia sido aprovada pelo Congresso quatro dias antes. Em 14 de outubro, a FDIC criou seu novo Programa de Garantia de Liquidez Temporária para assegurar a dívida sênior de todas as instituições garantidas pela FDIC e de suas *holdings*, bem como os depósitos em contas de depósito não remuneradas.[28] Em vigor, a garantia do governo a dívidas seniores na verdade assegurava todos os depósitos, visto que estes tinham prioridade na ocorrência de falência.

A única forma de a FDIC conseguir garantir os fundos fornecidos por meio dessas iniciativas políticas era contar com o apoio total do Federal Reserve. A FDIC não tem um fundo fiduciário, mas seu tamanho é uma fração ínfima dos depósitos que ela assegura.[29] A credibilidade da FDIC para honrar suas promessas, tal como a que o Fundo de Estabilização Cambial utilizava para "assegurar" as contas do mercado monetário, depende de uma linha de crédito ilimitada que a agência mantém com o Federal Reserve.

Por que o Federal Reserve e o presidente Bernanke tomaram todas essas medidas ousadas para garantir uma liquidez suficiente ao setor privado? Pelas lições que ele e outros economistas aprenderam com o que os bancos centrais *não* fizeram durante a Grande Depressão.

Todo macroeconomista já teve oportunidade de examinar a obra *The Monetary History of the United States*, escrita em 1963 por Milton Friedman, economista da Universidade de Chicago e ganhador do Nobel. Sua pesquisa gerou um argumento condenatório contra o Federal Reserve por não fornecer reservas ao sistema bancário durante a Grande Depressão. Não havia dúvida de que Ben Bernanke, com Ph.D. em economia e especialidade em teoria e política monetária pelo Instituto de Tecnologia de Massachusetts, estava a par da pesquisa de Friedman e determinado a evitar a repetição dos erros do Fed.[30] Em um discurso pronunciado no nonagésimo aniversário de Milton Friedman, em 2002, seis anos antes da crise financeira, Bernanke, dirigindo-se ao professor Friedman, afirmou: "Com relação à Grande Depressão: vocês estão certos, fizemos isso. Sentimos muito. Mas graças a vocês não faremos isso novamente".[31]

O Lehman Brothers deveria ter sido salvo?

Embora o Federal Reserve tenha entrado em ação *após* a falência do Lehman Brothers, os economistas e analistas políticos ainda debaterão durante anos sobre se o banco central deveria ou não ter socorrido o banco. Não obstante o Federal Reserve tenha negado que tivesse plena autoridade legal para socorrer o Lehman, os fatos ditam o contrário. Em 1932, o Congresso reformou a Lei do Federal Reserve original, de 1913, acrescentando a Seção 13 (3), que postula:

> Em circunstâncias incomuns e urgentes, o Conselho de Governadores do Federal Reserve System, pelo voto favorável de no mínimo cinco membros, pode autorizar qualquer banco de reserva federal, durante os períodos em que o conselho mencionado assim determinar, [...] a descontar, para qualquer indivíduo, sociedade ou corporação, notas, saques e letras de câmbio quando [eles] forem assegurados de acordo com os critérios do Federal Reserve Bank: desde que, antes de descontar [...] o Federal Reserve Bank obtenha provas de que esse indivíduo, sociedade ou corporação é incapaz de assegurar adiantamentos de crédito adequados junto a outras instituições bancárias.[32]

Não há dúvida de que no fim de semana anterior à declaração de falência do Lehman Brothers ele teria direito ao empréstimo do Fed, visto que evidentemente era "incapaz de assegurar adiantamentos de crédito adequados junto a outras instituições bancárias".

O motivo de o Fed não ter socorrido o Lehman tinha um cunho mais político do que econômico. Os resgates financeiros anteriores do governo ao Bear Stearns e às agências Fannie Mae e Freddie Mac colecionaram muitas críticas entre o público e particularmente entre os republicanos. Após o resgate financeiro do Bear Stearns, a administração Bush se pronunciou: "Chega de resgates financeiros". O secretário do Tesouro Henry Paulson comunicou ao Lehman Brothers, logo após o resgate financeiro do Bear, que deveria pôr a casa em ordem e não esperar ajuda do Fed. Poucos dias antes do Lehman entrar em falência, o Fed havia rejeitado seu pedido de empréstimo de US$ 40 bilhões. O secretário do Tesouro Paulson e o Fed esperavam que, com essa notificação um tanto antecipada, a falência do Lehman seria digerida pelos mercados financeiros sem rupturas significativas.[33]

Mas a verdadeira questão foi que em março, quando o Tesouro advertiu o Lehman de que deveria organizar seu balanço patrimonial, já era tarde demais. O Lehman não havia apenas tomado empréstimos pesados para comprar hipotecas *subprime*; havia também acabado de conceder um empréstimo de US$ 17 bilhões, com o Bank of America, à Tishman Speyer para a compra do Archstone-Smith Trust por US$ 22,2 bilhões. O Lehman esperava vender a dívida a novos compradores por taxas consideráveis, de uma maneira semelhante ao que a Blackstone fez quando vendeu as propriedades de Sam Zell no pico do mercado. Mas o Lehman ficou com US$ 5 bilhões em imóveis não vendidos em uma transação descrita por alguns como a pior já realizada pelo Lehman Brothers.[34] Embora o diretor executivo Richard Fuld tenha continuado a sustentar que o Lehman era solvente, os *traders* sabiam que, pelo fato de o mercado imobiliário estar em queda, o Lehman tinha poucas chances de sobreviver. A trajetória para a falência fora irrevogavelmente firmada depois que o Lehman mergulhou em títulos garantidos por hipotecas e no superaquecido mercado de imóveis.

A decisão do Fed de não socorrer a AIG foi compelida pelo caos financeiro inesperado que se seguiu imediatamente após a falência do Lehman. O Fed e o Tesouro, surpreendidos pela corrida repentina dos investidores por dinheiro e pela onda de prêmios de risco nos mercados monetários internacionais, acreditavam que outra falência que colocasse em dúvida centenas de bilhões de dólares em dívidas e *swaps* de risco de inadimplência provavelmente demoliria o sistema financeiro global. Embora a AIG, como seguradora, estivesse além da esfera de responsabilidade do Federal Reserve em comparação com o Lehman, o Fed salvou a gigante dos seguros.[35] Não tenho quase nenhuma dúvida de que, se a AIG tivesse falido primeiro, o pânico financeiro resultante teria forçado o Fed a resgatar o Lehman no dia seguinte.

O Programa de Alívio de Ativos Problemáticos (Troubled Asset Relief/ Recovery Program – Tarp), descrito detalhadamente no próximo capítulo, não foi de forma alguma essencial para protelar a crise financeira. Isso porque todos os fundos autorizados pelo Tarp, e outros mais, não poderiam ter sido supridos pelo Federal Reserve de acordo com a legislação existente sem a aprovação do Congresso. O Tarp foi impelido por Bernanke e Paulson para obter cobertura política. Eles sabiam que os resgates financeiros seriam extremamente malquistos e queriam que o Congresso aprovasse as medidas que eles haviam tomado.

O historiador do Fed, Allan Meltzer, professor de economia na Universidade Carnegie-Mellon, afirmou que o Fed cometeu um grave erro ao alimentar a expectativa de que resgataria as instituições sistêmicas – por exemplo, o Bear Stearns, cuja falência ameaçava o sistema financeiro – e depois deixar o Lehman desmoronar.[36] Isso é reiterado por Charles Plosser, presidente do Federal Reserve Bank de Filadélfia, que acreditava que uma falência do Bear Stearns em março poderia ter sido absorvida pelo mercado e teria induzido outras empresas a aumentar sua liquidez, detendo um estrago maior.

Mas acredito que seja bem mais provável que, se a falência do Bear tivesse sido permitida, teria antecipado consideravelmente a corrida ao Lehman, precipitando a crise em março, e não em setembro. É inconcebível que as empresas financeiras tenham considerado o resgate do Bear Stearns pelo Fed um sinal para "se alavancar" com mais ativos de risco porque o Fed resgataria essas empresas em apuros. É necessário ressaltar que até mesmo o "resgate" do Bear exigiu a dissolução da empresa e a concessão de uma fração ínfima de seu valor contábil aos acionistas. Dois proprietários da AIG ainda estão contestando a tomada de controle quase total da gigante dos seguros pelo governo federal quando ela foi resgatada de uma falência praticamente certa. Em 2008, já era tarde demais para as agências regulatórias deterem a crise. As agências regulatórias deveriam ter tomado medidas anos antes, quando as empresas de classificação estavam qualificando as hipotecas *subprime* como AAA e os bancos, à procura de rendimentos mais altos, começaram a aumentar sua alavancagem nesses títulos.

Reflexões sobre a crise

A superalavancagem anterior à crise financeira foi motivada pela diminuição do risco ocorrida durante o longo período de estabilidade financeira que precedeu a crise financeira, pela classificação equivocada dos títulos garantidos por hipotecas por parte das agências de classificação, pela aprovação da ampliação da aquisição de casa própria pelo *establishment* político e pela falta de supervisão por parte de organizações reguladoras fundamentais, particularmente do Federal Reserve. Mas a administração de várias dessas empresas financeiras deveria ter sido responsabilizada. Elas foram incapazes de perceber as ameaças que as abateriam assim que o *boom* de imóveis residenciais chegasse ao fim e abdicaram da responsabilidade em avaliar os riscos em relação aos técnicos que utilizavam programas estatísticos errados.

A crise financeira também derrubou o mito que cresceu em meio ao mandato de Greenspan de que o Federal Reserve poderia ajustar a economia e eliminar o ciclo econômico. Entretanto, embora não tenha percebido a fermentação da crise, o Federal Reserve agiu rapidamente para garantir a liquidez e evitar que a recessão se tornasse bem mais grave do que se revelou.

A crise financeira de 2008 é bem explicada pela seguinte analogia: não há dúvida de que os avanços da engenharia tornaram os carros de passeio bem mais seguros do que eles eram há 50 anos. Mas isso não quer dizer que o automóvel é seguro em qualquer velocidade. Hoje, uma pequena irregularidade na estrada pode atirar para o ar o automóvel mais avançado a uma velocidade de 190 km/h com a mesma certeza que um modelo mais antigo a 130 km/h. Durante a Grande Moderação, os riscos eram de fato menores e as empresas financeiras alavancaram racionalmente seu balanço patrimonial em virtude disso. Contudo, essa alavancagem tornou-se extremamente grande e bastou um aumento imprevisto no índice de inadimplência em hipotecas *subprime* – a "irregularidade na estrada" – para arremessar a economia em uma crise.

3

Mercados, economia e política governamental na esteira da crise

Nunca desejamos que uma crise grave seja desperdiçada. É uma oportunidade para fazer coisas importantes que, de outra forma, não poderíamos realizar.

— RAHM EMANUEL, CHEFE DE GABINETE DA CASA BRANCA
NA ADMINISTRAÇÃO DO PRESIDENTE OBAMA,
NOVEMBRO DE 2008

O choque de crédito, que reduziu acentuadamente os preços dos imóveis e fez os mercados acionários despencarem, precipitou a recessão mais profunda nas economias mundiais desenvolvidas desde a Segunda Guerra Mundial. Nos Estados Unidos, o PIB real caiu 4,3% do quarto trimestre de 2007 ao segundo trimestre de 2009, eclipsando por uma ampla margem o recorde anterior de 3,1% da recessão de 1973–1975. A recessão de 18 meses, que se estendeu de dezembro de 2007 a junho de 2009, também foi a mais longa desde a Grande Depressão de 43 meses, no início da década de 1930, visto que o desemprego atingiu 10,0% em outubro de 2009. Embora 0,8 ponto percentual abaixo do nível recorde pós-guerra de 10,8%, registrado em novembro de 1982, a taxa de desempregados permaneceu acima de 8% durante três anos, duas vezes mais longa do que na recessão de 1981–1982.

Tal como a Figura 3.1 demonstra, ainda que a crise tenha se originado nos Estados Unidos, o declínio do PIB americano foi inferior ao de grande parte do mundo desenvolvido: a produção caiu 9,14% no Japão, 5,50% na zona do euro e 6,80% na Alemanha, a maior economia da Europa. O

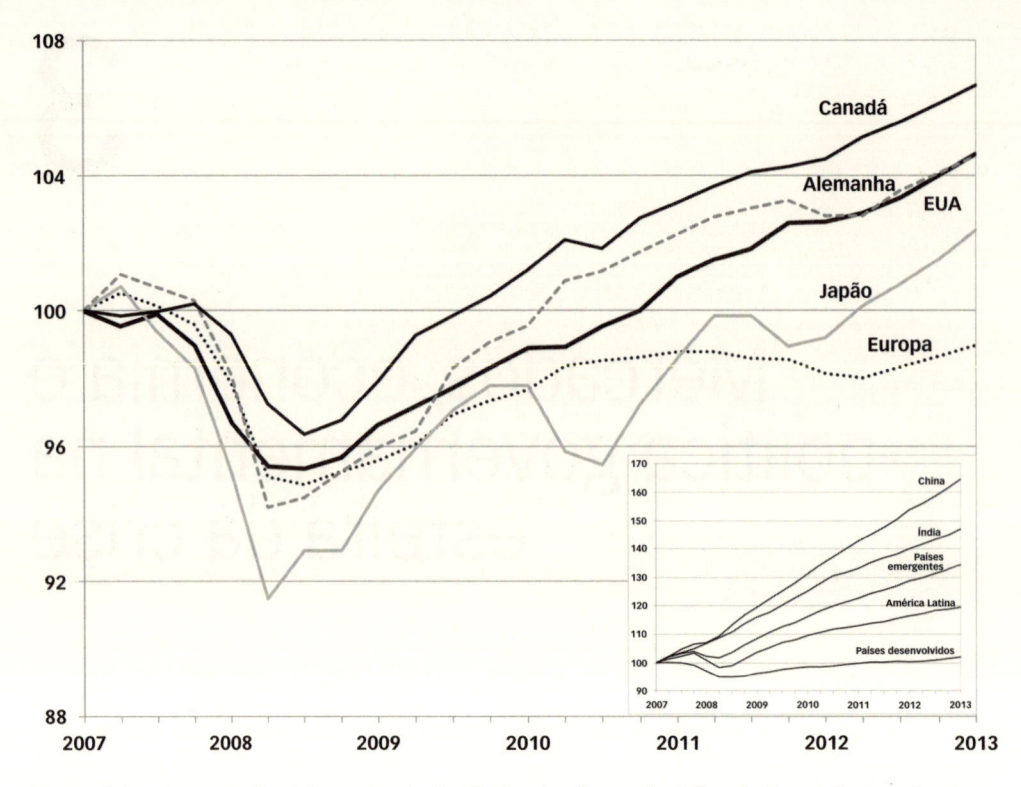

Figura 3.1 Comparações internacionais do PIB da crise financeira à Grande Recessão (quarto trimestre de 2007 = 100).

Canadá, cujos bancos nunca haviam ficado tão superalavancados em ativos imobiliários quanto nos Estados Unidos, experimentou uma retração moderada.

A Figura 3.1 demonstra também que as economias emergentes resistiram muito mais ao choque econômico do que o mundo desenvolvido; o crescimento do PIB real arrefeceu, mas não caiu em países de rápido crescimento como a China e a Índia. Nas economias emergentes de modo geral, o PIB teve uma queda de apenas 3%; e por volta do segundo trimestre de 2009, a produção já havia ultrapassado a alta anterior. Em contraposição, foi somente no final de 2011 que os Estados Unidos recuperaram a produção perdida, ao passo que o Japão só atingiu seu pico de produção no final de 2013 e a Europa ainda estava abaixo de seu pico.

EVITANDO A DEFLAÇÃO

Não obstante a gravidade da Grande Recessão, sua intensidade de forma alguma se compara com o declínio da atividade econômica ocorrido durante a Grande Depressão na década de 1930. Nos Estados Unidos, o

PIB real caiu 26,3% entre 1929 e 1933, mais de cinco vezes o declínio na Grande Recessão, e o desemprego disparou, ficando entre 25% e 30%.[1,2] Um dos motivos da diferença entre a Grande Depressão de 1929–1933 e a Grande Recessão de 2007–2009 foi o comportamento do nível de preços. Os preços ao consumidor caíram 27% entre setembro de 1929 e março de 1933, enquanto o declínio máximo do índice de preço ao consumidor durante a Grande Recessão foi de 3,5%.[3] Em março de 2010, esse índice ultrapassou seu pico pré-crise, mas foram necessários 14 anos para os preços ao consumidor voltarem ao nível de 1929, após a Grande Depressão.

A deflação agrava o ciclo econômico, visto que uma queda nos salários e nos preços aumenta o encargo da dívida, que, por sua vez, aumenta em valor real à medida que os preços caem. Os consumidores já estavam sobrecarregados com níveis de dívida recordes em 2007, antes da crise financeira. Se os salários e os preços tivessem caído tal como ocorreu na Grande Depressão, o ônus do consumidor e a dívida hipotecária teriam sido mais de um terço superiores em termos reais, aumentando consideravelmente o número de insolvências.[4] Esse é o motivo de a estabilização do nível de preços ter sido uma prioridade para o Federal Reserve e é uma das principais razões de as despesas de consumo e empresariais não terem diminuído tanto na recessão de 2007–2009, em comparação com o que se deu na década de 1930.[5]

O Federal Reserve foi capaz de evitar a deflação ao estabilizar a oferta de moeda. Na Grande Depressão, a oferta de moeda, avaliada como a soma da demanda e dos depósito de poupança (M2), teve uma queda de 29% entre agosto de 1929 e março de 1933.[6] Em contraposição, a oferta de moeda na verdade aumentou durante a crise financeira de 2008 porque o Federal Reserve elevou as reservas totais em mais de US$ 1 trilhão. Essa medida forneceu reservas suficientes para que os bancos não fossem forçados a pedir empréstimo do mesmo modo que o foram na década de 1930. Embora certamente se possa questionar se as injeções de reserva posteriores (denominadas *afrouxamento quantitativo*) de fato ajudaram a economia, não havia praticamente nenhuma dúvida de que as provisões iniciais de liquidez eram fundamentais para estabilizar os mercados e impedir que a retração se agravasse substancialmente.

REAÇÃO DOS MERCADOS FINANCEIROS À CRISE FINANCEIRA

Ações

Não obstante as medidas tomadas pelo Federal Reserve para moderar a contração econômica, a ruptura de crédito subsequente à falência do Lehman teve um impacto devastador sobre os mercados acionários, que sofreram a pior queda em 75 anos. Nas nove semanas posteriores a 15 de setembro, o índice S&P 500 caiu 40%, para uma baixa intradiária de 740 em 21 de novembro. No final, esse índice amplo de referência despencou para uma baixa de 12 anos de 676 em 9 de março de 2009, quase 57% abaixo do pico de fechamento atingido um ano e meio antes. Embora o declínio do índice de referência tenha superado o recorde pós-guerra anterior de 48%, ocorrido entre janeiro de 1973 e outubro de 1974, ele não se aproximou da queda que prenunciou a Grande Depressão, quando as ações caíram mais de 87%.[7] Da alta de mercado de outubro de 2007 a março de 2009, a riqueza do mercado acionário americano diminuiu em US$ 11 trilhões, uma importância que corresponde a mais de 70% do PIB do país.

A volatilidade dos preços das ações aumentou acentuadamente, tal como ocorre em mercados baixistas. O índice de volatilidade VIX, que mede o prêmio incorporado em opções de venda e de compra no mercado acionário (medindo, em vigor, o custo para "assegurar" uma carteira de ações), disparou de menos de 10 em março de 2007, antes do princípio da crise, para cerca de 90, imediatamente após a falência do Lehman. Esse nível foi superior a qualquer outro no período pós-guerra, com exceção daquele que foi registrado logo após a quebra de mercado de 19 de outubro de 1987.[8]

Outra medida de volatilidade, o número de dias em que o mercado acionário tem uma alta ou baixa de 5% ou mais, aumentou sensivelmente para níveis não atingidos desde o início da década de 1930. Entre a falência do Lehman em 15 de setembro e 1º de dezembro, houve nove dias em que o índice industrial Dow Jones caiu pelo menos 5% e seis dias em que aumentou em 5% ou mais. Com exceção da década de 1930, quando se testemunharam variações de 5% ou mais em um recorde de 78 dias, esses 15 dias de oscilações de 5% ou mais superaram o total de qualquer outra década desde 1890.[9]

A queda repentina dos mercados acionários americanos teve repercussão no exterior. Ao redor do mundo, o mercado acionário perdeu uma riqueza de US$ 33 trilhões, em torno da metade do PIB anual mundial.[10] Em moeda local, o índice EAFE do Morgan Stanley para mercados desenvolvidos não americanos teve uma queda de magnitude quase idêntica à dos Estados Unidos. Contudo, em virtude da valorização do dólar durante o período, a queda total foi de 62% em dólar. As ações dos mercados emergentes caíram 64% em dólar, embora tenham caído menos na moeda local porque a moeda de quase todos os mercados emergentes, com exceção do iuane chinês, teve uma depreciação em relação ao dólar.[11]

O declínio nos mercados acionários emergentes foi quase idêntico ao experimentado durante a crise financeira asiática em 1997–1998. Porém, nas baixas de 2009, os índices dos mercados emergentes permaneceram bem acima dos níveis alcançados no fundo do mercado baixista de 2002. Isso contrasta com os Estados Unidos e a maioria dos outros mercados desenvolvidos que tiveram uma queda inferior às suas quedas no mercado baixista de 2002.

Determinados setores acionários que se mantiveram bem nos primeiros estágios da queda de mercado caíram acentuadamente com o conge-

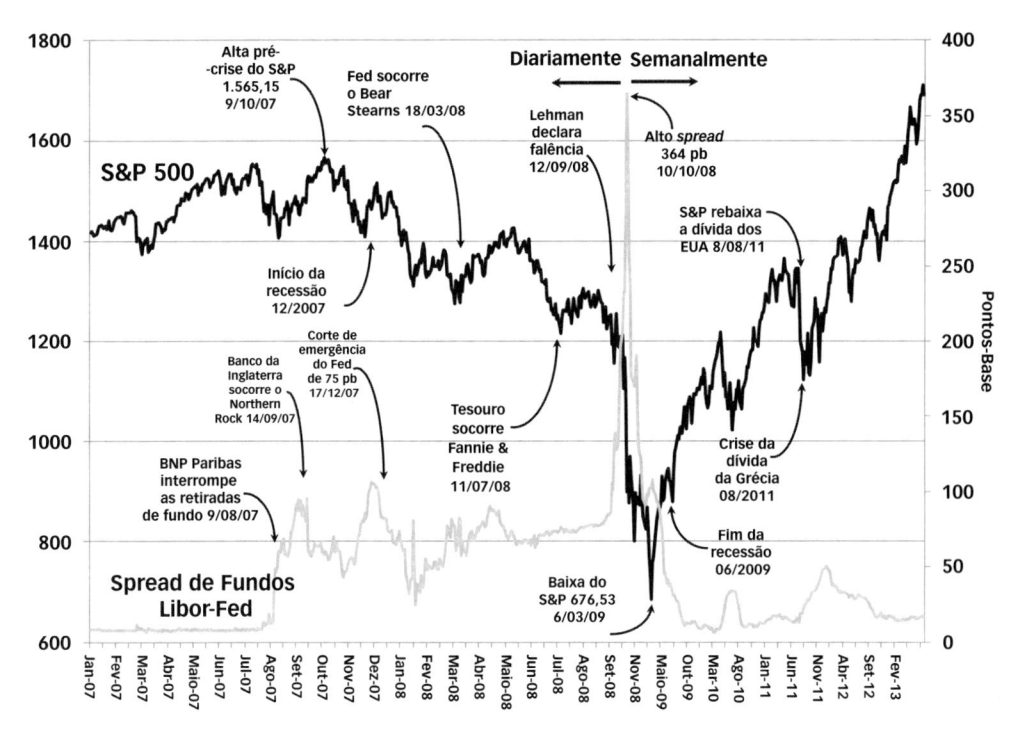

CAPÍTULO 3 Mercados, economia e política governamental na esteira da crise

Figura 3.2 O S&P 500 e a Libor – *spread* dos fundos federais na crise financeira, janeiro de 2007 a junho de 2013.

lamento dos mercados de crédito. Os fundos de investimento imobiliário (*real estate investment trusts* – REITs) são um bom exemplo. Os investidores, que passaram a comprá-los em virtude de seu rendimento, a princípio alocaram nessas ações quando as taxas de juros diminuíram, e na verdade os REITs tiveram uma recuperação na semana após a falência do Lehman. Contudo, com o temor entre os investidores de que os credores refreassem as linhas de crédito, em média os REITs registraram uma perda surpreendente de dois terços de seu valor nas dez semanas seguintes e tiveram uma queda total de 75% quando o mercado baixista chegou ao fim em março de 2009. Os fundos imobiliários que foram financiados por empréstimos de curto prazo ou que fizeram uma alavancagem extra durante o *boom* na tentativa de incrementar os rendimentos para os investidores foram atingidos particularmente em cheio.[12]

O setor financeiro do S&P 500 registrou uma queda de 84% entre seu pico em maio de 2007 e seu vale em março de 2009, extinguindo em torno de US$ 2,5 trilhões em ações. O declínio percentual foi superior à queda de 82,2% experimentada no setor de tecnologia do S&P 500 de 2000 a 2002. Contudo, como as avaliações do setor de tecnologia no período de pico eram três vezes superiores à do setor financeiro, os valores acionários perdidos na quebra do setor tecnológico foram bem maiores –

US$ 4 trilhões.[13] Entretanto, embora a quebra do setor tecnológico tenha liquidado os cinco anos precedentes de ganhos totais do mercado acionário, a crise financeira destruiu 17 anos de ganhos, diminuindo os preços das ações para os níveis de 1992.

Muitas empresas financeiras tiveram uma queda bem superior à média de 84% do setor. Do pico ao vale, o Bank of America perdeu 94,5% do valor de mercado de suas ações, o Citibank perdeu 98,3% e a AIG registrou uma perda surpreendente de 99,5%.[14] Os acionistas do Lehman Brothers e do Washington Mutual e um grande número de instituições financeiras menores perderam tudo, ao passo que os acionistas da Fannie Mae e Freddie Mac, empresas gigantes garantidas pelo governo que abriram seu capital no início da década de 1980, ainda mantêm uma chama de esperança de que possam recuperar parte de seu capital.[15] Muitos bancos internacionais se saíram igualmente mal em comparação com os bancos americanos. Do pico ao vale, o Barclays teve uma queda de 93%, o BNP Paribas, de 79%, o HSBC, de 75%, e o UBS, de 88%. O Banco Real da Escócia, que precisou de um empréstimo do Banco da Inglaterra para sobreviver, registrou uma queda de 99%.

A queda percentual no índice S&P 500 superou o declínio nos lucros operacionais das empresas que o índice engloba. Os lucros operacionais do S&P 500 tiveram uma queda de 57% – de um recorde de US$ 91,47, no período de 12 meses finalizado em 30 de junho de 1997, para US$ 39,61, no período de 12 meses finalizado em 30 de setembro de 2009. Porém, o declínio nos lucros divulgados foi bem maior: em virtude da *queda* recorde de US$ 23,25 nas empresas S&P 500 no quarto trimestre de 2008, os lucros divulgados de 12 meses do S&P 500 caíram de uma alta de US$ 84,92 em 1997 para apenas US$ 6,86 no período de 12 meses finalizado em 31 de março de 2009. Esse declínio de lucro de 92% superou o declínio de 83% ocorrido na Grande Depressão entre 1929 e 1932.[16]

A enorme depreciação por parte das empresas financeiras foi a principal causa da devastadora queda de lucro do S&P 500 em 2008 e 2009. Ao calcular os lucros do índice S&P 500, faz parte da política da Standard & Poor's somar todos os lucros e prejuízos de cada empresa, dólar por dólar, e comparar os lucros agregados com o valor agregado da carteira S&P 500 para calcular o P/E do índice. O prejuízo de US$ 61 bilhões da AIG no quarto trimestre, que teve um peso inferior a 0,2% no índice, mais do que extinguiu os lucros totais das 30 empresas mais lucrativas do S&P 500, que compunham quase metade do valor do índice. O método da S&P de agregar os lucros das empresas dólar por dólar subestima os lucros e superestima enormemente o P/E do índice durante as recessões, momento em que poucas empresas divulgam perdas muito grandes.[17] Na verdade, os lucros corporativos agregados após os impostos, com base nas contas nacionais de renda e produto, tiveram uma queda de apenas 24% no período de 12 meses finalizado em 30 de junho de 2007, até o ano finalizado em 31 de março de 2009.

Imóveis

Ressaltei que o acúmulo de ativos imobiliários e de ativos relacionados a imóveis nas carteiras das instituições financeiras altamente alavancadas foi a principal causa da crise financeira. O Federal Reserve divulgou em seu relatório trimestral sobre o fluxo dos fundos (Flow of Funds Report) que do terceiro trimestre de 2007 ao primeiro trimestre de 2009 o valor do setor de imóveis residenciais caiu de US$ 24,2 trilhões para US$ 17,6 trilhões, um declínio de 27%. O índice de preços de imóveis residenciais teve uma queda de 26% de acordo com o índice Case-Shiller de 20 áreas metropolitanas[18] e os preços dos imóveis comerciais registraram um declínio de 41% entre outubro de 2007 e novembro de 2009.[19]

As flutuações nos preços imobiliários tiveram um impacto significativo sobre a economia. Estima-se que os consumidores usaram entre 25% e 30% dos empréstimos hipotecários residenciais durante o *boom* imobiliário de 2002 a 2006.[20] Visto que esses empréstimos giravam em torno de 2,8% do PIB, o incremento nos gastos, alimentado pela elevação do valor das hipotecas residenciais, contribuiu com ¾ ponto percentual ou um quarto da taxa de crescimento anual da economia americana durante esse período. Após 2008, a queda nos preços dos imóveis diminuiu o consumo e contribuiu significativamente para a lenta recuperação da Grande Recessão.

Mercados de dívidas do Tesouro

Após a falência do Lehman, a grande busca por segurança reduziu o rendimento das letras do Tesouro a zero e a um nível ainda mais baixo. Em 4 de dezembro de 2008, a taxa das letras de 90 dias caiu para menos de 1,6 ponto-base, a maior baixa de todos os tempos.[21] A enorme demanda por títulos do Tesouro estendeu-se para prazos mais longos, visto que as notas de dez anos do Tesouro dos Estados Unidos caíram para quase 2% no final de 2008. O rendimento dos títulos de longo prazo do Tesouro continuaram caindo por mais quatro anos e os títulos de dez anos atingiram uma baixa de 1,39% em julho de 2012.

Durante a crise, o Federal Reserve não apenas ofereceu liquidez aos mercados, mas também diminuiu acentuadamente a taxa dos fundos federais. O Fed reduziu a taxa-alvo dos fundos de 2% para 1,5% em uma reunião de emergência em 23 de outubro de 2008 e depois para 1% em sua reunião regular de novembro. Em 16 de dezembro, como as condições continuaram piorando, o Comitê Federal de Mercado Aberto reduziu a taxa dos fundos federais para sua maior baixa de todos os tempos, entre 0% e 0,25%; e no final de 2013, a taxa dos fundos permaneceu nesse nível, o período mais longo desde a Segunda Guerra Mundial em que ela se manteve inalterada.

Embora as garantias do Federal Reserve para os depósitos bancários e os fundos do mercado monetário tenham interrompido o pânico de liquidez, o Fed não conseguiu impedir as ondas de choque que reverberaram nos mercados de crédito. Ainda que as taxas de longo prazo do Tesouro tenham caído consideravelmente, as taxas de juros sobre dívidas que não eram do Tesouro aumentaram. O *spread* entre os títulos corporativos de mais baixo risco e os títulos de dez anos do Tesouro atingiu 6,1% em novembro de 2008, o mais alto desde o *spread* recorde de 8,91% em maio de 1932, que foi atingido próximo do fundo da Grande Depressão. O *spread* entre os títulos industriais de 30 anos com a classificação inferior B e os títulos do Tesouro aumentou de 4 pontos percentuais para cerca de 8 pontos percentuais após o resgate do Bear Stearns e para um recorde de 15,1% pontos percentuais na primeira semana de janeiro de 2009.

O mercado da Libor

Um dos *spreads* mais frequentes no mercado monetário é o *spread* entre a taxa definida pelo Federal Reserve no mercado de fundos federais (cujo objetivo é facilitar a tomada e concessão de empréstimos de reserva entre os bancos americanos) e as taxas de empréstimo interbancário fora dos Estados Unidos, denominada London Interbank Offered Rate ou Libor.

Existem literalmente centenas de trilhões de dólares em instrumentos de empréstimo e financeiros ao redor do mundo que se baseiam na Libor, incluindo quase metade de todas as hipotecas com taxa ajustável. A história da Libor remonta à década de 1960, quando o mercado para concessão de empréstimos em dólar no exterior cresceu substancialmente depois que o governo dos Estados Unidos criou restrições às saídas de dólar em um tentativa fútil de reverter o déficit do balanço de pagamentos do país e estancar a saída de ouro. A Libor é calculada para 15 períodos, de um dia a um ano de duração, e para dez moedas diferentes. De longe, o dólar/Libor é a determinação mais importante de todas.

Retorne à Figura 3.2. Antes da crise financeira, a Libor permaneceu bastante próxima (normalmente dentro de 10 pontos-base) da taxa-alvo dos fundos federais. Os primeiros rumores de distúrbio no setor bancário ocorreram em agosto de 2007, quando o *spread* entre a Libor e os fundos federais saltou para mais de 50 pontos-base em resposta à declaração do BNP Paribas de que interromperia os resgates de fundo e aos problemas na Northern Rock, no Reino Unido. Nos 12 meses subsequentes, quando a crise *subprime* se intensificou, o *spread* entre a Libor e os fundos permaneceu predominantemente entre 50 e 100 pontos-base. Contudo, o *spread* da Libor disparou após a falência do Lehman e, em 10 de outubro, a diferença entre a Libor e a taxa dos fundos federais atingiu um nível sem precedentes – 364 pontos-base.

Foi extraordinariamente frustrante para os formuladores de políticas o fato de a taxa de juros na qual tantos empréstimos se baseavam na verdade ter aumentado ao mesmo tempo em que o Fed estava reduzindo agressivamente a taxa dos fundos federais. Depois que o Federal Reserve inundou o sistema financeiro de reservas, o *spread* da Libor por fim diminuiu, mas só caiu decisivamente para menos de 100 pontos-base quando o mercado acionário começou a se recuperar da queda do mercado baixista em março de 2009, três meses antes de o Escritório Nacional de Pesquisa Econômica declarar o fim da recessão.

Tendo em vista toda a sua importância na definição das taxas de empréstimo, a Libor não representa transações reais, mas o custo que um banco prevê que seu empréstimo não garantido terá, mesmo que ele não tome emprestado de nenhum fundo. Após a crise do Lehman, os temores quanto à solvência dos bancos se proliferaram e o mercado de empréstimo interbancário efetivamente paralisou. Contudo, os bancos ainda continuavam obrigados a submeter as taxas Libor à Associação de Bancos Britânicos, embora tivessem poucos dados reais para fundamentar essas submissões. Mervyn King, diretor do Banco da Inglaterra, disse ao Parlamento do Reino Unido em novembro de 2008 que "[a Libor], sob vários aspectos, é a taxa pela qual os bancos não concedem empréstimo um para o outro".[22]

Muitas agências reguladoras, tanto nos Estados Unidos quanto no Reino Unido, suspeitam veementemente de que vários bancos minimizaram o custo de seus empréstimos para não sinalizar ao mercado que os credores temiam sua solvência. No entanto, foi somente em julho de 2012 que o governo britânico anunciou que havia multado o banco Barclays em US$ 453 milhões por ter submetido falsas taxas de juros interbancárias e insinuou que outros bancos também submetiam taxas falsas.[23] O protesto contra esse escândalo aumentou o clamor pela reforma desse mercado multitrilionário, uma iniciativa que exigiria uma reestruturação total na forma como essa taxa de referência é calculada ou uma mudança para instrumentos alternativos.

Mercados de *commodities*

Nos estágios iniciais da crise *subprime*, os preços das *commodities* aumentaram rapidamente porque as economias emergentes continuaram crescendo intensamente. O preço do petróleo (West Texas Intermediate) aumentou de US$ 40 o barril em janeiro de 2007 para a maior alta de todos os tempos de US$ 147,27 em julho de 2008 e o índice Commodity Research Bureau (CRB) de 18 *commodities* ativamente negociadas elevou-se em mais de 60%. Contudo, após a crise do Lehman, o declínio na atividade econômica baixou acentuadamente os preços das *commodities*. O preço do petróleo caiu para US$ 32 o barril em dezembro e o índice CRB teve uma queda de 58%, atingindo seu nível mais baixo desde 2002.

O surpreendente é que a magnitude da queda de preço das *commodities* segundo o índice CRB foi quase idêntica à da queda nos mercados acionários mundiais. Os investidores que acreditavam que as *commodities* lhes ofereceriam uma proteção contra um declínio severo no mercado acionário estavam errados. Tal como examinaremos ainda neste capítulo, praticamente nenhum ativo, exceto as dívidas de longo prazo do Tesouro americano, teve eficácia como proteção contra o repentino e acentuado declínio ocorrido durante a crise financeira. Até mesmo o ouro, que havia atingido um pico um pouco inferior a US$ 1.000 por onça em julho de 2008, ficou abaixo de US$ 700 após a falência do Lehman.

Mercados de moedas estrangeiras

Depois de atingir uma alta de 15 anos, no verão de 2001, o dólar caiu gradualmente em relação à moeda dos principais países desenvolvidos e continuou a cair nos estágios iniciais da crise financeira. Logo após a fusão do Bear Stearns com o JPMorgan, o dólar atingiu a maior baixa de todos os tempos em 17 de março de 2008, 23% abaixo de sua alta antes da crise, em novembro de 2005, e 41% abaixo de sua alta de 25 anos, atingida em 2001. Contudo, com o agravamento da crise financeira, o dólar recuperou seu *status* de "paraíso seguro" e os investidores estrangeiros retornaram aos títulos em dólar. Isso fez com que o dólar subisse mais de 26% em relação às moedas do mundo desenvolvido, atingindo uma alta em 4 de março de 2009, imediatamente antes de o mercado acionário americano atingir a queda mínima do mercado baixista. Somente o iene, do Japão, valorizou-se em relação ao dólar durante a crise financeira, visto que o tumulto no mercado levou os investidores a afrouxar o *"carry trade"*, nome dado à estratégia de tomar empréstimo do Japão pela taxa de juros mais baixa do mundo a fim de investir em moedas mais arriscadas e com rendimento mais alto em outro lugar. Com o abrandamento da crise e o início da recuperação dos mercados acionários, o dólar perdeu parte de seu prêmio de ativo seguro e seu valor caiu.

Impacto da crise financeira sobre os retornos e as correlações dos ativos

Uma das principais conclusões da teoria financeira é que, para obter o melhor retorno em relação a um risco específico, os investidores devem procurar diversificar seus investimentos não apenas dentro de uma classe de ativos, mas também entre classes de ativos. Por esse motivo, os investidores aplicam um prêmio aos ativos cujos preços estão negativamente correlacionados com o mercado e um desconto aos ativos que estão positivamente relacionados com o mercado.

A Figura 3.3 mostra a correlação de várias classes de ativos com o S&P 500 ao longo de todos os intervalos de cinco anos do período de 1970 a 2012. É possível observar que a crise financeira teve um impacto significativo sobre a correlação entre as classes de ativos, na maioria dos casos precipitando as tendências que se evidenciaram antes da crise. A correlação dos mercados acionários das economias desenvolvidas (EAFE) e dos mercados acionários das economias emergentes (EM) com o merca-

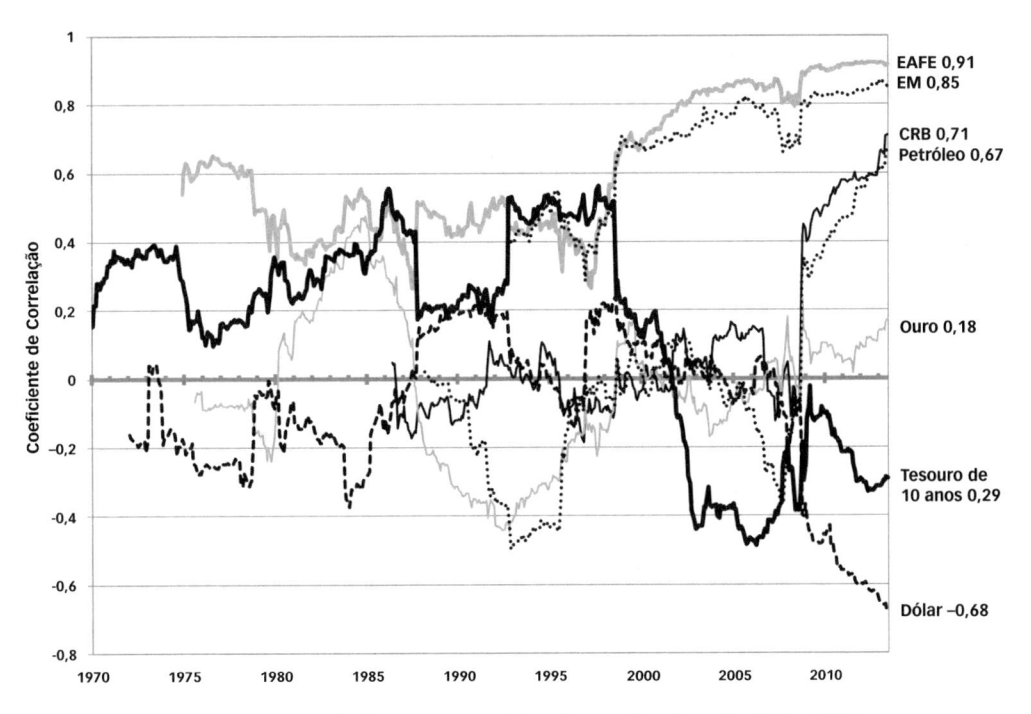

Figura 3.3 Correlações mensais do S&P 500 e várias classes de ativos de 1970 a 2012.

do acionário americano aumentou sensivelmente, atingindo 0,91 no EAFE e 0,85 no EM.

Existem bons motivos econômicos para a correlação entre os mercados acionários ter se tornado superior nos últimos anos. Primeiro, tem havido uma maior interdependência econômica pelo fato de o comércio mundial compor uma parcela cada vez maior da produção mundial. Segundo, como os *traders* e os investidores operam simultaneamente em vários mercados diferentes, é bem menos provável que o entusiasmo do mercado fique restrito a um mercado específico. Terceiro, a maioria dos choques sofridos pelos mercados financeiros e de *commodities* desde 2008 foi global por natureza, sobrepujando os choques idiossincráticos que afetam um único país ou mercado.

Não houve um aumento apenas na correlação entre os mercados acionários. A Figura 3.3 mostra que a correlação entre os mercados acionários e as *commodities*, de acordo tanto com o índice CRB de preços de *commodity* quanto com o preço do petróleo, aumentou acentuadamente desde a crise financeira.[24] Os preços das *commodities* são afetados por fatores de demanda, como crescimento da economia mundial, e fatores de oferta, como condições climáticas (no caso de culturas agrícolas) e acontecimentos políticos (no caso do petróleo). As flutuações na demanda provocam uma correlação positiva entre os preços das ações e os preços das *commodities*, enquanto as flutuações na oferta induzem uma correlação negativa. Se a principal fonte de distúrbios no preço das *commodities* for as flutuações na oferta, o investimento em *commodities* pode ser uma boa proteção contra o risco das ações. Contudo, quando os choques de demanda globais forem predominantes, os preços das *commodities* mudarão em sincronia com os preços das ações, caso em que as *commodities* serão um péssimo instrumento de diversificação contra flutuações nas ações.

Existem bons motivos para a correlação entre os preços das *commodities* e das ações continuar alta. Acontecimentos recentes nos mercados de energia indicam ser improvável que a Opep tenha um impacto tão grande sobre a oferta de petróleo quanto no passado. Fontes alternativas de petróleo e gás de países não pertencentes à Opep, provenientes da exploração de xisto, do fraturamento hidráulico (*fracking*) e de outras técnicas de extração, estão se tornando mais importantes. Esses avanços significam que as flutuações na demanda podem ganhar a dianteira na determinação do preço de energia e gerar uma correlação positiva entre os preços das ações e das *commodities*. E isso significa que é provável que as *commodities* percam valor como proteção eficaz contra flutuações nas ações.

Há quem defenda que a maior correlação entre os mercados acionários mundiais diminui ou até elimina o incentivo para que se diversifique uma carteira. Se as ações internacionais moverem-se em sincronia, sustentam os proponentes desse argumento, o investimento em mercados externos pouco fará para compensar as flutuações no mercado doméstico de um investidor. Entretanto, as correlações em geral são calculadas em períodos relativamente curtos de, digamos, uma semana ou um mês. As correlações de longo prazo entre os retornos dos ativos são significativamente menores do que as correlações de curto prazo. Isso significa que os investidores de longo prazo devem continuar diversificando mesmo que essa diversificação não gere reduções expressivas na volatilidade de curto prazo dos retornos de carteira.

Correlações menores

Diferentemente das *commodities*, cuja correlação com as ações tem aumentado desde a crise financeira, existem duas classes de ativos notáveis cujos retornos estão significativamente menos correlacionados com as ações: títulos do Tesouro americano e dólar americano.

O preço de um dólar nos mercados de câmbio exterior é afetado pela solidez da economia americana e o *status* de paraíso seguro que os investidores internacionais concedem ao dólar americano. O primeiro fator gera uma correlação positiva entre as ações americanas e taxa de câmbio: notícias boas ou ruins sobre a economia afetarão os preços das ações e a taxa de câmbio na mesma direção.

Contudo, o *status* de paraíso seguro do dólar americano gera a correlação oposta: notícias econômicas ruins, procedentes particularmente de fora dos Estados Unidos, provocarão uma corrida ao dólar e elevarão seu valor e, ao mesmo tempo, baixarão os preços das ações mundiais e americanas. Desde o princípio da crise financeira e, principalmente, da crise monetária europeia, o *status* de paraíso seguro do dólar americano aumentou muito. Notícias ruins sobre a Europa afetam negativamente os mercados acionários mundiais, provocam uma baixa no euro e, portanto, elevam o preço do dólar nos mercados de câmbio. A crise do euro foi responsável por uma correlação negativa recorde entre o dólar americano e as ações americanas, tal como se pode ver na Figura 3.3.

Os títulos do Tesouro americano também desfrutam de um *status* de paraíso seguro desde a crise financeira. As notícias ruins, que partem de dentro ou de fora dos Estados Unidos, induziram os investidores a comprar títulos do Tesouro e geraram uma forte correlação negativa entre os preços dos títulos do Tesouro e os preços das ações. Essa correlação negativa aumenta a atratividade dos títulos do Tesouro para os investidores que desejam proteger sua carteira de ações e sem dúvida apoiaram os altos preços e os baixos rendimentos correspondentes dos títulos de curto prazo do Tesouro americano durante e imediatamente após a crise financeira.

A capacidade dos títulos de longo prazo do Tesouro americano de oferecer proteção contra o risco das ações é ainda maior para o investidor cujos investimentos não se baseiam no dólar. Para esses investidores, as notícias ruins aumentam a demanda por ativos denominados em dólar e, particularmente, por títulos do Tesouro. Isso gera uma correlação negativa ainda maior entre os títulos do Tesouro americano e os mercados acionários, em termos de moedas não dólar. Os títulos de longo prazo do Tesouro de fato se tornaram o ativo de "proteção" (*hedge*) supremo do mundo, e isso explica por que tantos fundos de riqueza soberana mantêm uma alta porcentagem de seus ativos em títulos do Tesouro, a despeito de seus rendimentos e retornos esperados serem extremamente baixos.

A única classe de ativos cuja *correlação* com os mercados acionários não foi afetada pela crise financeira é o ouro. A elevação do preço do ouro após a crise financeira foi provocada pelo maior temor à hiperinflação e ao colapso financeiro, mas a correlação com os mercados acionários manteve-se próxima de zero nos últimos 50 anos. De 2008 ao início de 2013, o preço do ouro aumentou notadamente, embora nunca tenha ficado tão alto, após a inflação, quanto ficou no pico da bolha de 1980, quando atingiu US$ 850 por onça ou US$ 2.545, de acordo com os preços de 2013.

As correlações positivas dos mercados acionários com as *commodities* e o petróleo e a correlação negativa com os títulos do Tesouro e o dólar deram origem ao termo "mercado *risk-on/risk-off*". O mercado *risk-on* ocorre quando boas notícias sobre a economia instigam os investidores a comprar ações e assumir uma posição comprada em *commodities* e a vender o dólar americano e os títulos do Tesouro americano. Nesses mercados, os preços das ações e das *commodities* aumentam, enquanto os preços dos títulos do Tesouro americano e do dólar caem. Os mercados *risk-off* são o oposto, caso em que notícias econômicas ruins instigam os investidores a comprar títulos do Tesouro e dólar americanos e a vender *commodities* e ações. O preço do ouro pode aumentar ou cair nesses dias.

Contudo, tal como a Figura 3.3 demonstra, a correlação entre as classes de ativos não foi estável. Mais especificamente, a correlação entre os preços das ações e os títulos do Tesouro nas décadas de 1970 e 1980 foi positiva, e não negativa. Isso porque a maior ameaça à economia durante esses anos foi a inflação, e a inflação mais baixa foi bom tanto para os preços das ações quanto dos títulos. Somente quando a inflação não é uma ameaça e a estabilidade financeira do setor privado está em questão é que os títulos do Tesouro assumem o *status* de paraíso seguro e tornam-se negativamente correlacionados com os preços das ações.

Certamente, de acordo com a política monetária atual, o risco de a inflação tornar-se novamente uma preocupação para os formuladores de políticas é grande. Nessa situação, os títulos do Tesouro deixarão de ser um ativo de proteção e os preços dos títulos podem cair consideravelmente porque os investidores exigirão um rendimento bem maior para um ativo que não funciona mais como um instrumento de diversificação para as ações que eles mantém em sua carteira. O inédito mercado altista de dívidas do Tesouro, apoiado pela convicção de que elas são uma "apólice de seguro" em caso de colapso financeiro, poderia ter um fim tão drástico quanto o do mercado altista de ações de tecnologia na virada do século. Quando o crescimento econômico se intensificar, os detentores dos títulos do Tesouro receberão o duplo golpe de elevação nas taxas de juros e perda do *status* de paraíso seguro.

Uma das principais lições aprendidas com a análise de longo prazo é que nenhuma classe de ativos é capaz de se manter permanentemente impassível aos fundamentos. As ações tiveram a punição merecida quando a bolha da tecnologia explodiu e o sistema financeiro ruiu. É bem provável que os detentores de títulos padeçam de um destino semelhante quando a liquidez criada pelos bancos centrais mundiais der lugar a um crescimento econômico mais sólido e a uma inflação mais alta.

Efeito legislativo da crise financeira

Do mesmo modo que a Grande Depressão gerou um grande número de leis, como a Lei de Valores Mobiliários, que criou a SEC, e a Lei Glass-Steagall Act, que separou os bancos comerciais e os bancos de investimento, e a criação da Corporação Federal de Seguro de Depósito, a crise financeira de 2008 incitou os legisladores a elaborar leis para impedir a repetição desse colapso financeiro. O resultado disso foi incorporado em um calhamaço legislativo de 849 páginas, elaborado pelo senador Christopher Dodd (Dis-

CAPÍTULO 3 Mercados, economia e política governamental na esteira da crise

trito de Connecticut) e pelo deputado Barney Frank (Distrito de Massachusetts), denominado Lei Dodd-Frank de Reforma de Wall Street e de Proteção ao Consumidor, que foi sancionada pelo presidente Obama em julho de 2010. Os poderes dessa lei englobam o estabelecimento de taxas para cartões de débito, a definição de regulamentações para os *hedge funds*, a restrição a "empréstimos predatórios", o tratamento de questões relacionadas à remuneração de diretores executivos e outros funcionários e a formulação de medidas projetadas para estabilizar a economia e o sistema financeiro. Essa lei compreende 16 títulos e exige que as agências reguladoras criem 243 regras, conduzam 67 estudos e publiquem 22 relatórios periódicos.[25]

As três partes mais importantes dessa lei que afetam toda a economia são (1) a "Regra Volcker", que restringe a negociação por conta própria por parte dos bancos comerciais, (2) o Título II, que regulamenta a liquidação de grandes empresas financeiras que estão fora da alçada da Corporação Federal de Seguro de Depósito, e o (3) Título XI, que acrescenta responsabilidades e também novas restrições ao Federal Reserve.

A Regra Volcker leva o nome de Paul Volcker, ex-presidente do Federal Reserve e diretor do Conselho Consultivo de Recuperação Econômica do presidente Obama, que defendeu que a estabilidade financeira exigia que o Congresso limitasse categoricamente a capacidade de os bancos negociarem por conta própria. Essa disposição não estava no projeto de lei submetido ao Congresso, mas foi inserida posteriormente. A proposta original de Volcker proibia especificamente um banco ou uma instituição que possui um banco de se envolver em negociações por conta própria que não sejam solicitadas por seus clientes e de ter ou investir em um *hedge fund* ou em um fundo de *private equity*. Posteriormente essa proposta foi modificada para permitir que até 3% do capital dos bancos possa ser investido em negociações por conta própria e isentar as operações de *hedge* e igualmente a negociação de dívidas do Tesouro americano. A Regra Volker foi concebida para restaurar a separação entre bancos de investimento e bancos comerciais, decretada originalmente pela Lei Glass-Steagall de 1933, mas efetivamente repelida pelo Congresso em 1999, na Lei Gramm-Leach-Bliley.

Mas a emenda Volcker, se fosse uma lei em 2007, teria impedido a crise financeira de 2008? A crise financeira foi provocada pela superalavancagem dos títulos garantidos por imóveis no Bear Stearns e Lehman Brothers, que eram bancos de investimento e não teriam ficado sob a alçada da emenda Volcker. Tampouco ela teria se aplicado à gigante dos seguros AIG, que o Fed optou por salvar depois de testemunhar o distúrbio desencadeado pela falência do Lehman. Além disso, os bancos que obtiveram empréstimos do Fed, especificamente o Citibank e o Bank of America, enfrentaram problemas em virtude da má qualidade dos empréstimos imobiliários, e não de negociações por conta própria. Diante disso, é impossível afirmar que a emenda Volcker, se estivesse em vigor em 2007, teria mudado o curso da crise financeira.

O Título II da Lei Dodd-Frank permite que o governo intervenha prontamente em uma empresa financeira que se tornar uma ameaça à estabilidade do sistema financeiro, a fim de minimizar o risco de uma crise financeira. Embora a Corporação Federal de Seguro de Depósito tenha regras para a liquidação de bancos comerciais e a Corporação de Proteção do Investidor em Títulos tenha poder para liquidar os ativos de empresas de corretagem, o governo não tinha nenhuma diretriz para intervir em bancos de investimento, como o Bear Stearns e Lehman, nem em seguradoras como a AIG. De acordo com as leis de falência usuais, a determinação de uma ordem de prioridade de direitos pode levar meses ou anos, um tempo demasiadamente longo para acalmar as águas em um período de crise.

O Título II especifica que as empresas financeiras devem submeter ao governo a ordem segundo a qual os ativos devem ser liquidados, se a empresa não conseguir atender às obrigações financeiras, e proíbe o governo de assumir posições em ações na empresa que está sendo desmembrada. Além disso, a lei também especifica medidas para evitar que os contribuintes sejam expostos a perdas indevidas que podem ser absorvidas por outros credores da empresa. Essa parte do projeto de lei teria proibido o Federal Reserve de adquirir as participações acionárias que adquiriu na AIG, no Citibank ou em qualquer outra empresa financeira.

O Título XI restringe os atos do Federal Reserve basicamente abolindo as emendas da Seção 13(3) da Lei do Federal Reserve que concederam ao banco central o poder praticamente ilimitado de conceder empréstimos a qualquer empresa financeira em crise. De acordo com a nova lei, o Federal Reserve não pode conceder empréstimos a empresas individuais, embora possa usar seus poderes para oferecer ampla liquidez ao sistema financeiro desde que obtenha a aprovação do secretário do Tesouro. Além disso, a lei exige que o Federal Reserve revele quais empresas financeiras estão recebendo assistência dentro do prazo de sete dias da autorização de uma linha de crédito de emergência.[26]

Ainda não está claro se essas restrições serão ou não prejudiciais na próxima crise financeira. A maior parte dessas restrições foram inseridas para obter o apoio dos republicanos à aprovação do projeto de lei, visto que a vasta maioria dos republicanos se opunha ao resgate financeiro das instituições financeiras por parte tanto do Fed quanto do Congresso. Muitos estavam particularmente insatisfeitos com o Programa de Alívio ou Recuperação de Ativos Problemáticos (Asset Relief/Recovery Program – Tarp), sancionado em 3 de outubro de 2008, que oferecia até US$ 700 bilhões a instituições financeiras, mas também foi utilizado para fornecer fundos à General Motors.[27]

O Tarp de US$ 700 bilhões foi uma lei bastante controversa, primeiramente proposta por Paulson, secretário do Tesouro, e por Bernanke, presidente do Fed, poucos dias depois da falência do Lehman. Embora tenha recebido o apoio do presidente Bush, os republicados da Câmara votaram contra sua aprovação em 29 de setembro de 2008, provocando uma baixa no índice industrial Dow Jones de 777 pontos (6,98%). Depois de efetuadas algumas pequenas mudanças (e certamente algumas ligações aos legisladores republicanos por investidores agitados), muitos republicanos da Câmara mudaram de lado e aprovaram a lei quatro dias mais tarde.

Tal como ressaltado no capítulo anterior, Bernanke não precisou que o Congresso aprovasse o Tarp para estender crédito a empresas financeiras ou não financeiras pressionadas por eventos de crédito, porque a Seção 13(3) da Lei do Federal Reserve lhe concedia autoridade para isso. Contudo, por terem levado a culpa por intervenções anteriores do Fed, Bernanke e Paulson sentiram que precisavam da aprovação do Congresso para prosseguir. Se as restrições presentes na Lei Dodd-Frank Act tivessem em vigor em 2008, o Fed não teria tido possibilidade de conceder empréstimos a empresas individuais como a AIG, uma medida que estancou a crise.

Entretanto, o Fed provavelmente ainda terá flexibilidade suficiente para acalmar os mercados. De acordo com a Lei Dodd-Frank, o Federal Reserve pode, com a aprovação do Tesouro, criar linhas de crédito de liquidez para classes de instituições, como os bancos de investimento ou mesmo as companhias de seguro. Certamente o secretário do Tesouro Henry Paulson trabalhou intimamente com Ben Bernanke em todos os estágios da crise financeira, e os dois desenvolveram um bom relacionamento. Bernanke provavelmente teria obtido a aprovação de Paulson das linhas gerais de concessão de crédito que o Fed criou para oferecer liquidez ao mercado.

No entanto, o relacionamento entre o secretário do Tesouro e o presidente do Fed nem sempre é cordial. Houve épocas em que o governo criticou o Fed e, embora o secretário do Tesouro possa ser afastado pelo presidente em qualquer momento, o presidente do Fed é indicado para um mandato de quatro anos e só pode ser afastado por *impeachment* do Senado.

O tempo dirá até que ponto os dispositivos da Lei Dodd-Frank serão eficazes – ou prejudiciais. A maioria das regras e regulamentações ainda está por ser redigida por comitês e grupos de "especialistas" escolhidos pelo governo para elaborar os livros de regras e procedimentos. Sempre se disse que os detalhes são a morada do diabo, e a maior parte desses detalhes ainda precisa ser formulada.

Comentários finais

A crise financeira e a recessão subsequente geraram o mercado baixista mais profundo em ações e o maior mercado altista em títulos do Tesouro desde a Grande Depressão da década de 1930. E a acentuada retração da atividade econômica que se seguiu foi responsável pelos maiores déficits orçamentários governamentais em tempo de paz, por uma das recuperações mais lentas na história de nossa nação e pelo pessimismo crescente quanto ao futuro dos Estados Unidos.

Contudo, a dívida, os déficits e o lento crescimento econômico não precisam ser o legado da Grande Recessão. O capítulo seguinte perscruta o futuro para identificar as tendências que dominaram o cenário econômico durante o restante deste século e explica por que existe um bom motivo para o otimismo com relação ao futuro dos Estados Unidos e da economia mundial.

4

A crise dos benefícios sociais
A onda de envelhecimento inundará o mercado acionário?

Demografia é destino.

— Auguste Comte

A Grande Depressão provocou os maiores déficits orçamentários governamentais em tempo de paz nos Estados Unidos, na Europa e no Japão e realçou a insustentabilidade dos programas de benefícios sociais generosos e cada vez mais dispendiosos decretados anos antes. Além disso, o colapso no mercado de imóveis residenciais e de ações extinguiu trilhões de dólares de riqueza do balanço patrimonial dos consumidores, deixando alguns com ativos insuficientes para alcançar a aposentadoria confortável que esperavam.

Nesse contexto de prosperidade econômica declinante, as empresas de pesquisa de opinião pública detectaram uma perda de confiança no futuro dos Estados Unidos. Em 2010, menos da metade dos americanos respondeu sim à pergunta: "Você acha que seus filhos terão melhores condições do que você?".[1] A fé em um padrão de vida cada vez mais alto, que serviu de crença para as famílias americanas e um farol para milhões de imigrantes ao longo de toda a história do país, estava desvanecendo.

Este capítulo examina se esse pessimismo é justificado. É verdade que nossos filhos, pela primeira vez na história do país, têm um futuro mais sombrio do que nossos pais ou será que existem forças que podem renovar o sonho americano e restaurar o crescimento econômico?

AS REALIDADES QUE ENFRENTAMOS

Duas forças conflitantes afetarão a economia mundial nas próximas décadas. A primeira delas, que dá origem a déficits orçamentários governamentais crescentes e consome programas de pensão privados e públicos, é a "onda de envelhecimento" ou a inédita elevação no número de indivíduos no mundo desenvolvido que estão para se aposentar. A onda de envelhecimento traz à tona duas perguntas fundamentais: quem produzirá os produtos e serviços que os aposentados consumirão e quem comprará os ativos que eles pretendem vender para financiar sua aposentadoria? É possível demonstrar que, se o mundo desenvolvido tiver de depender apenas de sua população para produzir esses bens, a idade na qual as pessoas poderão se aposentar deverá aumentar significativamente.

A segunda força contrabalançante é o sólido crescimento das economias emergentes, particularmente na Índia, na China e no restante da Ásia, que em breve gerará a maior parte da produção mundial. Será que as economias emergentes serão produtivas o bastante para produzir bens e gerar economias suficientes para comprar os ativos desses novos aposentados? Este capítulo responde essas perguntas e revela o que aguarda a economia americana e mundial.

A ONDA DE ENVELHECIMENTO

A famosa citação de August Comte "demografia é destino" nos lembra o quanto a onda de envelhecimento é importante para o futuro mundial. Após a Segunda Guerra Mundial, a população cresceu rapidamente, visto que aqueles que haviam adiado a concepção de filhos durante a Grande Depressão e a guerra visualizaram um futuro brilhante o suficiente para assumir os encargos da paternidade/maternidade. Entre 1946 e 1964, as taxas de natalidade aumentaram bem acima da média das duas décadas anteriores, gerando um grupo apelidado de "geração *baby boom*".

Mas ao *baby boom* se seguiu o *baby bust*, a explosão e implosão demográfica. A *taxa de fertilidade*, o número de crianças geradas por mulher, caiu drasticamente em meados da década de 1960 e na maior parte do mundo desenvolvido permaneceu abaixo de 2,1, nível que estabiliza a população. A taxa de fertilidade na Europa caiu de mais de 2,5 em 1960 para 1,8 em 2010 e, em alguns países, como Espanha, Portugal, Itália e Grécia, as taxas de fertilidade ficaram bem abaixo de 1,5. Em várias economias asiáticas, a taxa de fertilidade caiu ainda mais e hoje é de 1,3 no Japão e na Coreia do Sul, 1,1 em Taiwan e abaixo de 1 em Xangai. Em 2011, a taxa de fertilidade nos Estados Unidos ficou abaixo de 2,0 e a *taxa de natalidade* (número de nascimentos por 1.000 mulheres entre 15 e 44 anos de idade) caiu para 63,2, a maior queda de todos os tempos, quase metade do nível prevalecente em 1957.

EXPECTATIVA DE VIDA CRESCENTE

O período desde a Segunda Guerra Mundial também foi marcado por uma expectativa de vida crescente. Quando os Estados Unidos aprovaram a Lei da Previdência Social em 1935, que oferecia benefícios de renda a partir dos 65 anos de idade, a expectativa de vida para os homens, que compunham a maior parte da força de trabalho, era apenas 60. Em 1950, a expectativa de vida dos homens chegou a 66,6 e, em 2010, atingiu 76,2 no caso dos homens e 81,1 no caso das mulheres.[2]

James Vaupel e James Oeppen, Universidade de Cambridge, descobriram que, desde 1840, a expectativa de vida no mundo desenvolvido aumentou a uma taxa notadamente constante de 2,5 anos por década, uma tendência que evidencia sinais apenas modestos de declínio.[3] Porém, até metade do século XX a expectativa de vida aumentou principalmente porque a mortalidade de bebês e crianças diminuiu. Entre 1901 e 1961, a expectativa de vida masculina no nascimento aumentou em mais de 20 anos, mas a expectativa de vida para homens de 60 anos teve uma elevação de menos de 2 anos.

Contudo, desde a última metade do século passado, a expectativa de vida dos idosos tem se estendido significativamente em virtude de avanços na medicina. Ao longo da maior parte da história, houve mais jovens do que idosos, visto que doenças, guerras e forças naturais exauriam a população. Mas a queda na taxa de mortalidade entre os *baby boomers*, associada à redução nas taxas de fertilidade, mudou sensivelmente a distribuição etária nos países desenvolvidos ao redor do mundo. Em meados deste século, o perfil etário do Japão e de vários países do sul da Europa, como Grécia, Espanha e Portugal, será "invertido"; isto é, em lugar do padrão normal de mais jovens do que idosos que prevaleceu na maior parte da história, a faixa etária mais populosa compreenderá pessoas entre as idades de 70 e 80 e o número de pessoas acima de 80 superará o de crianças abaixo de 15.

IDADE DE APOSENTADORIA DECRESCENTE

Não obstante a elevação da expectativa de vida, a idade de aposentadoria continuou a cair no mundo desenvolvido. Em 1935, quando a previdência social foi instituída para oferecer benefícios de renda aos indivíduos com 65 anos ou mais, a idade média de aposentadoria era 67. No período pós-guerra, a diminuição da idade de aposentadoria foi precipitada em 1961, quando o Congresso permitiu que os beneficiários da previdência social começassem a receber benefícios reduzidos aos 62 anos.

Na Europa, o declínio na idade de aposentadoria foi ainda maior do que o dos Estados Unidos. No início da década de 1970, muitos governos europeus reduziram a idade mínima de aposentadoria de 65 para 60 e, em vários casos, para 55.[4]

Diferentemente dos Estados Unidos, onde os pagamentos de previdência social são aumentados se a pessoa continuar trabalhando, poucos incentivos, quando muito, foram criados na Europa para as pessoas que pensam em se aposentar mais tarde. Na França, de 1970 a 1998, a proporção de homens na força de trabalho, na faixa etária de 60 a 64, diminuiu de 70% para menos de 20%, e, na Alemanha Ocidental, diminuiu de mais de 70% para 30%, enquanto nos Estados Unidos essa proporção permaneceu bem abaixo de 50%.[5]

As forças gêmeas de expectativa de vida crescente e idade de aposentadoria decrescente provocaram uma drástica elevação no número de anos em que o trabalhador típico ficava aposentado, um período que chamo de *período de aposentadoria*. Nos Estados Unidos, entre 1950 e 2010, a expectativa de vida aumentou de 69 para 78 anos, enquanto a idade média para aposentadoria caiu de 67 para 62. Consequentemente, o período de aposentadoria aumentou mais de oito vezes, de 1,6 para 15,8 anos, e essa elevação foi ainda maior na Europa.

A rápida ampliação do período de aposentadoria é uma mudança extremamente significativa no estilo de vida do trabalhador típico. Antes da Segunda Guerra Mundial, pouquíssimos trabalhadores desfrutavam de uma aposentadoria prolongada e um número ainda menor a desfrutavam com saúde. Hoje, milhões de pessoas nos Estados Unidos, na Europa e no Japão estão desfrutando a aposentadoria com saúde e benefícios de renda generosos oferecidos tanto pelo governo quanto por planos de aposentadoria corporativos.

A NECESSIDADE DE AUMENTAR A IDADE DE APOSENTADORIA

Mas essa tendência favorável, de expectativa de vida crescente e idade de aposentadoria decrescente, não pode continuar. Tal como a Figura 4.1A demonstra, em 1950 havia 14 pessoas aposentadas para cada 100 trabalhadores nos Estados Unidos. Essa proporção aumentou para 28 aposentados para 100 trabalhadores em 2013, e a previsão é de que ela suba para 56 por volta de 2060. No Japão, o número de aposentados subirá de 49 por 100 trabalhadores, no presente, para 113 em 2060, ao passo que a proporção na Europa subirá para 75. E essas proporções tendem a subestimar o número de aposentados, visto que elas presumem que uma idade de aposentadoria de 65, acima da idade nos Estados Unidos e no Japão e bem acima do nível atual na Europa.

Ainda que as tendências demográficas no Japão e na Europa sejam bem mais graves no que nos Estados Unidos, os gastos nesses países afetam todos os aposentados, não importa onde eles residam. Como os produtos e serviços são comercializados em mercados globais, as futuras demandas dos aposentados europeus e japoneses empurrarão os preços mundiais para cima e influenciarão de maneira adversa os americanos também.

CAPÍTULO 4 A crise dos benefícios sociais **61**

Figura A — Economias desenvolvidas

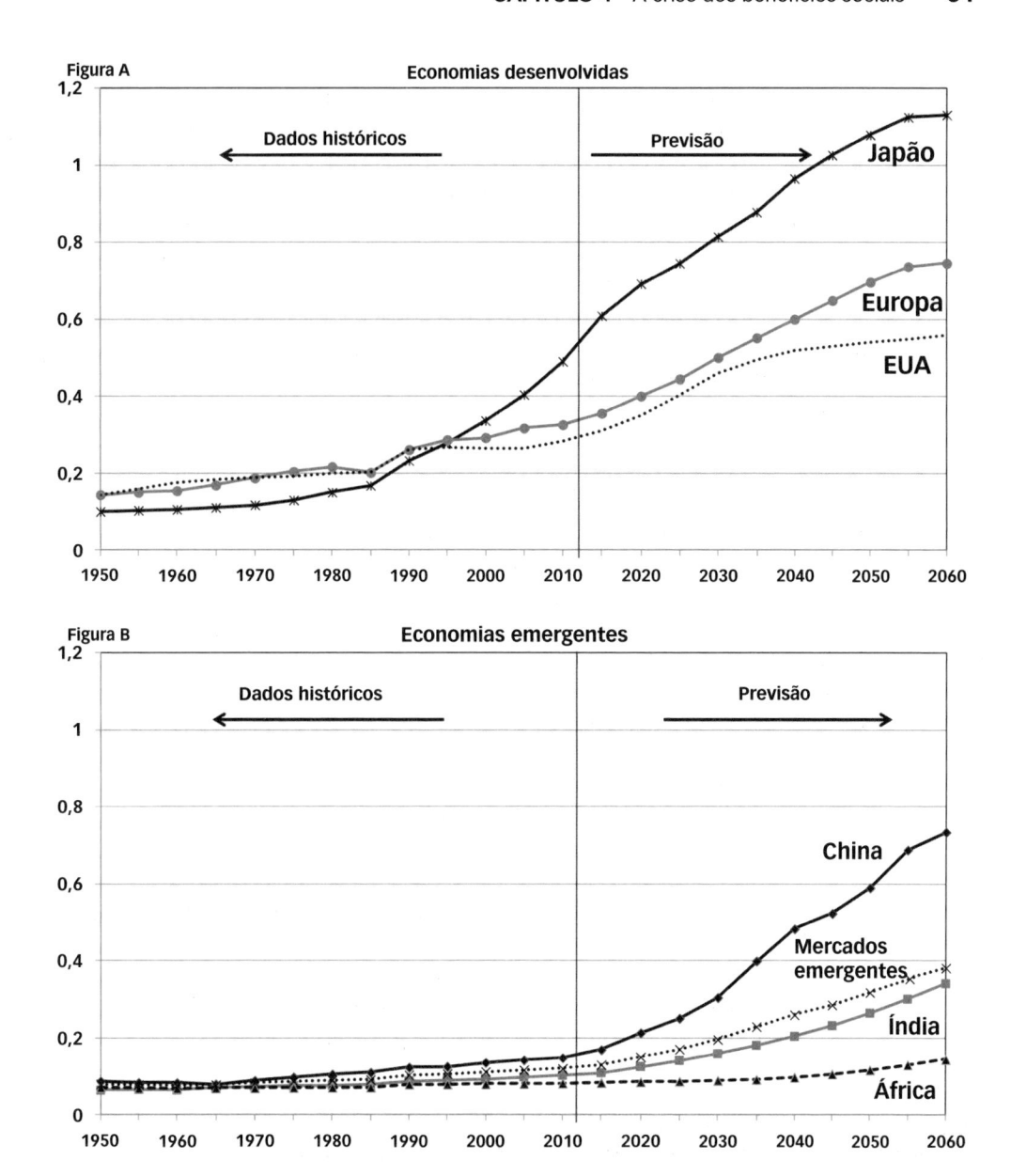

Figura B — Economias emergentes

Figura 4.1 Proporção entre aposentados e trabalhadores em economias desenvolvidas e emergentes, 1950-2060.

Mas o impacto da onda de envelhecimento vai além da elevação dos preços dos produtos e serviços comercializados em mercados mundiais. A onda de envelhecimento tem também um impacto negativo sobre o valor dos ativos que os trabalhadores acumulam para que possam consumir durante a aposentadoria. Isso porque o valor das ações e dos títulos, assim como o valor de qualquer bem, é determinado pela oferta e pela demanda. Os compradores são poupadores e os poupadores são os trabalhadores que consomem menos do que eles ganham, usando o dinheiro que economizam para acumular ativos que eles, por sua vez, possam vender na aposentadoria. Os vendedores dos ativos são os aposentados que precisam gerar fundos para consumir durante o período em que eles não recebem renda do trabalho.

Uma elevação no número de aposentados gera um excedente de vendedores em relação à quantidade de compradores, uma situação que poderia reduzir consideravelmente o preço dos ativos. A redução no preço dos ativos significa para o mercado que a economia não é capaz de atender às expectativas das pessoas de aposentadoria antecipada e de saúde e benefícios de renda generosos. À medida que o valor de seus ativos diminuir, os *baby boomers* terão de trabalhar por mais tempo e se aposentar mais tarde do que planejavam.

Mas por quanto tempo mais? O impacto dos *baby boomers* sobre a idade de aposentadoria nos Estados Unidos pode ser visto na Figura 4.2. O cenário A representa a situação em que o mundo desenvolvido terá de depender da produção gerada por seus trabalhadores, e não de uma maior importação do exterior, para atender à demanda de produtos dos aposentados.

O impacto da idade de aposentadoria é expressivo. A idade de aposentadoria deve aumentar dos atuais 62 para 77 em meados deste século, uma elevação de 15 anos que supera facilmente o aumento na expectativa de vida. Esse cenário diminuirá o período de aposentadoria do nível atual de 15,8 anos para 7 anos, uma redução de mais de 50%, e inverterá a maior parte dos ganhos realizados pelos aposentados no período pós-guerra.[6]

DEMOGRAFIA MUNDIAL E ONDA DE ENVELHECIMENTO

São análises como essas que deram origem a previsões pessimistas sobre os retornos dos ativos por parte daqueles que avaliam o envelhecimento da população. Alguns pesquisadores utilizaram dados demográficos específicos de cada país para prever os retornos dos ativos do país com base nessas condições de oferta e demanda.[7]

Contudo, ver o futuro através das lentes da demografia de cada país é errado. É necessário visualizar o mundo como uma única economia e

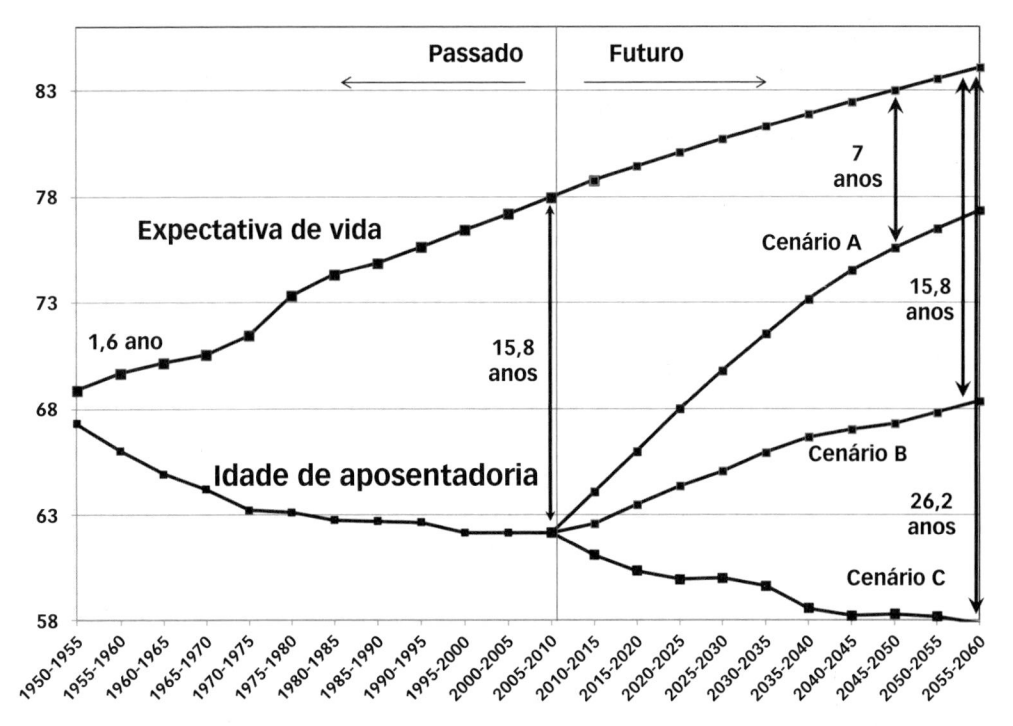

Figura 4.2 Expectativa de vida e idade de aposentadoria em diferentes cenários de crescimento, 1950-2060.

não como nações separadas em que cada uma tenta atender ao seu consumo com sua própria produção. Em um mundo de expansão do comércio global, os jovens das nações em desenvolvimento podem produzir bens para os – e comprar ativos dos – aposentados das nações desenvolvidas de qualquer parte do mundo.

O motivo pelo qual isso poderia ser significativo é que, embora o mundo desenvolvido tenha uma "onda de envelhecimento" acentuada, o restante do mundo não tem. Com exceção do Japão, da Europa e dos Estados Unidos, as economias emergentes têm uma população bastante jovem.

A Figura 4.1B representa graficamente a proporção entre aposentados e trabalhadores dos países em desenvolvimento. Não há dúvida de que a proporção entre aposentados e trabalhadores aumenta em quase todos os países. Contudo, com exceção da China, a elevação do número de aposentados nas economias emergentes é bem mais gradativa do que nos países em desenvolvimento. De 2013 a 2033, período em que a maioria dos *baby boomers* dos países desenvolvidos se aposenta, o número de aposentados por 100 trabalhadores aumenta de 11 para apenas 18 nas economias emergentes, bem inferior ao dos Estados Unidos, onde a proporção aumenta de 27 para 45. No caso da África, o número de aposentados por 100 trabalhadores praticamente se mantém inalterado no nível extremamente baixo de 7,5. E mesmo no caso da China, economia emergente de mais rápido envelhecimento em virtude de sua política de filho único, o número de aposentados por 100 trabalhadores aumentou de 14 para 30 nos últimos 20 anos e sua proporção de aposentados só ofusca a dos Estados Unidos em 2060.

PERGUNTA FUNDAMENTAL

A pergunta é: os trabalhadores dos mercados emergentes são capazes de produzir bens suficientes para atender aos aposentados do mundo desenvolvido e esses trabalhadores podem economizar uma renda suficiente para comprar os ativos que os aposentados do mundo desenvolvido precisam vender para financiar sua aposentadoria? Neste exato momento, a resposta é não. Embora 80% da população mundial viva nos países em desenvolvimento, essas economias geram apenas metade da produção mundial.

Mas essa proporção está mudando rapidamente. Em 1980, na China, Deng Xiaoping mudou o rumo da economia chinesa, abrindo-a para as forças do mercado, e introduziu o país em um período de crescimento rápido e constante. A renda *per capita*, avaliada em termos equivalentes ao poder aquisitivo das moedas americana e chinesa, aumentou de apenas 2,1% em relação ao nível dos Estados Unidos em 1980 para 16,1% em 2010. Como a população chinesa é quase quatro vezes superior à dos Estados Unidos, a China será a maior economia mundial quando sua renda *per capita* atingir 25% da renda dos Estados Unidos, o que está previsto para ocorrer por volta de 2016. E a economia da China terá duas vezes o tamanho da economia dos Estados Unidos em 2025 se a renda *per capita* de ambos os países continuar crescendo de acordo com o ritmo atual.

Uma década depois que o rápido crescimento da China teve início, uma transformação semelhante ocorreu na Índia. O primeiro-ministro Narasimha Rao, com o ministro da Fazenda Manmohan Singh, iniciou a liberalização da Índia em 1991. As reformas aboliram várias exigências burocráticas, diminuíram as tarifas e as taxas de juros e acabaram com vários monopólios públicos. A Índia começou a crescer mais rapidamente e, embora seu crescimento atual seja inferior ao da China, seu PIB total provavelmente superará o dos Estados Unidos na década de 2030 e com o tempo ultrapassará a produção da China.

A Figura 4.3 mostra como a distribuição do PIB mundial evoluirá com base em previsões de crescimento da produtividade do Fundo Monetário International (FMI) e da Organização para Cooperação e Desenvolvimen-

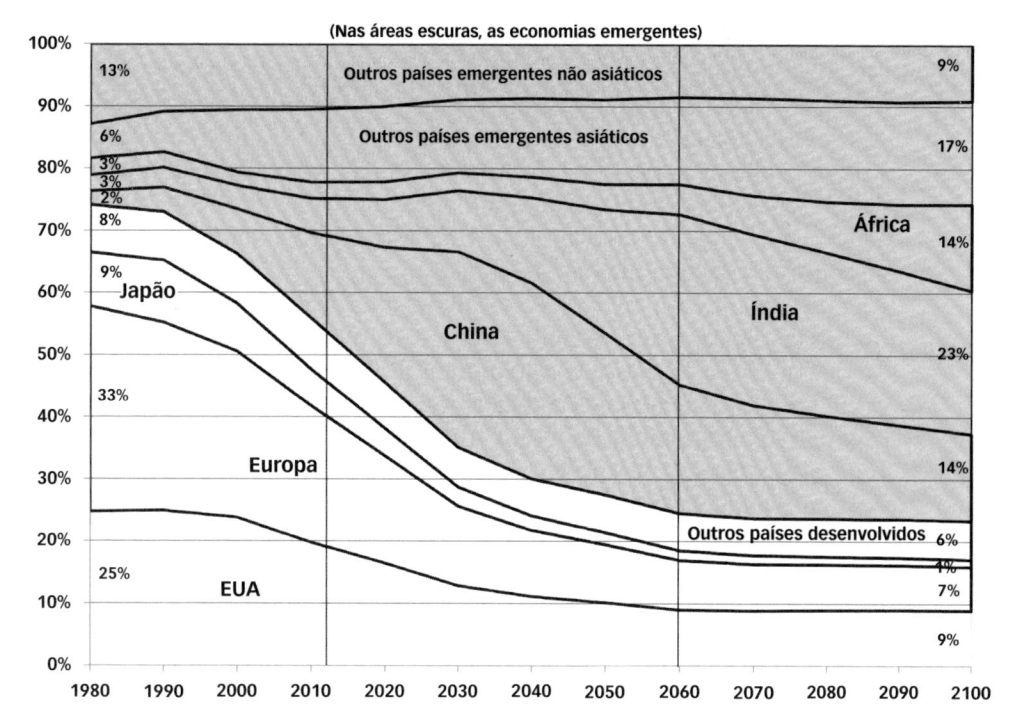

Figura 4.3 PIB mundial entre 1980-2100 com base em previsões do FMI, da OCDE e da ONU.

to Econômico (OCDE) e em previsões da Organização das Nações Unidas (ONU) sobre o crescimento populacional em cada país. Em 1980, o mundo desenvolvido produziu três quartos da produção mundial, e os Estados Unidos produziram um quarto. Atualmente, o mundo desenvolvido produz em torno de metade do PIB mundial. Em 20 anos, isso reduzirá a um terço e, por volta do fim deste século, diminuirá para um quarto. Em contraposição, a produção das economias emergentes aumentará para três quartos do PIB mundial no final deste século.

O crescimento do PIB da China e da Índia é particularmente notável. A China cresceu de apenas 2% da produção mundial em 1980 para 16% atualmente, e a previsão é de que atinja um máximo de 32% da produção mundial em 2032, antes de retroceder para 14% no final do século. Esse declínio deve-se à política de filho único da China e ao fato de que, à medida que seu PIB *per capita* ficar próximo ao dos países desenvolvidos, seu crescimento desacelerará. A Índia cresceu de 3% do PIB mundial em 1980 para 6% atualmente e prevê-se que esse número aumentará para 11% do PIB mundial em 2032. Em 2060, a previsão é de que a economia da Índia será maior do que a da China em virtude de seu maior crescimento populacional. Prevê-se que a Índia produzirá em torno de um quarto do PIB mundial de 2040 até o final deste século.

A África mantém-se como uma pequena parcela da economia mundial até 2070, quando então começa a se expandir, atingindo 14%, o mesmo tamanho da economia da China, no final do século. As suposições utilizadas para projetar o crescimento da África são bastante conservadoras e é provável que subestimem a importância da África na segunda metade deste século. É muito difícil determinar quando e se uma economia subdesenvolvida decolará, tal como ocorreu com a China, na década de 1980, e a Índia, uma década depois. As atuais suposições do FMI presumem uma taxa de crescimento de 5% para a África subsaariana, superior à do mundo desenvolvido e bem abaixo à que a Ásia atingiu. Em vista da previsão de que a África abrigará quase um terço da população mundial no final deste século (e essa previsão presume que a taxa de fertilidade da África diminuirá marcadamente ao longo desse período), se esse continente conseguir um rápido crescimento, provavelmente conseguirá ultrapassar a Ásia como maior produtor mundial.

Outros pesquisadores confirmaram a importância das nações emergentes para a economia mundial. Homi Khara, do Centro de Desenvolvimento da OCDE, avaliou que a "classe média", definida como a que integra pessoas que ganham entre US$ 3.650 e US$ 36.500 por ano, aumentará em mais de 3 bilhões, ou 170%, entre 2009 e 2030.[8] E seus gastos terão uma elevação de 150%, um aumento de mais de US$ 34 trilhões, mais de duas vezes o tamanho atual da economia dos Estados Unidos. A projeção é de que mais de 80% do crescimento ocorrerá na Ásia. Em contraposição, o gasto total na Europa Ocidental e nos Estados Unidos aumentará muito pouco nesse período.

O crescimento das economias emergentes tem profundas implicações para os países desenvolvidos. Primeiro, muitos dos bens que serão procurados pelos aposentados no mundo desenvolvido serão produzidos pelos trabalhadores do mundo emergente. E a renda obtida da venda desses produtos será usada para aumentar não apenas o consumo dos trabalhadores, mas também suas economias. Os asiáticos são por natureza grandes poupadores; mesmos países ricos e envelhecidos como o Japão têm índices nacionais de poupança de cerca de 25%, bem acima do índice das economias ocidentais e mais do dobro do índice dos Estados Unidos.

O aumento da poupança por parte dos investidores nas economias emergentes indica que os mercados financeiros no mundo desenvolvido talvez não sejam dominados por ativos vendidos pelos *baby boomers* idosos. Se o crescimento da produtividade nos mercados emergentes conseguir ficar em torno de 4,5% ao ano ao longo da segunda metade deste século, o que é igual à média desde 1990, a futura idade de aposentadoria nos Estados Unidos seguirá o cenário B da Figura 4.2.

Aliás, o cenário B não leva em conta um declínio maior na *idade* de aposentadoria, nem estabiliza essa idade em seu nível atual de 62. Mas

CAPÍTULO 4 A crise dos benefícios sociais 67

estabiliza o número de anos que um trabalhador típico viverá na aposentadoria – elevando a idade de aposentadoria proporcionalmente ao aumento na expectativa de vida.

A Figura 4.4 mostra as taxas passadas e previstas de crescimento da produtividade em países desenvolvidos e em desenvolvimento, de 1980 a 2035. O crescimento da produtividade girou em torno de 5% nos últimos 20 anos nas economias emergentes, um período que inclui a Grande Recessão.

É possível que a idade de aposentadoria no mundo desenvolvido continue caindo? O cenário C da Figura 4.2 apresenta as perspectivas extremamente otimistas que prevaleceriam se todas as economias emergentes conseguissem o rápido crescimento de 9% obtido pela China nos últimos 20 anos. Nesse caso haveria uma produção tão grande de bens, que a demanda dos *baby boomers* no mundo desenvolvido seria completamente contrabalançada pela produção de bens e serviços no mundo em desenvolvimento. A idade de aposentadoria nos Estados Unidos continuaria a cair e geraria um período de aposentadoria superior a 26 anos por volta de 2060.

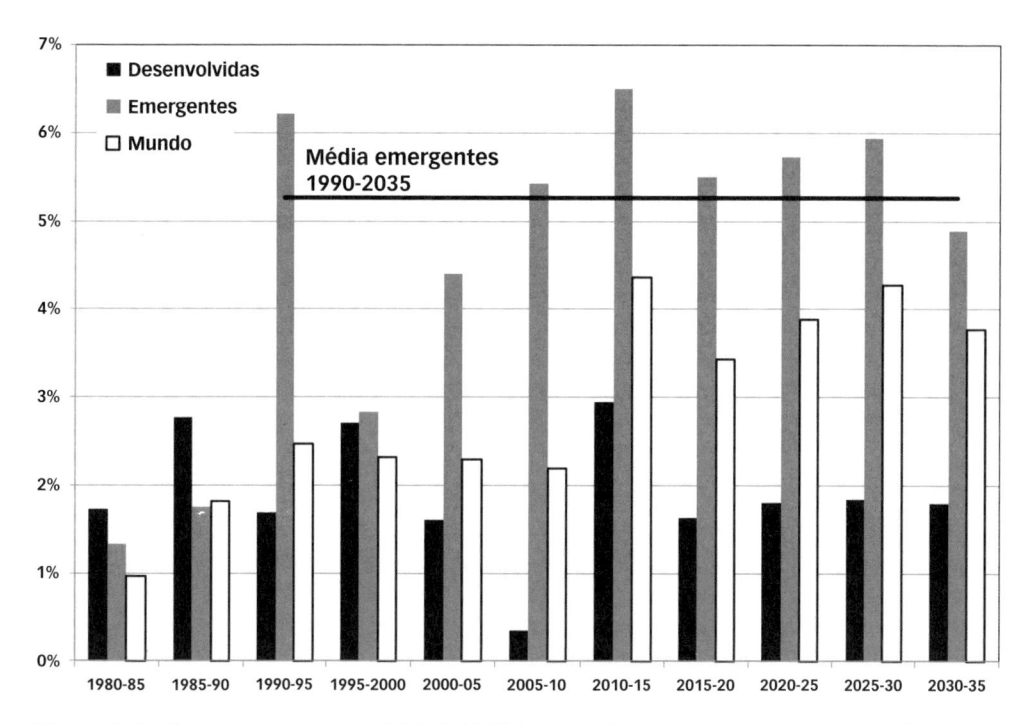

Figura 4.4 Crescimento da produtividade histórico e previsto de economias desenvolvidas e emergentes, 1980-2035.

AS ECONOMIAS EMERGENTES PODEM PREENCHER A LACUNA

No início deste capítulo, fiz a seguinte pergunta: quem produzirá os produtos que os aposentados consumirão e quem comprará os ativos que eles precisam vender para financiar esse consumo?

Agora sabemos que são os trabalhadores e investidores dos países em desenvolvimento. À medida que eles venderem sua produção às economias desenvolvidas, eles serão pagos com rendimentos provenientes da venda de ações e dívidas que hoje são mantidos pela população *baby boom*. Desde que eles consigam acalmar a onda de envelhecimento que está diretamente associada ao seu crescimento econômico. Se eles continuarem crescendo rapidamente, é provável que a maioria das ações e dos títulos emitidos por empresas nos Estados Unidos, na Europa e no Japão passe para as mãos dos investidores do mundo em desenvolvimento. Em meados deste século, investidores chineses, indianos e outros investidores dessas economias jovens obterão a participação majoritária da maior parte das grandes corporações globais.

Há quem possa perguntar por que os investidores das economias emergentes comprarão ativos ocidentais se seu país está crescendo tão rapidamente. A resposta é que, em um ambiente global, as perspectivas das empresas não estão mais atreladas ao seu país de origem. O crescimento dos mercados emergentes gera imensas oportunidades para as empresas ocidentais venderem à nova classe média. E o crescimento nas economias emergentes também impõe enormes exigências à sua infraestrutura. Estima-se que a infraestrutura de gastos nas economias emergentes girará entre 2% e 3% do PIB global nos próximos 20 anos. Isso corresponde a mais de US$ 2 trilhões por ano, e as empresas americanas são os principais beneficiários desses gastos.[9]

Não há dúvida de que os consumidores das economias em rápida expansão sentem-se atraídos por marcas, e as marcas ocidentais têm um apelo especial. Isso é evidenciado pelo relatório Melhores Marcas Globais (Best Global Brands), de 2013, produzido pela Interbrand, empresa de consultoria pertencente ao Omnicom Group. Esse relatório classifica o que se consideram as 100 marcas globais mais valiosas com base em critérios que incluem desempenho financeiro, o papel desempenhado pela marca no sentido de influenciar as escolhas dos consumidores e a capacidade da marca de contribuir para o lucro da empresa controladora. As empresas estabelecidas nos Estados Unidos possuem as sete maiores marcas (Apple, Google, Coca-Cola, IBM, Microsoft, GE e McDonald's) e 14 das 20 maiores.

O que pode acontecer se as empresas ocidentais não concorrerem eficazmente no mercado global? Nesse caso, pode-se ter certeza de que os concorrentes estrangeiros se adiantarão para preencher a lacuna. Contudo, as empresas ocidentais que possuem marcas reconhecidas são mais propensas a ser compradas por investidores estrangeiros que oferecerão a *expertise* necessária para vender nesses mercados estrangeiros.

O CRESCIMENTO DA PRODUTIVIDADE CONSEGUE ACOMPANHAR O RITMO?

O crescimento da produtividade impulsiona nosso padrão de vida.[10] O rápido crescimento da produtividade nas economias emergentes toma emprestada e utiliza a tecnologia que já foi desenvolvida pelas economias mais avançadas.

Entretanto, o crescimento da produtividade nos países desenvolvidos depende de inovação e invenção porque essas economias já estão atuando na linha de frente do *know-how* tecnológico. Historicamente, a produtividade no mundo desenvolvido aumentou segundo um ritmo notadamente constante de 2% a 2,5% ao ano, o que significa que a cada 35 anos o padrão de vida dobra.[11]

Porém, alguns economistas, como o professor Robert Gordon, da Universidade de Northwestern, acreditam que o crescimento da produtividade está fadado a cair drasticamente nos Estados Unidos.[12] Gordon cita, dentre outros fatores, o envelhecimento da população, o aumento crescente da desigualdade e o desempenho educacional instável como os motivos desse declínio. Exceto para 1% dos mais ricos na distribuição de renda, Gordon prevê que a grande maioria da população americana experimentará um crescimento de apenas 0,5% ao ano, menos de um quarto da média de longo prazo.

Outros confirmam o pessimismo do professor Gordon e lamentam que as descobertas no momento atual não mudem a vida das pessoas da forma que ocorria há um século. Tyler Cowen, economista da Universidade George Mason e autor do livro *The Great Stagnation*, expressou sua convicção de que o mundo desenvolvido encontra-se em um estado de estagnação tecnológica e que todos os frutos ao alcance das mãos já foram descobertos.[13]

A propósito, examine a Tabela 4.1. Ela mostra as invenções que mudaram a vida nos últimos 100 anos. Aquelas que ocorreram na primeira metade desse período parecem bem mais importantes do que as da segunda metade, no sentido de transformar a vida de pessoas comuns.[14]

No Vale do Silício, há quem acredite que os Estados Unidos estejam em uma tendência descendente. Peter Thiel, fundador da PayPal, afirmou que a inovação nos Estados Unidos encontra-se "entre a cruz e a espada".[15]

Essa visão pessimista se alastrou para a comunidade de investimentos. Bill Gross e Mohammed El-Erian, diretores da gigantesca empresa de investimento PIMCO, cunharam o termo *new normal* (novo normal) em 2009 para descrever uma condição em que o crescimento econômico dos Estados Unidos despenca para 1% a 2%, bem abaixo do nível de mais de

Tabela 4.1 Invenções que mudaram a vida nos últimos 100 anos

1910-1960	1960-2010
Eletricidade	Controle de natalidade
Água encanada	Celular
Máquina de lavar roupa	Internet
Refrigeração	Computador pessoal
Automóvel	
Telefone	
Televisão/cinema	
Computadores de grande porte	
Viagem aérea	
Antibióticos/vacinas	
Energia atômica	

3% em torno do qual ele girou no período após a Segunda Guerra Mundial.[16] Outros diretores de investimento também adotaram esse conceito.[17]

Mesmo que o crescimento esteja mais lento nos Estados Unidos, isso não significa que as taxas de crescimento diminuíram ao redor do mundo. Embora as inovações citadas na primeira coluna da Tabela 4.1 há muito tempo estejam presentes no mundo desenvolvido, o mundo em desenvolvimento está apenas começando a adquirir as comodidades existentes nas economias avançadas. Em 2006, o Relatório de Desenvolvimento Humano das Nações Unidas avaliou que 2,6 bilhões de pessoas, ou 40% da população mundial, não tinha água encanada. Eletricidade, refrigeração e cuidados básicos de saúde são itens que ainda não estão ao alcance de bilhões de pessoas. Aliás, grande parte da elevação da renda e riqueza mundiais nas últimas décadas está relacionada ao fato de o mundo em desenvolvimento ter adquirido o padrão de vida há muito tempo existente no mundo desenvolvido.

Acredito que nem mesmo a produtividade do mundo desenvolvido esteja necessariamente em declínio. A digitalização e a disponibilidade instantânea de informações se unirão para estimular um crescimento mais rápido da produtividade.

Quando examinamos a história, constatamos que as invenções que aceleraram a comunicação, como a descoberta do papel por Ts'ai Lun no século primeiro e a invenção da imprensa por Johannes Guttenberg no século quinto, precederam períodos de rápidas descobertas e inovações.[18] Nos séculos XIX e XX, o telégrafo e depois o telefone impulsionaram o crescimento ao possibilitar a primeira comunicação instantânea entre indivíduos distantes.

Mas nenhuma descoberta recente tem um potencial tão grande quanto a internet para fomentar a inovação. Em breve, praticamente tudo o que já foi escrito e gravado – em vídeo, filme, papel ou dispositivos digitais

– poderá ser acessado instantaneamente *on-line*. Pela primeira vez na história da humanidade existe a perspectiva real de acesso praticamente livre e ilimitado de qualquer pesquisador ao corpo de conhecimento mundial a respeito de qualquer assunto que seja.

Charles Jones, professor da Universidade de Stanford, conduziu uma ampla pesquisa sobre crescimento da produtividade e afirma que 50% do crescimento dos Estados Unidos entre 1950 e 1993 pode ser atribuído à elevação no mundo inteiro – e não apenas em países específicos – da intensidade de pesquisa. Em seu artigo "Sources of US Economic Growth in a World of Ideas", ele alega que uma determinação significativa do crescimento da produtividade é "a implementação de ideias que são descobertas no mundo inteiro [...], que, por sua vez, é proporcional à população total dos países inovadores que estão inovando".[19]

Aliás, é o crescimento do número de "países que estão inovando" que retrata um quadro promissor para o nosso futuro. No século passado, mais de 90% dos ganhadores do Prêmio Nobel no âmbito científico eram europeus e americanos, embora eles constituam uma pequena fração da população mundial. Isso está fadado a mudar radicalmente. Só a abertura da China e da Índia mais do que dobrou o número de pessoas com acesso à pesquisa mundial. E as barreiras de idioma estão desaparecendo porque a tecnologia possibilita traduções instantâneas. Isso implica que o crescimento da produtividade não diminuirá, mas na verdade aumentará nas próximas décadas.[20]

CONCLUSÃO

Se a maioria dos países de alta renda, incluindo os Estados Unidos, depender de seus trabalhadores para produzir bens e serviços para a população idosa, provavelmente haverá uma elevação na idade de aposentadoria, elevação que pode superar o aumento esperado na expectativa de vida. Contudo, como a produtividade está aumentando nos países em desenvolvimento ao redor do mundo, é provável que haja trabalhadores suficientes para produzir os produtos, poupadores suficientes para comprar os ativos dos *baby boomers* que estão se aposentando e que a elevação na idade de aposentadoria seja apenas moderada. Esse crescimento possibilitará que os retornos futuros sobre as ações sejam próximos de seus níveis históricos.

Com certeza existe a possibilidade de esse cenário favorável não ocorrer. Guerras comerciais, restrições ao fluxo de capital e um retrocesso nas políticas de crescimento na Ásia e em outras partes terão um impacto negativo sobre a economia e os retornos das ações. Mas existem igualmente bons motivos que indicam que a produtividade pode avançar mais rapidamente, não apenas no mundo em desenvolvimento, mas também nas economias desenvolvidas. A revolução da comunicação possibilitou que os pesquisadores colaborem em uma escala que há apenas alguns anos era inconcebível. E a colaboração fomenta descobertas, inovações e invenções. Tal como o presidente do Fed, Ben Bernanke, afirmou em seu discurso aos formandos da Bard College, em Simon's Rock, em 2013: "Tanto a capacidade humana para inovar quanto os incentivos à inovação são bem maiores no presente do que em qualquer outra época da história".[21]

PARTE II

O VEREDITO DA HISTÓRIA

5

Retornos de ações e títulos desde 1802

Não conheço outra forma de avaliar o futuro senão pelo passado.
— Patrick Henry, discurso de 1775 na Convenção de Virgínia,
23 de março de 1775

DADOS DO MERCADO FINANCEIRO DE 1802 AO PRESENTE

Este capítulo analisa os retornos das ações, dos títulos e de outras classes de ativos ao longo dos últimos dois séculos. A história dos Estados Unidos é dividida aqui em três subperíodos. No primeiro, de 1802 a 1870, o país fez uma transição entre a economia agrária e industrializada, comparável às mudanças que vários "mercados emergentes" da América Latina e da Ásia estão realizando no presente. No segundo, de 1871 a 1925, o país se tornou o principal poder político-econômico do mundo. O terceiro, de 1926 ao presente, abrange a Grande Depressão, a expansão pós--guerra, a bolha de tecnologia e a crise financeira de 2008.

Esses períodos foram escolhidos não apenas porque são historicamente significativos, mas também porque assinalam rupturas na qualidade e abrangência dos dados históricos sobre os retornos das ações. Os retornos acionários mais difíceis de coletar foram os de 1802 a 1871, porque havia poucos dados sobre os dividendos desse período. Em edições anteriores do livro *Investindo em Ações no Longo Prazo*, utilizei um índice de preço de ações baseado na pesquisa do professor William Schwert.[1] Contudo, sua pesquisa não inclui dividendos, o que me levou a avaliar o rendimento de dividendos com base em dados sobre dividendos e informações macroeconômicas do segundo subperíodo. Os rendimentos de dividendos que obtive para o primeiro período mostraram-se coerentes com outras informações históricas publicadas sobre os rendimentos de dividendos desse período inicial.[2]

Em 2006, dois importantes pesquisadores na área de retornos acionários americanos, Bill Goetzmann e Roger Ibbotson, da Universidade Yale, publicaram a pesquisa mais profundamente documentada sobre os retornos acionários anteriores a 1871.[3] Essa pesquisa, que levou mais de uma década para ser concluída, determinou os dados mensais sobre os preços e dividendos de mais de 600 títulos individuais ao longo de mais de um século. O retorno acionário anual de 6,9% que utilizei neste livro para o período de 1802–1871 baseia-se na pesquisa de Goetzmann e Ibbotson e está apenas 0,2 ponto percentual abaixo das minhas estimativas iniciais dos retornos acionários do século XIX.[4]

Com relação aos anos do período de 1871 a 1925, os retornos das ações são calculados com base em um índice ponderado por capitalização de todas as ações da NYSE (que inclui os dividendos reinvestidos) e são extraídos dos índices bem conceituados que foram compilados pela Fundação e divulgados em Shiller.[5] Os dados do terceiro período, de 1925 ao presente, são os mais detalhadamente pesquisados e provêm do Centro de Pesquisa de Preços de Títulos. Esses retornos representam um índice ponderado por capitalização de todas as ações da Bolsa de Valores de Nova York (NYSE) e de todas as ações americanas e da Nasdaq a partir de 1962. O comportamento dos retornos das ações e dos títulos desde 1925 também foi pesquisado por Roger Ibbotson, que publicou anuários que se tornaram referência para os retornos dos ativos americanos desde 1972.[6] Todos os retornos de ações e títulos divulgados neste livro, incluindo aqueles do início do século XIX, estão isentos do "viés de sobrevivência", um viés que surge da utilização dos retornos das empresas que sobreviveram e da desconsideração dos retornos inferiores das empresas que deixaram de existir com o passar do tempo.

RETORNO TOTAL DOS ATIVOS

A história desses ativos é relatada na Figura 5.1. Essa figura retrata os índices de retorno nominal total (não ajustados à inflação) de ações, títulos de curto prazo do governo, ouro e *commodities*, de 1802 a 2012. O retorno total inclui mudanças no valor do capital mais juros ou dividendos e presume que esses fluxos de caixa são automaticamente reinvestidos no ativo ao longo do tempo.

É possível observar claramente que nos últimos dois séculos o retorno total das ações predominam sobre todos os outros ativos. O valor de US$ 1 investido em uma carteira ponderada por capitalização em 1802, com

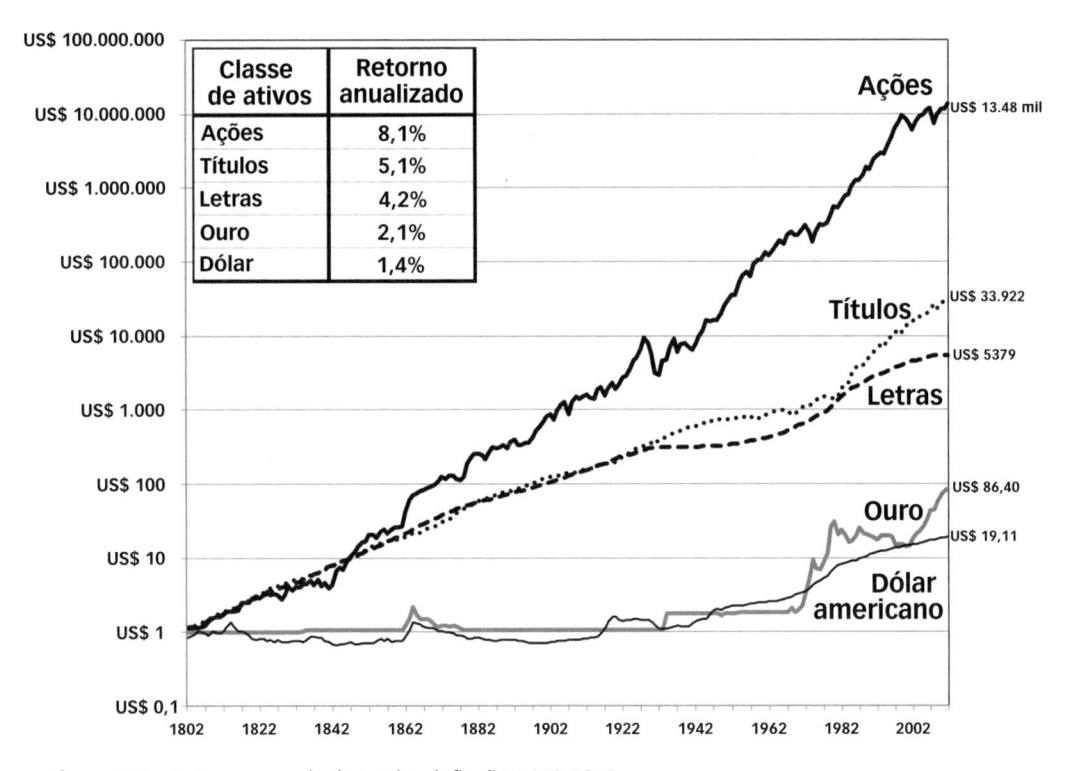

Classe de ativos	Retorno anualizado
Ações	8,1%
Títulos	5,1%
Letras	4,2%
Ouro	2,1%
Dólar	1,4%

Figura 5.1 Retornos nominais totais e inflação, 1802-2012.

dividendos reinvestidos, teria aumentado gradualmente para quase US$ 13,5 milhões no final de 2012.

Até a quebra cataclísmica do mercado acionário de 1929, que levou uma geração de investidores a evitar as ações, parece um mero abalo no índice de retorno acionário total. Os mercados baixistas, que também atemorizam aqueles que mantêm investimentos acionários, desvanecem no contexto do ímpeto ascendente dos retornos acionários.

É fundamental compreender que o retorno total das ações retratado na Figura 5.1 não representa o crescimento no valor total do mercado acionário dos Estados Unidos. A riqueza em ações aumenta a um ritmo significativamente mais lento do que o retorno total das ações. O retorno total aumenta mais rapidamente do que a riqueza em ações porque os investidores consomem a maior parte dos dividendos pagos pelas ações e, portanto, esses dividendos não são reinvestidos e não podem ser usados pelas empresas para gerar capital. Seria necessário investir apenas US$ 1,33 milhão no mercado acionário em 1802 para que esse valor aumentasse, com os dividendos reinvestidos, para cerca de US$ 18 trilhões, o valor total das ações americanas, no final de 2012. O montante de US$ 1,33 milhão em 1802 equivale a aproximadamente

US$ 25 milhões em poder aquisitivo atual, um valor bem inferior ao do mercado acionário da época.[7]

Embora a teoria financeira (e as regulamentações governamentais) exija que esse retorno total seja calculado com dividendos reinvestidos (ou outros fluxos de caixa), é raro qualquer pessoa acumular uma riqueza no decorrer de longos períodos sem consumir parte de seu retorno. O período mais longo durante o qual os investidores mantêm ativos sem tocar no principal e nos rendimentos ocorre quando eles estão acumulando riqueza em planos de pensão para a aposentadoria ou em apólices de seguro que são transferidas para seus herdeiros. Mesmo aqueles que deixam fortunas de herança intocáveis durante a vida devem perceber que essas acumulações com frequência são dissipadas na geração seguinte ou gastas pelas fundações para as quais o dinheiro foi deixado. O mercado acionário tem o poder de transformar um único dólar em milhões por meio da poupança de gerações – mas poucos terão paciência ou desejo de suportar a espera.

O DESEMPENHO DE LONGO PRAZO DOS TÍTULOS DE RENDA FIXA

Os investimentos de renda fixa são o maior e mais importante ativo que compete com as ações. Os títulos prometem pagamentos monetários fixos ao longo do tempo. Diferentemente das ações, os fluxos de caixa dos títulos têm um valor monetário máximo que é definido pelos termos do contrato. Exceto em caso de inadimplência, os retornos dos títulos não variam com a lucratividade das empresas.

As séries de títulos mostradas na Figura 5.1 baseiam-se em dívidas de longo e curto prazo do Tesouro dos Estados Unidos, quando disponíveis; nos casos em que não havia títulos disponíveis, tal como ocorreu em alguns dos anos iniciais de nossa amostra, foram escolhidos dívidas municipais com a classificação mais alta. Os prêmios de inadimplência foram calculados e removidos das taxas de juros dos títulos mais arriscados a fim de obter uma amostra de alta classificação comparável ao longo do período completo.[8]

As taxas de juros das dívidas de longo prazo e das dívidas de curto prazo (chamadas de letras), no período de 210 anos, são exibidas na Figura 5.2. As flutuações nas taxas de juros durante os séculos XIX e XX mantiveram-se dentro de um pequeno intervalo. Contudo, de 1926 ao presente, o comportamento das taxas de juros de longo e curto prazo mudou consideravelmente. Durante a Grande Depressão da década de 1930, as taxas de juros de curto prazo caíram para quase zero e, em outubro de 1941, o rendimento dos títulos de 20 anos do Tesouro caiu para 1,82%, uma queda recorde. Com o objetivo de financiar empréstimos recordes em tempos de guerra, o governo manteve taxas extraordinariamente baixas durante e logo depois da Segunda Guerra Mundial.

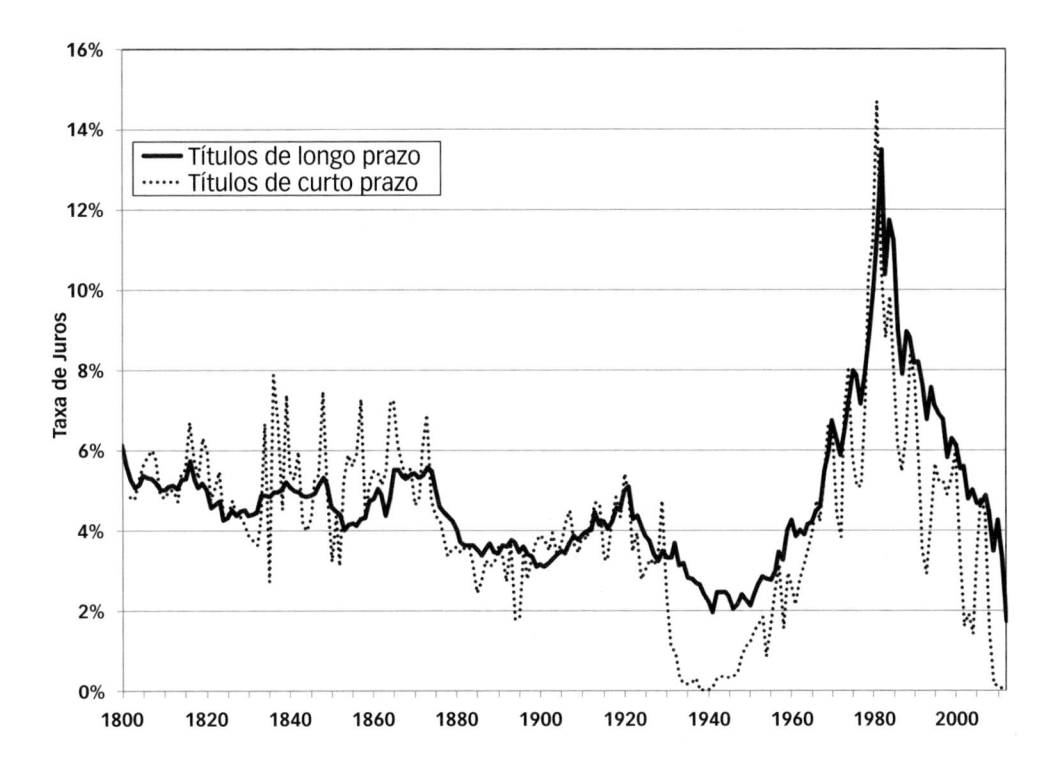

Figura 5.2 Taxas de juros de longo e curto prazo nos Estados Unidos, 1800-2012.

A década de 1970 marcou uma mudança inédita no comportamento das taxas de juros. A inflação atingiu dois dígitos e as taxas de juros dispararam para níveis nunca vistos desde o rebaixamento da moeda continental nos primeiros anos da república. Nunca antes a inflação e, portanto, as taxas de juros, haviam se mantido tão altas por tanto tempo.

O povo clamou por medidas do governo para desacelerar os preços em ascensão. Esse clamor foi atendido por Paul Volcker, presidente do Federal Reserve System desde 1979, que trouxe a taxa de juros para quase 20% e com o tempo diminuiu a inflação e as taxas de juros para níveis moderados. A mudança no comportamento das taxas de juros está diretamente relacionada com as mudanças nos determinantes do nível de preços.

OURO, DÓLAR E INFLAÇÃO

Os preços ao consumidor nos Estados Unidos e no Reino Unido nos últimos 200 anos são retratados na Figura 5.3. Em ambos os países, o nível de preços no início da Segunda Guerra Mundial foi basicamente idêntico

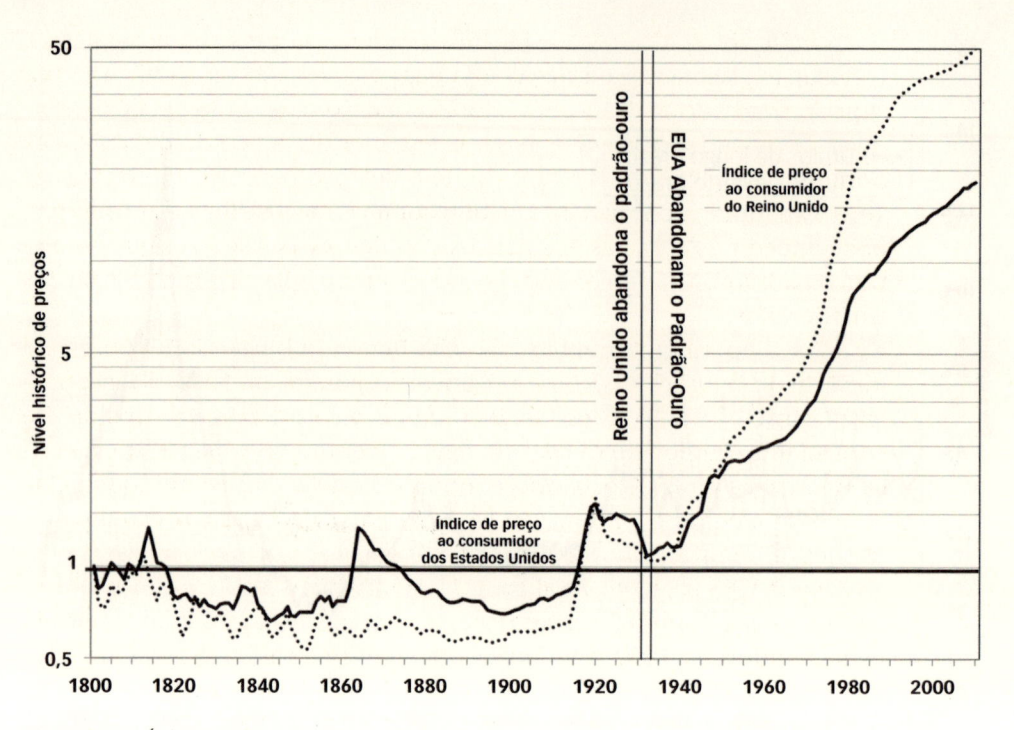

Figura 5.3 Índice de preço ao consumidor dos EUA e do Reino Unido, 1800-2012.

ao de 150 antes. Contudo, após a Segunda Guerra Mundial, a natureza da inflação mudou sensivelmente. O nível de preços aumentou quase continuamente após a guerra, com frequência de forma gradativa, mas algumas vezes ao ritmo de dois dígitos, tal como ocorreu na década de 1970. Excluindo os tempos de guerra, a década de 1970 testemunhou a primeira inflação de crescimento rápido e contínuo já experimentada na história americana ou britânica.

As drásticas mudanças na tendência inflacionária podem ser explicadas pela mudança no padrão monetário. Durante os séculos XIX e XX, os Estados Unidos, o Reino Unido e o restante do mundo industrializado utilizaram o padrão-ouro. Tal como a Figura 5.1 demonstra, o vínculo entre o preço do ouro e o nível de preços durante esse período foi bastante estreito. Isso porque o padrão-ouro restringe a oferta de moeda e, por conseguinte, a taxa de inflação. No entanto, da Grande Depressão à Segunda Guerra Mundial, o mundo mudou para o padrão papel-moeda. No padrão papel-moeda não há nenhuma restrição legal à emissão de moeda e, por isso, a inflação está sujeita a forças políticas e igualmente a forças econômicas. A estabilidade dos preços depende do desejo dos bancos centrais de restringir o crescimento da oferta de moeda a fim de combater o gasto deficitário e outras forças inflacionárias resultantes das despesas e regulamentações governamentais.[9]

A inflação crônica que os Estados Unidos e outras economias desenvolvidas experimentaram desde a Segunda Guerra Mundial não implica superioridade do padrão-ouro sobre o padrão papel-moeda. O padrão-ouro foi abandonado em virtude de sua inflexibilidade diante de crises econômicas, particularmente durante o colapso bancário da década de 1930. O padrão papel-moeda, quando administrado de forma apropriada, pode impedir as corridas aos bancos e as depressões severas que assolaram o padrão-ouro e ao mesmo tempo manter a inflação em níveis baixos a moderados.

Mas a política monetária não era bem administrada. O preço do ouro disparou para US$ 850 por onça em janeiro de 1980, após a acelerada inflação da década de 1970. Quando a inflação foi finalmente controlada, o preço do ouro caiu, mas aumentou novamente após a crise financeira de 2008, quando a inundação de créditos emitidos pelos bancos alimentou o temor de inflação. No final de 2012, o preço do ouro chegou a US$ 1.675 por onça e US$ 1 em barra de ouro investido em 1802 valia US$ 86,40 no final de 2012, enquanto o nível de preços em si aumentou segundo o fator de 19,12. No entanto, embora o ouro proteja os investidores contra a inflação, pouco oferece além disso. Qualquer que seja a característica de proteção do ouro, é provável que o metal precioso retarde consideravelmente o retorno da carteira de um investidor de longo prazo.[10]

RETORNOS REAIS TOTAIS

O foco dos investidores de longo prazo deve ser o aumento do poder aquisitivo de seu investimento – isto é, a criação de riqueza ajustada aos efeitos da inflação. A Figura 5.4 reproduz a Figura 1.1, do Capítulo 1, e é elaborada com os retornos em dólar mostrados na Figura 5.1 e com sua correção (ou "deflação") de acordo com as mudanças no nível de preços. Os retornos reais anualizados das várias classes de ativos encontram-se no canto superior esquerdo gráfico.

O retorno real anual composto das ações gira em torno de 6,6% ao ano após a inflação. Embora tenham sido acrescentados 20 anos de dados sobre o mercado acionário desde a primeira edição de Investindo em Ações no Longo Prazo, esse retorno é apenas um terço de um ponto percentual inferior ao retorno de 6,7% que divulguei em 1994.[11]

Há quem afirme que esse retorno não é sustentável porque é quase o dobro da taxa de crescimento de 3,0% a 3,5% do PIB real.[12] Mas isso está errado. Mesmo que a economia não esteja crescendo de forma alguma, o capital receberá um retorno positivo porque é um recurso escasso, do mesmo modo que a mão de obra receberá salários positivos e as propriedades receberão aluguéis positivos. Tal como ressaltado anteriormente, o retorno real total das ações presume que todos os dividendos e ganhos

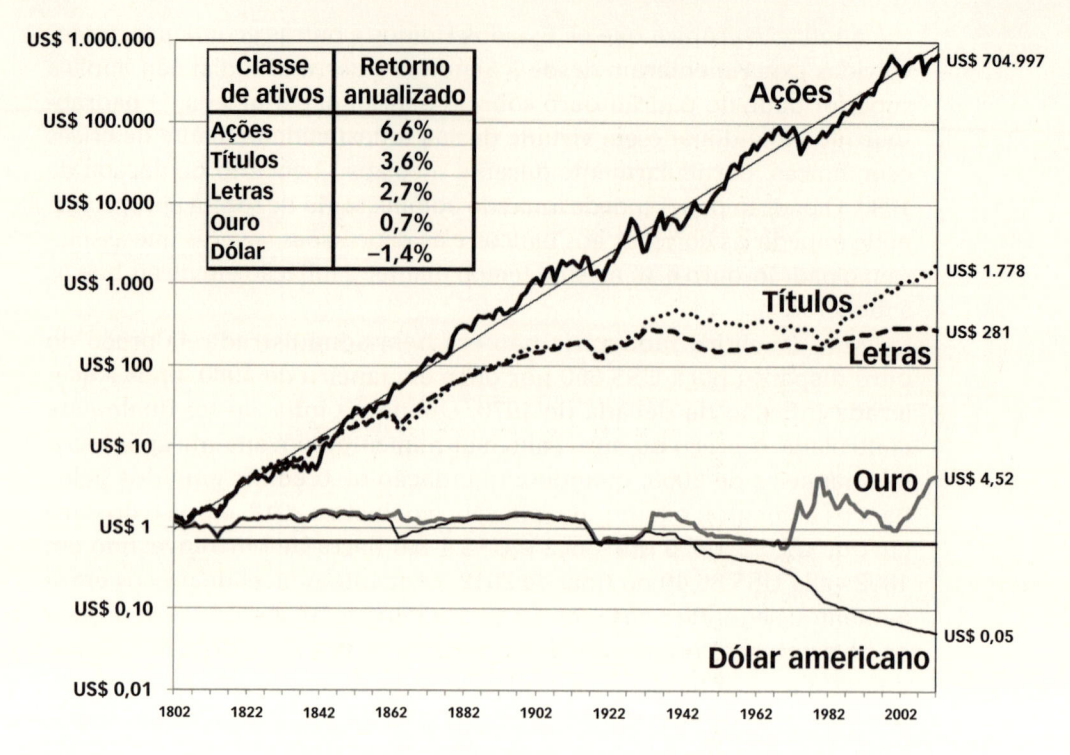

Classe de ativos	Retorno anualizado
Ações	6,6%
Títulos	3,6%
Letras	2,7%
Ouro	0,7%
Dólar	−1,4%

Figura 5.4 Retornos reais totais sobre ações, títulos, letras, ouro e dólar nos Estados Unidos, 1802–2012.

de capital são reinvestidos no mercado e essa importância aumenta bem mais rapidamente do que o total de riqueza em ações ou PIB.[13]

Os retornos anuais das ações americanas ao longo de vários períodos são sintetizados na Tabela 5.1. Observe a extraordinária estabilidade do retorno real das ações em todos os principais subperíodos: 6,7% ao ano de 1802 a 1870, 6,6% de 1871 a 1925 e 6,4% ao ano de 1926 a 2012. Mesmo a partir da Segunda Guerra Mundial, período durante o qual se deu toda inflação experimentada pelos Estados Unidos ao longo dos últimos 200 anos, a taxa de retorno real média das ações foi 6,4% ao ano. Esse valor é praticamente idêntico ao retorno real das ações durante os 125 anos anteriores, que não testemunharam inflação geral. As ações representam ativos reais, que, a longo prazo, se valorizam ao ritmo da taxa de inflação. Portanto, os retornos reais das ações não são afetados desfavoravelmente por mudanças no nível de preços.

A estabilidade de longo prazo dos retornos das ações persistiu, não obstante as drásticas mudanças ocorridas em nossa sociedade nos dois últimos séculos. O país passou da economia agrícola para a economia industrial e, depois, para a atual economia pós-industrial, de tecnologia e de

CAPÍTULO 5 Retornos de ações e títulos desde 1802

Tabela 5.1 Retornos reais sobre ações e ouro e inflação, 1802–2012

		Retorno Nominal Total		Valorização Nominal do Capital		Rendimento de Dividendos	Retorno Real Total		Valorização Real do Capital		Retorno Real do Ouro	Inflação de Preço
		Retorno	Risco	Retorno	Risco	Dividendos	Retorno	Risco	Retorno	Risco		
	1802-2012	8,1	17,6	2,9	17,2	5,1	6,6	18,0	1,5	17,4	0,7	1,4
	1871-2012	8,7	18,9	4,1	18,4	4,4	6,5	19,1	2,0	18,5	1,0	2,0
Subperíodos Principais	I 1802-1870	6,9	14,5	0,4	14,0	6,4	6,7	15,4	0,3	14,8	0,2	0,1
	II 1871-1925	7,3	16,5	1,9	15,9	5,3	6,6	17,4	1,3	16,9	-0,8	0,6
	III 1926-2012	9,6	20,3	5,5	19,6	3,9	6,4	20,2	2,5	19,6	2,1	3,0
	1946-2012	10,5	17,5	6,8	16,9	3,5	6,4	17,8	2,9	17,2	2,0	3,9
Períodos Pós-Guerra	1946-1965	13,1	16,5	8,2	15,7	4,6	10,0	18,0	5,2	17,2	-2,7	2,8
	1966-1981	6,6	19,5	2,6	18,7	3,9	-0,4	18,7	-4,1	18,1	8,8	7,0
	1982-1999	17,3	12,5	13,8	12,4	3,1	13,6	12,6	10,2	12,6	-4,9	3,3
	2000-2012	2,7	20,6	0,8	20,1	1,9	0,3	19,9	-1,6	19,4	11,8	2,4

Retorno = retorno anual composto.
Risco = desvio padrão dos retornos aritméticos.
Todos os dados em porcentagem (%).

serviços. O mundo mudou do padrão-ouro para o padrão papel-moeda. E as informações, que antes levavam semanas para atravessar o país, agora podem ser transmitidas instantaneamente e difundidas simultaneamente ao redor do mundo. Contudo, a despeito das enormes mudanças nos fatores básicos que geram riqueza para os acionistas, os retornos das ações revelaram uma estabilidade surpreendente.

Mas a estabilidade dos retornos de longo prazo das ações de forma alguma garante a estabilidade de curto prazo. De 1982 a 1999, durante o maior mercado altista na história dos Estados Unidos, as ações receberam um extraordinário retorno de 13,6% ao ano (descontada a inflação), mais do dobro da média histórica. Esses retornos superiores se seguiram aos terríveis retornos realizados nos 15 anos precedentes, de 1966 a 1981, quando os retornos acionários caíram para 0,4% ao ano, abaixo da inflação. No entanto, esse grande mercado altista conduziram as ações para um nível alto demais e a avaliação do mercado atingiu níveis recordes, que, por sua vez, ocasionaram os péssimos retornos da década seguinte. O mercado baixista e a crise financeira subsequentes fizeram com que as ações novamente despencassem para um nível bem abaixo da tendência porque os retornos acionários reais caíram para um irrisório 0,3%, ou algo acima disso, nos 12 meses posteriores ao pico do mercado altista de 2000.

RETORNOS REAIS SOBRE ATIVOS DE RENDA FIXA

Ainda que os retornos reais de longo prazo das ações tenham sido estáveis, o mesmo não se pode dizer dos ativos de renda fixa. Tal como a Tabela 5.2 indica, o retorno real das letras do Tesouro caiu abruptamente de 5,1% na primeira parte do século XIX para um mero 0,6%, no período de 1926 a 2012, um retorno apenas um pouco acima da inflação.

O retorno real dos títulos de longo prazo revelou um declínio semelhante, mas mais moderado. Os retornos dos títulos caíram de generosos 4,8% no primeiro subperíodo para 3,7% no segundo e, depois, para apenas 2,6% no terceiro. O declínio no rendimento real dos títulos governamentais ao longo do tempo pode ser parcialmente explicado por determinados fatores que incrementaram sua demanda: a significativa melhoria na liquidez dos títulos e o fato de essas dívidas satisfazerem as exigências fiduciárias que outros ativos de renda fixa não satisfazem. Esses fatores de aquecimento da demanda aumentaram os preços dos títulos do governo e, portanto, seus rendimentos. Os retornos reais dos títulos de prazo mais longo também foram reduzidos pela inflação inesperada que os investidores experimentaram no período posterior à Segunda Guerra Mundial.

Tabela 5.2 Retornos reais sobre os títulos e inflação, 1802–2012

		Governamentais de longo prazo					Governamentais de curto prazo			
		Taxa de cupom	Retorno nominal		Retorno real		Taxa nominal	Retorno real		Inflação de preço
			Retorno	Risco	Retorno	Risco		Retorno	Risco	
	1802-2012	4,7	5,1	6,7	3,6	9,0	4,2	2,7	6,0	1,4
	1871-2012	4,7	5,2	7,9	3,0	9,3	3,6	1,6	4,4	2,0
Subperíodos Principais	I 1802-1870	4,9	4,9	2,8	4,8	8,3	5,2	5,1	7,7	0,1
	II 1871-1925	4,0	4,3	3,0	3,7	6,4	3,8	3,1	4,8	0,6
	III 1926-2012	5,1	5,7	9,7	2,6	10,8	3,6	0,6	3,9	3,0
	1946-2012	5,8	6,0	10,8	2,0	11,5	4,3	0,4	3,2	3,9
Períodos Pós-Guerra	1946-1965	3,1	1,5	5,0	−1,2	7,1	2,0	−0,8	4,3	2,8
	1966-1981	7,2	2,5	7,1	−4,2	8,1	6,8	−0,2	2,1	7,0
	1982-1999	8,5	12,1	13,8	8,5	13,6	6,3	2,9	1,8	3,3
	2000-2012	4,5	9,0	11,7	6,5	11,6	2,2	−0,2	1,8	2,4

Retorno = retorno anual composto.
Risco = desvio padrão dos retornos aritméticos.
Todos os dados em porcentagem (%).

A volatilidade de curto prazo dos retornos acionários de década para década não é inesperada. O que pode surpreender os investidores é o fato de a volatilidade dos retornos reais dos títulos governamentais ser bastante grande. Com relação ao período de 35 anos, de 1946 a 1981, o retorno real dos títulos do Tesouro foi negativo. Em outras palavras, o cupom dos títulos não compensou o declínio no preço das dívidas decorrente da elevação das taxas de juros e da inflação. Como veremos no capítulo seguinte, nunca houve período de 20 anos, que dirá um período de 35 anos, em que os retornos acionários tenham sido negativos.

O declínio nos retornos reais dos títulos desde 1926 teria sido bem maior se não fossem os excelentes retornos das três últimas décadas. Desde 1981, o declínio na inflação e nas taxas de juros elevou o preço dos títulos e melhorou consideravelmente os retornos de seus detentores. Embora os retornos dos títulos tenham caído bem mais do que os retornos das ações durante o megamercado altista de 1981 a 1999, os títulos superaram facilmente as ações na década posterior. Na verdade, nas três décadas posteriores ao pico nos rendimentos dos títulos no início da década de 1980, os retornos dos títulos praticamente se igualaram aos das ações.

A QUEDA CONTÍNUA DOS RETORNOS DE RENDA FIXA

Mas esses retornos espetaculares dos títulos são incapazes de se manter. Os retornos reais esperados dos títulos do Tesouro ficaram bem mais fáceis de determinar quando o Tesouro dos Estados criou os títulos do Tesouro protegidos contra a inflação (Treasury inflation-protected securities – TIPS) em janeiro de 1997. Os cupons e o principal destes títulos, garantidos pelo prestígio e solvência e pelo crédito do governo americano, estão vinculados ao índice de preço ao consumidor dos Estados Unidos. Desse modo, o rendimento desses títulos é um rendimento real ajustado à inflação, tal como mostrado na Figura 5.5.

O declínio constante nos rendimentos desses títulos é prontamente visível. Quando os títulos foram emitidos pela primeira vez, seu rendimento era um pouco inferior a 3,5%. Esse valor é quase idêntico ao retorno real histórico dos títulos governamentais que identifiquei quando analisei dados desde 1802. Após a emissão, o rendimento sobre os TIPS aumentou, atingindo uma alta de 4,40% em janeiro de 2000, mês que marcou também o pico da bolha de tecnologia e da internet.

Figura 5.5 Rendimento real sobre títulos de dez anos do Tesouro protegidos contra a inflação (TIPS), 1997–2012.

Dessa data em diante, o rendimento dos TIPS começou a diminuir implacavelmente. De 2002 a 2007, o rendimento caiu para 2%. Com a intensificação da crise financeira, o rendimento continuou a cair e então despencou para um nível inferior a zero em agosto de 2011, atingindo quase –1% em dezembro de 2012.[14] Esse rendimento real negativo foi semelhante aos rendimentos descontada a inflação implícitos nas dívidas convencionais do Tesouro. Em julho de 2012, o rendimento dos títulos de 10 anos do Tesouro sofreu uma baixa de 75 anos, caindo para 1,39%, bem abaixo da taxa de inflação existente e prevista.

O rendimento real dos títulos do Tesouro é determinado por vários fatores, como situação da economia, temores de inflação e atitudes de risco dos investidores. Contudo, em quase todos os modelos econômicos, o fator que mais influencia o retorno real dos títulos é o crescimento econômico. Aliás, o rendimento de 3,4% definido no primeiro leilão de TIPS foi praticamente idêntico ao crescimento do PIB real na década de 1990. Como o crescimento econômico real diminuiu para cerca de 2% de 2002 a 2007, os rendimentos dos TIPS diminuíram de forma correspondente.

Porém, em 2012 ninguém previu que o crescimento econômico real no decorrer da década seguinte seria negativo, tal como o rendimento dos TIPS levava a crer. Somente uma extrema aversão ao risco pode explicar por que os investidores não estavam dispostos a aceitar retornos negativos, descontada a inflação, nos títulos governamentais, ainda que outros ativos, como as ações, tenham constantemente oferecido retornos reais de longo prazo de 6% a 7% ao ano.

O PRÊMIO DAS AÇÕES

O retorno em excesso das ações em relação às dívidas (tanto de longo quanto de curto prazo) é chamado de prêmio de risco das ações ou simplesmente de prêmio das ações. Ele pode ser calculado historicamente, tal como mostrado na Figura 5.6, ou prospectivamente, com base nos rendimentos atuais dos títulos e nas avaliações atuais das ações. A subtração dos retornos das ações e dívidas nas Tabelas 5.1 e 5.2 mostra que o prêmio das ações girou em torno de 3,0% em relação às dívidas do Tesouro e 3,9% em relação às letras do Tesouro ao longo do período completo de 210 anos.

Em virtude dos extraordinários retornos dos títulos de longo prazo nos últimos 30 anos, o prêmio histórico das ações sobre os títulos reduziu-se a zero. Mas o prêmio prospectivo das ações no final de 2013 é bem mais alto porque os rendimentos reais prospectivos das dívidas de longo prazo caíram muito. Supondo que os retornos prospectivos das ações correspondam à sua média histórica, o prêmio prospectivo das ações em 2013 poderia ser 6% ou mais.[15]

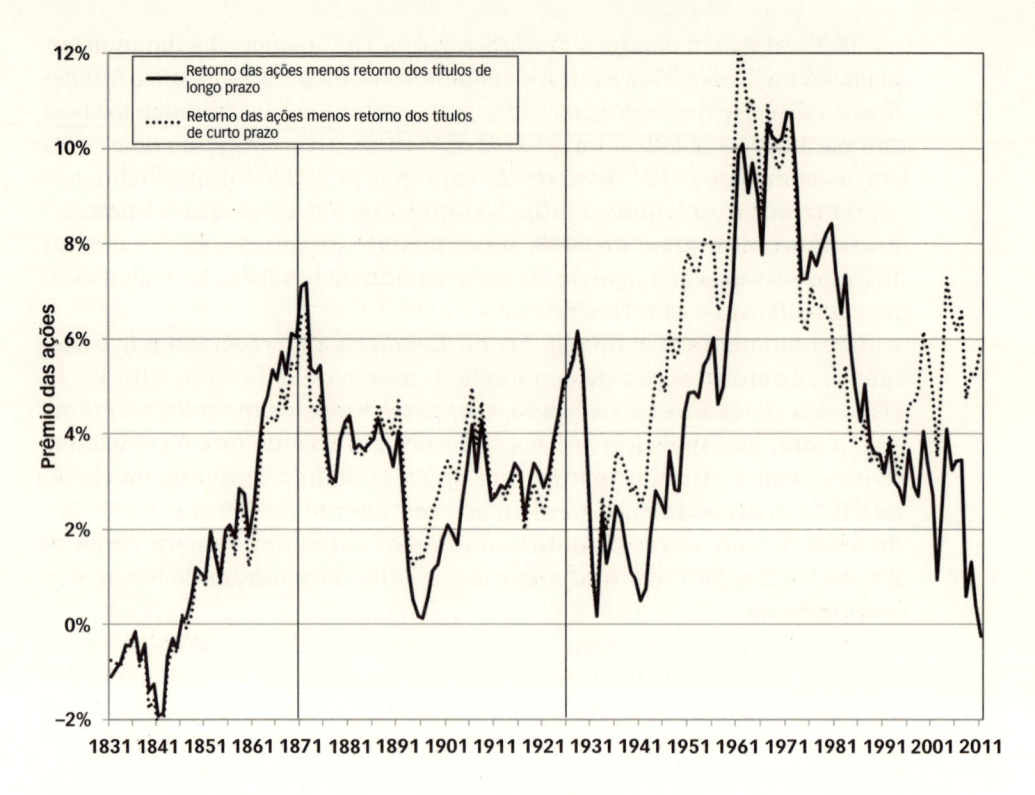

Figura 5.6 O prêmio das ações: diferença entre os retornos de 30 anos sobre ações e títulos e ações e letras, 1831-2012.

RETORNOS MUNDIAIS SOBRE AÇÕES E DÍVIDAS

Quando publiquei *Investindo em Ações no Longo Prazo*, em 1994, alguns economistas questionaram se minhas conclusões, extraídas de dados dos Estados Unidos, poderiam subestimar os retornos acionários históricos avaliados em nível mundial. Eles alegaram que os retornos acionários americanos exibiam viés de sobrevivência, um viés provocado pelo fato de os retornos serem coletados de mercados acionários bem-sucedidos, como os Estados Unidos, e os retornos de países em que as ações fracassaram ou se extinguiram completamente, como Rússia ou Argentina, serem ignorados.[16] Esse viés levava a crer que os retornos acionários nos Estados Unidos, um país que nos últimos 200 anos foi transformado de uma pequena colônia britânica na maior potência econômica do mundo, são exclusivos e os retornos acionários históricos de outros países seriam inferiores.

Incitados por essa questão, os economistas do Reino Unido examinaram os retornos históricos das ações e títulos de 19 países desde 1900. Elroy Dimson e Paul Marsh, professores da Escola de Negócios de Londres, e Mike Staunton, diretor da London Share Price Database, publicaram sua pesquisa em 2002 no livro intitulado *Triumph of the Optimists: 101 Years of Global Investment Returns*.[17] Esse livro oferece um relato rigoroso e ao mesmo tempo agradável de ler sobre os retornos do mercado financeiro mundial em 19 países diferentes.

Os retornos atualizados desse estudo são apresentados na Figura 5.7, que mostra os retornos reais médios históricos das ações, dívidas e letras de todos os 19 países analisados de 1900 a 2012. Embora infortúnios importantes tenham ocorrido em vários desses países, como guerra, hiper-inflação e depressão, todos eles exibiram retornos acionários descontada a inflação consideravelmente positivos.

Os retornos acionários reais giraram entre um baixo nível de 1,7% na Itália e um alto nível de 7,2% na Austrália e África do Sul. Nos Estados Unidos, os retornos acionários, ainda que tenham sido muito bons, não foram excepcionais. A média aritmética simples dos retornos dos 19 países é 4,6%. Se uma carteira tivesse investido um único dólar no mercado acionário de cada um desses países em 1900 teria gerado um retorno real composto de 5,4%, muito próximo dos 6,2% que identifiquei nos Estados Unidos. E os países que tiveram retornos acionários mais baixos tiveram

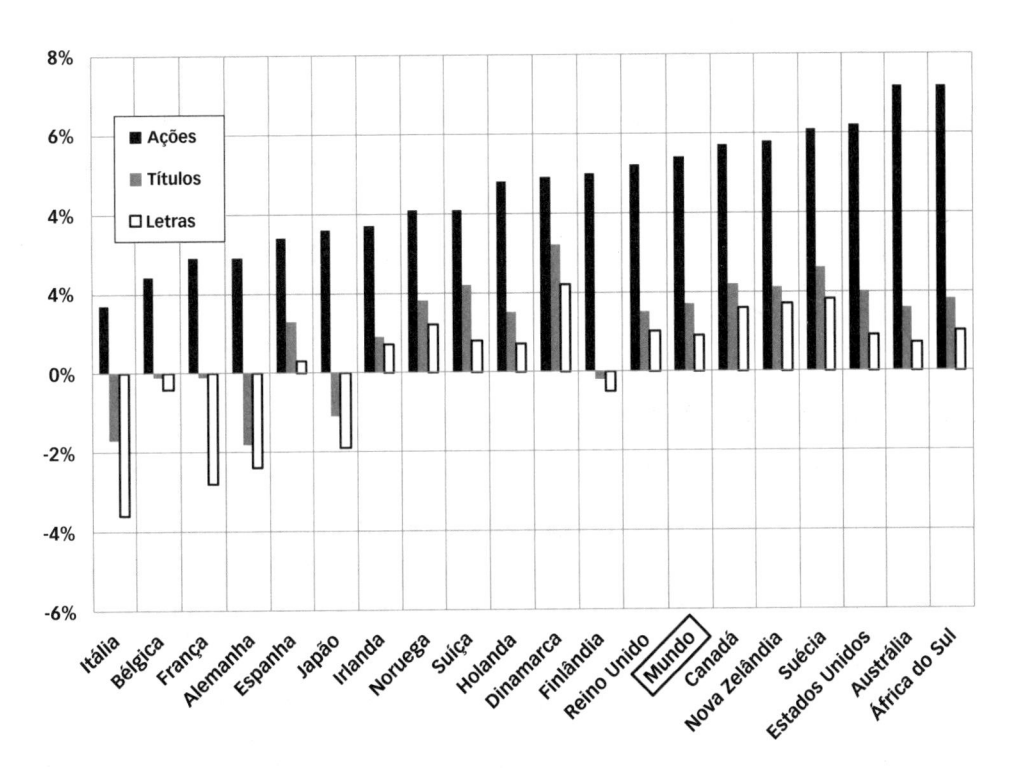

Figura 5.7 Retornos internacionais reais sobre ações, títulos e letras, 1900-2012.

também retornos de renda fixa mais baixos. Desse modo, o prêmio médio das ações em relação aos títulos foi 3,7% e, em relação às letras, de 4,5%, na verdade superior ao encontrado nos Estados Unidos.

Depois que todas as informações foram analisadas, os autores concluíram:

> [...] que o desempenho superior das ações sobre os títulos e letras experimentado pelos Estados Unidos refletiu-se em todos os 16 países analisados. [...] Em todos os países o desempenho das ações foi melhor do que o dos títulos. Ao longo dos 101 anos, apenas dois mercados de renda fixa e somente um mercado de letras ofereceram um retorno melhor do que o nosso mercado acionário com pior desempenho.

Além disso:

> embora os Estados Unidos e o Reino Unido de fato tenham tido um bom desempenho, [...] não há nenhuma indicação de que eles estejam extremamente desalinhados em relação a outros países. [...] Portanto, as preocupações quanto ao sucesso e ao viés de sobrevivência, embora legítimas, talvez tenham sido um tanto superestimadas [e] os investidores talvez não tenham sido materialmente iludidos por um foco sobre os Estados Unidos.[18,19]

Essa última frase é significativa. Foram conduzidos mais estudos sobre os mercados americanos do que sobre os mercados de qualquer outro país do mundo. Dimson, Marsh e Staunton estão dizendo que os resultados encontrados nos Estados Unidos têm relevância para todos os investidores em todos os países. O título que eles escolheram para o livro indica suas conclusões: são os otimistas, e não os pessimistas, que assumem posições no mercado acionário, e decididamente eles triunfaram sobre os investidores mais cautelosos ao longo do século passado. Em lugar de depreciar o argumento a favor das ações, esses estudos internacionais respaldaram-no.

CONCLUSÃO: AÇÕES PARA LONGO PRAZO

Nos últimos 210 anos, o retorno real anual composto de uma carteira diversificada de ações ordinárias girou entre 6% e 7% nos Estados Unidos e exibiu uma constância notável ao longo do tempo. Seguramente, os retornos das ações dependem da quantidade e da qualidade do capital, da produtividade e do retorno em relação ao risco assumido. Contudo, a capacidade de criar valor também depende de uma administração hábil, de um sistema político estável que respeite os direitos de propriedade e da competência para oferecer valor aos consumidores em um ambiente competitivo. Oscilações no entusiasmo dos investidores, decorrentes de crises políticas ou econômicas, podem tirar as ações de seu caminho de longo prazo, mas as forças fundamentais do crescimento econômico sempre possibilitaram que as ações recuperassem sua tendência de longo prazo. Talvez seja por esse motivo que os retornos acionários exibiram essa estabilidade, não obstante as mudanças políticas, econômicas e sociais extremas que afetaram o mundo nos dois últimos séculos.

Entretanto, é necessário perceber a estrutura política, institucional e legal na qual esses retornos foram gerados. O desempenho superior das ações nos dois últimos séculos pode ser explicado pela predominância crescente das nações comprometidas com as economias de mercado livres. Poucos esperavam o triunfo das economias direcionadas ao mercado durante os dias sombrios da Grande Depressão e da Segunda Guerra Mundial. No entanto, se a história de alguma forma serve de guia, os títulos governamentais em nossas economias de papel-moeda podem ter um desempenho bem aquém aos das ações na eventualidade de qualquer distúrbio político ou econômico. Tal como este capítulo demonstra, mesmo em cenários políticos estáveis, os riscos dos títulos governamentais na verdade superam os das ações para os investidores de longo prazo.

APÊNDICE 1: AÇÕES DE 1802 A 1870

As primeiras ações americanas negociadas ativamente, postas em circulação em 1791, foram emitidas por dois bancos: o Banco de Nova York e o Banco dos Estados Unidos.[20] Ambas tiveram um enorme sucesso e rapidamente exibiram prêmio. Contudo, elas desmoronaram no ano seguinte, quando William Duer, assistente de Alexander Hamilton no Tesouro, tentou manipular o mercado e precipitou uma quebra. Foi dessa crise que nasceram os antecedentes da Bolsa de Valores de Nova York em 17 de maio de 1792.

Joseph David, especialista em empresas do século XVIII, alegou que já havia capital social prontamente disponível para qualquer empreendimento propenso a ser lucrativo, mas também, em suas palavras, "para inúmeros empreendimentos nos quais o risco fosse muito grande e as chances de sucesso fossem remotas".[21] Embora mais de 300 empresas comerciais já tivessem sido autorizadas pelos estados antes de 1801, menos de 10 tinham títulos que eram negociados regularmente. Dois terços das empresas autorizadas antes de 1801 estavam ligadas à área de transporte: cais, canais, estradas com pedágio e pontes. Mas as ações importantes do início do século XIX eram das instituições financeiras: bancos e, posteriormente, companhias de seguro. Os bancos e as seguradoras mantinham empréstimos e ações em várias das empresas fabris que, nessa época, não tinham capacidade financeira para emitir ações. As flutuações nos preços das ações das empresas financeiras no século XIX refletem a saúde da economia geral e a lucratividade das empresas para as quais elas concediam empréstimos. Um dos primeiros grandes empreendimentos não financeiros de risco foi o Canal Delaware e Hudson, lançado em 1825, que 60 anos depois também se tornou um membro original do índice industrial Dow Jones.[22] Em 1830, a primeira estrada de ferro, a Mohawk e Hudson, foi listada; e ao longo dos 50 anos seguintes as ferrovias dominaram as negociações nas principais bolsas de valores.

6

Risco, retorno e alocação de carteiras

Por que, em longo prazo, as ações são menos arriscadas do que os títulos

> *Na verdade, será que podemos encontrar algum investimento que ofereça estabilidade real ou lucro certo? [...] Como todo leitor deste livro verá claramente, o homem ou a mulher que investe em títulos está especulando no nível geral de preços ou no poder aquisitivo do dinheiro.*
>
> — IRVING FISHER, 1912[1]

AVALIANDO RISCO E RETORNO

Risco e retorno são os componentes básicos da gestão financeira e de carteiras. Uma vez que o risco, o retorno esperado e as correlações entre as classes de ativos estejam especificados, a teoria financeira moderna pode ajudar os investidores a alocar ativos às suas carteiras. Mas o risco e retorno das ações e títulos não são constantes físicas, como a velocidade da luz ou a força gravitacional, à espera de descoberta no mundo natural. Do mesmo modo que na ciência física, os investidores não podem realizar experimentos controlados repetidos, mantendo todos os demais fatores constantes, e concentrar sua atenção no "verdadeiro" valor de cada variável. Como o ganhador do Nobel Paul Samuelson adorava dizer, "temos apenas uma amostra da história".

Isso significa que, não obstante a imensa quantidade de dados históricos, não é possível ter certeza de que os fatores subjacentes que geram os preços dos ativos mantiveram-se inalterados. Aliás, vimos no Capítulo 3 que as correlações entre as classes de ativos mudam consideravelmente ao longo do tempo.

Contudo, para projetar o futuro deve-se primeiro analisar o passado. O capítulo anterior mostrou não apenas que os retornos de renda fixa ficaram amplamente defasados em relação aos retornos das ações, mas que, em virtude da incerteza da inflação, os títulos de renda fixa podem ser bastante arriscados para os investidores de longo prazo. Neste capítulo, veremos que, por causa dessa incerteza quanto à inflação, a alocação de carteira dependerá fundamentalmente do horizonte de planejamento dos investidores.

RISCO E HORIZONTE DE INVESTIMENTO

Para muitos investidores, a forma mais significativa de considerar o risco é por meio da representação do pior cenário possível. Os melhores e piores retornos, descontada a inflação, de ações, dívidas de longo prazo e letras desde 1802, em horizontes de investimento de 1 a 30 anos, são exibidos na Figura 6.1. Aqui, assim com antes, os retornos das ações são calculados com base nos dividendos mais ganhos ou perdas de capital em um índice amplo de ações americanas ponderado por capitalização. Observe que a altura das barras, que mede a diferença entre os melhores e piores retornos, diminui bem mais rapidamente para as ações do que para os títulos de renda fixa à medida que o horizonte de investimento aumenta.

As ações são inquestionavelmente mais arriscadas do que os títulos ou as letras do Tesouro ao longo de períodos de um e dois anos. Entretanto, em todos os períodos de cinco anos desde 1802, o pior desempenho das ações, em –11,9% ao ano, foi apenas um pouco pior do que o pior desempenho dos títulos de longo prazo ou das letras. E para horizontes de investimento de dez anos, o pior desempenho das ações na verdade foi melhor do que o dos títulos de longo prazo e das letras.

Com relação a horizontes de 20 anos, os retornos das ações nunca ficaram abaixo da inflação, enquanto os retornos dos títulos de longo prazo e das letras uma vez chegou a cair 3% ao ano, abaixo da taxa de inflação. Durante esse episódio inflacionário, o valor real de uma carteira de títulos de longo prazo do Tesouro, incluindo todos os cupons reinvestidos, caiu aproximadamente 50%. O pior retorno de 30 anos das ações permaneceu confortavelmente à frente da inflação, em 2,6% ao ano, um retorno que não está muito abaixo do desempenho médio dos ativos de renda fixa.

É bastante significativo que as ações, em contraposição aos títulos de longo prazo e às letras, nunca tenham oferecido um retorno real negativo aos investidores em períodos de 17 anos ou superiores. Embora possa

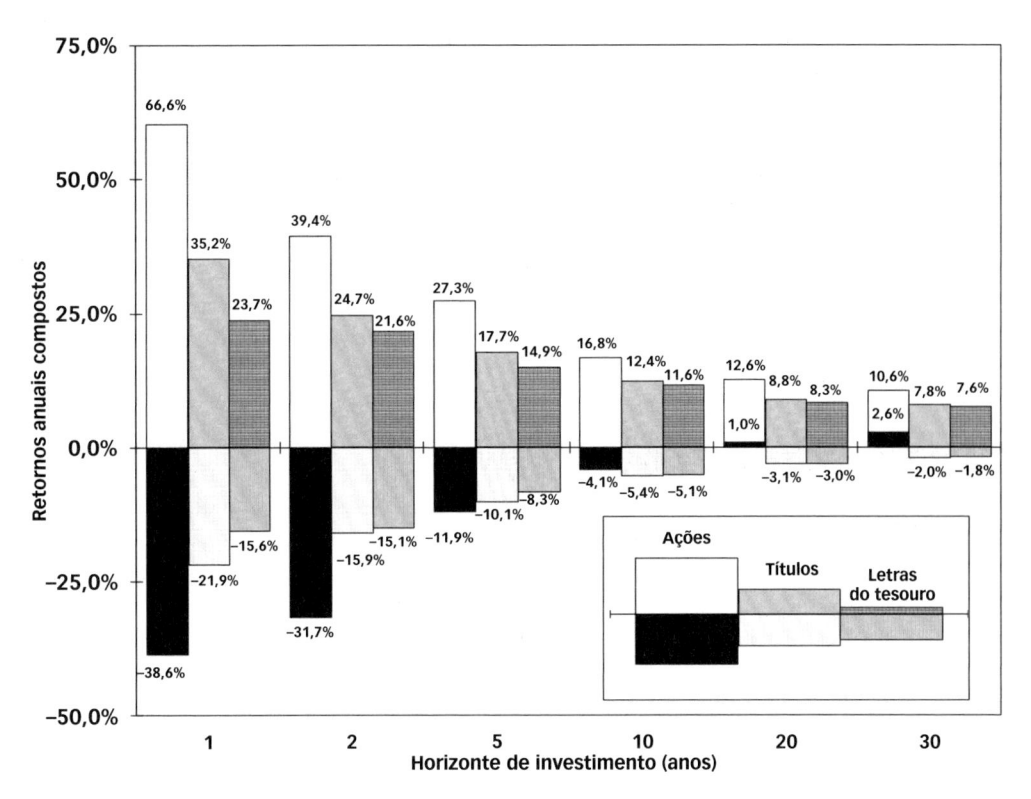

Figura 6.1 Retornos reais mais altos e mais baixos sobre ações, títulos e letras em horizontes de investimento de 1, 2, 5, 10, 20 e 30 anos, 1802-2012.

parecer mais arriscado acumular riqueza em ações e não em títulos em períodos de longo prazo, com o objetivo de preservar o poder aquisitivo, o inverso é precisamente verdadeiro: o investimento de longo prazo mais seguro tem sido perceptivelmente uma carteira diversificada de ações. Não há dúvida de que os títulos do Tesouro protegidos contra a inflação salvaguardem os investidores contra inflação inesperada. Contudo, tal como mencionado no Capítulo 5, os rendimentos reais desses títulos, mesmo para vencimentos tão longos quanto 20 anos, ficaram abaixo de zero em 2012 e continuam bastante baixos. Em contraposição, as ações nunca geraram um retorno real negativo para os investidores ao longo de um horizonte de 20 anos.

Alguns investidores questionam se os períodos de investimento de 20, 30 ou mais anos são relevantes para seu horizonte de planejamento. No entanto, um dos maiores equívocos que os investidores cometem é subestimar seu horizonte de investimento. Isso porque vários investidores pensam a respeito do horizonte de investimento de uma ação, de um título ou fundo mútuo específico. Contudo, o horizonte de investimento que é relevante para a alocação de carteiras é o tempo durante o qual os investidores mantêm quaisquer ações ou títulos independentemente da quantidade de mudanças feitas nas emissões individuais de sua carteira.

A porcentagem de vezes em que os retornos das ações superam os retornos dos títulos ou das letras ao longo de vários horizontes de investimento é mostrada na Tabela 6.1. À medida que o horizonte de investimento aumenta, a probabilidade de as ações superarem o desempenho dos ativos de renda fixa aumenta acentuadamente. Em horizontes de 10 anos, as ações superam os títulos 80% das vezes; em horizontes de 20 anos, 90% das vezes; e em horizontes acima de 30 anos, quase 100% das vezes.

Nas primeiras quatro edições de *Investindo em Ações no Longo Prazo*, mencionei que o último período de 30 anos em que os títulos de longo prazo superaram as ações terminou em 1861, no princípio da Guerra Civil dos Estados Unidos. Isso não é mais verdade. Em virtude da grande queda nos rendimentos dos títulos governamentais na última década, o retorno anual de 11,03% dos títulos de longo prazo do governo simplesmente ultrapassou o retorno de 10,98% das ações no período de 30 anos de 1 de janeiro de 1982 ao final de 2011. Esse evento surpreendente levou alguns pesquisadores a concluir que não se pode mais esperar que os retornos das ações ultrapassem os retornos dos títulos.[2]

No entanto, um exame mais atento sobre o motivo por que os títulos superaram o desempenho das ações durante esse período mostra que é quase impossível os títulos repetirem esse feito nas próximas décadas. Em

Tabela 6.1 Porcentagem de vezes em que as ações superaram o desempenho dos títulos e das letras ao longo de vários horizontes de investimento

Horizonte de investimento	Período de desempenho superior das ações	Ações superam desempenho dos títulos	Letras do Tesouro
1 ano	1802–2012	58,8	62,1
	1871–2012	61,3	66,9
2 anos	1802–2012	60,5	62,9
	1871–2012	64,1	70,4
3 anos	1802–2012	67,2	70,2
	1871–2012	68,7	73,3
5 anos	1802–2012	67,6	68,6
	1871–2012	69,0	74,6
10 anos	1802–2012	72,3	73,3
	1871–2012	78,2	83,8
20 anos	1802–2012	83,9	87,5
	1871–2012	95,8	99,3
30 anos	1802–2012	91,2	91,2
	1871–2012	99,3	100,0

1981, a taxa de juros sobre títulos de 10 anos do Tesouro atingiu 16%. Quando as taxas de juros caíram, os credores beneficiaram-se de altos cupons e ganhos de capital sobre seus títulos. Isso gerou um retorno real sobre os títulos de 7,8% ao ano, de 1981 a 2011, aproximadamente o mesmo retorno real das ações. O retorno real de 7,8% está apenas um ponto percentual acima da média de 210 anos das ações, mas é mais de duas vezes o retorno real médio histórico dos títulos e mais de três vezes o retorno dos últimos 75 anos.

Como as taxas de juros tiveram quedas históricas, os credores enfrentam uma situação totalmente diferente. No final de 2012, os títulos nominais apresentaram um rendimento de 2%. Os títulos só conseguirão gerar um retorno real de 7,8% se o índice de preço ao consumidor cair em torno de 6% ao ano nos próximos 30 anos. Contudo, uma deflação dessa magnitude nunca foi mantida por nenhum país na história mundial. Em contraposição, as ações podem repetir facilmente o desempenho que elas tiveram nas últimas três décadas e são propensas a fazê-lo em virtude de sua avaliação favorável no final de 2012. Como mencionado no capítulo anterior, os retornos prospectivos das ações em relação aos títulos de renda fixa provavelmente superarão sua média histórica em uma ampla margem.

Embora a predominância das ações sobre os títulos seja perceptível nos dados de longo prazo, é igualmente importante observar que, durante períodos de um ou mesmo de dois anos, as ações superam o desempenho dos títulos ou das letras apenas em três a cada cinco anos. Isso significa que em torno de dois a cada cinco anos o retorno de um acionista ficará abaixo do retorno que ele deve obter sobre letras do Tesouro ou certificados bancários. A alta probabilidade de os títulos e até mesmo as contas bancárias superarem o desempenho das ações a curto prazo é o principal motivo pelo qual vários investidores têm tanta dificuldade de manter seus investimentos em ações.[3]

MEDIDA PADRÃO DE RISCO

O risco das ações, dos títulos de longo prazo e das letras – definido como o desvio padrão dos retornos reais anuais médios –, com base na amostra histórica de mais de 200 anos, é exibido na Figura 6.2. O desvio padrão é a medida de risco utilizada na teoria de carteiras e nos modelos de alocação de ativos.

Embora o desvio padrão dos retornos acionários seja superior ao dos retornos dos títulos em horizontes de investimento de curto prazo, assim que o horizonte se estende para 15 e 20 anos, as ações se tornam menos arriscadas do que os títulos. Em períodos de mais de 30 anos, o desvio padrão do retorno de uma carteira de ações cai para menos de três quartos do desvio padrão dos títulos ou das letras. O desvio padrão dos retornos

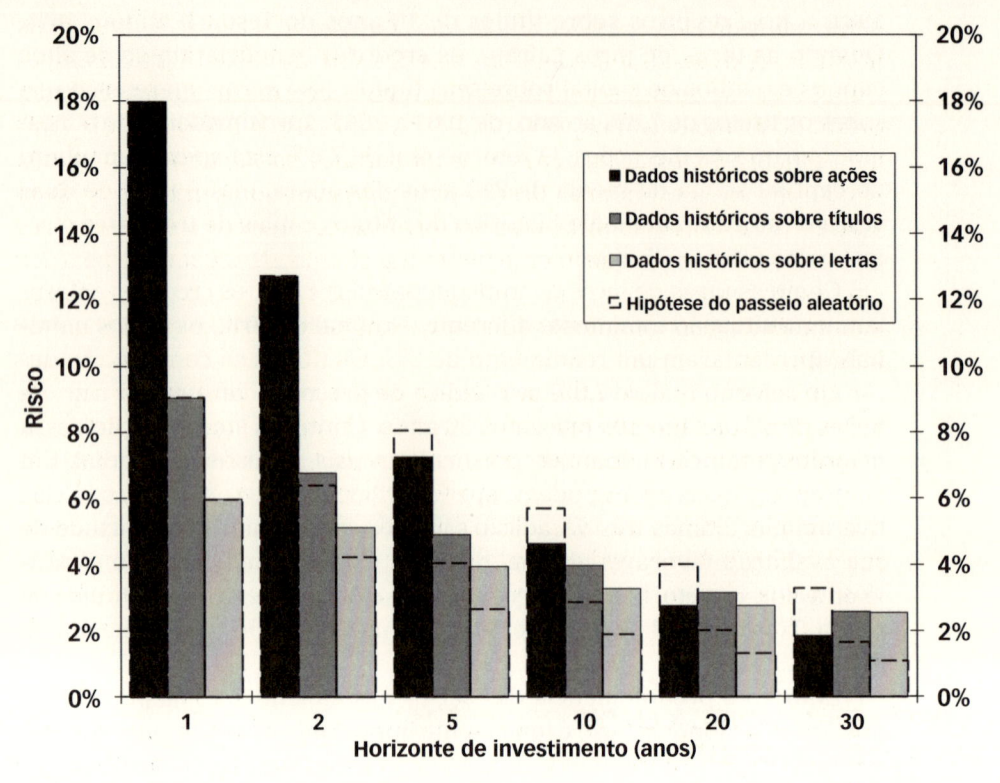

Figura 6.2 Desvio padrão dos retornos reais médios das ações, dos títulos de longo prazo e das letras em vários horizontes de investimento: dados históricos e hipótese do passeio aleatório, 1802-2012.

médios cai duas vezes mais rapidamente para as ações do que para os ativos de renda fixa à medida que horizonte de investimento aumenta.

Se os retornos dos ativos seguirem um passeio aleatório, o desvio padrão de cada classe de ativos cairá segundo a raiz quadrada do horizonte de investimento. Passeio aleatório é o processo em que os retornos futuros são completamente independentes dos retornos passados. As barras tracejadas na Figura 6.2 mostram o declínio no risco previsto sob a hipótese de passeio aleatório.

No entanto, os dados históricos demonstram que a hipótese de passeio aleatório não pode ser mantida para as ações. Isso ocorre pelo fato de o risco real dos retornos médios das ações diminuir bem mais rapidamente do que o previsto pela hipótese de passeio aleatório em virtude de os retornos acionários reverterem à média.

Entretanto, o desvio padrão dos retornos médios dos ativos de renda fixa não diminui tão rapidamente quanto a teoria de passeio aleatório prevê. Essa é uma manifestação da aversão à média dos retornos dos títulos de longo prazo. A aversão à média implica que, quando o retorno de um ativo desvia-se de sua média de longo prazo, existe uma probabilidade maior de ele se desviar ainda mais, em vez de retornar a níveis mais normais. A aversão à média dos retornos dos títulos é típica das hiperinflações, nas quais as mudanças de preço ocorrem em ritmo acelerado, deixando os ativos em papel sem valor. Contudo, a aversão à média também está presente nas inflações mais moderadas que afetaram os Estados Unidos e outras economias desenvolvidas. Assim que a inflação começa a acelerar, o processo inflacionário torna-se cumulativo e os detentores de títulos não têm praticamente nenhuma chance de recobrar as perdas em seu poder aquisitivo. Em contraposição, os acionistas que têm direito sobre ativos reais raramente sofrem perdas permanentes em virtude da inflação.

Observe que não estou afirmando que o risco de uma carteira de ações diminui à medida que estendemos o período. O desvio padrão dos retornos totais das ações aumenta com o tempo, mas isso ocorre em um ritmo progressivamente mais lento. Entretanto, em virtude da incerteza quanto à inflação, o desvio padrão dos retornos reais dos títulos aumenta mais rapidamente à medida que o horizonte se amplia e, com o tempo, os dos títulos tornam-se mais arriscados do que uma carteira diversificada de ações ordinárias.

CORRELAÇÃO VARIADA ENTRE OS RETORNOS DAS AÇÕES E DOS TÍTULOS

Mesmo que os retornos dos títulos fiquem aquém dos retornos das ações, os títulos ainda assim serão adequados para diversificar uma carteira e diminuir o risco geral. Isso será particularmente verdadeiro se os retornos dos títulos e das ações estiverem negativamente correlacionados, o que ocorreria se os preços dos títulos e das ações se movessem em direção oposta.[4]

O poder de diversificação de um ativo é medido pelo coeficiente de correlação. O coeficiente de correlação varia entre –1 e +1 e mede comovimento entre o retorno de um ativo e o retorno do restante da carteira. Quanto menor o coeficiente de correlação, melhor o ativo será enquanto instrumento de diversificação de carteira. Os ativos com correlação de próxima de zero ou em especial negativa são particularmente bons instrumentos de diversificação. À medida que o coeficiente de correlação entre os retornos do ativo e da carteira aumenta, a qualidade de diversificação do ativo diminui.

No Capítulo 3, examinamos o coeficiente de correlação variável entre o retorno de títulos de dez anos do Tesouro e as ações, representadas pelo índice S&P 500. A Figura 6.3 mostra o coeficiente de correlação entre os retornos anuais das ações e dos títulos em três subperíodos entre 1926 e 2012. De 1926 a 1965 a correlação foi apenas levemente positiva, o que indica que os títulos foram instrumentos de diversificação razoavelmente bons para as ações. Os títulos foram bons instrumentos de diversificação

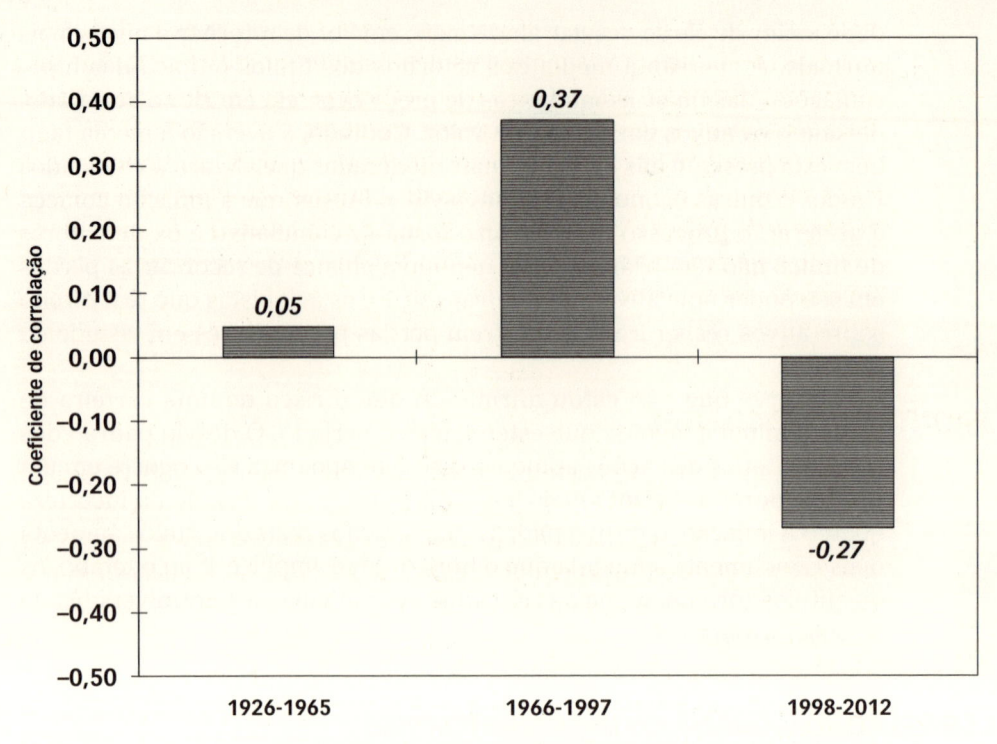

Figura 6.3 Correlação entre os retornos reais dos títulos e das ações em vários períodos históricos.

nesse período porque ele abrangeu a Grande Depressão, que se caracterizou por um declínio na atividade econômica e nos preços ao consumidor, uma situação ruim para as ações mas adequadas para os títulos governamentais americanos.

Entretanto, no padrão papel-moeda, os períodos econômicos ruins são mais propensos a estar associados com a inflação, e não com a deflação. Foi isso o que ocorreu de meados da década de 1960 a meados da década de 1990, uma vez que o governo tentou compensar as retrações econômicas com uma política monetária expansionista que era inflacionária. Sob essas circunstâncias, os preços das ações e dos títulos tendem a se mover simultaneamente, diminuindo de maneira acentuada as qualidades dos títulos governamentais enquanto instrumento de diversificação.

Mas essa correlação positiva mudou novamente em décadas recentes. Desde 1998, os preços das ações voltaram a apresentar uma correlação negativa com os preços dos títulos governamentais. O motivo dessa mudança é duplo. No início desse período, os mercados mundiais foram acossados pelos distúrbios econômico e cambial na Ásia, pela economia deflacionária no Japão e, depois, pelos ataques terroristas de 11 de setembro. Posteriormente, a crise financeira de 2008 trouxe de volta os temores da década de 1930, quando a deflação prevalecia e os títulos do governo eram o único ativo que se valorizava. Esses acontecimentos levaram o mercado de títulos governamentais dos Estados Unidos a se tornar uma vez mais um paraíso seguro para os investidores que temiam maior desordem econômica e uma queda no preço das ações.

No entanto, é improvável que os títulos do Tesouro continuem sendo bons instrumentos de diversificação de longo prazo, especialmente se o fantasma da inflação voltar a assombrar. Se a inflação de fato aumentar, o prêmio hoje desfrutado pelos títulos do Tesouro enquanto proteção contra a deflação desaparecerá novamente, provocando maiores perdas para os detentores.

FRONTEIRAS EFICIENTES[5]

A teoria moderna de carteiras descreve como os investidores podem transformar o risco e o retorno de uma carteira mudando o mix de ativos. A Figura 6.4 exibe os riscos e retornos que procedem da mudança de proporção de ações e títulos em uma carteira ao longo de vários horizontes de investimento que variam de 1 a 30 anos, com base em 210 anos de dados históricos.

O quadrado "vazio" na parte inferior de cada curva representa o risco e retorno de uma carteira somente de ações, enquanto o quadrado preenchido na parte superior da curva representa o risco e retorno de uma carteira somente de ações. O círculo sobre as curvas indica o risco mínimo que se pode alcançar com a combinação de várias proporções de ações e títulos. A curva que conecta esses pontos representa o risco e retorno de todas as carteiras com 100% de títulos e com 100% de ações. Essa curva, chamada de fronteira eficiente, é o cerne da análise moderna de carteiras e a base dos modelos de alocação de ativos.

Observe que a alocação que obtém o risco mínimo é uma função do horizonte de investimento do investidor. Os investidores com horizonte de um ano que estão procurando minimizar o risco devem manter quase que toda a carteira em títulos, e isso também se aplica àqueles com horizonte de dois anos. Em um horizonte de cinco anos, a alocação de ações sobe para 25% na carteira de risco mínimo e aumenta para mais de um terço quando os investidores têm um horizonte de dez anos. Em horizontes de 20 anos, a carteira de risco mínimo tem mais de 50% de ações e, em um horizonte de 30 anos, 68%.

Em vista dessas diferenças marcantes, talvez pareça intrigante o fato de o horizonte de investimento nunca ter sido considerado na teoria de carteira convencional. Isso porque a teoria moderna de carteiras foi estabelecida quando a maior parte da comunidade acadêmica apoiava a teoria de passeio aleatório dos preços dos títulos. Como já foi ressaltado, quando os preços são um passeio aleatório, o risco em qualquer horizonte de investimento é simplesmente uma função do risco em um único período. Desse modo, o risco relativo de diferentes classes de ativos não

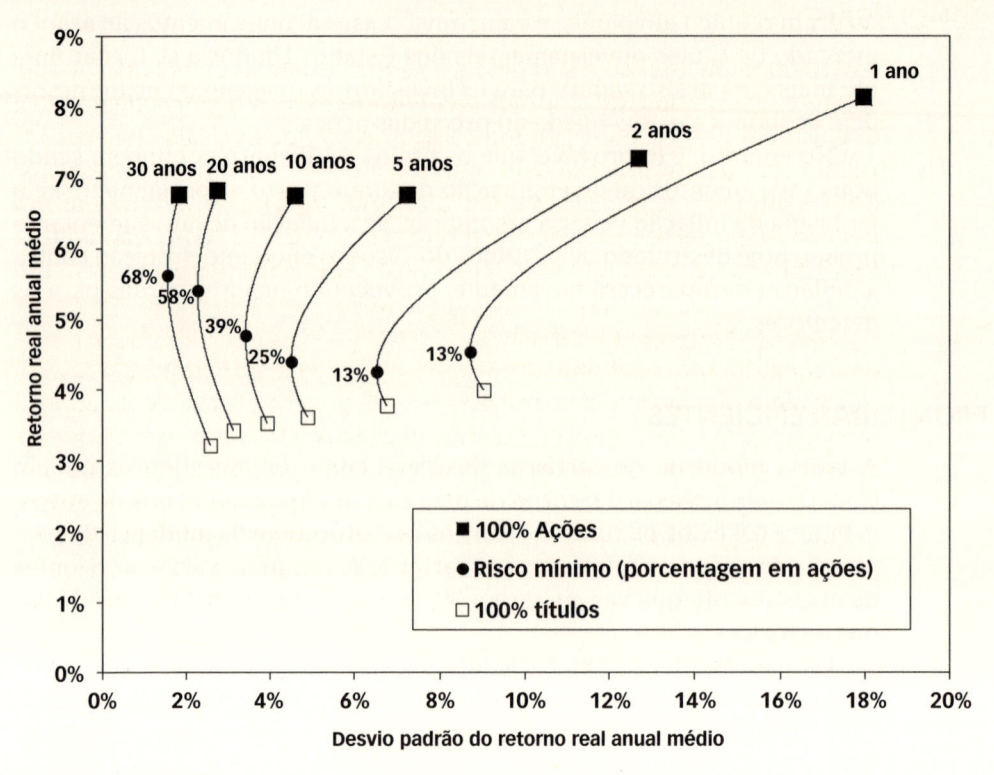

Figura 6.4 *Trade-off* risco-retorno (fronteiras eficientes) das ações e títulos em vários horizontes de investimento, 1802–2012.

depende no horizonte de investimento. Nesse caso, a fronteira eficiente é invariável em relação ao período e a alocação de ativos não depende do horizonte de investimento do investidor. Quando os mercados de títulos não obedecem a passeios aleatórios, não é possível sustentar essa conclusão.[6]

CONCLUSÃO

Ninguém nega que, no curto prazo, as ações são mais arriscadas do que os ativos de renda fixa. Contudo, no longo prazo, a história demonstra que as ações na verdade são mais seguras do que os títulos para os investidores de longo prazo cujo objetivo é preservar o poder aquisitivo de sua riqueza. A incerteza quanto à inflação, que é inerente em um padrão de papel-moeda, significa que "renda fixa" e "poder aquisitivo fixo" não são a mesma coisa, tal como Irving Fisher presumiu há um século.

Não obstante a expressiva desaceleração da taxa de inflação ao longo da última década, há muita incerteza quanto ao valor do dólar no futuro, especialmente em vista dos grandes déficits governamentais e da política monetária afável dos bancos centrais mundiais. Os dados históricos evidenciam que podemos ter mais certeza quanto ao poder aquisitivo que uma carteira diversificada de ações ordinárias terá daqui a 30 anos do que quanto ao poder aquisitivo de um título de 30 anos do Tesouro americano.

7

Índices de ações
Proxies de mercado

Dizem que os números governam o mundo.
— JOHANN WOLFGANG GOETHE, 1830

MÉDIAS DO MERCADO

"Como anda o mercado?", um investidor acionário pergunta a outro. "Está em um bom dia – subiu mais de 100 pontos."

Aqueles que acompanham os mercados jamais perguntariam: "O que é subir 100 pontos?". O índice industrial Dow Jones (Dow Jones Industrial Average – DJIA) ainda é a forma como várias pessoas se referem ao desempenho do mercado, embora reconheçam as limitações desse índice. Esse índice, popularmente chamado de Dow, é tão conhecido que muitas vezes a imprensa o chama de "mercado de ações". Não importa com que imperfeição esse índice descreva o movimento dos preços das ações – e que praticamente nenhum gestor de recursos financeiros determine seu desempenho com base nele –, o Dow é o meio pelo qual vários investidores descrevem as altas e baixas do mercado acionário.

Hoje, porém, existem muitos outros índices bem mais abrangentes. O S&P 500, criado em março de 1957 pela Standard & Poor's, hoje uma divisão da McGraw-Hill Financial, tornou-se o principal índice de referência das ações de alta capitalização americanas. E a Nasdaq, mercado eletrônico automatizado que se iniciou em 1971, tornou-se a bolsa de valores favorita das empresas de tecnologia. O índice Nasdaq mede o desempenho de grandes empresas de tecnologia, como Microsoft, Intel, Google e Apple.

Embora o termo industrial evoque a imagem de empresas fabris tradicionais, o Dow tornou-se bem mais representativo de empresas que dominam o cenário atual. Em 1999, o Dow Industrial entrou para a era tecnológica ao escolher pela primeira vez duas ações Nasdaq – Microsoft e Intel – para integrar sua venerável lista de 30 empresas. A seguir vamos ver a história desses diferentes índices com três reflexões distintas do mercado acionário.

AS MÉDIAS DOW JONES

Charles Dow, um dos fundadores da Dow Jones & Co. – empresa que também publica o Wall Street Journal –, criou as médias Dow Jones no final do século XIX. Em 16 de fevereiro de 1885, ele começou a publicar uma média diária de 12 empresas (10 ferrovias e duas empresas industriais) que representava ações ativas altamente capitalizadas. Quatro anos depois, Dow publicou uma média diária com base em 20 empresas – 18 ferrovias e duas empresas industriais.

Como as empresas industriais e fabris suplantaram as ferrovias em importância, o Dow Jones Industrial Average foi criado em 26 de maio de 1896, englobando as 12 empresas originais mostradas na Tabela 7.1. O antigo índice criado em 1889 foi refeito e passou a ser chamado de Rail Average em 26 de outubro de 1896. Em 1916, o DJIA passou a integrar 20 empresas e, em 1928, esse número se estendeu para 30, seu tamanho atual. O Rail Average, cujo nome foi mudado para Transportation Average em 1970, há mais de um século é composto de 20 empresas.

As empresas iniciais do Dow estavam concentradas em *commodities*: algodão, açúcar, tabaco, chumbo, couro, borracha etc. Seis das 12 empresas sobreviveram quase da mesma forma, mas apenas uma – a General Electric – manteve sua afiliação ao DJIA e seu nome original.[1]

Praticamente todas as empresas originais do Dow prosperaram e tornaram-se grandes e bem-sucedidas, mesmo que em algum momento tenham sido removidas do índice (consulte o Apêndice no final deste capítulo para obter detalhes históricos). A única exceção foi a U.S. Leather Corp., que foi liquidada na década de 1950. Os acionistas receberam US$ 1,50 mais uma ação da Keta Oil & Gas, uma empresa adquirida anteriormente. Contudo, em 1955, o presidente, Lowell Birrell, que posteriormente fugiu para o Brasil para escapar das autoridades americanas, pilhou os ativos da Keta. As ações da U.S. Leather, que em 1909 era a sétima maior corporação nos Estados Unidos, perderam totalmente o valor.

Tabela 7.1 Ações no índice industrial Dow Jones, 1886-2013

1896	1916	1928	1965	2013
American Cotton Oil	American Sugar	Allied Chemical	Allied Chemical	3M Co.
American Sugar	American Can	American Can	Aluminum Co. of America	American Express
American Tobacco	American Car & Foundry	American Smelting	American Can	AT&T
Chicago Gas	American Locomotive	American Sugar	American Tel. & Tel.	Boeing
Distilling & Cattle Feeding	American Smelting	American Tobacco	American Tobacco	Caterpillar
General Electric	American Sugar	Atlantic Refining	Anaconda Copper	Chevron
Laclede Gas	American Tel. & Tel.	Bethlehem Steel	Bethlehem Steel	Cisco Systems
National Lead	Anaconda Copper	Chrysler	Chrysler	Coca-Cola
North American	Baldwin Locomotive	General Electric	DuPont	DuPont
Tennessee Coal and Iron	Central Leather	General Motors	Eastman Kodak	Exxon Mobil
U.S. Leather	General Electric	General Railway Signal	General Electric	General Electric
U.S. Rubber	Goodrich	Goodrich	General Foods	Goldman Sachs
	Republic Iron & Steel	International Harvester	General Motors	Home Depot
	Studebaker	International Nickel	GoodYear	Intel
	Texas Co.	Mack Trucks	International Harvester	IBM
	U.S. Rubber	Nash Motors	International Nickel	Johnson & Johnson
	U.S. Steel	North American	International Paper Co.	JPMorgan Chase
	Utah Copper	Paramount Publix	Johns-Manville	McDonald's
	Westinghouse	Postum, Inc.	Owens-Illinois Glass	Merck
	Western Union	Radio Corp.	Procter & Gamble	Microsoft
		Sears, Roebuck	Sears, Roebuck	Nike
		Standard Oil (Nova Jersey)	Standard Oil (Califórnia)	Pfizer
		Texas Corp.	Standard Oil (Nova Jersey)	Procter & Gamble
		Texas Gulf Sulphur	Swift & Company	Travelers
		Union Carbide	Texaco Incorporated	United Technologies
		U.S. Steel	Union Carbide	UnitedHealth
		Victor Talking Machine	United Aircraft	Verizon Comm.
		Westinghouse Electric	U.S. Steel	Visa
		Woolworth	Westinghouse Electric	Walmart
		Wright Aeronautical	Woolworth	Walt Disney

Cálculo do índice Dow

As médias originais Dow Jones eram simplesmente a soma dos preços das ações componentes divididos pelo número de empresas no índice. Entretanto, esse divisor teve de ser ajustado com o passar do tempo para impedir saltos no índice quando houvesse mudanças nas empresas que compunham a média ou as divisões de ações. Em outubro de 2013, o divisor era 0,1557, de modo que a elevação de um ponto em qualquer ação Dow fazia com que a média aumentasse em torno de 6,5 pontos.[2]

O DJIA é um *índice ponderado pelo preço,* o que significa que os preços das ações componentes são adicionados e depois divididos pelo número de empresas no índice. Por esse motivo, os movimentos proporcionais das ações de alto preço nas médias Dow têm um impacto bem maior do que os movimentos nas ações de preço mais baixo, independentemente do tamanho da empresa. Em novembro de 2013, a Visa, com preço de mercado de US$ 200 por ação, compunha mais de 8% do índice, enquanto a Cisco, a ação de mais baixo preço, tinha um peso inferior a 1%.[3]

Os índices ponderados pelo preço são incomuns porque o impacto do preço da ação da empresa sobre o índice não está relacionado com o tamanho da empresa. Isso contrasta notadamente com o índice ponderado por capitalização, como o índice Standard & Poor's 500, no qual o peso de cada empresa no índice é proporcional ao valor de mercado de suas ações. Em outubro de 2013, as 30 empresas Dow foram avaliadas em US$ 4,5 trilhões, o que é um pouco menos de um quarto da capitalização de todo o mercado americano. No final de 2013, o DJIA não continha a empresa com o maior valor de mercado do mundo, a Apple, tampouco a empresa Google, que também estava entre as dez ações com maior valor de mercado.

Tendências de longo prazo no índice industrial Dow Jones

A Figura 7.1 representa graficamente as altas e baixas mensais do DJIA desde sua criação em 1885, ajustadas a mudanças no custo de vida. O gráfico interno mostra o DJIA não ajustado à inflação.

Uma *linha de tendência* e um *canal de tendência* são criados quando o Dow é ajustado estatisticamente a uma tendência temporal. Os limites superior e inferior estão 1 desvio padrão ou 50% acima e abaixo da tendência. A inclinação da linha de tendência, 1,94% ao ano, é a taxa composta média segundo a qual as ações Dow valorizaram-se após a inflação, desde 1885. A média Dow Jones, assim a maioria das outras médias populares, não inclui dividendos. Portanto, a avaliação da elevação no índice subestima em grande medida o retorno total das ações Dow.

Como o rendimento médio de dividendos sobre todas as ações foi de 4,3% ao longo desse período, o retorno real anual composto total foi de 6,2% ao ano durante esse período.[4]

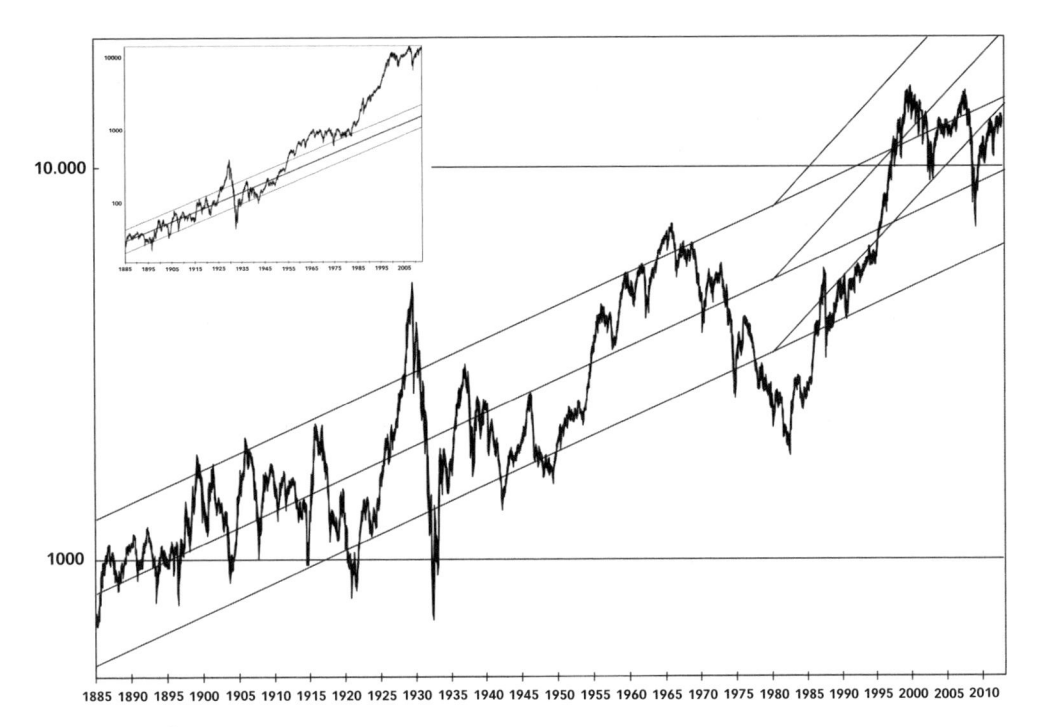

Figura 7.1 Índice industrial Dow Jones nominal e real, 1885-2012.

A média Dow ajustada à inflação permaneceu dentro do canal em mais ou menos três quartos das vezes. Quando o Dow escapou do canal em direção a uma alta, tal como ocorreu em 1929, em meados da década de 1960 e em 2000, subsequentemente as ações tiveram péssimos retornos de curto prazo. De modo semelhante, quando as ações penetraram o canal em direção a uma baixa, subsequentemente elas experimentaram retornos de curto prazo superiores. Em agosto de 2013, a maior alta de todos os tempos do DJIA ajustada à inflação ocorreu em janeiro de 2000, em 16.130.

Cuidado com a utilização de linhas de tendência para prever retornos futuros

O uso de canais e linhas de tendência para prever retornos futuros, por mais que tentador, pode ser enganoso. Tendências antigas foram quebradas por bons motivos econômicos. Não ajustado à inflação, o DJIA escapou da tendência e manteve-se acima dela em meados da década de 1950, tal como mostrado no gráfico interno da Figura 7.1. Isso porque a inflação, provocada pela mudança para o padrão papel-moeda, impeliu os preços nominais das ações justificavelmente para cima da tendência anterior, estabelecida durante tempos não inflacionários. Aqueles que utilizavam a análise de linha de tendência e plotaram os preços das ações em termos nominais, em vez de *reais,* foram provavelmente liquidados em 1955 e *nunca* mais voltaram ao mercado.[5]

Contudo, agora existe outro motivo pelo qual o canal pode ser novamente penetrado na direção de uma alta. Como já foi dito, os índices de ações acompanham apenas a valorização de capital e, por isso, subestima os retornos totais, que incluem dividendos. Entretanto, as empresas têm repassado uma fração cada vez menor de seu lucro como dividendo e utilizam a diferença para comprar de volta suas ações e investir o capital em seus negócios. Por isso, nos últimos anos uma parcela maior do retorno das ações agora tem sido realizada como ganhos de capital, em vez de rendimento de dividendos. Como o rendimento médio de dividendos das ações caiu 2,88 pontos percentuais desde 1980, um novo canal foi delineado na Figura 7.1, com uma inclinação de 2,88 pontos percentuais superior, para representar a elevação no crescimento esperado dos ganhos de capital. No final de 2012, o DJIA real estava acima da média, não ajustado à mudança no rendimento de dividendos mas abaixo do canal de dividendos ajustado.

ÍNDICES PONDERADOS PELO VALOR

Índice Standard & Poor's

Embora o DJIA tenha sido publicado em 1885, certamente não era um índice abrangente de valor das ações e cobria no máximo 30 empresas. Em 1906, a Standard Statistics Co. foi criada e, em 1918, começou a publicar o primeiro índice de valor das ações com base no desempenho ponderado pela capitalização ou pelo valor de mercado de cada empresa, em vez de pelo preço, tal como o Dow Jones fazia. A ponderação por capitalização, agora considerada a que oferece a melhor indicação do retorno no mercado em geral, é utilizada quase universalmente para estabelecer referências de mercado.[6] Em 1939, Alfred Cowles, fundador da Comissão Cowles para Pesquisa Econômica, utilizou as técnicas ponderadas pelo mercado da Standard & Poor 's para construir índices de valores acionários desde 1871, que compreendiam todas as ações listadas na Bolsa de Valores de Nova York (NYSE).

O índice de preços de ações Standard & Poor's, criado em 1923, passou a ser chamado Standard & Poor's Composite Index em 1926 e continha 90 empresas. Em 4 de março de 1957, ele foi ampliado para 500 empresas e tornou-se o índice S&P 500. Na época, o valor do índice S&P 500 compunha cerca de 90% do valor de todas as ações listadas na NYSE. Dentre as 500, havia exatamente 425 empresas industriais, 25 ferrovias e 50 empresas de serviços de utilidade pública. Antes de 1988, o número de empresas em cada setor restringia-se a esses parâmetros, mas desde essa data não existe mais nenhuma restrição setorial às empresas selecionadas.

O valor de base 10 foi escolhido como valor médio do índice S&P de 1941 a 1943. Por isso, quando o índice foi publicado pela primeira vez, em 1957, o preço médio da ação de uma empresa (que girava entre US$ 45 e US$ 50) era aproximadamente igual ao valor do índice. Na época, um investidor podia se identificar facilmente com as mudanças no índice S&P 500 porque a mudança de 1 ponto era semelhante à mudança de preço de uma ação média.

O índice S&P 500 contém poucas empresas de pequeno porte e representa empresas que perderam valor e ainda precisam ser substituídas.[7] No final de 2012, as empresas do S&P 500 foram avaliadas em US$ 13,6 trilhões ao todo, mas isso representava menos de 75% do valor de todas as ações negociadas nos Estados Unidos, significativamente inferior à parcela de composição de 90% do índice quando ele foi originalmente formulado. A história do índice S&P 500, bem como as constatações decorrentes da análise das ações presentes nesse índice mundialmente famoso, é narrada no capítulo seguinte.

Índice Nasdaq

Em 8 de fevereiro de 1971, o método de negociação de ações passou por uma mudança revolucionária. Nessa data, um sistema de cotação automatizado, denominado Nasdaq (acrônimo de National Association of Securities Dealers Automated Quotations – Sistema Eletrônico de Cotação da Associação Nacional de Intermediários de Valores), oferecia preços atualizados de oferta de compra e de venda das 2.400 ações mais importantes negociadas no mercado de balcão. Anteriormente, as cotações dessas ações não listadas eram submetidas pelo trader principal ou por empresas de corretagem que mantinham um estoque. A Nasdaq interligou o terminal de mais de 500 formadores de mercado ao redor do país a um sistema de computador centralizado.

Diferentemente da Nasdaq, as ações negociadas na Bolsa de Valores de Nova York ou na Bolsa de Valores Americana são atribuídas a um formador de mercado designado (que costumava ser chamado de "especialista"), cuja responsabilidade é manter um mercado ordenado para a ação em questão. A Nasdaq mudou a forma como as cotações eram disseminadas e tornou a negociação dessas emissões bem mais atraente tanto para os investidores quanto para os traders.

Na época em que a Nasdaq foi criada, sem dúvida era mais prestigioso para uma empresa ser listada em uma bolsa (e preferivelmente na Bolsa de Valores de Nova York) do que negociada na Nasdaq. As ações da Nasdaq tendiam a ser de empresas pequenas e novas que haviam aberto o capital recentemente ou que não atendiam às exigências das bolsas de valores maiores. Entretanto, muitas empresas tecnológicas jovens consideraram o sistema computadorizado da Nasdaq sua morada natural. Algumas, como Intel e Microsoft, optaram por não migrar para a Big Board, como a NYSE é chamada, mesmo quando elas se tornaram aptas a isso.

O índice Nasdaq, que é um índice ponderado por capitalização de todas as ações negociadas na Nasdaq, foi definido em 100 no primeiro dia de negociação em 1971. Esse índice levou quase 10 anos para dobrar para 200 e mais 10 anos para chegar a 500, em 1991. Ele atingiu seu primeiro marco de 1.000 em julho de 1995.

Quando o interesse por empresas de tecnologia aumentou, a elevação no índice Nasdaq Index acelerou e isso dobrou seu valor para 2.000 em apenas três anos. No outono de 1999, o boom das ações de tecnologia lançou a Nasdaq em órbita. O índice aumentou de 2.700 em outubro de 1999 para 5.048,62 em 10 de março de 2000, o maior pico de todos os tempos.

A maior popularidade das ações de tecnologia aumentou extraordinariamente o volume de negociações na Nasdaq. No princípio, o volume dessa bolsa eletrônica correspondia a uma pequena fração do volume da Bolsa de Valores de Nova York. Contudo, em 1994, o volume de negociações na Nasdaq superou o da NYSE, e cinco anos depois o volume de dólares na Nasdaq também ultrapassou o da NYSE.[8]

A Nasdaq deixou de ser a morada das pequenas empresas que aguardavam o momento de poder se afiliar à Big Board. Em 1998, a capitalização da Nasdaq já havia ultrapassado a da Bolsa de Valores de Tóquio. No pico de mercado de março de 2000, o valor de mercado total das empresas negociadas na Nasdaq atingiu cerca de US$ 6 trilhões, mais da metade do valor da NYSE e superior ao de qualquer outra bolsa de valores do mundo. No início do milênio, a Microsoft e a Cisco, negociadas na Nasdaq, eram as duas empresas com o maior valor de mercado do mundo e a Intel e a Oracle, também listadas na Nasdaq, estavam igualmente entre as dez mais.

Quando a bolha de tecnologia explodiu, as negociações e os preços na Nasdaq afundaram rapidamente. O índice Nasdaq caiu de mais de 5.000 em março de 2000 para 1.150 em outubro de 2002, até se recuperar e chegar a 3.000 no final de 2012. As negociações também caíram de uma média de mais de 2,5 bilhões de ações, quando os preços atingiram o pico, para aproximadamente 2 bilhões de ações em 2007. Não obstante a queda do índice Nasdaq, a Nasdaq ainda negocia algumas das ações mais ativas do mundo.

Contudo, a importância das bolsas individuais e da "negociação de pregão" diminuiu abruptamente, visto que uma porcentagem esmagadora de ações listadas na Bolsa de Valores de Nova York agora é negociada eletronicamente. Em 2008, a NYSE comprou a Bolsa de Valores Americana (American Stock Exchange – Amex) e, no final de 2012, a Intercontinental Exchange (ICE), uma empresa de Atlanta com 12 anos de existência que negocias contratos de futuros eletronicamente, fez a oferta de US$ 8 bilhões para adquirir a NYSE. Ainda que a transmissão de notícias no pregão da Bolsa de Valores de Nova York possa parecer empolgante para os repórteres, o prédio com colunata, construído na Broad e Wall Street em 1903 para negociar as ações das maiores e mais importantes empresas do mundo, corre o risco de apagar as luzes em breve.

Outros índices de ações: o Centro de Pesquisa de Preços de Títulos

Em 1959, o professor James Lorie, da Escola de Negócios da Universidade de Chicago, recebeu um pedido da empresa de corretagem Merrill Lynch, Pierce, Fenner & Smith. A empresa queria investigar como as pessoas haviam se saído em seus investimentos acionários, mas não conseguia encontrar dados históricos confiáveis. O professor Lorie uniu-se ao seu colega Lawrence Fisher para construir um banco de dados que pudesse responder essa questão.

Como a tecnologia da computação ainda se encontrava em sua infância, Lorie e Fisher criaram o Centro de Pesquisa de Preços de Títulos (Center for Research in Security Prices – CRSP –, pronuncia-se "crisp"), que compilou o primeiro arquivo legível por máquina de preços de ações a partir de 1926, o qual se tornaria o banco de dados aceito para pesquisas acadêmicas e profissionais. Atualmente, esse banco de dados contém todas as ações negociadas na Bolsa de Valores de Nova York e Americana e na Nasdaq.

No final de 2012, o valor de mercado de aproximadamente 5.000 ações nesse banco de dados era algo em torno de US$ 19 trilhões. O CRSP é o índice mais abrangente de empresas americanas.

A Figura 7.2 mostra a decomposição por tamanho e a capitalização de mercado total das ações no CRSP. O índice das 500 maiores, que se assemelha muito ao S&P 500, constitui 78,6% do valor de mercado de todas as ações. O índice das 1.000 empresas de mais alta classificação em valor de mercado, que é praticamente idêntico ao Russell 1.000, publicado pelo Russell Investment Group, compõe em torno de 90% do valor total das ações. O Russell 2.000, que contém as 2.000 maiores empresas subsequentes, acrescenta 9,6% ao valor de mercado do índice total. O Russell 3.000, que é a soma dos índices Russell 1.000 e 2.000, compõe 99,1% de todas as ações americanas. As 1.788 empresas remanescentes constituem 0,8% do valor de todas as ações negociadas.[9]

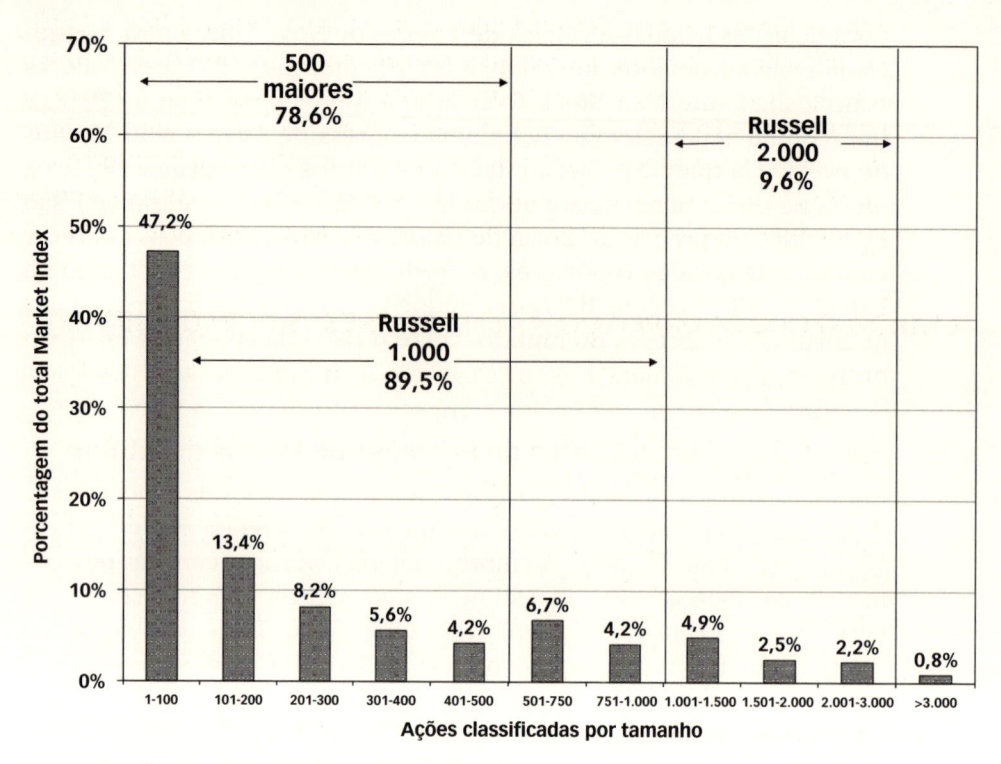

Figura 7.2 Índice total de mercado CRSP, 2012.

TENDENCIOSIDADE DOS RETORNOS NOS ÍNDICES DE AÇÕES

Como os índices de ações como o S&P 500 acrescentam constantemente novas empresas e excluem as antigas, alguns investidores acreditam que o retorno calculado com base nesses índices será superior ao retorno que eles podem obter no mercado em geral.

Mas isso não é real. É verdade que as ações de melhor desempenho permanecerão no índice S&P 500, mas esse índice deixa escapar o movimento positivo e vigoroso de várias emissões pequenas e médias. Por exemplo, a Microsoft só foi acrescentada ao índice S&P 500 em junho de 1994, oito anos depois de abrir seu capital. Além disso, embora os índices de ações de baixa capitalização sejam os incubadores de algumas das empresas de mais alto crescimento, eles também contêm alguns "anjos caídos", que foram removidos dos índices de alta capitalização e seguem uma direção descendente.

Um índice não tem tendenciosidade quando seu desempenho pode ser reproduzido ou equiparado por um investidor. Para reproduzir um índice, a data em que as empresas são acrescentadas e removidas do índice devem ser anunciadas com antecedência para que as novas ações possam ser compradas e as ações excluídas possam ser vendidas. Isso é particularmente importante para emissões que entram em falência: o preço pós-falência (que pode ser zero) deve ser computado no índice. Todos os principais índices de ações, como Standard & Poor's, Dow Jones e Nasdaq, podem ser reproduzidos pelos investidores.[10] Consequentemente, não existe nenhum motivo estatístico para acreditar que esses índices oferecem uma representação tendenciosa do retorno no mercado.

APÊNDICE: O QUE OCORREU COM AS 12 EMPRESAS DOW ORIGINAIS?

Duas empresas (General Electric e Laclede) mantiveram seu nome original (e setor); cinco (American Cotton, American Tobacco, Chicago Gas, National Lead e North American) tornaram-se grandes empresas de capital aberto em seu setor original; uma (Tennessee Coal and Iron) fundiu-se com a gigante U.S. Steel; e duas (American Sugar e U.S. Rubber) foram privatizadas – ambas na década de 1980. Surpreendentemente, apenas uma (Distilling & Cattle Feeding) mudou sua linha de produtos (de bebidas alcoólicas para petroquímicos) e somente uma (U.S. Leather) foi liquidada. Veja a seguir um resumo sobre as 12 empresas originais (capitalização de mercado de dezembro de 2012):

- A American Cotton Oil tornou-se Best Food em 1923, Corn Products Refining em 1958 e, finalmente, CPC International em 1969 – uma importante empresa de alimentos com operação em 58 países. Em 1997, a CPC desmembrou sua unidade de refinaria de milho como Corn Products International e mudou seu nome para Bestfoods. A Bestfoods foi adquirida pela Unilever em outubro de 2000, por US$ 20,3 bilhões. O atual valor de mercado da Unilever (UN), com sede na Holanda, é US$ 115 bilhões.

- A American Sugar tornou-se Amstar em 1970 e foi privatizada em 1984. Em setembro de 1991 a empresa mudou seu nome para Domino Foods, Inc., para refletir sua linha de produtos de açúcar Domino mundialmente famosa.

- A American Tobacco mudou seu nome para American Brands (AMB) em 1969 e para Fortune Brands (FO) em 1997, uma holding global de produtos de consumo cujos principais negócios são bebidas destiladas, produtos para escritório, equipamentos de golfe e reforma de casa. A American Brands vendeu sua subsidiária American Tobacco, inclusive as marcas Pall Mall e Lucky Strike, à sua antiga subsidiária B.A.T. Industries em 1994. Em 2011, a Fortune Brands mudou seu nome para Beam Inc (BEAM), que opera como uma empresa de distribuição no setor de bebidas destiladas. Seu valor de mercado é US$ 9 bilhões.

- A Chicago Gas tornou-se Peoples Gas Light & Coke Co. em 1897 e Peoples Energy Corp., holding de serviços de utilidade pública, em 1980. A Peoples Energy Corp. (PGL) foi comprada pela WPS Resources e mudou seu nome em 2006 para Integrys Energy Group (TEG). Seu valor de mercado é US$ 4,1 bilhão. A PGL fez parte do índice Dow Jones de serviços de utilidade pública (Dow Jones Utility Average) até maio de 1997.

- A Distilling & Cattle Feeding tem uma história longa e complicada. Ela mudou seu nome para American Spirits Manufacturing e, depois, para Distiller's Securities Corp. Dois meses após a aprovação da Lei Seca, a empresa mudou seu estatuto social e tornou-se U.S. Food Products Corp., mudando novamente o seu nome para National Distillers and Chemical. Em 1989, ela se transformou na Quantum Chemical Corp., importante fabricante de petroquímicos e propano. Prestes a falir, ela foi comprada por US$ 3,4 bilhões pela Hanson PLC, um conglomerado anglo-americano. E foi desmembrada como Millennium Chemicals (MCH) em outubro de 1996. A Lyondell Chemical (LYO) comprou a Millennium Chemicals em novembro de 2004. Em 2007, o controle da Lyondell foi tomado pela empresa holandesa que passou a se chamar Lyondell Basell Industries (LYB). O valor de mercado atual da Lyondell Basell é US$ 28 bilhões.

- A General Electric (GE), fundada em 1892, é a única empresa original do índice industrial Dow Jones. A GE é um enorme conglomerado industrial e de teledifusão, dona da NBC e do canal CNBC. Seu valor de mercado de US$ 218 bilhões a torna a terceira empresa de maior valor de mercado nos Estados Unidos.

- A Laclede Gas (LG), que mudou seu nome para Laclede Group, Inc., é uma distribuidora varejista de gás natural na área de Saint Louis. Seu valor de mercado é US$ 900 milhões.

- A National Lead (NL), que mudou seu nome para NL Industries em 1971, fabrica produtos relacionados com rolamentos de segurança e precisão, bem como dióxido de titânio e produtos químicos especiais. Seu valor de mercado é US$ 520 milhões.

- A North American tornou-se Union Electric Co. (UEP) em 1956, e fornece eletricidade em Missouri e Illinois. Em janeiro de 1998, a UEP fundiu-se com a Cipsco (Central Illinois Public Service Co.) para formar a Ameren (AEE) Corp. Seu valor de mercado é US$ 72 bilhões.

- A Tennessee Coal and Iron foi comprada pela U.S. Steel em 1907 e tornou-se USX-U.S. Steel Group (X) em maio de 1991. Em janeiro de 2002, a empresa mudou seu nome para U.S. Steel Corp. O valor de mercado da U.S. Steel é US$ 3 bilhões.

- A U.S. Leather, uma das maiores fabricantes de calçados na primeira metade do século passado, foi liquidada em janeiro de 1952, pagando aos acionistas US$ 1,50 e mais uma ação em uma empresa de petróleo e gás que perderia totalmente seu valor.
- A U.S. Rubber tornou-se Uniroyal em 1961 e foi privatizada em agosto de 1985. Em 1990 a Uniroyal foi comprada pela empresa francesa Michelin Group, que tem um valor de mercado de US$ 15 bilhões.

8

O índice S&P 500

Mais de meio século de história corporativa americana

A maior parte das mudanças que imaginamos ver na vida deve-se a verdades ora favorecidas ora desfavorecidas.
— Robert Frost, "The Black Cottage", 1914

Entre os três índices de ações americanos mais importantes, Dow, Nasdaq e S&P 500, apenas um se tornou o padrão mundial para avaliação de desempenho das ações. Ele foi criado em 28 de fevereiro de 1957 e nasceu do Standard & Poor's Composite Index, um índice ponderado por capitalização iniciado em 1926 que continha 90 ações de alta capitalização. Paradoxalmente, o índice de 1926 excluiu a maior empresa do mundo na época, a American Telephone and Telegraph (AT&T), porque a S&P não queria permitir que o desempenho de uma empresa tão grande dominasse o índice. Para corrigir essa omissão e reconhecer o crescimento de novas empresas no período pós-guerra, a Standard & Poor's compilou um índice das 500 maiores indústrias, ferrovias e empresas de serviços de utilidade pública negociadas na Bolsa de Valores de Nova York.

O índice S&P 500 compunha cerca de 90% do valor de todas as ações listadas na NYSE. Em pouco tempo, ele se tornou o padrão com base no qual se comparava o desempenho das instituições e dos gestores de recursos financeiros que investiam em ações de alta capitalização americanas. No princípio, o índice S&P 500 continha exatamente 425 empresas industriais, 25 ferrovias e 50 empresas de serviços de utilidade pública, mas esses grupos foram abandonados em 1988 a fim de manter, de acordo com a Standard & Poor's, um índice que incluísse as "500 principais empresas nos principais setores da economia".

Desde sua criação, esse índice foi continuamente atualizado, acrescentando novas empresas que atendiam aos critérios da Standard & Poor's de valor de mercado, lucro e liquidez e excluindo uma quantidade igual de empresas abaixo desses padrões.[1] O número total de empresas acrescentadas ao índice S&P 500 desde sua criação em 1957 até 2012 foi 1.159, uma média de 20 por ano. Em média, as novas empresas constituem cerca de 5% do valor de mercado do índice.

O número mais alto de empresas acrescentadas ao índice em um ano se deu em 1976, quando a Standard & Poor's acrescentou 60 empresas, incluindo 15 bancos e 10 companhias de seguro. Até aquele ano as únicas empresas financeiras no índice eram empresas de finanças de consumo, porque as ações dos bancos e das seguradoras eram negociadas no mercado de balcão e porque não havia dados de preço em tempo hábil para calcular o índice antes de a bolsa Nasdaq começar a operar em 1971. Em 2000, no pico da bolha de tecnologia, 49 empresas foram acrescentadas ao índice, o maior número desde o momento em que as ações da Nasdaq foram incluídas em 1976. Em 2003, esse número sofreu uma queda recorde, diminuindo para 8.

ROTATIVIDADE SETORIAL NO ÍNDICE S&P 500

A evolução da economia dos Estados Unidos durante a segunda metade do século passado provocou profundas mudanças no cenário industrial. Outrora nossa economia era dominada por empresas siderúrgicas, químicas, de automóveis e petrolíferas. Hoje predominam as empresas de serviços de saúde, tecnologia, finanças e de outros serviços ao consumidor.

Cada vez mais os investidores estão utilizando a análise setorial para alocar suas carteiras. O sistema de classificação setorial mais conhecido foi formulado em 1999 quando a Standard & Poor's associou-se ao Morgan Stanley para criar o Global Industry Classification Standard (GICS). Esse sistema surgiu do sistema anterior idealizado pelo governo americano, o Código Industrial Padrão (Standard Industrial Code – SIC), que se tornou menos adequado à economia de serviços americana.[2]

O GICS divide a economia em dez setores: *matéria-prima* (substâncias químicas, papel, aço e minérios), *indústria* (bens de capital, defesa, transporte e serviços comerciais e ambientais), *energia* (exploração, produção, comercialização, refinação de petróleo, gás e carvão), *serviços de utilidade pública* (empresas de geração ou transmissão de eletricidade, gás, água e energia nuclear), *serviços de telecomunicações* (linha fixa, celular, sem fio e banda larga), *bens de consumo discricioná-*

rio (utensílios domésticos duráveis, automóveis, vestuário, hotéis, restaurantes, mídia e varejo), *bens de consumo de primeira necessidade ou básicos* (comida, tabaco, produtos de cuidados pessoais, varejo e hipermercados), *saúde* (fabricantes de equipamentos, serviços de saúde, produtos farmacêuticos e produtos biotecnológicos), *finanças* (bancos comerciais e de investimento, hipotecas, corretagem, seguros e imóveis [REITs]) e *tecnologia da informação* (serviços de software, internet, entretenimento doméstico, processamento de dados, computadores e semicondutores).

A participação no valor de mercado de cada um desses setores no índice S&P 500 de 1957 a 2012 é exibida na Figura 8.1. Houve várias mudanças drásticas. O setor de matéria-prima, de longe o maior em 1957, tornou-se um dos menores (junto com o de serviços de utilidade pública e telecomunicações) no final de 2012. Os setores de matéria-prima e energia compunham quase metade do valor de mercado do índice em 1957, mas em 2013 esses dois setores, juntos, constituíam apenas 14% do índice. Entretanto, os setores de finanças, saúde e tecnologia, que começaram como os três menores e constituíam apenas 6% do índice em 1957, auferiram quase metade do valor de mercado de todas as empresas do S&P 500 em 2013.

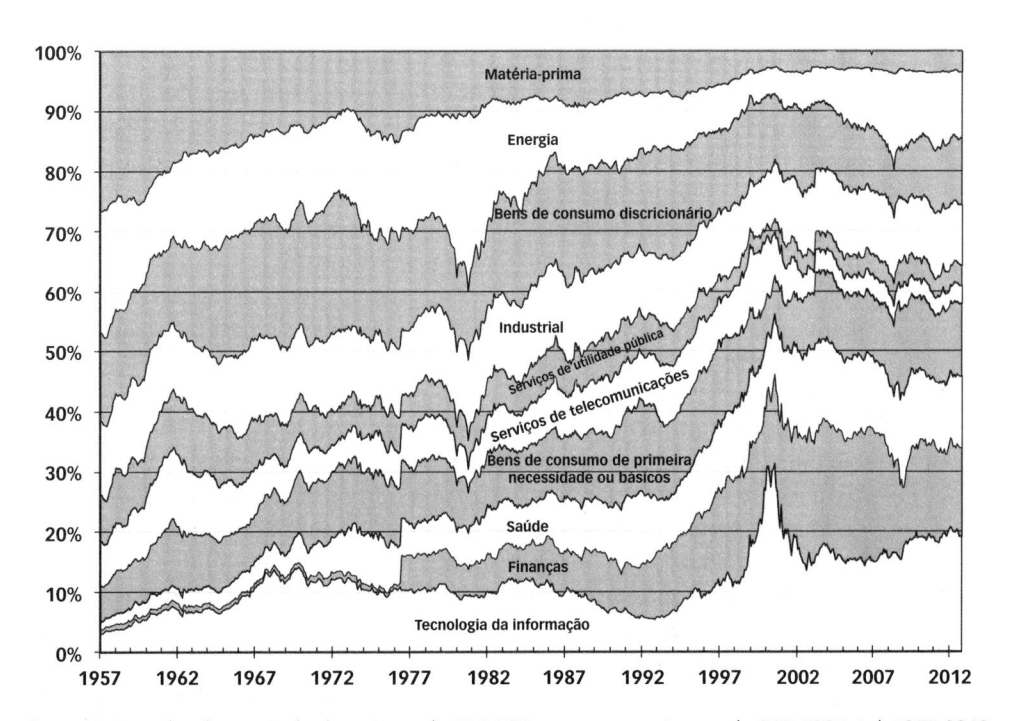

Figura 8.1 Valor de mercado de setores do S&P 500 como porcentagem do S&P 500 total, 1957-2012.

É importante perceber que, quando avaliada em longos períodos, a elevação ou queda da participação de mercado não está necessariamente correlacionada com a elevação ou queda dos retornos dos investidores. Isso porque a mudança na participação dos setores com frequência reflete a mudança no número de empresas, e não apenas a mudança no valor de cada uma das empresas. Isso é particularmente verdadeiro no setor financeiro, visto que foram acrescentados ao índice bancos comerciais e de investimento, companhias de seguro, empresas de corretagem e empresas patrocinadas pelo governo, como Fannie Mae e Freddie Mac.[3] A participação do setor de tecnologia também aumentou porque foram acrescentadas novas empresas. Em 1957, o peso da IBM era dois terços do setor de tecnologia; em 2013, a empresa se classificou apenas como a terceira maior em um setor que contém 70 empresas.

É possível observar na Figura 8.2 que existe pouca relação entre a mudança no valor de mercado de um setor e seu retorno. O setor de mais rápido crescimento, o de tecnologia, de fato teve retornos um pouco abaixo da média, mas o segundo setor de mais rápido crescimento, o de finanças, teve o segundo pior retorno setorial. Os pesos dos setores de tecnologia e finanças aumentaram principalmente porque várias empresas foram acrescentadas, e não porque as empresas em si aumentaram de valor.

É verdade que os setores de saúde e bens de consumo de primeira necessidade aumentaram de peso e tinham retornos acima da média; contudo, o setor de energia encolheu significativamente de 20% para 11% em peso de mercado e, ainda assim, seu retorno de 11,76% estava bem acima do índice S&P 500. Análises estatísticas demonstram que nos últimos 50 anos somente 10% do retorno de um setor está relacionado com o fato de o setor estar se expandindo ou contraindo. Isso significa que 90% do retorno do investidor de um setor baseia-se nos retornos das empresas desse setor, e não no crescimento relativo do setor. Os setores em rápida expansão com frequência induzem os investidores a pagar um preço muito alto, o que diminui os retornos. Por esse motivo, os melhores valores normalmente são encontrados em setores estagnados ou em declínio que são ignorados pelos investidores e cujo preço é baixo em relação aos fundamentos.

O desempenho das 20 maiores empresas que a Standard & Poor's inseriu em sua primeira lista em 1957 é mostrado na Tabela 8.1. Uma característica que se evidencia é que todas as nove empresas petrolíferas da lista ficaram entre as 10 mais e os retornos de todas elas superaram o S&P 500 em 96 a 275 pontos-base por ano.

A empresa com o melhor desempenho entre as 20 maiores ações originais do índice S&P 500 era a Royal Dutch Petroleum, fundada na Holanda e uma das empresas que a Standard & Poor's excluiu de seu índice em 2002 quando eliminou todas as empresas estrangeiras. A empresa com o segundo melhor desempenho era a Socony Mobil Oil, que abandonou

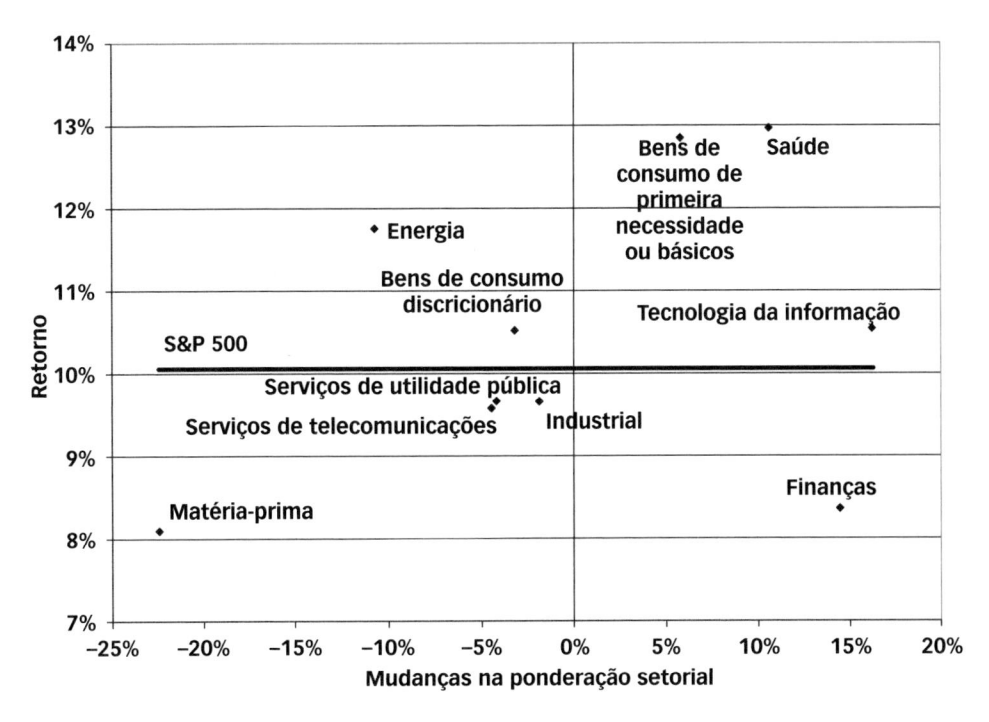

Figura 8.2 Relação entre a mudança do peso setorial e o retorno setorial para o S&P 500, 1957-2012.

o nome "Socony" (que designava Standard Oil Company of New York) em 1966 e fundiu-se com a Exxon em 1999. Em terceiro lugar, vinha a Gulf Oil, em sexto, a Standard Oil da Califórnia e, em oitavo, a Texas Co (Texaco), que por fim passou por fusão para formar a ChevronTexaco, cujo nome foi abreviado para Chevron. A empresa com o quarto melhor desempenho era a Shell Oil, empresa com sede nos Estados Unidos que foi comprada pela Royal Dutch em 1985 e não se encontra mais no índice S&P 500. A empresa com o quinto melhor desempenho era a Standard Oil de Nova Jersey, que mudou seu nome para Exxon em 1972 e atualmente disputa com a Apple a classificação de empresa com o maior valor de mercado do mundo. Em novo lugar, vem a Standard Oil de Indiana, que se fundiu com a BP Amoco em 1998, e, em décimo, a Phillips Petroleum, que se fundiu com a Conoco (Continental Oil Co.) para formar a ConocoPhillips em 2002.

A única empresa que superaria qualquer empresa petrolífera é a IBM, incorporada em 1911 como C-T-R (Computer-Tabulating-Recording) Company. A IBM deteve o peso mais alto no índice S&P 500 (de mais de 6%) de 1983 a 1985 e em 2013 ainda estava entre as dez empresas mais valiosas.

Dez das doze maiores empresas originais ficaram defasadas em relação ao desempenho do índice S&P 500. A U.S. Steel, AT&T e General

Tabela 8.1 Retorno das 20 maiores empresas originais do S&P 500, 1957-2012

Classificação do retorno	Nome em 1957	Retorno de 1957-2012	Classificação de capitalização de mercado de 1957
1	Royal Dutch Petroleum	12,82%	12
2	Socony Mobil Oil	12,76%	13
3	Gulf Oil	12,46%	6
4	Shell Oil	12,40%	14
5	Standard Oil Co (Nova Jersey)	12,28%	2
6	Standard Oil Co (Califórnia)	12,02%	10
7	IBM	11,57%	11
8	Texaco	11,43%	8
9	Standard Oil Co (Indiana)	11,26%	16
10	Phillips Petroleum	11,03%	20
11	AT&T	9,76%	1
12	Union Carbide	9,75%	7
13	General Electric	9,65%	5
14	Sears, Roebuck	8,04%	15
15	Du Pont	7,42%	4
16	Eastman Kodak	6,09%	19
17	USX Corp.	6,00%	9
18	Aluminum Co. of America	4,24%	17
19	General Motors	3,71%	3
20	Bethlehem Steel	—	18
	Média das 10 mais	12,09%	
	Média das 20 mais	10,94%	
	S&P 500	10,07%	

Motors já haviam sido as maiores corporações do mundo. A U.S. Steel e a AT&T passaram pelos caminhos tortuosos de mudança setorial e desinvestimento corporativo e chegaram a ter uma ínfima porcentagem de seu tamanho anterior. Contudo, ambas se recuperaram, e, em 2013, a AT&T alcançou o 13º lugar na classificação de empresa com maior valor de mercado nos Estados Unidos.

A U.S. Steel foi formada em 1901 da fusão entre dez empresas siderúrgicas, liderada por Andrew Carnegie e financiada pelo J. P. Morgan. Após a fusão, tornou-se a primeira empresa com bilhões de dólares em vendas da história e controlava dois terços do mercado dos Estados Unidos. Para se proteger contra os custos de energia crescentes, ela comprou a Marathon Oil Company em 1982 e passou a se chamar USX Corporation. Em 1991, a U.S. Steel foi desmembrada e, em 2003, o valor de suas ações despencou para algo um pouco acima de US$ 1 bilhão, o mesmo tamanho que ela tinha um século antes. O corte agressivo de custo trouxe a U.S. Steel de volta, e hoje ela é a segunda maior fabricante de aço americana, atrás da Mittal Steel USA, que comprou, dentre outras empresas siderúrgicas, os ativos de falência da Bethlehem Steel, a 18ª maior empresa no índice S&P 500 em 1957.

A American Telephone and Telegraph Co. era a maior empresa do mundo quando passou a integrar o índice S&P 500 em 1957, e assim se manteve até 1975. A AT&T ostentava um valor de mercado de US$ 11,2 bilhões em 1957, uma capitalização cuja classificação ficaria na metade inferior das empresas do S&P 500 em 2012. O monopólio telefônico, conhecido como "Ma Bell", foi extinto em 1984, dando origem aos provedores regionais "Baby Bell". Contudo, a despojada e desprovida AT&T foi adquirida por uma de suas filhas, a SBC Communications em 2005, e, por meio de outras aquisições, conseguiu reaver seu lugar entre as 20 maiores em valor de mercado nos Estados Unidos em 2007. O retorno de 55 anos da AT&T, se você tivesse ações de todas as Baby Bells quando a Ma Bell as desmembrou 23 anos antes, teria lhe oferecido um retorno anual de 9,76%, praticamente se equiparando ao índice.

A General Motors, que foi formada por meio da consolidação de 17 empresas de automóveis em 1908, estava fadada a se tornar a maior fabricante de automóveis do mundo. Contudo, o impacto da concorrência estrangeira e os obrigações crescentes com seguro-saúde forçaram a falência da GM em 2009 durante a Grande Recessão. Entretanto, a empresa ressurgiu e disputa com a Toyota o lugar de maior fabricante de automóveis do mundo. Embora as ações da GM tenham se reduzido a zero, o valor da Delphia, Raytheon e Electronic Data Systems, desmembradas pela montadora antes de sua falência, passou a oferecer aos acionistas um magro retorno anual de 3,71% desde 1957. Um retorno um pouco melhor era oferecido pela Eastman Kodak, que declarou falência em janeiro de 2012. Contudo, com o desmembramento de suas ações na bem-sucedida Eastman Chemical Company em 1994, a empresa controladora conseguiu oferecer aos acionistas um retorno de 6% de 1957 em diante. O mesmo não ocorreu para os acionistas da Bethlehem Steel: a segunda maior siderúrgica do mundo foi à falência em 2001 e os acionistas originais não conseguiram ficar com nenhum ativo para contar a história. As três empresas remanescentes são do setor de matéria-prima: os retornos da Union Carbide (que hoje faz parte da Dow Chemical) ficaram um pouco defasados em relação ao mercado, ao passo que os retornos da DuPont e Alcoa ficaram significativamente para trás do índice.

EMPRESA DE MAIS ALTO DESEMPENHO

As 20 empresas de melhor desempenho do S&P 500 original que sobreviveram com sua estrutura corporativa intacta são mostradas na Tabela 8.2, junto com seu retorno anual, setor e retorno total por dólar investido. A Tabela 8.3 relaciona as empresas de melhor desempenho independentemente de elas terem sobrevido intactas ou terem se fundido com outra empresa.[4]

De longe, a empresa com melhor desempenho é a Philip Morris, que em 2003 mudou seu nome para Altria Group e em 2008 desmembrou sua divisão internacional (Philip Morris International).[5] O Homem de Marl-

Tabela 8.2 Retorno das 20 empresas de melhor desempenho originais e sobreviventes do S&P 500, 1957-2012

Classificação	Nome em 1957	Nome em 2012	Ticker	Retorno	Setor	Acúmulo de US$ 1
1	Philip Morris	Altria Group Inc.	MO	19,47%	Bens de consumo de primeira necessidade ou básicos	US$ 19.737,35
2	Abbott Labs	Abbott Laboratories	ABT	15,18%	Saúde	US$ 2.577,27
3	Coca-Cola	Coca Cola Co.	KO	14,68%	Bens de consumo de primeira necessidade ou básicos	US$ 2.025,91
4	Colgate-Palmolive	Colgate Palmolive Co.	CL	14,64%	Bens de consumo de primeira necessidade ou básicos	US$ 1.990,55
5	Bristol-Myers	Bristol Myers Squibb Co.	BMY	14,40%	Saúde	US$ 1.768,50
6	Pepsi-Cola Co.	Pepsico Inc.	PEP	14,13%	Bens de consumo de primeira necessidade ou básicos	US$ 1.547,44
7	Merck & Co.	Merck & Co. Inc. New	MRK	13,95%	Saúde	US$ 1.419,26
8	Heinz	Heinz H J Co.	HNZ	13,80%	Bens de consumo de primeira necessidade ou básicos	US$ 1.317,34
9	Melville Corp.	C V S Caremark Corp.	CVS	13,65%	Bens de consumo de primeira necessidade ou básicos	US$ 1.224,81
10	Sweets Co.	Tootsie Roll Inds.	TR	13,57%	Bens de consumo de primeira necessidade ou básicos	US$ 1.178,92
11	Crane Co.	Crane Co.	CR	13,57%	Industrial	US$ 1.178,44
12	Hershey Foods	Hershey Co.	HSY	13,53%	Bens de consumo de primeira necessidade ou básicos	US$ 1.154,02
13	Pfizer Inc.	Pfizer Inc.	PFE	13,38%	Saúde	US$ 1.072,61
14	Equitable Gas	E Q T Corp.	EQT	13,16%	Energia	US$ 964,47
15	General Mills	General Mills Inc.	GIS	13,12%	Bens de consumo de primeira necessidade ou básicos	US$ 947,03
16	Oklahoma Nat Gas	Oneok Inc. New	OKE	13,04%	Serviços de utilidade pública	US$ 907,42
17	Procter & Gamble	Procter & Gamble Co.	PG	13,00%	Bens de consumo de primeira necessidade ou básicos	US$ 890,97
18	Deere & Co.	Deere & Co.	DE	12,86%	Industrial	US$ 833,05
19	Kroger Co.	Kroger Company	KR	12,70%	Bens de consumo de primeira necessidade ou básicos	US$ 768,88
20	McGraw-Hill Co.	McGraw Hill Co. Inc.	MHP	12,58%	Bens de consumo discricionário	US$ 725,52

Tabela 8.3 Retorno das 20 empresas de melhor desempenho originais do S&P 500, 1957-2012

Classificação	Empresa original	Empresa sobrevivente	Retorno anualizado
1	Philip Morris	Altria Group, Philip Morris International	19,56%
2	Thatcher Glass	Altria Group, Philip Morris International	18,43%
3	Lane Bryant	Limited Group	17,84%
4	National Can	Privatizada	17,71%
5	Dr. Pepper	Privatizada	17,09%
6	General Foods	Altria Group, Philip Morris International	17,03%
7	Del Monte Corp.	Altria Group, Philip Morris International	16,51%
8	Standard Brands	Altria Group, Philip Morris International	16,41%
9	National Dairy	Altria Group, Philip Morris International	16,30%
10	Celanese Corp.	Privatizada	16,19%
11	RJ Reyonolds Tobacco	Altria Group, Philip Morris International	15,78%
12	National Biscuit	Altria Group, Philip Morris International	15,78%
13	Penick & Ford	Altria Group, Philip Morris International	15,64%
14	Flintkote	British American Tobacco	15,60%
15	Lorillard	Loews Corp	15,29%
16	Abbott Labs	Abbott Labs	15,12%
17	Columbia Pictures	Coca-Cola	14,85%
18	Coca-Cola	Coca-Cola	14,66%
19	Colgate-Palmolive	Colgate-Palmolive	14,64%
20	Bristol-Myers	Bristol-Myers	14,59%

boro, um dos ícones mais reconhecidos do planeta, foi apresentado ao mundo pela Philip Morris dois anos antes da formulação do índice S&P 500. Posteriormente, o cigarro Marlboro tornou-se a marca mais vendida do mundo e impeliu para cima as ações da Philip Morris.

O retorno anual médio da Philip Morris na segunda metade do século passado, em 19,47% ao ano, foi quase o dobro do retorno anual de 10,07% do índice S&P 500. Esse retorno significa que US$ 1.000 investidos na Philip em 1º de março de 1957 teriam aumentado para quase US$ 20 milhões no final de 2012, mais de 100 vezes a acumulação de US$ 191.000 do índice S&P 500.

O desempenho extraordinário da Philip Morris não data apenas de meados do século passado. Ela já era a empresa de melhor desempenho desde 1925, data em que foram compilados pela primeira vez retornos abrangentes sobre ações específicas. Do final de 1925 ao final de 2012, a Philip Morris ofereceu um retorno anual composto de 17,3%, 7,7% superior ao dos índices de mercado. Se sua avó tivesse comprado 40 ações (ao custo de US$ 1.000) da Philip Morris em 1925 e optado pelo plano de investimento de dividendos da empresa, suas ações valeriam mais de US$ 1 bilhão no final de 2012!

A recompensa da Philip Morris não se estendeu apenas a seus próprios acionistas. Com o tempo, a Philip Morris tornou-se proprietária de dez outras empresas originais do S&P 500. Vários investidores ficaram extremamente ricos porque as ações de suas empresas foram trocadas por ações de empresas bem-sucedidas como a Philip Morris. Muitos acionistas obtêm uma recompensa inesperada ao pegar carona no sucesso dessas empresas vitoriosas.

COMO AS NOTÍCIAS RUINS PARA UMA EMPRESA TORNAM-SE BOAS NOTÍCIAS PARA OS INVESTIDORES

Alguns leitores talvez estejam surpresos com o fato de a Philip Morris ser a empresa de melhor desempenho para os investidores, não obstante os ataques das restrições governamentais e das medidas legais que lhe custaram dezenas de bilhões de dólares e que certa vez fizeram a fabricante de cigarros correr o risco de falência.

Contudo, nos mercados de capitais, uma notícia ruim para a empresa pode ser uma boa notícia para os investidores que mantêm suas ações e reinvestem seus dividendos. Se os investidores ficarem extremamente pessimistas quanto às perspectivas de uma ação, o preço baixo permite que os acionistas que reinvestem seus dividendos comprem a empresa por uma ninharia. Esses dividendos reinvestidos transformaram as ações das Philip Morris em um baú de tesouro para aqueles que as mantiveram.

FIRMAS SOBREVIVENTES DE MELHOR DESEMPENHO

A Philip Morris não é a única empresa que atende bem aos investidores. O retorno de 19 outras empresas de melhor desempenho sobreviventes, relacionadas na Tabela 8.2, superou o retorno do índice S&P 500 entre 2,5 e 5 pontos percentuais por ano. Dentre as 20 mais, 15 pertencem a dois setores: bens de consumo de primeira necessidade ou básicos, representado por empresas de produto de consumo internacionalmente reconhecidas, e saúde, em particular as grandes empresas farmacêuticas. As empresas Hershey e Tootsie Roll, de chocolate, e Heinz, de ketchup, bem como a Coca-Cola e a Pepsi-Cola, construíram um amplo brand equity e uma ampla confiança junto aos consumidores.

Três outras empresas vitoriosas são a Crane, fabricante de produtos industriais projetados fundada em 1855 por Richard Crane; Deere, fabricante de maquinário agrícola e de construção estabelecida em 1840 por John Deere; e McGraw-Hill (hoje McGraw Hill Financial), fornecedora global de informações fundada por James H. McGraw em 1899 e hoje proprietária da Standard & Poor's. Nos últimos cinco anos, passaram a integrar essa lista das dez mais as produtoras de gás EQT, anteriormente Equitable Gas (fundada em 1888 em Pittsburgh), e ONEOK Inc., anteriormente Oklahoma Natural Gas (fundada em 1906).

Uma empresa particularmente importante é a CVS Corporation, que passou a integrar o índice S&P 500 em 1957 como Melville Shoe Corp., uma empresa cujo nome foi tirado de seu fundador, Frank Melville, que criou uma fábrica de calçados em 1892 e a incorporou como Melville Shoe em 1922. As fábricas de calçados ficaram entre os piores investimentos ao longo do século passado e até mesmo Warren Buffett lamenta o fato de ter comprado a Dexter Shoe em 1991. No entanto, a Melville Shoe foi afortunada o suficiente por comprar a cadeia de lojas Consumer Value em 1969, especializando-se em produtos de saúde pessoal. Essa cadeia tornou-se rapidamente a divisão mais lucrativa da empresa e, em 1996, a Melville mudou seu nome para CVS. Portanto, uma fabricante de calçados, destinada a ser um péssimo investimento, transformou-se em outro em virtude da compra fortuita da administração de uma cadeia de drogarias.

Existem histórias semelhantes com relação às empresas da Tabela 8.3, que, tal como mencionado, relaciona as 20 empresas de melhor desempenho independentemente de elas terem sobrevivido em sua estrutura corporativa original ou terem se fundido com outra empresa. A Thatcher Glass era a segunda empresa com melhor desempenho no índice original S&P 500, atrás da Philip Morris, e a principal engarrafadora de leite no início da década de 1950. Entretanto, quando a explosão demográfica transformou-se em implosão demográfica e as garrafas de vidro foram substituídas por caixas de papelão, a atividade de negócio da Thatcher naufragou. Felizmente para os acionistas da Thatcher, em 1966 a empresa foi comprada pela Rexall Drug, que se tornou a Dart Industries e depois se fundiu com Kraft em 1980 e acabou sendo comprada pela Philip Morris em 1988. O investidor que tivesse comprado 100 ações da Thatcher Glass em 1957 e reinvestido os dividendos teria 140.000 ações da Philip Morris e uma quantidade equivalente de ações da Phillip Morris International no valor de mais de US$ 16 milhões no final de 2012.

OUTRAS EMPRESAS QUE SE TORNARAM DE OURO

Como as investidas médicas, legais e populares contra o tabagismo ganharam ímpeto na década de 1980, a Philip Morris, bem como outra fabricante gigante de cigarros, a RJ Reynolds, diversificou-se, expandindo-se para produtos alimentícios de marca. Em 1985, a Philip Morris comprou a General Food e, em 1988, adquiriu a Kraft Foods por US$ 13,5 bilhões, que originalmente se chamava National Dairy Products e era um dos membros originais do índice S&P 500. A Philip Morris concluiu suas aquisições de empresas de alimentos com a Nabisco Group Holdings em 2000.

A Nabisco Group Holdings era a empresa que a Kohlberg Kravis Roberts & Co. havia desmembrado em 1991 depois de fechar o capital da RJR Nabisco ao adquiri-la em 1989 por US$ 29 bilhões, na época a maior compra alavancada da história. Em nossa metodologia para calcular os retornos de longo prazo, quando uma empresa se torna de capital fechado, presume-se que o dinheiro da aquisição deva ser investido em um fundo do índice S&P 500 até o momento em que ela for desmembrada, momento em que as ações são recompradas em nova oferta pública inicial (*initial public offering* – IPO).[6] A RJ Reynolds Tobacco Co. anteriormente já havia absorvido seis empresas originais do S&P: Penick & Ford, California Packing, Del Monte Foods, Cream of Wheat (comprada em 1971 pela Nabisco), Standard Brands e, finalmente, National Biscuit Co. em 1985. Todas elas ficaram entre as 20 empresas de melhor desempenho em grande parte porque acabaram sendo compradas pela Philip Morris.

DESEMPENHO SUPERIOR DAS EMPRESAS ORIGINAIS DO S&P 500

Um dos aspectos mais notáveis dessas 500 empresas originais é que o investidor que comprou a carteira original de 500 empresas e nunca comprou nenhuma ação das mais de 1.000 empresas adicionais que foram acrescentadas pela Standard & Poor's nos 50 anos subsequentes teria superado o desempenho desse índice atualizado em tempo real. O retorno das 500 empresas originais é mais de 1 ponto percentual superior ao retorno anual de 10,07% do índice atualizado.[7]

Por que isso ocorreu? Como é que as novas empresas que haviam fomentado o crescimento econômico e tornado os Estados Unidos uma economia proeminente no mundo tiveram um desempenho inferior ao das empresas mais antigas? A resposta é óbvia. Embora os lucros e as vendas de várias das novas empresas tenham crescido mais rápido do que os das empresas mais antigas, o preço que os investidores pagaram pelas ações dessas empresas eram simplesmente muito altos para gerar bons retornos.

Para ter direito a integrar o índice S&P 500, as empresas devem ter um valor de mercado suficiente para estarem entre as 500 maiores. Contudo, esse alto valor de mercado com frequência é obtido em virtude do otimismo injustificado dos investidores. Durante a crise de energia no início da década de 1980, empresas como Global Marine e Western Co. foram acrescentadas ao setor de energia e logo depois foram à falência. Na verdade, 12 das 13 empresas de energia que foram acrescentadas ao índice S&P 500 durante o final da década de 1970 e início da década de 1980 subsequentemente não conseguiram ter um desempenho equiparável ao do setor de energia ou ao do índice S&P 500.

Em torno de 30% das 125 empresas que foram acrescentadas ao setor tecnológico do índice S&P 500 desde 1957 foram acrescentadas em 1999 e 2000. É claro que a maioria delas teve um desempenho significativamente inferior ao do mercado. O setor de telecomunicações não acrescentou praticamente nenhuma empresa de 1957 ao início da década de 1990. Entretanto, no final da década de 1990, empresas como WorldCom, Global Crossing e Quest Communications passaram a integrar o índice com grande alarde e subsequentemente desmoronaram.

De todos os dez setores, apenas o de bens de consumo discricionário acrescentou empresas que tiveram desempenho superior ao das empresas originais inseridas no índice. Esse setor era dominado por fabricantes de automóveis (GM, Chrysler e depois a Ford), seus fornecedores (Firestone e Goodyear) e por grandes varejistas, como JCPenney e Woolworth's.

CONCLUSÃO

O desempenho superior das 500 empresas originais do S&P 500 surpreende a maioria dos investidores. Entretanto, os investidores em valor (tal como descrito no Capítulo 12) sabem que as ações de crescimento com frequência têm um preço muito alto e o entusiasmo por suas perspectivas normalmente induz os investidores a pagar um preço muito alto. As empresas lucrativas que não atraem o olhar dos investidores em geral são subvalorizadas. Quando os investidores reinvestem os dividendos dessas empresas, na verdade estão comprando ações abaixo do preço normal que aumentarão significativamente seu retorno.

O estudo sobre as 500 empresas originais também oferece uma avaliação das drásticas mudanças pelas quais a economia dos Estados Unidos passou na segunda metade do século passado. Embora várias das empresas de melhor desempenho estejam produzindo as mesmas marcas que elas fabricavam há 50 anos, a maioria ampliou agressivamente sua franquia (fidelidade do consumidor) em nível internacional. Marcas como Heinz Ketchup, Coca-Cola, Pepsi-Cola e Tootsie Roll são tão lucrativas hoje quanto eram quando esses produtos foram lançados, alguns há mais de 100 anos.

No entanto, observamos também que várias empresas fazem bons investimentos quando se fundem com uma empresa mais sólida. E quatro das empresas originais de melhor desempenho – Dr. Pepper, Celanese, National Can e Flintkote – agora pertencem a empresas estrangeiras. Na verdade, é mais provável que muitas das futuras empresas de melhor desempenho não sejam dos Estados Unidos. Como ressaltamos no Capítulo 4, as empresas estrangeiras, obviamente de importância secundária quando o índice S&P 500 foi criado, em 1957, tendem a ser os detentores finais de várias das empresas de melhor desempenho do presente.

9

O impacto dos impostos sobre os retornos das ações e dos títulos

As ações levam vantagem

Neste mundo nada é certo, exceto a morte e os impostos.
— Benjamin Franklin[1]

O poder de tributar implica o poder de destruir.
— John Marshall[2]

Para todos os investidores de longo prazo existe um único objetivo – o máximo retorno real total após os impostos.
— John Templeton[3]

O objetivo de John Templeton de maximizar o retorno real total após os impostos é uma estratégia de investimento essencial. E as ações são muito apropriadas para essa finalidade. Em contraposição aos investimentos de renda fixa, os ganhos de capital e os dividendos são tratados favoravelmente pelo código tributário dos Estados Unidos. Desse modo, além de melhores retornos antes dos impostos, com frequência as ações têm uma vantagem bem maior após os impostos do que os títulos.

IMPOSTOS HISTÓRICOS SOBRE RENDA E GANHOS DE CAPITAL

A Figura 9.1 representa graficamente a alíquota de imposto marginal histórica em três níveis de renda: faixa de imposto mais alta, alíquota de

Figura A **Alíquotas de imposto sobre renda de juros (e dividendos antes de 2003)**

······· Rendas mais altas ——— Renda de US$ 150.000 - - - - Renda de US$ 50.000

Figura B **Alíquota de imposto para ganhos de capital (e dividendos após 2003)**

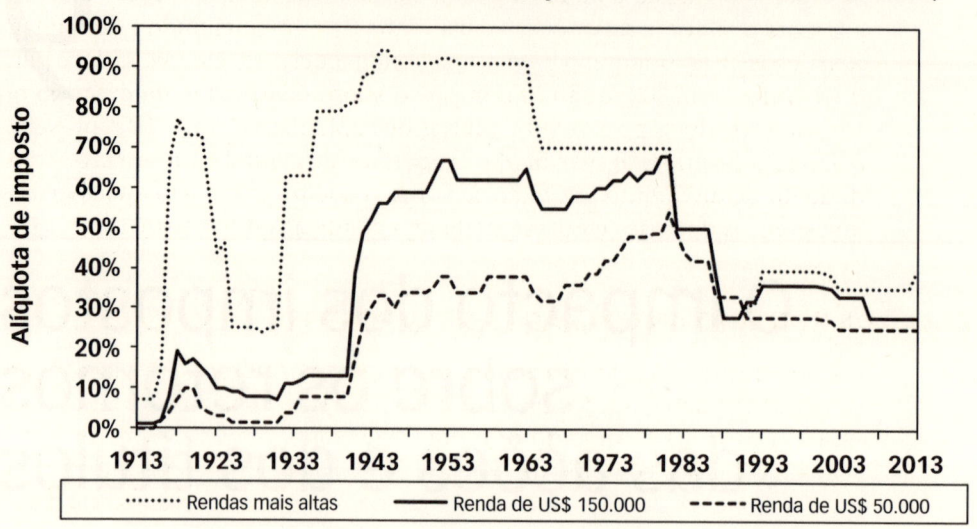

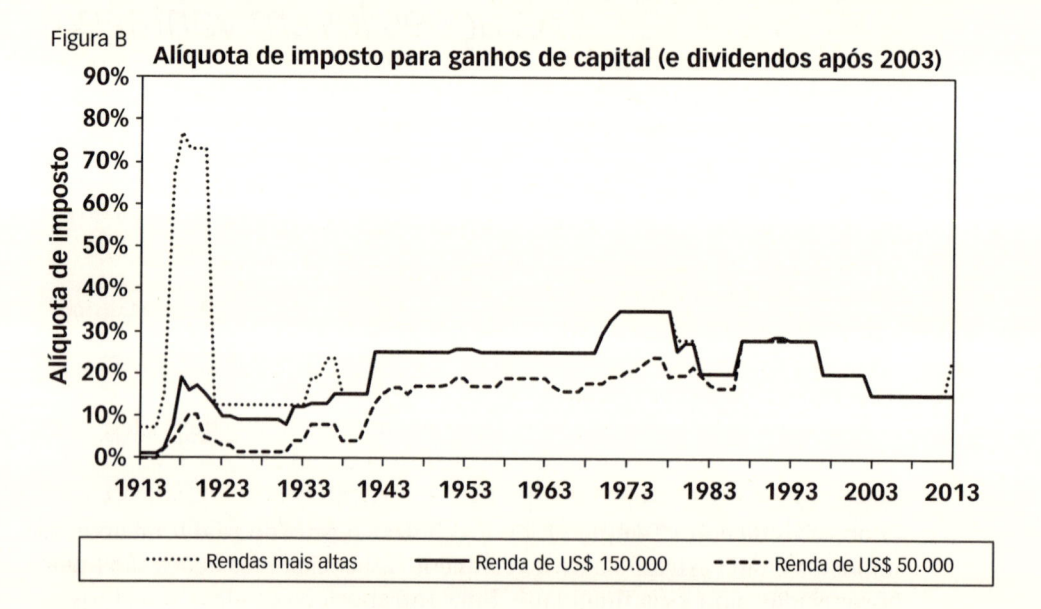

······· Rendas mais altas ——— Renda de US$ 150.000 - - - - Renda de US$ 50.000

Figura 9.1 Alíquotas de imposto federal sobre renda de juros e dividendos e ganhos de capital, 1913-2012.

imposto para a renda de US$ 150.000 e alíquota para uma renda real de US$ 50.000, todas ajustadas ao valor do dólar de 2012. A Figura 9.1A representa a alíquota de imposto para renda comum (incluindo renda de juros) desde 1913, quando o imposto de renda federal foi estabelecido, e para dividendos até 2003, quando o imposto sobre dividendos foi definido no mesmo nível do imposto sobre ganhos de capital. A Figura 9.1B representa a alíquota de imposto marginal para ganhos de capital e (desde 2003) rendimento de dividendos. A história sobre o código tributário aplicável aos investidores de ações é apresentada no apêndice ao final deste capítulo.

TAXAS DE RETORNO ANTES E APÓS OS IMPOSTOS

Os retornos reais históricos após os impostos referentes a várias classes de ativos são exibidos na Tabela 9.1 para quatro faixas de imposto de renda. Desde 1913, quando o imposto de renda federal foi instituído, o retorno real após os impostos sobre as ações girou entre 6,1% para investidores isentos e 2,7% para investidores na faixa de imposto mais alta que realizam ganhos de capital anualmente. Com relação aos títulos de renda fixa tributáveis, o retorno real anual gira entre 2,2% para o investidor isento e –0,3% para o investidor na faixa máxima de imposto, enquanto o retorno real sobre letras gira entre 0,4% e –2,3%. Os títulos municipais obtiveram um retorno real anual de 1,3% desde 1913.

Não obstante o efeito debilitante dos impostos sobre a capitalização das ações, a maior perda provocada pelos impostos é sobre os investimentos de renda fixa. Com base em cálculos após os impostos, um investidor na faixa mais alta que tivesse investido US$ 1.000 em letras do Tesouro no início de 1946 teria hoje US$ 138 após os impostos e após a inflação, uma perda de poder aquisitivo de mais de 86%. Em contraposição, um investidor na faixa de imposto mais alta teria transformado US$ 1.000 em mais de US$ 5.719 em ações, uma elevação de 470% em seu poder aquisitivo.

Na verdade, para alguém na faixa de imposto mais alta, as letras de curto prazo do Tesouro ofereceram um retorno real após os impostos negativo desde 1871 e ainda mais baixo se forem levados em conta os impostos estaduais e municipais. Em contrapartida, os investidores na faixa máxima teriam aumentado seu poder aquisitivo em 288 vezes se tivessem alocados em ações ao longo do mesmo período.

AS VANTAGENS DE ADIAR OS IMPOSTOS SOBRE GANHOS DE CAPITAL

Em maio de 2003, o presidente George W. Bush assinou a Lei de Conciliação de Impostos para Emprego e Crescimento, que diminuiu a alíquota de imposto mais alta sobre dividendos qualificados e ganhos de capital para 15%. Essa foi a primeira vez em que os impostos sobre dividendos e ganhos de capital mantiveram-se equiparados por uma taxa preferencial

136 PARTE II O veredito da história

Tabela 9.1 Retornos reais após os impostos sobre ações, títulos e letras para vários níveis de renda, 1802-2012

		Período	Faixa de imposto sobre ações			Faixa de imposto sobre títulos			Faixa de imposto sobre letras			Títulos municipais	Ouro	IPC
			US$ 0	US$ 50.000	US$ 150.000	Máx.	US$ 0	US$ 50.000	US$ 150.000	Máx.	US$ 0	US$ 50.000	US$ 150.000	Máx.			
Período Principal		1802–2012	6,6	5,7	5,4	5,0	3,6	2,9	2,7	2,4	2,7	2,2	1,7	1,4	3,10	1,4	2,0
		1871–2012	6,5	5,2	4,7	4,1	3,0	2,0	1,7	1,2	1,6	0,8	0,1	-0,4	2,2	1,0	2,0
		1913–2012	6,1	4,2	3,6	2,7	2,2	0,8	0,3	-0,3	0,4	-0,7	-1,6	-2,3	1,3	1,2	3,2
Subperíodo		I 1802–1870	6,7	6,7	6,7	6,7	4,8	4,8	4,8	4,8	5,1	5,1	5,1	5,1	5,0	0,2	0,1
		II 1871–1925	6,6	6,6	6,5	6,2	3,7	3,7	3,6	3,4	3,1	3,1	3,0	2,7	3,3	-0,8	0,6
		III 1926–2012	6,4	4,4	3,7	2,8	2,6	1,0	0,4	-0,2	0,6	-0,6	-1,7	-2,21	1,5	2,1	3,0
Período Pós-Guerra		1946–2012	6,4	4,0	3,3	2,8	2,0	0,0	-0,5	-1,0	0,4	-1,1	-2,4	-3,1	1,1	2,0	3,9
		1946–1965	10,0	7,0	5,2	3,9	-1,2	0,0	-0,5	-1,0	-0,8	-1,5	-2,3	-2,7	-0,6	-2,7	2,8
		1966–1981	-0,4	-2,2	3,0	-3,3	-4,2	-6,2	-7,0	-7,5	-0,2	-3,0	-5,2	-6,1	-1,0	8,8	7,0
		1982–1999	13,6	9,4	9,1	9,1	8,5	5,0	4,5	4,5	2,9	0,8	-0,8	-1,7	2,7	-4,9	3,3
		1982–2012	7,8	5,5	5,3	5,3	7,6	4,8	4,4	4,3	1,6	0,1	-1,0	-1,7	3,4	1,8	2,9

* Apenas imposto de renda federal. Presuma um horizonte de investimento de um ano para a fração de ganhos de capital do retorno.

durante um período significativo. Em 2013, ambos os impostos foram fixados em 20% para os investidores de alta renda. No entanto, os impostos efetivos sobre ganhos de capital ainda são inferiores aos impostos sobre dividendos porque os primeiros continuam sendo pagos somente quando o ativo é vendido, e não quando o ganho é creditado. A vantagem do adiamento desse imposto é que o retorno proveniente de ganhos de capital acumula segundo uma taxa antes dos mpostos mais alta, e não de acordo com uma taxa após os impostos, tal como ocorreria com os dividendos reinvestidos. Chamo a vantagem dos ganhos de capital sobre o rendimento de dividendos de "benefício de adiamento".

Para os investidores de longo prazo, a vantagem do benefício de adiamento pode ser considerável. Por exemplo, considere duas ações, uma com rendimento de dividendos de 10% ao ano e a outra que rende 10% ao ano somente em ganhos de capital. Suponhamos que um investidor pague 20% de impostos sobre dividendos e ganhos de capital. No caso de um investidor isento, ambos os investimentos oferecerão retornos idênticos de 10%. Contudo, o rendimento após os impostos da ação que paga dividendos será 8,0% ao ano, ao passo que, se o investidor esperar 30 anos para vender as ações que pagam ganhos de capital, o retorno após os impostos será 9,24% ao ano. Esse retorno é apenas 76 pontos-base inferior ao obtido por um investidor isento de impostos.

Portanto, do ponto de vista tributário, ainda existe um motivo para as empresas oferecerem ganhos de capital em vez de rendimento de dividendos. Isso é lastimável porque, como observaremos no Capítulo 12, as ações que pagam dividendos geralmente oferecem melhores retornos antes e após os impostos do que aquelas que não pagam. O governo pode colocar os dividendos na mesma base tributária dos ganhos de capital se as autoridades tributárias permitirem que os investidores obtenham adiamento de impostos sobre os dividendos reinvestidos até o momento em que as ações forem vendidas.

INFLAÇÃO E IMPOSTO SOBRE GANHOS DE CAPITAL

Nos Estados Unidos, os impostos de ganhos de capital são pagos sobre a diferença entre o preço de um ativo quando ele é comprado (seu preço nominal) e o valor (preço) desse ativo quando ele é vendido, sem nenhum ajuste à inflação. Nesse sistema tributário nominal, um ativo que se valoriza a uma taxa abaixo da inflação – o que resulta em perda de poder aquisitivo – será tributado mesmo assim após a venda.

Embora a valorização dos preços das ações geralmente compense os investidores pela elevação da taxa de inflação, particularmente a longo prazo, o código tributário baseado em preços nominais penaliza os investidores em um ambiente inflacionário. Para um retorno real qualquer, mesmo uma taxa de inflação moderada de 3% faz com que um investidor com horizonte de investimento médio de cinco anos perca 60 pontos-base por ano em comparação com o retorno após os impostos que ele obteria se a taxa de inflação fosse zero. Se a taxa de inflação subir para 6%, o declínio no retorno real saltará para 112 pontos-base por ano. Chamo esse efeito de "imposto inflacionário". O imposto inflacionário relativo a várias taxas de inflação e a vários horizontes de investimento no atual sistema tributário é exibido na Figura 9.2.[4]

O efeito do imposto inflacionário sobre os retornos reais após os impostos é bem mais devastador quando o horizonte de invesitmento é curto do que quando ele é longo. Isso porque quanto maior a frequência com que um investidor compra e vende ativos, maior a frequência com que o governo pode tributar os ganhos de capital nominais, o que talvez não represente um um ganho real descontada a inflação.

Tanto dentro quanto fora do governo existe um apoio considerável à realização de ajustes à inflação no sistema tributário. Em 1986, o Tesouro dos Estados Unidos propôs a indexação de ganhos de capital, mas esse dispositivo nunca foi promulgado. Em 1997, a Câmara dos Representantes incluiu a indexação de ganhos de capital em sua legislação tributária, mas ela foi removida por delegados da Câmara e do Senado sob a ameaça de veto presidencial. De acordo com esses planos, os investido-

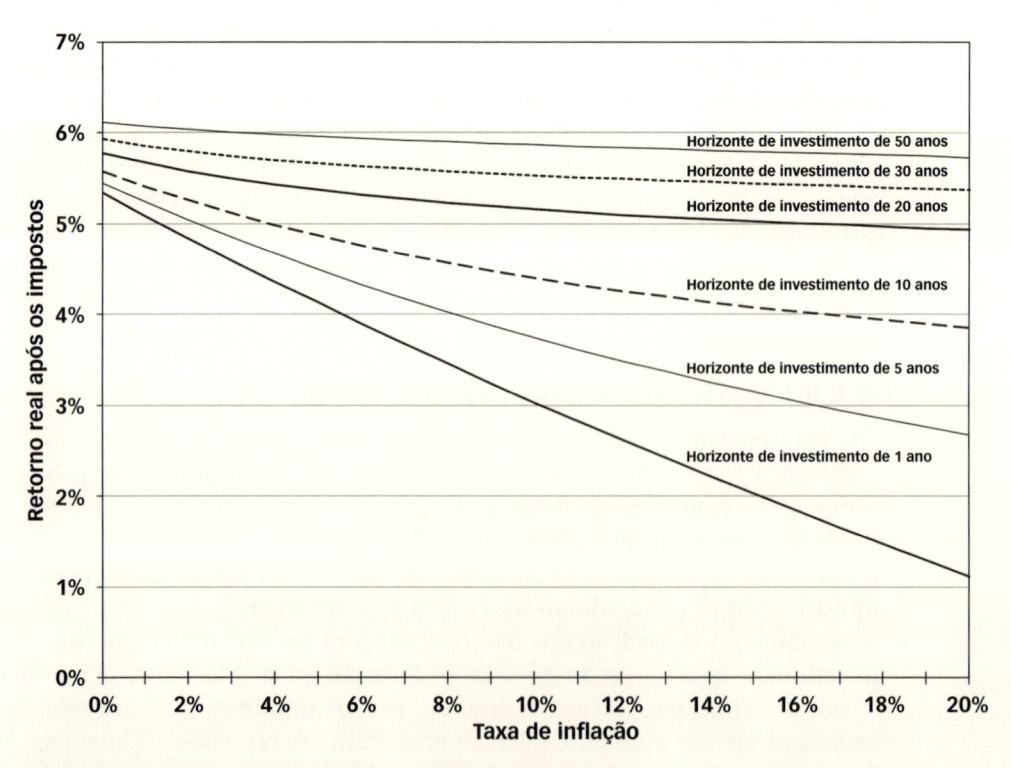

Figura 9.2 Retorno após os impostos e inflação para vários horizontes de investimento segundo a legislação tributária de 2013.

res pagariam impostos somente sobre parte do ganho (se houvesse) que ultrapassasse o aumento no nível de preços durante o horizonte de investimento do ativo. Como a inflação manteve-se baixa nos últimos anos, a pressão para ajustar o imposto sobre ganhos de capital à inflação é menor e a legislação para corrigir essa deficiência está dormente.

FATORES TRIBUTÁRIOS CADA VEZ MAIS FAVORÁVEIS ÀS AÇÕES

Não obstante a aprovação do American Taxpayer Relief Act (Lei de Alívio ao Contribuinte Americano) de 2012, que elevou a taxa máxima sobre dividendos e ganhos de capital para 20% (23,8%, se for incluído o imposto sobre o Medicare), têm havido alguns avanços tributários bastante favoráveis aos acionistas nas últimas décadas. Alguns deles são:

1. Redução da alíquota tributária sobre ganhos de capital de um nível máximo de 35% em 1978 para 23,8% e reduções comparáveis para contribuintes em faixas mais baixas.[5]
2. Inflação mais baixa, o que diminui o imposto inflacionário que se impõe sobre os ganhos de capital nominais.
3. Uma mudança de dividendos para ganhos de capital, o que aumenta o benefício de adiamento.

Antes de 2003, quando a alíquota de imposto sobre dividendos foi desacoplada pela primeira vez da alíquota de imposto de renda comum, a alíquota de dividendos chegou a atingir 90% no período pós-guerra imediato.

Como mencionado anteriormente, porque a legislação tributária baseia-se apenas em valores nominais não ajustados à inflação, a inflação impõe um imposto adicional sobre os ganhos de capital. A taxa de inflação caiu de níveis de dois dígitos em 1979 para o nível de 2% a 3% na última década. Como as faixas de imposto de renda são indexadas à inflação, a alíquota de imposto sobre dividendos não é diretamente afetada pela inflação. Além disso, como o imposto sobre ganhos de capital baseia-se em realizações, e não em provisões (acumulações), as empresas têm comprado suas ações de volta, em vez de pagar dividendos, e gerado maior renda de ganhos de capital. Por esse motivo, o rendimento médio de dividendos caiu de cerca de 5%, nível anterior a 1980, para apenas 2% em anos mais recentes.

Pode-se presumir que todos esses fatores aumentaram o retorno real após os impostos das ações em 2 pontos percentuais nos últimos 30 anos para um dado retorno antes de impostos. Embora o retorno real após os impostos dos títulos também tenha aumentado em virtude da diminuição das alíquotas de imposto de renda comum, o aumento do retorno real das ações tem sido maior. Em qualquer modelo de precificação de ativos de equilíbrio, os fatores tributários favoráveis às ações indicam que as ações devem ser precificadas por um múltiplo de lucro mais alto, questão que será abordada no Capítulo 10.

AÇÕES OU TÍTULOS EM CONTAS COM IMPOSTOS DIFERIDOS?

Os instrumentos de poupança mais importantes para vários indivíduos são as contas com impostos diferidos (*tax-deferred accounts* – TDAs), como os planos Keogh e 401 (k) e as contas de aposentadoria individuais (*individual retirement accounts* – IRAs). Muitos investidores mantêm a maior parte de suas ações (quando mantêm alguma ação) em sua conta com imposto diferido, mas mantêm principalmente ativos de renda fixa em sua conta tributável.

Contudo, várias mudanças recentes nas leis tributárias defendem que os investidores deveriam fazer o oposto. Os dividendos terão alíquotas de imposto mais baixas e a valorização das ações obterão a vantagem de um imposto mais baixo sobre ganhos de capital somente se elas forem mantidas em contas tributáveis. Isso porque, quando o saldo na conta com imposto diferido é retirado na aposentadoria, o indivíduo paga a alíquota de imposto de renda comum cheia sobre o resgate total independentemente da proporção da acumulação que foi realizada por meio de ganhos de capital e da proporção realizada por meio de rendimento de dividendos.

Entretanto, esse parecer ignora dois fatores. Primeiro, se você for um *trader* ativo ou comprar fundos mútuos que são negociados ativamente, haverá ganhos de capital realizados significativos, alguns de curto prazo, que seriam mantidos mais adequadamente em uma conta com imposto diferido. Além disso, as transações realizadas em uma conta com imposto diferido não exigem cálculos tributários complexos porque nenhum imposto será pago enquanto o dinheiro não for retirado e porque a fonte de lucro não tem nenhuma importância.

Segundo, embora o governo aplique taxas comuns na tributação de ganhos de capital e dividendos em caso de retirada de uma TDA, ele também compartilha um risco maior. Se você sofrer perda de capital em uma conta tributável, o governo limitará sua capacidade de deduzir essa perda da renda comum. Entretanto, quando os fundos são retirados de uma conta com imposto diferido, a retirada total é tratada como renda tributável, de modo que todas as perdas tornam-se totalmente dedutíveis da renda tributável. Portanto, existe um risco após os impostos menor quando se utilizam contas de poupança com imposto diferido.

Quando todos os fatores são considerados, é melhor os investidores manterem ações em contas tributáveis, a menos que eles sejam *traders* ativos. Se seu horizonte for longo, a possibilidade de você sofrer alguma perda em sua conta de ações é mínima. Por isso, o aspecto de compartilhamento de risco das TDAs é menos importante. Contudo, é aconselhável manter ações que não pagam dividendos sujeitos a impostos, como os fundos de investimento imobiliário (*real estate investment trusts* – REITs) e outros fundos fiduciários de renda, em sua conta com imposto diferido para evitar impostos correntes. No entanto, alguns investidores avessos ao risco que relutam em manter ações em sua conta pessoal em decorrência da volatilidade de curto prazo acham mais fácil manter ações em sua conta de aposentadoria, na qual eles têm uma perspectiva de mais longo prazo e podem estar mais aptos a suportar perdas de curto prazo.

CONCLUSÃO

O planejamento tributário é importante para maximizar os retornos dos ativos financeiros. Em virtude de alíquotas de imposto favoráveis sobre dividendos e ganhos de capital e da possibilidade de adiar impostos sobre ganhos de capital, as ações oferecem uma vantagem tributária significativa sobre os ativos de renda fixa. Essas vantagens cresceram nos últimos anos, visto que as alíquotas sobre ganhos de capital e dividendos foram reduzidas, a inflação manteve-se baixa e as empresas recompraram ações para aumentar os ganhos de capital. Esses acontecimentos favoráveis aumentaram o retorno após os impostos em 2 pontos percentuais em relação ao retorno médio após os impostos dos últimos 50 anos. Como as ações são mais favoráveis aos investidores de longo prazo do que os títulos, a vantagem tributária das ações é ainda maior.

APÊNDICE: HISTÓRIA DO CÓDIGO TRIBUTÁRIO

O imposto de renda federal foi cobrado pela primeira vez com a Lei da Receita de 1913, quando a Décima Sexta Emenda da Constituição americana foi aprovada. Até 1921 não era concedida nenhuma preferência tributária à renda de ganhos de capital. Quando as alíquotas de imposto foram aumentadas acentuadamente durante a Primeira Guerra Mundial, os investidores refrearam-se de realizar ganhos e queixaram-se ao Congresso das consequências tributárias envolvidas na venda de seus ativos. O Congresso foi persuadido de que essas "carteiras congeladas" eram prejudiciais à alocação eficiente de capital. Por isso, em 1922, foi estabelecida uma alíquota máxima de 12,5% sobre a renda de ganhos de capital. Essa alíquota se aplicava quando a renda tributável atingia US$ 30.000, que é equivalente a US$ 240.000 em dólares atuais.

Em 1934, um novo código tributário foi aprovado, deduzindo pela primeira vez uma porção dos ganhos de capital da renda tributável. Essa dedução possibilitou que os investidores de média renda, e não apenas os ricos, desfrutassem dos benefícios tributários referentes à renda de ganhos de capital. A porção deduzida do ganho dependia do tempo durante o qual o ativo era mantido; não havia nenhuma dedução se o ativo fosse mantido por um ano ou menos, mas a dedução era aumentada para 70% se o ativo fosse mantido por mais de dez anos. Como as alíquotas de impostos marginais chegaram a 79% em 1936, a alíquota máxima efetiva sobre ganhos em horizontes muito longos foi reduzida para 24%.

Em 1938, o código tributário foi novamente reformado para conceder uma dedução de 50% da renda dos ganhos de capital se um ativo fosse mantido por mais de 18 meses, mas em nenhum caso o imposto sobre esses ganhos de capital seria superior a 15%. A alíquota máxima sobre a renda de ganhos de capital foi elevada para 25% em 1942, mas o horizonte de investimento foi diminuído para seis meses. Com exceção da sobretaxa de 1% que elevou a alíquota máxima para 26% durante a Guerra da Coreia, a taxa de 25% foi mantida até 1969.

A partir de 1969, a alíquota máxima sobre ganhos de capital acima de US$ 50.000 foi removida, de modo que, no final, a dedução de 50% acabou se aplicando a todas as alíquotas de impostos. Como a alíquota máxima sobre a renda comum era 70%, a alíquota máxima sobre ganhos de capital aumentou para 35% em 1973. Em 1978, a dedução foi aumentada para 60%, diminuindo a alíquota máxima efetiva sobre os ganhos de capital para 28%. Quando a alíquota máxima sobre a renda comum foi reduzida para 50% em 1982, a alíquota máxima sobre ganhos de capital foi novamente reduzida para 20%.

Em 1986, o código tributário foi amplamente alterado para diminuir e simplificar a estrutura tributária e, por fim, eliminar a distinção entre ganhos de capital e renda comum. Em 1988, a alíquota máxima sobre ganhos de capital e renda comum era idêntica – 33%. Pela primeira vez desde 1922, não havia preferência para a renda de ganhos de capital. Em 1990, a alíquota mais alta foi reduzida para 28% tanto para a renda comum quanto para a renda de ganhos de capital. Em 1991, uma pequena separação entre ganhos de capital e renda comum foi reaberta: a alíquota máxima da última foi aumentada para 31%, ao passo que a da anterior foi mantida em 28%. Em 1993, o presidente Clinton elevou novamente as alíquotas de imposto, aumentando a taxa máxima sobre a renda comum para 39,6% e mantendo inalterada a alíquota sobre ganhos de capital. Em 1997, o Congresso diminuiu a alíquota máxima sobre ganhos de capital para 20% para os ativos que fossem mantidos por mais de 18 meses e no ano subsequente voltassem ao período de ganhos de capital de 12 meses. A partir de 2001, os investidores puderam se beneficiar de uma nova taxa máxima sobre ganhos de capital para ativos mantidos por no mínimo cinco anos.

Em 2003, o presidente Bush aprovou uma legislação que diminuiu a taxa máxima sobre ganhos de capital e rendimentos de dividendos qualificados para 15%. Os rendimentos de dividendos qualificados devem vir de empreendimentos tributáveis, não de entidades *"flow-through"*, como fundos de investimento imobiliário ou empresas de investimento. Em 2013, a alíquota máxima sobre ganhos de capital foi elevada para 20% para casais que ganham mais de US$ 450.000 e pela primeira vez a sobretaxa do Medicare de 3,8% foi aplicada à renda proveniente de investimentos para casais que ganham mais de US$ 250.000. À alíquota de imposto sobre dividendos qualificados atribuiu-se o mesmo valor da nova alíquota sobre ganhos de capital.

10

Fontes de valor para os acionistas

Lucros e dividendos

A importância dos dividendos para oferecer riqueza aos investidores é evidente. Os dividendos apequenam a inflação, o crescimento e os níveis de avaliação variáveis não apenas individualmente; apequenam também a importância conjunta da inflação, do crescimento e dos níveis de avaliação variáveis.

— Robert Arnott, 2003[1]

São um pouco mais de 16 horas no leste dos Estados Unidos, e as bolsas de valores já fecharam. O âncora de uma das principais redes financeiras declara entusiasmadamente: "A Intel acabou de divulgar seu lucro! 'Superou Wall Street' em 20 centavos, e seu preço saltou para US$ 2 na negociação após o expediente."

Os lucros elevam os preços das ações e sua divulgação é aguardada ansiosamente por Wall Street. Mas como exatamente devemos calcular os lucros e de que maneira as empresas os transformam em valor para os acionistas? Este capítulo aborda essas questões.

FLUXOS DE CAIXA DESCONTADOS

A fonte fundamental de valor dos ativos são os fluxos de caixa esperados que podem ser obtidos com a posse desse ativo. No caso das ações, esses fluxos de caixa provêm de dividendos ou da distribuição de dinheiro resultante do lucro ou da venda dos ativos da empresa. Os preços das ações dependem também da taxa pela qual esses fluxos de caixa futuros são descontados. Os fluxos de caixa futuros são *descontados* porque o valor que se atribui ao dinheiro recebido no futuro não é tão alto quanto o atribuído ao dinheiro recebido no presente. Os motivos pelos quais os investidores descontam o futuro são (1) a existência de uma *taxa isenta de risco*, um rendimento sobre um ativo alternativo seguro como títulos do governo ou outros títulos com classificação AAA, que possibilita que os investidores transformem um dólar investido no presente em um montante maior no futuro; (2) a *inflação*, que diminui o poder aquisitivo do dinheiro recebido no futuro; e (3) o risco associado com as magnitudes de fluxo de caixa esperado, o que induz os investidores de ativos de risco – por exemplo, ações – a exigir um prêmio em relação ao valor dos títulos seguros. A soma desses três fatores – a taxa isenta de risco, o prêmio de inflação e o prêmio de risco das ações – determina a taxa de desconto para as ações. Essa taxa de desconto é também chamada de *retorno sobre o patrimônio* ou *custo de capital próprio*.

FONTES DE VALOR PARA OS ACIONISTAS

Os lucros são a fonte de fluxo de caixa para os acionistas. Também chamados de *lucro líquido* ou *renda líquida*, os lucros são a diferença entre as receitas da empresa e os custos de produção.

As empresas podem transformar esses lucros em fluxos de caixa para os acionistas de inúmeras formas. A primeira e historicamente mais importante é o *pagamento de dividendos em dinheiro*.

Os lucros que não são usados para pagar dividendos são chamados de *lucros retidos*. Os lucros retidos criam valor ao elevar os fluxos de caixa futuros por meio:

- Do resgate de dívidas, que diminui as despesas de juros
- Do investimento em títulos ou outros ativos, incluindo a aquisição de outras empresas
- Do investimento em projetos de capital concebidos para aumentar os lucros futuros
- Da compra de ações próprias pela empresa (processo conhecido como *recompra*)

Se uma empresa resgatar sua dívida, diminuirá suas despesas de juros e, portanto, aumentará os lucros disponíveis para pagar dividendos. Se uma empresa comprar ativos, haverá rendimentos provenientes desses ativos para pagar dividendos futuros. Os lucros retidos podem ser usados para ampliar o capital da empresa e gerar receitas futuras mais altas e/ou reduzir os custos e, desse modo, aumentar os fluxos de caixa futuros para os acionistas. Finalmente, se uma empresa recomprar suas ações, diminuirá o número de ações circulantes e, portanto, aumentará o lucro *por ação* e possibilitará um aumento nos dividendos por ação.

A última fonte de valor, a recompra, merece uma explicação mais elaborada. Obviamente, os acionistas que vendem suas ações à empresa recebem dinheiro por elas. Contudo, os acionistas que não as vendem realizarão lucros *por ação* e dividendos *por ação* mais altos no futuro quando os lucros da empresa forem divididos entre um número menor de ações. É necessário ressaltar que no momento da recompra não há nenhuma mudança no preço das ações porque um ativo está sendo trocado por outro. Entretanto, *com o passar do tempo* as recompras incrementam o crescimento do lucro por ação e isso eleva o preço das ações, gerando ganhos de capital que substituem os dividendos que de outra forma os acionistas teriam recebido.

DADOS HISTÓRICOS DE DIVIDENDOS E CRESCIMENTO DOS LUCROS

A Figura 10.1 representa graficamente o lucro por ação real divulgado e os dividendos por ação reais nos Estados Unidos de 1871 a 2012 para o índice S&P 500 e os lucros corporativos reais agregados, que provêm da base de dados das contas de renda e produto nacionais (*national income and product accounts* – NIPA), calculadas pela primeira vez para 1929. A Tabela 10.1 resume esses dados. Ao longo do período completo, os dividendos são de longe a fonte mais importante de retorno para os acionistas. Desde 1871 o retorno real das ações tem sido de 6,48% em média, composto de um rendimento médio de dividendos de 4,40% e ganhos de capital reais de 1,99%. Os ganhos de capital foram gerados quase totalmente do crescimento do lucro por ação, que aumentou 1,77% ao ano nos últimos 140 anos.[2]

A Tabela 10.1 mostra também que houve uma mudança significativa no *mix* de dividendos e lucros desde a Segunda Guerra Mundial. A taxa de crescimento do lucro por ação aumentou, ao passo que o índice de pagamento de dividendos e o rendimento de dividendos diminuíram. Antes da Segunda Guerra Mundial, as empresas pagavam dois terços de seu lucro como dividendos. Como os lucros retidos eram muito pequenos para financiar ampliações, as empresas emitiam mais ações para obter o capital

Tabela 10.1 Dividendos, lucros e dados de pagamento correspondentes a vários períodos históricos

Resumo	Crescimento de EPS divulgado	Crescimentos de dividendos	Rendimento de dividendos	Ganhos de capital	Retornos das ações	Índice de pagamento	Lucros NIPA
1871–2012	1,77%	1,35%	4,40%	1,99%	6,48%	61,3%	
1871–1945	0,69%	0,77%	5,26%	1,03%	6,61%	71,8%	
1946–2012	2,97%	1,99%	3,43%	3,07%	6,35%	49,6%	4,08%
1929–2012	1,85%	1,20%	3,85%	2,09%	5,69%	55,6%	3,22%

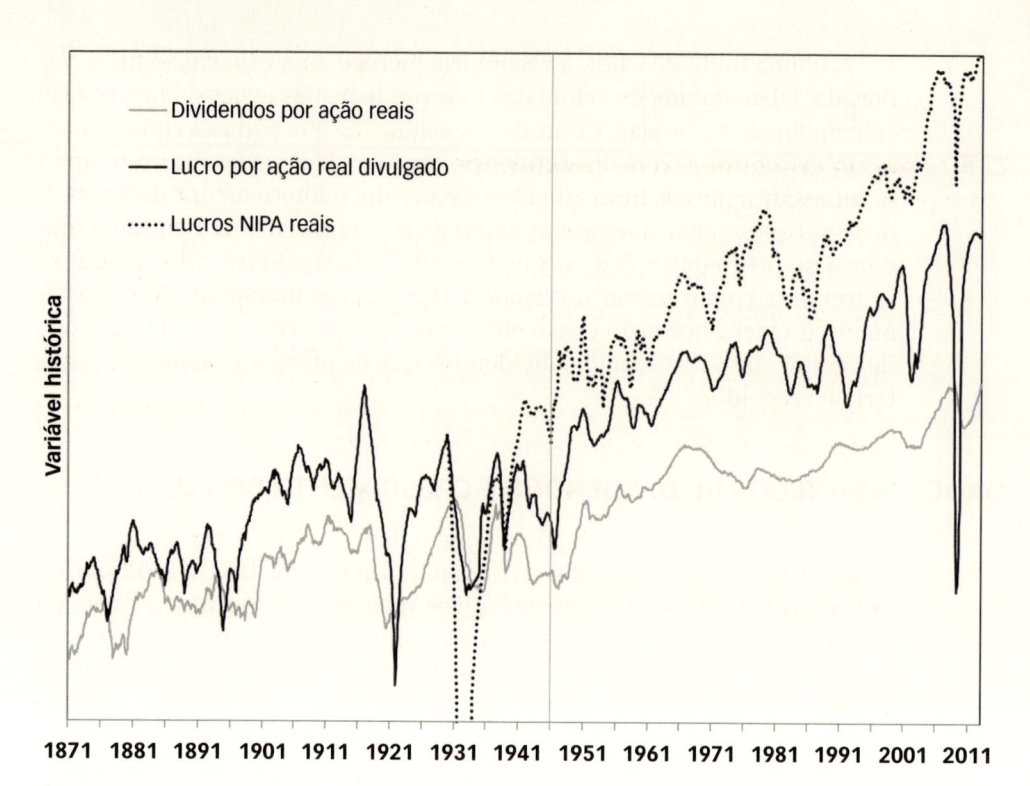

Figura 10.1 Lucro por ação real divulgado, dividendos e lucros NIPA (contas de renda e produto nacionais), 1871–2012.

necessário, reduzindo assim o crescimento do lucro por ação. Entretanto, no período pós-guerra, como as empresas reduziram os dividendos e geraram lucros suficientes, a necessidade de emitir novas ações para financiar o crescimento diminuiu. É por esse motivo que no período pós-guerra o crescimento do lucro por ação aumentou de maneira significativa.

Como já foi mencionado, de 1929 em diante temos dados de lucros corporativos NIPA.[3] Esses lucros aumentam de uma forma significativamente mais rápida do que o lucro por ação porque, com o passar do tempo, as empresas aumentam o número de ações para financiar ampliações de capital.

Vários são os motivos pelos quais as empresas reduziram o índice de pagamento de dividendos desde a Segunda Guerra Mundial. Após a guerra, as alíquotas de imposto aumentaram acentuadamente. Mesmo quando se estabelece uma alíquota sobre dividendos igual à alíquota sobre ganhos de capital, ainda assim existe uma desvantagem, porque os impostos sobre ganhos de capital podem ser diferidos, enquanto os impostos sobre dividendos não podem. Segundo, como as opções baseiam-se apenas no preço das ações, é favorável que a administração que recebe essas opções adote uma política de baixos dividendos, o que incrementa os preços das ações. Essas mudanças diminuíram a parcela de dividendos no retorno total para os acionistas.

O modelo de crescimento de dividendos de Gordon para avaliação de ações

Para mostrar como a política de dividendos afeta o preço de uma ação, utilizamos o *modelo de crescimento de dividendos de Gordon*, desenvolvido por Roger Gordon em 1962.[4] Como o preço de uma ação é o valor presente de todos os dividendos futuros, é possível demonstrar que, se os dividendos por ação futuros crescerem a um ritmo constante g, o preço por ação de uma empresa P, que é o valor descontado de todos os dividendos futuros, pode ser expresso da seguinte forma:

$$P = d/(1 + r) + d(1 + g)/(1 + r)^2 + d(1 + g)^2/(1 + r)^3 + \ldots$$

ou

$$P = d/(r - g)$$

onde d são os dividendos por ação, g é a taxa de crescimento dos dividendos por ação futuros e r é o retorno exigido sobre o patrimônio, que é a soma da taxa isenta de risco, da taxa de inflação esperada e do prêmio de risco das ações.

Como a fórmula do modelo de Gordon é uma função dos dividendos por ação e da taxa de crescimento de dividendos por ação, parece que a política de dividendos é essencial para determinar o valor da ação. Contudo, desde que uma condição específica se mantenha – *que a empresa obtenha um retorno sobre seus lucros retidos igual ao retorno exigido sobre o patrimônio* –, a futura política de dividendos não afetará o preço da ação nem o valor de mercado da empresa.[5] Isso porque os dividendos que não são pagos hoje se tornam lucros retidos que geram dividendos mais altos no futuro, e é possível demonstrar que o valor presente desses dividendos não se altera, independentemente de quando eles são pagos.

Obviamente, a administração pode influenciar a trajetória temporal dos dividendos. Quanto menor o *índice de pagamento de dividendos*, que é a proporção entre dividendos e lucro, menores serão os dividendos no futuro próximo. No entanto, como os dividendos mais baixos do presente aumentam os lucros retidos, os dividendos futuros crescerão e com o tempo superarão o nível de dividendos que teria prevalecido se o índice de pagamento de dividendos não tivesse sido reduzido. Supondo que a empresa obtenha um retorno sobre os lucros retidos igual ao retorno sobre seu capital próprio, o valor presente desses fluxos de dividendos será idêntico, independentemente no índice de pagamento escolhido.

Essa equivalência pode ser mostrada por meio do modelo de crescimento de dividendos de Gordon. Admitamos que a taxa de desconto r é 10%, que não há nenhum crescimento ($g = 0$), que d é US$ 10 por ação e que a empresa paga todos os seus lucros como dividendos. Nesse caso, o preço das ações seria US$ 100. Suponhamos agora que a empresa diminuísse seu índice de pagamento de dividendos de 100% para 90%, reduzindo assim seus dividendos por ação (*d*) para US$ 9 e aumentando seus lucros retidos em US$ 1.

Se a empresa obtiver 10% sobre seus lucros retidos, o lucro por ação no ano seguinte será US$ 10,10 e o valor dos dividendos, segundo o índice de pagamento de 90%, será US$ 9,09. Se a empresa mantiver esse índice de pagamento, a taxa de crescimento em dividendos por ação será 1%. Se definirmos *g* como 0,01 e *d* como US$ 9 no modelo de crescimento de Gordon, obteremos o mesmo preço de ação anterior de US$ 10. Desde que *r* mantenha-se em 10%, o preço por ação da empresa aumentará 1% ao ano, de maneira idêntica ao crescimento do lucro por ação e dos dividendos por ação, e o retorno total para os acionistas permanecerá em 10%, caso em que 9 pontos percentuais provêm do rendimento de dividendos e 1 ponto percentual provém da valorização das ações. A empresa pode optar por qualquer proporção de retorno proveniente dos dividendos e dos ganhos de capital alterando o índice de pagamento de dividendos de 0% a 100%, mas o retorno para os acionistas se manterá em 10%.

O mesmo resultado seria obtido se a empresa usasse seus lucros retidos para recomprar suas ações. No caso acima, o US$ 1 não usado para pagar dividendos seria usado para comprar 1% de ações por ano. A redução de 1% no número de ações implica que os dividendos *por ação* e (o lucro *por ação*) terão um aumento de 1% por ano.

Essa teoria é respaldada pelos dados de longo prazo apresentados na Tabela 10.1. Antes da Segunda Guerra Mundial, o índice médio de pagamento de dividendos era 71,8% e desde essa época caiu para 49,6%. Isso diminuiu o rendimento de dividendos de 5,26% para 3,43%, quase 2 pontos percentuais. Entretanto, como os ganhos de capital tiveram uma elevação de dois pontos percentuais, os retornos anteriores à Segunda Guerra Mundial eram aproximadamente iguais. O menor rendimento de dividendos acelerou o crescimento do lucro por ação de 0,69% para 2,8%.

É necessário ressaltar que, embora a taxa de crescimento dos dividendos por ação futuros aumente depois que o índice de pagamento de dividendos é reduzido, a taxa de crescimento dos dividendos durante vários anos será inferior à taxa de crescimento dos dividendos se ela for medida a partir de um período anterior ao corte de dividendos. Aliás, é isso que os dados históricos da Tabela 10.1 mostram, visto que a taxa de crescimento dos dividendos por ação ficou defasada em relação à do lucro por ação ou à valorização de preço. Entretanto, se o índice de pagamento de dividendos não continuar a cair, a teoria dita que a taxa de crescimento de dividendos acelerará nos anos subsequentes.

Dividendos descontados, não lucros

Embora o lucro determine o montante de dividendos pagos pela empresa, o preço das ações sempre é igual ao valor presente de todos os *dividendos* futuros e não ao valor presente do lucro futuro. Os lucros não pagos aos investidores podem ter valor somente se forem pagos como dividendos ou outro tipo de desembolso de caixa em uma data posterior. Avaliar as ações como o valor presente descontado dos *lucros* futuros é evidentemente errado e isso superestima em grande medida o valor de uma empresa.[6]

John Burr Williams, um dos maiores analistas de investimento da primeira metade do século passado e autor do clássico *Theory of Investment Value*, defendeu esta ideia persuasivamente em 1938:

> A maioria das pessoas discordará sem demora da fórmula de avaliação de ações precedente afirmando que ela deve utilizar o valor presente dos lucros futuros, e não os dividendos futuros. Mas os lucros e os dividendos não deveriam oferecer a mesma resposta de acordo com as suposições implícitas de nossos críticos? Se os lucros não pagos em dividendos forem todos reinvestidos com sucesso a juros compostos em benefício dos acionistas, tal como os críticos deixam implícito, esses lucros devem gerar dividendos posteriormente; do contrário, são dinheiro perdido. Os lucros são apenas um meio para um fim, e o meio não deve ser confundido com o fim.[7]

CONCEITOS DE LUCRO

É óbvio que não é possível pagar dividendos constantemente se a empresa não for lucrativa. Por esse motivo, é fundamental desenvolver uma definição de lucro que ofereça aos investidores a melhor medida possível do fluxo de caixa sustentável que a empresa pode gerar para o pagamento de dividendos.

O *lucro*, que, como ressaltamos, é também chamado de *lucro líquido* ou *renda líquida*, é a diferença entre receitas e custos. Contudo, a determinação do lucro não se resume ao cálculo "entrada de caixa menos saída de caixa", visto que muitos custos e receitas, como dispêndios de capital, depreciação e contratos para entrega futura, estendem-se por vários anos. Além disso, algumas despesas e receitas são itens não recorrentes ou "extraordinários", como ganhos e perdas de capital ou reestruturações importantes, e não acrescentam algo significativo ao quadro de lucratividade permanente ou de sustentabilidade dos lucros que são tão essenciais à valorização de uma empresa. Por causa dessas questões, não existe um único conceito "correto" de lucro.

Métodos de divulgação de lucro

As empresas divulgam seus lucros de duas formas principais. O *lucro líquido* ou os *lucros divulgados* são aqueles sancionados pelo Conselho de Normas Contábeis e Financeiras (Financial Accounting Standards Board – FASB), organização fundada em 1973 para estabelecer normas contábeis. Essas normas são chamadas de princípios contábeis geralmente aceitos (*generally accepted accounting principles* – GAAP) e são utilizadas para calcular os lucros que aparecem no relatório anual e são registrados nos órgãos governamentais.[8]

O outro conceito de lucro, com frequência mais amplo, é chamado *lucro operacional*, que normalmente exclui eventos não recorrentes, como despesas de reestruturação (gastos associados com o fechamento de uma fábrica ou a venda de uma divisão por uma empresa), ganhos e perdas de investimento, baixas de estoque, despesas associadas com fusões e desmembramentos e depreciação ou perda de valor recuperável do "goodwill" (ativo intangível), dentre outros. Entretanto, o termo *lucro operacional* não é definido pela FASB, e isso oferece às empresas liberdade para interpretar o que é e o que não é excluído. Existem circunstâncias em que o mesmo tipo de despesa pode ser incluído no lucro operacional de uma empresa e omitido no de outra.

Existem duas versões principais de lucro operacional. A Standard & Poor's utiliza uma versão bastante rigorosa que difere dos lucros divulgados segundo os GAAP apenas pela exclusão da perda de valor recuperável dos ativos (incluindo depreciação de estoque) e verbas rescisórias associadas a essa perda de valor. Entretanto, quando as empresas divulgam seus lucros, elas frequentemente excluem vários outros itens, como custos de litígio, custos de pensão associados com taxas de mercado ou suposições de retorno variáveis, despesas com opções de ações, etc. Devemos chamar os lucros que são divulgados pelas empresas de lucros operacionais, embora também sejam empregados os termos lucros não GAAP, lucros pro forma e lucros de operações contínuas.

A Tabela 10.2 resume os itens que são incluídos e excluídos dos lucros das empresas não financeiras.[9] No caso das empresas financeiras, praticamente todos esses itens são incluídos tanto nos lucros operacionais do S&P quanto nos lucros divulgados pelas empresas e também nos lucros GAAP. A Figura 10.2 representa graficamente os lucros GAAP, os lucros operacionais do S&P e os lucros operacionais divulgados pelas empresas que o índice S&P 500 engloba, de 1975 a 2012.

De 1988 em diante, quando todas as três séries de lucros estavam disponíveis, os lucros operacionais do S&P ficaram em média 16,5% acima dos lucros divulgados (GAAP) e os lucros operacionais divulgados pela empresa ficaram em média 3,2% acima dos lucros operacionais do S&P. Durante as recessões, e particularmente a Grande Recessão de 2007–2009, as defasagens entre esses conceitos de lucro ampliaram-se de modo signi-

Tabela 10.2 Dividendos, lucros e dados de pagamento correspondentes a vários períodos históricos

	EPS GAAP	EPS Operacional S&P	EPS Não GAAP
Perda de valor recuperável dos ativos (incluindo depreciação de estoque)	Incluído	Excluído	Excluído
Custos rescisórios	Incluído	Excluído*	Excluído
Custos de caixa de encerramento de instalações fabris	Incluído	Incluído	Excluído
Processo judicial	Incluído	Incluído	Excluído
Despesas de pensão de valor justo	Incluído	Incluído	Excluído
Despesa com opções de ações	Incluído	Incluído	Normalmente Incluído*

* Exceto quando associado com a perda de valor recuperável dos ativos.

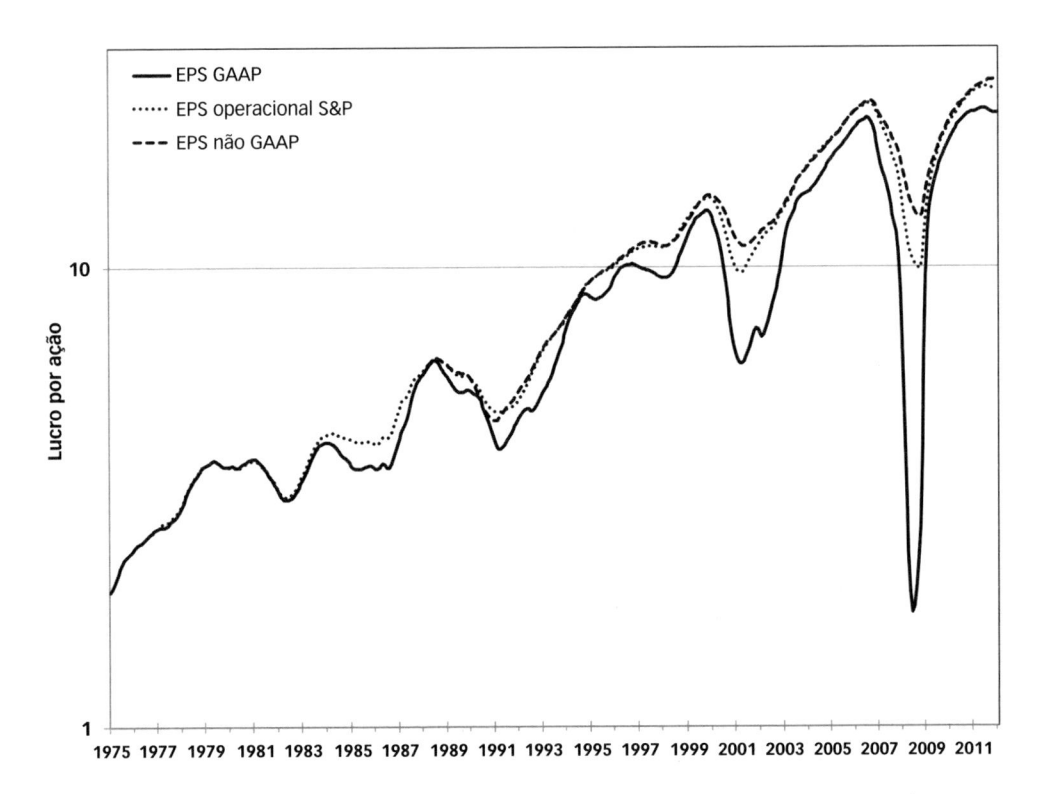

Figura 10.2 Três medidas de lucro por ação: GAAP, operacional do S&P e operacional da empresa, 1975–2012.

ficativo. Em 2008, o lucro operacional das empresas foi US$ 50,84 e o lucro divulgado do S&P foi US$ 39,61, ao passo que os lucros divulgados GAAP caíram para US$ 12,54.

Com frequência se considera que os "lucros divulgados" representam melhor os lucros verdadeiros de uma empresa do que os lucros operacionais. Mas isso não é necessariamente verdadeiro. Na realidade, o conservadorismo crescente das normas do FASB, particularmente com relação à depreciação exigida dos valores dos ativos, fez com que os lucros divulgados apresentassem uma séria tendência descendente. Essas depreciações foram ordenadas pelas Regras 142 e 144 da Declaração das Normas Contábeis e Financeiras (Statement of Financial Account Standard – SFAS), publicadas em 2001, que exigiam que qualquer perda de valor recuperável de uma propriedade, fábrica, equipamento e outros ativos intangíveis (como *goodwill* adquirido por meio da compra de ações acima do valor contábil) fosse marcada a mercado, e anteriormente pela Regra 115, publicada em 1993, que estabelecia que os títulos de instituições financeiras mantidos para negociação ou "postos à venda" eram obrigados a ser oferecidos por um valor justo de mercado.[10] Essas novas normas exigiam que as empresas "depreciassem" o valor dos ativos quer o ativo fosse ou não vendido. Essas regras são particularmente severas nas recessões econômicas, quando os preços de mercado estão achatados.[11] Entretanto, as empresas não têm permissão para elevar novamente o valor dos ativos fixos intangíveis, mesmo que se recuperem de uma redução de valor anterior, a não ser que eles sejam vendidos e registrados como renda de "ganhos de capital".[12]

Um exemplo surpreendente de distorção de lucro é a compra da America Online (AOL) pela Time Warner por US$ 214 bilhões, em janeiro de 2000, no auge do boom da internet. A AOL, membro do índice S&P 500 na época, registrou um enorme ganho de capital para os acionistas quando a empresa foi adquirida pela Time Warner, também membro do S&P 500, porque o preço de compra estava bem acima do valor contábil. Contudo, esse ganho de capital nunca foi registrado nos dados de lucro do S&P. Em 2002, após a explosão da bolha da internet, a Time Warner foi forçada a depreciar seu investimento na AOL em US$ 99 bilhões, na época a maior perda já registrada por uma corporação americana. O lucro e o valor de mercado somados da AOL e da Time Warner anteriores e posteriores à bolha de tecnologia não eram significativamente diferentes. Entretanto, pelo fato de os ganhos de capital sobre as ações da AOL nunca terem sido incluídos como lucro, os lucros agregados do índice S&P 500 caíram acentuadamente quando o preço de mercado da AOL despencou. Durante esse período, muitas outras empresas também haviam realizado grandes depreciações nos ativos adquiridos, embora os lucros obtidos pela empresa adquirida após a compra nunca tenham sido registrados.

Lucro operacional e lucros NIPA

Examinando novamente a Figura 10.1, podemos observar que os declínios descomunais nos lucros divulgados do S&P durante as duas recessões mais recentes diferiram nitidamente não apenas do comportamento do S&P nas recessões anteriores, mas também do comportamento dos lucros corporativos após os impostos divulgados pelo Escritório de Análise Econômica (Bureau of Economic Analysis – BEA), que calcula os lucros NIPA. Em todas as recessões anteriores a 1990, exceto na de 1937-1938, o declínio nos lucros divulgados do S&P foi *inferior* ao declínio nos lucros NIPA. Na verdade, a magnitude média do declínio nos lucros divulgados do S&P, em recessões anteriores a 1990, foi um pouco superior à metade da divulgada pelos lucros NIPA. Entretanto, nas três últimas recessões, os lucros divulgados do S&P tiveram uma queda mais de duas vezes superior à dos lucros NIPA. Na recessão de 1990, os lucros divulgados do S&P caíram 43% e os lucros NIPA caíram apenas 4%; na recessão de 2001, os lucros divulgados do S&P caíram 55%, ao passo que os lucros NIPA diminuíram 24%; e na Grande Recessão, a queda dos lucros NIPA e a dos lucros divulgados do S&P foram, respectivamente, 53% e 92%. É particularmente notável que o declínio nos lucros divulgados do S&P na recessão de 2008-2009, quando a queda máxima no PIB foi um pouco superior a 5%, tenha sido bem maior do que o declínio de 63% nos lucros registrados do S&P na Grande Depressão, que foi cinco vezes mais profunda. Na verdade, os lucros corporativos NIPA foram negativos em 1931 e 1932, o que é compreensível, tendo em vista a gravidade do declínio econômico. Essas disparidades indicam que as decisões recentes do FASB resultaram em lucros bem mais baixos, particularmente nas recessões econômicas.[13]

Mas as decisões recentes do FASB não são o único motivo de os princípios contábeis geralmente aceitos com frequência *subestimarem* o verdadeiro lucro das empresas. Os custos de pesquisa e desenvolvimento normalmente são registrados como despesas, embora haja um bom motivo para capitalizar esses gastos e depreciá-los com o passar do tempo.[14] Isso significa que os lucros das empresas que têm um alto nível de despesas de P&D, como a indústria farmacêutica, podem subestimar seus lucros econômicos.

Por exemplo, a Pfizer, uma das maiores empresas farmacêuticas do mundo, gastou em torno de US$ 8 bilhões em 2012 em pesquisa e desenvolvimento e US$ 1,5 bilhão em fábrica e equipamentos. Regulamentada por regras contábeis atuais, a Pfizer subtraiu de seus lucros apenas 5% do dinheiro gasto em fábrica e equipamentos como depreciação e o restante seria deduzido ao longo da vida útil desses ativos físicos.

Mas 100% dos US$ 8 bilhões gastos pela Pfizer em pesquisa e desenvolvimento devem ser subtraídos de seus lucros. Isso porque a atividade de P&D da Pfizer não é considerada um ativo de acordo com as regras contábeis GAAP e deve ser registrada como despesa. Esse tratamento aplica-se também ao setor de tecnologia. Os ativos tangíveis e depreciáveis do Google e Facebook são uma ínfima fração de seu valor de mercado. Com referência aos vários setores cujos produtos resultam de pesquisa e desenvolvimento e inovações patenteáveis, todas as medidas de lucro padrão subestimarão o verdadeiro potencial de lucro dessas empresas.

A inflação também distorce os lucros GAAP. Quando a inflação sobe, as taxas de juros sobem. No entanto, todas as despesas de juros são deduzidas dos lucros corporativos mesmo que a inflação provoque uma redução idêntica, quando não superior, no valor real da dívida corporativa. Em períodos inflacionários, o impacto dos preços crescentes sobre os passivos corporativos fixos pode ser considerável e dar origem a lucros contábeis bem inferiores aos verdadeiros lucros das empresas.

É verdade que a inflação cria também algumas tendências ascendentes nos lucros das empresas. A depreciação baseia-se em preços históricos e, portanto, em períodos inflacionários, as despesas consideradas depreciação podem ser insuficientes para cobrir o custo de reposição e ampliação de capital. Além disso, os ganhos de capital que as empresas obtêm em seus estoques durante a inflação não representam um aumento na capacidade de lucro.[15] É por isso que nos lucros NIPA é feito um ajuste à depreciação e aos lucros de estoque quando os lucros obtidos pelas corporações são calculados, embora não se faça nenhum ajuste à mudança no valor real da dívida. Quando todos os fatores são levados em consideração, os lucros corporativos divulgados durante períodos inflacionários tendem a subestimar o verdadeiro lucro das corporações.

O relatório de lucro trimestral

A diferença entre os lucros operacionais que uma empresa divulga e o que os *traders* esperam é o que impulsiona os preços das ações durante a "temporada de divulgação de lucro", que ocorre principalmente no período de três semanas após o final de cada trimestre. Quando ouvimos que a Corporation XYZ "superou Wall Street", isso invariavelmente significa que seus lucros ficaram acima da previsão consensual de lucros operacionais.[16]

Contudo, as estimativas consensuais publicadas nem sempre correspondem às expectativas incorporadas no preço das ações no momento em que as divulgações são realizadas. Isso porque os analistas e os *traders* que monitoram estreitamente as empresas com frequência apresentam estimativas diferentes das consensuais. Essas estimativas, normalmente chamadas de *whisper estimates* (projeções *sell side*) porque elas não são amplamente disseminadas, são as que se encontram incorporadas no preço das ações. Frequentemente, essas estimativas ao pé do ouvido são superiores às que circulam como consenso, em particular para ações de empresas de tecnologia, que em geral precisam superar Wall Street em uma ampla margem para que o preço de suas ações fique mais alto.

Um dos motivos pelos quais as estimativas ao pé do ouvido são superiores às consensuais é que a orientação sobre lucro que a empresa passa aos analistas normalmente tende para o lado pessimista, para que assim a empresa possa "surpreender" Wall Street na direção de uma alta e "superar o consenso" em seus relatórios trimestrais. De que outra forma seria possível explicar que nos últimos dez anos em torno de 65% dos lucros trimestrais superaram a estimativa consensual?[17] Além disso, é grande o número de empresas que superam Wall Street em exatamente 1 centavo, bem acima do que seria calculado estatisticamente.

Os lucros, embora muito importantes, não são os únicos dados nos relatórios trimestrais com base nos quais os *traders* agem. A receita geralmente é considerada o segundo indicador mais importante das perspectivas de uma empresa e alguns *traders* a consideram muito mais importante do que o lucro. Quando dados sobre receita são associados aos dados sobre lucro, pode-se calcular a margem de lucro das vendas, outro dado fundamental.

Mas os dados sobre lucro e os dados sobre receita não são feitos do mesmo material. O lucro é cotado por ação e a receita não. É perfeitamente possível as empresas ficarem aquém das estimativas de receita e não conseguirem concretizar suas expectativas de margem e ainda assim superarem o lucro por ação porque no último trimestre elas reduziram o número de ações em circulação por meio de recompras corporativas. O lucro por ação consegue continuar crescendo ainda que as receitas em geral estejam estagnadas.

Concluindo, os investidores são influenciados por qualquer orientação que as empresas lhes ofereçam sobre o lucro do trimestre ou ano seguinte. Uma orientação prospectiva abaixo das previsões anteriores com certeza influenciará o preço das ações negativamente. Há alguns anos, a administração das empresas costumava dar dicas aos analistas quando notícias inesperadas, boas ou ruins, as afetavam. Contudo, depois que novas leis rigorosas de divulgação justa foram adotadas pela SEC em 2000, essa divulgação seletiva não é mais permitida. A teleconferência trimestral é um momento ideal para a administração divulgar toda e qualquer informação importante aos acionistas.

CONCLUSÃO

O determinante fundamental dos valores das ações são os fluxos de caixa futuros esperados para os investidores. Esses fluxos de caixa, chamados de dividendos, são deduzidos do lucro. Se uma empresa obtiver uma taxa de retorno em seus lucros retidos igual àquela que ela obtém no restante de seu capital corporativo, a política de dividendos dessa empresa não influenciará o preço atual das ações, embora influencie a taxa de crescimento futura do lucro e dos dividendos por ação.

Existem vários conceitos de lucro. Os lucros operacionais da empresa são os que são calculados e previstos pelos analistas e constituem os dados mais importantes nos relatórios trimestrais. Esses lucros operacionais são quase sempre superiores aos lucros divulgados ou GAAP. Contudo, decisões recentes do FASB foram responsáveis por um viés decrescente nos lucros divulgados, particularmente durante as recessões, quando as empresas são obrigadas a registrar perdas de capital não realizadas em seus relatórios de lucro. As implicações desses dados de lucro para a avaliação do mercado acionário são o tema do nosso próximo capítulo.

11

Parâmetros para avaliar o mercado de ações

Mesmo quando o motivo subjacente da compra [de ações ordinárias] é a mera ganância especulativa, a natureza humana deseja dissimular esse desagradável impulso atrás de uma capa de aparente lógica e bom senso.
— Benjamin Graham e David Dodd, 1940[1]

RETORNOS QUE ANUNCIAM MAUS PRESSÁGIOS

No verão de 1958, um acontecimento de grande significado se evidenciou para aqueles que acompanhavam parâmetros consagrados de avaliação do mercado acionário. Pela primeira vez na história, a taxa de juros dos títulos governamentais de longo prazo subiu visivelmente acima do rendimento de dividendos das ações ordinárias.

A *BusinessWeek* deu destaque a esse acontecimento em agosto do mesm ano, no artigo "An Evil Omen Returns", advertindo os investidores de que, quando os rendimentos das ações aproximavam-se dos rendimentos dos títulos de longo prazo, uma grande queda de mercado era iminente.[2] A quebra do mercado acionário de 1929 ocorreu em um ano em que o rendimento de dividendos das ações caiu ao nível do rendimento dos títulos. As quebras de mercado de 1891 e 1907 também se seguiram ao episódio em que o rendimento dos títulos ficou a 1% do rendimento de dividendos das ações.

Até 1958, como indica a Figura 11.1, o rendimento anual de dividendos das ações sempre fora superior às taxas de juros de longo prazo, e os investidores imaginavam que era assim que deveria ser. As ações eram mais arriscadas do que os títulos e, portanto, deviam oferecer um rendimento mais alto ao mercado. Segundo esse critério, sempre que os preços

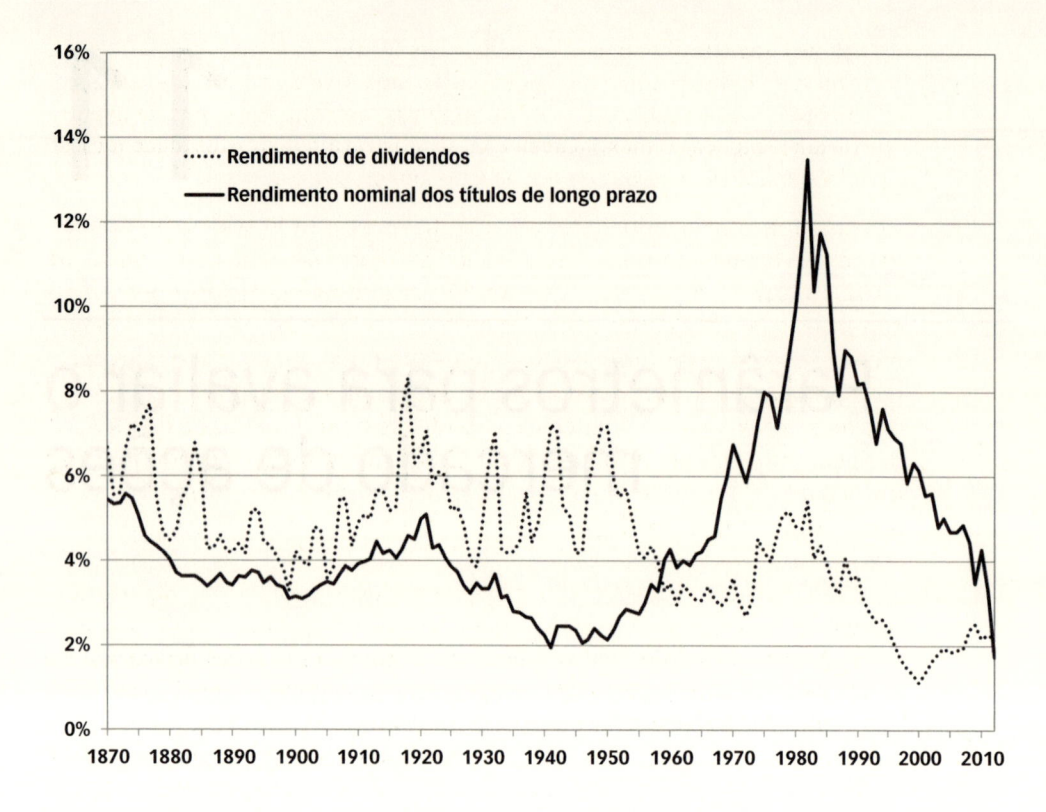

Figura 11.1 Rendimento de dividendos e rendimento nominal dos títulos de longo prazo, 1870-2012.

das ações subiam exageradamente e tornavam os rendimentos de dividendos inferiores aos rendimentos dos títulos, era hora de vender.

Mas as coisas não funcionaram bem assim em 1958. As ações ofereceram um retorno de mais de 30% nos 12 meses depois que os rendimentos de dividendos ficaram abaixo dos rendimentos dos títulos de longo prazo e continuaram a subir impetuosamente até início da década de 1960.

Hoje já se sabe que havia bons motivos econômicos para esse tão respeitado indicador de avaliação ter entregado os pontos. A inflação aumentou o rendimento das títulos de longo prazo para compensar os credores pelos preços ascendentes, enquanto os investidores compravam ações porque elas eram um direito sobre ativos reais. Já em setembro de 1958 a *BusinessWeek* enfatizou: "A relação entre os rendimentos das ações e dos títulos de longo prazo sem dúvida estava enviando um sinal de advertência, mas os investidores ainda acreditam que a inflação é inevitável e as ações são a única proteção contra ela".[3]

Contudo, em Wall Street muitos estavam preocupados com a "grande inversão dos rendimentos". Nicholas Molodovsky, vice-presidente da White, Weld & Co. e editor do Financial Analysts Journal, observou:

Alguns analistas financeiros qualificaram [a inversão dos rendimentos dos títulos de longo prazo e das ações] como uma revolução financeira ocasionada por várias causas complexas. Outros, ao contrário, nem se aventuraram a explicar o inexplicável. Eles se mostraram dispostos a aceitar isso como manifestação da providência no universo financeiro.[4]

Imagine o investidor que acompanhava esse indicador bem conceituado e retirou todo o seu dinheiro do mercado de ações em agosto de 1958, aplicando-o em títulos de longo prazo e prometendo nunca mais comprar ações enquanto o rendimento de dividendos não subisse novamente acima do rendimento dos títulos de longo prazo. Esse investidor teria precisado esperar mais 50 anos para voltar a investir em ações, visto que foi apenas na crise financeira de 2009 que o rendimento de dividendos das ações novamente ultrapassou o rendimento dos títulos de longo prazo do Tesouro. Entretanto, ao longo desse meio século, os retornos reais das ações foram em média superiores a 6% ao ano e sobrepujaram os retornos dos títulos de renda fixa.

Esse exemplo mostra que os parâmetros de avaliação são válidos desde que as condições econômicas e financeiras subjacentes não mudem. A inflação crônica do pós-guerra, decorrente da mudança para o padrão papel-moeda, alterou para sempre a forma como os investidores avaliam os méritos das ações e dos títulos de longo prazo. As ações eram um direito sobre ativos reais cujos preços aumentavam com a inflação, ao passo que os títulos de longo prazo não. Os investidores que se mantiveram fiéis aos antigos métodos de avaliação de ações nunca tomaram parte de nenhum dos maiores mercados altistas da história.

PARÂMETROS HISTÓRICOS PARA AVALIAR O MERCADO

Muitos parâmetros têm sido utilizados para avaliar se os preços das ações estão supervalorizados ou subvalorizados. A maioria deles mede o valor de mercado das ações em circulação em relação a fundamentos econômicos, como lucro, dividendos ou valor contábil, ou a alguma variável econômica, como PIB ou taxas de juros.

Índice de preço/lucro e ganhos de rendimento

O parâmetro mais básico e fundamental de avaliação de ações é o *índice de preço/lucro* ou P/E (*price/earnings*). O índice de P/E de uma ação é simplesmente a razão entre seu preço e lucro. O índice de P/E do mercado é a razão inversa entre os lucros agregados do mercado e o valor agregado do mercado. O P/E mede quanto um investidor está disposto a pagar por unidade monetária de lucro atual.

A Figura 11.2 mostra o índice de P/E histórico do mercado de 1871 a dezembro de 2012, com base nos últimos 12 meses de lucros divulgados do S&P, e um índice de P/E alternativo, com base nos últimos 10 anos de

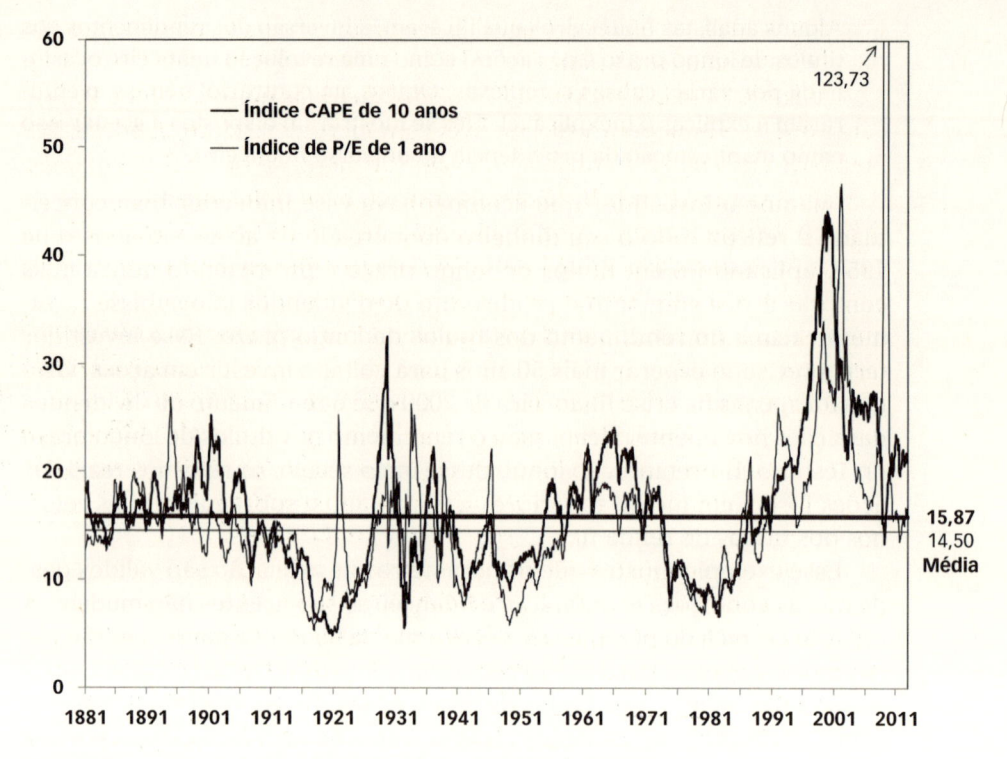

Figura 11.2 P/E de 1 ano e índices CAPE de 10 anos, 1881–2012.

lucro, denominado índice de preço/lucro ajustado ciclicamente (*cyclically adjusted price/earnings* – CAPE) ou índice CAPE, que será abordado ainda neste capítulo. O índice de P/E baseado em 12 meses de lucro é marcado por um grande salto, atingindo 123,73 na recessão de 2009. Esse salto não foi provocado por uma elevação nos preços das ações, mas por lucros agregados extremamente baixos, decorrentes de grandes perdas concentradas em algumas poucas empresas. Um salto menor, provocado também pela divulgação de grandes perdas por parte de algumas empresas, ocorreu na recessão de 2000. O valor médio do índice de P/E, em contraposição à média aritmética, diminui o impacto desses saltos e oferece uma melhor orientação para a avaliação histórica do mercado. De 1871 a 2012, o índice de P/E médio baseado nos últimos 12 meses de lucro é 14,50 e, baseado nos 12 meses seguintes de lucro, é 15,09.

O viés de agregação

A forma tradicional de calcular o P/L de um ativo ou de uma carteira consiste em dividir o preço do ativo pela soma de todo lucro dividido pelo número de ações em circulação (LPA). Normalmente, isso oferece uma boa ideia da avaliação. Contudo, quando uma ou mais empresas divulgam grandes perdas, esse procedimento pode oferecer uma visão bastante distorcida da avaliação do índice.

Utilizando um exemplo simples, pense em duas empresas, A e B. Presuma que A é uma empresa saudável com lucro de US$ 10 bilhões e P/E médio de 15, o que lhe concede um valor de mercado de US$ 150 bilhões. Presuma que a empresa B não está se saindo bem, divulgou uma perda de US$ 9 bilhões e tem um valor de mercado de apenas US$ 10 bilhões. Uma carteira ponderada por capitalização compreende em torno de 94% da empresa A (US$ 150 bilhões/US$ 160 bilhões) e 6% da empresa B. Entretanto, se utilizássemos o método tradicional para calcular o índice de P/E dessa carteira, calcularíamos o lucro total das duas empresas como US$ 1 bilhão e o dividiríamos pelo valor de mercado de US$ 160 bilhões dessas duas empresas. Esse cálculo geraria um índice de P/E extremamente alto de 160, ainda que mais de 94% da carteira esteja concentrada em uma empresa que tem um P/E de 15. Chamo essa distorção dos índices de P/E de *viés de agregação*.

O motivo pelo qual é errado somar os ganhos e as perdas e depois dividi-los pelo valor de mercado agregado é que as perdas de uma empresa não anulam os ganhos da outra. Os acionistas têm direitos exclusivos aos lucros de suas empresas e não são prejudicados por perdas em outras.

O viés de agregação foi particularmente vigoroso na recessão de 2001–2002 e na crise financeira recente. A grande queda dos lucros em 2001 foi provocada pela implosão do setor de tecnologia e pela grande depreciação que algumas empresas, como a Time Warner, foram forçadas a realizar em seus investimentos de carteira. Em 2009, as grandes perdas concentraram-se no setor financeiro, visto que o Citibank, BankAmerica e particularmente a AIG assumiram perdas descomunais que absorveram a maior parte dos lucros das empresas lucrativas do índice S&P 500.

Não há nenhuma solução fácil para o viés de agregação. Um dos métodos é ponderar os ganhos e as perdas de cada empresa de acordo com seu peso de mercado no índice.[5] Durante períodos normais, quando a maioria das empresas tem lucro e as perdas de outras empresas são pequenas, o viés de agregação é bastante pequeno. Quando poucas empresas experimentam grandes perdas, o viés de agregação torna-se significativo.

Os ganhos de rendimento

Outra variável importante é a recíproca do índice de P/E, que é chamada de *ganhos de rendimento* (*earnings yield*). Os ganhos de rendimento são análogos ao rendimento de dividendos e medem o lucro gerado por unidade monetária do valor de mercado das ações.[6]

Um índice de P/E médio de aproximadamente 15 para o mercado americano significa que o ganho de rendimento médio é 1/15 ou 6,67%, um valor surpreendentemente próximo do retorno real de longo prazo das ações. Isso não é coincidência e, aliás, seria previsto pela teoria financeira. As ações, em contraposição aos títulos, cujos cupons e o principal mantêm-se inalterados em períodos de inflação, são um direito sobre ativos reais, e os ativos reais aumentarão de valor quando houver uma elevação no nível geral de preços. Portanto, os ganhos de rendimento das ações são um rendimento *real* e devem corresponder ao retorno real médio que os acionistas recebem por manter as ações.

O índice CAPE

Em 1998, Robert Shiller e seu coautor John Campbell publicaram um artigo pioneiro, "Valuation Ratios and the Long-Run Stock Market Outlook".[7] Esse artigo, complementação de um trabalho anterior desses autores sobre previsibilidade do mercado acionário, estabeleceu que os retornos de longo prazo do mercado acionário não eram passeios aleatórios, mas podiam ser previstos por uma medida de avaliação denominada *índice de preço/lucro ajustado ciclicamente* ou *índice CAPE*.[8]

O índice CAPE foi calculado tomando-se um índice amplo do mercado acionário, como o S&P 500, e dividindo-o pela média de lucros agregados dos últimos dez anos, todos medidos em termos reais. O objetivo desse índice é aplainar flutuações temporárias nos lucros provocadas por ciclos econômicos. Em seguida, foi feita a regressão do índice CAPE em relação aos retornos reais de dez anos futuros das ações, estabelecendo que esse índice era uma variável significativa para prever retornos acionários de longo prazo.[9] O índice CAPE é representado graficamente com o índice de P/E de um ano na Figura 11.2. Como o índice CAPE baseia-se em lucros médios de dez anos, ele não exibe os saltos que se evidenciam na representação gráfica do índice de P/E de um ano.

A capacidade do índice CAPE de prever os retornos reais das ações implicava que os retornos acionários de longo prazo eram "reversíveis à média". Quando o índice CAPE fica acima de sua média de longo prazo, o modelo prevê retornos acionários reais abaixo da média, e prevê retornos acima da média quando o índice CAPE fica abaixo da média. A previsão e os retornos reais de dez anos das ações correspondentes ao modelo CAPE são representados na Figura 11.3.[10]

O índice CAPE ganhou atenção quando Campbell e Shiller apresentaram uma versão preliminar de seu trabalho ao Conselho de Governadores do Federal Reserve em 3 de dezembro de 1996 e advertiram que os preços das ações no final da década de 1990 estavam ultrapassando em muito os lucros. Foi dito que o "discurso sobre exuberância irracional" de Greenspan, feito uma semana depois, baseou-se em parte na pesquisa

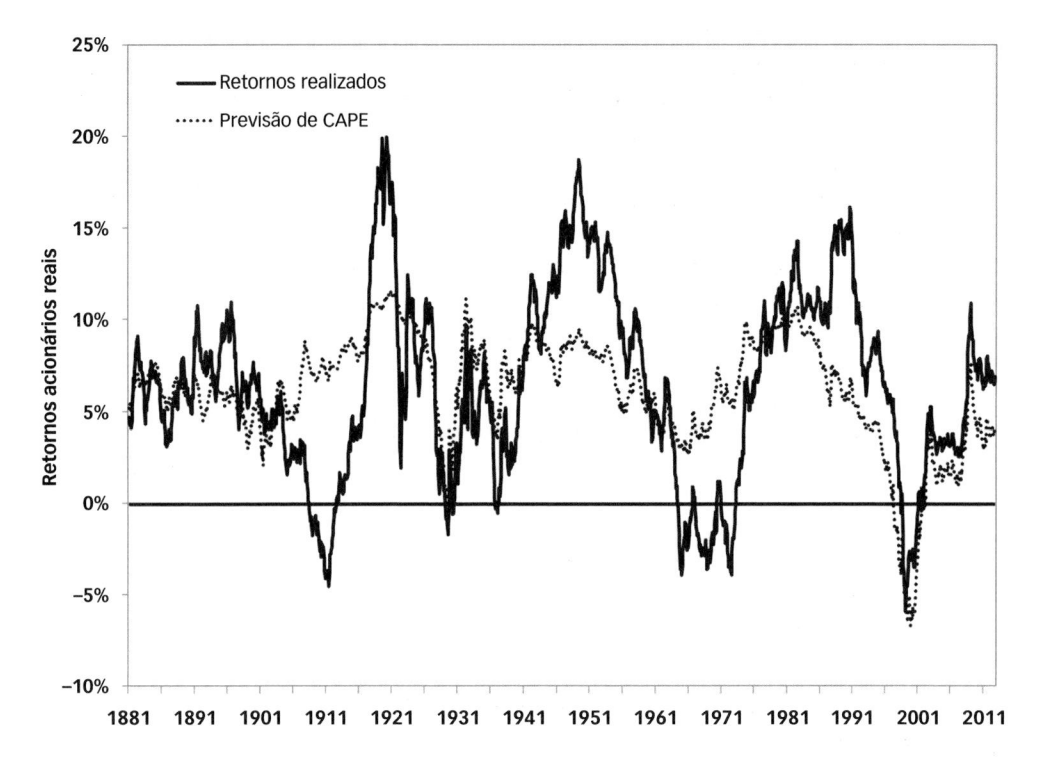

Figura 11.3 Previsão de CAPE e retornos acionários reais de 10 anos realizados, 1881–2012.

de ambos.[11] No topo do mercado altista de 2000, o índice CAPE chegou a 43, a maior alta de todos os tempos, mais de duas vezes sua média histórica, e previu corretamente os péssimos retornos acionários da década subsequente.

Em janeiro de 2013, o índice CAPE atingiu 20,68, em torno de 30% acima de sua média de longo prazo, e previu um retorno acionário real anual futuro de 10 anos de 4,16%, 2,5 pontos percentuais abaixo de sua média de longo prazo. Embora os retornos acionários previstos ainda fossem significativamente superiores aos disponíveis na época no mercado de títulos, a previsão pessimista do CAPE gerou uma preocupação entre vários previsores do mercado acionário de que o mercado de ações no final de 2012 havia se tornado supervalorizado e que outro mercado baixista poderia estar próximo.

No entanto, uma análise mais detalhada indica que o índice CAPE baseado nos lucros divulgados do S&P 500 pode ser muito pessimista. Desde janeiro de 1991, houve apenas nove meses em que o índice CAPE ficou abaixo de sua média de longo prazo, mas em 380 dos 384 meses de 1981 a 2012, os retornos reais de 10 anos no mercado acionário superaram as previsões que utilizaram o modelo CAPE.

As previsões baixistas infundadas do modelo CAPE podem ser atribuídas a várias fontes: a mais significativa é o nível distorcido dos lucros divulgados pela Standard & Poor's para seu índice de referência S&P 500.[12]

Tal como foi analisado no capítulo anterior, as novas decisões do FASB deprimiram os lucros divulgados do S&P, especialmente nas recessões. Além disso, o viés de agregação torna a metodologia de avaliação de mercado do S&P particularmente não representativa quando poucas empresas divulgam perdas extremamente grandes. O declínio descomunal nos lucros divulgados do S&P em 2009 provocará uma inclinação ascendente no índice CAPE até o momento em que esse ano for excluído da média de dez anos em 2019.

Quando os lucros operacionais do S&P ou os lucros corporativos reais ajustados de acordo com a base de dados NIPA forem substituídos pelos lucros divulgados do S&P, um quadro bastante diferente se evidenciará.[13] A Figura 11.4 exibe o índice CAPE em relação à sua média de longo prazo utilizando os lucros divulgados e operacionais do S&P e os lucros corporativos NIPA. Com essas medidas alternativas, nos últimos anos a supervalorização do mercado acionário tem sido eliminada ou reduzida significativamente.

Modelo do Fed, ganhos de rendimento e rendimentos dos títulos de longo prazo

No início de 1997, em resposta à preocupação crescente de Alan Greenspan, presidente do Federal Reserve, com o impacto do mercado acionário ascendente sobre a economia, três pesquisadores do Federal Reserve produziram um artigo intitulado "Earnings Forecasts and the Predictability of Stock Returns: Evidence from Trading the S&P".[14] Esse artigo documentou a correspondência notável entre os ganhos de rendimento das ações e as taxas dos títulos de longo prazo governamentais de 30 anos.

Greenspan respaldou os resultados desse artigo e revelou que o banco central considerava o mercado acionário "supervalorizado" sempre que esses ganhos de rendimento ficavam abaixo do rendimento dos títulos de longo prazo e "subvalorizado" sempre que ocorria o contrário. Essa análise demonstrou que o mercado havia ficado mais supervalorizado em agosto de 1987, um pouco antes da quebra do mercado acionário de 1987, e mais subvalorizado no início da década de 1980, quando se iniciou o grande mercado altista.

A ideia básica por trás do modelo do Fed é semelhante à comparação entre o rendimento de dividendos e o rendimento dos títulos de longo prazo apresentada no início deste capítulo. Contudo, reconhecendo que as empresas pagam apenas uma fração de seus lucros como dividendos, esse modelo utiliza os ganhos de rendimento, e não o rendimento de dividendos. Quando os rendimentos dos títulos de longo prazo ficam acima dos ganhos de rendimento, os preços das ações caem porque os investidores

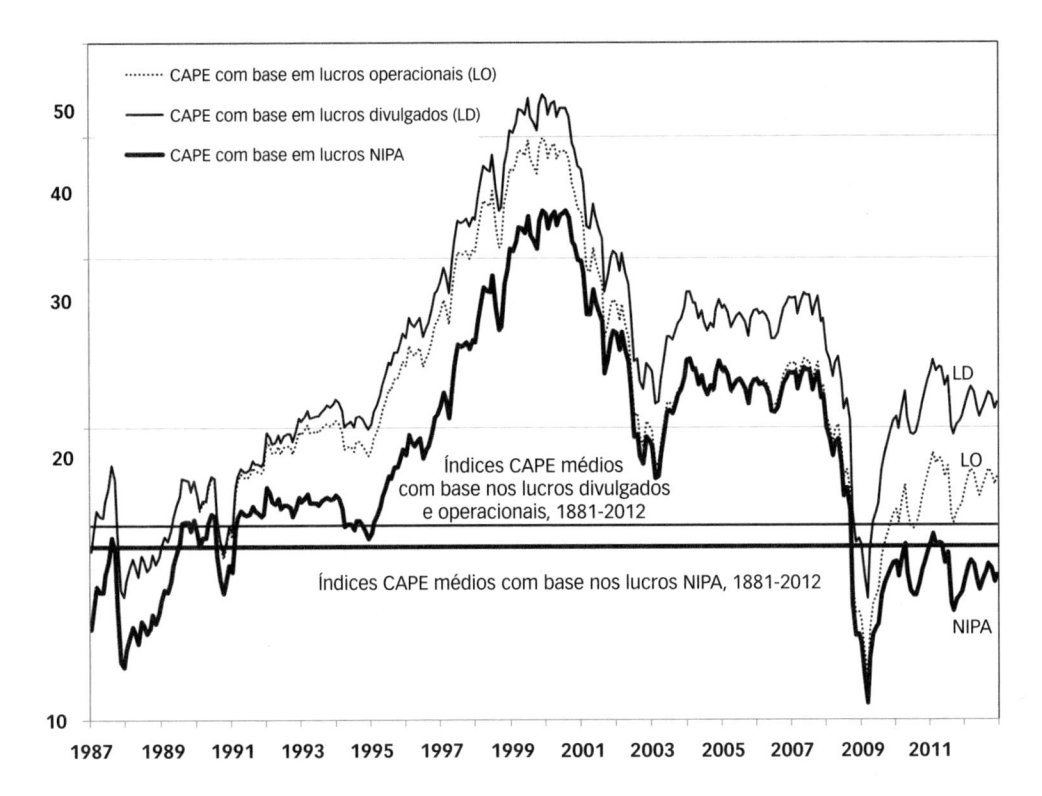

Figura 11.4 Índices CAPE com base em lucros divulgados, lucros operacionais e lucros NIPA, 1987–2012.

mudam os investimentos em sua carteira de ações para títulos de longo prazo. Entretanto, quando os rendimentos dos títulos de longo prazo ficam abaixo dos ganhos de rendimento, os investidores mudam de títulos para ações.

Contudo, esse modelo tem a mesma deficiência do parâmetro rendimento de dividendos/rendimento de títulos descrito no início deste capítulo. Os títulos governamentais contam com garantias irrevogáveis para pagar um número específico de dólares com o passar do tempo, mas arcam com o risco de inflação. As ações, por sua vez, são ativos reais cujos preços aumentam com a inflação, mas elas arcam com o risco da incerteza de lucro. O motivo pelo qual o modelo do Fed funcionou é que o mercado considerou esses dois riscos aproximadamente iguais durante esse período.

Contudo, esses dois riscos não são iguais quando a inflação é baixa ou quando existe ameaça de deflação. Nessas circunstâncias, os títulos (especialmente os do governo americano) se sairão muito bem, mas a deflação mina o poder de determinação de preço das empresas e é prejudicial aos lucros corporativos. O modelo do Fed não conseguiu prever adequadamente os retornos acionários antes de a inflação ter se tornado uma preocupação importante na década de 1970, tampouco recentemente, quando a deflação tornou-se uma preocupação real após a crise financeira. Pelos motivos apresentados, nos últimos anos o modelo do Fed recebeu devidamente menor atenção.

Lucros corporativos e PIB

Outro indicador de avaliação do mercado de ações é o índice de lucros corporativos agregados em relação ao PIB. A elevação desse índice nos últimos tempos alarmou alguns analistas do mercado acionário, que temem que, se a proporção entre lucro e renda nacional diminuir para sua média de longo prazo, o lucro e por conseguinte o preço das ações padecerão.

Entretanto, uma análise mais detalhada dos dados provou que esses temores são falsos. A Figura 11.5 exibe o índice de lucros corporativos após os impostos e lucros após os impostos mais a renda dos proprietários a partir de 1929. A renda dos proprietários é o lucro de empresas não constituídas em sociedade e inclui o lucro dos sócios e proprietários individuais.

É possível ver que, embora o índice de lucros corporativos seja alto em relação ao PIB, o índice de lucros corporativos mais o lucro do proprietário em relação ao PIB é apenas 24,3%, menos de 4 pontos percentuais acima de sua média histórica. Durante esse intervalo de tempo, muitas empresas de corretagem, bancos de investimento e outras empresas abriram seu capital, mudando da categoria de lucro do proprietário para lucros corporativos. Isso incrementou a proporção de lucros, mas não a proporção total de lucros em relação ao capital total, corporativo e não corporativo.

Outro fator que elevou a proporção de lucros corporativos nos Estados Unidos é a fração crescente de lucros provenientes do exterior. Em 2011, mais de 46% das vendas das empresas do S&P 500 foram externas. Como a economia dos Estados Unidos está encolhendo em relação ao tamanho da economia mundial, os lucros corporativos das multinacionais americanas devem subir em relação ao PIB dos Estados Unidos. Esse é outro motivo por que a proporção crescente entre os lucros corporativos e o PIB americano não deve ser motivo de alarme.

Valor contábil, valor de mercado e Q de Tobin

O *valor contábil* de uma empresa sempre foi utilizado como parâmetro de avaliação. O valor contábil é o valor dos ativos de uma empresa menos seus passivos, avaliados com base em custos históricos. A utilização do valor contábil agregado como medida do valor total de uma empresa tem sérias limitações porque o valor contábil utiliza preços *históricos* e, portanto, ignora o efeito dos preços variáveis sobre o valor dos ativos ou dos

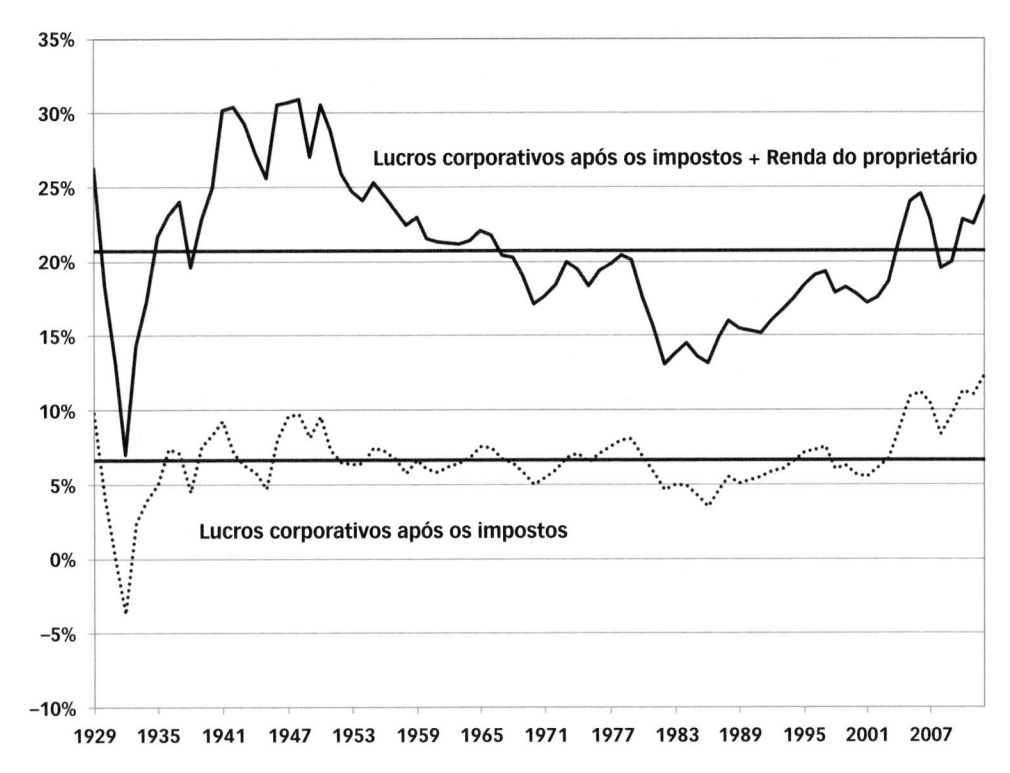

Figura 11.5 Lucro corporativo e renda do proprietário como porcentagem do PIB, 1929–2012.

passivos. Se uma empresa tiver comprado um terreno de US$ 1 milhão que hoje vale US$ 10 milhões, uma análise do valor contábil não revelará esse fato. Com o tempo, o valor histórico dos ativos torna-se menos confiável como medida do valor de mercado atual.

Para ajudar a corrigir essas distorções, James Tobin, ex-professor da Universidade Yale e ganhador do Prêmio Nobel, ajustou o valor contábil à inflação e calculou o "custo de reposição" dos ativos e passivos no balanço patrimonial das corporações.[15] Ele propôs que o preço de mercado de "equilíbrio" ou "correto" de uma empresa deve ser igual aos seus ativos menos passivos ajustados à inflação. Se o valor de mercado agregado de uma empresa ultrapassa o custo de capital, é vantajoso criar mais capital, vender ações para financiá-lo e colher lucros. Se o valor de mercado cai abaixo do custo de reposição, o melhor é a empresa se dissolver e vender seu capital ou parar de investir e cortar a produção.

Tobin designou o índice entre valor de mercado e custo de reposição pela letra Q e indicou que esse índice deveria ser uma unidade para que o mercado de ações fosse adequadamente avaliado. Em 2000, Andrew Smithers e Stephen Wright, do Reino Unido, publicaram o livro *Valuing Wall Street*,[16] que afirmou que o Q de Tobin era a melhor medida de valor e que os mercados americanos e igualmente os mercados britânicos e vários outros mercados europeus foram extremamente supervalorizados por esse critério, uma previsão feita também por aqueles que monitoravam o índice de P/E.

Existem críticos da teoria Q. Os bens e as estruturas de capital não têm um bom mercado secundário e, portanto, não há nenhuma forma realista de avaliar grande parte do estoque de capital independentemente do valor do mercado acionário. Em julho de 2013, os Estados Unidos reviram suas contas de renda nacional para incluir pesquisa e desenvolvimento e outros investimentos em conhecimento (como textos de entretenimento, literários e artísticos) na categoria de investimento. Essas mudanças acrescentaram em torno de US$ 2 trilhões ao estoque de capital e certamente melhoraram a relevância da teoria Q. No entanto, o valor contábil é um construto do passado; o valor de mercado deriva dos lucros prospectivos e está voltado para o futuro. Esses lucros estabelecem o princípio de avaliação de ações de uma maneira mais precisa do que os custos históricos pelos quais as empresas compraram esses ativos.

Margens de lucro

Outro índice que gerou preocupação nos últimos anos é o nível de margem de lucro – a razão entre lucros corporativos e receitas corporativas. A Figura 11.6 representa as margens de lucro das empresas do S&P 500 desde 1967. Podemos ver que as margens de lucro aumentaram recentemente para o nível mais alto do período de 45 anos. Muitos alegam que essas margens são "insustentáveis" e que, se elas recuarem, isso pode provocar um declínio significativo nos lucros corporativos e, portanto, no preço das ações.

Contudo, vários são os motivos pelos quais as margens corporativas estão altas e não tendem a recuar.[17] Um deles é a baixa alavancagem das corporações americanas, o que diminui as despesas e incrementa as margens. Segundo, em torno de um terço do aumento nas margens de lucro desde a década de 1990 deve-se ao aumento na porcentagem de lucro proveniente de vendas no exterior. As margens sobre as vendas no exterior são superiores às das vendas domésticas porque praticamente todas as alíquotas de imposto corporativo no exterior são inferiores às dos Estados Unidos. Por fim, grande parte da elevação da margem de lucro deve-se à ampliação do setor de tecnologia, que historicamente teve margens altas. Isso se deve ao alto grau de capital intelectual nas empresas de tecnologia e ao alto nível de vendas no exterior.

Essas margens mais altas no S&P 500 não tendem a cair de modo significativo. As vendas no exterior continuarão a contribuir para uma parcela crescente dos lucros do S&P. As empresas poderiam diminuir sua margem de lucro aumentando sua alavancagem. Entretanto, como a taxa de juros está bem abaixo dos ganhos de rendimento, essas medidas incre-

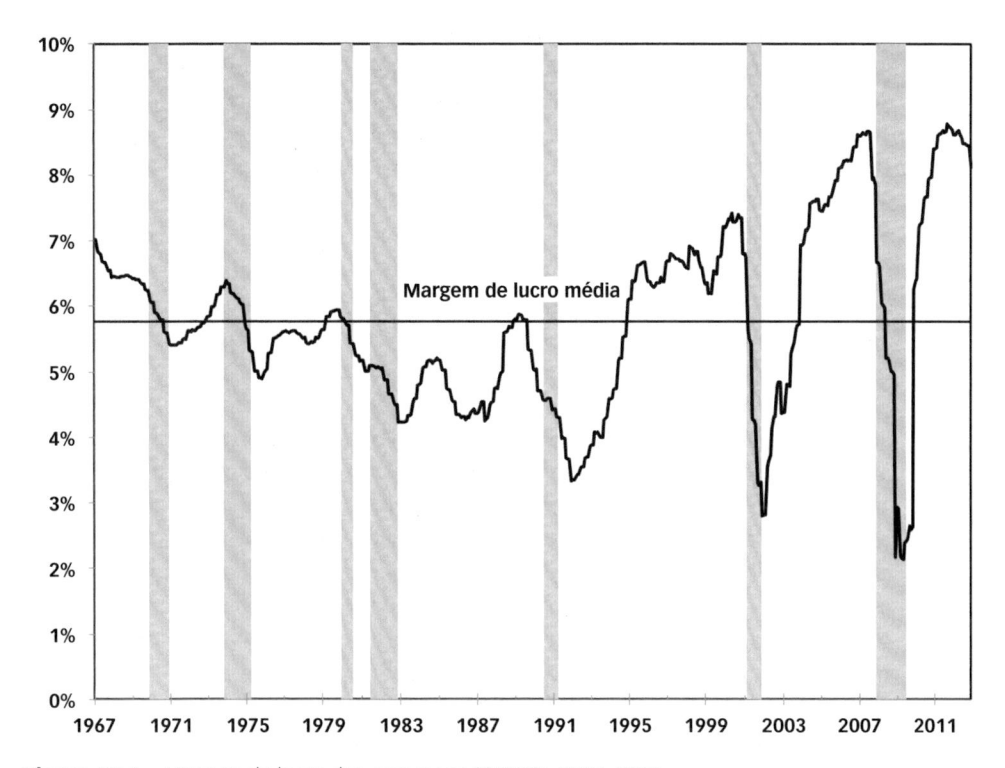

Figura 11.6 Margem de lucro das empresas S&P 500, 1967–2012.

mentarão significativamente o lucro por ação. Na verdade, as margens de lucro podem subir ainda mais se os Estados Unidos diminuírem suas alíquotas de imposto corporativo, uma medida que encontra apoio em ambos os partidos.

FATORES QUE PODEM ELEVAR OS FUTUROS ÍNDICES DE AVALIAÇÃO

Mencionamos que o retorno real histórico das ações girou entre 6% e 7% ao ano no decorrer de longos períodos e que isso coincidiu com um índice de P/E médio de aproximadamente 15. Contudo, houve mudanças na economia e nos mercados financeiros que podem elevar o índice de P/E no futuro. Essas mudanças incluem diminuição do custo de investimento em índices de ações, taxa de desconto mais baixa e maior conhecimento sobre as vantagens dos investimentos em ações em relação aos de renda fixa.

Queda nos custos de transação

O Capítulo 5 confirmou que o retorno real sobre as ações, de acordo com a avaliação dos índices de ações, ficou entre 6% e 7% após a inflação nos últimos dois séculos. No entanto, durante o século XIX e a primeira metade do século XX, era extremamente difícil, se não impossível, um investidor reproduzir esses retornos em virtude dos custos de transação.

Charles Jones, da Universidade Columbia, documentou o declínio dos custos de transação das ações ao longo do último século.[18] Esses custos incluem as taxas pagas aos corretores e o *spread* ou a diferença entre o preço de compra e de venda das ações. Essa análise mostra que o custo médio para comprar ou vender uma ação caiu de mais de 1% do valor negociado até 1975 (antes da desregulamentação das taxas de corretagem) para menos de 0,18% em 2002 e para um nível ainda mais baixo no presente.

A queda nos custos de transação implica que é bem provável que o custo para obter e manter uma carteira diversificada de ações ordinárias, o que é necessário para reproduzir os retornos de índice, tenha sido de 1% a 2% ao ano para os investidores durante a maior parte dos séculos XIX e XX. Em virtude desses custos, no princípio os investidores eram menos diversificados e assumiam um risco maior do que o risco implícito nos índices de ações. Entretanto, se os investidores tivessem tentado comprar todas as ações para reproduzir um índice amplo, seus retornos reais poderiam ter sido de 5% ao ano após a dedução dos custos de transação. Se o retorno real exigido das ações para os investidores for apenas 5%, um índice de P/E de 20, que corresponde a ganhos de rendimento de 5%, gerará esse retorno para os investidores do presente.[19]

Retornos reais mais baixos sobre ativos de renda fixa

Enfatizamos que os retornos reais sobre ativos de renda fixa caíram no decorrer da última década. Quando os TIPS de dez anos foram emitidos em janeiro de 1997, seu retorno real era quase 3,5% e seu rendimento ficou acima de 4% no ano seguinte. Contudo, desde essa época, houve um declínio constante em seu rendimento real, que ficou negativo em 2011 e caiu para quase −1% no final de 2012. O rendimento real implícito dos títulos de longo prazo convencionais do Tesouro também caiu abaixo de zero.

Vários são os motivos do declínio nos retornos reais disponíveis aos investidores: arrefecimento do crescimento econômico, envelhecimento da população e desejo dos fundos de pensão de comprar títulos de renda fixa para cumprir seus compromissos para com os aposentados. Seja qual for o motivo, esse tipo de declínio implica que o retorno real das ações precisa ser tão alto quanto foi historicamente para atrair compradores. Ressaltamos que o prêmio histórico (das ações) para manter ações em vez de títulos foi aproximadamente 3% a 3,5%. Se presumirmos que a taxa real de longo prazo estabiliza-se em 2%, em torno de 1% a 1,5% abaixo de sua média de longo prazo, um prêmio de 3% exigirá um retorno real de

5% sobre as ações, o que, como já ressaltamos, surge de um múltiplo de P/E de 20.

O prêmio de risco das ações

A queda nos custos de transação e o declínio nas taxas de descontos podem ser utilizados para justificar um índice de P/E mais alto. Todavia, o prêmio de risco das ações em si pode diminuir. Em 1985, os economistas Rajnish Mehra e Edward Prescott publicaram um artigo intitulado "The Equity Premium: A Puzzle".[20] Nesse trabalho, eles mostraram que, tendo em vista os modelos convencionais de risco e retorno que os economistas haviam desenvolvido ao longo dos anos, não era possível explicar a grande defasagem entre os retornos das ações e dos ativos de renda fixa encontrados nos dados históricos. Eles afirmaram que os modelos econômicos previam que ou a taxa de retorno das ações deveria ser inferior ou a taxa de retorno dos ativos de renda fixa deveria ser superior, ou ambos. Na verdade, de acordo com os estudos desses economistas, um prêmio de 1% ou menos para as ações poderia ser justificado.[21]

Há muitas publicações que tentam justificar o prêmio de risco de 3% a 3,5% encontrado nos dados históricos no contexto dos modelos macroeconômicos convencionais. Algumas delas se fundamentam na alta aversão ao risco sentida pelos indivíduos. Outras, se baseiam no comportamento míope daqueles que não gostam de sofrer perdas de curto prazo em seus investimentos, mesmo quando têm ganhos de longo prazo substanciais. Talvez parte da explicação sobre a dimensão do prêmio de risco resida no desconhecimento do público investidor sobre a magnitude do desempenho superior das ações.[22] Se de fato o prêmio das ações fosse totalmente reconhecido, a demanda por ações aumentaria e os índices de P/E aumentariam em relação aos níveis históricos. Foi precisamente essa a explicação dada há mais de 75 anos pelo professor Chelcie Bosland, da Universidade Brown. Ele afirmou em 1937 que uma das consequências da propagação do conhecimento sobre retornos acionários superiores, gerado pelas contribuições de Edgar Lawrence Smith, foi o mercado altista da década de 1920 e a redução do prêmio das ações:

> Por mais paradoxal que pareça, há grande verdade na afirmação de que o conhecimento difundido sobre a lucratividade das ações ordinárias, obtido dos estudos que foram realizados, tende a diminuir a probabilidade de que lucros correspondentemente grandes possam ser obtidos das ações no futuro. A competitiva oferta de compra de ações decorrente desse conhecimento faz os preços no momento da compra serem altos, diminuindo assim as possibilidades de ganho no principal e de alto rendimento. O processo de desconto pode acabar com uma grande parcela dos ganhos de investimento em ações ordinárias, e é possível que os retornos para os acionistas e investidores em outros títulos tendam a ficar equalizados.[23]

CONCLUSÃO

A avaliação apropriada do mercado de ações é essencial para projetar futuros retornos acionários. Embora aqueles que aguardam um tempo longo recuperem perdas em uma carteira diversificada de ações em algum momento, a compra de ações de acordo com ou abaixo de sua cotação histórica é a melhor forma de garantir retornos superiores. No entanto, há motivos convincentes pelos quais a avaliação do mercado pode ficar acima da média histórica no futuro. Isso gerará retornos acionários de longo prazo mais baixos, mas retornos superiores durante a transição para uma avaliação mais alta. Quer essa transição ocorra quer não, as ações continuarão a ser a classe de ativos mais atraente para os investidores de longo prazo.

12

Superando o desempenho do mercado

A importância do tamanho, do rendimento de dividendos e dos índices de preço/lucro

> *A análise de títulos não pode se atrever a formular regras gerais quanto ao "valor apropriado" de qualquer ação ordinária [...]. Os preços das ações ordinárias não são cálculos cuidadosamente planejados, mas resultado de um emaranhado de reações humanas.*
>
> — Benjamin Graham e David Dodd, 1940[1]

AÇÕES QUE SUPERAM O DESEMPENHO DO MERCADO

Quais critérios os investidores podem utilizar para escolher ações com retornos mais altos que superem o mercado? Inevitavelmente, os investidores são atraídos para empresas capazes de gerar alto lucro e crescimento de receita. Contudo, dados empíricos demonstram que essa busca por crescimento com frequência resulta em retornos abaixo do padrão. Para mostrar que o crescimento não se traduz necessariamente em retornos superiores, imagine-se por um momento como um investidor em 1950, no alvorecer da era digital. Você tem US$ 1.000 para investir e tem a opção de escolher entre duas ações: Standard Oil de Nova Jersey (hoje ExxonMobil) ou uma nova empresa bem menor e promissora chamada IBM. Você informará a empresa escolhida para que reinvista todos os dividendos pagos em novas ações e manterá seu investimento a sete chaves durante os próximos 62 anos, que será repartido no final de 2012 entre seus bisnetos ou doado para uma instituição beneficente de sua preferência.

De qual empresa você deve comprar? E por quê?

Suponhamos que, para ajudá-lo em sua decisão, um gênio lhe apresente a Tabela 12.1, que exibe dados reais de crescimento dessas duas empresas nos próximos 62 anos.

A Tabela 12.1A mostra que a IBM supera amplamente a Standard Oil em todas as medidas de crescimento que Wall Street utiliza para escolher ações: vendas, lucro, dividendo e expansão do setor. O crescimento do lucro por ação da IBM, o critério de escolha de ações favorito de Wall Street, ficou mais de 3 pontos percentuais por ano acima do crescimento do lucro da gigante do petróleo ao longo das seis décadas seguintes. À medida que a tecnologia da informação avançou e a tecnologia tornou-se mais importante para a nossa economia, esse setor saltou de uma participação de mercado de 3% para aproximadamente 20%.

Em contraposição, a participação de mercado do setor de petróleo diminuiu significativamente no decorrer desse período. As ações de petróleo compunham em torno de 20% do valor de mercado de todas as ações americanas em 1950, mas caíram para quase metade desse valor em 2012.

Com base nesses critérios de crescimento, ganhar o favoritismo dos investidores seria uma tarefa fácil para as ações da IBM. Mas a Standard Oil revelou-se a melhor opção de compra. Embora as duas empresas tenham se saído bem, o retorno dos investidores da Standard Oil ficou mais

Tabela 12.1 Crescimento, avaliação e retornos da IBM e Standard Oil (NJ), 1950–2012

Tabela A

Medidas de crescimento	IBM	Standard Oil de NJ	Vantagem
Receita por ação	10,03%	8,31%	IBM
Dividendos por ação	10,73%	6,32%	IBM
Lucro por ação	11,14%	7,90%	IBM
Crescimento do setor*	16,10%	−9,11%	IBM

* Mudança na participação de mercado dos setores de tecnologia e energia, 1957–2012.

Tabela B

Medidas de Avaliação	IBM	Standard Oil de NJ	Vantagem
Valorização de preço	8,95%	7,58%	IBM
Retorno de dividendos	2,17%	4,72%	Standard Oil de NJ
Retorno total	11,32%	12,66%	Standard Oil de NJ

Tabela C

Medidas de Retorno	IBM	Standard Oil de NJ	Vantagem
Índice médio de preço/lucro	25,06	14,08	Standard Oil de NJ
Rendimento médio de dividendos	2,17%	4,21%	Standard Oil de NJ

Retornos medidos no final do ano, 1957–2012.

de 1 ponto percentual por ano acima ao da IBM, tal como mostra a Tabela 12.1B. Quando seu cofre fosse aberto 62 anos depois, os US$ 1.000 que você investiu na gigante do petróleo valeriam US$ 1.620.000, mais de duas vezes o valor da IBM.

Por que a Standard Oil superou a IBM se na verdade ficou aquém em todas as categorias de crescimento? Por um motivo simples: *avaliação*, o preço que você paga pelo lucro e pelos dividendos que recebe. O preço que os investidores pagaram pela IBM foi simplesmente muito alto. Ainda que a gigante dos computadores tenha sobrepujado a Standard Oil em crescimento, a Standard Oil superou a IBM em avaliação, e a avaliação determina os retornos dos investidores.

Como você pode observar na Tabela 12.1C, o índice de preço/lucro médio da Standard Oil correspondeu a quase metade do índice da IBM e o rendimento de dividendos médio dessa companhia de petróleo foi mais de 2 pontos percentuais superior.

Os dividendos são um fator fundamental na determinação dos retornos dos investidores. Como o preço da Standard Oil era baixo e seu rendimento de dividendos era bem mais alto do que o da IBM, aqueles que compraram as ações da companhia de petróleo e reinvestiram seus dividendos acumularam 12,7 vezes o valor das ações com o qual eles começaram, enquanto os investidores da IBM acumularam apenas 3,3 vezes o valor de suas ações originais. Embora o preço das ações da Standard Oil tenha se valorizado mais de 2 pontos percentuais abaixo do preço das ações da IBM, o rendimento de dividendos mais alto tornou a gigante do petróleo a predileta entre os investidores.

O que determina o retorno das ações?

O que a teoria financeira diz a respeito da importância do crescimento do lucro na determinação dos retornos dos investidores? A teoria financeira demonstrou que se os mercados de capitais forem "eficientes" quanto à incorporação de critérios de avaliação conhecidos – como lucro, dividendos, fluxo de caixa, valor contábil e outros fatores – no preço dos títulos, o investimento que se baseia nesses fundamentos não melhorará os retornos. Em um mercado eficiente, a única maneira de os investidores conseguirem obter retornos superiores sistematicamente é assumindo um "risco" mais alto, caso em que o risco é definido como a correlação entre o retorno de um ativo e o retorno do mercado geral, conhecida como *beta*.[2] Essa é a conclusão fundamental do *modelo de precificação de ativos financeiros* (*capital asset pricing model* – CAPM), desenvolvido na década de 1960 por William Sharpe e John Lintner.[3]

O beta pode ser avaliado com base em dados históricos e representa o risco do retorno de um ativo que não pode ser eliminado em uma carteira bem diversificada; portanto, o beta é o risco pelo qual os investidores devem ser compensados. Se o beta for superior a 1, a ação exigirá um retorno maior do que o oferecido pelo mercado acionário geral; e se ele for inferior a 1, será exigido um retorno menor. O risco que não está correlacionado com o mercado (denominado *risco diversificável* ou *residual*) pode ser eliminado por meio da diversificação e não garante um retorno mais alto. A *hipótese de mercado eficiente* e o CAPM tornaram-se o fundamento da análise de retorno nas décadas de 1970 e 1980.

Infelizmente, quando se analisaram mais dados, o beta não se demonstrou eficaz para explicar a diferença de retorno entre ações individuais. Na verdade, o beta da Standard Oil, de Nova Jersey, era bem inferior ao beta da IBM, embora o retorno da Standard Oil fosse superior.[4] Em 1992, Eugene Fama e Ken French escreveram um artigo, publicado no *Journal of Finance*, que demonstrou que dois fatores, um relacionado à capitalização de mercado da empresa e outro com a avaliação das ações, são bem mais importantes do que o beta na determinação do retorno de uma ação.[5]

Depois de analisar mais a fundo os retornos, eles afirmaram que as evidências contra o CAPM eram "convincentes" e "as anomalias no retorno médio [...] suficientemente sérias para inferir que o modelo [CAPM] não é uma estimativa útil do retorno de uma ação", propondo que os pesquisadores investigassem modelos de precificação "alternativos" ou "casos irracionais de precificação de ativos".[6]

As constatações de Fama e French impeliram os economistas financeiros a classificar o universo de ações de acordo com duas dimensões: tamanho, mensurado com base no valor de mercado de uma empresa, e avaliação, ou o preço em relação aos "fundamentos", como lucro e dividendos. A ênfase sobre a avaliação para ganhar vantagem em investimento não se originou com Fama e French. A avaliação era um dos pilares dos princípios que Benjamin Graham e David Dodd haviam apresentado 70 anos antes no livro clássico de investimento *Security Analysis*.[7]

AÇÕES DE BAIXA E ALTA CAPITALIZAÇÃO

As fissuras existentes nas previsões de retorno acionário do modelo de precificação de ativos financeiros evidenciaram-se bem antes da pesquisa de Fama e French. Em 1981, Rolf Banz, estudante de pós-graduação da Universidade de Chicago, investigou os retornos acionários utilizando o banco de dados recentemente compilado pelo Centro de Pesquisa de Preços de Títulos (Center for Research in Security Prices – CRSP) situado na universidade. Ele constatou que as ações de baixa capitalização superavam sistematicamente o desempenho das ações de alta capitalização, mesmo depois de ajustes ao risco segundo sua definição na estrutura do modelo de precificação de ativos financeiros.[8]

Para analisar essa afirmação, os retornos de 1926 a 2012 de 10 grupos de mais de 4.000 empresas, classificadas por capitalização de mercado, são mostrados na Tabela 12.2.

Tabela 12.2 Retorno em decis de tamanho das ações americanas, 1926–2012

Decil de tamanho (menor ao maior)	Retorno geométrico	Beta média	Retorno aritmético	Retorno em excesso em relação ao CAPM
1	17,03%	1,38	25,56%	9,58%
2	12,77%	1,35	19,17%	3,56%
3	11,29%	1,26	16,50%	1,86%
4	11,31%	1,24	15,92%	1,58%
5	10,97%	1,22	14,89%	0,70%
6	10,97%	1,21	14,82%	0,74%
7	11,16%	1,18	14,39%	0,76%
8	10,24%	1,12	12,94%	–0,09%
9	11,04%	1,09	13,41%	0,80%
10	9,28%	0,95	11,01%	–0,02%
Mercado total	9,67%	1,00	11,59%	0,00%

O retorno anual composto no menor decil de ações, em 17,03% ao ano, ficou mais de 9,5 pontos percentuais acima do retorno que seria previsto pelo CAPM. O retorno no segundo menor decil de ações, em 12,77%, ficou mais de 3,5 pontos percentuais acima da previsão do CAPM.[9]

Tendências dos retornos das ações de baixa capitalização

Embora o retorno histórico das ações de baixa capitalização tenha superado o das ações de alta capitalização desde 1926, a magnitude do desempenho superior das ações de baixa capitalização aumentou e diminuiu imprevisivelmente nos últimos 86 anos. Uma comparação dos retornos cumulativos das ações de baixa capitalização com os do índice S&P 500 é mostrada na Figura 12.1.[10]

As ações de baixa capitalização, avaliadas com base no quintil inferior de capitalização de mercado, recuperaram-se vigorosamente de sua derrocada na Grande Depressão, mas seu desempenho só se equiparou ao das ações de alta capitalização de 1926 a 1960. Mesmo no final de 1974, o retorno anual composto médio das ações de baixa capitalização superou o das ações de alta capitalização apenas em 0,5% ao ano, nem um pouco suficiente para compensar a maioria dos investidores pelo risco extra e pelos custos de negociação.

Contudo, entre 1975 e final de 1983, as ações de baixa capitalização explodiram. Durante esses anos, as ações de baixa capitalização ofereceram um retorno anual composto de 35,3% em média, mais do dobro do retorno de 15,7% das ações de alta capitalização. Os retornos cumulativos das ações de baixa capitalização durante esses nove anos foram superiores a 1.400%. No entanto, a Figura 12.1 mostra que, se o período de nove anos de 1975 a 1983 for eliminado, a acumulação total nas ações de alta capita-

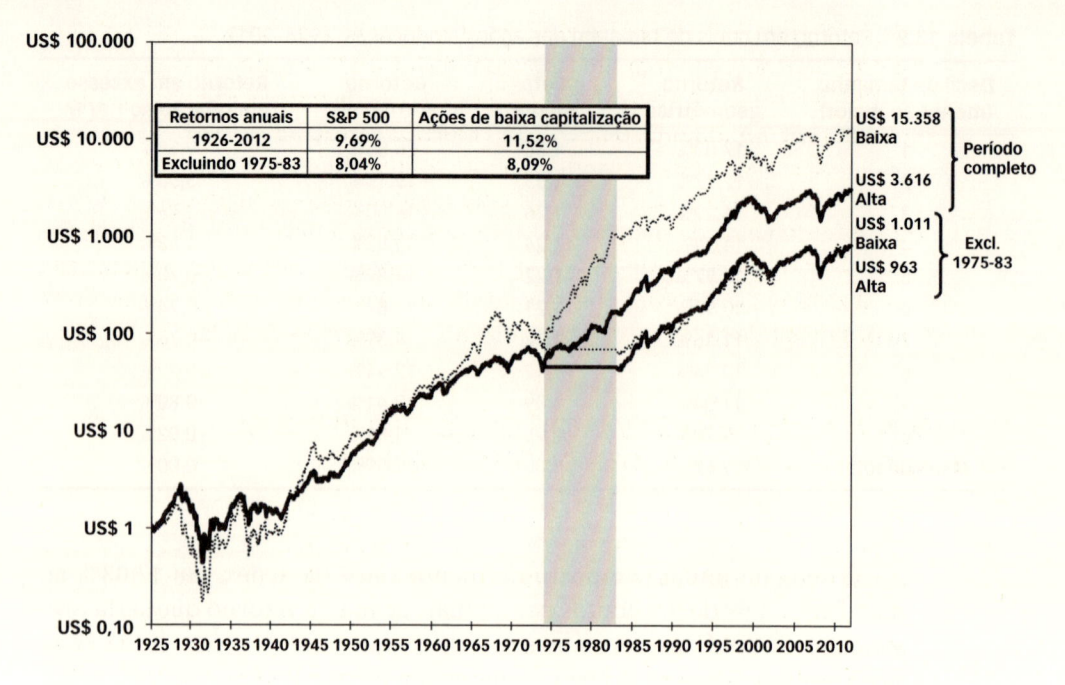

Figura 12.1 Retornos sobre ações de baixa e alta capitalização, 1926–2012, incluindo e excluindo o período de 1975–1983.

Retornos anuais	S&P 500	Ações de baixa capitalização
1926-2012	9,69%	11,52%
Excluindo 1975-83	8,04%	8,09%

Período completo: US$ 15.358 Baixa / US$ 3.616 Alta
Excl. 1975-83: US$ 1.011 Baixa / US$ 963 Alta

lização ao longo do período completo de 1926 a 2006 será praticamente a mesma.

O que causou o formidável desempenho das ações de baixa capitalização durante o período de 1975 a 1983? No final da década de 1970 e início da década de 1980, os gestores de pensão e institucionais se viram atraídos por ações de menor capitalização após o colapso das ações de alto crescimento, conhecidas como "Nifty Fifty" (as cinquenta mais atraentes), que tanto se popularizaram no mercado altista precedente. Além disso, com a aprovação da Lei de Proteção da Renda de Aposentadoria dos Assalariados pelo Congresso em 1974, ficou muito mais fácil para os fundos de pensão procurarem diversificação em ações de baixa capitalização e incrementarem seus investimentos nessas emissões.

Após 1983, as ações de baixa capitalização atingiram um longo período de seca que durou 17 anos, apresentando um desempenho inferior ao das ações de alta capitalização, particularmente na década de 1990, momento em que o *boom* tecnológico ganhou ímpeto. Contudo, quando a bolha de tecnologia estourou, as ações de baixa capitalização uma vez mais apresentaram um desempenho vigorosamente superior. Do pico de março de 2000 a 2012, não obstante o austero mercado baixista interveniente, as ações de baixa capitalização experimentaram um retorno anual de 7,2%, ao passo que as ações de alta capitalização, representadas pelo índice S&P 500, tiveram um retorno inferior a 1% ao ano.

Sejam quais forem os motivos de as ações de baixa capitalização crescerem repentinamente, o fato de os retornos das ações de baixa capitalização estarem em voga não significa que os investidores devam evitar essas empresas. As ações de baixa e média capitalização constituem em torno de 20% do valor de mercado de todas as ações americanas. Entretanto, é necessário advertir que a existência de um prêmio nas ações de baixa capitalização não significa que elas terão um desempenho superior aos das ações de alta capitalização todos os anos ou todas as décadas.

AVALIAÇÃO: AS AÇÕES DE "VALOR" OFERECEM RETORNOS MAIS ALTOS DO QUE AS AÇÕES DE "CRESCIMENTO"

A segunda dimensão de acordo com a qual as ações são classificadas é a *avaliação* – isto é, fatores relacionados com o preço das ações em relação a alguma medida fundamental do valor da empresa, como dividendos, lucro, valor contábil e fluxo de caixa. Fama e French determinaram que, tal como as ações de baixa capitalização, as ações que eram baratas em relação a esses fundamentos tinham retornos mais altos do que seria previsto pelo modelo de precificação de ativos financeiros.

As ações cujos preços são baixos em relação a esses fundamentos são chamadas de ações de *valor*, enquanto aquelas cujos preços são altos em relação aos fundamentos da empresa são chamadas de ações de *crescimento*. Antes da década de 1980, as ações de valor com frequência eram chamadas de ações *cíclicas* porque normalmente se encontravam ações com baixo P/E em setores cujos lucros estavam estreitamente atrelados ao ciclo econômico. Com o crescimento do investimento baseado em estilo, os gestores especializados nessas ações se sentiram desconfortáveis com o apelido "cíclicas" e passaram a dar grande preferência ao termo *valor*.

Geralmente as ações de valor estão presentes em setores como petróleo, automóveis, finanças e serviços de utilidade pública nos quais os investidores têm baixa expectativa de crescimento futuro ou acreditam que os lucros estão solidamente atrelados ao ciclo econômico, enquanto as ações de crescimento normalmente se encontram em setores como tecnologia, produtos de consumo de marca e saúde, nos quais os investidores esperam que os lucros cresçam rapidamente ou sejam mais resistentes ao ciclo econômico.

RENDIMENTO DE DIVIDENDOS

Os dividendos sempre foram um critério importante para a escolha de ações, tal como afirmaram Graham e Dodd em 1940:

PARTE II   O veredito da história

A experiência viria a confirmar o estabelecido veredito do mercado acionário de que um dólar de lucro vale mais para o acionista quando pago em dividendos do que quando acumulado como superávit. O investidor em ações ordinárias deveria exigir tanto uma capacidade adequada de gerar receita quanto dividendos adequados.[11]

Essa afirmação de Graham e Dodd foi respaldada por pesquisas subsequentes. Em 1978, Krishna Ramaswamy e Robert Litzenberger estabeleceram uma correlação significativa entre o rendimento de dividendos e os retornos subsequentes.[12] E mais recentemente, James O'Shaughnessy demonstrou que, no período de 1951 a 1994, as 50 ações de alta capitalização de mais alto rendimento de dividendos tinham um retorno 1,7 ponto percentual superior ao do mercado.[13]

A análise histórica do índice S&P 500 apoia o argumento a favor do uso do rendimento de dividendos para a obtenção de retornos acionários mais altos. Tendo como base 31 de dezembro de cada ano, de 1957 em diante, classifiquei as empresas do índice S&P 500 em cinco grupos (ou quintis), ordenados do rendimento de dividendos mais alto para o mais baixo, e em seguida calculei os retornos totais ao longo do ano civil subsequente. Os resultados, um tanto surpreendentes, são mostrados na Figura 12.2.

Rendimento de dividendos	Retorno geométrico
Mais alto	12,58%
Alto	12,25%
Médio	9,46%
Baixo	8,79%
Mais baixo	8,90%
S&P 500	10,13%

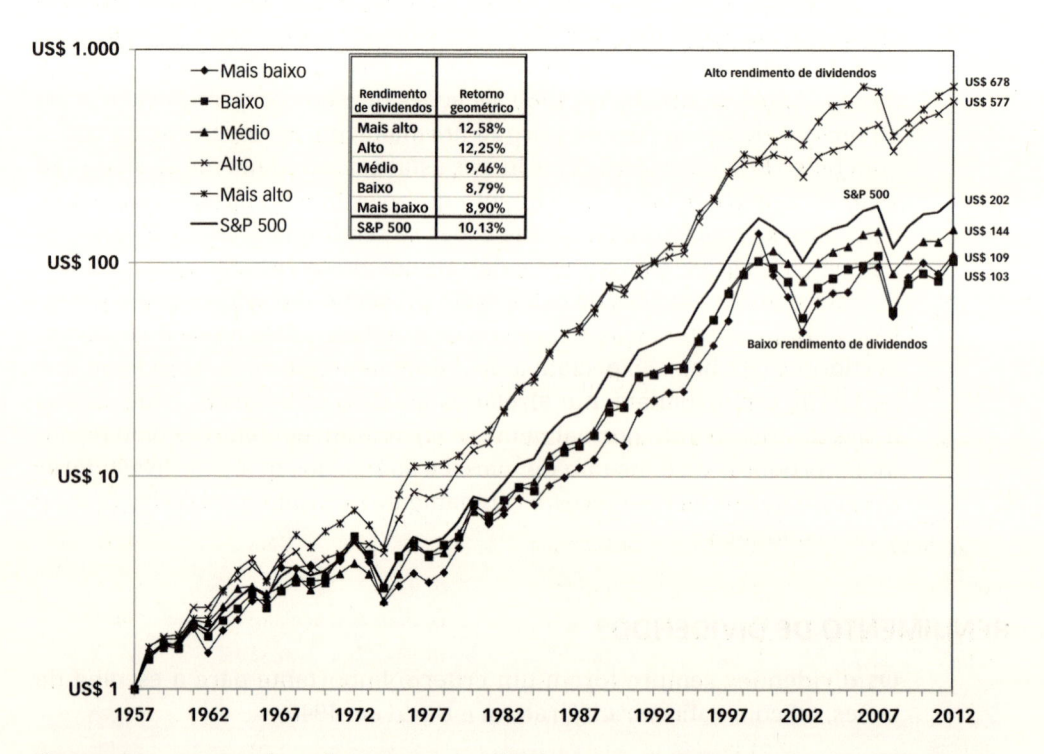

Figura 12.2   Retornos das ações S&P 500 classificados por rendimento de dividendos, 1957–2012.

As carteiras com rendimento de dividendos mais alto ofereciam aos investidores retornos totais mais altos do que as carteiras de ações com rendimento de dividendos mais baixo. Se um investidor tivesse aplicado US$ 1.000 em um fundo do índice S&P 500 no final de dezembro de 1957, teria acumulado US$ 201.760 até o final de 2012, obtendo um retorno anual de 10,13%. Um investimento idêntico nas 100 empresas com rendimento de dividendos mais alto acumularia em mais de US$ 678.000, oferecendo um retorno de 12,58%.

Além disso, as empresas com o nível mais alto de rendimento de dividendos tinham beta inferior a 1, uma indicação de que elas eram mais estáveis ao longo dos ciclos de mercado, tal como mostra a Tabela 12.3.

As ações com menor rendimento de dividendos tinham não apenas o retorno mais baixo, mas também o beta mais alto. O retorno anual das 100 empresas com o mais alto rendimento de dividendos no S&P 500 desde que esse índice foi criado em 1957 evidenciou-se 3,42 pontos percentuais ao ano acima do retorno que seria previsto pelo modelo do mercado eficiente, ao passo que as 100 empresas com o mais baixo rendimento de dividendos parecem ter tido um retorno 2,58 pontos percentuais inferior.

Outras estratégias de rendimento de dividendos

Outras estratégias de alto rendimento de dividendos superaram o desempenho do mercado. Uma delas, bastante conhecida, é chamada "Dogs of the Dow" (Cães do Dow) ou estratégia "Dow 10", e consiste na escolha de ações de alto rendimento no índice industrial Dow Jones.

A estratégia Dow 10 tem sido considerada por alguns como a mais simples e bem-sucedida de todos os tempos. James Glassman, do *Washington Post*, afirmou que John Slatter, consultor de investimento e autor de Cleveland, inventou o sistema Dow 10 na década de 1980.[14] Harvey Knowles e Damon Petty popularizaram essa estratégia no livro *The Di-*

Tabela 12.3 Retorno das ações do S&P 500 classificado por rendimento de dividendos, 1957–2012

Rendimento de dividendos	Retorno geométrico	Retorno aritmético	Desvio padrão	Beta	Retorno em excesso sobre o CAPM
Mais alto	12,58%	14,25%	19,34%	0,94	3,42%
Alto	12,25%	13,42%	16,26%	0,82	3,91%
Médio	9,46%	10,77%	16,64%	0,92	0,18%
Baixo	8,79%	10,64%	19,29%	1,07	−1,75%
Mais baixo	8,90%	11,62%	23,92%	1,23	−2,58%
S&P 500	10,13%	11,55%	17,15%	1,00	0,00%

vidend Investor, escrito em 1992, assim como o fizeram Michael O'Higgins e John Downes em *Beating the Dow*.

Essa estratégia requer que os investidores comprem as 10 ações de maior rendimento do índice industrial Dow Jones no final do ano e as mantenham no ano subsequente, repetindo o processo todo 31 de dezembro. Essas ações de alto rendimento com frequência são aquelas cujo valor caiu e encontram-se desfavorecidas junto aos investidores – e esse é o motivo de a estratégia ser chamada de "Dogs of the Dow".

Outra ampliação natural da estratégia Dow 10 é a escolha das 10 ações de mais alto rendimento entre as 100 maiores do S&P 500. As 100 maiores ações do índice S&P 500 compõem uma porcentagem bem maior do mercado total americano do que as 30 ações do índice industrial Dow Jones.

Aliás, essas duas estratégias se sobressaíram, tal como mostra a Figura 12.3.[15] Desde 1957, a estratégia Dow 10 tem oferecido um retorno de 12,63% ao ano, enquanto a S&P 10 tem oferecido um retorno expressivo de 14,14% ao ano, sistematicamente acima das respectivas referências. Além disso, as duas estratégias têm um beta inferior ao do índice industrial Dow Jones ou índice S&P 500, como é possível ver na Figura 12.3.

O pior ano para as estratégias Dow 10 e S&P 10 em relação aos índices de referência foi 1999, quando as ações de tecnologia de alta capitalização atingiram o pico da bolha. A estratégia Dow 10 teve um desempenho 16,72% inferior ao do índice S&P 500 no referido ano e a S&P 10 teve um desempenho mais de 17 pontos percentuais inferior. É durante os estágios posteriores do mercado altista, quando as ações de crescimento atraem o olhar dos investidores especulativos, que essas estratégias voltadas para o valor terão um desempenho inferior ao das estratégias ponderadas por capitalização.

Contudo, essas estratégias conseguiram reaver essas perdas – e mais – em mercados baixistas subsequentes. O Dow 30 teve uma queda de 26,5% e o índice S&P 500 de 37,3% nos mercados baixistas de 1973 a 1974. Entretanto, a estratégia S&P 10 teve uma queda de apenas 12%, enquanto a Dow 10 na verdade ganhou 2,9% nesses dois anos.

Essas estratégias fundamentadas no rendimento de dividendos resistiram ao mercado baixista de 2000 a 2002. Do final de 2000 ao final de 2002, enquanto o índice S&P 500 teve uma queda de mais de 30%, a estratégia Dow 10 caiu menos de 10% apenas, e a estratégia S&P 10 teve uma queda inferior a 5%. No mercado baixista após a crise financeira, as estratégias Dow 10 e S&P 10 não protegeram os investidores, visto que empresas de renome que pagavam dividendos, como a General Motors, entraram com pedido de falência. Entretanto, ao longo do ciclo de mercado de 2007 a 2012, elas tiveram um desempenho levemente inferior ao de suas referências e não apresentaram uma queda significativa em seu desempenho superior de longo prazo.

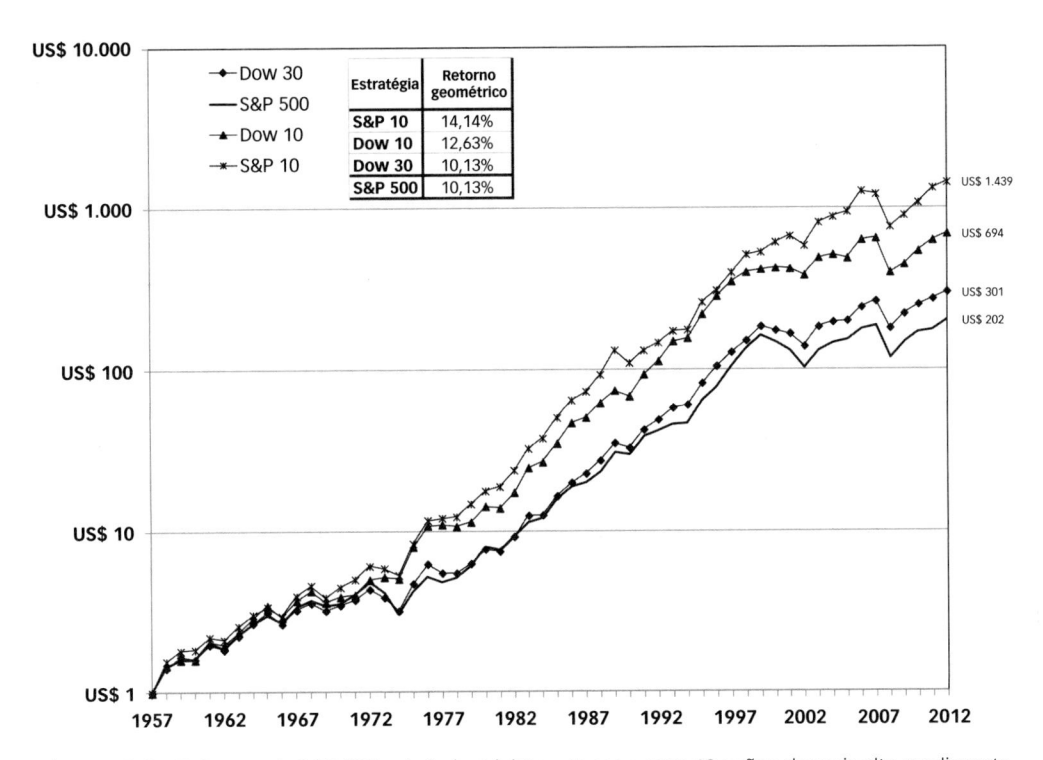

Estratégia	Retorno geométrico
S&P 10	14,14%
Dow 10	12,63%
Dow 30	10,13%
S&P 500	10,13%

Figura 12.3 Retornos do S&P 500 e do industrial Dow Jones e suas 10 ações de mais alto rendimento, 1957–2012.

ÍNDICES DE PREÇO/LUCRO

Outra importante medida de valor que pode ser utilizada para formular uma estratégia de sucesso é o índice de P/E (*price/earnings*) – o preço de uma ação em relação ao seu lucro. As pesquisas sobre os índices de P/E tiveram início na década de 1970, quando Sanjoy Basu, fundamentado na obra de S. F. Nicholson, de 1960, descobriu que as ações com baixo índice de preço/lucro têm retornos significativamente mais altos, mesmo depois que se leva em conta o risco.[16]

No entanto, esses resultados não teriam surpreendido os investidores em valor Graham e Dodd, que, em seu clássico *Security Analysis*, de 1934, afirmaram o seguinte:

> Por isso podemos sugerir, como corolário de importância prática fundamental, que as pessoas que habitualmente compram ações ordinárias por mais de 16 vezes seu lucro médio são propensas a perder uma soma considerável a longo prazo.[17,18]

De uma maneira análoga à pesquisa sobre rendimentos de dividendos entre as ações do S&P 500, calculei o índice de P/E de todas as 500 empresas desse índice em 31 de dezembro de cada ano, dividindo os últimos 12 meses pelos preço do final do ano. Em seguida, classifiquei as empresas pelo índice de P/E e as dividi em cinco quintis, calculando seu retorno subsequente nos 12 meses posteriores.[19] Os resultados dessa pesquisa são semelhantes aos resultados relatados sobre rendimento de dividendos e são apresentados na Figura 12.4.

As ações com P/E alto (ou baixo ganho de rendimento) são em média subvalorizadas e oferecem retornos mais baixos aos investidores. Uma carteira de US$ 1.000 formada pelas ações com P/E mais alto acumulou US$ 64.116 até o final de 2012, obtento um retorno anual de 7,86%, enquanto as ações com o P/E mais baixo tiveram um retorno de 12,92% e acumularam cerca de US$ 800.000.

Além de um rendimento mais alto, o desvio padrão das ações com baixo P/E foi inferior, e o beta ainda mais inferior, ao das ações do índice S&P 500, tal como mostrado na Tabela 12.4. Na verdade, o retorno das 100 ações com P/E mais baixo no índice S&P 500 ficou mais de 6 pontos percentuais acima do que seria previsto com base no modelo de precificação de ativos financeiros.

Índice de P/E	Retorno geométrico
Mais baixo	12,92%
Baixo	12,34%
Médio	10,28%
Alto	9,17%
Mais alto	7,86%
S&P 500	10,13%

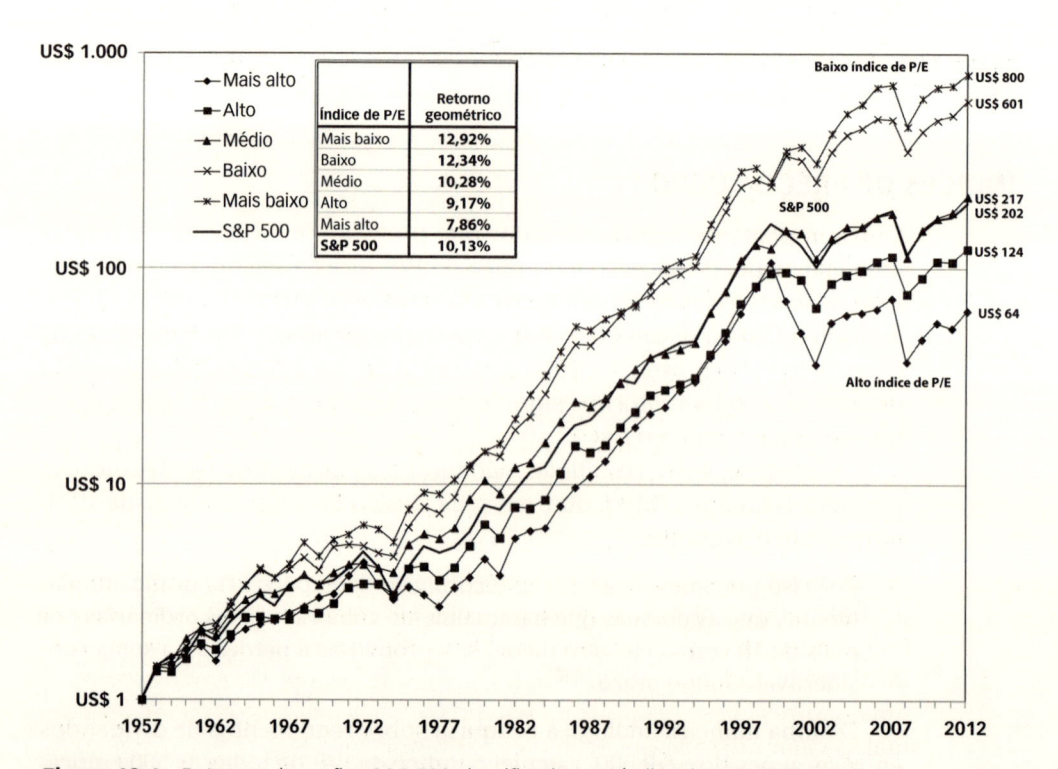

Figura 12.4 Retornos das ações S&P 500 classificados por índice de P/E, 1957–2012.

Tabela 12.4 Retorno das ações S&P 500 classificado por índice de P/E, 1957–2012

Índice de P/E	Retorno geométrico	Retorno aritmético	Desvio padrão	Beta	Retorno em excesso em relação ao CAPM
Mais baixo	12,92%	14,20%	16,59%	0,71	6,01%
Baixo	12,34%	13,54%	16,23%	0,65	6,05%
Médio	10,28%	11,45%	15,67%	0,69	3,46%
Alto	9,17%	10,30%	15,49%	0,73	1,85%
Mais alto	7,86%	9,86%	19,84%	0,92	–0,78%
S&P 500	10,13%	11,55%	17,15%	1,00	0,00%

ÍNDICES DE PREÇO/VALOR CONTÁBIL

Os índices de preço/lucro e os rendimentos de dividendos não são os únicos critérios baseados em valor. Inúmeros artigos acadêmicos, a começar pelo trabalho de Dennis Stattman em 1980, posteriormente respaldado por Fama e French, propuseram que os índices de preço/valor contábil podem ser ainda mais importantes do que os índices de preço/lucro na previsão dos futuros retornos transversais das ações.[20]

Do mesmo modo que eles procederam com o índice de P/E e o rendimento de dividendos, Graham e Dodd consideraram o valor contábil um fator fundamental para a determinação dos retornos:

> [Nós] propomos um tanto contundentemente que o valor contábil mereça ser examinado ao menos de relance pelo público antes da compra ou venda de ações em um empreendimento empresarial [...]. Permitamos que o comprador de ações, se ele reivindicar qualquer direito a informações, ao menos possa primeiro dizer a si mesmo quanto ele está pagando pelo negócio e, segundo, o que ele de fato está obtendo por seu dinheiro em termos de recursos tangíveis.[21]

Embora Fama e French tenham constatado que o índice de valor contábil/valor de mercado era uma medida de valor um pouco melhor do que o rendimento de dividendos ou o índice de P/E para explicar os retornos transversais em sua pesquisa de 1992, existem problemas conceituais na utilização do valor contábil como critério de valor. O valor contábil não se ajusta a mudanças no valor de mercado dos ativos, nem capitaliza as despesas de pesquisa e desenvolvimento. Na verdade, ao longo do período de 1987 a 2012, nossos estudos demonstraram que o valor contábil não foi tão adequado quanto o rendimento de dividendos, o índice de P/E ou o fluxo de caixa para explicar os retornos.[22] Como é provável que o valor de uma empresa será cada vez mais representado pela propriedade intelectual, o valor contábil talvez se torne um indicador ainda mais incompleto do valor da empresa no futuro.

ASSOCIANDO CRITÉRIOS DE TAMANHO E AVALIAÇÃO

O resumo dos retornos anuais compostos das ações, classificados em 25 quintis de acordo com o tamanho e o índice de valor contábil/valor de mercado de 1958 a 2006, é apresentado na Tabela 12.5.[23]

Os retornos históricos das ações de valor ultrapassaram os retornos das ações de crescimento e esse desempenho superior é particularmente verdadeiro entre ações de menor capitalização. As ações de valor de menor capitalização tiveram um retorno de 17,73% ao ano, o mais alto de todos os 25 quintis analisados, enquanto as ações de crescimento de menor capitalização tiveram um retorno de apenas 4,70%, o menor de todos os quintis. Quanto mais as empresas crescem, menor a diferença entre as ações de valor e de crescimento. As ações de valor de maior capitalização tiveram um retorno de 11,94% ao ano, enquanto as ações de crescimento de maior capitalização tiveram um retorno de 9,38%.

Quando o período de 1975 a 1983 é removido, o retorno das ações de baixa capitalização diminui, tal como esperado. Contudo, vale notar que a diferença nos retornos das ações de valor e crescimento de baixa capitalização mantém-se grande e praticamente inalterada.

As diferenças marcantes no retorno cumulativo das ações de valor e crescimento do menor quintil durante o período de 1957 a 2012 são mostradas na Figura 12.5. A soma de US$ 1.000 investida em ações de crescimento de baixa capitalização desde dezembro de 1997 se multiplicou para US$ 12.481 no final de 2012. Em contraposição, as ações de valor de

Tabela 12.5 Retornos classificados pelo tamanho e pelo índice de valor contábil/valor de mercado, 1958–2012

	Período completo	Quintis de Tamanho				
		Baixa	2	3	4	Alta
Quintis de valor contábil/valor de mercado	Valor	17,73%	16,39%	16,74%	14,15%	11,94%
	2	16,24%	15,68%	15,18%	14,71%	10,67%
	3	13,56%	14,84%	13,36%	12,92%	10,54%
	4	12,53%	12,17%	13,14%	10,77%	10,21%
	Crescimento	4,70%	7,88%	8,62%	10,37%	9,38%
	Excluindo 1975–1983	Quintis de Tamanho				
		Baixa	2	3	4	Alta
Quintis de valor contábil/valor de mercado	Valor	13,83%	13,04%	13,97%	11,74%	10,71%
	2	12,67%	12,28%	12,72%	13,01%	8,95%
	3	9,66%	12,25%	10,64%	10,64%	9,50%
	4	8,52%	8,81%	10,21%	8,78%	9,00%
	Crescimento	0,56%	4,55%	6,02%	8,66%	9,01%

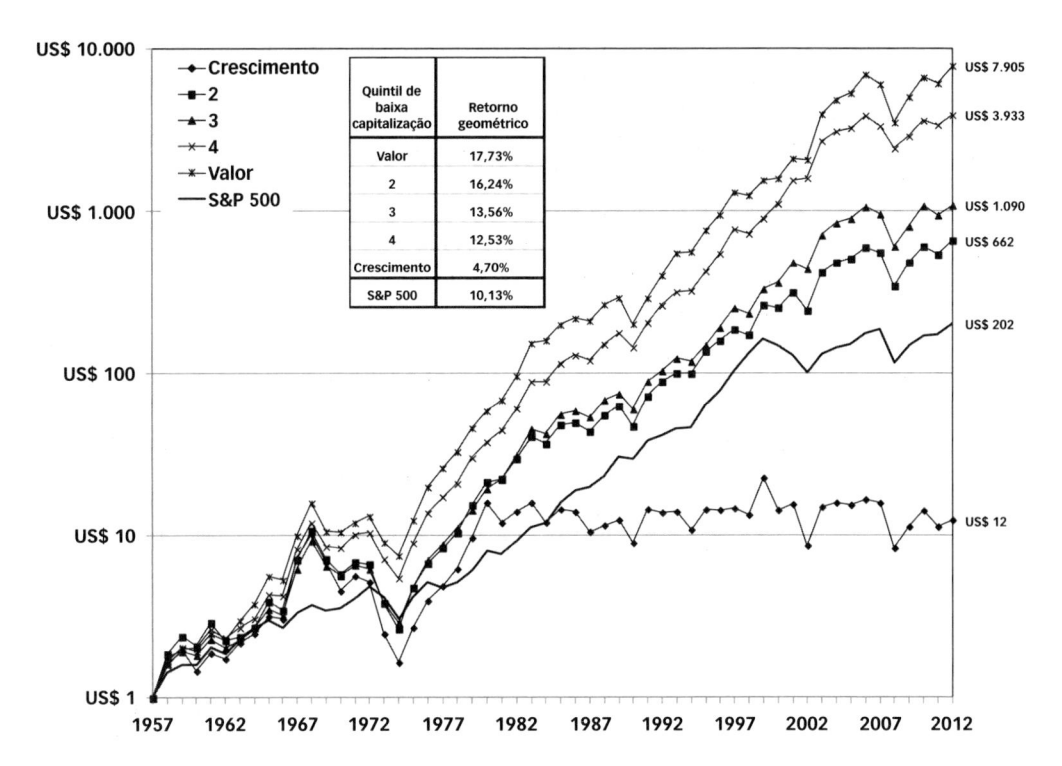

Figura 12.5 Retornos do menor quintil de ações de crescimento e valor, 1957–2012.

Quintil de baixa capitalização	Retorno geométrico
Valor	17,73%
2	16,24%
3	13,56%
4	12,53%
Crescimento	4,70%
S&P 500	10,13%

baixa capitalização se multiplicou para o surpreendente valor de US$ 7,9 milhões.

O que acentua a diferença no desempenho das ações de crescimento e valor de baixa capitalização é que o risco mensurado pelo beta das ações de valor de baixa capitalização é 1, enquanto o das ações de crescimento de baixa capitalização é superior a 1,5. Isso significa que o retorno histórico das ações de valor de baixa capitalização ficou mais de 7,5 pontos percentuais acima da previsão do mercado eficiente, enquanto o retorno histórico das ações de crescimento de baixa capitalização ficou mais de 7 pontos percentuais abaixo do nível previsto.

OFERTA PÚBLICA INICIAL: OS RETORNOS DECEPCIONANTES DAS NOVAS EMPRESAS DE CRESCIMENTO DE BAIXA CAPITALIZAÇÃO

Algumas das ações de baixa capitalização mais procuradas são as ofertas públicas iniciais (*initial public offerings* – IPOs). As empresas novas são iniciadas com um entusiasmo que incita os investidores, os quais sonham que essas empresas de ascensão repentina se tornarão a próxima Google ou Microsoft. A alta demanda por IPOs faz com que a maioria dos IPOs tenha um preço elevado depois que elas são lançadas no mercado secundário, oferecendo ganhos imediatos aos investidores que conseguiram comprar as ações pelo preço de oferta.[24] Por esse motivo, esses IPOs são em sua vasta maioria classificados como ações de crescimento.

Certamente houve IPOs muito bem-sucedidos no passado. O Walmart, que abriu seu capital em outubro de 1970, transformou um investimento de US$ 1.000 em mais de US$ 1.380.000 no final de 2012. Os investidores que aplicaram US$ 1.000 na Home Depot e na Intel quando elas abriram seu capital também se tornaram milionários – caso tenham mantido suas ações. A Cisco Systems é outro exemplo de sucesso. Emitidas em fevereiro de 1990, as ações dessa fornecedora de redes ofereceram retornos anuais médios de 27% aos investidores até dezembro de 2012, embora todos os ganhos tenham sido realizados nos primeiros dez anos após o IPO.

Mas esses grandes vencedores conseguem contrabalançar todos os perdedores? Para determinar se os IPOs são bons investimentos de longo prazo, examinei os retornos de comprar e manter de quase 9.000 IPOs emitidos entre 1968 e 2001. Calculei os retornos com base em se os investidores haviam comprado os IPOs no final do primeiro mês de negociação ou pelo preço de oferta do IPO e se eles haviam mantido as ações até 31 de dezembro de 2003.[25]

Não há dúvida de que os IPOs malsucedidos superam em número os bem-sucedidos. Das 8.606 empresas examinadas, o retorno de 6.796 delas, ou 79%, ficou abaixo dos retornos de um pequeno índice representativo de ações e quase metade delas teve um subdesempenho de mais de 10% ao ano em relação a esse índice.

Infelizmente, empresas imensamente bem-sucedidas como Cisco e Walmart *não conseguem contrabalançar* os milhares de IPOs malsucedidos. *As diferenças* nos retornos de uma carteira que compra um valor em dólares igual a de todos os IPOs emitidos em um determinado ano e de uma carteira em que o investidor aplica um valor em dólar equivalente em um índice de ações de baixa capitalização Russell 2.000 são apresentadas na Figura 12.6. Os retornos são calculados com base em dois pontos de partida: (1) do final do mês, quando a IPO foi emitida pela primeira vez, e (2) do preço de oferta normalmente mais baixo do IPO.

Os retornos de todas as carteiras de IPOs anuais emitidos de 1968 a 2000 foram examinados até 31 de dezembro de 2003 para que pelo menos três anos de retornos subsequentes pudessem ser calculados. Os resultados são evidentes: de 1968 a 2000, as carteiras de IPO anuais tiveram um desempenho inferior ao do índice de ações de baixa capitalização em 29 dos 33 anos quando avaliadas com base tanto no último dia de negociação do mês em que elas foram emitidas quanto no preço de emissão do IPO.

Mesmo em anos como 1971, quando as empresas de grande sucesso Southwest Airlines, Intel e Limited Stores abriram seu capital, uma carteira com todos os IPOs emitidos no referido ano acompanhou os retornos de um índice de ações de baixa capitalização comparável quando avaliada até 2003, e o mesmo ocorreu em 1981, quando a Home Depot abriu seu capital.

Até mesmo em um ano excepcional como 1986, quando a Microsoft, Oracle, Adobe, EMC e Sun Microsystems abriram seu capital e ofereceram retornos anuais de mais de 30% durante os 16 anos subsequentes, uma carteira com todos os IPOs desse ano mal conseguiu acompanhar o índice de ações de baixa capitalização.

O desempenho da maioria dos IPOs de tecnologia emitidos no final da década de 1990 foi desastroso. Em 1999 e 2000, o desempenho das carteiras de IPOs anuais ficou abaixo do desempenho do índice de ações de baixa capitalização em 8% e 12% ao ano, respectivamente, com base no preço do IPO, e em 17% e 19% ao ano, com base no último dia de negociação do primeiro mês.

Mesmo as ações que dobraram ou mais que dobraram de valor no dia de abertura das negociações foram investimentos de longo prazo extremamente ruins. A Corvis Corporation, que cria produtos para gerenciar o tráfego na internet, abriu seu capital em 28 de julho de 2000. Na época do IPO, a empresa ainda não havia vendido nenhum dólar em produtos e tinha US$ 72 milhões em prejuízos operacionais. No entanto, a Corvis tinha um valor de mercado de US$ 28,7 bilhões no final do primeiro dia de

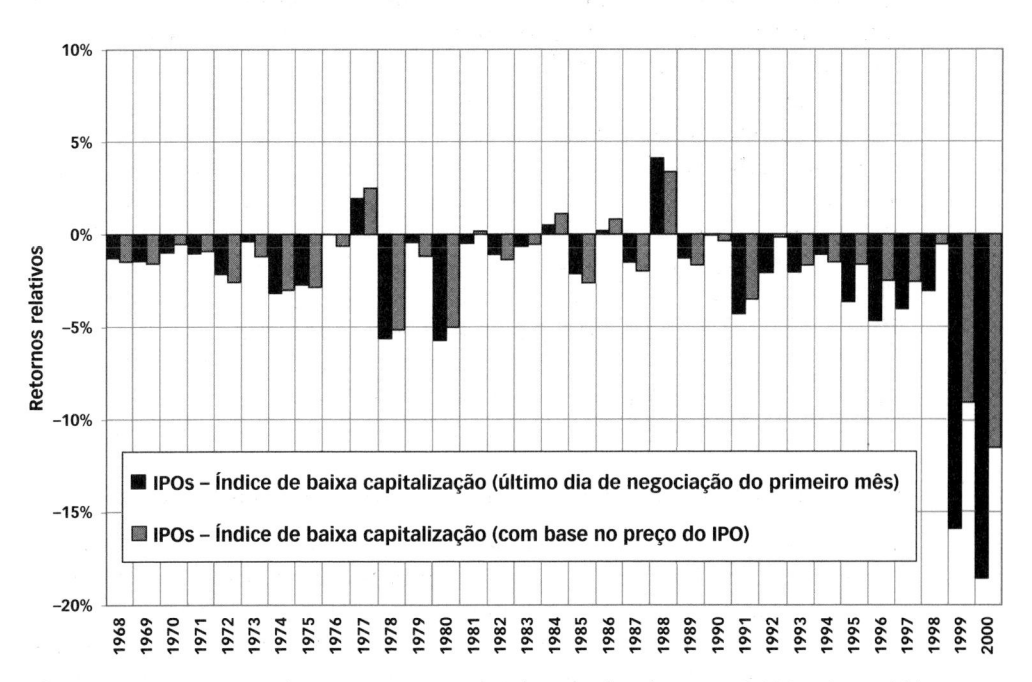

Figura 12.6 Retornos de comprar e manter de aproximadamente 9.000 IPOs emitidos entre 1968 e 2001.

negociação, uma capitalização que a colocaria entre as 100 empresas mais valiosas nos Estados Unidos.

É esclarecedor comparar a Corvis Corporation com a Cisco Systems, que abriu seu capital dez anos antes. Na época de seu IPO em fevereiro de 1990, a Cisco já era uma empresa lucrativa, com lucros saudáveis de US$ 13,9 milhões em vendas anuais de US$ 69,7 milhões. O valor de mercado do IPO da Cisco no final do primeiro dia de negociação foi US$ 287 milhões, exatamente um centésimo do valor de mercado da Corvis Corporation, que na época ainda não havia realizado nenhuma venda nem lucro. A Cisco seria classificada como uma empresa de "crescimento" em 1990, com um índice de P/E acima da média, mas a Corvis era uma de "hipercrescimento".

A Corvis Corporation, com um preço de IPO de US$ 360 (ajustado à divisão) em 28 de julho de 2000, abriu as negociações em US$ 720 e, posteriormente, no início de agosto, aumentou para US$ 1.147. Subsequentemente, em abril de 2005, o preço das ações caiu para US$ 3,46.

A NATUREZA DAS AÇÕES DE CRESCIMENTO E VALOR

Ao escolher ações de "crescimento" e "valor", os investidores devem ter em mente que essas designações não são inerentes ao produto que a empresa fabrica ou ao setor ao qual ela pertence. As designações dependem unicamente do valor de mercado em relação a alguma medida fundamental do valor da empresa, como lucro ou dividendos.

Portanto, a ação de uma empresa do setor de tecnologia, que é considerado um setor com altas perspectivas de crescimento, na verdade pode ser classificada como de valor se estiver desfavorecida entre os investidores e for vendida por um preço baixo em relação aos fundamentos. Diferentemente, a ação de um fabricante de automóveis de um setor maduro e com pouco potencial de crescimento pode ser classificado como de crescimento se estiver favorecida entre os investidores e seu preço for alto em relação aos fundamentos. Na verdade, com o passar do tempo, várias empresas e até mesmo setores são caracterizados alternadamente como de "valor" ou "crescimento" à medida que seu preço de mercado oscila.

EXPLICAÇÕES SOBRE OS EFEITOS DE TAMANHO E AVALIAÇÃO

Houve várias tentativas para explicar os fatores tamanho e avaliação nos retornos acionários. Fama e French levantaram a hipótese de que poderia haver pressões financeiras incomuns nas ações de valor que se evidenciam somente durante períodos de crise extrema e que os investidores exigem um prêmio para manter as ações de valor a título de prevenção contra essas circunstâncias. Aliás, as ações de valor não tiveram um desempenho inferior ao das ações de crescimento durante a Grande Depressão e a quebra do mercado acionário de 1929 a 1932. Contudo, desde essa época, na realidade as ações de valor se saíram *melhor* do que as ações de crescimento durante mercado baixistas e recessões econômicas. Desse modo, é pouco provável que essa seja a resposta.[26]

Outro motivo possível pelo qual as ações de valor superaram o desempenho das ações de crescimento é que a utilização do beta para sintetizar o risco de uma ação é muito limitada. O beta é deduzido da teoria de precificação de ativos financeiros, um modelo de precificação estático que depende de um conjunto inalterado de oportunidade de investimento. Em uma economia dinâmica, o *proxy* (representante) das taxas de juros muda no conjunto de oportunidades dos investidores e os preços das ações reagem não apenas às perspectivas de lucro, mas também a mudanças nas taxas de juros.

Em um artigo intitulado "Bad Beta, Good Beta", John Campbell separa o beta relacionado a flutuações na taxa de juros (que ele chamou de "beta bom") do beta relacionado com ciclos econômicos (que ele chamou de "beta ruim")[27] com base em evidências históricas. Entretanto, dados recentes não respaldam essa teoria, visto que as ações de crescimento aumentaram pela primeira vez em relação às ações de valor de 1997 a 2000, quando as taxas de juros estavam subindo, e subsequentemente, quando as taxas de juros caíram, as ações tiveram um desempenho inferior.

Outra hipótese sobre o motivo de as ações de crescimento terem tido um desempenho inferior aos das ações de valor é comportamental: os investidores ficam demasiadamente entusiasmados com as perspectivas de crescimento das empresas cujos lucros estão crescendo rapidamente e elevam excessivamente os preços. "Ações lendárias" como Intel ou Microsoft, que no passado ofereceram retornos fantásticos aos investidores, exercem uma atração sobre os investidores, enquanto as empresas que oferecem lucros sólidos com taxas de crescimento não estimulantes são desprezadas.[28]

A hipótese de mercado ruidoso

Uma teoria mais genérica a respeito do desempenho superior das ações de valor é que os preços das ações são constantemente afetados por compras e vendas que não estão relacionadas com o valor fundamental da empresa. Esses compradores e vendedores são chamados de *traders* de "liquidez" ou "de ruído" nas publicações acadêmicas. Suas transações podem ser influenciadas por impostos, responsabilidades fiduciárias, rebalanceamento de carteira ou outros motivos pessoais. Para explicar os efeitos de valor e tamanho que observamos nos dados históricos, precisamos acrescentar outra suposição: de que os movimentos de preço provocados pelos *traders* de liquidez não são *imediatamente* revertidos por aqueles que negociam com base em informações fundamentais.

Essa suposição desvia-se da hipótese de mercado eficiente, que sustenta que o preço de um título sempre é a melhor estimativa imparcial do valor subjacente da empresa. Chamei essa suposição alternativa de "hipótese de mercado ruidoso" (*noisy market hypothesis*) porque a compra e venda por parte de *traders* de liquidez e ruído com frequência obscurecem o valor fundamental da empresa.[29]

A hipótese de mercado ruidoso pode oferecer uma explicação sobre os efeitos de tamanho e valor.[30] Um choque de liquidez positivo eleva o preço de uma ação acima de seu valor fundamental e a torna mais propensa a ser classificada como uma ação de "alta capitalização" ou de "crescimento". Quando esse choque positivo desaparece, as ações de crescimento de alta capitalização diminuem de preço e, portanto, têm retornos mais baixos. Entretanto, um choque de liquidez negativo diminui o preço de uma ação e a torna mais propensa a se enquadrar na categoria de "baixa capitalização" ou "valor", caso em que é provável que ela esteja subvalorizada em relação aos fundamentos. Quando o choque negativo desaparece, essas ações de valor têm retornos mais altos.

Investindo em liquidez

Recentemente, foi identificado outro fator para explicar o retorno: a "liquidez" de uma ação. Liquidez é a característica de um ativo que mede o desconto que os vendedores encontrariam se eles fossem forçados a vender de uma hora para outra. Considera-se que os ativos com alta liquidez têm baixos descontos, enquanto os ativos com baixa liquidez têm altos descontos. Uma medida conveniente de liquidez é o índice do volume médio diário de uma ação em comparação com o número total de ações em circulação, com frequência chamado de rotatividade das ações. As ações com alta rotatividade têm maior liquidez do que as ações com menor rotatividade.

Recentemente, Roger Ibbotson e outros determinaram que as ações com baixa liquidez têm retornos significativamente mais altos do que as ações com alta liquidez.[31] Analisando todas as ações da Bolsa de Valores de Nova York, Amex e Nasdaq de 1972 até o presente, eles constataram que as ações com o menor quartil (25%) de rotatividade têm um retorno composto anual de 14,74% ao ano, quase o dobro do retorno das ações com o quartil de liquidez mais alto. Além disso, eles descobriram que isso não se devia apenas ao fato de várias ações de baixa capitalização terem baixa rotatividade e que, portanto, o efeito de liquidez não está simplesmente imitando o efeito de tamanho. Na verdade, no menor quartil de ações, com base no valor de mercado, o impacto da liquidez foi ainda mais pronunciado, visto que o retorno no quartil mais baixo dessas ações de baixa capitalização girou em torno de 15,64% ao ano, em contraposição a apenas 1,11% para as ações com a rotatividade mais alta.[32]

Existem vários bons motivos do efeito de liquidez. Há muito se reconhece que, dentre os ativos com perfis de risco e retorno idênticos ou quase idênticos, aqueles que são negociados mais ativamente são vendidos por um preço mais alto. No mercado do Tesouro, os títulos governamentais de longo prazo "on the run", que são considerados uma referência e negociados mais ativamente, auferem um preço de mercado mais alto do que títulos praticamente idênticos com vencimento de apenas alguns meses de diferença. Os *traders* e especuladores estão dispostos a pagar um prêmio pelos ativos que eles podem comprar e vender em quantidade e baixos custos de transação. Todos os investidores valorizam a flexibilidade – a possibilidade de mudar de ideia ou reagir a circunstâncias alteradas rapidamente sem pagar um desconto ou prêmio considerável se eles quiserem vender ou comprar um ativo. Além disso, vários fundos mútuos grandes não conseguiriam comprar grandes quantidades de ativos de empresas relativamente inativas porque, para isso, seria necessário elevar seu preço a um ponto em que o retorno deixa de ser atraente.

A presença de um prêmio de liquidez cada vez mais firme entre as ações de baixa capitalização pode ser explicada porque as ações de baixa capitalização que são negociadas ativamente podem ser objeto de especulação, em particular os IPOs ou aquelas que atraem o olhar dos *traders* que estão à procura de uma atividade de negociação incomum. Depois que o período especulativo chega ao fim, com frequência essas ações exibem retornos ruins. Não há dúvida de que no período pós-Segunda Guerra Mundial a IBM gerou grande entusiasmo e maior atividade de negociação do que a Standard Oil, embora, tal como demonstramos no início deste capítulo, a Standard Oil tenha oferecido retornos mais altos aos investidores.

CONCLUSÃO

Pesquisas históricas demonstram que os investidores podem obter retornos de longo prazo mais altos sem assumir maior risco se eles se concentrarem nos fatores relacionados com a avaliação das empresas. O rendimento de dividendos foi um dos fatores identificados; outro foi o índice de preço/lucro. Mais recentemente, a liquidez foi identificada com outro fator. Ao longo do tempo, as carteiras de ações com rendimento de dividendos mais alto, índice de P/E mais baixo e menor liquidez superaram o desempenho do mercado mais do que seria previsto pela hipótese de mercado eficiente.

No entanto, os investidores devem estar cientes de que nenhuma estratégia superará o desempenho do mercado o tempo todo. As ações de baixa capitalização exibem elevações repentinas periódicas que possibilitaram que seu desempenho de longo prazo superasse o das ações de alta capitalização, mas na maior parte das vezes seu desempenho apenas correspondeu ou ficou aquém do desempenho das ações de alta capitalização. Além disso, as ações de valor geralmente se saíram melhor em mercados baixistas, embora na última recessão, em virtude da alta preponderância das finanças, elas tenham tido um desempenho inferior ao das ações de crescimento. Ou seja, os investidores precisam exercitar a paciência se decidirem adotar essas estratégias de ampliação dos retornos.

13

Investimento global

Falemos hoje sobre um setor de crescimento. Porque, no mundo inteiro, o investimento é um setor de crescimento. O maior setor de crescimento é o investimento em carteiras internacionais.

— John Templeton, 1984[1]

O Capítulo 5 mostrou que o crescimento dos retornos acionários de longo prazo não se restringiu aos Estados Unidos. Os investidores de outros países realizaram retornos próximos ou até superiores aos obtidos nos Estados Unidos. Entretanto, até o final da década de 1980, os mercados estrangeiros eram quase exclusivamente território dos investidores nativos e eram considerados muito remotos ou arriscados para serem cogitados por estrangeiros.

Não mais. A globalização dos mercados financeiros não é apenas uma previsão para o futuro; é um fato neste exato momento. Os Estados Unidos, outrora um incontestado gigante dos mercados de capitais, hoje é somente um dos vários países nos quais os investidores podem acumular riqueza.

No final da Segunda Guerra Mundial, as ações americanas compunham aproximadamente 90% da capitalização acionária mundial; em 1970, elas ainda compunham dois terços. Atualmente, contudo, o mercado americano constitui menos da metade dos valores acionários mundiais, e essa fração está encolhendo. A Figura 13.1 mostra a porcentagem dos mercados de ações mundiais estabelecidos em cada país em maio de 2013.

A porcentagem do mundo desenvolvido ainda é alta – mais de 85,8% –, mas está diminuindo. Como vimos no Capítulo 4, o mundo em desenvolvimento hoje está produzindo mais da metade do PIB mundial, uma fra-

Distribuições de ações mundiais em 2012

Mundo em desenvolvimento: 14,2%
- Europa Oriental 0,9%
- América Latina e Caribe 2,5%
- Oriente Médio 0,2%
- África 0,8%
- Outros países da Ásia 1,0%
- Indonésia 0,4%
- Índia 0,9%
- China 2,3%
- Hong Kong 1,2%
- Cingapura, Coreia do Sul, Taiwan 4,0%
- Austrália e Nova Zelândia 3,0%
- Japão 8,6%
- Europa Ocidental 15,5%
- Reino Unido 7,7%
- Canadá 3,9%
- Estados Unidos 47,2%

Mundo desenvolvido: 85,8%

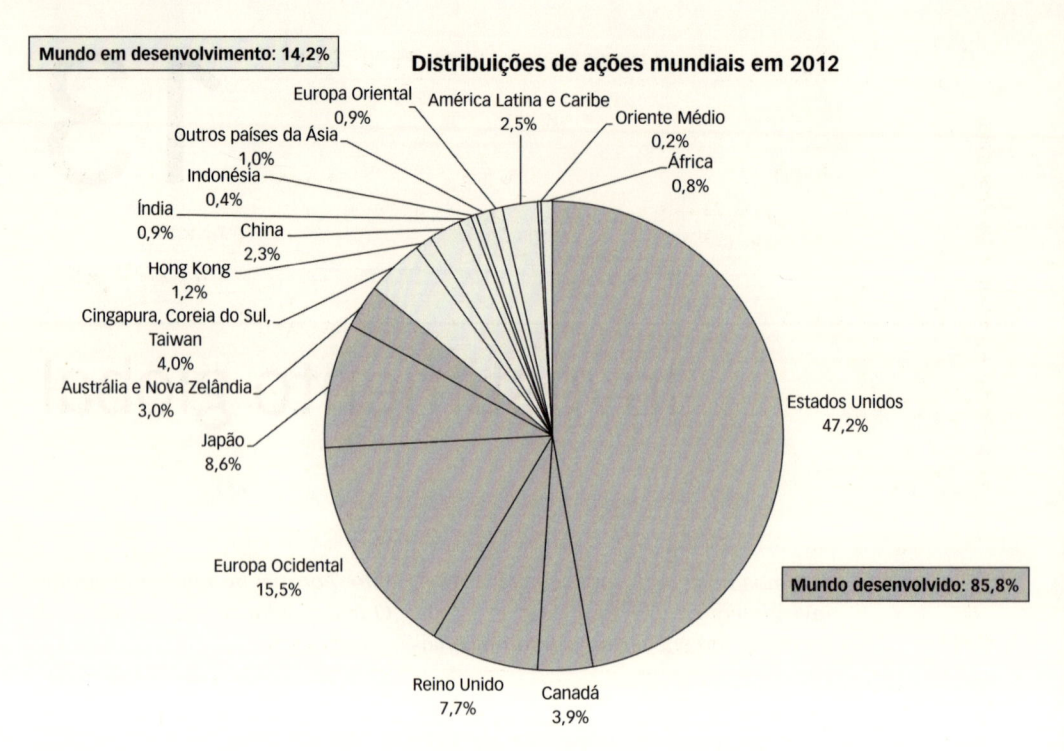

Figura 13.1 Distribuição de ações mundiais por valor de mercado, 2012.

ção que se ampliará para dois terços nos próximos 20 anos. É indubitável que a porcentagem de mercados acionários estabelecidos nas economias emergentes aumentará rapidamente.

INVESTIMENTO EXTERNO E CRESCIMENTO ECONÔMICO

O formidável crescimento do capital nas economias emergentes induziu alguns investidores a dar demasiada importância a esse setor. Mas a perspectiva de crescimento econômico não é o motivo pelo qual se deve investir globalmente. Na verdade, provavelmente os leitores ficarão surpresos ao saber que existe uma correlação negativa entre o crescimento econômico e os retornos das ações, e essa constatação estende-se não apenas aos países do mundo desenvolvido, mas também aos do mundo em desenvolvimento.

A Figura 13.2A representa o crescimento do PIB real per capita em relação aos retornos em dólar nos 19 países que foram incluídos nos dados utilizados por Dimson, Staunton e Marsh, de 1900 ao presente.[2] A Austrália tinha a quinta menor taxa de crescimento, mas os melhores retornos, e a África do Sul tinha a menor taxa de crescimento e o segundo melhor

Figura A

Países desenvolvidos (1900-2012)

[Gráfico de dispersão mostrando Retornos das ações em dólar americano (eixo Y, 0% a 8%) versus Crescimento do PIB real per capita (US$) (eixo X, 1,0% a 2,8%). Pontos identificados: África do Sul, Nova Zelândia, Reino Unido, Suíça, Holanda, Dinamarca, Bélgica, Alemanha, França, Austrália, EUA, Canadá, Espanha, Itália, Irlanda, Suécia, Finlândia, Noruega, Japão. $R^2 = 0{,}1019$]

Figura B

Países em desenvolvimento (1988-2012)

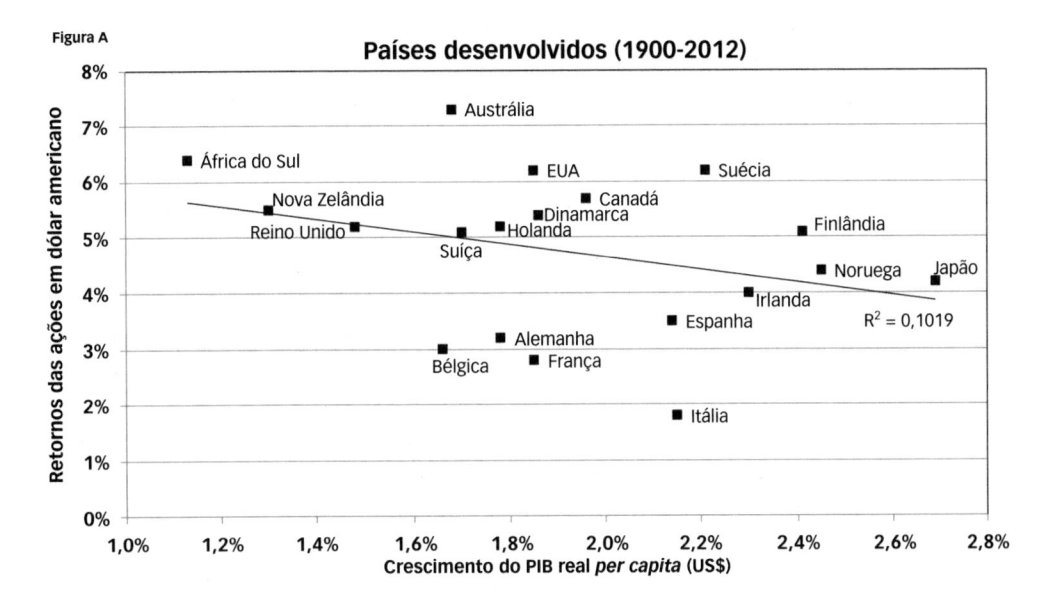

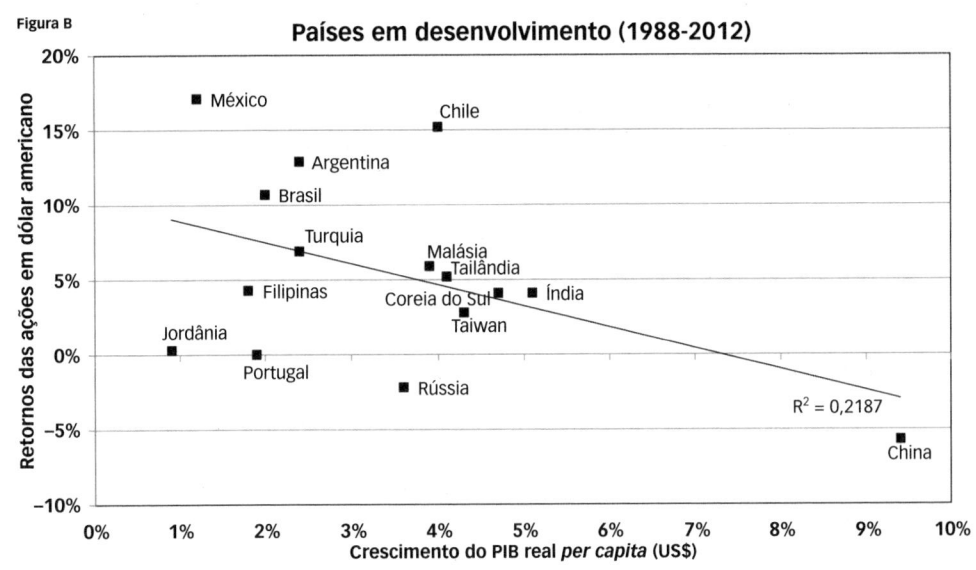

[Gráfico de dispersão mostrando Retornos das ações em dólar americano (eixo Y, -10% a 20%) versus Crescimento do PIB real per capita (US$) (eixo X, 0% a 10%). Pontos identificados: Jordânia, México, Filipinas, Portugal, Brasil, Argentina, Turquia, Rússia, Malásia, Tailândia, Coreia do Sul, Taiwan, Chile, Índia, China. $R^2 = 0{,}2187$]

Figura 13.2 Retornos em dólar e crescimento do PIB real per capita em economias desenvolvidas e em desenvolvimento.

retorno. O Japão tinha de longe a taxa de crescimento mais alta, mas retornos acionários abaixo da média.

Tal como a Figura 13.2B mostra, a correlação negativa entre os retornos das ações e o crescimento também se estende para os países em desenvolvimento. De longe, o país de mais rápido crescimento, a China, tinha os piores retornos. México, Brasil e Argentina estão entre os países de crescimento mais lento, mas geraram excelentes retornos para os investidores.

Como isso pôde ocorrer? Pelo mesmo motivo que a Standard Oil de Nova Jersey tinha retornos melhores do que a IBM, ainda que a IBM a superasse em todas as medidas de crescimento. Preços baixos e alto rendimento de dividendos eram alguns dos fatores fundamentais dos retornos superiores da Standard Oil, o mesmo motivo pelo qual os investimentos em ações mexicanas sobrepujaram os investimento em ações chinesas.

O pensamento convencional de que os investidores devem comprar ações nos países de mais rápido crescimento está errado pelo mesmo motivo que comprar ações das empresas de mais rápido crescimento está errado. Inquestionavelmente, a China foi o país de mais rápido crescimento nas últimas três décadas, mas os investidores na China obtiveram retornos ruins em virtude da supervalorização das ações chinesas. Entretanto, os preços das ações na América Latina geralmente eram baixos, e permaneceram baixos em relação aos valores fundamentais. Os investidores pacientes, que apostaram em valor e não em alarde, saíram ganhando.

Mas esse resultado dá origem à pergunta: se crescimento mais rápido não é o motivo para comprar ações internacionais, qual seria?

DIVERSIFICAÇÃO EM MERCADOS MUNDIAIS

O motivo para investir internacionalmente é diversificar sua carteira e reduzir o risco. Investir no exterior possibilita a diversificação da mesma maneira que o investimento em setores diferentes da economia doméstica a possibilita. Seria uma estratégia de investimento equivocada depositar suas esperanças em apenas uma ação ou um setor da economia. De modo semelhante, não é uma boa estratégia comprar apenas em seu país, particularmente quando as economias desenvolvidas estão se tornando uma parte cada vez menor do mercado mundial.

A diversificação internacional diminui o risco porque os preços das ações de diferentes países não aumentam e diminuem em sincronia, e esse movimento assíncrono dos retornos refreia a volatilidade da carteira. Desde que dois ativos não estejam perfeitamente correlacionados, isto é, que seu coeficiente de correlação seja inferior a 1, a associação desses ativos diminuirá o risco de sua carteira em troca de determinado retorno ou, de outra forma, elevará o retorno em troca de determinado risco.

Retornos de ações internacionais

A Tabela 13.1 exibe o risco e o retorno históricos de 1970 (1988 para os dados dos mercados emergentes) até o presente para os investidores que investem em dólar nos mercados internacionais. Ao longo de todo esse período, os retornos em dólar entre diferentes regiões não diferenciam de maneira marcante.

Os investidores em ações americanas obtiveram um retorno composto de 9,39%; os investidores no EAFE (geralmente países desenvolvidos, com exceção dos Estados Unidos)[3] tiveram um retorno um pouco superior de 9,74%. No decorrer do período, a correlação entre os retornos do EAFE e dos Estados Unidos foi 65%, o que significa que o risco para os investidores em dólar com uma carteira 80% americana e 20% EAFE seria 0,175, que é 2% inferior ao risco de manter apenas ações americanas.

Desde 1970, a Europa obteve retornos um pouco superiores aos dos Estados Unidos, enquanto o Japão obteve retornos levemente inferiores. Os retornos abrangentes dos mercados emergentes estão disponíveis de 1988 em diante. Os mercados emergentes ofereceram um retorno de 12,73% ao ano ao longo desse período, quase 3 pontos percentuais acima do retorno das ações americanas, e os retornos das ações americanas estavam menos correlacionados com os retornos dos mercado emergentes do que com os retornos do EAFE. É necessário ressaltar que, desde 1988, os retornos do EAFE ficaram atrás dos retornos dos Estados Unidos, predominantemente porque o Japão teve retornos negativos entre 1988 e 2012.

A bolha do mercado japonês

O mercado acionário japonês no último trimestre do século XX se evidencia como uma das bolhas mais notáveis da história mundial. Nas dé-

Tabela 13.1 Riscos e retornos em dólar de ações internacionais, 1970–2012

País ou Região	Retornos em US$		Risco doméstico	Risco cambial	Risco total	Coeficiente de correlação*
	1970–2012	1988–2012				
Mundo	9,39%	7,23%	17,48%	4,79%	18,17%	87,50%
EAFE	9,74%	5,49%	20,00%	9,62%	22,61%	65,27%
EUA	9,63%	9,83%	17,80%	—	17,80%	—
Europa	10,33%	8,83%	20,73%	10,75%	22,13%	76,06%
Japão	9,15%	–0,14%	28,08%	12,52%	33,29%	35,19%
Mercados emergentes**	—	12,73%	68,77%	17,87%	35,89%	52,37%

* Correlação entre os retornos em dólar americano e os retornos em dólar americano no mercado externo.
** Dados sobre mercados emergentes de 1988 a 2012.

cadas de 1970 e 1980, os retornos acionários japoneses ficaram em média mais de 10 pontos percentuais ao ano acima dos retornos americanos e ultrapassaram os de todos os outros países. O mercado altista no Japão foi tão excepcional que, no final de 1989, pela primeira vez desde o início da década de 1900, o valor de mercado do mercado acionário americano deixou de ser o maior do mundo. O Japão, um país cuja base econômica havia sido totalmente destruída na Segunda Guerra Mundial e que tinha apenas metade da população e 4% da massa de terra dos Estados Unidos, abrigava o maior mercado acionário do mundo.

Os retornos superiores no mercado japonês durante o grande mercado altista atraíram bilhões de dólares de investimento externo. No final da década de 1980, a cotação de várias ações japonesas atingiram níveis estratosféricos. A Nippon Telephone & Telegraph, ou NTT, versão japonesa do antigo monopólio de telefonia dos Estados Unidos, a AT&T, ostentava um índice de P/E superior a 300. O valor de mercado dessa empresa ofuscava o valor agregado das ações de quase todos os países. As avaliações alcançaram, e em alguns casos ultrapassaram, aquelas obtidas na grande bolha de ações de tecnologia dos Estados Unidos em 2000 e foram consideravelmente superiores a qualquer avaliação já vista no mercado americano e nos mercados europeus.

Durante suas viagens ao Japão em 1987, Leo Melamed, presidente da Bolsa Mercantil de Chicago, perguntou a seus anfitriões o que poderia justificar essas avaliações extraordinariamente altas. "Não se sabe", responderam eles. "Mudamos para um estilo de avaliação de ações totalmente novo aqui no Japão." Foi nesse momento, tal como Martin Mayer revelou, que Melamed percebeu que as ações japonesas estavam condenadas.[4] É no momento que os investidores rejeitam as lições da história que essas lições voltam para assombrá-los.

Quando o Nikkei Dow Jones, que havia ultrapassado 39.000 em dezembro de 1989, caiu acentuadamente nos anos posteriores, o mistério do mercado japonês foi desvelado. As ações japonesas caíram para 7.000 em 2008, menos de 20% de seu valor no pico do mercado altista duas décadas antes.

Muitos citam o mercado japonês para refutar a tese de que a longo prazo o mercado de ações sempre será o melhor investimento. Mas havia alertas gritantes da bolha japonesa. No pico do mercado, as ações japonesas estavam sendo vendidas por bem mais de cem vezes o lucro, mais de três vezes o nível segundo o qual nosso mercado vendeu no ponto máximo de sua maior bolha, alcançado em 2000, quando as ações de tecnologia e da internet atingiram o auge. Em contraposição, em 1970 as ações japonesas estavam sendo vendidas pelo mesmo múltiplo de lucro que prevaleceu no restante dos mercados acionários mundiais, e, na verdade, de 1970 em diante, seus retornos se equipararam aos de outros países.

O cume da bolha do índice Nasdaq em março de 2000 não foi diferente em relação ao do mercado japonês. Os índices de preço/lucro no mercado predominantemente tecnológico chegaram a 100, e o rendimento de dividendos caiu para quase zero. Não é de surpreender que em 2013, mais de uma década após seu pico, o índice Nasdaq, do mesmo modo que o Nikkei, ainda estivesse bem abaixo de sua alta.

RISCOS DAS AÇÕES

Os riscos para os investidores em dólar em ações estrangeiras são avaliados pelo desvio padrão dos retornos anuais em dólar. Existem dois componentes de risco: flutuações no preço das ações calculadas em moeda local e flutuações na taxa de câmbio entre o dólar e a moeda local. Na Tabela 13.1 eles são descritos como risco doméstico e risco cambial.

No caso dos países desenvolvidos com exclusão dos Estados Unidos (EAFE), o risco local é 20% e o risco cambial é quase metade desse número, isto é, 9,62%. Contudo, o risco total do dólar é apenas 13% superior ao risco local, em 22,61%. Isso porque o risco cambial move-se na direção oposta ao do risco local. O risco da taxa de câmbio para o investidor em dólar é um pouco mais alto para as ações japonesas do que para as ações europeias.

A interpretação do risco do dólar para os mercados emergentes exige um cuidado especial. Os dados brutos demonstram que as flutuações da taxa de câmbio na verdade contrabalançam metade do risco doméstico. Entretanto, uma análise mais atenta desses dados demonstra que esse resultado é controlado pelas altas taxas de inflação nos dados anteriores, as quais fizeram os retornos locais dispararem enquanto as taxas cambiais se depreciavam rapidamente. Desde 2000, quando a maioria dos países em desenvolvimento conseguiu reduzir a inflação para níveis inferiores, as flutuações na taxa de câmbio na verdade contribuíram, e em alguns casos contribuíram consideravelmente, para o risco acionário local.

Você deve se proteger contra o risco da taxa de câmbio?

Como o risco da taxa de câmbio geralmente contribui para o risco local, talvez seja desejável os investidores em mercados estrangeiros protegerem-se contra movimentos cambiais. O *hedge cambial* (proteção contra o risco cambial) refere-se a um contrato cambial ou à compra de um título que ofereça proteção automática contra flutuações cambiais.

Mas a proteção contra o risco da taxa de câmbio nem sempre é a estratégia correta. O custo do *hedge* depende da diferença entre a taxa de juros no país estrangeiro em questão e a taxa de juros do dólar; e se houver previsão de que a moeda de um país pode se depreciar (normalmente em virtude de inflação), o custo de *hedge* pode ser bastante alto.

Por exemplo, ainda que a libra esterlina tenha se depreciado de US$ 4,80 para US$ 1,60 ao longo do século passado, o custo de proteção contra esse declínio foi superior à depreciação da libra. Portanto, os retornos em dólar das ações britânicas eram mais altos quando os investidores não se protegiam contra a queda da libra do que quando eles se protegiam.

Para os investidores com horizontes de longo prazo, o *hedge* cambial em mercados acionários estrangeiros talvez não seja importante. A longo prazo, os movimentos na taxa de câmbio são determinados predominantemente pela variabilidade da inflação entre os países, um fenômeno denominado paridade do poder de compra. Como as ações são um direito a ativos reais, seus retornos de longo prazo compensaram os investidores por mudanças na inflação e, portanto, os protegeram contra a depreciação cambial provocada por uma inflação mais alta no estrangeiro.

Ao longo de períodos mais curtos, os investidores podem reduzir o risco do dólar protegendo-se contra o risco da taxa de câmbio. Normalmente, notícias econômicas ruins para um país desvalorizam tanto seu mercado acionário quanto o valor de sua moeda, e os investidores podem evitar essa depreciação por meio do *hedge*. Além disso, se a política do banco central for diminuir o valor da moeda a fim de estimular as exportações e a economia, os investidores protegidos podem tirar proveito dessa última sem sofrer as perdas da primeira. Por exemplo, os investidores que assumiram posições cobertas em ações japonesas no final de 2012, quando o primeiro-ministro Shinzo Abe defendeu a depreciação do iene para estimular a economia, sobrepujaram em ganhos aqueles que não se protegeram contra a depreciação do iene.

Diversificação: setor ou país?

Embora os mercados de capitais estejam se tornando mais globais, existe um aspecto do investimento internacional que atrapalham essa tendência. Atualmente, o investimento internacional é alocado pelo país no qual a empresa mantém seu escritório central, mesmo que ela não venda nem fabrique nenhum produto em seu país de origem. Para se adequar à prática atual, no início da década de 1990 a Standard & Poor's anunciou que nenhuma empresa não sediada nos Estados Unidos seria acrescentada ao seu índice de referência S&P 500 e, em 2002, a Standard & Poor's retirou do índice as sete empresas estrangeiras remanescentes, incluindo as gigantes Royal Dutch Petroleum e Unilever.[5]

Os defensores dessa abordagem sobre a sede da matriz argumentam que as regulamentações governamentais e as estruturas legais de determinado país de fato importam, mesmo quando a maior parte das vendas, do lucro e da produção da empresa provém do exterior. Mas é muito provável que essas influências do país de origem diminuam à medida que a globalização avançar. É bem mais lógico adotar uma estratégia de investimento alocando a riqueza de acordo com o setor industrial ao qual a empresa pertence, independentemente do local em que ela está sediada.

As estratégias de investimento setorial são populares nos mercados acionários americanos, mas não tão populares em nível internacional.

Contudo, acredito que isso mudará. Na verdade, visualizo um futuro de *incorporações internacionais* em que as empresas optem por serem regidas por um conjunto de regras internacionais ajustadas entre as nações e o local em que se encontra a matriz da empresa tenha pouca ou nenhuma importância. As normas de incorporação internacional terão uma popularidade crescente como a das normas contábeis promulgadas pelo Conselho de Normas Contábeis e Financeiras a respeito das normas de cada país. Se a incorporação internacional ganhasse proeminência, o "país de sede" não teria nenhum significado e as alocações de investimento teriam de ser feitas com base em setores globais ou de acordo com o local de produção e distribuição. Nesse futuro, uma carteira somente com ações americanas de fato seria muito limitada. Nesse caso, uma abordagem setorial ao investimento internacional pode suplantar a abordagem de país nos próximos anos.

Alocação setorial ao redor do mundo

Examinemos mais detalhadamente a importância desses setores industriais por região e por país. Os dez setores industriais do Global Industry Classification Standard (GICS) em cinco regiões geográficas (Estados Unidos, EAFE, Europa, Japão e mercados emergentes)[6] são mostrados na Tabela 13.2 de acordo com o respectivo peso de cada setor industrial.[7] As 20 maiores empresas por valor de mercado situadas dentro ou fora dos Estados Unidos são mostradas na Tabela 13.3.

Não obstante o colapso subsequente à crise financeira de 2008, o setor financeiro é o maior setor no mundo, quase o dobro do tamanho do

Tabela 13.2 Alocação setorial por região mundial, junho de 2013

	S&P 500	EAFE	Japão	Mercados emergentes	Europa	Global
Bens de consumo discricionário	11,8%	11,4%	21,4%	8,2%	9,6%	11,4%
Bens de consumo de primeira necessidade ou básicos	10,6%	11,9%	6,6%	9,3%	14,6%	10,6%
Energia	10,6%	7,1%	1,2%	11,6%	9,7%	10,1%
Financeiro	16,7%	25,2%	20,7%	27,9%	21,4%	21,2%
Saúde	12,6%	10,4%	6,3%	1,3%	12,8%	10,2%
Industrial	10,1%	12,5%	18,9%	6,4%	11,4%	10,5%
Tecnologia da informação	18,0%	4,4%	10,9%	14,6%	2,8%	12,2%
Matéria-prima	3,3%	8,3%	6,0%	9,7%	8,4%	6,1%
Telecomunicações	2,8%	5,1%	4,9%	7,6%	5,3%	4,3%
Serviços de utilidade pública	3,2%	3,7%	3,0%	3,5%	4,0%	3,3%

Tabela 13.3 Maiores empresas americanas e estrangeiras, junho de 2013

Classificação	Empresas americanas	Setor	Capitalização de mercado (bilhões de US$)	N.	Empresas estrangeiras	País	Setor	Capitalização de mercado (bilhões de US$)
1	Apple	Tecnologia da informação	US$ 415	1	PetroChina	China	Energia	US$ 243
2	Exxon Mobil	Energia	US$ 407	2	Banco da China I & C	China	Financeiro	US$ 237
3	Microsoft	Tecnologia da informação	US$ 298	3	Nestlé	Suíça	Bens de consumo de primeira necessidade ou básicos	US$ 218
4	General Electric	Industrial	US$ 247	4	Roche	Suíça	Saúde	US$ 213
5	Johnson & Johnson	Saúde	US$ 239	5	Royal Dutch Shell	Holanda	Energia	US$ 211
6	Chevron	Energia	US$ 236	6	HSBC Holdings	Grã-Bretanha	Financeiro	US$ 205
7	Google	Tecnologia da informação	US$ 291	7	China Mobile	Hong Kong	Telecomunicações	US$ 204
8	IBM	Tecnologia da informação	US$ 229	8	Banco de Construção da China	China	Financeiro	US$ 196
9	Procter & Gamble	Bens de consumo de primeira necessidade ou básicos	US$ 213	9	Novartis	Suíça	Saúde	US$ 194
10	Berkshire Hathaway	Financeiro	US$ 284	10	Toyota	Japão	Bens de consumo discricionário	US$ 194
11	JPMorgan Chase	Financeiro	US$ 205	11	Samsung	Coreia do Sul	Tecnologia da informação	US$ 188
12	Pfizer	Saúde	US$ 200	12	BHP Billiton	Austrália	Matéria-prima	US$ 160
13	Wells Fargo	Financeiro	US$ 218	13	Anheuser-Busch	Bélgica	Bens de consumo de primeira necessidade ou básicos	US$ 152
14	AT&T	Telecomunicações	US$ 191	14	Vodafone	Grã-Bretanha	Telecomunicações	US$ 145
15	Coca-Cola	Bens de consumo de primeira necessidade ou básicos	US$ 184	15	Banco da China AG	China	Financeiro	US$ 143
16	Citigroup	Financeiro	US$ 157	16	Sanofi	França	Saúde	US$ 142
17	Philip Morris Int.	Bens de consumo de primeira necessidade ou básicos	US$ 151	17	BP	Grã-Bretanha	Energia	US$ 136
18	Merck	Saúde	US$ 146	18	Banco da China	China	Financeiro	US$ 129
19	Verizon	Telecomunicações	US$ 144	19	GlaxoSmithKline	Grã-Bretanha	Saúde	US$ 127
20	Bank of America	Financeiro	US$ 144	20	Total SA	França	Energia	US$ 119

segundo maior, tecnologia da informação. Nos Estados Unidos, o setor financeiro é o segundo maior, com 16,7% de valor de mercado, logo abaixo do setor de tecnologia, mas bastante distante do peso de 22% anterior à crise financeira. A maior participação do valor de mercado do setor financeiro encontra-se nos mercados emergentes, visto que quatro bancos chineses estão entre as 20 maiores empresas não americanas, classificadas por valor de mercado. A Berkshire Hathaway, recentemente admitida pelo S&P 500, é a maior empresa no setor financeiro; a Berkshire é classificada como empresa financeira em virtude de sua grande participação em companhias de seguro. Nos Estados Unidos, a Berkshire, de Buffett, é seguida pelo JPMorgan Chase. A HSBC Holdings (com sede no Reino Unido) e o Commonwealth Bank of Australia são as duas maiores empresas financeiras do EAFE.

No setor de bens de consumo discricionário, o Japão tem de longe o maior peso de todas as regiões geográficas, principalmente por causa da presença da Toyota Motors, uma das dez maiores corporações do mundo não sediadas nos Estados Unidos. A Walt Disney e Home Depot são as duas maiores empresas desse setor nos Estados Unidos e a Daimler AG vem após a Toyota no EAFE.

A Europa tem o maior peso no setor de produtos de consumo de primeira necessidade ou básicos, e a suíça Nestlé e a belga Anheuser-Busch Inbev estão entre as 20 maiores empresas não americanas por valor de mercado. Nos Estados Unidos, Procter & Gamble, Coca-Cola e Philip Morris International estão entre as 20 maiores empresas americanas. A empresa brasileira AmBev, especializada em refrigerantes, é a maior empresa nos mercados emergentes.

No setor de energia, a Exxon Mobil é a maior empresa do mundo em valor de mercado. Mas a chinesa Petrochina é a maior empresa não americana em valor de mercado. A Chevron, dos Estados Unidos, e a Royal Dutch, BP e Total, da Europa, estão entre as 20 maiores empresas americanas e não americanas, respectivamente.

No setor de tecnologia da informação, a Apple, que disputa com a Exxon Mobil o lugar de maior empresas do mundo por valor de mercado, é seguida pelo Google, pela IBM e pela sul-coreana Samsung Electronics, enquanto a SAP é a maior empresa de tecnologia europeia. No setor de saúde, a Johnson & Johnson é a maior do mundo, seguida pela Roche Holdings e Novartis da Suíça e pelas gigantes farmacêuticas americanas Pfizer e Merck. No setor industrial, a General Electric domina a lista, seguida pela alemã Siemens. No setor de matéria-prima, somente a australiana BHP Billiton encontra-se na lista das 20 maiores, e a Monsanto é a empresa de matéria-prima de mais alto valor nos Estados Unidos. No setor de telecomunicações, a AT&T e Verizon entram na lista das 20 mais nos Estados Unidos, enquanto a China Mobile e o British Vodafone Group entram na lista das 20 maiores empresas não americanas. Finalmente, nenhuma empresa de serviços de utilidade pública entra na lista das 20 mais tanto dos Estados Unidos quanto de empresas estrangeiras. A Duke Energy é a maior nos Estados Unidos e a British National Grid é a maior no EAFE.

Capital privado e público

A Exxon Mobil pode ser a maior empresa do mundo em valor de mercado e tem as maiores reservas de petróleo e gás (25 bilhões de barris estimados em 2011) dentre todas as empresas privadas. Entretanto, se incluirmos as empresas estatais, essa gigante americana ficará bem longe do topo dessa lista. A Aramco, da Arábia Saudita, e a NIOC, do Irã, têm ao todo uma reserva estimada de mais de 600 bilhões de barris![8] Se avaliássemos essas reservas em apenas US$ 10 o barril, menos de um décimo do preço de mercado vigente, essas duas empresas valeriam mais de US$ 6 trilhões. Essa é apenas uma fração da riqueza que ainda pertence aos governos ao redor do mundo. Em vários países, as empresas de gás, eletricidade e água ainda pertencem ao governo e os governos têm uma grande participação, se não a participação majoritária, em várias outras indústrias.

Mesmo em países privatizados como os Estados Unidos, os governos federal, estaduais e municipais possuem trilhões de dólares de riqueza em forma de terras, recursos naturais, rodovias, barragens, escolas e parques. Há uma grande controvérsia a respeito de quanto ou se algum valor dessa riqueza deve ser privatizado. Entretanto, existem boas evidências de que as empresas privatizadas com frequência experimentam ganhos de eficiência. O crescimento do estoque de capital mundial virá não apenas de empreendedores privados, mas da privatização de vários ativos pertencentes ao governo.

CONCLUSÃO

Essa tendência inexorável em direção à integração de economias e mercados mundiais certamente continuará neste novo milênio. Nenhum país conseguirá dominar todos os mercados, e líderes de mercado são capazes de surgir em qualquer lugar do planeta. A globalização da economia mundial implica que a solidez da administração, as linhas de produto e o marketing serão fatores bem mais importantes para o sucesso do que o lugar em que a matriz da empresa está situada.

Ater-se a ações americanas, ou a ações domésticas, é uma estratégia arriscada para os investidores. Nenhum consultor recomendaria que se investisse apenas em ações cujos nomes começassem com as primeiras letras do alfabeto. Entretanto, ater-se a ações americanas seria uma aposta semelhante porque a participação das ações americanas continuará a diminuir no mercado mundial. Somente os investidores que têm uma carteira mundial totalmente diversificada conseguirão colher os melhores retornos com o menor risco.

PARTE III

COMO O AMBIENTE ECONÔMICO AFETA AS AÇÕES

PARTE

III

COMO O AMBIENTE ECONÔMICO AFETA AS AÇÕES

14

Ouro, política monetária e inflação

No mercado acionário, como na corrida de cavalos, com dinheiro tudo se arranja. As condições monetárias exercem enorme influência sobre os preços das ações.

— Martin Zweig, 1990[1]

Se o presidente do Fed Alan Greenspan me confidenciasse qual seria a política monetária nos próximos dois anos, isso não mudaria nada do que faço.

— Warren Buffett, 1994[2]

Em 20 de setembro de 1931, o governo britânico anunciou que a Inglaterra deixaria de utilizar o padrão-ouro. Não trocaria mais ouro por depósitos no Banco da Inglaterra nem por moeda britânica, a libra esterlina. O governo sustentou que essa medida era apenas "temporária", que não tinha intenção de abolir para sempre o compromisso de trocar seu dinheiro por ouro. No entanto, esse seria o marco do início do fim do padrão-ouro na Grã-Bretanha e no mundo – um padrão que já existia há mais de 200 anos.

Temendo um caos no mercado de câmbio, o governo britânico ordenou o fechamento da Bolsa de Valores de Londres. As autoridades da Bolsa de Valores de Nova York decidiram manter a bolsa dos Estados Unidos aberta, mas também se prepararam para um pânico nas vendas. A suspensão dos pagamentos em ouro pela Grã-Bretanha, o segundo maior poder industrial, desencadeou temores de que outros países industriais fossem forçados a abandonar o ouro. Os banqueiros centrais referiram-se a essa suspensão como "uma crise financeira mundial de dimensões sem precedentes".³ Pela primeira vez, a Bolsa de Valores de Nova York proibiu a venda a descoberto a fim de escorar os preços das ações.

Contudo, para grande surpresa da NYSE, as ações reagiram acentuadamente após uma queda temporária e muitas emissões terminaram o dia em alta. Obviamente, a suspensão britânica não era prejudicial para as ações americanas.

Tampouco essa "crise financeira sem precedentes" era um problema para o mercado de ações britânico. Quando a Inglaterra reabriu a bolsa de valores em 23 de setembro, os preços dispararam. A AP Wire teceu uma vívida descrição da reabertura da bolsa:

> Uma multidão de corretores de valores, rindo e aplaudindo como colegiais, invadiu a Bolsa de Valores hoje para a retomada das negociações após dois dias de fechamento compulsório – e essa animação se refletiu nos preços de vários títulos.⁴

Não obstante as péssimas previsões das autoridades governamentais, os acionistas consideraram o abandono do padrão-ouro bom para a economia e melhor ainda para as ações. Em virtude da suspensão do ouro, o governo britânico poderia ampliar o crédito emprestando reservas ao sistema bancário, e a queda no valor da libra esterlina aumentaria a demanda por exportações britânicas. O mercado acionário concedeu um endosso enfático às medidas que chocaram financistas conservadores mundiais. Na verdade, setembro de 1931 marcou o pior momento do mercado acionário britânico, enquanto os Estados Unidos e outros países que mantiveram o padrão-ouro continuaram a afundar em depressão. As lições da história: a liquidez e a facilidade de crédito alimentam o mercado de ações e a capacidade dos bancos centrais para oferecer liquidez à vontade é uma vantagem fundamental para o valor das ações.

Um ano e meio depois, os Estados Unidos juntaram-se à Grã-Bretanha, abandonando o padrão-ouro; por fim, todos os países adotaram o padrão papel-moeda irresgatável e decretado moeda corrente. Não obstante o viés inflacionário do padrão papel-moeda, o mundo sentiu-se à vontade com esse novo sistema monetário, e o mercado de ações desfruta da flexibilidade que concede aos formuladores de políticas desde então.

DINHEIRO E PREÇOS

Em 1950, o presidente Truman surpreendeu a nação em seu discurso ao Estado da União com a previsão de que a renda de uma família americana típica atingiria US$ 12.000 por volta de 2000. Tendo em vista que a renda de uma família mediana girava em torno de US$ 3.300 na época,

US$ 12.000 parecia uma soma suntuosa e significava que o país faria um progresso econômico sem precedentes na segunda metade do século. Na verdade, a previsão do presidente Truman revelou-se bastante modesta. A renda de uma família mediana em 2000 foi US$ 41.349. Entretanto, em 2000 essa soma comprava menos de US$ 6.000 com base nos preços de 1950, uma prova da inflação da última metade do século. Portanto, em vez de a renda de uma família típica subir mais de 12 vezes, de US$ 3.300 para US$ 41.349 em quase meio século, a renda real apenas dobrou, de US$ 3.300 para US$ 6.000, em virtude da mordida da inflação.

A inflação e a deflação estão presentes na história desde quando os economistas têm notícia. No entanto, desde 1955 não houve nenhum ano em que o índice de preço ao consumidor dos Estados Unidos tenha diminuído.[5] O que mudou nos últimos 60 anos que torna a inflação a regra e não a exceção? A resposta é simples: o controle da oferta de moeda mudou do ouro para o governo. Com essa mudança, o governo sempre pode oferecer liquidez suficiente para que os preços não caiam.

Analisamos o nível geral de preços nos Estados Unidos e na Grã-Bretanha nos últimos 210 anos no Capítulo 5. Não houve inflação geral até a Segunda Guerra Mundial e inflação prolongada após a guerra. Antes da Grande Depressão, a inflação ocorria apenas em virtude de guerra, insucesso nas colheitas ou outras crises. Porém, o comportamento dos preços no período pós-guerra foi totalmente diferente. O nível de preços praticamente nunca havia diminuído: a única dúvida é em que proporção os preços subirão.

Os economistas há muito tempo já sabem que uma variável é soberana para determinar o nível de preços: a quantidade de dinheiro em circulação. A sólida relação entre dinheiro e inflação é firmemente respaldada por evidências. Examine a Figura 14.1, que exibe um gráfico de dinheiro e preços nos Estados Unidos desde 1830. A tendência geral do nível de preços acompanhou de perto a tendência de oferta de moeda normalizada em relação ao nível de produção.

A forte relação entre a oferta de moeda e os preços ao consumidor é um fenômeno mundial. Não há possibilidade de inflação prolongada sem a contínua criação de dinheiro e toda hiperinflação da história está associada com uma explosão na oferta de moeda. Existem evidências convincentes de que os países com alto crescimento monetário experimentam alta inflação, enquanto os países com crescimento monetário refreado têm baixa inflação.

Por que a quantidade de dinheiro está tão intimamente associada com o nível de preços? Porque o preço do dinheiro, como o de qualquer bem, é determinado pela oferta e demanda. A oferta de depósitos é rigorosamente controlada pelo banco central. A demanda por dólar deriva da demanda de famílias e empresas que negociam bilhões de dólares

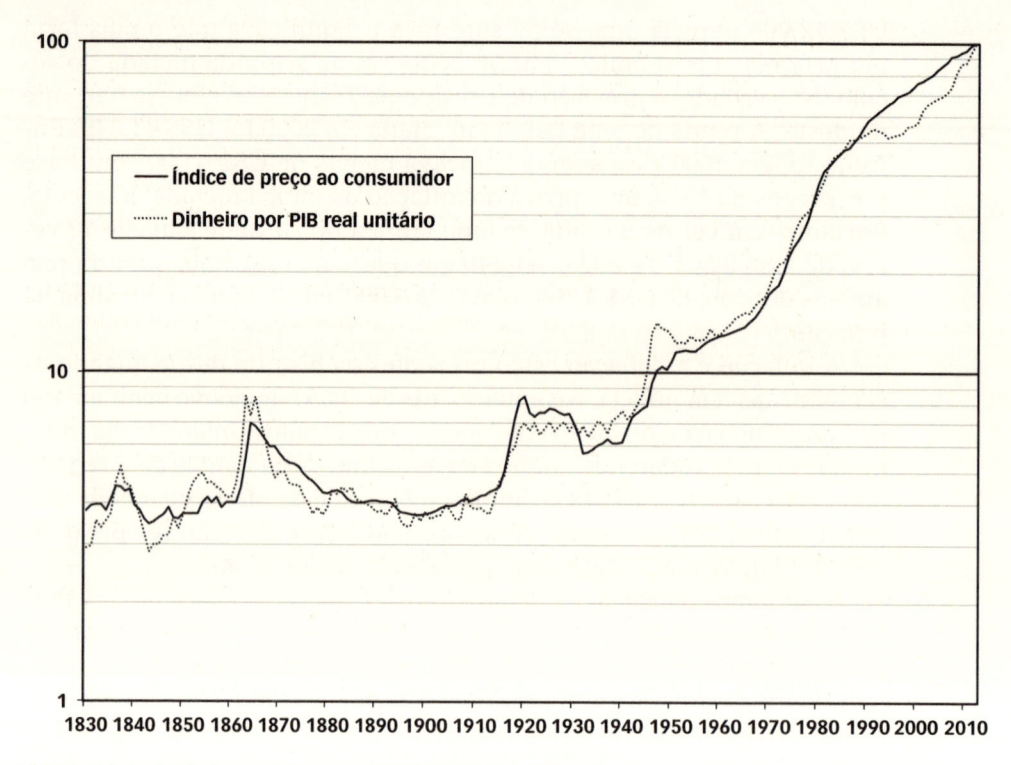

Figura 14.1 Dinheiro e preços nos Estados Unidos, 1830–2012

em bens e serviços em uma economia complexa. Quando a oferta de dólar aumenta e ultrapassa a quantidade de bens produzidos, isso provoca inflação. A descrição clássica do processo inflacionário – "excesso de dinheiro à caça de pouquíssimos produtos"— continua tão adequada quanto antes.

Pode-se perguntar por que a imensa expansão monetária do Federal Reserve (e outros bancos centrais) desde a crise monetária não se transformou em inflação. Milton Friedman, em *The Monetary History of the United States*, concluiu que era a quantidade de depósitos mais moeda, que ele definiu como M2, que tinha o elo mais próximo com a inflação, não a base monetária, que é a soma de reservas e moeda. A base monetária nos Estados Unidos triplicou de 2007 a 2013, mas praticamente todo esse aumento resultou em reservas em excesso que não foram emprestadas e, portanto, não criaram depósitos. Com certeza o Fed precisa monitorar rigorosamente essas reservas para impedir que a criação de excesso de crédito se transforme em inflação. Porém, a inflação baixa, não obstante as políticas expansionistas dos bancos centrais mundiais, não contradiz o elo histórico entre dinheiro e preços.

O PADRÃO-OURO

Nos quase 200 anos anteriores à Grande Depressão, a maior parte do mundo industrializado utilizou o padrão-ouro. Isso significa que os bancos centrais eram obrigados a trocar o papel-moeda que emitiam por uma quantia fixa em ouro contra apresentação. Para isso, o governo americano e outros governos tinham de manter reservas em ouro suficientes para garantir aos titulares do dinheiro que sempre conseguiriam honrar essa troca. Como a quantidade total de ouro no mundo aumentou lentamente – as novas descobertas de ouro eram relativamente pequenas em comparação à oferta de ouro total do mundo —, os preços dos bens permaneceram estáveis.

O padrão-ouro só era suspenso em períodos de crise, como guerras. A Grã-Bretanha suspendeu o padrão-ouro durante as Guerras Napoleônicas e a Primeira Guerra Mundial, mas em ambos os casos voltou a utilizá-lo pela taxa de câmbio original. Os Estados Unidos suspenderam temporariamente o padrão-ouro durante a Guerra Civil, mas voltaram a utilizá-lo após o fim da guerra.[6]

A adoção do padrão-ouro é o motivo pelo qual o mundo não experimentou inflação geral durante o século XIX e início do século XX. Mas a estabilidade geral dos preços teve um custo. Como o dinheiro em circulação tinha de se igualar à quantidade de ouro mantida pelo governo, o banco central basicamente abriu mão do controle sobre as condições monetárias. Isso significa que o banco central não era capaz de fornecer dinheiro adicional durante crises econômicas ou financeiras. Na década de 1930, a adoção do padrão-ouro, que impediu o governo de adotar políticas financeiras inflacionárias, transformou-se em uma camisa de força da qual o governo tentava escapar.

O ESTABELECIMENTO DO FEDERAL RESERVE

A crise de liquidez periódica provocada pela adoção estrita do padrão-ouro impeliu o Congresso a aprovar a Lei do Federal Reserve em 1913, que criou o Federal Reserve System. O Fed tinha como responsabilidade fornecer uma moeda "elástica", o que significava que, em tempos de crise bancária, o Fed se tornaria o credor de última instância. Em tempos difíceis, o banco central forneceria moeda para possibilitar que os depositantes resgatem seus depósitos sem forçar os bancos a liquidar empréstimos e outros ativos.

A longo prazo, a criação de dinheiro pelo Fed ainda era refreada pelo padrão-ouro, visto que o papel-moeda do governo, ou as notas do Federal Reserve, prometia pagar uma quantia fixa em ouro. Contudo, a curto prazo, o Federal Reserve tinha liberdade para criar dinheiro desde que isso não ameaçasse a conversibilidade das notas do Federal Reserve em ouro pela taxa de câmbio de US$ 20,67 por onça que prevaleceu antes da Grande Depressão. Todavia, o Fed nunca recebeu nenhuma orientação do Congresso ou da Lei do Federal Reserve sobre como conduzir a política monetária e determinar a quantidade correta de dinheiro.

A QUEDA DO PADRÃO-OURO

No prazo de apenas duas décadas, essa falta de orientação teve consequências desastrosas. Na esteira da quebra do mercado acionário de 1929, as economias mundiais entraram em severa recessão. Os preços decrescentes dos ativos e as empresas em falência geraram suspeita entre os depositantes a respeito dos ativos dos bancos. Quando se noticiou que alguns bancos estavam enfrentando problemas para honrar as retiradas dos depositantes, houve uma corrida bancária.

Demonstrando uma estarrecedora inépcia institucional, o Federal Reserve não forneceu reservas complementares para deter o pânico bancário e impedir a quebra do sistema financeiro, ainda que o Fed tivesse poder explícito para isso, de acordo com a Lei do Federal Reserve. Além disso, os depositantes que não receberam seu dinheiro procuraram uma segurança maior devolvendo suas notas ao Tesouro em troca de ouro, um processo que exerceu extrema pressão sobre as reservas em ouro do governo. Em pouco tempo o pânico bancário propagou-se dos Estados Unidos à Grã-Bretanha e à Europa continental.

Para impedir a perda acentuada de ouro, a Grã-Bretanha tomou a primeira medida e abandonou o padrão-ouro em 20 setembro de 1931, suspendendo a troca de libra esterlina por ouro. Dezoito meses depois, em 19 de abril de 1933, os Estados Unidos também suspenderam o padrão-ouro porque a depressão e a crise financeira pioraram.

Os investidores adoraram a flexibilidade recente do governo e a reação do mercado acionário americano à derrocada do ouro foi ainda mais entusiástica do que a que se deu na Grã-Bretanha. As ações subiram mais de 9% no dia em que o governo abandonou o padrão-ouro e quase 6% no dia seguinte. Essa foi a maior reação de dois dias da história do mercado acionário americano. Os investidores sentiram que o governo podia oferecer liquidez para estabilizar os preços das *commodities* e estimular a economia, o que eles consideravam uma dádiva para as ações. Entretanto, os títulos caíram, visto que os investidores temiam as consequências inflacionárias do abandono do padrão-ouro. A *BusinessWeek*, em um editorial positivo sobre a suspensão, afirmou:

> Com um gesto decisivo, [o presidente Roosevelt] atirou pela janela todas as esmeradas artimanhas para "defender o dólar". Ele contesta uma antiga superstição e apoia os defensores da gestão monetária [...]. A tarefa agora é gerenciar nosso dinheiro eficazmente, sabiamente e com moderação. Isso é possível.[7]

POLÍTICA MONETÁRIA PÓS-DESVALORIZAÇÃO

Paradoxalmente, embora o direito de resgatar dólar por ouro tenha sido negado aos cidadãos americanos, o ouro foi rapidamente restabelecido para os bancos centrais estrangeiros pelo desvalorizado preço de US$ 35 por onça. Como parte do acordo de Bretton Woods, que estabeleceu regras para as taxas de câmbio internacionais após o término da Segunda Guerra Mundial, o governo americano prometeu trocar por ouro todos os dólares mantidos pelos bancos centrais estrangeiros, pela taxa fixa de US$ 35 por onça, desde que esses países atrelassem sua moeda ao dólar.

No período pós-guerra, à medida que a inflação aumentava e o valor do dólar caía, o ouro parecia cada vez mais atraente para os estrangeiros. As reservas americanas em ouro começaram a minguar, não obstante afirmações oficiais de que os Estados Unidos não tinham nenhuma intenção de mudar sua política de câmbio de ouro pelo preço fixo de US$ 35 por onça. Em 1965, o presidente Johnson afirmou inequivocamente no *Economic Report of the President* (Relatório Econômico do Presidente): "Não pode haver dúvida sobre nossa capacidade e determinação em manter o valor do dólar em ouro por US$ 35,00 por onça. Todos os recursos da nação estão penhorados para essa finalidade".[8]

Mas não foi bem assim. Como as reservas em ouro minguavam, o Congresso eliminou a exigência de garantia em ouro para a moeda americana em 1968. No *Economic Report of the President* do ano seguinte, o presidente Johnson declarou: "Os mitos sobre o ouro se desfazem lentamente. Mas é possível melhorar – como já demonstramos. Em 1968, o Congresso acabou com a obsoleta exigência de garantia em ouro para a nossa moeda".[9]

Mitos sobre o ouro? Exigência de garantia em ouro obsoleta? Que mudança radical! O governo finalmente admitiu que a política monetária doméstica não se sujeitaria ao regime do ouro e o princípio orientador da política monetária e financeira para quase dois séculos foi sumariamente descartada como uma relíquia do pensamento incorreto.

Não obstante a eliminação da garantia em ouro, os Estados Unidos continuaram a resgatar dólar por ouro a US$ 35 por onça para os bancos centrais estrangeiros, embora os indivíduos estivessem pagando mais de US$ 40 nos mercados privados. Percebendo que o fim dessa opção de câmbio estava próximo, os bancos centrais estrangeiros apressaram sua troca de dólares por ouro. Os Estados Unidos, que retinham cerca de US$ 30 bilhões em ouro no final da Segunda Guerra Mundial, ficou com US$ 11 bilhões no final do verão de 1971, e a cada mês se resgatavam outras centenas de milhões.

Alguma coisa drástica havia ocorrido. Em 15 de agosto de 1971, o presidente Nixon, em uma das medidas mais extraordinárias desde o decreto de Feriado Bancário (Bank Holiday) de Roosevelt em 1933, anunciou a "Nova Política Econômica", congelando salários e preços e fechando a "janela do ouro" que estava possibilitando que os estrangeiros trocassem a moeda americana por ouro. O elo do ouro com o dinheiro foi permanentemente – e irrevogavelmente – quebrado.

Embora os conservadores tenham ficado chocados com essa medida, poucos investidores derramaram algumas lágrimas pelo padrão-ouro. O mercado de ações reagiu entusiasticamente ao pronunciamento de Nixon, que também estava conjugado com controles de salário e preço e tarifas mais altas, elevando-se quase 4% em volume recorde. Mas isso não deve ter surpreendido quem estudava história. As suspensões do padrão-ouro e as desvalorizações de moeda testemunharam algumas das reações do mercado acionário mais impressionantes da história. Os investidores concordavam que o ouro era uma relíquia monetária.

POLÍTICA MONETÁRIA PÓS-OURO

Com o desmantelamento do padrão-ouro, não havia mais nenhuma restrição à expansão monetária, tanto nos Estados Unidos quanto em outros países. O primeiro choque inflacionário do petróleo, de 1973 a 1974, pegou de surpresa a maioria dos países industrializados e todos sofreram uma inflação significativamente mais alta porque os governos tentaram em vão compensar a produção decrescente ampliando a oferta de moeda.

Em virtude das políticas inflacionárias do Federal Reserve, o Congresso dos Estados Unidos tentou controlar a expansão monetária aprovando uma resolução congressista em 1975 que obrigava o banco central a divulgar as metas de crescimento monetário. Três anos depois, o Congresso aprovou a Lei Humphrey-Hawkins, que forçava o Fed a depor sobre a política monetária perante o Congresso duas vezes ao ano e a estabelecer metas monetárias. Foi a primeira vez desde a aprovação da Lei do Federal Reserve que o Congresso instruiu o banco central a assumir o controle do estoque de dinheiro. Até hoje os mercados financeiros acompanham atentamente o testemunho bianual do presidente do Fed, que ocorre em fevereiro e julho.[10]

Infelizmente, o Fed ignorou em grande medidas as metas monetárias que estabeleceu na década de 1970. O surto de inflação em 1979 aumentou a pressão sobre o Federal Reserve para que mudasse sua política e controlasse seriamente a inflação. No sábado de 6 de outubro de 1979, Paul Volcker, que havia sido designado em abril para suceder G. William Miller na presidência do conselho do Federal Reserve System, anunciou uma mudança radical na implementação da política monetária. O Federal Reserve não estabeleceria mais taxas de juros para orientar a política. Em vez disso, exerceria controle sobre a oferta de moeda sem considerar as oscilações nas taxas de juros. O mercado sabia que isso significava uma acentuada elevação nas taxas de juros.

A perspectiva de intenso controle sobre liquidez foi um choque para os mercados financeiros. Embora o pronunciamento de Volcker no sábado à noite (posteriormente chamado de "Massacre do Sábado à Noite") não tenha conquistado de imediato manchetes populares – em contraposição à grande cobertura da imprensa à Nova Política Econômica de Nixon em 1971 que congelou os preços e fechou a janela do ouro —, agitou os mercados financeiros. As ações entraram em uma espiral decrescente, caindo quase 8% em volume recorde no período de dois dias e meio após o pronunciamento. Os acionistas estremeceram diante da perspectiva de taxas de juros acentuadamente mais altas para domar a inflação.

A rígida política monetária do mandato de Volcker com o tempo interrompeu o ciclo inflacionário. Os bancos centrais europeus e o Banco do Japão uniram-se ao Fed ao chamar a inflação de "inimigo público número 1" e consequentemente guiaram sua política monetária em direção a preços estáveis. A restrição ao crescimento do dinheiro se revelou como a única resposta real para controlar a inflação.

O FEDERAL RESERVE E A CRIAÇÃO DE DINHEIRO

O processo pelo qual o Fed muda a oferta de moeda e controla as condições de crédito é objetivo e claro. Quando o Fed deseja aumentar a oferta de moeda, ele compra títulos do governo no mercado aberto – um mercado em que bilhões de dólares em títulos são negociados todos os dias. O que é singular com relação ao Federal Reserve é que, quando ele compra títulos governamentais, o que é chamado de compra em mercado aberto, ele paga por eles creditando a conta de reservas do banco do cliente do qual ele comprou o título – e, desse modo, cria dinheiro. A conta de reservas é um depósito que o banco mantém no Federal Reserve para atender a exigências de reserva e facilitar a compensação de cheques.

Se o Federal Reserve desejar reduzir a oferta de moeda, venderá títulos governamentais de sua carteira. O comprador desses títulos instrui seu banco a pagar o vendedor (o Fed) com recursos de sua conta. O banco então instrui o Fed a debitar na conta de reservas do banco e o dinheiro desaparece de circulação. Esse processo é chamado de *venda no mercado aberto*. A compra e venda de títulos governamentais é chamada de *operações no mercado aberto*.

COMO AS MEDIDAS DO FED AFETAM AS TAXAS DE JUROS

Vimos que, quando o Federal Reserve compra e vende títulos do governo, influencia a quantidade de reservas no sistema bancário. Existe um mercado ativo para essas reservas entre os bancos, nos quais bilhões de dólares são comprados e vendidos diariamente. Esse mercado é chamado de *mercado de fundos federais* e a taxa de juros pela qual são tomados ou concedidos empréstimos com esses fundos é chamada de *taxa dos fundos federais*.

Embora seja denominado mercado de fundos *federais*, esse mercado não é operado pelo governo, nem negocia títulos governamentais. O mercado de fundos federais é um mercado de empréstimo privado entre os bancos no qual as taxas são ditadas pela oferta e demanda. Entretanto, o Federal Reserve tem grande influência sobre esse mercado. Se o Fed comprar títulos, a oferta de reservas aumentará e a taxa de juros dos fundos federais diminuirá porque os bancos terão amplas reservas para emprestar. Em contraposição, se o Fed vender títulos, a oferta diminuirá e a taxa dos fundos federais aumentará porque os bancos disputarão a oferta remanescente.

Embora os fundos federais sejam emprestados pelo prazo de uma noite (*overnight*) e a taxa dos fundos seja *overnight,* a taxa de juros dos fundos federais é a base de fixação de todas as outras taxas de juros de curto prazo. Essas taxas incluem a taxa preferencial (*prime rate*), que é a taxa de referência para a maior parte dos empréstimos ao consumidor; a Libor, que é a base para a concessão de empréstimos comerciais de curto prazo; e as taxas sobre títulos de curto prazo do Tesouro. A taxa dos fundos federais é a base para literalmente trilhões de dólares em empréstimos e títulos.

As taxas de juros são uma influência extremamente importante sobre os preços das ações porque elas descontam os fluxos de caixa futuros das ações. Os títulos ficam mais atraentes quando as taxas de juros sobem. Desse modo, os investidores vendem as ações até o momento em que os retornos voltem a ser atraentes em relação aos retornos dos títulos. O oposto ocorre quando as taxas de juros caem.

PREÇO DAS AÇÕES E POLÍTICA DO BANCO CENTRAL

Em vista da enorme influência que a política monetária tem sobre os preços das ações, é razoável supor que a política do banco central pode oferecer retornos superiores aos investidores. Aliás, de meados de 1950 à década de 1980, foi isso que ocorreu. Os retornos das ações nos três, seis e doze meses após uma redução na taxa dos fundos federais foram bem mais altos do que os retornos subsequentes a aumentos na taxa dos fundos. Reduzindo os investimentos em ações quando o Fed endurecia a política monetária e aumentando esses investimentos quando o Fed a afrouxava, os investidores podiam obter retornos superiores.

Mas desde 1990 esse padrão não tem sido tão confiável. A Figura 14.2 mostra o índice S&P 500 e a taxa dos fundos federais de 1990 a 2012. Depois de um longo período de flexibilização, no decorrer da recessão de

1990-1991, o Fed elevou a meta dos fundos federais em 4 de fevereiro de 1994, quando o índice S&P 500 estava em 481. A reação no mercado de títulos e ações foi imediata, visto que as ações caíram 2,5% e tiveram uma queda gradativa de mais 7% até início de abril. Os preços dos títulos foram assolados porque os títulos de dez anos do Tesouro saltaram quase 150 pontos-base em 1994, sofrendo suas piores perdas depois de vários anos. Contudo, após abril, as ações se estabilizaram e depois subiram, não obstante o Fed tenha acelerado o endurecimento de sua política. No momento em que o Fed finalmente reduziu as taxas, em 6 de julho de 1995, em resposta ao enfraquecimento da economia, o S&P 500 estava em 554, em torno de 15% acima do nível em que se encontrava no dia em que o Fed começou a elevar as taxas.

Quando a economia se restabeleceu e a inflação voltou a ameaçar, o Fed apertou a taxa em 25 pontos-base, em 25 de março de 1997; ainda assim, as ações continuaram subindo. Em resposta à crise asiática e ao caos no mercado do Tesouro, causado pelo colapso do Long-Term Capital Management em agosto de 1998, o Fed reduziu a taxa dos fundos em 29 de setembro de 1998. Mas o mercado de ações estava 33,0% mais

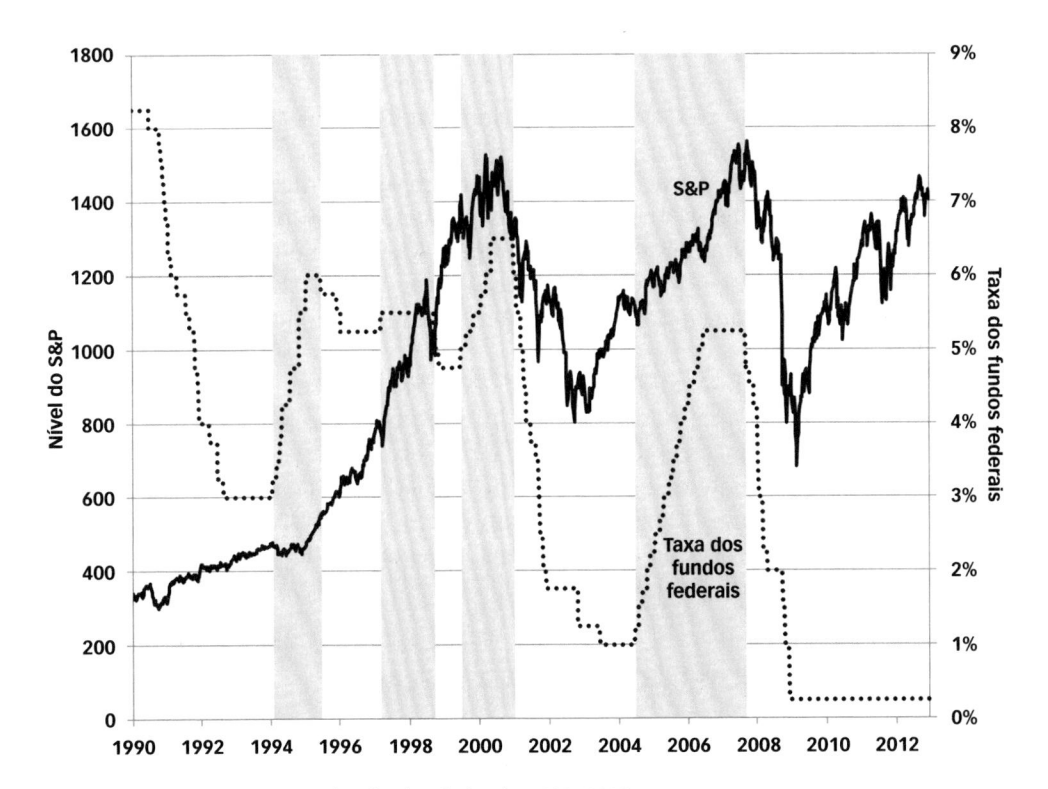

Figura 14.2 S&P 500 e taxa dos fundos federais, 1990-2013.

alto do que estava 18 meses antes, quando o Fed aumentou as taxas pela primeira vez.

Quando a economia americana livrou-se da crise asiática, o Fed começou a apertar novamente, em 30 de junho de 1999, quando o índice S&P subiu para 1.373. Ainda assim as ações continuaram subindo e o S&P 500 atingiu uma alta de 1.527 em 24 de março de 2000, 12% superior ao nível de junho anterior. Em todos esses episódios, os investidores que se mantiveram afastados do mercado acionário quando o Fed elevou as taxas provavelmente abriram mão de grandes retornos acionários.

Após o pico do mercado altista no início de 2000, o Fed só começou a reduzir a taxa dos fundos em 3 de janeiro de 2001, depois que as ações haviam voltado ao nível de junho de 1999, quando o Fed começou a elevar as taxas. Entretanto, janeiro de 2001 era uma data demasiadamente próxima para voltar ao mercado, visto que as ações continuaram caindo até outubro de 2002, quando o S&P 500 atingiu uma baixa de cinco anos de 776,76. No momento em que o Fed começou a apertar, em 30 de janeiro de 2004, o S&P 500 estava em 1.141. No entanto, novamente ainda era muito cedo para abandonar as ações, porque o mercado altista continuou por mais três anos, atingindo finalmente o pico de 1.565 em outubro de 2007, mais de 37% superior ao nível de quando o Fed iniciou seu aperto. Quando a crise financeira começou a afetar a economia, o Fed realizou sua primeira flexibilização em 18 de setembro de 2007, apenas três semanas antes do pico do mercado, sem dúvida um momento ruim para se abastecer de ações.

No cômputo geral, o investimento em ações, do momento em que o Fed flexibilizou pela primeira vez ao momento em que endureceu pela primeira vez, gerou um retorno cumulativo de 55% no mercado (excluindo dividendos) ao longo do período de fevereiro de 1994 ao final de 2012. Os investidores que compram e mantêm teriam obtido um retorno de 212%, quase quatro vezes superior.

Existe um bom motivo para as ações não estarem reagindo à política do Fed do mesmo modo que reagiram no passado. Os investidores ficaram tão propensos a acompanhar e prever a política do Fed que o efeito do endurecimento e flexibilização de sua política já é descontado no mercado. Se os investidores esperarem que o Fed estabilizará a economia, isso será incorporado no preço das ações antes de o Fed dar inícios às suas medidas de estabilização.

AS AÇÕES COMO PROTEÇÃO CONTRA A INFLAÇÃO

Embora o banco central tenha poder para moderar (mas não eliminar) o ciclo econômico, a maior influência de sua política é sobre a inflação. Como já foi ressaltado, a inflação da década de 1970 deveu-se à superexpansão da oferta de moeda, que foi uma medida em vão do banco central para contrabalançar o impacto das restrições de oferta de petróleo da Opep. Essa política monetária expansionista aumentou a inflação para dois dígitos na maioria das economias industrializadas, e o nível de inflação atingiu um pico de 13% ao ano nos Estados Unidos e ficou acima de 24% no Reino Unido.

Diferentemente dos retornos sobre ativos de renda fixa, existem evidências históricas convincentes de que os retornos das ações no decorrer de longos períodos acompanharam a inflação. Como as ações são um direito sobre o lucro de ativos reais – ativos cujo valor está intrinsecamente relacionado com o preço dos bens e serviços que eles produzem –, deve-se supor que os retornos de longo prazo não serão prejudicados pela inflação. Por exemplo, o período desde a Segunda Guerra Mundial foi o período mais inflacionário de nossa história e, mesmo assim, os retornos reais das ações corresponderam aos dos 150 anteriores. A capacidade de um ativo como as ações de manter seu poder aquisitivo durante períodos de inflação as torna uma proteção *contra a inflação*.

Aliás, as ações foram amplamente louvadas na década de 1950 como proteção contra a elevação dos preços ao consumidor. Tal como ressaltado no Capítulo 11, muitos investidores mantiveram suas ações nessa época, ainda que tenham visto o rendimento de dividendos das ações cair abaixo da taxa de juros dos títulos de longo prazo. Entretanto, na década de 1970, as ações foram devastadas pela inflação e tornou-se antiquado ver as ações como uma proteção eficaz contra a inflação.

O que as evidências dizem a respeito da eficácia das ações como proteção contra a inflação? Os retornos compostos anuais das ações, dos títulos e das letras do Tesouro contra a inflação, ao longo de horizontes de investimento de 1 e 30 anos, de 1871 a 2012, são mostrados na Figura 14.3.

Os dados indicam que nem as ações nem os títulos e as letras são bons instrumentos de proteção de curto prazo contra a inflação. Os retornos reais de curto prazo desses ativos financeiros são mais altos quando as taxas de inflação são baixas e seus retornos diminuem quanto a inflação aumenta. Mas os retornos reais das ações praticamente não são afetados pela taxa de inflação em horizontes mais longos. Os retornos dos títulos, por sua vez, ficam atrás dos retornos das ações em qualquer horizonte de investimento.

Essa foi a principal conclusão de Edgar L. Smith em seu livro *Common Stocks as Long Term Investments*, de 1924. Smith demonstrou que as ações superam o desempenho dos títulos em tempos de queda e elevação dos preços, escolhendo o período após a Guerra Civil até um pouco antes da virada daquele século como caso de teste. Os resultados de Smith são sólidos e se sustentaram nos dados dos 90 anos seguintes.

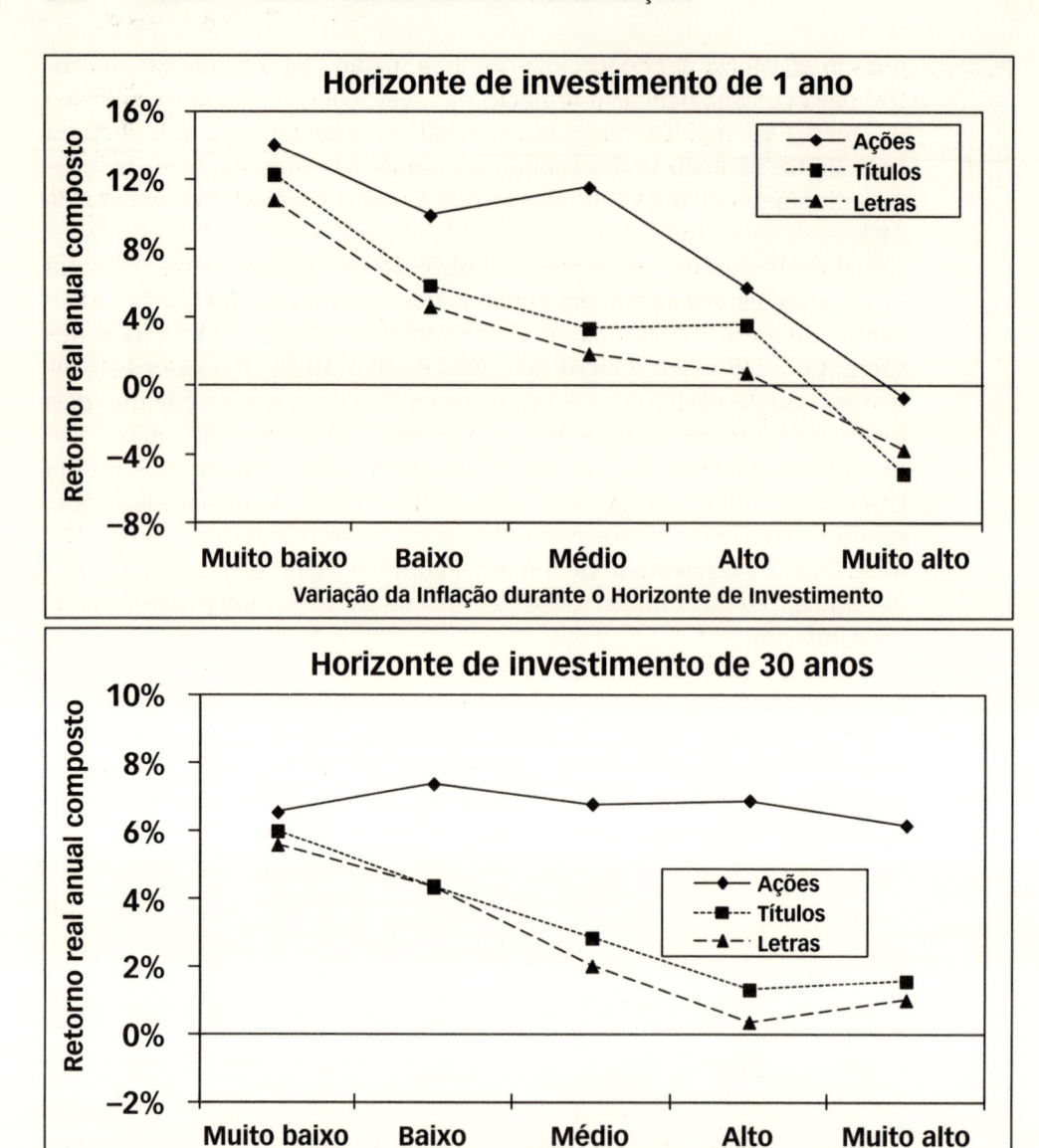

Figura 14.3 Retornos do horizonte de investimento e inflação, 1871-2012.

POR QUE AS AÇÕES NÃO FUNCIONAM COMO PROTEÇÃO DE CURTO PRAZO CONTRA A INFLAÇÃO

Taxas de juros mais altas

Se as ações representam ativos reais, por que elas falham como proteção de curto prazo contra a inflação? Uma explicação bastante difundida é que a inflação aumenta as taxas de juros dos títulos e essa elevação nas taxas de juros dos títulos diminui os preços das ações. Em outras palavras, a inflação precisa provocar uma redução suficiente nos preços das ações para aumentar seus dividendos ou ganhos de rendimento de tal forma que eles correspondam às taxas mais altas disponíveis dos títulos. Aliás, esse raciocínio do modelo do Fed foi descrito no Capítulo 11.

Entretanto, essa explicação está incorreta. Certamente as expectativas de preços crescentes de fato aumentam as taxas de juros. Irving Fisher, famoso economista americano do século XX, ressaltou que os credores procuram se proteger contra a inflação acrescentando a inflação esperada à taxa de juros real que eles exigem dos tomadores. Essa proposição foi chamada de *equação de Fisher* após sua descoberta.[11]

Contudo, uma inflação mais alta também aumenta os fluxos de caixa futuros esperados dos acionistas. As ações são um direito ao lucro de ativos reais, sejam esses ativos produzidos por máquina, sejam mão de obra, propriedades ou ideias. A inflação eleva os custos dos insumos e, consequentemente, os preços dos produtos (e esses preços na verdade são a medida da inflação). Portanto, os fluxos de caixa futuros também ficarão mais altos com a elevação nos níveis de preços.

É possível demonstrar que, quando a inflação afeta igualmente os preços dos insumos e produtos, o valor presente dos fluxos de caixa futuros das ações não é afetado desfavoravelmente pela inflação mesmo que a taxa de juros aumente. Os fluxos de caixa futuros mais altos compensarão as taxas de juros mais altas. Desse modo, com o passar do tempo, o preço das ações – bem como os lucros e dividendos – aumentará segundo a taxa de inflação. Em teoria, os retornos das ações serão uma proteção ideal contra a inflação.

Inflação não neutra: efeitos da oferta

A invariância dos preços das ações com a taxa de inflação se aplica quando a inflação é pura e intrinsecamente monetária, influenciando de igual modos os custos e as receitas. Mas há várias circunstâncias em que os lucros não conseguem acompanhar a inflação. As ações caíram durante a década de 1970 por que as restrições na oferta de petróleo da Opep aumentaram consideravelmente os custos de energia. As empresas não conseguiam elevar os preços de seus produtos correspondentemente ao custo ascendente de seus insumos de energia.

Já ressaltamos neste capítulo que a inflação da década de 1970 foi provocada pela política monetária equivocada de tentar contrabalançar o efeito de contração dos aumentos de preço do petróleo da Opep. Todavia, não é necessário minimizar os danos que os preços ascendentes do petróleo causaram aos lucros corporativos americanos. Os produtores americanos, que durante anos prosperaram com baixos preços de energia, estavam totalmente despreparados para lidar com os custos de energia em rápida ascensão. A recessão subsequente ao primeiro aperto do petróleo pela Opep golpeou o mercado de ações. A produtividade despencou e, por volta do final de 1974, os preços acionários reais, com base no índice industrial Dow Jones, haviam caído 65% em relação à sua alta em janeiro de 1966 – a maior queda desde a quebra de 1929. O pessimismo era tão profundo que em agosto de 1974 praticamente metade de todos os americanos acreditava que a economia estivesse fadada a uma depressão como a que a nação havia experimentando na década de 1930.[12]

A inflação pode diminuir igualmente os preços das ações quando eleva o temor entre os investidores de que o banco central tome uma medida restritiva aumentando as taxas de juros reais de curto prazo. Essas políticas restritivas com frequência seguem-se a um arrefecimento econômico que também abaixa os preços das ações.

Em várias economias, a inflação, em particular em países menos desenvolvidos, está do mesmo modo intimamente relacionada com grandes déficits orçamentários governamentais e excesso de gastos do governo. Dessa forma, a inflação muitas vezes dá sinais de que o governo está assumindo um papel muito grande na economia, o que normalmente resulta em menor crescimento, menores lucros corporativos e preços acionários mais baixos. Em resumo, existem vários bons motivos econômicos pelos quais os preços das ações podem cair em consequência de uma maior inflação.

Impostos sobre lucros corporativos

Mas os fatores econômicos não são os únicos motivos de as ações não serem um bom instrumento de proteção de curto prazo contra a inflação. O código tributário dos Estados Unidos também penaliza os investidores em períodos de inflação. Existem duas áreas significativas em que o código tributário funciona em detrimento dos acionistas: lucros corporativos e ganhos de capital.

Os lucros são distorcidos por padrões e pelas práticas contábeis aceitas que não consideram apropriadamente os efeitos da inflação sobre os lucros corporativos. Essa distorção se evidencia principalmente no tratamento da depreciação, na avaliação de estoque e nos custos de juros.

A depreciação de fábrica, equipamentos e outros investimentos de capital baseia-se em *custos históricos*. Essas programações de depreciação não são ajustadas a mudanças no preço do capital que podem ocorrer ao longo da vida do ativo. A inflação aumenta o custo do capital, mas a depreciação divulgada não realiza nenhum ajuste à inflação, as provisões para depreciação são subestimadas e os lucros tributáveis são superestimados, elevando as despesas tributárias das corporações.

Mas a depreciação não é a única fonte de tendenciosidade nos lucros divulgados. No cálculo do custo das mercadorias vendidas, as empresas precisam utilizar o custo histórico, com os métodos de contabilidade de estoque "primeiro a entrar, primeiro a sair" (*first-in–first-out*) ou "último a entrar, primeiro a sair" (*last-in–first-out*). Em um cenário inflacionário, a discrepância entre os custos históricos e os preços de venda amplia-se, produzindo lucros inflacionários para a empresa. Esses "lucros" não representam um aumento na capacidade real da empresa de gerar receita; na verdade, eles representam apenas a parte do capital da empresa – isto é, o estoque – que gira e é realizado como lucro monetário. A contabilidade de estoque é diferente da contabilidade de outro capital da empresa, como fábrica e equipamentos, que não são reavaliados continuamente para a finalidade de cálculo dos lucros.

O Departamento de Comércio, órgão governamental responsável pela coleta de estatísticas econômicas, está bem a par dessas distorções e incorporou tanto um ajuste à depreciação quanto um ajuste à avaliação de estoque nas contas de renda e produtos nacionais (NIPA). Mas o Serviço da Receita Federal dos Estados Unidos não reconhece nenhum desses ajustes para finalidades tributárias. As empresas são obrigadas a pagar impostos sobre os lucros divulgados, mesmo quando esses lucros exibem um viés ascendente em virtude da inflação. Em vigor, esses vieses aumentam a alíquota de imposto sobre o capital.

Vieses inflacionários nos custos de juros

Existe outra distorção inflacionária nos lucros corporativos que não é divulgada nas estatísticas governamentais. Essa distorção baseia-se no componente inflacionário dos custos de juros e, diferentemente da depreciação e dos lucros de estoque, acarreta um *viés descendente* nos lucros corporativos divulgados durante períodos de inflação.

A maioria das empresas eleva o capital por meio da emissão de ativos de renda fixa como títulos e empréstimos bancários. Esse empréstimo alavanca os ativos da empresa, visto que qualquer lucro acima do serviço da dívida vai para os acionistas. Em um cenário inflacionário, os custos de juros *nominais* aumentam, mesmo que os custos de juros reais permaneçam inalterados. Mas os lucros corporativos são calculados por meio da dedução dos custos de juros nominais, que superestima os custos de juros reais da empresa. Por esse motivo, os lucros corporativos divulgados são achatados em comparação com os lucros econômicos verdadeiros.

Na verdade, a empresa está ressarcindo a dívida com dólares depreciados e, portanto, a despesa de juros nominais mais alta é compensada exatamente pela redução no valor real dos títulos e dos empréstimos da empresa. Mas essa redução na dívida real não é divulgada em nenhum dos relatórios de lucro publicados pela empresa. No caso de empresas altamente alavancadas, esse viés pode facilmente sobrepujar os vieses de estoque e depreciação. Infelizmente, não é fácil quantificar o viés de alavancagem porque não é fácil separar a parcela de custos de juros devidos à inflação da parcela de custos devidos a taxas de juros reais.

Impostos sobre ganhos de capital

Nos Estados Unidos, os impostos de ganhos de capital são pagos sobre a diferença entre o custo de um ativo e o preço de venda, sem nenhum ajuste com relação ao impacto da inflação sobre a quantia de ganho real. Portanto, se o valor dos ativos aumentar com a inflação, o investidor acumulará um passivo tributário que deve ser pago quando o ativo for vendido, independentemente de o investidor ter realizado um ganho real. Isso significa que uma ativo que se valoriza abaixo da taxa de inflação – o que quer dizer que o investidor fica em pior situação em termos reais – ainda assim será tributado quando vendido.

O Capítulo 9 mostrou que o código tributário tem grande impacto sobre os retornos reais após os impostos realizados. Mesmo no caso de uma taxa de inflação moderada de 3%, um investidor com um horizonte de investimento médio de cinco anos sofre uma redução de 60 pontos-base (centésimos de um ponto percentual) nos retornos reais médios após os impostos em comparação com os retornos após os impostos que ele teria realizado se a taxa de inflação tivesse sido zero. Se a taxa de inflação subir para 6%, a perda de retorno será superior a 112 pontos-base.

A taxa de inflação tem um efeito bem mais grave sobre os retornos reais após os impostos realizados quando o horizonte de investimento é curto do que quando é longo. Isso porque, quanto maior a frequência com que o investidor compra e vende ativos, mais o governo pode arrecadar impostos sobre ganhos de capital nominais. No entanto, mesmo para os investidores de longo prazo, os impostos sobre ganhos de capital diminuem os retornos reais em tempos inflacionários.

CONCLUSÃO

Este capítulo documenta o papel do dinheiro na economia e nos mercados financeiros. Antes da Segunda Guerra Mundial, não houve inflação persistente nos Estados Unidos e em outros países industrializados. Contudo, quando o padrão-ouro foi destronado na Grande Depressão, o controle do dinheiro passou para os bancos centrais. E quando o dólar deixou de ser fixado pelo ouro, foi a inflação, e não a deflação, que se revelou o maior problema que os bancos centrais procuraram controlar.

A mensagem deste capítulo é que as ações não são bons instrumentos de proteção de curto prazo contra a inflação. Nenhum ativo financeiro é. Em longo prazo, as ações são instrumentos de proteção extremamente bons contra a inflação, ao passo que títulos não o são. Além disso, as ações são o melhor ativo financeiro quando você teme uma inflação rápida, porque vários países com alta inflação ainda assim podem ter mercados acionários bastante viáveis, se não florescentes. Os ativos de renda fixa não conseguem proteger os investidores contra a emissão excessiva de dinheiro por parte do governo.

Felizmente para os investidores, os banqueiros centrais ao redor do mundo estão comprometidos em manter a inflação baixa e, em grande medida, eles têm conseguido. Porém, se a inflação voltar a erguer a cabeça, os investidores se sairão bem melhor com ações do que com títulos.

15

Ações e o ciclo econômico

O mercado acionário previu nove das últimas cinco recessões.
— Paul Samuelson, 1966[1]

Adoraria poder prever os mercados e antever as recessões, mas como isso é impossível, me satisfaço tanto quanto Buffett em sondar empresas lucrativas.
— Peter Lynch, 1989[2]

Um economista bastante respeitado está prestes a dirigir a palavra a um grande grupo de analistas financeiros, consultores de investimento e corretores de ações. Há uma inquietação óbvia na plateia. O mercado de ações tem atingido novas altas quase que diariamente, forçando os rendimentos de dividendos para baixo e disparando os índices de preço/lucro. Esse grande otimismo faz sentido? A plateia deseja saber se de fato a economia está indo suficientemente bem para suportar esses altos preços acionários.

A palestra do economista é extremamente otimista. Ele prevê que o produto interno bruto real dos Estados Unidos aumentará em mais de 4% nos quatro semestres seguintes, uma taxa de crescimento bastante favorável. Não haverá recessão durante pelos menos três anos e, mesmo se houver alguma, será muito breve. Os lucros corporativos, um dos principais fatores que determinam os preços das ações, terão um aumento anual de dois dígitos ao menos nos próximos três anos. Além disso, ele prevê que um republicano ganhará facilmente a Casa Branca na próxima eleição presidencial, uma situação sem dúvida confortadora para uma plateia

---

*Este capítulo é uma adaptação de meu artigo "Does It Pay Stock Investors to Forecast the Business Cycle?", em *Journal of Portfolio Management*, vol. 18 (Fall 1991), pp. 27–34. Seu conteúdo foi muito engrandecido pelas discussões com o professor Paul Samuelson.

predominantemente conservadora. O público obviamente gosta do que ouve. A ansiedade dos ouvintes é silenciada e vários consultores estão preparados para recomendar que seus clientes aumentem sua participação em ações.

Essa palestra se dá no verão de 1987, ocasião em que o mercado acionário está pronto para entrar na queda mais íngreme de sua história, que inclui o declínio recorde de 23% em 19 de outubro de 1987. Em poucas semanas, a maioria das ações poderá ser adquirida por metade do preço pago no momento dessa palestra. Mas o maior paradoxo em tudo isso é que o economista está totalmente correto em todas as suas previsões econômicas otimistas.

A lição é que os mercados e a economia normalmente não estão em sincronia. Não é de surpreender que vários investidores rejeitem as previsões econômicas quando estão planejando sua estratégia de mercado. A essência das famosas palavras de Paul Samuelson citadas no início deste capítulo ainda se mantém verdadeira mais de 45 anos depois que elas foram proferidas pela primeira vez.

Mas não despreze o ciclo econômico muito rapidamente ao examinar sua carteira. O mercado acionário ainda reage de uma maneira bastante vigorosa a mudanças na atividade econômica. A reação do índice S&P 500 ao ciclo econômico de 1871 em diante é exibida na Figura 15.1. As ações com frequência começam a cair um pouco antes dos períodos sombreados, os quais indicam recessão, e se restabelecem rigorosamente ao sinal de uma recuperação econômica iminente. Se você conseguir prever o ciclo econômico, conseguirá superar a estratégia de comprar e manter defendida ao longo deste livro.

Mas essa tarefa não é nada fácil. Para ganhar dinheiro com a previsão de ciclos econômicos, deve-se ser capaz de identificar picos e vales na atividade econômica *antes* de sua ocorrência de fato, uma habilidade que pouquíssimos economistas, se é que há algum, dominam. Contudo, a previsão de ciclos econômicos é uma atividade corriqueira em Wall Street não por ela ser bem-sucedida – na maior parte das vezes ela não é –, mas porque as recompensas serão bastante grandes se você conseguir identificar o ponto de virada do ciclo econômico.

QUEM PREVÊ O CICLO ECONÔMICO?

Para muitos é surpreendente que a datação dos ciclos econômicos não seja determinada por nenhum dos inúmeros órgãos governamentais que coletam dados sobre a economia. Na verdade, essa tarefa fica a cargo do Escritório Nacional de Pesquisa Econômica (National Bureau of Economic Research – NBER), uma organização de pesquisa privada fundada em 1920 com a finalidade de documentar os ciclos econômicos e desenvolver uma série de contas de renda nacional. Nos primeiros anos da

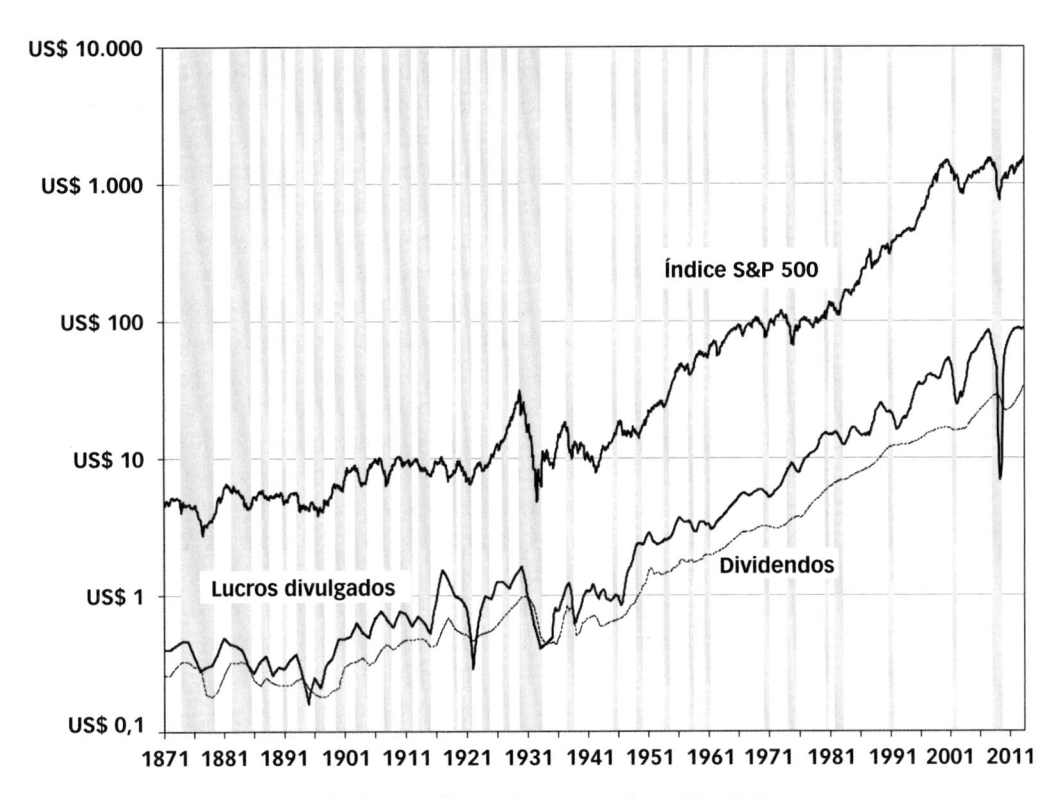

Figura 15.1 Preços das ações, lucros, dividendos e recessões, 1871-2012.

existência do NBER, sua equipe compilou registros cronológicos abrangentes das mudanças nas condições econômicas de várias economias industrializadas. Mais especificamente, o NBER desenvolveu séries mensais sobre a atividade econômica dos Estados Unidos e da Grã-Bretanha desde 1854.

Em um livro de 1946, intitulado *Measuring Business Cycles*, Wesley C. Mitchell, um dos fundadores do NBER, e Arthur Burns, renomado especialista em ciclo econômico que posteriormente comandou o Conselho do Federal Reserve, deram a seguinte definição de *ciclo econômico*:

> Ciclo econômico é um tipo de flutuação que se encontra na atividade econômica agregada das nações que organizam seu trabalho predominantemente em empreendimentos empresariais: um ciclo compreende uma expansão que ocorre quase ao mesmo tempo em várias atividades econômicas, seguida por recessões ou contrações e revitalizações igualmente gerais que se fundem na fase de expansão do ciclo seguinte; essa sequência de mudanças é recorrente, mas não periódica; os ciclos econômicos variam de mais de um ano a dez ou doze anos de duração e não são divisíveis em ciclos menores de caráter semelhante.[3]

Comumente se presume que uma recessão ocorre quando o produto interno bruto real, a medida mais abrangente de produção econômica, diminui durante dois trimestres consecutivos. Mas isso não é necessariamente verdade. Embora esse critério seja uma regra prática razoável para indicar uma recessão, nenhuma regra ou medida é utilizada pelo NBER. Em vez disso, o NBER concentra-se em quatro séries diferentes de pontos decisivos ou de virada na economia: emprego, produção industrial, renda pessoa real e vendas industriais e comerciais reais.

O Comitê de Datação de Ciclos Econômicos do Escritório Nacional de Pesquisa Econômica confirma as datas dos ciclos econômicos. Esse comitê é composto por economistas que estão associados com o NBER e que se reúnem para examinar dados econômicos sempre que as condições permitem. Entre 1802 e 2012, os Estados Unidos passaram por 47 recessões, as quais tiveram em média 19 meses de duração, enquanto as expansões duraram em torno de 34 meses.[4] Isso significa que, no decorrer desses 210 anos, em quase ou um pouco mais de um terço do tempo a economia esteve em recessão. Entretanto, desde a Segunda Guerra Mundial, houve 11 recessões, de 11,1 meses em média, enquanto as expansões duraram em torno de 58,4 meses. Portanto, no período pós-guerra, a economia esteve em recessão em menos de um sexto do tempo, um período bem inferior à média anterior à guerra.

A datação do ciclo econômico tem enorme importância. A indicação de que a economia se encontra em recessão ou expansão tem implicações políticas e também econômicas. Por exemplo, quando o NBER anunciou que o início da recessão de 1990 havia sido em julho e não em agosto, deixou muitos de cabelo em pé em Washington. Isso ocorreu porque a administração Bush havia dito ao povo que a invasão do Kuwait pelo Iraque e a alta nos preços do petróleo eram responsáveis pela recessão econômica. Essa explicação foi minada quando o NBER na verdade datou o início da recessão um mês antes. De modo semelhante, a recessão de 2001 iniciou-se em março com a acentuada diminuição dos gastos tecnológicos e, portanto, muito antes dos ataques terroristas de 11 de setembro.

O Comitê de Datação de Ciclos Econômicos não tem pressa para anunciar os pontos de virada no ciclo. Nunca uma declaração foi revertida em virtude da disponibilização de novos dados ou de dados revistos – e o NBER deseja que isso se mantenha assim. De acordo com Robert E. Hall, atual diretor do Comitê de Datação de Ciclos Econômicos, que contém sete membros, "O NBER jamais fez uma declaração sobre um pico ou vale no ciclo econômico enquanto não houvesse praticamente nenhuma dúvida de que os dados não seriam revistos à luz de dados disponibilizados subsequentemente".[5]

Exemplos recentes de datação do NBER comprovam isso. O vale de março de 1991 só foi anunciado 21 meses depois, em dezembro de 1992, e o fundo da recessão de 2001 em novembro só foi anunciado em julho de

2003. O pico da expansão de 2002–2007 só foi anunciado em dezembro de 2008, um ano depois que ele se iniciou e bem depois que a crise do Lehman paralisou os mercados financeiros e fez com que as ações ruíssem. Obviamente, aguardar até que o NBER especifique os ciclos econômicos é tempo demais para que isso tenha alguma utilidade na cronometragem do mercado.

RETORNOS DAS AÇÕES EM TORNO DOS PONTOS DE VIRADA DO CICLO ECONÔMICO

Praticamente sem exceção, o mercado acionário entra em queda antes das recessões e em ascensão antes das recuperações econômicas. Na verdade, das 47 recessões de 1802 em diante, 43 delas, ou mais de 9 entre 10, foram precedidas (ou acompanhadas) de declínios de 8% ou mais no índice de retorno total das ações. Duas exceções se seguiram à Segunda Guerra Mundial: a recessão de 1948–1949 logo após a guerra e a recessão de 1953, quando a queda das ações ficou abaixo do critério de 8%.

Os comportamentos dos retornos referentes às 11 recessões pós-Segunda Guerra Mundial são sintetizados na Tabela 15.1. Observe que o índice de retorno das ações atingiu um pico entre 0 e 13 meses antes do início de uma recessão. As recessões que começaram em janeiro de 1980 e julho de 1990 são as únicas duas para as quais o mercado acionário não deu nenhum sinal de alerta prévio de crise econômica.

Tabela 15.1 Picos dos preços das ações e do ciclo econômico, 1948–2012

Recessão	Pico do índice de ações (1)	Pico do ciclo econômico (2)	Intervalo entre os picos (3)	Declínio no índice de ações (1) a (2)	Declínio máximo de 12 meses em ações
1948–1949	Maio 1948	Nov. 1948	6	−8,91%	−9,76%
1953–1954	Dez. 1952	Jul. 1953	7	−4,26%	−9,04%
1957–1958	Jul. 1957	Ago. 1957	1	−4,86%	−15,32%
1960–1961	Dez. 1959	Abr. 1960	4	−8,65%	−8,65%
1970	Nov. 1968	Dez. 1969	13	−12,08%	−29,16%
1973–1975	Dez. 1972	Nov. 1973	11	−16,29%	−38,80%
1980	Jan. 1980	Jan. 1980	0	0,00%	−9,55%
1981–1982	Nov. 1980	Jul. 1981	8	−4,08%	−13,99%
1990–1991	Jul. 1990	Jul. 1990	0	0,00%	−13,84%
2001	Ago. 2000	Mar. 2001	7	−22,94%	−26,55%
2007–2009	Out. 2007	Dez. 2007	2	−4,87%	−47,50%
		Média	5,4	−7,90%	−20,20%

Tal como a citação de Samuelson no início deste capítulo indica, o mercado de ações também está sujeito a falsos alarmes, e eles aumentaram no período pós-guerra. Os declínios superiores a 10% no índice industrial Dow Jones durante o período pós-guerra que não foram seguidos de recessões (os "falsos alarmes") são relacionados na Tabela 15.2. A queda de 35,1% de agosto a início de dezembro de 1987 é o maior declínio na história de 210 anos dos retornos das ações em que a economia não entrou em recessão subsequentemente.[6]

O vale no índice de retorno das ações e o vale no ciclo econômico do NBER são comparados na Tabela 15.3.

O intervalo médio entre o fundo do mercado e o fundo de uma recuperação econômica foi de 4,6 meses, e, em 8 das 11 recessões, o intervalo ficou em uma faixa extremamente apertada de 4 a 6 meses. Isso se compara a uma média de 5,4 meses em que o pico no mercado precede o pico no ciclo econômico. O tempo entre o pico no mercado e o pico na economia também mostrou uma variabilidade bem maior do que o tempo entre o vale do mercado e o vale da economia.[7]

É importante ressaltar que, nos momentos em que a economia atingiu o final de uma recessão, o mercado de ações elevou-se 23,8% em média. Portanto, um investidor à espera de uma evidência tangível de que o ciclo econômico atingiu o fundo já terá perdido uma alta bastante considerável no mercado. Além disso, como ressaltado anteriormente, o NBER só

Tabela 15.2 Falsos alarmes de recessão lançados pelo mercado acionário, 1945–2012

Pico do índice de ações	Vale do índice de ações	% Declínio
29 de maio de 1946	17 de maio de 1947	–23,2%
13 de dezembro de 1961	26 junho de 1962	–27,1%
18 de janeiro de 1966	29 de setembro de 1966	–22,3%
25 de setembro de 1967	21 de março de 1968	–12,5%
28 de abril de 1971	23 de novembro de 1971	–16,1%
17 de agosto de 1978	27 de outubro de 1978	–12,8%
29 de novembro de 1983	24 de julho de 1984	–15,6%
25 de agosto de 1987	4 de dezembro de 1987	–35,1%
6 de agosto de 1997	27 de outubro de 1997	–13,3%
17 de julho de 1998	31 de agosto de 1998	–19,3%
19 de março de 2002	9 de outubro de 2002	–31,5%
26 de abril de 2010	2 de julho de 2010	–13,6%
29 de abril de 2011	3 de outubro de 2011	–16,8%

Declínios pós-guerra de 10% ou mais no índice industrial Dow Jones quando não houve nenhuma recessão 12 meses depois.

Tabela 15.3 Vales dos preços das ações e do ciclo econômico, 1948–2012

Recessão	Vale do índice de ações (1)	Vale do ciclo econômico (2)	Intervalo entre os vales (3)	Elevação no índice de ações (1) a (2)
1948–1949	Maio 1949	Out. 1949	5	15,59%
1953–1954	Ago. 1953	Maio 1954	9	29,13%
1957–1958	Dez. 1957	Abr. 1958	4	10,27%
1960–1961	Out. 1960	Fev. 1961	4	21,25%
1970	Jun. 1970	Nov. 1970	5	21,86%
1973–1975	Set. 1974	Mar. 1975	6	35,60%
1980	Mar. 1980	Jul. 1980	4	22,60%
1981–1982	Jul. 1982	Nov. 1982	4	33,13%
1990–1991	Out. 1990	Mar. 1991	5	25,28%
2001	Set. 2001	Nov. 2001	2	9,72%
2007–2009	Mar. 2009	Jun. 2009	3	37,44%
		Média	4,6	23,81%
		Desvio Padrão	1,80	9,51%

anuncia as datas em que as recessões terminam vários meses depois que a economia se ergue.

GANHOS POR MEIO DO *TIMING* DO CICLO ECONÔMICO

Meus estudos demonstram que se os investidores pudessem prever com *antecedência* o início e o fim das recessões, eles poderiam obter retornos superiores àqueles obtidos por um investidor que compra e mantém.[8] Especificamente, se um investidor mudasse de ações para equivalentes de caixa (títulos de curto prazo) quatro meses antes do início de uma recessão e retornasse às ações quatro meses antes do final da recessão, ele obteria um ganho anual ajustado ao risco de aproximadamente 5 pontos percentuais a mais que o investidor que compra e mantém. Em torno de dois terços desse ganho resultam da previsão do final da recessão, caso em que, tal como a Tabela 15.3 evidencia, o mercado de ações atinge o fundo entre quatro e cinco meses antes do final da crise econômica, e o outro terço resulta da venda de ações quatro meses antes do pico. Os investidores que mudam entre ações e títulos apenas nos meses em que o NBER identifica (bem depois do fato) como o início e o fim da recessão ganham um mero retorno de 0,5 ponto percentual em relação ao investidor que compra e mantém.

ATÉ QUE PONTO É DIFÍCIL PREVER O CICLO ECONÔMICO?

Se alguém pudesse prever com antecedência quando as recessões vão ocorrer, os ganhos seriam consideráveis. Talvez seja esse o motivo de bilhões de dólares em recursos serem gastos na tentativa de prever o ciclo econômico. Mas o registro da previsão dos pontos de virada do ciclo econômico é extremamente inadequado.

Stephen McNees, vice-presidente do Federal Reserve Bank de Boston, realizou uma extensa pesquisa sobre a precisão das previsões dos prognosticadores econômicos. Ele afirma que um dos principais fatores da exatidão das previsões é o período em que a previsão foi feita, e é precisamente nos pontos de virada do ciclo econômico que os erros foram "enormes".[9] Contudo, como já foi dito, são precisamente esses pontos de virada do ciclo econômico que possibilitam que um previsor torne-se um *timer* de mercado bem-sucedido.

A recessão de 1974-1975 foi particularmente difícil para os economistas. Praticamente todos dentre os quase 24 melhores economistas da nação convidados para a conferência anti-inflação do presidente Ford em Washington, em setembro de 1974, não tinham consciência de que a economia dos Estados Unidos estava no meio de sua recessão pós-guerra mais severa até aquela data. McNees, ao analisar as previsões divulgadas por cinco previsores proeminentes em 1974, constatou que a previsão média superestimou o crescimento do PIB em 6 pontos percentuais e subestimou a inflação em 4 pontos percentuais. O reconhecimento antecipado da recessão de 1974 foi tão deficiente que vários economistas se precipitaram em relação à recessão seguinte, que só ocorreu em 1980 – embora a maioria dos economistas pensasse que ela havia começado logo no início de 1979.

De 1976 a 1995, Robert J. Eggert e subsequentemente Randell Moore documentaram e sintetizaram as previsões econômicas de um grupo respeitado de especialistas econômicos e empresariais. Essas previsões foram compiladas e publicadas em um informe mensal intitulado *Blue Chip Economic Indicators*.

Em julho de 1979, o informe *Blue Chip Economic Indicators* afirmou que a grande maioria dos previsores acreditava que uma recessão já havia começado – prevendo um crescimento negativo para o PIB no segundo, terceiro e quatro trimestres de 1979. Entretanto, o NBER declarou que o pico do ciclo econômico só ocorreu em janeiro de 1980 e que a economia expandiu-se até 1979.

A capacidade dos previsores para antecipar a severa recessão de 1981-1982, quando o desemprego atingiu uma alta pós-guerra de 10,8%, não foi nem um pouco melhor. A manchete de julho de 1981 do *Blue Chip Economic Indicators* foi: "Economic Exuberance Envisioned for 1982" ("Exuberância Econômica Prevista para 1982"). Na verdade, 1982 foi um desastre. Em novembro de 1981, os previsores constataram que a economia havia titubeado e o otimismo transformou-se em pessimismo. A maioria imaginou que a economia havia entrado em recessão (o que havia ocorrido quatro meses antes), aproximadamente 70% pensou que a recessão terminaria no primeiro trimestre de 1982 (o que não ocorreu e na verdade empatou com o recorde da maior recessão pós-guerra, terminando em novembro) e 90% imaginou que ela seria moderada, semelhante à recessão de 1971, e não severa – novamente errados!

Em abril de 1985, com a expansão já em andamento, os previsores foram indagados sobre quanto tempo a economia permaneceria em expansão. A resposta média foi por mais 20 meses, o que posicionaria o pico em dezembro de 1986, mais de 3,5 anos antes de o ciclo de fato terminar. Mesmo os previsores mais otimistas citaram a primavera de 1988 como a data limite para o início da recessão seguinte. Essa pergunta foi feita várias vezes ao longo de 1985 e 1986 e nenhum previsor imaginou que a expansão da década de 1980 duraria tanto tempo quanto durou.

Após a quebra do mercado acionário de outubro de 1987, os previsores diminuíram suas estimativas sobre o crescimento do PIB de 1988 em relação a 1987 de 2,8% para 1,9%, a maior redução na história de 11 anos desse levantamento. Na verdade, o crescimento econômico em 1988 foi em torno de 4%, visto que a economia cresceu solidamente, não obstante o colapso do mercado acionário.

Como a expansão continuou, a crença em uma recessão iminente transformou-se na crença de que a prosperidade havia chegado para ficar. A prolongada expansão alimentou a convicção crescente de que talvez o ciclo econômico havia sido conquistado – pela política governamental ou pela natureza "à prova de recessão" de nossa economia de serviços. Ed Yardeni, economista sênior da Prudential-Bache Securities, escreveu "New Wave Manifesto" no final de 1988, concluindo que provavelmente haveria economias autorrestauradoras e crescentes no restante da década.[10] À véspera de uma das piores recessões mundiais na era pós-guerra, Leonard Silk, editor sênior de economia do *New York Times*, afirmou o seguinte em um artigo intitulado "Is There Really a Business Cycle?", de maio de 1990:

> A maioria dos economistas não antevê uma recessão em 1990 nem em 1991, e 1992 será outro ano presidencial, quando as probabilidades tendem em grande medida para o lado oposto da recessão. Japão, Alemanha Ocidental e a maior parte dos demais países capitalistas da Europa e da Ásia também se encontram em um longo e crescente período de sucesso, sem nenhuma previsão para terminar.[11]

Entretanto, em novembro de 1990, o *Blue Chip Economic Indicators* divulgou que a maior parte do grupo acreditava que a economia dos

Estados Unidos já havia entrado ou estava para entrar em recessão. Contudo, em novembro, não apenas a economia já estava em recessão havia quatro meses, mas o mercado acionário já havia atingido o fundo e apresentava uma tendência ascendente. Se os investidores tivessem cedido ao pessimismo prevalecente na época em que a recessão parecia confirmada, eles teriam vendido depois que a baixa já havia sido atingida e no momento em que as ações tendiam para uma sólida recuperação de três anos.

A expansão recorde de dez anos da economia dos Estados Unidos, de março de 1991 a março de 2001, novamente gerou discussões sobre a "economia da nova era" e uma economia sem recessão.[12] Mesmo no início de 2001, a vasta maioria dos previsores não via uma recessão. Na verdade, em setembro de 2001, um pouco antes dos ataques terroristas, apenas 13% dos economistas entrevistados pelo *Blue Chip Economic Indicators* acreditavam que os Estados Unidos estavam em recessão, ainda que o NBER tenha indicado posteriormente que a recessão dos Estados Unidos havia começado em março, seis meses antes.[13] E em fevereiro de 2002, menos de 20% deles acreditavam que a recessão havia terminado em 2001, embora o NBER por fim tenha datado novembro de 2001 como o fim da recessão.[14] Uma vez mais os economistas só foram capazes de declarar o ponto de virada do ciclo econômico muito tempo depois que a data havia passado.

Os previsores de forma alguma se saíram melhor com relação à previsão da Grande Recessão de 2007–2009. O Escritório Nacional de Pesquisa Econômica na verdade só anunciou o início da recessão em dezembro de 2008, um ano depois que ela começou e quando índice S&P 500 já havia caído mais de 40%. O Federal Reserve de fato começou a afrouxar as taxas de juros em setembro de 2007, três meses antes do início da recessão, mas o Fed não tinha ideia de que uma recessão estava próxima. No encontro do Comitê Federal de Mercado Aberto em 11 de dezembro de 2007, o mês em que a recessão começou, Dave Stockton, economista do Fed, deu a seguinte síntese da previsão do Federal Reserve:

> Obviamente, não estamos prevendo um pico no ciclo econômico. Portanto, em nossa previsão, ainda não estamos dizendo que estamos na parte adversa do ciclo econômico. Temos uma "recessão de crescimento" [uma desaceleração no crescimento econômico] nessa previsão e nada mais que isso.[15]

CONCLUSÃO

Os valores das ações baseiam-se nos lucros corporativos, e o ciclo econômico é um dos principais determinantes desses lucros. Os ganhos que podem ser obtidos com a capacidade de prever os pontos de virada do ciclo econômico são grandes, mas economistas de todas as convicções falharam em fazê-lo com precisão.

A pior rota que um investidor pode tomar é seguir o ponto de vista prevalente sobre a atividade econômica. Isso leva os investidores a comprar por preços altos quando os tempos são bons e todos estão otimistas e a vender quando os preços estão em baixa.

As lições para os investidores são claras. Superar o mercado acionário por meio da análise da atividade econômica real exige um grau de presciência que os previsores ainda não têm.

16

Quando os eventos mundiais afetam os mercados financeiros

Consigo prever o movimento dos corpos celestes, mas não a loucura das massas.

— Isaac Newton

Quando o sol despontou sobre a cidade de Nova York em uma linda manhã de terça-feira, 11 de setembro de 2001, os *traders* esperavam um dia fraco em Wall Street. Não havia qualquer informação econômica procedente de Washington, ou qualquer programação de divulgação de lucros programada. Na sexta-feira anterior, os mercados haviam se deparado com um terrível relatório de emprego, mas na segunda conseguiram se recuperar levemente.

Os mercados acionários dos Estados Unidos ainda não haviam aberto, mas os contratos de futuros do índice S&P 500 foram negociados durante a noite inteira, como de costume, na plataforma eletrônica Globex. Os mercados de futuros estavam em alta, uma indicação de que Wall Street esperava abrir com firmeza. Mas, de repente, chegou um relatório às 8h48, em um dia que seria um dos mais fatídicos da história mundial: um avião havia atingido a Torre Norte do World Trade Center. O padrão de negociação nos 27 minutos seguintes, antes do fechamento do mercado, é mostrado na Figura 16.1.

As notícias sobre a batida do avião espalharam-se rapidamente, mas poucos imaginavam o que de fato havia acontecido. Era um avião grande ou pequeno? Foi um acidente? Ou estaria ocorrendo alguma coisa mais

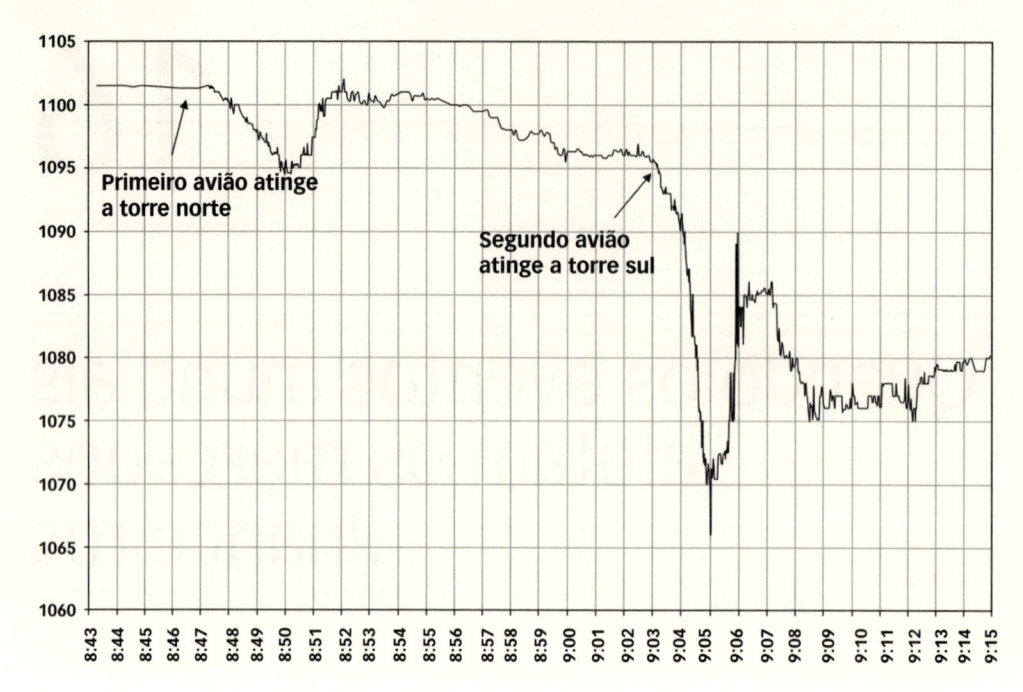

Figura 16.1 Mercado de futuros do S&P 500 na terça-feira de manhã, 11 de setembro de 2001.

sinistra? Embora ninguém soubesse ainda a resposta, o mercado de futuros sobre índices de ações negociou em baixa em alguns pontos, como normalmente ocorre quando a incerteza aumenta. Em poucos minutos, os compradores reapareceram e o índice voltou ao seu nível anterior, visto que a maioria dos *traders* concluíram que não havia ocorrido nada significativo.

Quinze minutos depois, às 9h03, com novas câmeras voltadas para o World Trade Center e milhões de pessoas ao redor do mundo assistindo, um segundo avião atingiu em cheio a Torre Sul. O mundo inteiro mudou nesse momento. Os piores temores dos americanos haviam se concretizado. Tratava-se de um ataque terrorista. Pela primeira vez desde a Segunda Guerra Mundial, os Estados Unidos estavam sob ataque direto em seu próprio solo.

Às 9h05, dois minutos após a segunda colisão, os futuros do S&P despencaram 30 pontos, em torno de 3%, uma indicação de que, se as bolsas estivessem abertas, aproximadamente US$ 300 bilhões teriam sido limpados dos valores acionários dos Estados Unidos. Mas então, miraculosamente, os compradores apareceram. Não obstante a enormidade dos acontecimentos que se desenrolavam, alguns *traders* apostaram que o mercado havia reagido exageradamente e concluíram que era um bom momento para comprar ações. Os futuros se firmaram e encerraram a sessão às 9h15 em torno de 15 pontos abaixo, reavendo metade da perda anterior.

A despeito dessa virada, a gravidade dos ataques foi rapidamente assimilada. Todas as bolsas de ações, títulos e *commodities* primeiro postergaram a abertura e depois cancelaram as negociações do dia. Na verdade, as bolsas de valores dos Estados Unidos permaneceriam fechadas no restante da semana, período de fechamento mais longo desde o decreto de "Feriado Bancário" feito pelo presidente Franklin Roosevelt em março de 1933 para tentar restaurar o sistema bancário americano então em colapso.

As bolsas de valores estrangeiras permaneceram abertas. Eram 14 horas em Londres e 15 horas na Europa quando os aviões atacaram. O índice alemão DAX teve uma queda imediata de mais de 9% e encerrou a sessão em torno desse nível. As ações de Londres sofreram, mas não tanto. Havia o sentimento de que os Estados Unidos, centro financeiro mundial, estava vulnerável a ataques, e alguns negócios talvez fossem transferidos para o Reino Unido. A libra esterlina, assim como o euro, reagiu em relação ao dólar. Normalmente, é o dólar americano que ganha em crises internacionais. Mas dessa vez, como os ataques se concentravam em Nova York, os *traders* estrangeiros estavam inseguros quanto à direção que deveriam tomar.

Quando a Bolsa de Valores de Nova York reabriu na segunda-feira seguinte, 17 de setembro, o índice industrial Dow Jones caiu 685 pontos ou 7,13%, a décima sétima maior queda percentual em sua história. O Dow continuou caindo durante a semana e fechou na sexta-feira, 21 de setembro, em 8.236 – mais de 14% abaixo em relação ao seu fechamento em 10 de setembro e quase 30% em relação à sua maior alta de todos os tempos, 11.723, atingida em 14 de janeiro de 2000.

O QUE MOVE O MERCADO?

Estava perfeitamente claro por que os mercados haviam caído após os ataques terroristas. Entretanto, talvez surpreenda os investidores o fato de que, na vasta maioria dos casos, os principais movimentos do mercado *não* são acompanhados de nenhuma notícia de importância suficiente para explicar as mudanças de preço. Desde 1885, quando as médias Dow Jones foram formuladas pela primeira vez, houve 145 dias em que o índice industrial Dow Jones mudou 5% ou mais. Quinze desses movimentos ocorreram de setembro de 2008 a março de 2009, quando a economia mundial encontrava-se nas garras da crise financeira, e outra queda ocorreu em 8 de agosto de 2011, quando a Standard & Poor's rebaixou a dívida governamental dos Estados Unidos.

De todas as 145 grandes mudanças, apenas 35 podem ser identificadas com um acontecimento político ou econômico mundial significativo, como guerras, mudanças políticas ou mudanças em planos de ação governamentais. Durante e imediatamente após a crise financeira de 2008, somente quatro das quinzes grandes mudanças estavam associadas com eventos específicos. Desde 1885, dentre quatro dos principais movimentos no mercado, menos de um pode ser claramente associado com um acontecimento mundial específico. Uma classificação das 54 maiores mudanças é mostrada na Tabela 16.1,[1] e as variações de mercado superiores a 5% que estão associadas com eventos específicos são exibidas na Tabela16.2.[2]

A política monetária é o maior desencadeador desses surtos maciços de euforia e medo no mercado. Dos cinco maiores movimentos no mer-

Tabela 16.1 Grandes variações diárias, 1888–2012

Classificação	Data	Variação	Classificação	Data	Variação	Classificação	Data	Variação
1	19 de outubro de 1987	−22,61%	19	18 de dezembro de 1899	−8,72%	37	24 de setembro de 1931	−7,07%
2	15 de março de 1933	15,34%	20	8 de outubro de 1931	8,70%	38	20 de julho de 1933	−7,07%
3*	6 de outubro de 1931	14,87%	21	12 de agosto de 1932	−8,40%	39*	29 de setembro de 2008	−6,98%
4	28 de outubro de 1929	−12,82%	22	14 de março de 1907	−8,29%	40*	13 de outubro de 1989	−6,91%
5	30 de outubro de 1929	12,34%	23	26 de outubro de 1987	−8,04%	41*	30 de julho de 1914	−6,90%
6	29 de outubro de 1929	−11,73%	24	10 junho de 1932	7,99%	42	8 de janeiro de 1988	−6,85%
7	21 de setembro de 1932	11,36%	25	15 de outubro de 2008	−7,87%	43*	23 de março de 2009	6,84%
8*	13 de outubro de 2008	11,08%	26	21 de julho de 1933	−7,84%	44	14 de outubro de 1932	6,83%
9	28 de outubro de 2008	10,88%	27	18 de outubro de 1937	−7,75%	45	11 de novembro de 1929	−6,82%
10	21 de outubro de 1987	10,15%	28	1º de dezembro de 2008	−7,70%	46*	14 de maio de 1940	−6,80%
11	6 de novembro de 1929	−9,92%	29	9 de outubro de 2008	−7,33%	47	5 de outubro de 1931	−6,78%
12	3 de agosto de 1932	9,52%	30*	5 de setembro de 1939	7,26%	48*	21 de maio de 1940	−6,78%
13*	11 de fevereiro de 1932	9,47%	31*	1º de fevereiro de 1917	−7,24%	49	15 de março de 1907	6,70%
14*	14 de novembro de 1929	9,36%	32*	27 de outubro de 1997	−7,18%	50	13 de novembro de 2008	6,67%
15	18 de dezembro de 1931	9,35%	33	5 de outubro de 1932	−7,15%	51*	20 junho de 1931	6,64%
16	13 de fevereiro de 1932	9,19%	34*	17 de setembro de 2001	−7,13%	52	24 de julho de 1933	6,63%
17*	6 de maio de 1932	9,08%	35	3 de junho de 1931	7,12%	53*	26 de julho de 1934	−6,62%
18*	19 de abril de 1933	9,03%	36	6 de janeiro de 1932	7,12%	54	20 de dezembro de 1895	−6,61%

Os asteriscos referem-se a notícias.

CAPÍTULO 16 Quando os eventos mundiais afetam os mercados financeiros

Tabela 16.2 Maiores mudanças relacionadas a notícias no índice industrial Dow Jones, 1888–2012

Classificação	Data	Variação	Manchete
3	6 de outubro de 1931	14,87%	Hoover propõe um *pool* de US$ 500 milhões para ajudar os bancos
8	13 de outubro de 2008	11,08%	Fed fornece "liquidez ilimitada" aos bancos centrais estrangeiros
13	11 de fevereiro de 1932	9,47%	Liberalização da política de desconto do Fed
14	14 de novembro de 1929	9,36%	Fed reduz a taxa de desconto/corte de impostos propostos
17	6 de maio de 1932	9,08%	U.S. Steel negocia 15% de corte de salário
18	19 de abril de 1933	9,03%	Estados Unidos abandonam o padrão-ouro
30	5 de setembro de 1939	7,26%	Segunda Guerra Mundial inicia-se na Europa
31	1º de fevereiro de 1917	−7,24%	Alemanha anuncia operação militar submarina irrestrita
32	27 de outubro de 1997	−7,18%	Ataque ao dólar de Hong Kong
34	17 de setembro de 2001	−7,13%	Ataque terrorista ao World Trade Center
39	29 de setembro de 2008	−6,98%	Câmara dos Representantes vota contra o pacote de resgate financeiro de US$ 700 bilhões
40	13 de outubro de 1989	−6,91%	Aquisição da United Airlines fracassa
41	30 de julho de 1914	−6,90%	Deflagração da Primeira Guerra Mundial
43	23 de março de 2009	6,84%	Tesouro anuncia um plano público-privado de US$ 1 trilhão para comprar dívidas bancárias irrecuperáveis
46	14 de maio de 1940	−6,80%	Alemães invadem a Holanda
48	21 de maio de 1940	−6,78%	Aliados recuam na França
51	20 junho de 1931	6,64%	Hoover defende a moratória da dívida externa
53	26 de julho de 1934	−6,62%	Conflitos na Áustria; Itália mobiliza-se
56	26 de setembro de 1955	−6,54%	Eisenhower sofre ataque cardíaco
60	24 de julho de 2002	6,35%	J.P. Morgan nega envolvimento com o escândalo da Enron
63	26 de julho de 1893	−6,31%	Falência da estrada de ferro Erie
77	31 de outubro de 1929	5,82%	Fed reduz taxa de desconto
78	16 junho de 1930	−5,81%	Hoover assinará projeto de lei de tarifas
79	20 de abril de 1933	5,80%	Reação contínua à queda do padrão-ouro
87	2 de maio de 1898	5,64%	Dewey derrota Espanha
91	28 de março de 1898	5,56%	Despacho do armistício com a Espanha
93	8 de agosto de 2011	−5,55%	Standard and Poor's rebaixa dívida do Tesouro dos Estados Unidos
100	22 de dezembro de 1916	5,47%	Lansing nega que Estados Unidos estão próximos da guerra
103	18 de dezembro de 1896	−5,42%	Senado vota pela liberdade de Cuba
105	25 de fevereiro de 1933	−5,40%	Feriado bancário em Maryland
109	23 de outubro de 1933	5,37%	Roosevelt desvaloriza o dólar
111	21 de dezembro de 1916	−5,35%	Secretário de Estado Lansing insinua que Estados Unidos estão próximos da guerra
120	9 de abril de 1938	5,25%	Congresso aprova projeto de lei para tributar juros sobre títulos do governo dos Estados Unidos
139	5 de novembro de 2008	−5,05%	Democratas ganham maioria no Congresso, presidência
144	20 de outubro de 1931	5,03%	ICC eleva as tarifas ferroviárias
145	31 de março de 1932	−5,02%	Câmara propõe imposto sobre venda de ações

cado acionário ao longo do último século para os quais existe uma causa claramente identificada, quatro estavam diretamente associados com mudanças na política monetária. A maior mudança relacionada a notícias foi o ganho de 14,87%, em 6 de outubro de 1931, quando Hoover propôs um *pool* de US$ 500 milhões para ajudar os bancos, e a segunda maior foi o ganho de 11,08% ocorrido em 13 de outubro de 2008, quando o Federal Reserve forneceu liquidez ilimitada aos bancos centrais estrangeiros para facilitar o câmbio do dólar.

Se você focalizar apenas dez movimentos diários no mercado desde 1885, somente dois podem ser atribuídos a um acontecimento noticiável. A queda recorde em um único dia de 22,6% no mercado acionário, em 19 de outubro de 1987, não está associada com nenhum acontecimento noticiável prontamente identificável. De 1940 até a crise financeira recente, houve somente quatro dias de grandes movimentos nos quais a causa é identificável: a queda de 7,13% de 17 de setembro de 2001, quando os mercados reabriram após os ataques terroristas; a queda de 7,18% em 27 de outubro de 1997, quando especuladores estrangeiros da bolsa atacaram o dólar de Hong Kong; a queda de 6,91% na sexta-feira de 13 de outubro de 1989, quando a compra alavancada da United Airlines fracassou; e a queda de 6,54% em 26 de setembro de 1955, quando o presidente Eisenhower sofreu um ataque cardíaco.[3]

Durante a crise financeira de 2008–2009, as demais mudanças associadas a notícias (além das provisões de liquidez do Fed citadas anteriormente) foram o salto de 6,8% em 23 de março de 2009, quando a administração Obama anunciou uma parceria público-privada de trilhões de dólares para comprar ativos "tóxicos" dos bancos comerciais; a queda de 7,0% em 29 de agosto de 2008, quando a Câmara dos Representantes dos Estados Unidos rejeitou o Programa de Recompra de Ativos Problemáticos (Troubled Asset Repurchase Program – Tarp) de US$ 700 bilhões, proposto por Paulson, secretário do Tesouro, e Bernanke, presidente do Federal Reserve, na administração Bush; a perda de 5,5% em 8 de agosto, depois que a Standard & Poor's rebaixou a dívida governamental dos Estados Unidos; e a queda de 5,05% em 5 de novembro, após a vitória democrata na Casa Branca e no Congresso nas eleições de 2008.

As guerras normalmente são um grande fator de influência sobre o mercado. Entretanto, a queda de mercado de 17 de setembro de 2001, após os ataques terroristas, foi mais de duas vezes superior à queda de 3,5% ocorrida no dia posterior ao ataque a Pearl Harbor e foi também superior a qualquer outro declínio ocorrido em um único dia nos períodos em que os Estados Unidos estavam em guerra.

Mesmo quando um dia é preenchido por acontecimentos noticiáveis, pode haver grande desacordo sobre *qual* notícia de fato provocou determinada mudança no mercado. Em 15 de novembro de 1991, quando o Dow caiu mais de 120 pontos, ou cerca de 4%, o *Investor's Business Daily* veiculou um artigo sobre o mercado intitulado "Dow Plunges 120 in a Scary Stock

Sell-Off: Biotechs, Programs, Expiration and Congress Get the Blame".[4] Em contraposição, o jornal londrino *Financial Times* publicou um artigo de primeira página escrito por um redator de Nova York, intitulado "Wall Street Drops 120 Points on Concern at Russian Moves". O que é interessante é que essa notícia, especificamente de que o governo russo havia suspendido as licenças de petróleo e assumido o controle do suprimento de ouro, não foi mencionada sequer uma vez no artigo do *Investor's Business Daily*! O fato de um importante jornal poder ressaltar "motivos" que outro veículo ou fonte de notícias não chega nem a mencionar mostra a dificuldade de encontrar explicações fundamentais para os movimentos nos mercados.

INCERTEZA E MERCADO

O mercado de ações detesta incertezas, motivo pelo qual os acontecimentos que arrancam os investidores da estrutura habitual que eles utilizam para analisar o mundo podem ter efeitos devastadores. O dia 11 de setembro é um exemplo perfeito. Os americanos ficaram inseguros quanto ao que esses ataques terroristas significavam para o futuro. Quão grave seria a queda nas viagens aéreas – ou em qualquer viagem? De que magnitude seria o impacto sobre o setor turístico de aproximadamente US$ 600 bilhões? Perguntas sem resposta geram ansiedade e preços declinantes.

A incerteza sobre a presidência é outro depressor para as ações. O mercado quase sempre cai em reação a mudanças repentinas e inesperadas relacionadas com a presidência. Como já ressaltado, o ataque cardíaco do presidente Eisenhower em 26 de setembro de 1955, provocou uma queda de 6,54% no índice industrial Dow, a quinta maior no período pós-guerra. Esse declínio foi um nítido sinal da popularidade de Eisenhower junto aos investidores. O assassinato do presidente Kennedy, na sexta-feira de 22 de novembro de 1963, provocou uma queda no Dow Jones de 2,9% e instigou a Bolsa de Valores de Nova York a fechar duas horas antes para evitar pânico nas vendas. As negociações permaneceram suspensas na segunda-feira seguinte, 25 de novembro, para o funeral de Kennedy. Contudo, na terça-feira seguinte, momento em que Lyndon Johnson já havia tomado as rédeas do governo, o mercado teve uma alta de 4,5%, o que representou um dos melhores dias no período pós-guerra.

Quando William McKinley foi baleado em 14 de setembro de 1901, o mercado caiu mais de 4%. Mas as ações recuperaram todas as suas perdas no dia de negociação seguinte. A morte de Warren Harding em 1923 provocou um revés mais moderado, que em pouco tempo foi apagado. Liquidações como essas com frequência oferecem boas oportunidades para os investidores comprarem ações, visto que o mercado em geral se inverte rapidamente após a mudança na liderança. Mas existem políticos dos quais os investidores nunca se esquecem. As ações tiveram uma reação de mais de 4% na semana posterior à notícia da morte de Franklin Roosevelt, nunca um favorito em Wall Street.

DEMOCRATAS E REPUBLICANOS

É bem sabido que geralmente os investidores preferem republicanos a democratas. Os executivos corporativos e *traders* de ações são em sua maioria republicanos e várias políticas republicanas são consideradas favoráveis às ações e à formação de capital. Os democratas são considerados menos receptivos a um tratamento tributário favorável dos ganhos de capital e dividendos e mais propensos à regulamentação e redistribuição de renda. Entretanto, o mercado de ações na verdade se saiu melhor com democratas do que com republicanos.

O desempenho do índice industrial Dow Jones durante todas as administrações desde que Grover Cleveland foi eleito em 1888 é mostrado na Figura 16.2. O maior mercado baixista da história ocorreu durante a administração republicana de Herbert Hoover, ao passo que as ações se saíram muito bem na administração de Franklin Roosevelt, ainda que esse democrata tenha sido vilipendiado com frequência nas salas de diretoria e empresas de corretagem ao redor do país. Aliás, a reação imediata do mercado – do dia anterior à eleição ao dia posterior – conforma-se com o fato de os investidores gostarem mais dos republicanos do que dos democratas. Desde 1888, o mercado caiu em média 0,6% no dia seguinte a uma vitória democrata, mas subiu 0,7% no dia seguinte a uma vitória re-

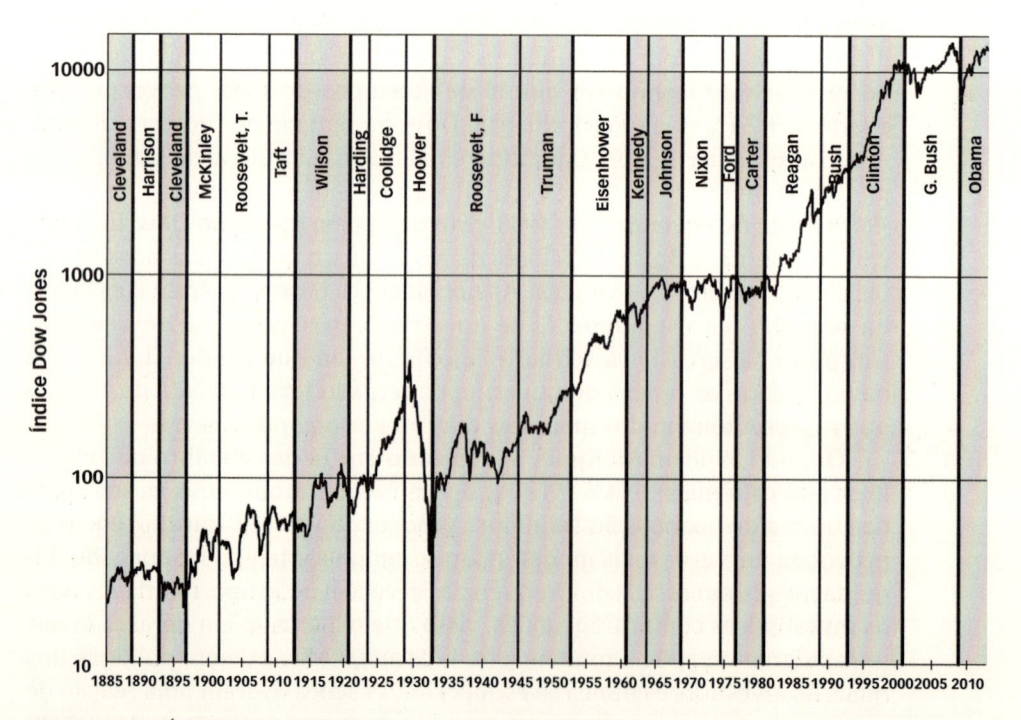

Figura 16.2 Índice industrial Dow Jones e mandatos presidenciais (áreas em cinza referem-se a democratas), 1985–2012.

publicana. Todavia, a reação do mercado ao sucesso dos republicanos nas eleições presidenciais tem-se atenuado desde a Segunda Guerra Mundial. Houve ocasiões, como a vitória eleitoral do segundo mandato de Clinton, em que o mercado disparou porque os republicanos mantiveram o controle do Congresso, e não pelo fato de um democrata como Clinton ter sido eleito.

Os retornos no primeiro, segundo, terceiro e quarto anos do mandato dos presidentes são exibidos na Tabela 16.3. Os retornos no terceiro ano de um mandato presidencial geralmente são os melhores. Isso é impressionante porque o terceiro ano inclui a desastrosa queda de 43,3% ocorrida em 1931 durante o terceiro ano da administração malfadada de Hoover e o ano de pior desempenho em mais de 120 anos. Mas o terceiro ano nem sempre é atraente. O terceiro ano do primeiro mandato de Obama foi o pior terceiro ano para as ações desde o de Carter em 1979.

O motivo pelo qual o terceiro ano de mandato presidencial se sobressai não é claro. Poderíamos supor que o quarto ano, quando a administração pode aumentar os gastos ou pressionar mais o Fed a estimular a economia para a eleição subsequente, seria o melhor ano para as ações. Mas o quarto ano, embora bom, evidentemente não é o melhor. Talvez o mercado anteveja políticas econômicas favoráveis no ano de eleição, o que leva os preços das ações a subir no ano anterior.

O desempenho superior sob a administração de democratas nos últimos anos é documentado na Tabela 16.4. Essa tabela registra os retornos totais reais e nominais no mercado de ações, bem como a taxa de inflação, em administrações democratas e republicanas. Desde 1888, em termos nominais, o mercado se saiu melhor com democratas do que com republicanos. Porém, como a inflação foi inferior quando os republicanos estavam no poder, os retornos reais das ações foram praticamente idênticos sob ambos os partidos. Mas isso não se aplica aos últimos 60 anos, nos quais o mercado se saiu bem melhor com democratas independentemente de a inflação ser ou não levada em conta. Talvez seja por isso que a reação do mercado a uma vitória democrata não tenha sido tão negativa nos últimos anos quanto foi no passado.

AÇÕES E GUERRA

Desde 1885, a economia dos Estados Unidos esteve em guerra ou à margem de uma guerra mundial em um quinto do tempo. O mercado acionário se sai bem em retornos nominais tanto em tempos de guerra quanto de paz. Entretanto, a inflação girou em torno de 6% em média durante os tempos de guerra e foi inferior a 2% em tempos de paz. Portanto, os retornos reais das ações em tempos de paz superam em grande medida os retornos obtidos em tempos de guerra.

Embora os retornos sejam melhores durante tempos de paz, na verdade o mercado acionário foi mais volátil em tempos de paz do que em guer-

Tabela 16.3 Retornos das ações durante eleições presidenciais e ano do mandato, 1888–2012

Nome do presidente	Partido	Data da eleição	De: 1 dia antes a: 1 dia depois	Primeiro ano do mandato	Segundo ano do mandato	Terceiro ano do mandato	Quarto ano do mandato
Harrison	R	6/11/1888	0,4	11,8	−6,6	16,6	13,5
Cleveland	D	8/11/1892	−0,5	−15,3	11,9	11,3	−4,5
McKinley	R	3/11/1896	2,7	18,9	11,0	9,9	−1,3
McKinley	R	6/11/1900	3,3	35,3	0,3	−18,1	28,5
Roosevelt, T.	R	8/11/1904	1,3	25,2	2,0	−32,5	39,0
Taft	R	3/11/1908	2,4	16,6	−0,6	0,5	11,7
Wilson	D	5/11/1912	1,8	−13,0	−2,5	24,2	3,7
Wilson	D	7/11/1916	−0,4	−30,9	−5,8	13,5	−19,3
Harding	R	2/11/1920	−0,6	4,0	53,4	−11,1	21,5
Coolidge	R	4/11/1924	1,2	33,3	15,8	36,0	36,5
Hoover	R	6/11/1928	1,2	33,2	−29,6	−32,3	−13,6
Roosevelt, F.	D	8/11/1932	−4,5	43,3	−4,13	7,2	43,6
Roosevelt, F.	D	3/11/1936	2,3	−26,8	18,6	3,3	−11,8
Roosevelt, F.	D	5/11/1940	−2,4	−10,2	−6,1	28,9	12,4
Roosevelt, F.	D	7/11/1944	−0,3	30,6	−19,1	−0,5	4,3
Truman	D	2/11/1948	−3,8	7,9	28,8	18,2	8,1
Eisenhower	R	4/11/1952	0,4	3,4	42,3	35,7	11,5
Eisenhower	R	6/11/1956	−0,9	−9,9	25,8	13,5	−3,8
Kennedy	D	8/11/1960	0,8	29,6	−15,8	32,4	18,5
Johnson	D	3/11/1964	−0,2	8,8	−16,0	25,0	6,8
Nixon	R	5/11/1968	0,3	−10,1	−13,1	14,7	12,1
Nixon	R	7/11/1972	−0,1	−4,3	−41,1	24,0	13,2
Carter	D	2/11/1976	−1,0	−9,7	3,6	−2,4	16,2
Reagan	R	4/11/1980	1,7	−12,2	11,6	28,4	−1,4
Reagan	R	6/11/1984	−0,9	14,2	30,1	16,3	−1,6
Bush	R	8/11/1988	−0,4	23,8	−13,9	26,5	6,5
Clinton	D	3/11/1992	−0,9	12,5	0,2	25,4	19,4
Clinton	D	5/11/1996	2,6	35,2	8,6	24,3	4,6
Bush, G. W.	R	7/11/2000*	−1,6	−23,1	−20,9	21,2	6,0
Bush, G. W.	R	2/11/2004	1,1	4,0	14,9	11,0	−37,9
Obama	D	4/11/2008	−1,3	13,7	10,6	1,4	19,0
Obama	D	6/11/2012	−1,5				
Média de 1888 a junho de 2012		Democrata	−0,6	5,0	0,9	16,1	8,1
		Republicano	0,7	9,6	4,8	9,4	8,3
		Geral	0,1	7,7	3,0	13,0	8,4
Média de 1948 a junho de 2012		Democrata	−0,7	12,3	2,5	15,5	11,6
		Republicano	0,0	−1,6	4,0	21,2	0,5
		Geral	−0,3	5,2	3,5	19,7	6,1

* O resultado da disputa ainda não havia sido determinado oficialmente até 13 de dezembro de 2000.

Tabela 16.4 Retornos das ações durante mandatos presidenciais, 1888–2012

Nome do presidente	Partido	Data	Meses no cargo	Retorno nominal anualizado das ações	Inflação anualizada	Retorno real anualizado
Harrison	R	11/88–10/92	48	5,48	−2,73	8,43
Cleveland	D	11/92–10/96	48	−2,88	−3,06	0,19
McKinley	R	11/96–8/01	58	19,42	3,69	15,18
Roosevelt, T.	R	9/01–10/08	86	5,02	1,95	3,01
Taft	R	11/08–10/12	48	9,56	2,59	6,80
Wilson	D	11/12–10/20	96	3,55	9,26	−5,23
Harding	R	11/20–7/23	33	7,43	−5,16	13,28
Coolidge	R	8/23–10/28	63	26,99	0,00	26,99
Hoover	R	11/28–10/32	48	−19,31	−6,23	−13,96
Roosevelt, F.	D	11/32–3/45	149	11,42	2,37	8,83
Truman	D	4/45–10/52	91	13,84	5,49	7,91
Eisenhower	R	11/52–10/60	96	15,09	1,38	13,52
Kennedy	D	11/60–10/63	36	14,3	11,11	13,06
Johnson	D	11/63–10/68	60	10,64	2,76	7,66
Nixon	R	11/68–7/74	69	−1,39	6,02	−6,99
Ford	R	8/74–10/76	27	16,56	7,31	8,62
Carter	D	11/76–10/80	48	11,66	10,01	1,50
Reagan	R	11/80–10/88	96	14,64	4,46	9,75
Bush	R	11/88–10/92	48	14,05	4,22	9,44
Clinton	D	11/92–10/00	96	18,74	2,59	15,74
Bush, G. W.	R	11/00–10/08	96	−2,75	2,77	−5,38
Obama	D	11/08–12/12	50	12,10	1,41	10,54
Média de 1888 a dezembro de 2012	Democrata		674	10,80	3,86	6,80
	Republicano		816	8,47	1,90	6,45
	Geral		100%	9,53	2,78	6,61
Média de 1952 a dezembro de 2012	Democrata		290	14,20	3,47	10,48
	Republicano		432	8,37	3,80	4,45
	Geral		100%	10,71	3,67	6,87

ra, com base no desvio padrão mensal do índice industrial Dow Jones. A volatilidade mais alta nos mercados americanos ocorreu no final da década de 1920 e início da década de 1930, bem antes do envolvimento dos Estados Unidos na Segunda Guerra Mundial, e em 2008 e 2009, durante a crise financeira recente. Somente durante a Primeira Guerra Mundial e a breve Guerra do Golfo é que as ações tiveram uma volatilidade superior à média histórica.

Em teoria, uma guerra deveria ter uma influência profundamente negativa sobre os preços das ações. Os governos requisitam recursos extraordinários, ao mesmo tempo em que taxas elevadas e a contratação de enormes empréstimos por parte do governo concorrem com a demanda de ações dos investidores. Setores inteiros são estatizados para favorecer o empreendimento de guerra. Além disso, se a derrota na guerra for considerada uma possibilidade, as ações podem muito bem cair porque os vencedores impõem sanções aos derrotados. Entretanto, as economias alemã e japonesa foram rapidamente restauradas após a Segunda Guerra Mundial e subsequentemente as ações tiveram um crescimento súbito.

Os mercados durante as guerras mundiais

O mercado teve uma volatilidade bem mais alta durante a Primeira Guerra Mundial do que durante a Segunda Guerra. Houve uma alta de aproximadamente 100% durante os primeiros estágios da Primeira Guerra, depois uma queda de 40% quando os Estados Unidos se envolveram nas hostilidades e finalmente uma recuperação quando a Grande Guerra chegou ao fim. Em contraposição, durante os seis anos da Segunda Guerra Mundial, o mercado nunca se desviou mais de 32% de seu nível anterior à guerra.

A deflagração da Primeira Guerra Mundial precipitou um pânico, visto que os investidores europeus correram para se livrar das ações e adquirir ouro e dinheiro. Depois que a Áustria-Hungria declararam guerra à Sérvia em 28 de julho de 1914, todas as principais bolsas de valores europeias fecharam. O pânico europeu espalhou-se para Nova York, e o índice industrial Dow Jones fechou com baixa de 7% na quinta-feira de 30 de julho, o declínio mais drástico desde a queda de 8,3% ocorrida durante o pânico de 1907. Minutos antes da abertura da Bolsa de Valores de Nova York na sexta, a bolsa decidiu fechar por tempo indeterminado.

O mercado só foi reaberto em dezembro. Nunca antes a Bolsa de Valores de Nova York havia ficado fechada durante um período tão longo, tampouco ficou desde então. Negociações de emergência eram permitidas, mas somente com a aprovação de um comitê especial e apenas por preços iguais ou abaixo ao da última negociação antes do fechamento da bolsa. Mesmo assim houve violação da proibição de negociações, visto que ocorriam negociações ilegais fora da bolsa (*on the curb**) por preços

---

* N. de T.: Expressão financeira referente à negociação de títulos em espaços alternativos, fora do procedimento normal e dos horários comerciais oficiais das bolsas de valores, algumas vezes até nas calçadas das bolsas de valores, que foi o que deu origem a essa expressão.

CAPÍTULO 16   Quando os eventos mundiais afetam os mercados financeiros

que continuaram caindo até outubro. Extraoficialmente, diz-se que no outono os preços estavam 15% a 20% abaixo do preço de fechamento de julho.

É irônico que o único período prolongado durante o qual a Bolsa de Valores de Nova York ficou fechada tenha ocorrido quando os Estados Unidos ainda não se encontravam em guerra nem em nenhum estado de aflição financeira ou econômica. Na verdade, quando a bolsa fechou, os *traders* perceberam que os Estados Unidos seriam um forte beneficiário econômico do conflito europeu. Assim que os investidores constataram que os Estados Unidos fabricariam as munições e forneceriam matérias-primas aos beligerantes, o interesse público por ações elevou-se de súbito.

Na ocasião em que a bolsa reabriu, em 12 de dezembro, os preços estavam subindo rapidamente. O índice industrial Dow finalizou a histórica sessão de sábado 5% mais alto em comparação com os preços de fechamento de julho daquele ano. A reação continuou, e 1915 registra a melhor alta da história em um único ano do índice Dow Jones, tendo em vista que as ações tiveram uma elevação recorde de 82%. As ações continuaram subindo em 1916 e atingiram um pico em novembro, com preços duas vezes superiores ao nível em que estavam mais de dois anos antes, precisamente no início da guerra. Entretanto, as ações recuaram em torno de 10% quando os Estados Unidos entraram em guerra oficialmente em 16 de abril de 1917 e caíram mais 10% até novembro de 1918, quando o armistício foi assinado.

A mensagem do grande *boom* de 1915 não passou despercebida para os *traders* uma geração depois. Quando a Segunda Guerra Mundial irrompeu, os investidores tomaram como exemplo o que havia ocorrido no início da guerra mundial anterior. No momento em que a Grã-Bretanha declarou guerra à Alemanha, em 3 de setembro de 1939, a elevação foi tão explosiva que a Bolsa de Valores de Tóquio foi forçada a fechar antecipadamente. Quando o mercado reabriu em Nova York, sobreveio um pânico de compra. O índice Dow Jones teve uma alta de mais de 7% e até mesmo as bolsas de valores europeias estavam firmes quando as negociações foram reabertas.

O entusiasmo que se seguiu ao início da Segunda Guerra Mundial rapidamente se dissolveu. O presidente Roosevelt estava determinado a não permitir que as corporações ganhassem lucro fácil tal como havia ocorrido na Primeira Guerra Mundial. Esse lucro foi fonte de críticas entre o público, visto que os americanos sentiram que os custos da guerra não estavam sendo arcados igualmente, pois enquanto seus jovens morriam no exterior, as corporações atingiam uma renda recorde. Um imposto sobre excesso de lucro aprovado pelo Congresso durante a Segunda Guerra Mundial eliminou o prêmio obtido em tempo de guerra que os investidores haviam esperado do conflito.

No dia anterior ao ataque dos japoneses a Pearl Harbor, o Dow estava 25% abaixo de sua alta de 1939 e ainda menos de um terço inferior ao seu pico de 1929. As ações caíram 3,5% no dia posterior a Pearl Harbor e continuou caindo até o momento em que atingiram uma baixa em 28 de abril de 1942, quando os Estados Unidos sofreram perdas nos primeiros meses da guerra no Pacífico.

Contudo, quando a maré da guerra virou para os aliados, o mercado começou a subir. No momento em que a Alemanha assinou sua rendição incondicional em 7 de maio de 1945, o Dow Jones estava 20% acima do nível anterior à guerra. A explosão da bomba sobre Hiroshima, um acontecimento central na história da guerra, fez com que as ações subissem 1,7% porque os investidores reconheceram que o fim da guerra estava próximo. Entretanto, a Segunda Guerra Mundial não se revelou lucrativa para os investidores tanto quanto a Primeira Guerra, visto que o Dow apresentou uma alta de apenas 30% durante os seis anos entre a invasão alemã da Polônia e o Dia V-J (vitória sobre o Japão).

Conflitos pós-1945

A Guerra da Coreia tomou os investidores de surpresa. Quando a Coreia do Norte invadiu sua vizinha do sul em 25 de junho de 1950, o Dow Jones caiu 4,65%, mais do que no dia posterior a Pearl Harbor. Mas a reação do mercado ao conflito crescente foi contida e as ações em nenhum momento caíram mais de 12% abaixo de seu nível anterior à guerra.

A Guerra do Vietnã foi a mais longa e uma das menos populares dentre todas as guerras dos Estados Unidos. O ponto de partida para o envolvimento dos Estados Unidos nesse conflito pode ser situado em 2 de agosto de 1964, quando, segundo consta, dois destróieres americanos foram atacados no Golfo de Tonkin.

Um ano e meio após o incidente do Golfo de Tonkin, o Dow Jones atingiu a maior alta de todos os tempos, 995, mais de 18% superior ao nível anterior ao ataque de Tonkin. Mas o índice caiu aproximadamente 30% nos meses seguintes, depois que o Fed arrochou o crédito para refrear a inflação. No momento em que a resistência das tropas americanas atingiu seu pico no início de 1968, o mercado já havia se recuperado. Dois anos depois, quando Nixon enviou tropas ao Camboja, as taxas de juros subiam rapidamente e uma recessão ameaçava, o mercado caiu outra vez, quase 25% em relação ao ponto anterior à guerra.

O pacto de paz entre os norte-vietnamitas e os americanos foi assinado em Paris em 27 de janeiro de 1973. Mas os ganhos obtidos pelos investidores ao longo dos oitos anos de guerra foram bastante pequenos, porque o mercado foi refreado por taxas de inflação e de juros crescentes e igualmente por outros problemas não diretamente relacionados com a Guerra do Vietnã.

Enquanto a guerra no Vietnã foi uma das mais longas das guerras americanas, a Guerra do Golfo em 1991 contra o Iraque, no Oriente Médio, foi a mais curta. A gota d'água se deu em 2 de agosto de 1990, quando o Iraque invadiu o Kuwait, levando os preços do petróleo às alturas e desencadeando uma escalada militar dos Estados Unidos na Arábia Saudita. A elevação dos preços do petróleo uniu-se à economia já arrefecida dos Estados Unidos para afundar ainda mais o país em uma recessão. O mercado de ações caiu precipitadamente e, em 11 de outubro, o Dow Jones despencou mais de 18% em relação aos seus níveis anteriores à guerra.

Os Estados Unidos deram início à sua ação ofensiva em 17 de janeiro de 1991. Foi a primeira guerra importante travada em um mundo em que os mercados de petróleo, ouro e títulos do governo americano operavam dia e noite em Tóquio, Cingapura, Londres e Nova York. Os mercados decidiam os vencedores em questão de horas. Os títulos foram liquidados em Tóquio durante alguns minutos após a notícia do bombardeio dos Estados Unidos a Bagdá, mas a surpreendente notícia do sucesso dos Estados Unidos e de seus aliados levou o preço das títulos e das ações japonesas às alturas minutos depois. O preço do petróleo negociado no Extremo Oriente despencou, assim como o petróleo cru Brent caiu de US$ 29 o barril, preço anterior às hostilidades, para US$ 20.

No dia seguinte, os preços das ações dispararam ao redor do mundo. O Dow Jones teve um salto de 115 pontos, ou 4,4%, e houve grandes ganhos em toda a Europa e Ásia. No momento em que os Estados Unidos arregimentaram tropas terrestres para invadir o Kuwait, havia dois meses que o mercado já sabia que a vitória estava prestes. A guerra terminou em 28 de fevereiro e, por volta da primeira semana de março, o Dow Jones estava mais de 18% acima do nível de quando a guerra começou.

Tal como ressaltado no início deste capítulo, a guerra contra o terrorismo começou com os ataques terroristas em Nova York e no Pentágono em 11 de setembro de 2001. O índice Dow Jones teve uma queda de 16% de seu fechamento de 9.606 em 10 de setembro à baixa intradiária de 8.062 atingida na sexta-feira de 21 de setembro. Mas o mercado teve uma acentuada recuperação na semana seguinte e o índice restabeleceu-se em 9.120 no momento em que os Estados Unidos deram início à ação ofensiva contra o Talibã no Afeganistão em 7 de outubro.

Em virtude das agressivas políticas de afrouxamento por parte do Federal Reserve e do bom desempenho inicial da Guerra do Afeganistão, em 13 de novembro, o Dow Jones ultrapassou seu nível de 10 de setembro e continuou aumentando até o final do ano. De sua baixa intradiária de 8.062 em 21 de setembro à sua alta intradiária de 10.184 em 28 de dezembro, o Dow teve uma surpreendente elevação de 26,3% em três meses.

O mercado continuou sua escalada até 10.673, em 19 de março de 2002, mas o mercado baixista, que havia iniciado dois anos antes, estava longe do fim. Uma economia letárgica, associada aos escândalos contábeis da Enron, WorldCom e outras, provocou outro mergulho nas ações que só chegou ao fim em 10 de outubro de 2002, quando o Dow atingiu uma baixa intradiária de 7.197. Da alta intradiária de 11.750 atingida em 14 de janeiro de 2000, à baixa de 10 de outubro de 2002, o índice Dow Jones caiu cerca de 39%, um declínio muito inferior ao do índice S&P 500, que foi inflado pelas ações de tecnologia muito acima do preço.

Subsequentemente, o mercado reagiu e ultrapassou 9.000, mas a ansiedade quanto a uma segunda operação americana no Iraque reduziu o preço das ações para 7.524 cinco meses depois, em 11 de março de 2003, alguns dias antes da invasão. Entretanto, tal como mostra sua resposta 12 anos antes, quando a Guerra do Golfo começou, o mercado reagiu à notícia da invasão e continuou subindo, não obstante a crescente insurreição no Iraque que tornou essa guerra particularmente malquista.

Apesar da derrota republicana no Congresso em novembro de 2006, as ações atingiram novas altas inéditas no verão de 2007, mais do que recuperando todo o terreno que havia sido perdido durante o mercado baixista entre 2000 e 2002. Do final de março de 2003, o primeiro mês de invasão do Iraque, a junho de 2007, o mercado teve um retorno anual extremamente firme de 17,5% ao ano, até o momento em que todos esses ganhos foram arruinados pela crise financeira.

CONCLUSÃO

Ao investigar as causas dos principais movimentos do mercado, é preocupante perceber que menos de um em cada quatro deles está associado a acontecimentos noticiáveis de grande importância política ou econômica. Isso confirma a imprevisibilidade do mercado e a dificuldade em prever seus movimentos. Aqueles que venderam no pânico da deflagração da Primeira Guerra Mundial perderam a oportunidade de 1915, o melhor ano de todos os tempos no mercado acionário. Mas aqueles que compraram no princípio da Segunda Guerra Mundial, acreditando que haveria uma repetição dos ganhos da Primeira Guerra, ficaram tremendamente desapontados em virtude da determinação do governo de impor um limite máximo para o lucro em tempo de guerra. Os acontecimentos mundiais podem chocar o mercado em curto prazo, mas felizmente eles se demonstraram incapazes de reduzir os retornos de longo prazo que se tornaram próprios das ações em longos horizontes.

17

Ações, títulos e o fluxo de dados econômicos

A coisa que mais afeta o mercado de ações são todas as coisas.
— JAMES PALYSTED WOOD, 1966

São 8h28, horário de verão em Nova York, sexta-feira, 5 de julho de 1996. Normalmente, um dia de negociação entre um feriado importante nos Estados Unidos e um fim de semana é lento e tem pouco volume ou oscilação de preço. Mas não hoje. No mundo inteiro, os *traders* estão ansiosamente grudados nos terminais, de olhos vidrados na tela que rola inúmeras manchetes diariamente. Durante toda a semana, os *traders* de ações, títulos e de câmbio aguardaram esse dia. Faltam apenas dois minutos para o comunicado mais importante do mês – as estatísticas de trabalho dos Estados Unidos. O Dow tem sido negociado bem próximo de sua maior alta de todos os tempos, atingida no final de maio. Mas as taxas de juros têm aumentando, um motivo de preocupação para os *traders*. Faltam apenas alguns segundos. Às 8h30 em ponto, as manchetes rolam pela tela:

FOLHA DE PAGAMENTO SOBE PARA 239.000, DESEMPREGO EM BAIXA DE 5,3% EM SEIS ANOS, GANHO POR HORA SOBE 9 CENTAVOS, MAIOR ALTA EM 30 ANOS.

O presidente Clinton saudou as notícias econômicas afirmando: "Temos a economia mais sólida no espaço de uma geração; finalmente os salários dos trabalhadores americanos estão novamente em alta."

Os mercados financeiros ficaram aturdidos. Os preços dos títulos de longo prazo despencaram imediatamente porque os *traders* esperavam um arrocho do Fed e que as taxas de juros subissem em torno de um quarto de ponto. Embora o mercado acionário só fosse abrir dentro de uma hora, os futuros do índice S&P 500, que representam direitos sobre esse índice de referência e são descritos em detalhe no capítulo seguinte, caíram em torno de 2%. As bolsas de valores europeias, que já estavam abertas havia horas, liquidaram-se imediatamente. O índice de referência DAX, na Alemanha, o CAC, na França, e o FT-SE, na Grã-Bretanha, caíram quase 2%. Em poucos segundos, os mercados acionários mundiais perderam US$ 200 bilhões e os mercados de títulos mundiais perderam no mínimo o equivalente.

Esse episódio demonstra que aquilo que Main Street (cidadãos comuns) interpreta como boa notícia com frequência é má notícia em Wall Street. É por isso que é muito mais que o mero lucro que move as ações; as taxas de juros, a inflação e a futura direção da política monetária do Federal Reserve também têm grande impacto.

DADOS ECONÔMICOS E O MERCADO

As notícias movem os mercados. O momento em que surgirá uma notícia extraordinária é imprevisível – como guerras, acontecimentos políticos e desastres naturais. Em contraposição, as notícias baseadas em dados econômicos são divulgadas em horários previamente anunciados e estabelecidos com um ano ou mais de antecedência. Nos Estados Unidos, existem anualmente centenas de comunicados programados sobre dados econômicos – a maior parte deles de órgãos governamentais, mas cada vez mais de empresas privadas. Quase todos os comunicados estão relacionados com a economia, em particular com crescimento econômico e inflação, e todos têm potencial para mover significativamente o mercado.

Os dados econômicos moldam não apenas a visão dos *traders* sobre a economia, mas também suas expectativas com relação a como o banco central implementará sua política monetária. Um crescimento econômico mais sólido ou uma inflação mais alta aumenta a probabilidade de o banco central arrochar ou parar de afrouxar a política monetária. Todos esses dados influenciam as expectativas dos *traders* sobre o rumo futuro das taxas de juros, da economia e, por fim, dos preços das ações.

PRINCÍPIOS DE REAÇÃO AO MERCADO

Os mercados não reagem diretamente ao que é divulgado; na verdade, eles reagem à *diferença* entre o que os *traders* esperam que ocorra e o que *realmente* ocorre. O fato de uma notícia ser boa ou ruim para a economia não tem nenhuma importância. Se o mercado estima que 200.000 empregos foram perdidos no mês anterior, mas o relatório oficial mostra que apenas 100.000 empregos foram perdidos, essa notícia econômica será considerada pelos mercados financeiros "acima das expectativas" e terá praticamente o mesmo efeito sobre os mercados em que um ganho de 200.000 empregos teria se o mercado esperasse um ganho de apenas 100.000.

O motivo pelo qual os mercados reagem somente à diferença entre as expectativas e não ao que de fato ocorre é que os preços dos títulos incorporam todas as informações esperadas. Se a expectativa for de que uma empresa divulgará lucros inferiores, o mercado já terá computado essa informação pessimista no preço das ações. Se o lucro divulgado não for tão ruim quanto o esperado, o preço subirá no momento da divulgação. O mesmo princípio se aplica à reação dos preços das títulos e de câmbio a dados econômicos.

Portanto, para compreender por que o mercado se move da forma como se move, você precisa identificar a *expectativa do mercado* com relação aos dados divulgados. A expectativa do mercado, com frequência chamada de *estimativa consensual*, é levantada por organizações de notícias e pesquisa. Elas realizam uma pesquisa de opinião junto a economistas, previsores profissionais, *traders* e outros participantes do mercado sobre um comunicado governamental ou privado iminente. Os resultados desses levantamentos são enviados à imprensa financeira e são divulgados amplamente *on-line* e em várias outras fontes de notícias.[1]

CONTEÚDO INFORMACIONAL DOS DADOS DIVULGADOS

Os dados econômicos são analisados com relação às suas implicações para o crescimento econômico, a inflação e a política do banco central. O princípio a seguir resume a reação dos mercados de títulos à publicação de dados relacionados com crescimento econômico:

> Um crescimento econômico acima das expectativas eleva as taxas de juros tanto de longo prazo quanto de curto prazo. Um crescimento econômico abaixo das expectativas faz as taxas de juros caírem.

Um crescimento econômico mais rápido do que o esperado eleva as taxas de juros por diversos motivos. Primeiro, o aquecimento da atividade econômica faz com que os consumidores sintam-se mais confiantes e propensos a tomar empréstimos sobre sua renda futura, aumentando a demanda por empréstimos. Além disso, um crescimento econômico mais rápido motiva as empresas a ampliar sua produção. Consequentemente, tanto as empresas quanto os consumidores provavelmente aumentarão sua demanda por crédito e aumentarão as taxas de juros.

Um segundo motivo pelo qual as taxas de juros aumentam concomitantemente com a divulgação de um crescimento econômico acima das expectativas é que esse crescimento pode ser inflacionário, particularmente se ocorrer no final de uma expansão econômica. O crescimento econômico associado com aumentos na produtividade, o que com frequência ocorre nos estágios iniciais e intermediários de uma expansão empresarial, raramente é inflacionário.

Voltando ao exemplo anterior, o principal motivo de as taxas de juros dispararem quando o Departamento de Trabalho divulgou seu relatório em 5 de julho de 1996 foram os temores inflacionários. Os *traders* temiam que a grande elevação dos salários, decorrente do excesso de oferta nos mercados de trabalho e da diminuição do desemprego, provocasse inflação, um castigo tanto para os mercados de títulos quanto de ações.

As implicações das notícias sobre crescimento econômico são também significativas para a conduta dos bancos centrais. Em vista da ameaça de inflação de uma economia excessivamente sólida, o banco central torna-se propenso a arrochar o crédito. Se a demanda agregada estiver se ampliando rapidamente em relação à oferta de bens e serviços, a autoridade monetária pode elevar as taxas de juros para impedir o superaquecimento da economia.

Obviamente, no caso de um relatório de emprego abaixo das expectativas, o mercado de títulos subirá à medida que as taxas de juros caírem em resposta a uma demanda de crédito mais fraca e a menores pressões inflacionárias. Lembre-se de que o preço dos títulos move-se na direção oposta à das taxas de juros.

Um princípio importante é que o mercado reage mais intensamente depois que várias notícias semelhantes movem-se na mesma direção. Por exemplo, se for anunciada uma inflação acima das expectativas, no mês seguinte o mercado reagirá ainda mais vigorosamente à divulgação de uma inflação superior à esperada. O motivo disso é que há muito ruído nas notícias individuais e a observação de um único mês pode ser revertida em dados subsequentes. Entretanto, se os dados subsequentes confirmarem a notícia original, é mais provável que uma nova tendência tenha sido estabelecida, e o mercado reagirá de acordo.

CRESCIMENTO ECONÔMICO E PREÇO DAS AÇÕES

Quando uma notícia de crescimento econômico intenso provoca uma queda no mercado acionário, isso surpreende tanto o público em geral quando a imprensa financeira. Contudo, um crescimento econômico acima das expectativas tem duas implicações importantes para o mercado de ações e cada uma puxa para uma direção. Uma economia próspera aumenta os lucros corporativos futuros, o que é favorável para as ações. Entretanto, aumenta também a taxa de juros, o que, por sua vez, eleva a taxa de desconto pela qual esses lucros futuros são descontados. De modo semelhante, uma notícia de crescimento econômico fraco pode diminuir os lucros esperados; porém, se as taxas de juros caírem, os preços das ações poderão subir em virtude da diminuição na taxa pela qual esses lucros são descontados. Trata-se de um combate, em termos de precificação de ativos, entre o numerador, que contém os fluxos de caixa futuros, e o denominador, que desconta esses fluxos.

Qual efeito será mais intenso – a mudança na taxa de juros ou a mudança nos lucros corporativos – com frequência depende do estágio em que a economia se encontra no ciclo econômico. Uma análise recente mostra que, em uma recessão, um relatório econômico acima das expectativas aumenta os preços das ações porque as implicações para os lucros corporativos são mais importantes do que a mudança nas taxas de juros nesse estágio do ciclo econômico.[2] Inversamente, um relatório abaixo das expectativas deprime os preços das ações. Durante expansões econômicas, e em particular próximo ao final de uma expansão, o efeito da taxa de juros normalmente é mais intenso porque a inflação é uma ameaça maior.

Muitos *traders* de ações observam os movimentos no mercado de títulos para conduzir suas negociações. Isso é especialmente verdadeiro no caso dos gestores de carteira que distribuem sua carteira entre ações e títulos com base em mudanças nas taxas de juros e nos retornos esperados das ações. Quando as taxas de juros caem após um relatório econômico fraco, esses investidores imediatamente se dispõem a aumentar a proporção de ações que eles mantêm, visto que, no momento, os retornos relativos das ações ou dos títulos estão a favor das ações. Entretanto, os investidores que reconhecem que um relatório de emprego fraco significa menores lucros futuros podem vender suas ações. O mercado de ações com frequência gira ao longo do dia à medida que os investidores digerem as implicações dos dados sobre lucro e taxas de juros.

O RELATÓRIO DE EMPREGO

O *relatório de emprego*, compilado pelo Departamento de Estatísticas do Trabalho (Bureau of Labor Statistics – BLS), é o relatório de dados mais importante divulgado mensalmente pelo governo. Para avaliar o emprego, o BLS faz dois levantamentos completamente diferentes: um que avalia o emprego e outro que avalia o desemprego. O *levantamento de folha de pagamento* calcula o número total de *empregos* que as empresas têm em sua folha de pagamento, ao passo que o levantamento domiciliar calcula o número de pessoas que estão empregadas ou estão procurando uma colocação. O *levantamento de folha de pagamento*, algumas vezes chamado de *levantamento por estabelecimento* ou *empresa* (*establishment survey*), coleta dados de folha de pagamento de aproximadamente 400.000 estabelecimentos comerciais e de funcionários públicos, o que abrange aproximadamente 50 milhões de trabalhadores ou 40% da força de trabalho total. É esse levantamento que a maioria dos previsores utiliza para avaliar o futuro rumo da economia. O que tem maior importância para os *traders* é a mudança na *folha de pagamento não rural* (o número de trabalhadores rurais é excluído porque é muito volátil e não está associado com tendências econômicas cíclicas).

A *taxa de desemprego* é determinada por um levantamento totalmente distinto do levantamento de folha de pagamento. Entretanto, normalmente é a taxa de desemprego que encabeça a pauta dos noticiários noturnos. A taxa de desemprego é calculada com base no "levantamento domiciliar", no qual se coletam dados sobre 60.000 domicílios. Esse levantamento investiga, dentre outras questões, se alguém no domicílio procurou emprego "ativamente" nas últimas semanas. Aqueles que respondem sim são classificados como desempregados. O número resultante de pessoas desempregadas é dividido pelo número de pessoas na força de trabalho total, e o produto dessa divisão constitui a taxa de desempenho. A força de trabalho nos Estados Unidos, definida como os empregados mais os desempregados, compõe dois terços da população adulta. Esse índice aumentou de forma gradativa nas décadas de 1980 e 1990 porque as mulheres conseguiram entrar para a força de trabalho, mas diminuiu recentemente.

A interpretação das estatísticas do BLS pode ser bastante complicada. Como os dados de folha de pagamento e domiciliares baseiam-se em levantamentos totalmente diferentes, não é incomum o número de empregos na folha de pagamento aumentar ao mesmo tempo em que a taxa de desemprego e vice-versa. Um dos motivos é que o levantamento de folha de pagamento faz a contagem de empregos, enquanto o levantamento domiciliar faz a contagem de pessoas. Portanto, os trabalhadores com dois empregos são contados uma única vez no levantamento domiciliar, mas duas vezes no levantamento de folha de pagamento. Além disso, os indivíduos autônomos não são contados no levantamento de folha de pagamento, mas o são no levantamento domiciliar. Concluindo, elevações no número de pessoas que estão procurando emprego no estágio inicial de uma recuperação econômica podem aumentar a taxa de desemprego em virtude da afluência de pessoas que estão procurando emprego para um mercado de trabalho mais aquecido.

Por esses motivos, muitos economistas e previsores minimizam a importância da taxa de desemprego na previsão do ciclo econômico. Contudo, isso não diminui o impacto político desse número. A taxa de desemprego é um número facilmente compreendido que representa a fração da força de trabalho que está à procura, mas não encontra emprego. Para avaliar a saúde da economia, a maior parte do público acompanha mais de perto essa estatística do que qualquer outra. Além disso, Ben Bernanke, presidente do Fed, transformou a taxa de desemprego em um limite para quando o Federal Reserve começaria a elevar as taxas de juros após a crise financeira e a Grande Recessão. Por esse motivo, agora a taxa de desemprego é considerada muito importante pelos *traders* e observadores do mercado.

Desde 2005, a empresa Automatic Data Processing (ADP) divulga seus próprios dados de folha de pagamento, no chamado *ADP National Employment Report*, dois dias antes do relatório de trabalho do BLS. O relatório da ADP é uma medida de emprego não rural, baseada em aproximadamente metade dos 500.000 clientes empresariais americanos da

CAPÍTULO 17 Ações, títulos e o fluxo de dados econômicos   **263**

Segunda	Terça	Quarta	Quinta	Sexta
1 10h00 Índice de Gerentes de Compra** (PMI)	**2** Vendas de Veículos*	**3** 8h15 Estatísticas de Emprego da ADP** 10h00 PMI de Serviços**	**4** 8h30 Pedidos de Auxílio-Desemprego** Relatório de Comércio*	**5** 8h30 Relatório de Emprego****
8	**9**	**10**	**11** 8h30 Pedidos de Auxílio-Desemprego**	**12** 8h30 PPI**** 9h55 Índice de Confiança do Consumidor da Universidade de Michigan
15 8h30 Fed de Nova York* Índice de Vendas do Varejo***	**16** 8h30 Índice de Preço ao Consumidor*** 9h15 Produção Industrial* 10h00 Índice Nacional de Construtores de Casas (NAHB)**	**17** 8h30 Índice de Construção de Casas Novas*** Índice de Alvará de Construção***	**18** 8h30 Pedidos de Auxílio-Desemprego** 10h00 Fed da Filadélfia*	**19**
22 10h00 Venda de Residências Existentes**	**23** Pedidos de Bens Duráveis**	**24** 10h00 Venda de Residências Novas*	**25** 8h30 Pedidos de Auxílio-Desemprego** Bens Duráveis**	**26**
29	**30** 8h30 PIB Trimestral*** 9h00 Índice de Case-Shiller de Preços Habitacionais* 10h00 Índice de Confiança do Consumidor da Conference*	**31** 8h30 Índice de Custo do Emprego* Renda, Gastos, Deflator de Despesas de Consumo Pessoal (PCE)*** 9h45 PMI de Chicago*		

Os asteriscos classificam a importância para o mercado (**** = mais importante).

Figura 17.1 Calendário mensal típico de dados econômicos.

ADP e em cerca de 23 milhões de empregados. Como a ADP processa os cheques de pagamento de um a cada seis funcionários do setor privado nos Estados Unidos em todos os períodos de pagamento e em uma ampla variedade de setores, portes de empresa e áreas geográficas, seus números oferecem um bom indício dos futuros dados de trabalho.

O CICLO DOS COMUNICADOS

O relatório de emprego é apenas um dentre várias dezenas de comunicados que são publicados mensalmente. As datas de divulgação habituais dos diversos relatórios de dados em um mês típico são exibidas na Figura 17.1. O número de asteriscos denota a importância do relatório para o mercado financeiro.

    O relatório de folhas de pagamento da ADP, publicado na virada do mês, marca o auge da divulgação de dados importantes sobre crescimento econômico. No primeiro dia útil do mês, um levantamento do Instituto de

Gestão de Oferta (Institute for Supply Management – ISM, anteriormente Associação Nacional de Gerentes de Compra), chamado de *purchasing managers index* (PMI), é divulgado.

O relatório desse instituto faz um levantamento junto a 250 agentes de compra de empresas fabris para investigar se os indicadores de pedidos, produção, emprego e outros indicadores estão aumentando ou diminuindo e cria um índice com base nesses dados. É uma interpretação de 50 médias em que metade dos gerentes relata atividade crescente e metade relata atividade decrescente. Uma interpretação de 52 ou 53 é sinal de uma economia normalmente em expansão. Uma interpretação de 60 representa uma economia firme em que três quintos dos gerentes relatam crescimento. Uma interpretação abaixo de 50 representa um setor fabril em retração e uma interpretação abaixo de 40 é quase sempre um sinal de recessão. Dois dias depois, no terceiro dia útil do mês, o ISM publica um índice semelhante para o setor de serviços da economia.

Existem outros relatórios de dados oportunos sobre a atividade fabril. O relatório do índice de gerentes de compra de Chicago (Chicago Purchasing Managers) é publicado no último dia útil do mês, no dia anterior ao relatório do PMI nacional. A área fabril de Chicago é bem diversificada. Por isso, em dois terços do tempo, o índice de Chicago se moverá na mesma direção do índice nacional. Desde 1968, o Relatório de Atividade Fabril do Fed da Filadélfia (Philadelphia Manufacturing Report) tem sido publicado na terceira quinta-feira do mês, o que o tornou o primeiro relatório fabril a ser publicado mensalmente. Entretanto, nos últimos anos, o Fed de Nova York, para não ser sobrepujado por seu vizinho do sul, tem publicado o relatório Empire State sobre a atividade fabril de Nova York alguns dias antes. E, desde 2008, a Markit Group Limited, empresa de serviços de informação financeira de Londres, publica o Purchasing Managers' Report para vários países (incluindo os Estados Unidos), que é divulgado antes do relatório do ISM.

São também importantes os indicadores de sentimento dos consumidores: um da Universidade de Michigan e outro da Conference Board, uma associação comercial e empresarial. Esses levantamentos consultam os consumidores a respeito de sua situação financeira atual e suas expectativas quanto ao futuro. O levantamento da Conference Board, publicado na última terça-feira do mês, é considerado um bom indicador inicial dos gastos de consumo. Durante vários anos, a publicação do índice mensal da Universidade de Michigan se deu após a divulgação do indicador da Conference Board, mas a pressão por relatórios de dados antecipados persuadiu a universidade a divulgar um relatório preliminar antes da Conference Board.

RELATÓRIOS SOBRE INFLAÇÃO

Embora o relatório de emprego seja a coroação das notícias sobre crescimento econômico, o mercado sabe que o Federal Reserve tem interesse idêntico, se não maior, pelos dados de inflação. Isso porque a inflação é a principal variável que o banco central consegue controlar a longo prazo. Alguns dos primeiros sinais de pressão inflacionária aparecem com as estatísticas de inflação divulgadas no meio do mês.

A primeira divulgação de inflação mensal é o *índice de preço ao produtor* (*producer price index* – PPI), que antes de 1978 era conhecido como *"wholesale price index"* (índice de preço de atacado). O PPI, publicado pela primeira vez em 1902, é uma das séries contínuas de dados estatísticos mais antigas publicadas pelo governo.

O PPI avalia os preços recebidos pelos produtores por produtos vendidos por atacado, estágio anterior à revenda dos produtos ao público. Em torno de um quarto do PPI provém do preço dos bens de capital vendidos aos fabricantes e cerca de 15% do PPI estão relacionados com energia. Não existe nenhum serviço no índice preço ao produtor. Ao mesmo tempo em que o PPI é divulgado, os índices relativos aos preços dos produtos intermediários e brutos (com frequência chamados de *"pipeline inflation"*) são publicados, e ambos acompanham a inflação nos primeiros estágios de produção.

O segundo comunicado mensal sobre inflação, divulgado mais ou menos dia depois do PPI, é o importantíssimo *índice de preço ao consumidor* (*consumer price index* – CPI) dos Estados Unidos. O CPI cobre preços de serviços e igualmente de produtos. Os serviços, que incluem aluguel, moradia, transporte e serviços médicos, agora compõem mais da metade do peso do CPI.

O índice de preço ao consumidor é considerado a medida de referência da inflação. Quando se realizam comparações de nível de preço, em termos históricos e internacionais, o índice de preço ao consumidor é quase sempre o índice escolhido. Além disso, o CPI é o índice de preço ao qual vários contratos privados e públicos, bem como a previdência social e as alíquotas de imposto de renda governamentais, estão vinculados.

O mercado financeiro provavelmente confere um peso um pouco maior ao índice preço ao consumidor do que ao índice preço ao produtor em virtude da ampla utilização do CPI na indexação e por sua importância política. Entretanto, vários economistas consideram o índice de preço ao produtor mais sensível a tendências de preço iniciais, visto que a inflação com frequência se evidencia no nível de atacado antes de se exibir no varejo.

Inflação básica

Não apenas a taxa de inflação geral é importante para o mercado – a inflação que exclui os setores voláteis de alimentos e energia também o é. Como o clima tem grande influência sobre os preços dos alimentos, uma elevação ou queda nesses preços ao longo de um mês não tem tanto significado para a tendência inflacionária geral. De modo semelhante, as flutuações nos preços de petróleo e gás natural devem-se a condições climáticas, interrupções temporárias na oferta e negociações especulativas que não persistem necessariamente nos meses futuros. Para obter um índice de inflação que mede as tendências de inflação mais persistentes e de longo prazo, o governo calcula também os índices de preço básicos ao consumidor e ao produtor, que avaliam a inflação excluindo alimentos e energia.

A taxa de inflação básica é mais importante para os bancos centrais do que o índice geral, que inclui alimentos e energia, porque ela identifica melhor a tendência de preços subjacente. Os previsores normalmente conseguem prever melhor a taxa básica de inflação do que a taxa geral porque essa última é influenciada pelos setores de alimentos e energia. Um erro de três décimos de um ponto percentual na previsão consensual da taxa de inflação de um mês para outro pode não ser sério, mas esse erro seria considerado bastante grande para a taxa básica de inflação e afetaria significativamente os mercados financeiros.

O índice que o Federal Reserve utilizou como principal indicador de inflação é o *deflator de despesas de consumo pessoal* (*personal consumption expenditure* – PCE), que é o índice de preço calculado para componente de consumo das contas do PIB. O deflator de PCE difere do índice de preço ao consumidor no sentido de que o primeiro utiliza um esquema de ponderação mais atualizado e inclui o custo do seguro-saúde pago tanto pelo empregador e quanto pelo funcionário. O deflator de PCE geralmente fica em torno de um quarto a metade de um ponto percentual abaixo do CPI e é o índice ao qual o Fed se refere em sua meta de inflação de 2%.

Custos do emprego

Outros comunicados que estão relacionados com a inflação são os custos de mão de obra. O relatório de emprego publicado mensalmente pelo BLS contém dados sobre taxa de remuneração por hora e elucida sobre as pressões de custo que estão surgindo no mercado de trabalho. Como os custos de mão de obra representam em torno de dois terços dos custos de produção de uma empresa, os aumentos na remuneração por hora não acompanhados por aumentos na produtividade elevarão os custos de mão de obra e poderão provocar inflação. A cada trimestre do calendário civil, o governo divulga também o índice de custo de emprego. Esse índice inclui custos de benefício e também de salários e é considerado um relatório mais abrangente dos custos de mãos de obra.

IMPACTO SOBRE OS MERCADOS FINANCEIROS

O texto a seguir sintetiza o impacto da inflação sobre os mercados financeiros:

> Uma inflação abaixo das expectativas reduz as taxas de juros e impulsiona os preços dos títulos e das ações. Uma inflação acima das expectativas eleva as taxas de juros e deprime os preços das ações e dos títulos.

Que a inflação é ruim para os títulos não deveria ser surpresa. Os títulos são investimentos de renda fixa cujos fluxos de caixa não são ajustados à inflação. Os detentores exigem taxas de juros mais altas para proteger seu poder aquisitivo quando a inflação aumenta.

A inflação acima das expectativas também é ruim para o mercado acionário. Como mencionado no Capítulo 14, as ações revelaram-se um instrumento de proteção inadequado contra a inflação a curto prazo. Os investidores acionários sabem que o agravamento da inflação aumenta a alíquota de imposto efetiva sobre os lucros corporativos e ganhos de capital e induz o banco central a arrochar o crédito aumentando as taxas de juros reais.

POLÍTICA DO BANCO CENTRAL

A política do banco central é extremamente importante para os mercados financeiros. Martin Zweig, renomado gestor de recursos financeiros, descreveu essa relação da seguinte maneira:

> No mercado acionário, como na corrida de cavalos, com dinheiro tudo se arranja. As condições monetárias exercem enorme influência sobre os preços das ações. Aliás, o clima monetário – primordialmente a tendência nas taxas de juros e na política do Federal Reserve – é o fator predominante na determinação da principal direção do mercado acionário.[3]

O Capítulo 16 mostrou que quatro das cinco maiores reações em um único dia na história de Wall Street estavam relacionadas com a política monetária. A redução das taxas de juros de curto prazo e a maior oferta de crédito ao sistema bancário são medidas quase sempre muito bem-vindas pelos investidores acionários. Quando o banco central facilita o crédito, ele diminui a taxa pela qual os fluxos de caixa futuros são descontados e estimula a demanda, o que aumenta os lucros futuros.

O Federal Reserve realiza anualmente oito encontros programados do Comitê Federal de Mercado Aberto e após cada um é divulgado um parecer. O último encontro de cada trimestre, quando o Fed realiza uma coletiva de imprensa, é especialmente importante. O testemunho do Fed perante o Congresso, particularmente o testemunho semestral à Câmara e ao Senado em fevereiro e julho, é extremamente significativo. Contudo, como o presidente pode dar dicas sobre uma mudança na direção da política do Fed a qualquer momento, qualquer pronunciamento pode mudar os mercados.

O Capítulo 14 indicou que, da década de 1950 à década de 1980, as medidas de arrocho tomadas pelo Fed estiveram associadas com retornos ruins no ano seguinte, ao passo que as medidas de afrouxamento impulsionaram o mercado. Como as mudanças na autoridade monetária do Fed agora são previstas com grande antecedência, as mudanças nas taxas não têm sido tão confiáveis nos últimos anos. Mas medidas inesperadas do banco central entre os encontros são tão influentes quanto antes. O corte imprevisto de ½ ponto na taxa dos fundos, de 6,5% para 6%, ocorrido em 3 de janeiro de 2001, elevou o índice S&P 500 em 5% e provocou uma alta inédita na Nasdaq, predominantemente tecnológica, de 14,2%. E quando o presidente do Fed, Ben Bernanke, anunciou que o Fed pretendia suprimir gradualmente seu afrouxamento quantitativo em 19 de junho de 2013, os mercados de ações e títulos sofreram sua pior perda no período de quase dois anos.

A única circunstância em que as ações reagem deficientemente a um afrouxamento do banco central é quando a autoridade monetária flexibiliza-se exageradamente, gerando temores de uma possível elevação na inflação. Entretanto, se houver uma exagerada flexibilização por parte do banco central, o investidor preferirá investir em ações do que em títulos, porque os ativos de renda fixa são mais prejudicados do que as ações por uma inflação inesperada.

CONCLUSÃO

As reações dos mercados financeiros à divulgação de dados econômicos não são aleatórias. Na verdade, elas podem ser previstas pela análise econômica. Um sólido crescimento econômico invariavelmente aumenta as taxas de juros, mas tem um efeito ambíguo sobre os preços das ações, em particular nos estágios posteriores de uma expansão econômica, visto que taxas de juros mais altas lutam contra lucros corporativos mais fortes. Uma inflação mais alta é prejudicial tanto para o mercado de ações quanto para o de títulos. O afrouxamento do banco central é muito positivo para as ações e historicamente desencadeou algumas das reações mais fortes das ações.

Este capítulo enfatiza a reação de curto prazo dos mercados financeiros aos dados econômicos. Embora seja fascinante observar e compreender a reação do mercado, investir com base nesses comunicados é um jogo ardiloso; o melhor é deixá-lo para os especuladores que têm estômago para a volatilidade de curto prazo. A maioria dos investidores se sairá bem se observar a distância e adotar uma estratégia de investimento de longo prazo.

PARTE IV

OSCILAÇÃO DAS AÇÕES NO CURTO PRAZO

18

Fundos negociados em bolsa, futuros de índices de ações e opções

Quando eu era jovem – subscritor da Merrill Lynch por 25 dólares por semana –, costumava ouvir um veterano dizer: "A melhor coisa para negociar seriam futuros de ações – mas não dá, isso é aposta".

— Leo Melamed, 1988[1]

Warren Buffett acha que os futuros de ações e as opções devem ser banidos, e concordo com ele.

— Peter Lynch, 1989[2]

Se alguém perguntasse que título negociado em bolsa teve o maior volume em dólar nos Estados Unidos em 2012, qual seria seu palpite? Apple, Google, Exxon-Mobil? Surpreendentemente, a resposta é um título que não existia antes de 1993 e nem sequer representava uma empresa. O título com maior volume em dólar são os *spiders*, apelido dado aos recibos de depósito do S&P 500 (S&P 500 Depository Receipts – SPDRs), um fundo negociado em bolsa que representa o valor do índice S&P 500. Em 2012, mais de 50 bilhões de ações foram negociadas, o que corresponde a um valor de mais de US$ 7 trilhões.

FUNDOS NEGOCIADOS EM BOLSA

Os *fundos negociados em bolsa* (*exchange-traded fund* – ETFs) são os instrumentos financeiros mais inovadores e bem-sucedidos desde os contratos de futuros de índices de ações estreados há duas décadas. Os ETFs são ações emitidas por uma empresa de investimento que representam uma carteira subjacente. Eles são negociados ao longo do dia em uma bolsa de valores em que os preços são determinados pela oferta e demanda. A maioria dos ETFs emitidos na década de 1990 acompanha apenas índices de ações muito conhecidos, mas recentemente eles têm acompanhado novos índices personalizados e até carteiras gerenciadas ativamente.

O crescimento dos fundos negociados em bolsa tem sido explosivo. A Figura 18.1 mostra o crescimento de ativos de fundo mútuo e ETF desde 1995.[3] No final de 2012, os ativos de ETF totalizaram mais de US$ 1,3 trilhão e, embora represente apenas 10% dos US$ 134 trilhões em fundos mútuos convencionais, os ETFs cresceram 13 vezes mais desde 2002.

Os *spiders*, lançados em 1993, foram os primeiros e mais bem-sucedidos ETFs. Contudo, em pouco tempo, outros se juntaram aos *spiders*, com apelidos como os *cubes* (cubos), uma corruptela do símbolo de cotação QQQ dado ao índice Nasdaq 100, e *diamonds* (diamantes), com o símbolo de cotação DIA, que representa o Dow Jones Industrial Average (DJIA).

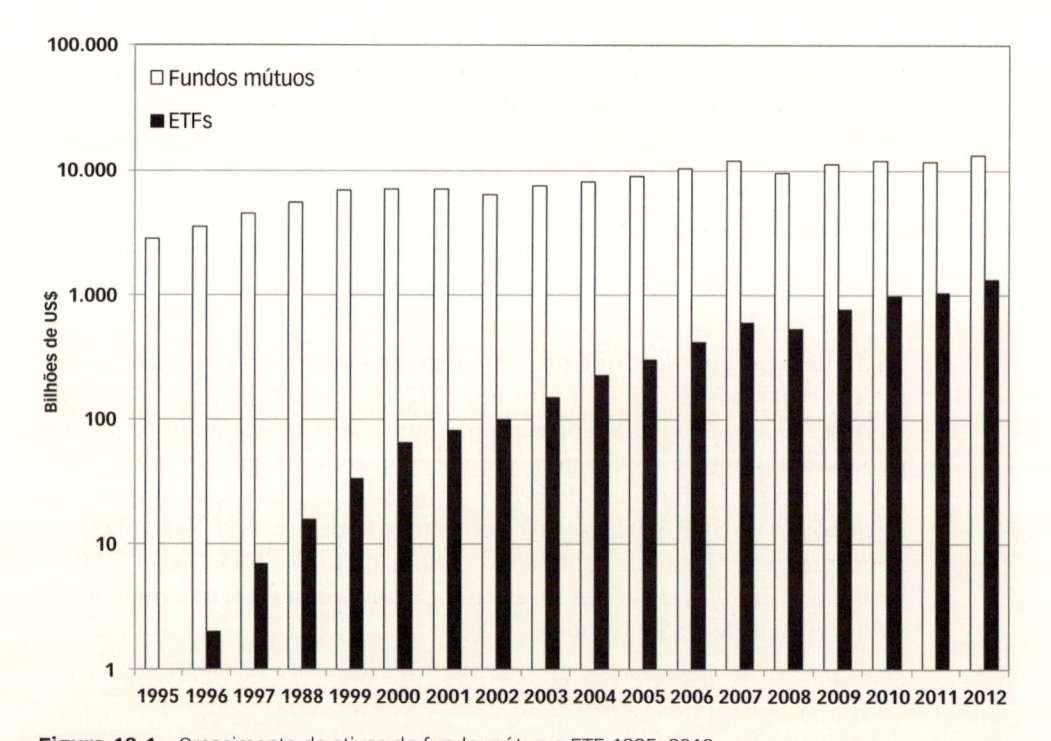

Figura 18.1 Crescimento de ativos de fundo mútuo e ETF, 1995–2012.

CAPÍTULO 18 Fundos negociados em bolsa, futuros de índices de ações e opções

Esses ETFs acompanham muito de perto o índice que eles representam. É por esse motivo que instituições designadas, formadores de mercado e grandes investidores, denominados *participantes autorizados*, podem comprar ações subjacentes das empresas pertencentes ao índice e fornecê-las ao emissor em troca de unidades de ETFs e fornecer unidades de ETFs em troca de ações subjacentes. O tamanho mínimo dessa troca, denominado *unidade de criação*, normalmente é 50.000 ações. Por exemplo, um participante autorizado que fornece 50.000 ações de *spiders* ao State Street Bank & Trust receberá um número rateado de ações de cada membro do índice S&P 500. Esses participantes autorizados mantêm os preços dos ETFs extremamente próximos do valor do índice. No caso dos ETFs ativos, como os *spiders* e *cubes*, o *spread* entre preço de compra e venda pode ser tão baixo quanto 1 centavo.

Os ETFs têm várias vantagens em relação aos fundos mútuos. Os ETFs, diferentemente dos fundos mútuos, podem ser comprados ou vendidos em qualquer momento do dia. Segundo, um investidor pode vender ETFs a descoberto a fim de obter lucro com a recompra desses ETFs por um preço mais baixo. Esse procedimento demonstra-se bastante conveniente para proteger os ganhos de uma carteira se o investidor temer uma possível queda de mercado. E, por fim, os ETFs são muito eficientes em termos tributários porque, diferentemente dos fundos mútuos, eles não geram praticamente nenhum ganho de capital tanto das vendas de outros investidores quanto das mudanças da carteira para o índice. Isso porque as trocas entre os ETFs e as ações subjacentes são consideradas *trocas em espécie* e não são eventos tributáveis. Ainda neste capítulo, relacionaremos as vantagens e desvantagens dos ETFs em comparação com outras formas de investimento em índice.

FUTUROS DE ÍNDICES DE AÇÕES

Os ETFs na verdade são um desdobramento das inovações em negociação mais importantes dos últimos 50 anos – o aparecimento dos futuros de índices de ações do início da década de 1980. Não obstante a enorme popularidade desses novos fundos negociados em bolsa, o volume total de dólares em ETFs ainda é ofuscado pelo volume de dólares correspondente à negociação de futuros de índices, cuja maioria começou a ser negociada em Chicago e atualmente é negociada em bolsas eletrônicas. Mudanças no entusiasmo do mercado em geral com frequência afetam primeiro o mercado de futuros de índices e depois se reverberam nas ações negociadas em Nova York.

Para compreender o quanto os futuros de índices foram importantes para os preços das ações nas décadas de 1980 e 1990, basta observar o que ocorreu em 13 de abril de 1992. O dia começou como um dia de negociação comum, mas às 11h45, as duas grandes bolsas de futuros de Chicago, a Câmara de Comércio e a Bolsa Mercantil, foram fechadas quando um imenso vazamento do Rio Chicago correu pelos túneis do bairro financeiro e provocou um amplo apagão. O movimento intradiário dos futuros do Dow Jones e S&P é mostrado na Figura 18.2. Assim que a negociação de futuros de Chicago foi interrompida, a volatilidade do mercado de ações diminuiu significativamente.

Foi quase como se a Bolsa de Valores de Nova York tivesse tido "morte cerebral" quando deixou de receber *leads* de Chicago. O volume em Nova York teve uma queda superior a 25% no dia em que o mercado de futuros de Chicago foi fechado; alguns distribuidores afirmaram que se a bolsa de futuros continuasse inoperante, isso provocaria problemas de liquidez e dificultaria a condução de algumas negociações em Nova York.[4] Michael Metz, estrategista de mercado da Oppenheimer & Co., afirmou: "Foi absolutamente delicioso; parece tão sossegado. Isso me lembra dos dias felizes em Wall Street, quando os *traders programados* ainda não haviam assumido as rédeas".[5]

Quem são esses *traders programados* sobre os quais os investidores tanto ouvem e o que eles de fato fazem? O pregão da Bolsa de Valores de Nova York sempre foi animado por um ruído constante de pessoas correndo para entregar ordens e fazer acordos. Contudo, em meados da década de 1980, apenas alguns anos após a introdução dos futuros de índices, o ruído de fundo era entrecortado somente pelo som repetido de dezenas de máquinas automatizadas imprimindo centenas de ordens de compra ou venda. Essas ordens eram quase sempre de *arbitradores* de futuros de índices de ações – isto é, *traders* programados que se valem das diferenças entre os preços de futuros de índices de ações negociados em Chicago e os preços das ações componentes negociadas em Nova York.

O ruído sinalizava que o mercado de futuros estava se movimentando rapidamente em Chicago e que consequentemente os preços das ações em breve mudariam em Nova York. Era um aviso sinistro, algo semelhante ao zumbido de gafanhotos nos tempos bíblicos, pressagiando a dizimação das plantações e a fome. E a fome seria possível, visto que, durante a década de 1980 e início da década de 1990, algumas das quedas mais cruéis nos preços das ações foram precedidas pelo processamento computadorizado de ordens provenientes dos mercados de futuros.

Nessa época, a maior parte das mudanças no nível geral das ações não provinha de Wall Street, mas da Bolsa Mercantil de Chicago, na Wacker Drive. Os *especialistas* da Bolsa de Valores de Nova York, distribuidores designados para criar e supervisionar mercados em ações específicas, mantinham os olhos grudados nos mercados de futuros para descobrir para onde as ações estavam rumando. Esses distribuidores aprenderam com a experiência a não interferir nos futuros de índice quando eles estão se movimentando rapidamente. Se interferissem, poderiam ser pegos em uma avalanche de negociações como a que enterrou vários especialistas em 19 de outubro de 1987, o dia fatídico em que o Dow despencou quase 23%.

CAPÍTULO 18 Fundos negociados em bolsa, futuros de índices de ações e opções   275

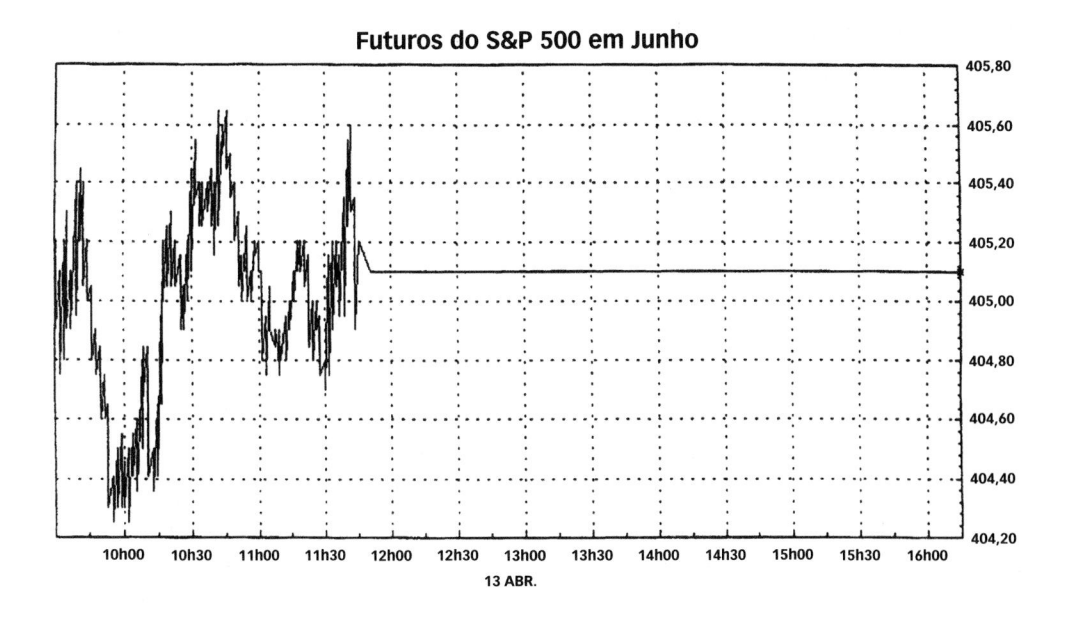

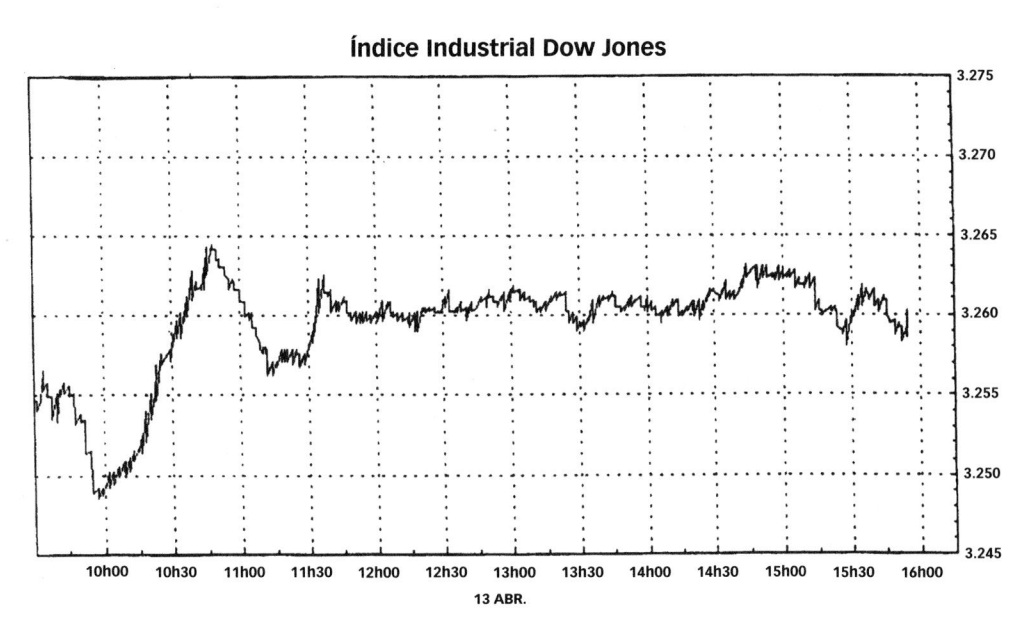

Futuros do S&P 500 em Junho

Índice Industrial Dow Jones

Figura 18.2 Quando os futuros de índice de ações foram interrompidos, 13 de abril de 1992.

FUNDAMENTOS DOS MERCADOS DE FUTUROS

A maior parte dos investidores considera os futuros de índices e os fundos negociados em bolsa títulos complexos que têm pouco a ver com o mercado nos quais as ações são compradas e vendidas. Muitos investidores se saem muito bem na negociação de ações sem ter nenhum conhecimento sobre esses novos instrumentos. Entretanto, ninguém consegue compreender os movimentos de curto prazo do mercado sem compreender os futuros de índices de ações e os ETFs.

A negociação de futuros data de centenas de anos. O termo *futuros* originou-se da promessa de comprar ou entregar uma *commodity* em alguma data futura, por algum preço especificado. A negociação de futuros floresceu originalmente nas safras agrícolas, circunstância em que os agricultores queriam ter um preço garantido pelas plantações que eles colheriam em uma data posterior. Os mercados desenvolveram-se nos locais em que os compradores e vendedores que queriam evitar a incerteza podiam chegar a um acordo sobre o preço para entrega futura. Os compromissos de honrar esses acordos, chamados de *contratos de futuros*, podiam ser livremente transferidos, e os mercados se desenvolveram nos locais em que eles eram negociados ativamente.

Os futuros de índices de ações foram lançados em fevereiro de 1982 pela Câmara de Comércio da Cidade de Kansas utilizando o Value Line Index de 1.700 ações. Dois meses depois, na Bolsa Mercantil de Chicago, foi criada a bolsa de futuros de índices de ações mais bem-sucedida do mundo, baseada no índice S&P 500. Em 1984, o valor dos contratos negociados sobre esse futuro de índice ultrapassou o volume em dólar na Bolsa de Valores de Nova York para todas as ações. Atualmente, o valor das ações representadas pela negociação de futuros do S&P 500 é superior a US$ 100 bilhões *por dia*.

Os futuros de índices de ações são construídos de modo semelhante. No caso do vendedor, o futuro do índice S&P é uma promessa de entrega de um múltiplo fixo do valor do índice S&P 500 em alguma data no futuro, chamada de *data de liquidação*. No caso do comprador, o futuro do índice S&P é uma promessa de recebimento de um múltiplo fixo do valor do índice S&P 500. O múltiplo do futuro do índice S&P é 250. Portanto, se o índice S&P 500 for 1.700, o valor de um contrato será US$ 425.000. Em 1998, foi oferecida uma *miniversão* do contrato (chamada de *E-mini*), com um múltiplo de 50 vezes o índice, que é negociada nos mercados eletrônicos. Hoje, o volume em dólar desses *minis* ultrapassa em muito o dos contratos maiores.

Existem quatro datas de liquidação anuais espaçadas uniformemente. Elas caem na terceira sexta-feira de março, junho, setembro e dezembro. Cada data de liquidação corresponde a um contrato. Se você comprar um contrato de futuros, terá direito a receber (se *positivo*) ou a pagar (se *ne-*

gativo) 250 vezes a diferença entre o valor do índice S&P 500 na data de liquidação e o preço pelo qual você comprou o contrato.

Por exemplo, se você comprar um contrato de futuros S&P para setembro com o índice em 1.700 e na terceira sexta-feira de setembro o índice S&P 500 estiver em 1.710, você ganhará 10 pontos, o que se traduz em um lucro de US$ 2.500 (US$ 250 vezes 10 pontos). Obviamente, se o índice cair para 1.690 na data de liquidação, você perderá US$ 2.500. Para cada ponto do índice S&P 500 para cima ou para baixo, você ganha ou perde US$ 250 por contrato.

Entretanto, os retornos para o vendedor de um contrato de futuros do S&P 500 são a imagem invertida dos retornos para o comprador. O vendedor lucra quando o índice cai. No exemplo anterior, o vendedor do contrato de futuros do S&P 500 em 1.700 perderá US$ 2.500 se na data de liquidação o índice subir para 1.710, ao passo que ele ganharia esse mesmo valor se o índice caísse para 1.690.

Um dos motivos da popularidade dos futuros de índices de ações é seu procedimento exclusivo de liquidação. Se você comprasse um contrato de futuros convencional, teria direito a receber na data de liquidação – ou, se você o tivesse vendido, teria de entregar – uma quantidade específica do produto que é objeto do contrato. Existem muitas histórias de autenticidade duvidosa sobre *traders* que se esquecem de encerrar seu contrato e deparam-se com quilos de trigo ou milho ou barrigas de porco congeladas despejados em seu jardim no dia de liquidação.

Se as regras sobre a entrega de *commodities* se aplicassem aos contratos de futuros do índice S&P 500, a entrega exigiria um número específico de ações para cada uma das 500 empresas que integram o índice. Com certeza isso seria extraordinariamente trabalhoso e caro. Para evitar esse problema, os idealizadores dos contratos de futuros de índices de ações especificaram que a liquidação deve ser feita em dinheiro, cujo cálculo é simplesmente a diferença entre o preço do contrato no momento da negociação e o valor do índice na data de liquidação. Não é feita nenhuma entrega de ações. Se um *trader* não encerrar um contrato antes da liquidação, sua conta simplesmente é debitada ou creditada na data de liquidação.

A criação de contratos de futuros liquidados em dinheiro não foi um negócio fácil. Na maioria dos estados, particularmente em Illinóis, onde se encontram as grandes bolsas de futuros, o estabelecimento de um contrato de futuros em dinheiro era considerado uma aposta – e, apostar, exceto em algumas circunstâncias especiais, era ilegal. Entretanto, em 1974, o Congresso criou a Comissão de Negociação de Futuros de *Commodity*, um órgão federal, para regulamentar todas as negociações de futuros. Como a negociação de futuros passou a ser regulamentada por esse órgão federal e como não havia nenhuma proibição federal contra apostas, as leis estaduais proibitivas foram suplantadas.

ARBITRAGEM DE ÍNDICE

Os preços das *commodities* (ou dos ativos financeiros) no mercado de futuros não se afastam dos preços da *commodity* subjacente. Se o valor de um contrato de futuros subir suficientemente acima do preço da *commodity* que pode ser comprada para entrega imediata no mercado aberto, com frequência chamado de *mercado à vista* ou *spot*, os *traders* poderão comprar a *commodity*, armazená-la e entregá-la por um lucro sobre o contrato de futuros com preço mais alto na data de liquidação. Se o preço de um contrato de futuros cair muito abaixo de seu preço à vista (*spot*) atual, os proprietários da *commodity* poderão vendê-la no presente, comprar o contrato de futuros e aceitar a entrega posterior da *commodity* por um preço inferior – em essência, obter um retorno sobre os produtos que de qualquer maneira ficariam armazenados.

Esse processo de compra e venda de *commodities* contrário aos respectivos contratos de futuros é um tipo de arbitragem. A arbitragem envolve *traders* que são chamados de arbitradores, os quais se aproveitam de discrepâncias temporárias nos preços de bens ou ativos idênticos ou quase idênticos. A arbitragem é muito comum tanto no mercado de futuros de índices de ações quanto no mercado de ETFs. Se o preço dos contratos de futuros superar suficientemente o do índice S&P 500 subjacente, será compensador para os arbitradores comprar as ações subjacentes e vender os contratos de futuros. Se o preço de futuros cair suficientemente abaixo do preço do índice, os arbitradores venderão as ações subjacentes e comprarão os futuros. Na data de liquidação, o preço de futuros deve ser igual ao do índice subjacente de acordo com os termos do contrato, de modo que a diferença entre o preço de futuros e o índice – chamada de *prêmio* se for positiva e de *desconto* se for negativa – é uma oportunidade de lucro.

A arbitragem no mercado de ETFs é semelhante, exceto que, nesse caso, o arbitrador precisa comprar ou vender todas as ações no índice e simultaneamente realizar uma transação compensadora no EFT, no mercado aberto. No ETF, um arbitrador obtém lucro quando as ações que ele compra para criar o ETF são inferiores aos fundos que ele recebe pela venda do ETF. De outro modo, se os preços que o arbitrador receber da venda das ações no índice forem superiores ao custo da compra do ETF, ele comprará o ETF, o transformará em suas ações componentes e as venderá no mercado aberto.

A arbitragem de índice tornou-se uma arte refinada. Os preços dos futuros de índices de ações e ETFs normalmente se mantêm em uma faixa muito próxima à do valor do índice, com base no preço das ações subjacentes. Quando a compra ou venda de futuros de índices de ações ou de ETFs força o preço a sair dessa faixa, os arbitradores intervêm e torrentes de ordens de compra ou venda são imediatamente transmitidas às bolsas que negociam as ações subjacentes no índice. Essas ordens colocadas simultaneamente são chamadas de *negociação programada* e elas consistem em *programas de compra* ou *programas de venda*. Quando os comentaristas do mercado falam sobre "programas de venda que estão atingindo o mercado", eles querem dizer que os arbitradores de índice estão vendendo ações e comprando futuros ou ETFs que estão sendo oferecidos com desconto.

PREVENDO A ABERTURA DE NOVA YORK COM A NEGOCIAÇÃO DA GLOBEX

Embora a negociação de futuros de índices feche às 16h15 no horário da costa leste americana, 15 minutos depois do fechamento da venda de ações em Nova York, ela volta a abrir às 16h30 em um mercado eletrônico chamado *Globex*. A Globex não tem um pregão centralizado e os *traders* colocam suas ofertas e lances em uma plataforma eletrônica à qual todas as partes interessadas têm acesso instantâneo. As negociações na Globex prosseguem ao longo da noite até as 9h15 da manhã seguinte, 15 minutos antes da abertura das negociações em Nova York.

A negociação de futuros de índices pode ser ativa somente depois do fechamento das negociações regulares na Bolsa de Valores de Nova York (NYSE) e Nasdaq. As negociações são particularmente populares nas semanas imediatamente após o final do trimestre, quando várias empresas divulgam seu relatório de lucros e oferecem orientações sobre futuros lucros e receitas. A menos que haja alguma notícia de última hora, normalmente as negociações são lentas durante a noite, embora a atividade possa acelerar se houver grande movimento na Bolsa de Valores de Tóquio ou nas bolsas europeias. As negociações voltam a ficar bastante ativas às 8h30, quando vários dados econômicos do governo, como o relatório de emprego e o índice preço ao consumidor, são anunciados.

Por meio da Globex, os observadores do mercado podem utilizar os futuros do S&P, da Nasdaq e do Dow Jones para prever como será a abertura do mercado em Nova York. O *justo valor de mercado* desses futuros de índices é calculado com base nas condições de arbitragem entre os preços futuro e atual das ações.

O justo valor de mercado de um contrato de futuros é determinado de acordo com o valor do índice atual quando os mercados são abertos e com o nível do fechamento anterior quando os mercados são fechados. Em virtude do fluxo contínuo de notícias, o preço de futuros à noite (*overnight*) normalmente fica acima ou abaixo do justo valor de mercado calculado no fechamento. Por exemplo, quando a China divulga dados acima das expectativas ou os mercados europeus entram em alta, os preços de futuros de ações nos Estados Unidos com frequência ficam acima do justo valor de mercado calculado com base nos preços do fechamento anterior. O valor pelo qual os contratos de futuros são negociados acima ou abaixo de seu justo valor de mercado será a melhor estimativa sobre onde as ações serão negociadas quando as negociações forem abertas em Nova York. Muitos canais de notícias financeiras divulgam os preços *overnight* de futuros do S&P 500, do Dow Jones e da Nasdaq para informar os telespectadores sobre como o mercado provavelmente abrirá.

A fórmula para calcular o justo valor de mercado dos contratos de futuros depende de duas variáveis: rendimento de dividendos das ações e taxa de juros. Se um investidor investir uma quantia hoje em títulos isentos de risco, essa quantia ganhará juros de acordo com a taxa prevalecente. Se, em vez disso, esse investidor comprar uma carteira de ações e simultaneamente vender um contrato de futuros de um ano que garante o preço dessas ações pelo prazo de um ano, ele obterá o rendimento de dividendos sobre as ações e terá um retorno garantido em suas ações que corresponde à diferença entre o preço de futuros e o preço atual.

Como esses dois investimentos oferecem uma soma garantida e isenta de risco, eles devem obter a mesma taxa de retorno. O preço de futuros será negociado acima ou abaixo do valor atual (ou *spot*) dependendo da diferença entre a taxa de juros de curto prazo e do rendimento de dividendos. Antes da crise financeira, quando as taxas de juros praticamente ultrapassaram o rendimento de dividendos, o preço de futuros de ações ficou acima do preço *spot*. Desde a crise financeira, como as taxas de curto prazo giraram em torno de zero, o preço de futuros de índices de ações está abaixo do preço *spot*.

HORA DAS BRUXAS DUPLA E TRIPLA

Os futuros de índices interagem de uma maneira estranha com os preços das ações nos dias em que os contratos de futuros vencem. Lembre-se de que a arbitragem de índice funciona por meio da compra ou venda simultânea de ações contra contratos de futuros. No dia em que os contratos vencem, os arbitradores neutralizam seus investimentos em ações precisamente no mesmo momento em que os contratos futuros vencem.

Como ressaltado anteriormente, os contratos de futuros de índices vencem na terceira sexta-feira de cada trimestre: em março, junho, setembro e dezembro. As opções de índice e as opções sobre ações específicas, que são descritas posteriormente neste capítulo, são liquidadas na terceira sexta-feira do mês. Portanto, quatro vezes por ano, todos os três tipos de contrato vencem ao mesmo tempo. Antigamente, esse vencimento muitas vezes gerava movimentos de preço extremos no mercado e, por esse motivo, foi chamado de *hora das bruxas tripla*. A terceira sexta-feira do mês em que não há nenhuma liquidação de contrato de futuros é chamada de *hora das bruxas dupla*, e exibe menor volatilidade do que na tripla.

Não há nenhum mistério com relação ao motivo da volatilidade nas datas de hora das bruxas tripla e dupla. Nesses dias, os especialistas da Bolsa de Valores de Nova York e os formadores de mercado na Nasdaq são instruídos a comprar ou vender grandes blocos de ações no fechamento, seja qual for o preço, porque os investidores institucionais estão liquidando suas posições de arbitragem. Se houver um imenso desequilíbrio nas ordens de compra, os preços dispararão; se as ordens de venda predominarem, os preços despencarão. Entretanto, essas oscilações não são importantes para os arbitradores, visto que o lucro sobre a posição futura compensará as perdas sobre a posição em ações e vice-versa.

Em 1988, a Bolsa de Valores de Nova York persuadiu a Bolsa Mercantil de Chicago a mudar seus procedimentos e finalizar a negociação de futuros no fechamento das negociações de quinta-feira e liquidar os contratos pelos preços de abertura de sexta-feira e não pelos preços de fechamento de sexta. Essa mudança deu aos especialistas mais tempo para procurar ofertas e lances compensatórios e abrandou significativamente os movimentos dos preços das ações nas datas de hora das bruxas tripla.

MARGEM E ALAVANCAGEM

Um dos motivos da popularidade dos contratos de futuros é que o dinheiro necessário para entrar no negócio constitui uma parte muito pequena do valor do contrato. Diferentemente das ações, nenhum dinheiro é transferido entre o comprador e o vendedor quando o contrato de futuros é comprado ou vendido. Um pequeno valor de garantia de boa-fé, ou *margem*, é exigido pelo corretor tanto do comprador quanto do vendedor para assegurar que ambas as partes honrarão o contrato na data de liquidação. Com relação ao índice S&P 500, a margem inicial atual gira em torno de 5% do valor do contrato. Essa margem pode ser mantida em letras do Tesouro, caso em que os juros se acumulam para o investidor. Portanto, a negociação de um contrato de futuros não envolve nenhuma transferência de dinheiro nem perda de renda de juros.

A *alavancagem*, ou a quantidade de ações que você controla em relação ao valor de margem que você tem de desembolsar em um contrato de futuros, é enorme. Para cada dólar em espécie (ou letras do Tesouro) que você deposita na margem em relação a um contrato de futuros do S&P, você aufere em torno de US$ 20 em valor acionário. E na *negociação intradiária*, quando você fecha suas posições no final do dia, as exigências de margem são significativamente menores. Essas margens baixas contrastam com a exigência de margem de 50% para a compra de ações específicas ou ETFs que prevalece desde 1974.

A possibilidade de controlar US$ 20 ou mais em ações com US$ 1 em dinheiro faz lembrar a desenfreada especulação que existiu na década de 1920, antes do estabelecimento de exigências de uma margem mínima em ações. Na década de 1920, as ações individuais com frequência eram compradas com uma margem de 10%. Era comum especular com esse dinheiro emprestado, porque, desde que o mercado estivesse subindo, poucos investidores perdiam dinheiro. Contudo, quando o mercado caía abruptamente, os compradores de margem muitas vezes constatavam não apenas que haviam perdido ações, mas que estavam em débito com a empresa de corretagem. Hoje a compra de contratos de futuros com margens baixas pode ter repercussões semelhantes. A tendência a margens baixas para fomentar a volatilidade do mercado é discutida no capítulo seguinte.

VANTAGENS TRIBUTÁRIAS DOS ETFS E FUTUROS

O uso de ETFs ou de futuros de índices aumenta consideravelmente a flexibilidade do investidor para gerenciar carteiras. Suponhamos que um investidor tenha acumulado ganhos em ações específicas, mas agora esteja ficando apreensivo com relação ao mercado. Vender ações individuais pode criar um grande passivo tributário.

Contudo, por meio de ETFs (ou futuros), esse investidor terá uma boa solução. Ele vende uma quantidade suficiente de ETFs para cobrir o valor da carteira que ele pretende proteger e continua mantendo suas ações individuais. Se houver uma queda no mercado, o investidor obterá lucro com sua posição em ETF, compensando as perdas na carteira de ações. Se, em vez disso, o mercado sofrer uma alta, ao contrário das expectativas, a perda em ETFs será compensada pelos ganhos obtidos com o investimento em ações individuais. Isso é chamado de *proteção (hedge) contra o risco do mercado acionário*. Como o investidor nunca vende suas ações individuais, ele não produz nenhum passivo tributário com essas posições.

Outra vantagem dos ETFs é que eles podem gerar lucro com uma queda no mercado mesmo que o investidor não possua nenhuma ação. A *venda a descoberto* substitui a venda de ETFs – isto é, vender ações que você não possui antes que o preço caia para que possa comprá-la de volta por um preço mais baixo. O uso de ETFs para apostar em um mercado em queda é bem mais conveniente do que a venda a descoberto de uma carteira de ações porque as regulamentações proíbem a venda a descoberto de ações individuais se o preço delas tiver caído mais de 10%.[6]

PARA ONDE VOCÊ DEVE DIRECIONAR SEUS INVESTIMENTOS INDEXADOS: ETFS, FUTUROS OU FUNDOS MÚTUOS DE ÍNDICE?

Com a criação dos futuros de índices e dos ETFs, os investidores passaram a ter três principais opções para alcançar o mesmo desempenho de um dos vários índices de ações: fundos negociados em bolsa, futuros de índices e fundos mútuos de índice, os quais são descritos no Capítulo 23. As características fundamentais de cada tipo de investimento são apresentadas na Tabela 18.1.

No que diz respeito à flexibilidade, os ETFs e os futuros de índices superam de longe os fundos mútuos. Os ETFs e os futuros de índices podem ser comprados ou vendidos a qualquer momento durante o dia de negociação e após o expediente na Globex e em outras bolsas de valores. Em

Tabela 18.1 Comparação de investimentos indexados

	ETFs	Futuros de índices	Fundos mútuos indexados
Negociação contínua	Sim	Sim	Não
Podem ser vendidos a descoberto	Sim	Sim	Não
Alavancagem	Podem tomar 50% de empréstimo	Podem tomar mais de 90% de empréstimo	Nenhuma
Índice de despesas	Extremamente baixo	Nenhum	Muito baixo
Custos de negociação	Ação	Comissão de futuros	Nenhum
Reinvestimento de dividendos	Não	Não	Sim
Eficiência tributária	Extremamente boa	Ruim	Muito boa

contraposição, os fundos mútuos podem ser comprados ou vendidos apenas no fechamento do mercado, e o investidor com frequência deve emitir sua ordem várias horas antes. Além disso, os ETFs e os futuros podem ser vendidos a descoberto para proteger uma carteira ou especular sobre um declínio no mercado, o que os fundos mútuos não podem fazer. E os ETFs podem ter margens assim como qualquer ação (as regulamentações atuais do Fed impõem 50%), ao passo que os futuros de índices têm o mais alto grau de alavancagem, visto que os investidores podem controlar ações no valor de 20 ou mais vezes o depósito de margem.

A flexibilidade de negociação dos ETFs ou dos futuros pode ser tanto uma ruína quanto uma dádiva para os investidores. É fácil reagir exageradamente ao fluxo contínuo de notícias otimistas e pessimistas, o que leva um investidor a vender próximo à baixa ou a comprar próximo à alta. Além disso, a possibilidade de venda de ações a descoberto (exceto para *hedge*) ou de alavancagem pode induzir os investidores a utilizar seus palpites de curto prazo no mercado. Trata-se de um jogo bastante arriscado. Para a maioria dos investidores, a restrição à frequência de negociações e a diminuição da alavancagem serão favoráveis aos seus retornos totais.

Com respeito ao custo, todos esses instrumentos são muito eficientes. Os fundos mútuos de índice são oferecidos por um custo anual de 15 pontos-base ou menos por ano e os ETFs são em sua maioria mais baratos ainda. Tantos os ETFs quanto os futuros devem ser comprados por meio de uma conta de corretagem, e isso exige o pagamento de uma comissão e de um *spread* entre preço de compra e venda, embora eles sejam bastante baixos para os ETFs negociados ativamente. Entretanto, os fundos de índice são, em sua maior parte, fundos *sem encargos*, o que significa que não há nenhuma comissão quando o fundo é comprado ou vendido. Além disso, embora os futuros de índices não compreendam custos anuais, esses contratos devem ser rolados para novos contratos pelo menos uma vez por ano, o que implica comissões adicionais.

É na questão tributária que os ETFs são de fato excelentes. Em virtude da estrutura dos ETFs, esses fundos geram pouquíssimos ganhos de capital, quando muito. Os fundos mútuos de índice também são muito eficientes em termos tributários, mas eles geram ganhos de capital. Isso significa que os fundos devem vender ações individuais de sua carteira se os investidores resgatarem suas ações ou se as ações forem removidas do índice. Embora os ganhos de capital costumem ser pequenos para a maioria dos fundos de índice, eles são superiores aos dos ETFs.[7] Os futuros são eficientes em termos tributários porque quaisquer perdas ou ganhos devem ser realizados no final do ano independentemente de os contratos serem ou não vendidos.

Obviamente, essas diferenças tributárias entre os ETFs e os fundos mútuos de índice não são importantes se o investidor mantiver esses fundos em uma conta com abrigo tributário, como uma conta de aposentadoria individual (*individual retirement account* – IRA) ou um plano Keogh (não são permitidos futuros nessas contas). Todavia, quando esses fundos são mantidos em contas tributáveis, o retorno após os impostos dos ETFs tende a ser superior ao que seria mesmo para o fundo de índice mais eficiente.

A moral da história é que, a menos que você goste de especular e alavancar seu dinheiro, você desejará evitar os futuros de índices. Entretanto, se você desejar especular na direção do mercado, recomendo as *opções de índice*, que são descritas a seguir, porque elas restringem a perda do investidor.

A decisão de manter ETFs ou fundos mútuos de índice de baixo custo é uma decisão muito apertada. Se você gosta de entrar e sair do mercado (comprar e vender) com frequência, os ETFs são ideais para você. Se você gosta de investir mensalmente no mercado ou de reinvestir automaticamente seus dividendos, os fundos de índice sem encargos talvez sejam o instrumento mais adequado. No entanto, o reinvestimento automático de dividendos hoje é comum para ações e ETFs se você solicitar essa opção à sua empresa de corretagem. Esse avanço pende ainda mais a balança para o lado dos ETFs, em comparação com os fundos mútuos de índice.

OPÇÕES DE ÍNDICE

Embora os ETFs e os futuros de índices sejam muito importantes para os profissionais e as instituições de investimento, o mercado de opções exerce uma atração sobre vários investidores. E isso não é de surpreender. A vantagem da opção está integrada em seu próprio nome: você tem a opção, mas não a obrigação, de comprar ou vender ações ou índices por um preço determinado e em um momento determinado. Para o comprador da opção, essa opção, diferentemente dos futuros, restringe automaticamente sua responsabilidade máxima ao valor que você investiu.

Existem dois tipos principais de opção: opção de venda e opção de compra. As *opções de compra* lhe conferem o direito de comprar uma ação (ou ações) por um preço estipulado dentro de um período especificado. As *opções de venda* lhe conferem o direito de vender uma ação. Há décadas existem opções de compra e de venda sobre ações individuais, mas elas só começaram a ser compradas e vendidas por meio de um sistema de negociação organizado quando a Bolsa de Opções de Chicago (Chicago Board Options Exchange – CBOE) foi criada em 1974.

O que atrai os investidores para as opções de compra e de venda é que a responsabilidade é estritamente limitada. Se o mercado se mover contra os compradores de opções, eles podem abrir mão do direito ao preço de compra, renunciando à opção de comprar ou vender. Isso contrasta nitidamente com os contratos de futuros, com os quais, se o mercado se mover contra os compradores, as perdas podem aumentar com rapidez. Em um mercado volátil, os futuros podem ser extremamente arriscados e, nesse caso, poderia ser impossível os investidores saírem de um contrato sem perdas substanciais.

Em 1978, a CBOE começou a negociar opções sobre índices de ações conhecidos, como o índice S&P 500.[8] As opções da CBOE são negociadas em múltiplos de US$ 100 por ponto do valor do índice – mais barato do que o múltiplo de US$ 250 por ponto sobre os difundidos futuros do índice S&P 500.

Um índice possibilita que os investidores comprem o índice de ações por um preço estabelecido dentro de um período especificado. Suponhamos que o índice S&P 500 esteja vendendo no momento por 1.700, mas você acredite que o mercado terá uma alta. Digamos que você possa comprar uma opção de compra em 1.750 pelo prazo de três meses por 30 pontos, ou US$ 3.000. O preço de compra da opção é chamado de *prêmio* e o preço pelo qual a opção adquire valor quando ela vence – nesse caso, 1.750 – é chamado de *preço de exercício* (*strike*). Em qualquer momento nos próximos três meses você pode, se optar por isso, exercer sua opção e receber US$ 100 por cada ponto que o índice S&P 500 estiver acima de 1.750.

Você não precisa exercer sua opção para obter lucro. Existe um mercado extremamente ativo para as opções e sempre você pode vendê-las a outros investidores antes do vencimento. Nesse exemplo, o índice S&P 500 terá de ficar acima de 1.780 para você obter lucro, se você mantiver a opção até o vencimento, visto que pagou US$ 3.000 por ela. Entretanto, a vantagem das opções é que, se seu palpite estiver errado e o mercado tiver uma queda, o máximo que você pode perder é o prêmio de US$ 3.000 que pagou.

Uma opção de venda sobre um índice funciona exatamente da mesma maneira que uma opção de compra, mas, nesse caso, o comprador terá lucro se o mercado tiver uma queda. Suponhamos que você compre uma opção de venda no índice S&P 500 em 1.650, pagando um prêmio de US$ 3.000. Cada ponto em que o índice S&P 500 estiver abaixo de 1.650 no vencimento recuperará US$ 100 de seu prêmio inicial. Se o índice cair para 1.620 no vencimento, você não terá lucro nem prejuízo. Cada ponto abaixo de 1.620 lhe oferecerá um lucro sobre sua opção.

O preço que você pagou pela opção do índice é determinado pelo mercado e depende de vários fatores, como taxas de juros e rendimento de dividendos. Entretanto, o fator mais importante é a volatilidade esperada do mercado em si. Obviamente, quanto mais volátil o mercado, mais caras serão tanto as opções de venda quanto as opções de compra. Em um mercado insosso, é improvável que ele subirá o suficiente (no caso de uma opção de compra) ou cairá o suficiente (no caso de opção de venda) para oferecer lucro aos compradores de opções. Se houver previsão de que essa baixa volatilidade continuará, os preços das opções serão baixos. Em contraposição, em mercados voláteis, os prêmios sobre opções de venda e de compra são elevados porque os *traders* consideram mais provável que as opções terão valor no momento do vencimento.[9]

O preço das opções depende das avaliações dos *traders* sobre a probabilidade de o mercado mover-se suficientemente para tornar o direito de comprar ou vender ações por um preço definido valioso. Porém, a teoria de precificação de opções teve grande impulso na década de 1970 quando dois economistas acadêmicos, Fischer Black e Myron Scholes, desenvolveram a primeira fórmula matemática para precificar opções. A *fórmula de Black-Scholes* teve sucesso imediato. Ela ofereceu aos *traders* uma referência para avaliação em uma questão em que anteriormente eles utilizavam apenas a intuição. Essa fórmula era programada na calculadora portátil e no PC dos *traders* de todas as partes do mundo. Embora haja circunstâncias em que a fórmula deve ser modificada, pesquisas empíricas demonstraram que a fórmula de Black-Scholes oferece uma estimativa muito próxima do preço das opções negociadas. Myron Scholes ganhou o Prêmio Nobel de Economia em 1997 por sua descoberta.[10]

Comprando opções de índice

As opções são na realidade instrumentos mais básicos do que os futuros ou ETFs. Você pode reproduzir qualquer futuro ou ETF com opções, mas o inverso não é verdadeiro. As opções oferecem muito mais estratégias ao investidor do que os futuros. Essas estratégias podem variar desde muito especulativas a extremamente conservadoras.

Suponhamos que você deseje se proteger contra um declínio no mercado. Você pode comprar uma opção de venda sobre um índice, que aumenta em valor à medida que o mercado cai. Obviamente, você tem de pagar um prêmio por essa opção, algo muito semelhante a um prêmio de seguro. Se o mercado não cair, você perderá o direito a esse prêmio. Contudo, se ele cair, o aumento no valor de sua opção de venda amortecerá, ou até mesmo compensará completamente, a queda em sua carteira de ações.

Outra vantagem das opções de venda é que você pode comprar somente a quantidade de proteção que deseja. Se você desejar proteção apenas contra um colapso total do mercado, poderá comprar uma opção de venda que esteja bem *fora do preço*; em outras palavras, uma opção de venda cujo preço de exercício esteja bem abaixo ao do nível atual do índice. Essa opção compensará somente se o mercado cair abruptamente. Além disso, você pode comprar opções de venda com preço de exercício acima do mercado atual, para que a opção retenha algum valor mesmo que o mercado não sofra uma queda. Obviamente, essas opções de venda *dentro do preço* são bem mais caras.

Existem vários exemplos documentados de ganhos fantásticos em opções de venda e de compra. Entretanto, para cada opção que ganha tão espetacularmente em valor, existem milhares que vencem sem valor algum. Alguns profissionais do mercado estimam que 85% dos investidores individuais que atuam no mercado de opções perdem dinheiro. Os compradores de opções não apenas precisam ter razão sobre a direção do mercado, mas seu *timing* deve ser quase perfeito e sua escolha de preço de exercício deve ser apropriada.

Vendendo opções de índice

Obviamente, para toda e qualquer pessoa que compra uma opção, deve haver alguém que venda – ou lance – um contrato de opções. Os vendedores ou lançadores de opções de compra acreditam que o mercado não subirá o suficiente para gerar lucro para os compradores de opções. Os vendedores de opções de compra normalmente lucram quando vendem opções porque a vasta maioria das opções vence sem valor. Porém, se o mercado se mover acentuadamente contra os vendedores de opções, seu prejuízo pode ser enorme.

Por esse motivo, os vendedores de opções de compra são em sua maioria investidores que já possuem ações. Essa estratégia, chamada de *comprar e lançar (buy and write)* é popular entre vários investidores porque é considerada uma proposição "ganha-ganha". Se as ações caírem, eles receberão um prêmio dos compradores da opção de compra e, portanto, estarão em melhor situação do que se não tivessem lançado a opção. Se as ações permanecerem inalteradas, eles igualmente receberão um prêmio sobre a opção de compra e ainda assim estarão em melhor situação. Se as ações subirem, os lançadores de opções de compra ainda ganharão mais sobre as ações que possuem do que perderão sobre as ações que lançaram. Portanto, ainda assim sairão ganhando. Evidentemente, se as ações subirem muito, eles perderão parte da recuperação porque prometeram entregar por um preço já definido. Nesse caso, os lançadores de opções de compra certamente teriam ficado em melhor situação se tivessem vendido a opção de compra. Mas ainda assim eles lucram mais do que se não fossem donos das ações.

Os compradores de opções de venda estão assegurando suas ações contra quedas de preço. Mas quem são os vendedores dessas opções? São principalmente aqueles que estão dispostos a comprar as ações, mas somente se o preço cair. O vendedor de uma opção de venda recebe um prêmio, mas receberá a ação somente se seu preço cair o suficiente para ficar abaixo do preço de exercício. Como os vendedores de opções de venda não são tão comuns quanto os vendedores de opções de compra, os prêmios sobre as opções de venda que estão fora do preço com frequência são muito altos.

A IMPORTÂNCIA DOS PRODUTOS INDEXADOS

O surgimento dos futuros de índices de ações e de opções na década de 1980 foi um dos principais acontecimentos para os investidores e gestores de recursos financeiros. As empresas extremamente capitalizadas, como aquelas representadas no índice industrial Dow Jones, sempre atraíram dinheiro em virtude de sua excelente liquidez. Contudo, nos futuros de índices de ações, os investidores podiam comprar do mercado como um todo, de acordo com os índices consagrados.

Dez anos depois, os fundos negociados em bolsa ofereceram aos investidores outra forma de diversificar em todos os mercados por um custo baixo. Esses ETFs tinham a familiaridade das ações, mas, como os futuros de índices de ações, tinham muito mais liquidez e maior eficiência tributária. Hoje, quando os investidores desejam assumir uma posição no mercado, é bem fácil fazê-lo com futuros de índices de ações ou fundos negociados em bolsa. As opções de índice oferecem aos investidores a possibilidade de assegurar o valor de sua carteira pelo preço mais baixo possível e economizar em custos de transação e impostos.

Embora investidores notáveis como Warren Buffett e Peter Lynch pensem o contrário, não existe evidência concreta de que esses produtos de índice têm maior volatilidade ou prejudiquem os investidores. Na verdade, acredito que esses produtos de índice tenham aumentado a liquidez dos mercados acionários mundiais, possibilitado melhor diversificação e elevado os preços das ações para níveis que não teriam prevalecido sem eles.

19

Volatilidade do mercado

A palavra crise na língua chinesa é composta de dois caracteres: o primeiro, o símbolo de perigo, [...] o segundo, de oportunidade.

O passado pressagia o futuro? O índice industrial Dow Jones de 1922 a 1932 e de 1980 a 1990 é mostrado na Figura 19.1A e B. Existe uma similaridade excepcional entre esses dois mercados altistas. Em outubro de 1987, os editores do *Wall Street Journal,* ao observarem o gráfico de ações até aquele momento, perceberam que a similaridade era tão grande, que imprimiram um gráfico semelhante na edição do jornal que foi às ruas na manhã de segunda-feira, em 19 de outubro de 1987. Mal eles sabiam que aquele dia testemunharia a maior queda em um único dia na história do mercado acionário americano, superando em muito a grande quebra de 29 de outubro de 1929. Fatidicamente, no restante do ano o mercado continuou operando de uma maneira muito parecida com 1929. Vários previsores, citando as semelhanças entre dos dois períodos, estavam certos de que o infortúnio se assomava e aconselhavam seus clientes a vender.

Entretanto, a similaridade entre 1929 e os episódios de 1987 chegou ao fim no final desse mesmo ano. O mercado de ações recuperou-se da quebra de outubro de 1987 e, por volta de agosto de 1989, atingiu uma nova alta. Em contraposição, dois anos após a quebra de outubro de 1929, o Dow Jones, lutando com dificuldade em meio ao maior mercado baixista da história dos Estados Unidos, havia perdido mais de dois terços de seu valor e estava para perder outros dois terços.

Qual foi a diferença? Por que as semelhanças sinistras entre esses dois acontecimentos divergiram tão drasticamente? A resposta, em poucas palavras, é que em 1987 o banco central tinha o poder de controlar a fonte

290 PARTE IV Oscilação das ações no curto prazo

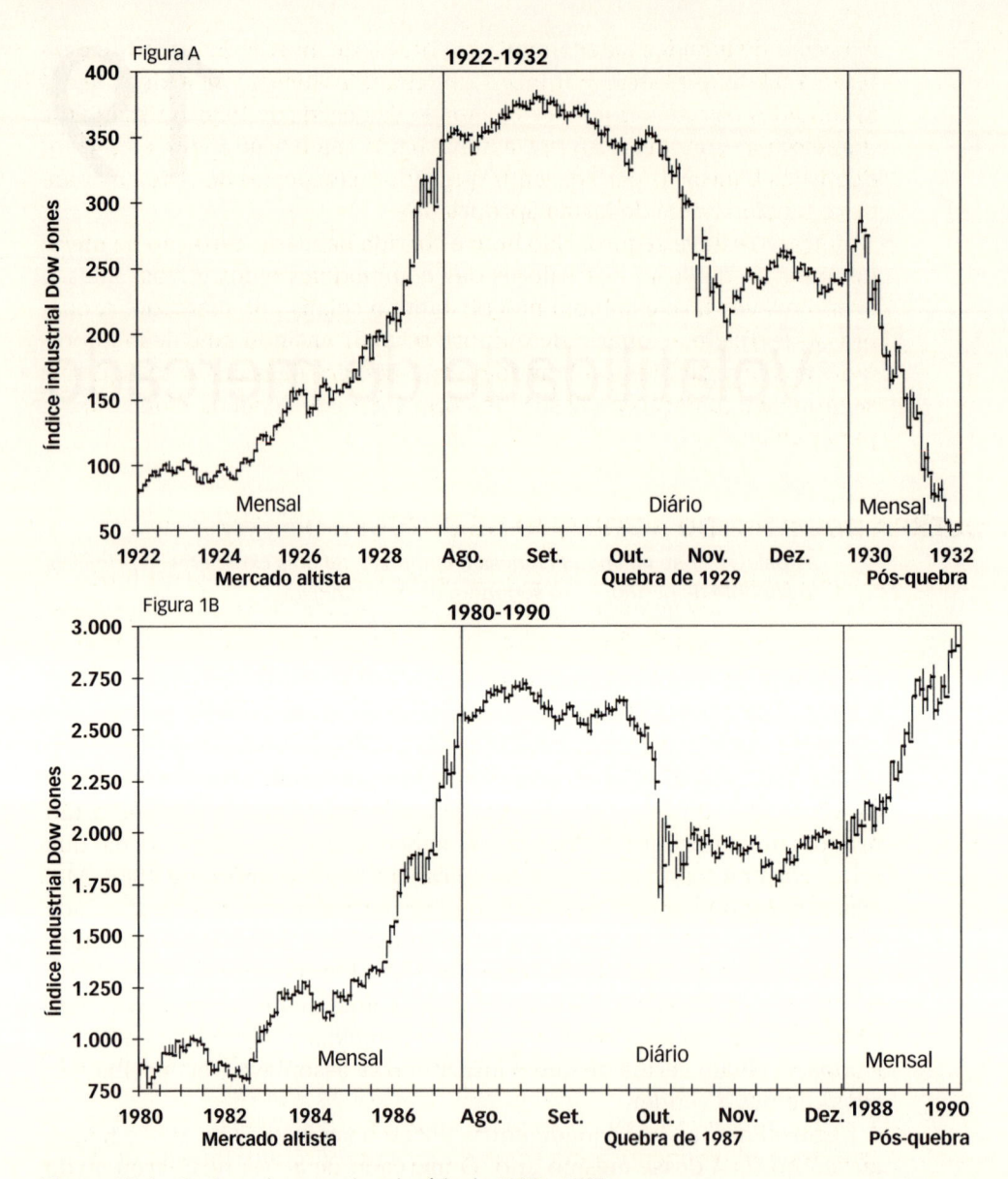

Figura 19.1 Quebras do mercado acionário de 1929 e 1987.

suprema de liquidez na economia – a oferta de moeda. E, diferentemente de 1929, não hesitou em fazê-lo. Prestando atenção às árduas lições aprendidas com seus equívocos no início da década de 1930, o Fed injetou dinheiro na economia provisoriamente e prometeu ficar atento a todos os depósitos bancários para garantir que todos os aspectos do sistema financeiro funcionassem de forma apropriada.

O povo estava seguro. Não houve corrida bancária, retração na oferta de moeda e deflação nos valores das *commodities* e dos ativos. Aliás, a economia em si se expandiu não obstante o colapso do mercado. A quebra do mercado acionário de outubro de 1987 ensinou uma lição importante aos investidores – o mundo de fato não era mais como 1929, e uma acentuada liquidação pode ser uma oportunidade de lucro, e não motivo para pânico.

QUEBRA DO MERCADO ACIONÁRIO DE OUTUBRO DE 1987

A quebra do mercado acionário da segunda-feira de 19 de outubro de 1987 foi um dos acontecimentos financeiros mais drásticos da era pós-guerra. A queda de 508 pontos, ou de 22,6%, no índice Dow Jones, de 2.247 para 1.739, foi de longe o maior declínio em pontos até aquela época e a maior queda percentual em um único dia em toda a história. O volume na Bolsa de Valores de Nova York saltou para um nível recorde, superando 600 milhões de ações na segunda e na terça-feira; nessa semana fatídica, o número de ações negociadas ultrapassou o volume negociado durante todo o ano de 1966.

A quebra em Wall Street repercutiu no mundo inteiro. Tóquio, que dois anos depois entraria em seu gigantesco mercado baixista, foi o que menos caiu, mas ainda assim experimentou uma queda recorde em um único dia de 15,6%. Na Nova Zelândia, as ações caíram aproximadamente 40% e o mercado de Hong Kong fechou porque os preços declinantes provocaram uma inadimplência maciça no mercado de futuros de índices de ações. O valor das ações nesse dia infame caiu cerca de US$ 500 bilhões só nos Estados Unidos, e no mundo todo a queda foi superior a US$ 1 trilhão. Um declínio percentual semelhante no mercado atual extinguiria US$ 10 trilhões mundialmente, uma soma superior ao produto interno bruto de todos os países, com exceção dos Estados Unidos.[1]

A queda do mercado acionário de fato começou na semana anterior à "Black Monday" ("Segunda-Feira Negra"), nome pelo qual 19 de outubro veio a ser chamado. Às 8h30 da quarta-feira precedente, o Departamento de Comércio divulgou que os Estados Unidos haviam tido um déficit comercial de mercadorias de US$ 15,7 bilhões, o que, na ocasião, foi um dos maiores da história americana e bem acima das expectativas do mercado. A reação dos mercados financeiros foi imediata. Os rendimentos dos títulos de longo prazo governamentais subiram mais de 10% pela primeira vez desde novembro de 1985 e o dólar caiu acentuadamente. O índice

Dow Jones caiu 95 pontos, ou 4%, na quarta-feira, uma queda recorde em pontos na época.

A situação continuou a piorar na quinta e sexta-feira, visto que o Dow caiu 166 pontos, ou 7%, chegando a 2.246. No final da tarde de sexta-feira, mais ou menos 15 minutos antes do fechamento, os mercados de futuros de Chicago experimentaram uma intensa movimentação de venda. Os índices haviam caído abaixo dos níveis de sustentação fundamentais, o que ocasionou o bombardeio de vendas em Chicago por aqueles que queriam se livrar das ações praticamente por qualquer preço.

O contrato de futuros de dezembro do S&P 500 caiu para um nível sem precedentes de 3% abaixo do índice *spot* (à vista). O surgimento de um desconto tão grande significava que os gestores de recursos financeiros estavam dispostos a conceder uma redução significativa na venda de ordens de grande volume, em vez de correrem o risco de que suas ordens de venda de ações individuais não fossem executadas e ficassem paradas em Nova York. No fechamento das negociações de sexta-feira, o mercado acionário havia experimentado sua pior semana em quase cinco décadas.

Antes de Nova York abrir na segunda-feira seguinte, houve maus presságios nos mercados mundiais. Durante a noite, em Tóquio, a média do Nikkei caiu 2,5% e houve acentuados declínios em Sydney e Hong Kong. Em Londres, os preços haviam caído 10%, visto que muitos gestores de recursos financeiros estavam tentando vender ações americanas negociadas no país antes que a queda prevista atingisse Nova York.

As negociações na Bolsa de Valores de Nova York na Black Monday foram caóticas. Nenhuma ação do índice industrial Dow Jones foi negociada próximo às 9h30, horário da campainha de abertura, e somente sete ações Dow foram negociadas antes das 9h45. Às 10h30 daquela manhã, 11 ações Dow ainda não haviam sido abertas. As "seguradoras de carteira", descritas posteriormente neste capítulo, venderam grande quantidade de futuros de índices de ações, tentando proteger a exposição de seus clientes ao mercado em queda. Perto do final da tarde, os futuros do índice S&P estavam sendo vendidos ao mercado *spot* por um desconto de 25 pontos, ou 12%, um *spread* anteriormente considerado inconcebível. No final da tarde, ordens de vendas imensas, transmitidas por vendedores programados, afluíam à Bolsa de Valores de Nova York por meio do sistema computadorizado. O índice Dow Jones teve um declínio repentino de quase 300 pontos na última hora de negociação, fechando o dia com uma queda recorde de 508 pontos, ou 22,6%.

Embora 19 de outubro seja lembrado na história como o dia da grande quebra do mercado acionário, na verdade foi no dia seguinte – "Terrible Tuesday" ("Terça-Feira Horrível"), como ficou conhecido – que o mercado quase faliu. Depois de abrir mais de 10% acima da baixa de segunda-feira, o mercado começou a despencar no meio da manhã e logo após o meio-dia estava abaixo do fechamento de segunda. O mercado de futuros do índice S&P 500 despencou para 181 – uma queda inacreditável de 40 pontos ou 22%, abaixo do valor divulgado do índice. Se a arbitragem de índice fosse possível, os preços de futuros teriam imposto um Dow de 1.450. Os preços das ações no maior mercado do mundo, nesse cômputo, estavam quase 50% abaixo de sua alta de 2.722, definida apenas sete semanas antes.

Foi nesse momento que o mercado ficou à beira do colapso. A NYSE não fechou, mas as negociações foram interrompidas em aproximadamente 200 ações. Pela primeira vez, as negociações foram interrompidas também nos futuros do índice S&P 500 em Chicago.

O único mercado de futuros que se manteve aberto foi o Major Market Index, que era negociado na Câmara de Comércio de Chicago e representava ações *blue chip* semelhantes às do índice Dow Jones. Essas *blue chips* estavam sendo vendidas por descontos tão altos em relação aos preços de Nova York que os valores se revelaram irresistíveis para alguns investidores. E como era o único mercado que havia permanecido aberto, esses compradores destemidos intervieram e os futuros subiram rapidamente o equivalente a 120 pontos Dow, ou quase 105, em questão de minutos. Quando os *traders* e os especialistas da bolsa perceberam a retomada das compras em direção às *blue chips*, os preços reagiram em Nova York e o pior do pânico do mercado ficou para trás. Uma matéria investigativa subsequente do *Wall Street Journal* indicou que esse mercado de futuros foi a solução para reverter o catastrófico colapso do mercado.[2]

AS CAUSAS DA QUEBRA DE OUTUBRO DE 1987

Nenhum acontecimento de precipitação – como uma declaração de guerra, um ato terrorista, um assassinato ou uma falência – desencadeou a Black Monday. Entretanto, durante algum tempo, tendências preocupantes ameaçaram o mercado acionário ascendente, como taxas de longo prazo consideravelmente mais altas provocadas pela queda contínua do dólar e rápido desenvolvimento de uma nova estratégia, chamada de *seguro de carteira*, concebida para proteger as carteiras contra um declínio no mercado em geral. Esta última nasceu do crescimento explosivo dos mercados de futuros de índices de ações detalhados no capítulo anterior, mercados que nem sequer existiam seis anos antes.

Políticas de taxa de câmbio

As raízes da elevação súbita das taxas de juros que precedeu a quebra do mercado acionário de outubro de 1987 encontram-se nas tentativas inúteis dos Estados Unidos e dos outros países do G7 (Japão, Reino Unido, Alemanha, França, Itália e Canadá) de impedir que o dólar caísse nos mercados acionários internacionais.

O dólar havia saltado para níveis inéditos em meados da década de 1980, imediatamente após as enormes compras japonesas e europeias de títulos em dólar e de um período de prosperidade na economia americana. Os investidores estrangeiros sentiram-se atraídos pelas altas taxas de juros em dólar, em parte impulsionadas por déficits orçamentários recordes nos Estados Unidos, mas também pelo fortalecimento da economia americana e pela presidência de Ronald Reagan favorável ao capital. Em fevereiro de 1985, o dólar ficou extremamente valorizado e as exportações americanas perderam muito a competitividade, piorando gravemente o déficit comercial dos Estados Unidos. O dólar então virou na direção oposta e iniciou um íngreme declínio.

Os banqueiros centrais inicialmente aplaudiram a queda do dólar supervalorizado, mas começaram a ficar preocupados quando o dólar continuou a cair e o déficit comercial dos Estados Unidos, em vez de melhorar, piorou. Os ministros da Fazenda reuniram-se em fevereiro de 1987 em Paris com o objetivo de apoiar o dólar. Eles temiam que, se o dólar ficasse muito barato, suas próprias exportações para os Estados Unidos, que havia crescido consideravelmente quando o dólar estava em alta, padeceriam.

O Federal Reserve participou relutantemente do programa de estabilização do dólar, cujo sucesso dependia de uma melhoria na posição comercial dos Estados Unidos ou, na falta disso, do compromisso do Federal Reserve de elevar as taxas de juros para apoiar o dólar.

Mas o déficit comercial não melhorou; na verdade, piorou após a introdução das políticas de estabilização cambial. Os *traders*, exaltados com a deterioração da balança comercial dos Estados Unidos, passaram a exigir taxas de juros ainda mais altas para manter ativos americanos. Leo Melamed, presidente da Bolsa Mercantil de Chicago, foi franco e direto quando indagado sobre as origens da Black Monday: "O que provocou a quebra foi toda essa perda de tempo com as moedas mundiais".[3]

A princípio, o mercado acionário ignorou as taxas de juros ascendentes. O mercado dos Estados Unidos, assim como a maioria dos mercados de ações ao redor do mundo, estava em rápida expansão. O índice industrial Dow Jones, que começou 1987 em 1.933, atingiu uma alta inédita de 2.725 em 22 de agosto – 250% acima da baixa atingida cinco anos antes, em de agosto de 1982. Todos os mercados mundiais tomaram parte. Ao longo do mesmo período de cinco anos, o mercado acionário britânico teve uma alta de 164%; o suíço, de 209%; o alemão, de 217%; o japonês, de 288%; e o italiano, de 421%.

Entretanto, as taxas ascendentes dos títulos, associadas a preços acionários mais altos, significavam problema para os mercados de ações. A taxa dos títulos de longo prazo do governo, que começou o ano em 7%, chegou a 9% em setembro e continuou a subir. As ações aumentaram, o rendimento de dividendos e os ganhos de rendimento caíram e a disparidade entre o rendimento real dos títulos e os ganhos e rendimentos de dividendos das ações teve uma alta no período pós-guerra. Na manhã de 19 de outubro, o rendimento dos títulos de longo prazo havia chegado a 10,47%, não obstante o fato de a inflação estar muito bem controlada.

A disparidade recorde entre os rendimentos das ações e os rendimentos reais dos títulos preparou o terreno para a quebra do mercado acionário.

O mercado de futuros

O mercado de futuros do índice S&P 500 também contribuiu claramente para a quebra do mercado. Desde a introdução do mercado de futuros de índices de ações, uma nova técnica de negociação, denominada seguro de carteira, foi adotada na gestão de carteiras.

Em teoria, o seguro de carteira não era muito diferente de uma técnica de uso frequente denominada *ordens stop de perda* (*stop-loss order*). Se um investidor comprar uma ação e desejar proteger-se contra perdas (ou se a ação tiver subido e ele quiser proteger seu lucro), poderá colocar uma ordem de venda abaixo do preço atual que será ativada quando o preço ficar igual ou inferior a esse nível especificado.

As ordens *stop loss* não são uma garantia de que você pode sair do mercado. Se a ação cair abaixo do preço especificado, sua ordem *stop loss* se tornará uma *ordem de mercado* a ser executada pelo *melhor preço seguinte*. Se houver um *gap*, isto é, se o preço da ação cair acentuadamente, sua ordem poderá ser executada bem abaixo do preço que você espera. Isso significa que pode haver pânico se muitos investidores colocarem ordens *stop loss* em torno do mesmo preço. Uma queda de preço poderia ativar grande quantidade de ordens de venda e sobrepujar o mercado.

As seguradoras de carteira, que vendem os futuros de índices de ações de grandes carteiras para protegê-las contra um declínio do mercado, acreditavam que eram imunes a esses problemas. Parecia extremamente improvável que os futuros do índice S&P 500 algum dia cairiam sensivelmente de preço e que todo o mercado de capitais dos Estados Unidos, o maior do mundo, poderia ter dificuldade para encontrar compradores. Esse é um dos motivos pelos quais o mercado acionário continuou em ascensão diante de taxas de juros acentuadamente mais altas.

Mas o mercado em geral teve um *gap* de fato em 19 de outubro de 1987. Durante a semana de 12 de outubro, o mercado caiu 10% e um grande número de ordens de compra inundou os mercados. Os *traders* e gestores de recursos financeiros que utilizavam estratégias de seguro de carteira e tentaram vender futuros de índices foram tantos, que o mercado entrou em colapso. Não havia absolutamente nenhum comprador e a liquidez desapareceu.

O que a esmagadora maioria dos *traders* de ações um dia imaginou inconcebível tornou-se realidade. Como os preços dos futuros de índices estavam bem abaixo dos preços das ações à venda em Nova York, os investidores interromperam completamente a compra de ações em Nova York. O maior mercado do mundo não conseguiu atrair nenhum comprador.

O seguro de carteira definhou rapidamente após a quebra. Não era de forma alguma um esquema seguro, porque não era possível assegurar a continuidade e liquidez do mercado. Entretanto, havia outra forma de proteger as carteiras: opções de índice. Com a introdução desses mercados de opções na década de 1980, os investidores podiam adquirir explicitamente um seguro contra quedas de mercado comprando opções de venda em um índice de mercado. Os compradores de opções nunca precisaram se preocupar com a possibilidade de sofrer defasagens de preço ou poder sair de uma posição porque o preço do seguro era especificado no momento da compra.

Certamente outros fatores além do seguro de carteira contribuíram para a Black Monday. Mas o seguro de carteira e seu predecessor, a ordem *stop loss*, estimularam a queda. Todos esses esquemas estão enraizados na filosofia de negociação básica de deixar o lucro correr e abreviar as perdas. Seja ela implementada com ordens *stop loss*, futuros de índices ou apenas uma atenção especial para abandonar uma ação assim que seu preço cair para um determinado valor, essa filosofia pode possibilitar mudanças dramáticas no mercado.

SUSPENSÕES NO PREGÃO

Em consequência da quebra, a Bolsa Mercantil de Chicago, onde os futuros de índices do S&P 500 são negociados, e a Bolsa de Valores de Nova York implementaram regras que restringiam ou interrompiam as negociações quando determinados limites de preço eram ativados. Para evitar especulações desestabilizadoras quando o índice industrial Dow Jones muda pelo menos 2%, a Regra 80a da Bolsa de Valores de Nova York impôs "restrições de negociação" à arbitragem de índice entre o mercado de futuros e a Bolsa de Valores de Nova York.[4]

O mais importante eram as medidas que restringiam sensivelmente ou interrompiam as negociações no mercado de futuros e na Bolsa de Valores de Nova York quando os movimentos do mercado eram muito grandes. De 1988 ao início de 2013, novas regras determinaram que as negociações deveriam ser interrompidas por uma hora, por duas horas e pelo restante do dia de negociação se o Dow Jones caísse 10%, 20% e 30%, respectivamente. Em abril de 2013, a Comissão de Valores Mobiliários (Securities and Exchange Commission – SEC) alterou as regras de suspensão do pregão para oferecer um intervalo de 15 minutos quando o S&P 500 caísse 7% e outro quando o mercado caísse 13%. As negociações seriam interrompidas pelo restante do dia se o mercado caísse 20%. A negociação de futuros deve ser interrompida quando a Bolsa de Valores de Nova York é fechada.[5]

O raciocínio por trás dessas suspensões no pregão é que a interrupção das negociações oferece tempo para que os investidores reavaliem a situação e formulem sua estratégia com base nos preços que mudam rapidamente. Essa pausa atrai os compradores para o mercado e ajuda os formadores de mercado a manter a liquidez.

O argumento contra essas interrupções é que elas aumentam a volatilidade ao desencorajar os *traders* de curto prazo de comprar quando os preços caem de forma acentuada porque eles podem ser impedidos de neutralizar sua posição se a negociação for interrompida subsequentemente. Isso poderia acelerar a queda de preços em direção aos limites de preço, aumentando, assim, a volatilidade de curto prazo, tal como ocorreu quando os preços caíram para esses limites em 27 de outubro de 1997.[6]

QUEBRA-RELÂMPAGO: 6 DE MAIO DE 2010

A segunda-feira de 19 de outubro de 1987 e a terça-feira seguinte se destacam como os dias mais voláteis da história do mercado acionário dos Estados Unidos. Mas os investidores ficaram igualmente amedrontados e debilitados com o colapso do mercado em 6 de maio de 2010, um acontecimento que ficou conhecido como "quebra-relâmpago". Logo após as 14h30, horário do leste, o índice Dow Jones despencou mais de 600 pontos ou em torno de 6% em questão de minutos e recuperou-se com a mesma velocidade. Não havia nenhuma notícia econômica ou financeira que pudesse justificar esse declínio. Além disso, milhares de ações individuais foram negociadas por preços mais de 60% inferiores (e em alguns casos ainda mais inferiores) aos preços pelos quais elas haviam sido vendidas alguns minutos antes; algumas ações de empresas renomadas chegaram a ser negociadas por 1 centavo por ação.

Os preços das ações haviam sido pressionados o dia todo em virtude da crise da dívida europeia. Às 14h42, sem nenhuma notícia significativa iminente e o Dow Jones com baixa de mais de 300 pontos, as ações atingiram uma "bolsa de ar". O índice de referência caiu mais de 600 pontos em apenas cinco minutos, atingindo uma baixa às 14h47 de 999 pontos ou aproximadamente 10%, abaixo do fechamento do dia anterior. Em cinco minutos, mais de US$ 800 bilhões foram suprimidos dos valores das ações dos Estados Unidos. Nos 30 minutos seguintes, o mercado recuperou 700 pontos, antes de fechar o dia em 10.520, 348 pontos abaixo. A Figura 19.2 delineia o mercado minuto a minuto ao longo do dia, um padrão de volatilidade de preço misteriosamente semelhante ao da quebra do mercado acionário de outubro de 1987 retratada na Figura 19.1A, mas que ocorreu durante um período bem mais curto.

Após quase cinco meses de investigações, a SEC e a Comissão de Negociação de Futuros de *Commodity* divulgaram um relatório conjunto[7] atribuindo a culpa a uma venda surpreendentemente alta de US$ 4 bilhões em 500 futuros do S&P 500 por um grande fundo mútuo que iniciou às 14h41 e durou três minutos, provocando uma rápida baixa de mais 3% no mercado.[8] Muitas dessas vendas foram inicialmente absorvidas por *traders de alta frequência* (*high-frequency traders* – HFTs), que são direcionados por programas de computador a comprar e vender títulos rapidamente para avaliar a profundidade do mercado e prever preços futuros.

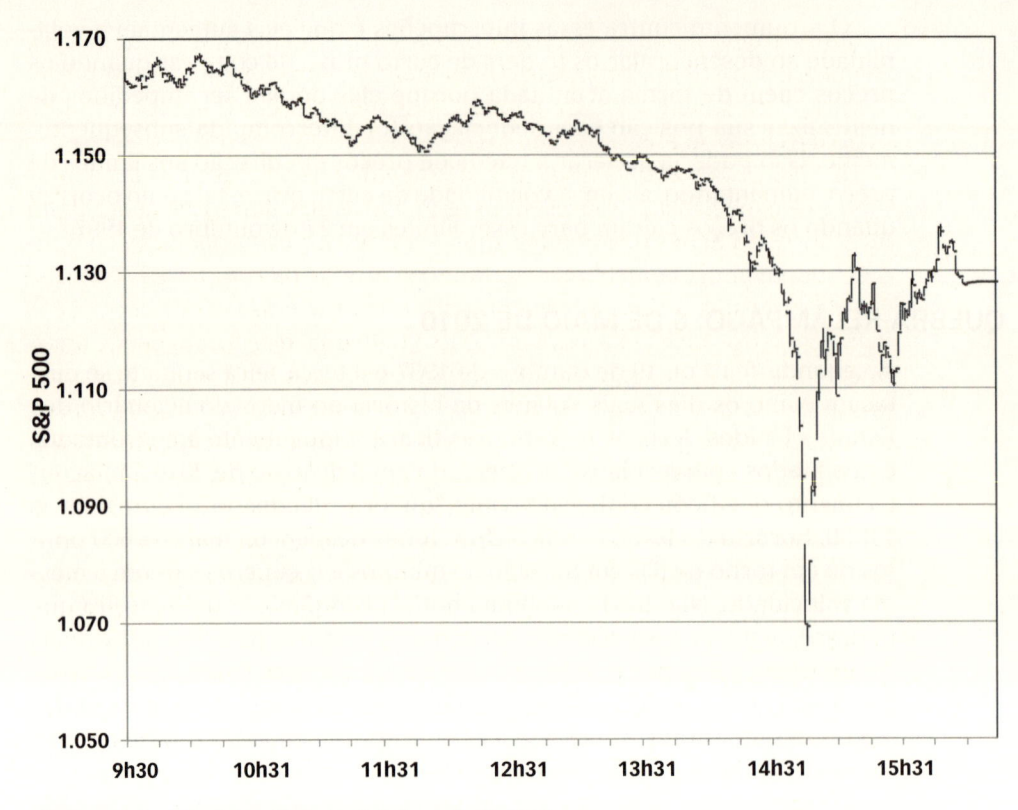

Figura 19.2 "Quebra-relâmpago", 6 de maio de 2010.

Contudo, como o mercado continuou caindo, muitos HFTs começaram a vender em um mercado extremamente rarefeito e instável, precipitando ainda mais as quedas de preço.[9] Às 14h45min28s, as negociações de *E-minis* foram interrompidas por cinco segundos quando a suspensão do pregão da Bolsa Mercantil de Chicago foi ativada, e, durante esse curto intervalo, os compradores apareceram e os preços reagiram rapidamente.

A queda nas médias amplas do mercado foi suficientemente intimidante, mas o que atraiu o olhar de vários *traders* foram os preços extraordinariamente baixos que algumas *blue chips* alcançaram logo depois que os contratos de futuros do S&P atingiram sua baixa. A Procter & Gamble registrou uma negociação de US$ 39,37, mais de 50% abaixo de seu preço de abertura de US$ 86, e as ações da empresa de consultoria Accenture, também membro do S&P 500, que haviam sido negociadas por US$ 38 às 14h47, caíram para *1 centavo* por ação apenas dois minutos depois! A Accenture não foi a única. Havia oito outras empresas no índice amplo S&P 1.500 cujas ações foram negociadas pelo preço unitário de 1 centavo.[10] No cômputo geral, houve 20.000 negociações em 300 títulos que estavam 60% ou mais distantes do preço pelo qual haviam sido negociados alguns minutos antes. Após o fechamento, a NYSE, em consulta à Autoridade Regulatória do Setor Financeiro (Financial Industry Regulatory Authority – Finra), "dissolveu" ou cancelou todas as negociações que estavam 60% ou mais acima ou abaixo de seu preço anterior.

É bem provável que esses preços extremos não tivessem sido realizados se os especialistas, representantes da bolsa de valores que mantinham mercados em ações designadas antes do advento da negociação computadorizada, ainda controlassem o fluxo de ordens de compra e venda. Esses especialistas teriam intervindo para comprar essas ações por preços bem acima do valor absurdamente baixo pelo qual elas foram negociadas. Mas os sistemas de negociação computadorizados mais modernos eram programados para reagir de uma maneira bem diferente daquela que os especialistas reagiriam. Quando os preços começam a cair acentuadamente, os programas são instruídos a se afastar do mercado. Isso porque os grandes movimentos em ações individuais estão quase sempre associados a notícias específicas à empresa às quais os *traders* computadorizados não têm acesso. Esses computadores são programados para tirar proveito do fluxo e refluxo normal da atividade de negociação que evidentemente não ocorreu nesse dia.

Quando os preços das ações desmoronaram, um sistema de intervalo nas negociações que havia sido instituído pela Bolsa de Valores de Nova York, denominado *pontos de reabastecimento de liquidez*, entrou em operação. Contudo, em vez de fornecer liquidez, o intervalo enviou algumas ordens de venda a outros mercados em que os distribuidores mantinham *cotações muito fora do padrão* (*stub quotes*). Essas cotações são "espaços reservados", isto é, cotações distantes do preço de mercado (normalmente um preço de compra de 1 centavo e um preço de venda de US$ 100.000) e seu propósito não é servir de base de negociação. Entretanto, como não havia nenhuma ordem nos livros de ordens, essas cotações fora do padrão foram executadas para várias ações.

Em resposta à quebra-relâmpago, a equipe da SEC trabalhou com as bolsas e a Finra pra implementar imediatamente um programa piloto de suspensão do pregão para a negociação de títulos individuais que seria utilizado em todos os mercados. Essas novas regras suspendem a negociação de um título por cinco minutos se esse título tiver sofrido uma mudança de preço de 10% nos cinco minutos precedentes. A SEC aprovou a utilização da suspensão do pregão em ações incluídas no índice S&P 500 em 10 de junho de 2010 e a ampliação do programa para títulos incluídos no índice Russell 1.000 e para determinados fundos negociados em bolsa (ETFs) em 10 de setembro. Em abril de 2013, a SEC alterou o acionador de mudança de preço de 10% para uma regra de "limite máximo e limite mínimo" que foi adaptada à volatilidade do título individual. Para ações negociadas acima de US$ 3 por unidade (com exceção dos ETFs alavancados), o limite permanece em 10%, exceto nos primeiros e últimos 15 minutos de negociação, quando o limite é ampliado para 20%.[11]

A quebra-relâmpago, ocorrida apenas um ano depois do mercado baixista mais profundo em 75 anos, destruiu a confiança do público em um mercado de ações justo e organizado. Muitos citaram a indiciação da SEC de *traders* de alta frequência como evidência de que o mercado é manipulado contra o pequeno investidor. Entretanto, a negociação de alta frequência diminuiu depois da quebra-relâmpago e inúmeros pesquisadores questionaram se a negociação teria desempenhado um papel significativo no declínio desse dia. Novas regras estabelecidas pela SEC praticamente eliminaram o tipo de negociação "errônea" e extrema que ocorreu durante a quebra-relâmpago.

No entanto, de uma perspectiva mais ampla, os investidores individuais não devem temer a volatilidade de mercado de curto prazo. Você não gostaria de comprar em uma loja na qual de vez em quando se anunciasse "um desconto de 10% a 20% no preço de todos os produtos nos 30 minutos seguintes?". A volatilidade de curto prazo sempre fez parte do mercado de ações e a quebra-relâmpago não teve nenhum efeito duradouro sobre a recuperação do mercado baixista de 2007–2009.

A NATUREZA DA VOLATILIDADE DO MERCADO

Embora a maioria dos investidores demonstre grande aversão às flutuações do mercado, a volatilidade deve ser aceita para que seja possível colher os retornos superiores oferecidos pelas ações. Aceitar riscos é essencial para obter retornos acima da média: os investidores não conseguirão obter nada além de uma taxa isenta de risco se não houver alguma possibilidade de eles obterem menos.

A volatilidade do mercado de ações intimida muitos investidores, mas fascina outros. A capacidade de monitorar uma posição de minuto a minuto atende à necessidade de vários investidores de validar rapidamente suas avaliações. Para muitos, o mercado acionário na verdade é o maior cassino do mundo.

Contudo, a possibilidade de um investidor saber exatamente quanto ele vale em determinado momento também pode provocar ansiedade. Muitos investidores não apreciam o veredito instantâneo do mercado financeiro. Alguns procuram refúgio em investimentos como imóveis, para os quais não existem cotações diárias. Outros acreditam que não saber o preço atual, de alguma forma, torna o investimento menos arriscado. Tal como Keynes afirmou há 75 anos a respeito das atitudes de investimento do comitê de dotação da Universidade de Cambridge:

> Alguns tesoureiros adquirirão sem tremor investimentos em imóveis não cotados e invendáveis que os deixariam de cabelo branco caso eles tivessem uma cotação de venda disponível para pagamento imediato em cada auditoria. O fato de não sabermos quanto essa cotação de dinheiro disponível flutua não torna um investimento, tal como comumente se supõe, seguro.[12]

TENDÊNCIAS HISTÓRICAS DA VOLATILIDADE DAS AÇÕES

A variabilidade anual das ações dos Estados Unidos, avaliadas de acordo com o desvio padrão dos retornos mensais de 1834 a 2012 é representada graficamente na Figura 19.3. É surpreendente que a tendência geral na volatilidade do mercado seja tão pequena.

O período de maior volatilidade foi durante a Grande Depressão e o ano de volatilidade mais alta foi 1932. A volatilidade anualizada de 1932 foi 63,7%, aproximadamente 20 vezes superior à de 1993, que é o ano menos volátil já registrado com um desvio padrão de 3,36. A volatilidade de 1987 foi a mais alta desde a Grande Depressão, superando apenas por pouco a de 2008, ano da crise financeira. Excluindo o período de 1929 a 1939, a volatilidade girou em torno de 12% e manteve-se notadamente estável entre 13% e 14% nos últimos 180 anos.

A Figura 19.4A exibe a mudança percentual diária média no índice industrial Dow Jones para cada ano de 1896 até o presente. A mudança diária média nos últimos 117 anos é 0,74%. Com exceção da década de 1930, houve uma tendência decrescente na volatilidade de 1896 a 1960 e uma tendência crescente subsequente. Parte da tendência crescente deve-se à

Período	Desvio Padrão	Desvio Padrão*
1834-2012	13,59%	12,70%
1871-2012	13,27%	12,10%
1925-2012	13,07%	11,05%
1929-1939	27,21%	
1945-2012	10,95%	
1982-2012	11,44%	

Estatísticas Resumidas — Volatilidade Média

* Excluindo o período de 1929 a 1939.

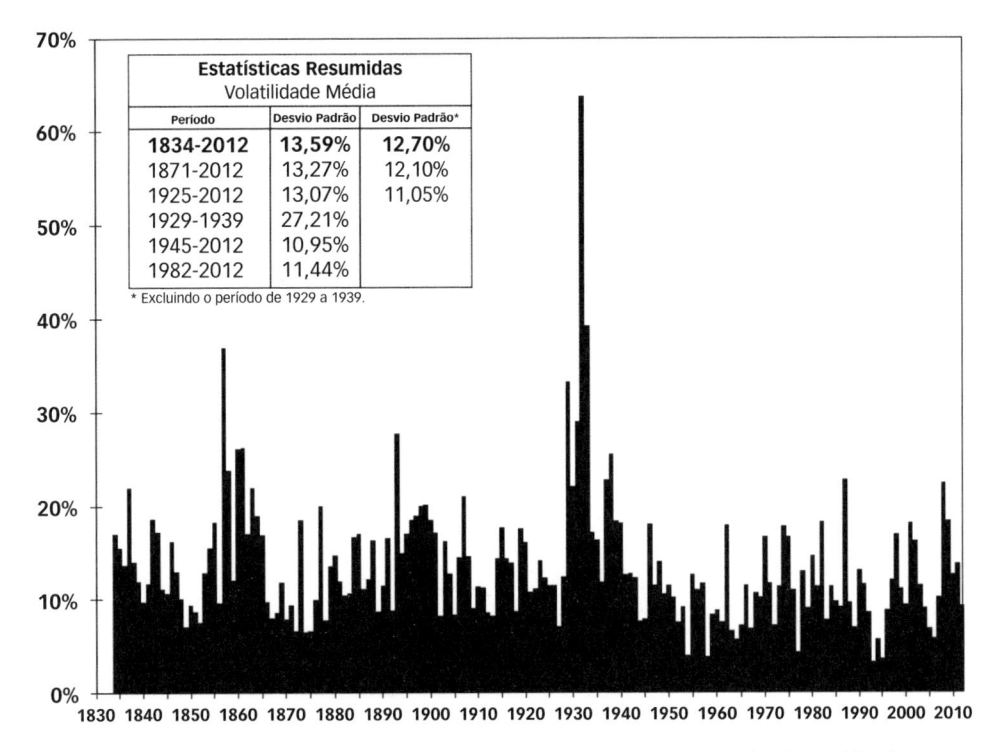

Figura 19.3 Volatilidade do mercado acionário de 1834 a 2012 com base no desvio padrão dos retornos mensais.

302 PARTE IV Oscilação das ações no curto prazo

Figura A — Mudança Percentual Diária Média no Índice Dow Jones
Janeiro de 1896-Dezembro de 2012

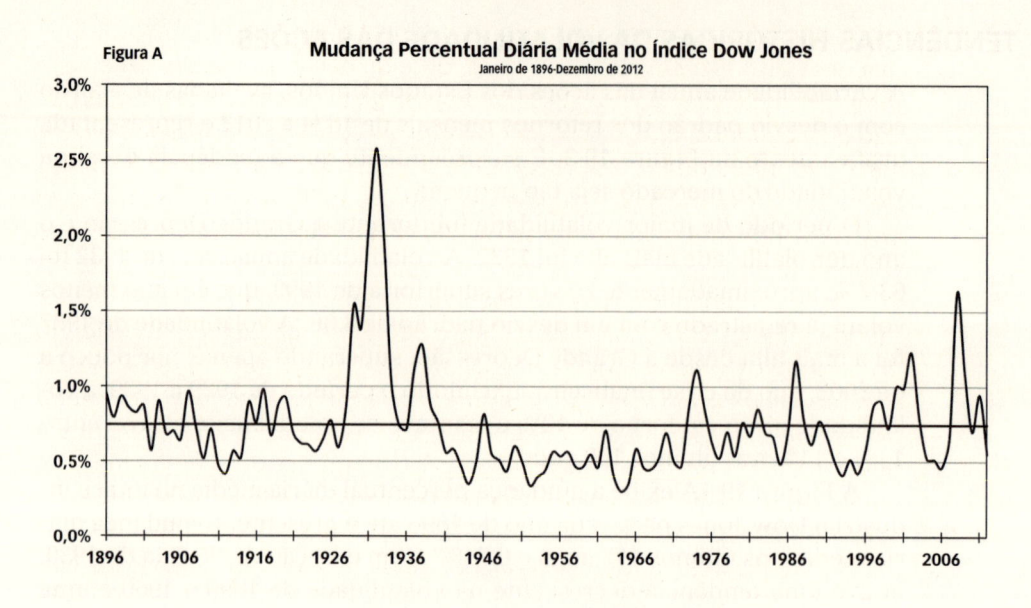

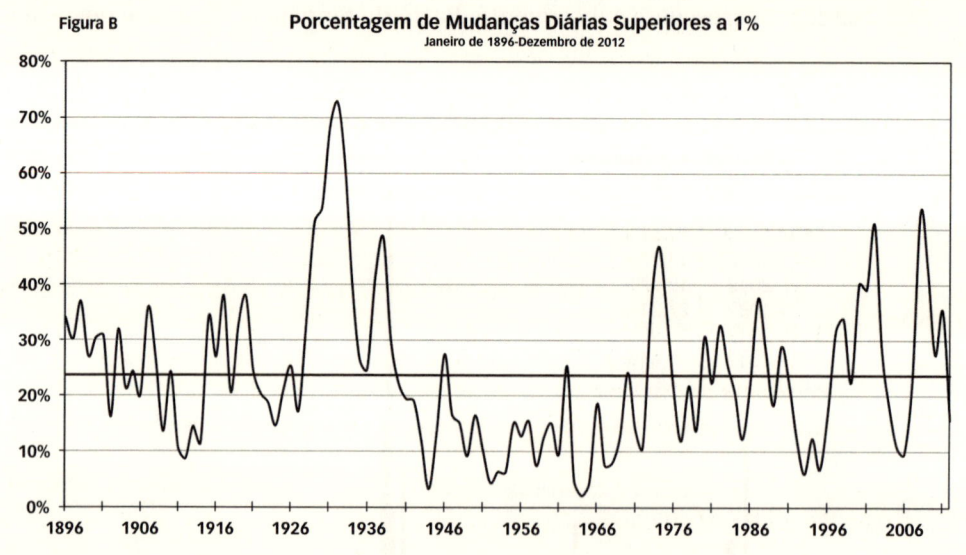

Figura B — Porcentagem de Mudanças Diárias Superiores a 1%
Janeiro de 1896-Dezembro de 2012

Figura 19.4 Volatilidade diária do índice industrial Dow Jones, 1896-2012.

resposta mais rápida dos mercados a acontecimentos econômicos; informações que costumavam levar horas, quando não dias, para se refletirem totalmente nas médias do mercado, hoje são processadas em minutos, se não em segundos. Parte da tendência decrescente na volatilidade do Dow Jones no início do século XX deve-se ao aumento do número de ações no índice de 12 para 20 e depois para 30 em 1928. A volatilidade diária de 1,63% durante o ano de crise de 2008 foi a mais alta desde a Grande Depressão.

A porcentagem de dias de negociação quando o índice Dow Jones mudou mais de 1% é mostrada na Figura 19.4B. A média foi 24% ao longo do período ou uma vez por semana. Contudo, houve uma variação de um mínimo de 1,2% em 1964 para um máximo de 67,6% em 1932, quando o Dow Jones teve uma mudança superior a 1% em mais de dois dias em um período de três dias de negociação. A crise financeira gerou a volatilidade mais alta, e a recessão mais profunda, desde a Grande Depressão da década de 1930.

A maioria dos períodos de alta volatilidade ocorre em mercados baixistas. O desvio padrão dos retornos diários é mais de 25% superior em recessões do que em expansões. Dois são os motivos pelos quais a volatilidade aumenta em uma recessão. Primeiro, as recessões, por serem a exceção e não a regra, são marcadas por uma incerteza econômica maior do que as expansões. O segundo é que, se os ganhos diminuírem, o encargo dos custos fixos aumentará a volatilidade dos lucros. Isso acarreta uma volatilidade maior nos preços das ações.

Se os ganhos se transformarem em perdas, o valor patrimonial das empresas será como uma opção de compra fora do preço que só compensará se com o tempo a empresa obtiver lucro suficiente para cobrir seus custos. Do contrário, não terá valor. Não é difícil de entender por que a volatilidade das ações foi mais alta durante a Grande Depressão, quando, em virtude de os lucros agregados serem negativos, as ações estavam sendo negociadas no mercado como uma opção de compra fora do preço.

O ÍNDICE DE VOLATILIDADE

A mensuração da volatilidade *histórica* é simples. O mais importante, é avaliar a volatilidade que os investidores *esperam* no mercado. Isso porque a volatilidade esperada é um sinal do nível de ansiedade no mercado, e os períodos de grande ansiedade com frequência representaram pontos de virada nas ações.

Examinando os preços das opções de venda e de compra nos principais índices do mercado acionário, pode-se determinar a volatilidade que está incorporada no mercado, que é chamada de *volatilidade implícita*.[13] Em 1993, a Bolsa de Opções de Chicago introduziu o *Índice de Volatilidade* (Volatility Index) *da CBOE*, também chamado de *índice VIX* ou *VIX* (mencionado primeiramente no Capítulo 3), baseado nos preços de opções de índice reais no índice S&P 500 e calculou esse índice desde meados da década de 1980.[14] Uma representação gráfica semanal do VIX desde 1986 é exibida na Figura 19.5.

A curto prazo, existe uma forte correlação negativa entre o VIX e o *nível* do mercado. Quando o mercado está em queda, os investidores são propensos a pagar mais por proteção contra perda e, para isso, eles compram opções de venda, provocando uma elevação no VIX. Quando o mercado está em ascensão, normalmente o VIX cai porque os investidores ficam menos ansiosos para assegurar sua carteira contra perdas.

Essa correlação pode parecer incompreensível porque seria de esperar que os investidores procurassem maior proteção no mercado em alta, e não em baixa. Uma das explicações para esse comportamento do VIX é que a volatilidade histórica é superior em mercados altistas. Portanto, os mercados em queda fazem o VIX subir. Entretanto, um argumento mais persuasivo é que mudanças na confiança do investidor alteram a disposição dos investidores para comprar opções de venda como instrumentos de *hedge*. Quando os preços das opções de venda são empurrados para cima, os arbitradores que vendem venderão ações para proteger sua posição e empurrarão os preços para baixo. O inverso ocorre quando os investidores sentem maior confiança nos retornos das ações.

É fácil observar na Figura 19.5 que os picos no VIX correspondem a períodos de extrema incerteza e a preços acionários acentuadamente mais baixos. O VIX atingiu um pico de 172 na terça-feira posterior a 19 de ou-

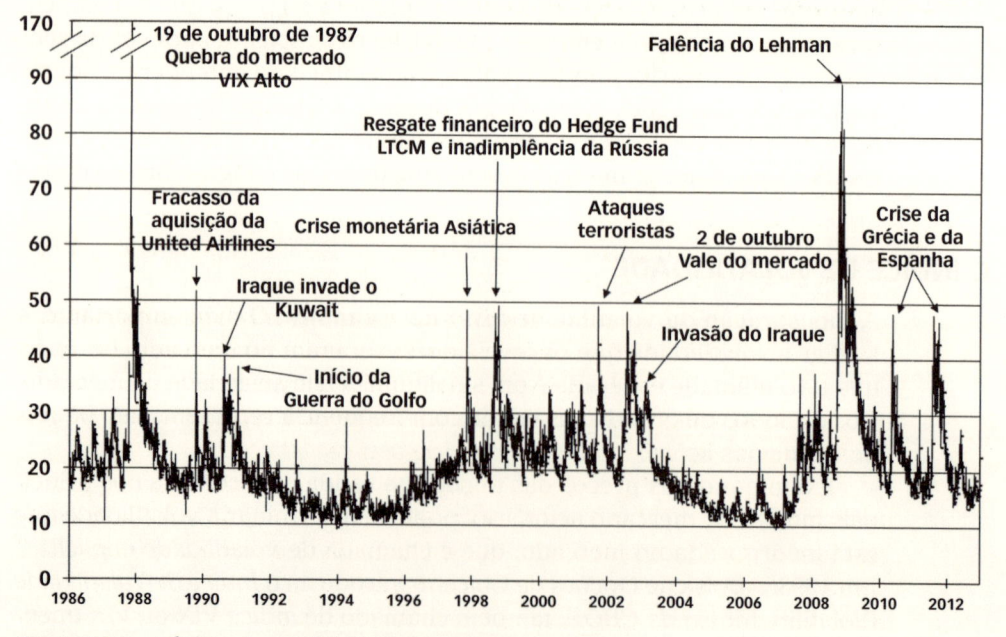

Figura 19.5 O Índice de Volatilidade (VIX), 1986–2012.

tubro de 1987, data da quebra do mercado acionário, ofuscando de longe qualquer outra alta.

No início e em meados da década de 1990, o VIX despencou, ficando entre 10 e 20. Porém, no início das crises asiáticas, em 1997, o VIX subiu para um intervalo de 20 a 30. Ocorreram aumentos repentinos de 40 a 50 no VIX em três ocasiões: em outubro de 1987, quando o Dow Jones caiu 550 pontos durante o ataque ao dólar de Hong Kong; em agosto de 1998, quando o Long-Term Capital Management foi liquidado; e na semana posterior aos ataques terroristas de 11 de setembro de 2001. Após a quebra do mercado acionário de 1987, o VIX mais alto foi 90, atingido logo após a falência do Lehman Brothers, em setembro de 2008. O VIX atingiu um novo pico durante a crise da dívida governamental da Grécia e da Espanha. Em dezembro de 1993 ocorreu uma baixa inédita no VIX, quando o índice de volatilidade caiu para 8,89.

Nos últimos anos, comprar quando o VIX está alto e vender quando ele está baixo revelou-se uma estratégia lucrativa em horizontes de curto prazo. O mesmo se revelou verdadeiro com relação a comprar durante quedas de mercado e vender durante picos de mercado. A dúvida real é quão alto é alto e quão baixo é baixo. Por exemplo, um investidor pode ter se sentido persuadido a comprar ações no mercado na sexta-feira de 16 de outubro de 1987, quando o VIX atingiu 40. Entretanto, essa compra teria se revelado desastrosa, tendo em vista o colapso recorde em um único dia ocorrido na segunda-feira seguinte.

A DISTRIBUIÇÃO DE GRANDES MUDANÇAS DIÁRIAS

No Capítulo 16 mencionamos que de 1885 a 2012 houve 145 dias em que o índice industrial Dow Jones mudou 5% ou mais: alta de 68 e baixa de 77. Setenta e oito desses dias, ou mais ou menos dois terços do total, ocorreram entre 1929 e 1933. Sem dúvida o ano mais volátil em termos de mudanças diárias foi 1932, que compreendeu 35 dias nos quais o Dow Jones mudou pelo menos 5%. O período mais longo entre duas mudanças sucessivas de no mínimo 5% foi o período de 17 anos que precedeu 19 de outubro de 1987, quebra do mercado acionário.

As características de calendário das grandes mudanças diárias são exibidas na Figura 19.6. A maior parte das grandes mudanças ocorreu na segunda-feira, ao passo que terça sem dúvida experimentou as menores (excluindo sábado). Segunda-feira tem o maior número de dias em baixa e quarta tem de longe o maior número de dias em alta.

Trinta e seis das grandes mudanças ocorreram em outubro, que testemunhou mais de duas vezes o número de grandes mudanças em comparação a qualquer outro mês. A reputação de outubro de mês volátil é totalmente justificada. Outubro testemunhou não apenas quase um quarto de todas as grandes mudanças, mas também as duas maiores quebras do mercado acionário da história, outubro de 1929 e outubro de 1987. É inte-

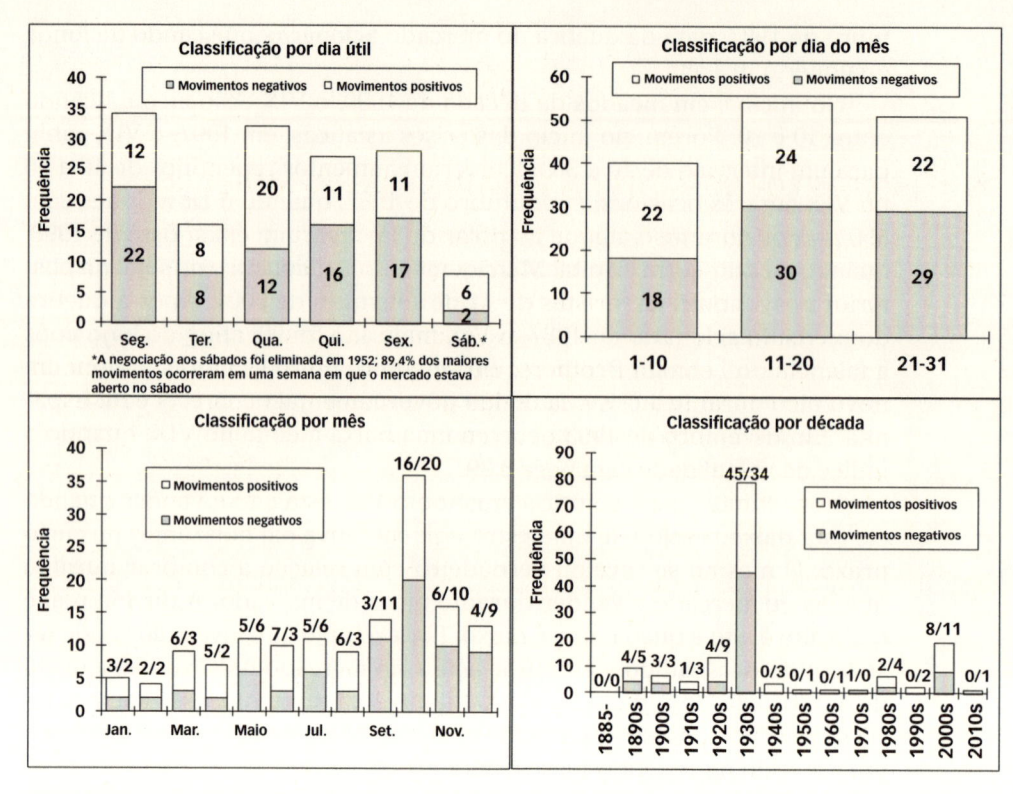

Figura 19.6 Distribuição das mudanças no índice industrial Dow Jones acima de 5%, 1885–2012.

ressante notar que quase dois terços dos grandes declínios ocorreram nos últimos quatro meses do ano. O Capítulo 21 examina outras propriedades sazonais dos retornos acionários.

Uma das informações mais surpreendentes sobre os grandes movimentos do mercado está relacionada com o período do maior colapso do mercado acionário. De 3 de setembro de 1929 a 8 de julho de 1932, o índice industrial Dow Jones caiu mais ou menos 89%. Durante esse período, houve 37 episódios em que o Dow Jones mudou 5% ou mais. Surpreendentemente, 21 deles foram altas! Várias dessas reações acentuadas decorreram da cobertura de posições vendidas, ocorridas quando os especuladores que imaginaram que o mercado estivesse em uma via de mão única correram para vender ações que eles não possuíam e então foram forçados a comprá-las de volta ou a cobrir suas posições quando o mercado reagiu.

Não é incomum os mercados que parecem estar tendendo para uma direção experimentarem mudanças acentuadas ocasionais na direção oposta. Em um mercado altista, a expressão "subir pela escada, descer de elevador" é uma descrição adequada do comportamento do mercado. Os investidores comuns devem tomar cuidado: não é tão fácil ganhar dinheiro em mercados tendenciais quanto parece e os investidores que tentam atuar nesses mercados devem estar preparados para cair fora rapidamente quando virem que o mercado está mudando de direção.

OS ASPECTOS ECONÔMICOS DA VOLATILIDADE DO MERCADO

Muitas reclamações sobre a volatilidade do mercado estão fundamentadas na crença de que o mercado reage exageradamente a mudanças nas notícias. Mas determinar em que sentido as notícias podem afetar o mercado é tão difícil que poucos conseguem quantificar o devido impacto de um acontecimento sobre o preço de uma ação. Por esse motivo, os *traders* com frequência "seguem a multidão" e tentam prever como os outros *traders* reagirão à publicação de uma notícia.

Há mais de meio século, Keynes ilustrou o problema dos investidores que tentam avaliar as ações com base nos fundamentos econômicos, em vez de seguir o rebanho:

> Investir com base em uma expectativa de longo prazo genuína é tão difícil hoje que chega a ser praticamente inviável. Aquele que tenta fazê-lo com certeza tem de viver dias bem mais laboriosos e correr um risco maior do que aquele que tenta imaginar melhor do que a multidão de que forma a multidão se comportará; e, diante de informações idênticas, ele pode cometer erros mais desastrosos.[15]

Em 1981, Robert Shiller, da Universidade Yale, concebeu um método para determinar se os investidores acionários tendiam a reagir exageradamente a mudanças em dividendos e taxas de juros, que são os elementos fundamentais dos valores das ações.[16] Por meio do exame de dados históricos, ele calculou qual deve ter sido o valor do índice S&P 500 com base na realização subsequente de dividendos e taxas de juros. Sabemos qual é esse valor porque, tal como mostrado no Capítulo 10, os preços das ações são o valor presente descontado dos fluxos de caixa futuros.

O que ele constatou foi que os preços das ações eram extremamente variáveis para serem explicados meramente pelo comportamento subsequente dos dividendos e das taxas de juros. Os preços das ações pareciam reagir exageradamente a mudanças nos dividendos, sem levar em conta que as mudanças nos pagamentos de dividendos eram em sua maioria apenas temporárias.[17] Por exemplo, os investidores precificavam as ações em uma recessão como se eles esperassem que os dividendos ficariam bem mais baixos, completamente ao contrário da experiência histórica.

A palavra *ciclo*, em *ciclo econômico*, implica que altas na atividade econômica serão acompanhadas de baixas e vice-versa. Como os rendimentos e os lucros tendem a seguir o ciclo econômico, eles também devem se comportar de uma maneira cíclica, retornando a alguma valor médio com o passar do tempo. Nessas circunstâncias, uma queda temporária nos dividendos (ou rendimentos) durante uma recessão deve ter um efeito bastante insignificante sobre o preço de uma ação, a qual desconta os dividendos ao longo de um futuro infinito.

Quando as ações estão em queda, os piores cenários atormentam a mente dos investidores. Em 6 de maio de 1932, depois que as ações despencaram 85% em relação à sua alta de 1929, Dean Witter enviou o seguinte memorando aos seus clientes:

> Existem apenas duas promessas sustentáveis quanto ao futuro. Ou teremos o caos ou teremos uma recuperação. A primeira teoria é insensata. Se houver caos, nada manterá seu valor; nem os títulos, nem as ações, nem os depósitos bancários, nem o ouro terão valia. Os imóveis serão um ativo sem valor porque os direitos de propriedade serão inseguros. Nenhum plano de ação pode se fundamentar nessa eventualidade impossível. Por esse motivo, esse plano dever ser previsto com base na teoria de recuperação. O presente não é a primeira depressão; pode ser a pior. Entretanto, com a mesma certeza que as condições se endireitaram no passado e gradualmente voltaram ao normal, isso ocorrerá novamente. A única incerteza é quando isso ocorrerá [...]. Gostaria de dizer enfaticamente que em alguns anos os preços atuais parecerão tão absurdamente baixos quanto os valores de 1929 parecem fantasticamente altos.[18]

Dois meses depois, o mercado de ações atingiu uma baixa inédita e teve uma sólida recuperação. Em retrospecto, essas palavras refletiram grande sabedoria e uma avaliação sensata sobre deslocamentos temporários nos preços das ações. Contudo, na época em que elas foram proferidas, os investidores estavam tão desencantados com as ações e tão pessimistas, que a mensagem entrou por um ouvido e saiu por outro. O Capítulo 22 discute por que os investidores com frequência reagem exageradamente a acontecimentos de curto prazo e não adotam a visão de longo prazo do mercado.

O SIGNIFICADO DA VOLATILIDADE DO MERCADO

Não obstante o drama do colapso do mercado de outubro de 1987, seu efeito foi surpreendentemente passageiro sobre a economia mundial ou mesmo sobre os mercados financeiros. Como o episódio de 1987 não pressagiou uma queda mais íngreme nos preços das ações ou um declínio na atividade econômica, nunca alcançará a notoriedade da quebra de 1929. Contudo, sua lição talvez seja mais importante. As salvaguardas econômicas, como medidas imediatas do Federal Reserve para fornecer liquidez à economia e assegurar o funcionamento adequado dos mercados financeiros, podem impedir um desastre econômico do tipo que acossou nossa economia durante a Grande Depressão.

Isso não significa que os mercados estão isentos de flutuações violentas. Como o futuro sempre será incerto, a psicologia e o sentimento com frequência predominam sobre os fundamentos econômicos. Como

Keynes afirmou com grande discernimento há mais de 70 anos em *The General Theory*, "O fato notável é a extrema precariedade da base de conhecimento na qual nossas estimativas de rendimento futuro precisam se fundamentar".[19] As estimativas precárias estão sujeitas a mudanças repentinas; portanto, os preços nos mercados abertos serão voláteis. Entretanto, a história demonstra que os investidores propensos a entrar no mercado quando outros estão procurando às pressas uma saída de emergência colhem os benefícios da volatilidade do mercado.

20

Análise técnica e investimento de acordo com as tendências

É verdade que muitos céticos são propensos a rejeitar todo o procedimento [de leitura de gráficos] como algo semelhante à astrologia ou necromancia; mas sua enorme importância em Wall Street exige que suas pretensões sejam examinadas com certo grau de cuidado.
— Benjamin Graham e David Dodd, 1934[1]

A NATUREZA DA ANÁLISE TÉCNICA

Formações de bandeiras, flâmulas, arredondadas e *ombro-cabeça-ombro. Indicadores estocásticos, indicadores de convergência/divergência de médias móveis* e *candlesticks.* Essa é a linguagem arcana do analista técnico, um investidor que prevê retornos futuros com base em tendências de preço passadas. Poucas áreas de análise de investimento atraíram tantos críticos; contudo, nenhuma outra área tem um núcleo de defensores tão dedicados e entusiásticos. A análise técnica, com frequência repudiada por economistas acadêmicos que acreditam que ela seja tão útil quanto a astrologia, está recebendo um novo olhar, e algumas evidências recentes são surpreendentemente positivas.

Os *analistas técnicos*, ou *grafistas*, como são chamados algumas vezes, são bem diferentes dos *analistas fundamentalistas*, que utilizam variáveis como dividendos, lucro e valor contábil para prever os retornos das ações. Os analistas técnicos ignoram essas variáveis fundamentais, sustentando que as informações importantes para prever os futuros movimentos de preço podem ser coletadas por meio da análise de padrões de preço passados. Alguns desses padrões resultam de mudanças na psicologia do mercado que tendem a se repetir, ao passo que outras são provocadas por investidores informados que têm conhecimento especial sobre as perspectivas de uma empresa. Se esses padrões forem lidos apropriadamente, afirmam os analistas técnicos, os investidores poderão utilizá-los para superar o desempenho do mercado e dividir os ganhos com aqueles que estão mais bem informados sobre as perspectivas de uma ação.

CHARLES DOW, ANALISTA TÉCNICO

O primeiro analista técnico a ganhar grande notoriedade foi Charles Dow, criador do índice industrial Dow Jones. Mas Charles Dow não analisou apenas gráficos. Paralelamente a seus interesses pelos movimentos do mercado, Dow fundou o *Wall Street Journal* e publicou sua estratégia nos editoriais no início da década de 1900. O sucessor de Dow, William Hamilton, ampliou a abordagem técnica de Dow e publicou *Stock Market Barometer* em 1922. Dez anos depois, Charles Rhea formalizou os conceitos de Dow em um livro intitulado *Dow Theory*.

Charles Dow associou o fluxo e refluxo dos preços das ações às ondas do oceano. Ele afirmou que havia uma *onda primária*, que, como a maré, determinava a tendência geral. Nessa tendência havia ondas secundárias superpostas e ondulações menores. Além disso, ele afirmou que seria possível identificar qual tendência estava em voga analisando um gráfico do índice industrial Dow Jones, o volume no mercado e o Dow Jones ferroviário (hoje chamado índice Dow Jones de transporte).

Aqueles que seguem a teoria de Dow reconhecem que essa estratégia teria tirado um investidor do mercado de ações antes da quebra do mercado acionário de outubro de 1929. Martin J. Pring, respeitado analista técnico, defende que, a partir de 1897, os investidores que tivessem comprado ações no índice industrial Dow Jones e seguido todos os sinais de compra e venda da teoria de Dow teriam visto um investimento original de US$ 100 atingir US$ 116.508 em janeiro de 1990, em oposição a US$ 5.682 atingido com uma estratégia de comprar e manter (esses cálculos excluem os dividendos reinvestidos).[2] Mas a confirmação dos lucros provenientes da negociação baseada na teoria de Dow é difícil, porque os sinais de compra e venda são puramente subjetivos e não podem ser determinados por regras numéricas precisas.

A ALEATORIEDADE DOS PREÇOS DAS AÇÕES

Embora a teoria de Dow não seja tão popular quanto foi no passado, a análise técnica ainda está de pé. A ideia de que é possível identificar as principais tendências no mercado, domar os mercados altistas e ao mesmo tempo evitar os mercados baixistas, continua sendo um objetivo fundamental dos analistas técnicos.

Entretanto, a maior parte dos economistas ainda critica o princípio fundamental dos analistas técnicos, segundo o qual os preços das ações seguem padrões previsíveis. Para esses pesquisadores acadêmicos, os movimentos dos preços no mercado estão mais próximos a um padrão denominado *passeio aleatório* do que a formações especiais que preveem os retornos futuros.

O primeiro economista a chegar a essa conclusão foi Frederick Macaulay, da primeira metade do século XX. Seus comentários em um jantar de negócios da Associação Americana de Estatística em 1925 sobre o tema "previsão dos preços dos títulos" foram divulgados no periódico oficial da associação:

> Macaulay observou que havia uma semelhança surpreendente entre as flutuações do mercado acionário e as de uma curva casual que pode ser obtida jogando dados. Todos reconhecerão que o trajeto de uma curva puramente casual não pode ser previsto. Se o mercado acionário pode ser previsto com base em um gráfico de seus movimentos, isso provavelmente se deve à sua diferença em relação à curva casual.[3]

Mais de 30 anos depois, Harry Roberts, professor da Universidade de Chicago, simulou movimentos no mercado representando graficamente as mudanças de preço que resultaram de eventos completamente aleatórios, como arremessos de moeda. Essas simulações eram semelhantes aos gráficos dos preços de ações reais, formando configurações e seguindo tendências que são consideradas pelos analistas técnicos significativas para os previsores de retornos futuros. Porém, como a mudança de preço do período seguinte foi intencionalmente um evento 100% aleatório, pela lógica, esses padrões não poderiam ter nenhum conteúdo preditivo. Essa pesquisa inicial respaldou o ponto de vista de que os padrões aparentes nos preços acionários do passado decorriam de movimentos completamente aleatórios.

Mas a aleatoriedade dos preços das ações faz sentido economicamente? Os fatores que influenciam a oferta e a demanda não ocorrem aleatoriamente e com frequência são previsíveis de um período para outro. Esses fatores previsíveis não deveriam movimentar os preços das ações de acordo com padrões não aleatórios?

Em 1965, o professor Paul Samuelson, do MIT, demonstrou que a aleatoriedade nos preços dos títulos não contradizia as leis da oferta e da demanda.[4] Na verdade, essa aleatoriedade resultava de um mercado livre e eficiente no qual os investidores já haviam incorporado todos os fatores conhecidos que influenciam o preço das ações. Esse é o xis da *hipótese de mercado eficiente*.

Se o mercado for eficiente, os preços mudarão somente quando informações novas e imprevistas forem divulgadas ao mercado. Como as informações imprevistas são tão propensas a ser melhores do que o esperado quanto piores do que o esperado, o movimento resultante nos preços das ações é aleatório. Portanto, os gráficos de preço serão semelhantes a um passeio aleatório e não poderão ser previstos.[5]

SIMULAÇÃO DE PREÇOS ACIONÁRIOS ALEATÓRIOS

Se os preços das ações forem de fato aleatórios, seus movimentos devem ser distinguíveis das simulações geradas aleatoriamente por computador. A Figura 20.1 amplia o experimento concebido pelo professor Roberts há 60 anos. Em vez de gerar somente preços de fechamento, programei o computador para gerar preços intradiários e criar os conhecidos gráficos de barras "máximo/mínimo/fechamento" que são divulgados na maioria dos jornais e das publicações de gráfico.

Há oito gráficos na Figura 20.1. Quatro foram gerados por um gerador de números aleatórios. Nesses gráficos, não existe absolutamente nenhuma maneira de prever o futuro com base no passado, porque os movimentos futuros são projetados para ser totalmente independentes do passado. Os outros quatro foram escolhidos com base em dados reais do índice industrial Dow Jones. Antes de prosseguir a leitura, tente determinar quais são os preços históricos reais e quais são os gerados por computador.

Essa tarefa é bem difícil. Na verdade, a maioria dos melhores corretores de uma empresa importante de Wall Street considerou impossível indicar a diferença entre os dados reais e simulados. Dois terços dos corretores identificaram corretamente a Figura 20.1D, que representa o período em torno de 19 de outubro de 1987, quebra do mercado acionário. Com relação aos sete gráficos remanescentes, os corretores não demonstraram nenhuma habilidade para distinguir os dados reais dos dados gerados por computador. Os preços históricos reais são representados pelos gráficos B, D, E e H, enquanto os dados gerados por computador são retratados nos gráficos A, C, F e G.[6]

MERCADOS TENDENCIAIS E REVERSÕES DE PREÇO

Não obstante o fato de várias "tendências" serem na realidade resultado do movimento totalmente aleatório dos preços das ações, muitos *traders* não investirão novamente contra uma tendência que eles acreditam ter identificado. Dois dos ditados mais conhecidos dos *timers* de mercado são "Make the trend your friend" ("Transforme a tendência em uma aliada") e "Trust the thrust" ("Confie no impulso").

Martin Zweig, renomado *timer* de mercado que utilizou variáveis fundamentais e técnicas para prever as tendências do mercado, afirmou: "Não posso superenfatizar a importância de seguir a tendência do merca-

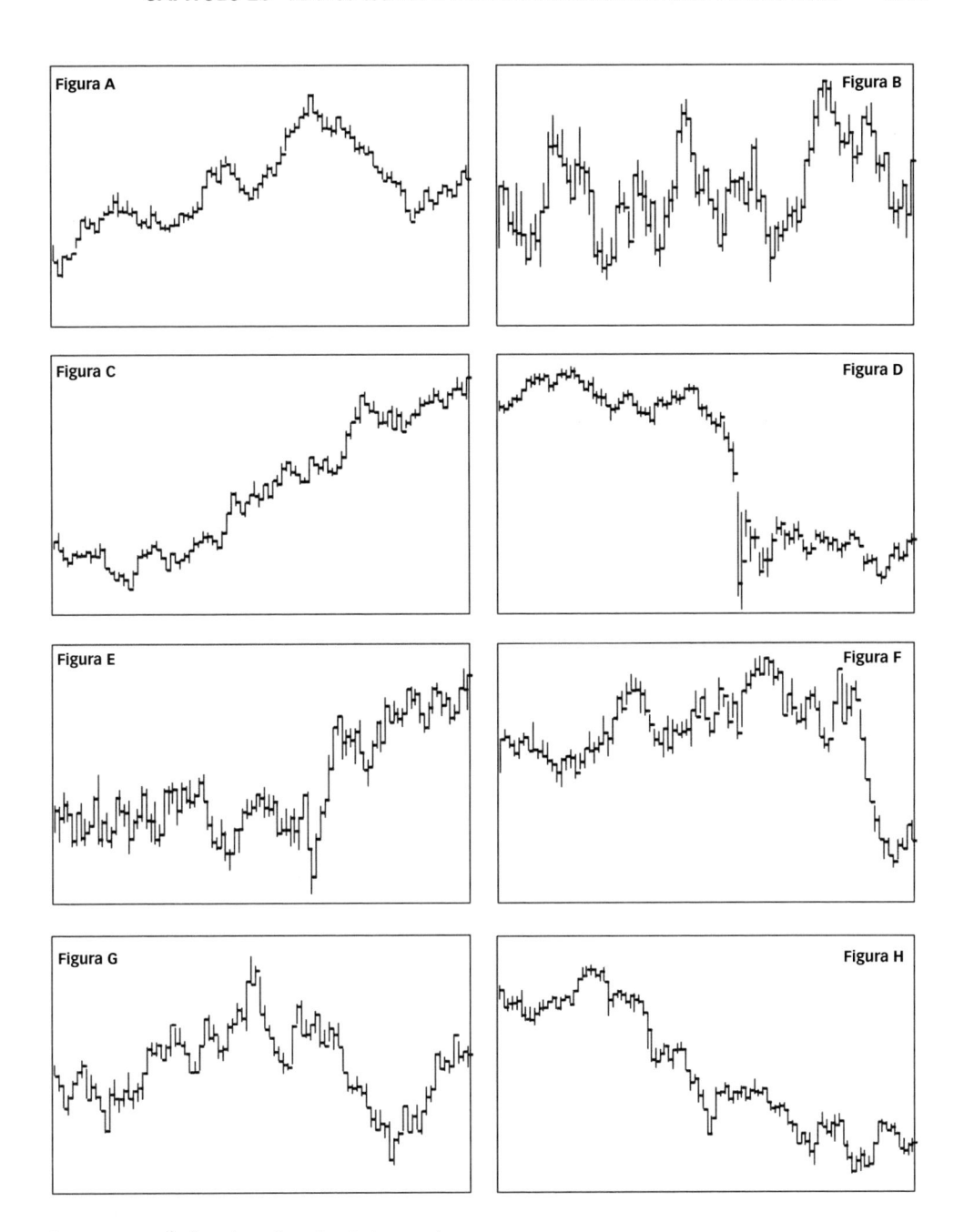

CAPÍTULO 20 Análise técnica e investimento de acordo com as tendências

Figura 20.1 Índice de ações simulado e real.

do, estar engrenado com a fita de cotações e não se opor aos principais movimentos. Opor-se à fita de cotações é um convite para o desastre em qualquer circunstância".[7]

Quando uma tendência parece estabelecida, os analistas técnicos desenham canais que compreendem os limites paralelos superiores e inferiores nos quais o mercado operou. O limite inferior de uma canal com frequência é chamado de *nível de suporte* e o limite superior, de *nível de resistência*. Quando o mercado quebra os limites do canal, frequentemente se segue um grande movimento de mercado.

O próprio fato de vários *traders* acreditarem na importância das tendências pode induzir o comportamento que torna a adoção de tendências tão popular. Embora a tendência permaneça intata, os *traders* vendem quando os preços atingem o limite superior do canal e compram quando atingem o limite inferior, tentando tirar proveito das flutuações aparentes nos preços das ações dentro do canal. Se a linha de tendência for quebrada, muitos desses *traders* inverterão suas posições: comprando se o mercado penetrar no limite superior da linha de tendência ou vendendo se o mercado cair para o limite inferior. Esse comportamento muitas vezes acelera o movimento dos preços das ações e reforça a importância da tendência.

A negociação de opções por seguidores de tendências também reforça o comportamento dos *timers* de mercado. Quando o mercado estiver operando dentro do canal, os *traders* venderão uma opções de venda e de compra por preços de exercício que representam os limites inferior e superior do canal. Desde que o mercado mantenha-se dentro do canal, esses especuladores recebem prêmios quando as opções vencem sem valor.

Se o mercado penetrar no intervalo de negociação, os vendedores de opções ficarão expostos a riscos maiores. Lembre-se de que os vendedores de opções (desde que eles não possuam a ação subjacente) defrontam-se com um imenso passivo contingente, o qual pode ser várias vezes o prêmio que eles recebem após a venda da opção. Quando essas perdas ilimitadas se assomam, esses lançadores de opções "correm em busca de cobertura" ou compram de volta suas opções, acelerando o movimento dos preços.

MÉDIAS MÓVEIS

Uma negociação técnica bem-sucedida exige não apenas a identificação da tendência, mas, mais importante, a identificação do momento em que a tendência está para se inverter. Uma ferramenta conhecida por determinar quando a tendência pode mudar examina a relação entre o preço atual e uma média móvel dos movimentos de preço passados, uma técnica que data no mínimo da década de 1930.[8]

A *média móvel* é simplesmente a média aritmética de determinado número de preços de fechamento passados de uma ação ou de um índice.

Para cada novo dia de negociação, o preço mais antigo é excluído e o preço mais recente é acrescentado para calcular a média.

As médias móveis são bem menos voláteis do que os preços diários. Quando os preços estão subindo, a média móvel fica abaixo do preço de mercado e, segundo os analistas técnicos, formam um nível de suporte para os preços das ações. Quando os preços estão em queda, a média móvel fica acima dos preços atuais e forma um nível de resistência. Os analistas alegam que a média móvel possibilita que os investidores identifiquem a tendência básica do mercado sem serem distraídos pela volatilidade do dia-a-dia do mercado. Quando os preços penetram a média móvel, isso indica que forças subjacentes vigorosas estão sinalizando uma reversão na tendência básica.

A média móvel mais popular utiliza os preços dos últimos 200 dias de negociação e, portanto, é chamada de *média móvel de 200 dias*. Ela é frequentemente representada em gráficos nos jornais e cartas de investimento como o principal determinante das tendências de investimento. Um dos defensores iniciais dessa estratégia foi William Gordon, que revelou que, ao longo do período de 1897 a 1967, a compra de ações quando o Dow Jones ficava acima da média móvel gerou um retorno quase sete vezes superior ao retorno obtido da compra quando o Dow ficou abaixo da média.[9] Robert Colby e Thomas Meyers afirmam que, para os Estados Unidos, o melhor período para uma média móvel de dados semanais é 45 semanas, um pouco mais longo do que a média móvel de 200 dias.[10]

Testando a estratégia da média móvel Dow Jones

Para testar a estratégia de média móvel de 200 dias, examinei o registro diário do índice industrial Dow Jones de 1885 até os dias de hoje. Diferentemente dos estudos anteriores sobre estratégias de média móvel, os retornos do horizonte de investimento incluem o reinvestimento de dividendos quando a estratégia exige um investimento no mercado e um investimento em títulos de curto prazo com incidência de juros quando um título é cupom zero. Os retornos anualizados são examinados ao longo do período completo, bem como de subperíodos.

Adotei os seguintes critérios para determinar a estratégia de comprar/vender: sempre que o índice industrial Dow Jones fechou *pelo menos* 1% acima de sua média móvel de 200 dias (sem incluir o dia presente), as ações foram compradas pelo preço de fechamento do dia presente; e sempre que o Dow Jones fechou *pelo menos* 1% abaixo de sua média móvel de 200 dias, as ações foram vendidas pelo preço de fechamento. Quando vendidas, foram adquiridas letras do Tesouro para a carteira.

Há dois aspectos dignos de nota nessa estratégia. A faixa de 1% em torno da média móvel de 200 dias é utilizada para reduzir o número de vezes em que investidor teria de entrar e sair do mercado. Quanto menor a faixa, maior o número de compras e vendas.[11] Uma faixa muito pequena levaria os *traders* a ficar em um "vaivém", caso em que se emprega o termo *long-short de alta frequência* para descrever a compra e venda alternadas de ações com a intenção de superar o mercado. O *long-short de alta frequência* reduz drasticamente os retornos do investidor em virtude do grande aumento nos custos de transação.

O segundo aspecto é que essa estratégia presume que um investidor compra ou vende ações pelo preço de fechamento, e não ao longo do dia de negociação. Somente em anos recentes o nível intradiário exato das médias populares foi calculado. Utilizando dados históricos, é impossível determinar quando a média do mercado penetrou na média móvel de 200 dias durante o dia. Especificando que a média deve fecha acima ou abaixo da média dos 200 fechamentos precedentes, apresento uma teoria que poderia ter sido implementada na prática ao longo do período completo.[12]

Teste retrospectivo da média móvel de 200 dias

A Figura 20.2 exibe as médias móveis de 200 dias do índice industrial Dow Jones durante dois períodos especiais: de 1924 a 1936 e de 2001 a 2012. Os períodos nos quais os investidores estão fora do mercado acionário (e dentro do mercado de títulos de curto prazo) estão sombreados; do contrário, os investidores têm investimentos apenas em ações.

Os retornos da estratégia de média móvel de 200 dias e da estratégia de comprar e manter durante todo o período são resumidos na Tabela 20.1. De janeiro de 1886 a dezembro de 2012, o retorno anual de 9,73% da estratégia de *timing* supera o retorno anual de 9,39% da estratégia de manter. Como ressaltado anteriormente, o maior êxito da estratégia de

Tabela 20.1 Retornos anualizados das estratégias de *timing* e manter, 1886–2012

	Estratégia de manter		Estratégia de *timing*					
			Nenhum custo de transação		Nenhum custo de transação			
Período	Retorno	Risco	Retorno	Risco	Retorno	Risco	% no mercado	N. de mudanças
1886–2012	9,39%	21,4%	9,73%	16,5%	8,11%	17,2%	62,4%	376
Subperíodos								
1886–1925	9,08%	23,7%	9,77%	17,7%	8,10%	18,0%	56,6%	122
1926–1945	6,25%	31,0%	11,13%	21,8%	9,47%	22,7%	62,2%	60
1946–2012	10,53%	16,2%	9,28%	14,1%	7,71%	15,0%	66,5%	194
1990–2012	9,57%	15,7%	4,92%	15,6%	2,66%	16,8%	70,1%	100
2001–2012	4,07%	16,4%	1,33%	12,3%	−1,09%	13,2%	60,5%	58
Excl. Quebra de 1929–1932								
1886–2012	10,60%	20,1%	9,92%	16,3%	8,38%	16,9%	63,6%	358
1926–1945	13,94%	24,5%	12,38%	20,3%	11,21%	20,8%	70,8%	42

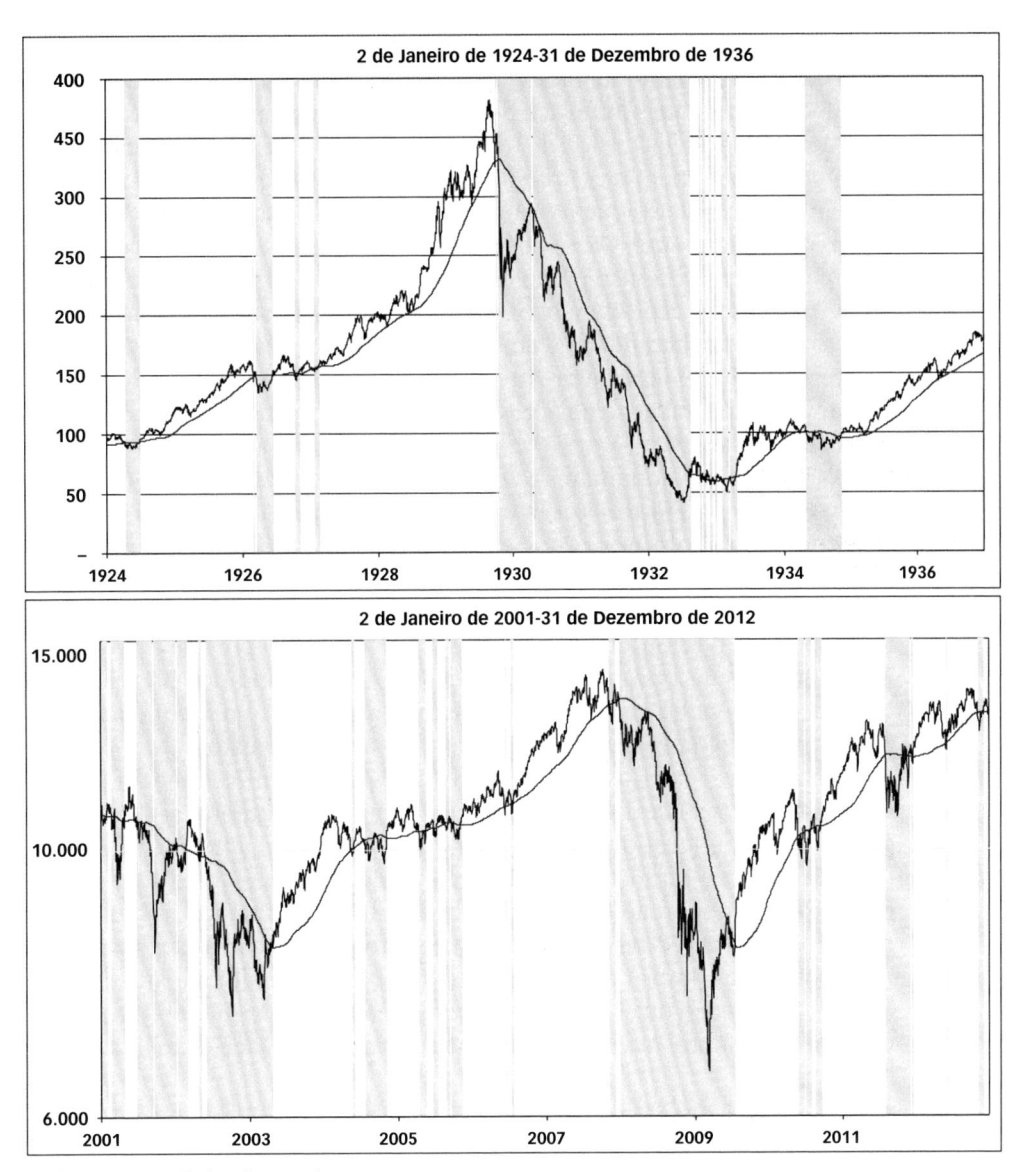

CAPÍTULO 20 Análise técnica e investimento de acordo com as tendências **319**

As áreas escuras estão fora do mercado.

Figura 20.2 Índice industrial Dow Jones e a estratégia de média móvel de 200 dias.

timing foi evitar a quebra de 1929 a 1932. Se esse período for excluído, os retornos da estratégia de *timing* ficarão 68 pontos-base por ano atrás da estratégia de manter, embora a de *timing* tenha um risco menor.

Além disso, se os custos de transação da implementação da estratégia de *timing* forem incluídos nos cálculos, os retornos em excesso ao longo do período completo, que abrange a Grande Quebra de 1929 a 1932, desaparecem totalmente. Os custos de transação incluem os custos de corretagem e os *spreads* entre preço de compra e venda, bem como o imposto sobre ganhos de capital incorrido quando as ações são vendidas; presume-se que eles sejam de 0,5% em média em operações de compra e venda no mercado. Esse número provavelmente subestima esses custos, em particular nos anos iniciais, mas provavelmente superestima esses custos nos anos mais recentes.

As aparências enganam. Ao examinar os retornos de 2001 em diante, apresentados na Figura 20.2, a impressão é de que os retornos da estratégia de *timing* sobrepujam os da estratégia de comprar e manter, mas isso não é verdade. A estratégia comprar e manter de 2001 a 2012 supera os da estratégia de *timing* em mais de 2 pontos percentuais por ano mesmo depois de descontar os custos de transação. Isso porque os retornos insatisfatórios da estratégia de *timing* ocorrem quando não há uma forte tendência ascendente ou descendente nos mercados e a média móvel de 200 dias é cruzada várias vezes, incorrendo em altos custos.

Embora os retornos da estratégia de *timing* com frequência fiquem aquém dos retornos do investidor que compra e mantém, seu principal ganho é que o investidor que a utiliza fica sem ações antes de todo mercado baixista de importância atingir o fundo. Como o *timer* de mercado encontra-se no mercado em menos de dois terços do tempo, o desvio padrão dos retornos é reduzido em um quarto em relação aos retornos do investidor que compra e mantém. Isso significa que, com um ajuste anual ao risco, o retorno na estratégia de média móvel de 200 dias continua sendo impressionante, mesmo quando os custos de transação são incluídos.

Evitando os grandes mercados baixistas

Enfatizei que no histórico de 126 anos do índice industrial Dow Jones, a estratégia de média móvel de 200 dias teve seu maior êxito durante o *boom* e a quebra da década de 1920 e início da década de 1930. Utilizando os critérios delineados anteriormente, os investidores teriam comprado ações em 27 de junho de 1924, quando o Dow Jones encontrava-se em 95,33, e com duas pequenas interrupções conduzido o mercado altista a um pico de 381,17 em 3 de setembro de 1929. Os investidores teriam abandonado o mercado em 19 de outubro de 1929, no nível de 323,87, apenas dez dias antes da Grande Quebra. Com exceção de um breve período em 1930, a estratégia teria mantido os investidores fora do mercado de ações no pior mercado baixista da história. Finalmente, eles teriam voltado ao mercado em 6 de agosto de 1932, quando o Dow Jones encontrava-se em 66,56, apenas 25 pontos acima de sua baixa absoluta.

Os investidores que adotaram a estratégia de média móvel de 200 dias teriam também evitado a quebra de 19 de outubro de 1987, liquidando suas ações no fechamento da sexta-feira anterior, em 16 de outubro. Entretanto, diferentemente da quebra de 1929, as ações não continuaram em queda. Embora o mercado tenha caído 23% em 19 de outubro, os investidores provavelmente só voltaram ao mercado em junho seguinte, quando o Dow Jones estava apenas 5% abaixo do nível em que haviam deixado o mercado em 16 de outubro. Não obstante, a adoção da estratégia de média móvel de 200 dias teria evitado 19 e 20 de outubro, dias traumáticos para inúmeros investidores que mantinham ações.

Além disso, os investidores que utilizaram a média móvel de 200 dias de fato evitaram grande parte do terrível mercado baixista de 2007–2009, visto que aqueles que empregaram a estratégia de *timing* deixaram o mercado de ações em 2 de janeiro de 2008, quando o Dow Jones estava em 13.044, em torno de 8% abaixo do pico de outubro de 2007, e só voltaram ao mercado em 15 de julho de 2009, quando o Dow estava em 8.616, aproximadamente 40% abaixo. Entretanto, em 2010, 2011 e 2012, esses investidores ficaram em um vaivém, entrando e saindo 20 vezes do mercado de ações, o que provocou um corte de 20 pontos percentuais em seus retornos antes dos custos de transação.

Distribuição de ganhos e perdas

A estratégia de média móvel de 200 dias evita grandes perdas, mas sofre vários pequenos declínios. A Figura 20.3 mostra a distribuição de ganhos e perdas anuais (após os custos de transação) da estratégia de *timing* e de comprar e manter relativos ao Dow Jones para todos os anos do período de 1886 a 2012. O estrategista de *timing* participa da maior parte dos mercados altistas e evita os mercados baixistas, mas as perdas sofridas quando o mercado flutua com uma fraca tendência são significativas.

A distribuição dos ganhos e perdas é bastante semelhante à do investidor da estratégia de comprar e manter que comprou opções de venda de índice para amortecer as quedas de mercado. Tal como ressaltado no Capítulo 18, comprar opções de venda de índice é equivalente a comprar uma apólice de seguro no mercado. Se não for realizada nenhuma perda, o custo das opções de venda drenará os retornos. De modo semelhante, a estratégia de *timing* envolve grande número de pequenas perdas decorrentes da entrada e saída do mercado. É por isso que o retorno anual modal da estratégia de *timing* é de 0% a –5%, enquanto o retorno modal do investidor que compra e mantém é de 5% a 10%. O retorno anual mais negativo da estratégia de *timing* ocorreu em 2000, quando os investidores tiveram de entrar e sair 16 vezes e tiveram um retorno negativo superior a

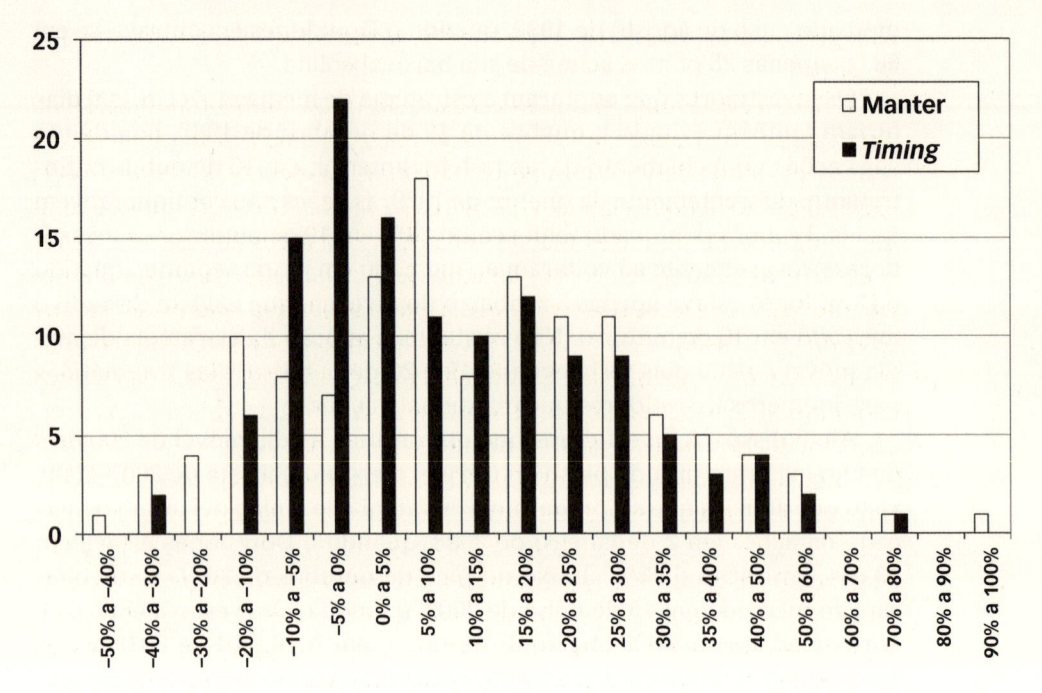

Figura 20.3 Distribuição de ganhos e perdas – índice Dow Jones: estratégia de *timing versus* comprar e manter.

33%, bem abaixo do retorno negativo de 5% realizado pelo investidor da estratégia de comprar e manter.

INVESTIMENTO *MOMENTUM*

A análise técnica pode ser utilizada também para comprar ações individuais. Os economistas acadêmicos chamam esse procedimento de *investimento momentum*, o qual tem recebido cada vez mais atenção. As estratégias de *momentum*, ao contrário das estratégias fundamentalistas, baseiam-se puramente nos retornos passados, sejam quais forem os ganhos, dividendos ou outros critérios de avaliação. Os investidores de *momentum* compram ações que subiram de preço recentemente e vendem ações que diminuíram de preço recentemente, na esperança de que o preço continuará a se mover na mesma direção durante algum tempo.

Embora isso possa parecer em desacordo com a antiga máxima de "comprar na baixa, vender na alta", grande quantidade de pesquisas respaldam a estratégia "comprar na alta, vender mais alto". Em 1993, Narasimhan Jegadeesh e Sheridan Titman constataram que as ações com 10% dos retornos mais altos nos seis meses passados superaram em 1% ao mês o desempenho das ações com 10% dos retornos mais baixos nos seis meses seguintes.[13,14] Outras estratégias técnicas, como comprar ações com preços próximos ao de sua alta de 52 semanas, também se mostraram favoráveis.[15]

É necessário enfatizar que essas estratégias de *momentum* funcionam apenas a curto prazo e não devem fazer parte de uma estratégia de longo prazo. No estudo de Jegadeesh e Titman, mais da metade dos retornos em excesso gerados nos primeiros 12 meses se perdeu nos dois anos seguintes. Ao longo de períodos mais extensos, a vantagem de comprar ações "vencedoras" extingue-se completamente. Na verdade, um estudo anterior de Werner De Bondt e Richard Thaler constatou que as ações que tiveram um péssimo desempenho no período anterior de três a cinco anos tiveram um *desempenho significativamente superior* nos três a cinco anos seguintes ao das ações que haviam se saído bem, o que indica uma reversão à média dos retornos acionários de mais longo prazo.[16]

O sucesso do investimento *momentum* não pode ser explicado com base em uma estrutura de mercado eficiente. Parece que os investidores a princípio reagem exageradamente às informações, o que faz com que o preço das ações continue a reagir às notícias ao longo do tempo, em vez de se ajustar instantaneamente a novas informações. Infelizmente, o investimento *momentum* não é uma garantia de sucesso: evidências recentes indicam que, embora os investidores profissionais obtenham retornos em excesso com uma estratégia de *momentum*, os investidores individuais tendem a ter um desempenho inferior ao do mercado. Isso talvez ocorra porque os investidores individuais com frequência se concentram nas ações com o melhor desempenho, as quais tendem a ficar rapidamente muito acima do preço e a ter retornos ruins, enquanto as ações com bom desempenho que não conseguem chegar ao topo da lista e são compradas por profissionais tendem a ter os melhores retornos de *momentum*.[17]

CONCLUSÃO

Os defensores afirmam que a análise técnica consegue identificar as principais tendências do mercado e determinar quando essas tendências provavelmente se inverterão. Contudo, há um importante debate sobre se essas tendências de fato existem ou se elas são apenas séries de retornos bons e ruins resultantes de movimentos de preço aleatórios.

Burton Malkiel foi bastante categórico em sua denúncia contra a análise técnica. Em seu *best-seller A Random Walk Down Wall Street*, ele declara:

> As regras técnicas foram testadas exaustivamente por meio de dados sobre os preços das ações de duas bolsas importantes, que datam do início do século XX. Os resultados revelam, conclusivamente, que os movimentos passados nos preços das ações não podem ser utilizados para prever movimentos futuros. O mercado de ações não tem memória. A proposição central da representação gráfica é absolutamente falsa e os investidores

que seguem esses preceitos nada realizarão, a não ser aumentar consideravelmente as despesas de corretagem pelas quais eles pagam.[18]

Porém, essa argumentação, antes respaldada unanimemente por economistas acadêmicos, está estremecida. Pesquisas econométricas recentes demonstraram que regras de negociação simples como médias móveis de 200 dias ou *momentum* de preço de curto prazo podem ser utilizadas para melhorar os retornos.[19]

Não obstante o contínuo debate acadêmico, a análise técnica conta com um imenso número de adeptos em Wall Street e com vários investidores de visão. A análise realizada neste capítulo é uma manifestação de aprovação cautelosa a essas estratégias, desde que os custos de transação não sejam altos. Contudo, tal como ressaltei ao longo deste livro, os atos dos investidores para tirar proveito do passado podem mudar os retornos do futuro. Como Benjamin Graham afirmou tão bem há mais de 70 anos:

> Uma breve reflexão mostrará que não pode haver nenhuma previsão científica de acontecimentos econômicos que estão sob o controle humano. A própria "confiabilidade" dessa previsão desencadeará ações humanas que a invalidarão. Portanto, os analistas técnicos ponderados reconhecem que o sucesso contínuo depende de que o método de sucesso seja mantido ao alcance de apenas algumas pessoas.[20]

Uma última palavra: a análise técnica exige atenção em tempo integral do investidor. Em 16 de outubro de 1987, o Dow Jones ficou abaixo de sua média móvel de 200 dias, exatamente no final das negociações da sexta-feira anterior à quebra. Porém, se você tivesse deixado de vender suas ações nessa tarde, você teria sido assolado pelo pesadelo de 22% da Black Monday.

21

Anomalias de calendário

Outubro. Esse é um dos meses particularmente perigosos para especular em ações. Os demais são julho, janeiro, setembro, abril, novembro, maio, março, junho, dezembro, agosto e fevereiro.

— MARK TWAIN

O dicionário define *anomalia* como uma irregularidade em relação ao que é naturalmente esperado. E o que é mais antinatural ou anormal do que esperar superar o mercado prevendo os preços das ações com base apenas no dia, semana ou mês do ano? Contudo, parece que isso é possível. Pesquisas revelam que existem momentos previsíveis durante os quais o mercado acionário e em especial determinados grupos de ações se saem particularmente bem.

A análise realizada na primeira edição de *Investindo em Ações no Longo Prazo*, publicada em 1994, baseou-se na investigação de longas séries de dados até o início da década de 1990. As anomalias de calendário divulgadas na primeira edição incitavam os investidores a superar o mercado por meio da adoção de estratégias em relação a esses acontecimentos incomuns. Entretanto, à medida que mais investidores ficam sabendo dessas anomalias e se guiam por elas, os preços das ações podem se ajustar de forma que grande parte da anomalia, se não toda ela, é eliminada. Essa certamente seria a previsão da hipótese de mercado eficiente.

Nesta edição de *Investindo em Ações no Longo Prazo*, examino também as evidências de 1994 em diante para determinar se uma anomalia prevaleceu ou não. Os resultados são surpreendentes. Algumas anomalias se enfraqueceram e até reverteram, enquanto outras permaneceram tão intensas quanto de costume. Veja um resumo.

ANOMALIAS SAZONAIS

A anomalia de calendário histórica mais importante é que as ações de baixa capitalização superaram de longe o desempenho das ações de capitalização mais alta em janeiro. Esse efeito é tão intenso que, sem o retorno de janeiro, as ações de baixa capitalização teriam um retorno *inferior* ao das ações de alta capitalização desde 1925.[1]

Esse maior desempenho das ações de baixa capitalização foi apelidado de *efeito de janeiro*. Esse efeito foi identificado por Donald Keim no início da década de 1980,[2] com base em uma pesquisa que ele conduziu como estudante de pós-graduação na Universidade de Chicago. Foi a primeira descoberta significativa a se opor à hipótese de mercado eficiente, que alegava que não havia padrões previsíveis nos preços das ações.

O efeito de janeiro poderia ser o vovô das anomalias de calendário, mas não seria o único. Geralmente as ações se saem melhor na primeira metade do mês do que na segunda metade, se saem melhor antes de feriados e despencam no mês de setembro. Além disso, elas se saem excepcionalmente bem entre o Natal e o Ano-Novo; e, até pouco tempo, elas disparavam no último dia de negociação de dezembro, que, na verdade, é o dia que inaugura o efeito de janeiro.

O EFEITO DE JANEIRO

De todas as anomalias relacionadas ao calendário, o efeito de janeiro é o mais divulgado. De 1925 a 2012, o retorno médio aritmético do índice S&P 500 no mês de janeiro foi 1,00%, enquanto os retornos médios das ações de baixa capitalização alcançaram 5,36%. O retorno em excesso de 4,36 pontos percentuais das ações de baixa capitalização em janeiro ultrapassa de longe a diferença nos retornos anuais entre as ações de alta e baixa capitalização. Em outras palavras, de fevereiro a dezembro, os retornos médios das ações de baixa capitalização ficaram aquém dos retornos das ações de alta capitalização. Com base no histórico, o único período em que é vantajoso manter ações é o mês de janeiro.

Para ver o quanto o efeito de janeiro é importante, examine a Figura 21.1. Ela mostra o índice de retornos totais em ações de alta e baixa capitalização quando o retorno de janeiro das ações de baixa capitalização é substituído pelo retorno do índice S&P 500 em janeiro. Um único dólar investido em ações de baixa capitalização em 1926 teria aumentado para US$ 11.480 no final de 2012, enquanto esse mesmo um dólar teria aumentado para apenas US$ 3.063 em ações de alta capitalização. Porém, se o retorno das ações de baixa capitalização em janeiro for excluído, seu retorno total aumentará para apenas US$ 469, menos um sexto do retorno cumulativo das ações de alta capitalização.

A Figura 21.1 mostra também que, se os grandes retornos das ações de baixa capitalização em janeiro persistissem no futuro, isso poderia ge-

Índices		Retorno anualizado	Retorno de 1995-2012
1	S&P 500 com ações de baixa capitalização em janeiro	13,8%	8,0%
2	Ações de baixa capitalização	11,3%	8,5%
3	S&P 500	9,7%	8,5%
4	Ações de baixa capitalização com S&P 500 de janeiro	7,3%	9,0%

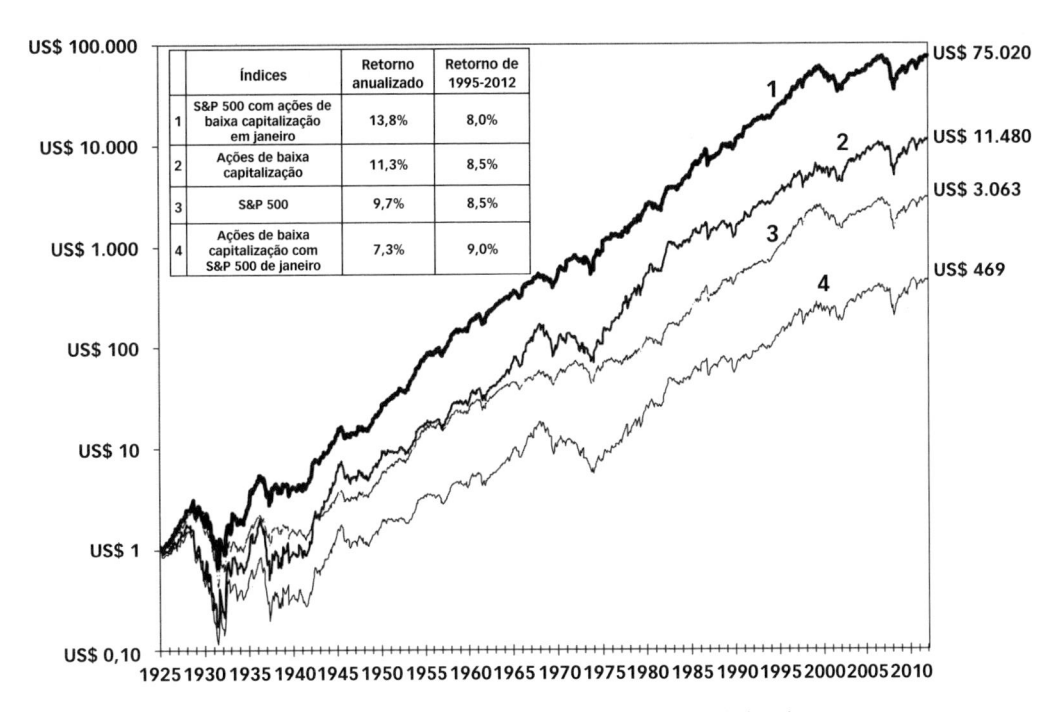

Figura 21.1 Ações de baixa e alta capitalização, com e sem o efeito de janeiro, 1926–2012.

rar alguns resultados de investimento surpreendentes. Com a compra de ações de baixa capitalização no final de dezembro e a transferência dessas ações de volta para o índice S&P 500 no final de janeiro, o investimento de US$ 1 nessa estratégia no final de 1925 teria aumentado para US$ 75.020 no final de 2012, uma taxa de retorno anual extraordinária de 13,8%.

Desde 1925, houve apenas 20 anos em que as ações de alta capitalização superaram o das ações de baixa capitalização em janeiro. Além disso, quando as ações de baixa capitalização tiveram um desempenho inferior ao das ações de alta capitalização, de modo geral esse subdesempenho não foi tão grande: o pior foi de 5,1% em janeiro de 1929. Em contraposição, desde 1925 os retornos das ações de baixa capitalização superaram os retornos das ações de alta capitalização em janeiro em pelo menos 5% durante 28 anos, em pelo menos 10% durante 13 anos e em mais de 20% ao longo de dois anos.

O efeito de janeiro prevaleceu também durante o mercado baixista mais vigoroso de nossa história. De agosto de 1929 ao verão de 1932, quando as ações de baixa capitalização perderam mais de 90% do valor, elas divulgaram retornos mensais de janeiro consecutivos de mais de 13%, 21% e 10% em 1930, 1931 e 1932, respectivamente. Uma prova do poder do efeito de janeiro é que os investidores poderiam ter aumentado sua riqueza em 50% durante a maior quebra do mercado acionário da história se tivessem comprado ações de baixa capitalização no final de dezembro nesses três anos e as tivessem vendido no final de janeiro seguinte, ficando com dinheiro no bolso pelo resto do ano!

Uma característica fascinante do efeito de janeiro é que você não precisa esperar o mês inteiro para ver o grande retorno das ações de baixa capitalização fluir. A maior parte das compras em ações de baixa capitalização começa no último dia de negociação de dezembro (com frequência no final da tarde), visto que alguns investidores adquirem as ações baratas que são liquidadas por outros investidores na véspera de Ano-Novo. Os ganhos sobre as ações de baixa capitalização continuam firmes no primeiro dia de negociação de janeiro e vão perdendo força até a primeira semana de negociação. Com base nas pesquisas publicadas em 1989, só no primeiro dia de negociação de janeiro, as ações de baixa capitalização obtiveram quase 4 pontos percentuais a mais do que as ações de alta capitalização.[3] Em meados do mês, grande parte do efeito de janeiro se dissipa.

Quando se descobre uma anomalia como o efeito de janeiro, é importante examinar seu alcance internacional. No momento em que os pesquisadores se voltaram para os mercados estrangeiros, eles constataram que o efeito de janeiro não era um fenômeno que ocorria apenas nos Estados Unidos. No Japão, o segundo maior mercado de capitais do mundo, os retornos em excesso das ações de baixa capitalização em janeiro chegaram a 7,2% ao ano, superiores aos dos Estados Unidos.[4] Como você verá ainda neste capítulo, janeiro é o melhor mês para as ações tanto de baixa quanto de alta capitalização em vários outros países ao redor do mundo.[5]

Como um fenômeno como esse pôde passar despercebido por tanto tempo para os investidores, gestores de carteira e economistas financeiros? Porque nos Estados Unidos, em janeiro os retornos não são nada especiais para as ações de alta capitalização que compõem a maior parte dos índices que são analisados. Isso não quer dizer que janeiro não é um bom mês para as ações de alta capitalização, visto que elas se saem muito bem, particularmente em mercados estrangeiros. Contudo, nos Estados Unidos, janeiro não é de forma alguma o melhor mês para ações de grandes empresas.

Causas do efeito de janeiro

Por que os investidores favoreceram as ações de baixa capitalização em janeiro? Ninguém sabe com certeza, mas há várias hipóteses. Diferentemente das instituições, os investidores individuais mantêm uma quantidade desproporcional de ações de baixa capitalização e são mais sensíveis às consequências tributárias de suas negociações. As ações de baixa capitalização, em especial aquelas que caíram nos 11 meses precedentes, estão sujeitas a serem vendidas por motivos tributários em dezembro. Essa venda reduz o preço das emissões individuais. Em janeiro, depois que a venda chega ao fim, essas ações recuperam-se em preço.

Existem algumas evidências que apoiam essa explicação. As ações que caíram ao longo do ano caem ainda mais em dezembro e com frequência sobem consideravelmente em janeiro. Além disso, há evidências de que antes da introdução do imposto de renda nos Estados Unidos, em 1913, o efeito de janeiro não existia. E, na Austrália, onde o ano fiscal estende-se de 1º de julho a 30 de junho, em julho as ações de baixa capitalização têm retornos extraordinariamente grandes.

Entretanto, se os impostos são um fator, eles não podem ser o único, porque o efeito de janeiro ocorre em países que não têm imposto sobre ganhos de capital. Até 1989 o Japão não cobrava impostos sobre ganhos de capital de investidores individuais, mas o efeito de janeiro já existia antes dessa data. Além disso, até 1972 não havia impostos sobre ganhos de capital no Canadá e mesmo assim o efeito de janeiro já existia também nesse país. Concluindo, as ações que se elevaram ao longo do ano precedente e que provavelmente não serão objeto de venda para abatimento fiscal em dezembro continuam a subir em janeiro, embora não tanto quanto as ações que caíram no ano anterior.

Existem outras explicações possíveis para o efeito de janeiro. Os trabalhadores com frequência recebem renda extra no final do ano, como bonificações e outras formas de remuneração. Esses indivíduos muitas vezes investem seu dinheiro em ações na primeira semana de janeiro. Os dados mostram que há uma sensível elevação na proporção entre ordens de compra de pessoas comuns e ordens de venda de pessoas comuns próximo à virada do ano. Como o público mantém uma grande fração de ações de baixa capitalização, esse poderia ser um indício importante para compreender o efeito de janeiro.[6]

Embora todas essas explicações pareçam bastante sensatas, nenhuma delas se coaduna com o que é chamado de "mercado de capitais eficiente". Se os gestores de recursos financeiros souberem que as ações de baixa capitalização aumentarão de modo repentino em janeiro, essas ações provavelmente serão compradas bem antes do Ano-Novo para capturar esses retornos espetaculares. Isso elevaria o preço das ações de baixa capitalização em dezembro, o que induziria outros gestores a comprá-las em novembro, e assim por diante. No processo de reação ao efeito de janeiro, o preço das ações se nivelaria ao longo do ano e esse fenômeno desapareceria.

Enfraquecimento do efeito de janeiro nos últimos anos

Talvez toda a publicidade em torno do efeito de janeiro tenha motivado os investidores e *traders* a tirar proveito dessa anomalia de calendário, visto que desde 1994 esse efeito tem se extinguido amplamente. De 1995 a janeiro de 2012, o retorno médio de janeiro do índice Russell 2.000 de ações de baixa capitalização foi 1,36%, apenas um pouco acima do retorno de 0,70% do índice S&P 500. Além disso, o retorno do Russell 2.000 no último dia de negociação de dezembro e no primeiro dia de negociação de janeiro, que anteriormente havia sido muito alto, não foi superior ao do índice S&P 500, e ambos foram aproximadamente zero. Concluindo, o retorno em excesso das ações de baixa capitalização durante os primeiros sete dias de negociação em janeiro, que havia sido bastante alto antes de 1995, também se esvaiu.

RETORNOS MENSAIS DAS AÇÕES DE ALTA CAPITALIZAÇÃO

Além do efeito de janeiro, existem outros padrões sazonais associados aos retornos das ações. Os retornos mensais do índice industrial Dow Jones e o índice S&P 500 são exibidos na Figura 21.2. Novembro e dezembro foram bons meses e, de acordo com dados recentes, continuam sendo. Entretanto, o retorno de janeiro, anteriormente um dos melhores, enfraqueceu nos últimos anos. Abril também foi um mês excelente, mas, com exceção de julho, do restante do verão ao início do outono os retornos ficaram bem abaixo do normal nos Estados Unidos. A expressão "Sell in May and go away" ("Venda em maio e vá embora") certamente tem alguma justificativa empírica. Desde a Segunda Guerra Mundial não houve evidência da "reação de verão" que costumava ser bastante alardeada pelos corretores e consultores de investimento nas décadas de 1950 e 1960.

Esses padrões mensais de retorno têm alcance mundial. Tradicionalmente, janeiro tem sido um mês excelente em outros países. Os retornos de janeiro de 20 países cobertos pelo índice Morgan Stanley Capital Market, mostrado na Figura 21.3, superaram o retorno médio.

Em todos os países, os retornos de janeiro são superiores à média. Além disso, em média, o retorno de janeiro é mais do que o dobro do retorno dos outros 11 meses. Entretanto, janeiro perdeu sua magia no exterior, do mesmo modo que nos Estados Unidos. Desde 1994, os retornos de janeiro na verdade têm sido negativos e ficaram aquém da média anual em 14 países, incluindo os Estados Unidos.

O EFEITO DE SETEMBRO

Embora julho tenha bons retornos, preste muito atenção nos meses subsequentes do nosso verão, particularmente em setembro. Setembro é de longe o pior mês do ano e, nos Estados Unidos, é o único mês a ter um retorno negativo com reinvestimento de dividendos. A setembro segue-se de perto outubro, que, como já mencionado no Capítulo 19, tem uma porcentagem desproporcional de quebras.

A Figura 21.4 faz um acompanhamento do índice Dow Jones de 1885 a 2012, incluindo e excluindo o mês de setembro. Um investimento de US$ 1 no Dow Jones em 1885 valeria US$ 511 no final de 2012

CAPÍTULO 21 Anomalias de calendário **331**

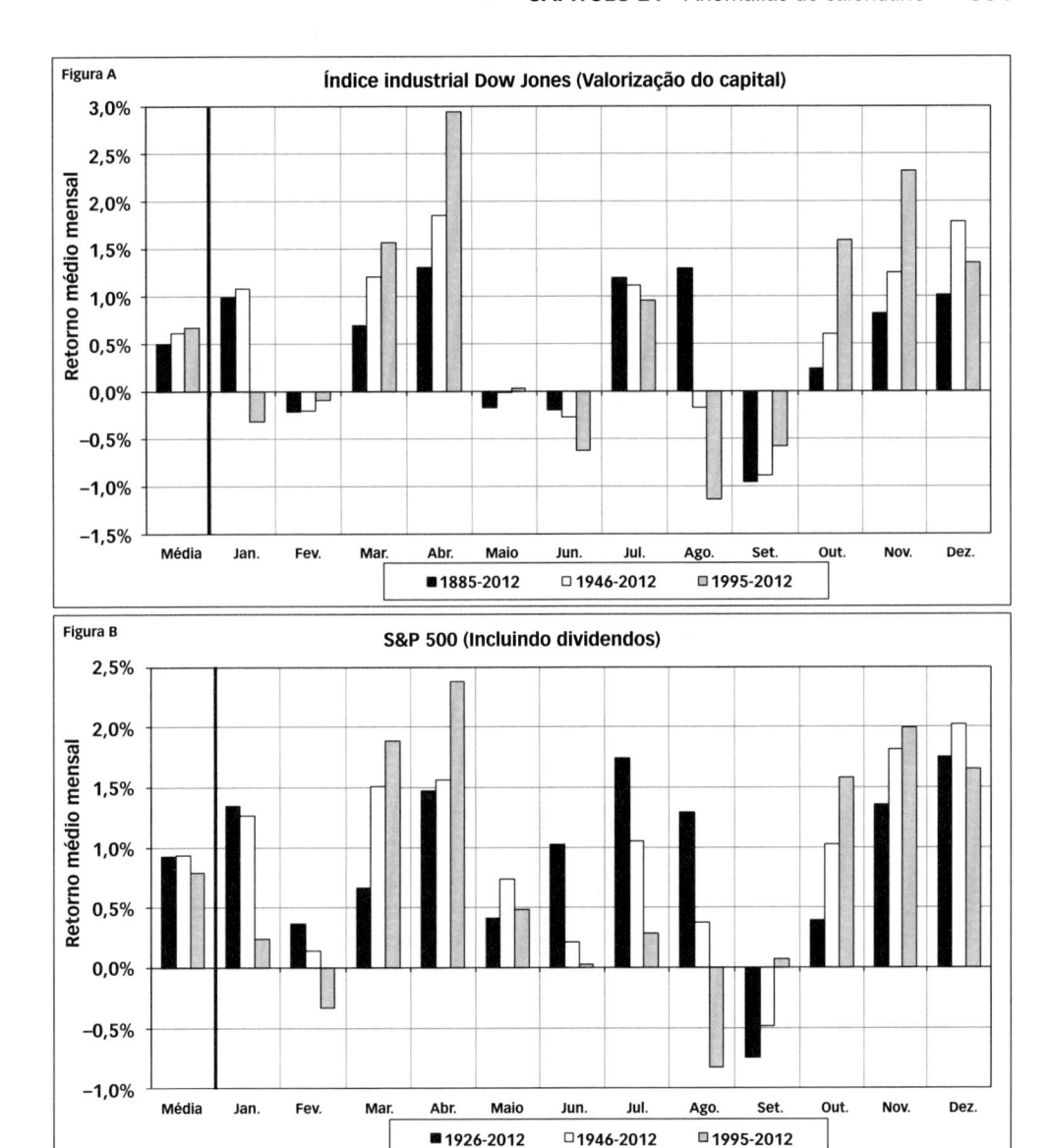

Figura A — Índice industrial Dow Jones (Valorização do capital)
■ 1885-2012   □ 1946-2012   ▨ 1995-2012

Figura B — S&P 500 (Incluindo dividendos)
■ 1926-2012   □ 1946-2012   ▨ 1995-2012

Figura 21.2 Retornos mensais do índice industrial Dow Jones e S&P 500.

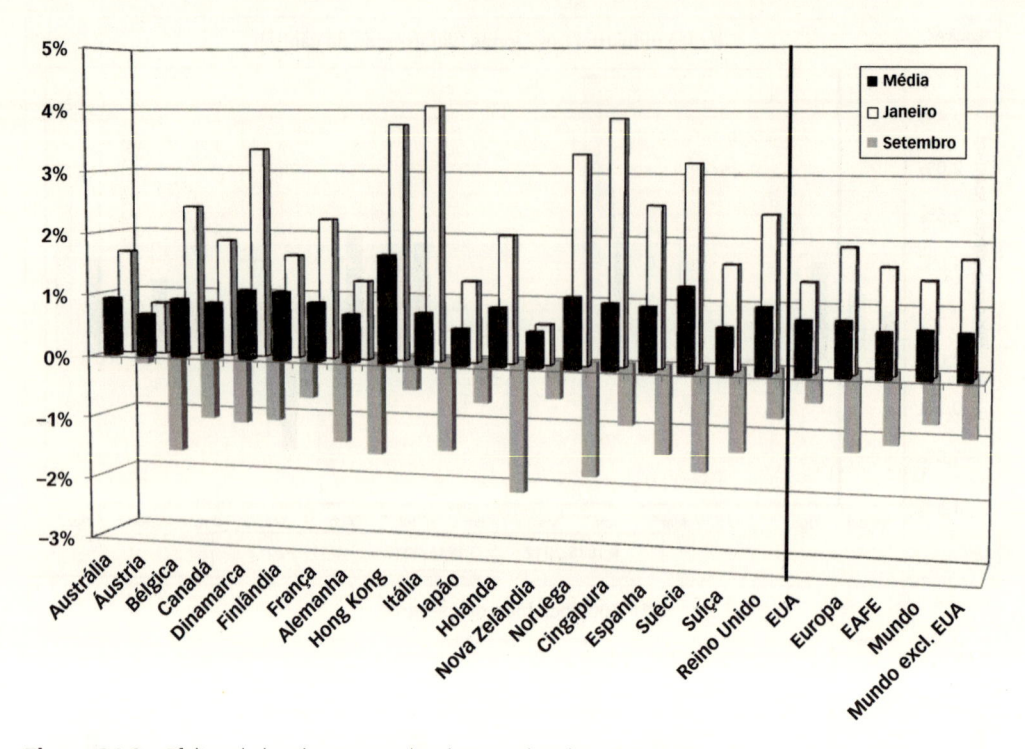

Figura 21.3 Efeitos de janeiro e setembro internacionais, 1970–2012.

(excluindo dividendos). Em contraposição, o investimento de US$ 1 no Dow Jones apenas no mês de setembro valeria somente 23 centavos! Entretanto, se você tivesse investido seu dinheiro no mercado de ações em todos os meses, *exceto* em setembro, seu dólar valeria US$ 2.201 no final de 2012.

Os retornos ruins de setembro também prevalecem no restante do mundo. É surpreendente que setembro seja o único mês do ano a ter retornos negativos em um índice ponderado pelo valor. Isso significa que em setembro os investidores se sairiam melhor se investissem em uma moeda de juros zero do que investindo seus ativos no mercado acionário. Setembro teve retornos negativos em *todos* os 20 países cobertos pelos índices de mercados desenvolvidos Morgan Stanley, bem como pelos principais índices mundiais, incluindo o EAFE e o índice mundial Morgan Stanley.

Diferentemente do efeito de janeiro, que se extinguiu amplamente de acordo com dados recentes, o efeito de setembro ainda está a pleno vapor, embora nos Estados Unidos grande parte do declínio do mercado tenha passado a se apresentar em agosto desde a publicação da primeira edição de *Investindo em Ações no Longo Prazo*. Na verdade, desde 1995, os retornos de setembro, com base no índice S&P 500, tornaram-se levemente

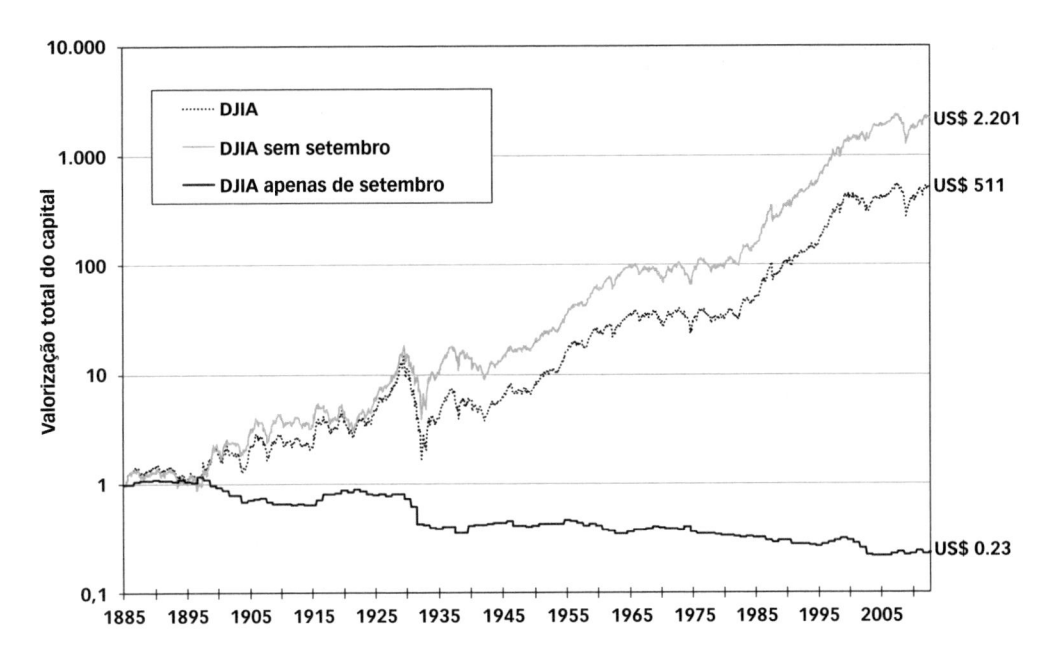

Figura 21.4 O efeito de setembro: índice industrial Dow Jones, 1885–2012.

positivos nos Estados Unidos, mas os retornos de setembro continuam negativos em 17 dos 19 outros países desenvolvidos.

Só nos é dado especular sobre o motivo de os retornos serem tão ruins em setembro. Talvez esses retornos ruins estejam relacionados com a aproximação do inverno e o efeito depressivo dos dias mais curtos. Os psicólogos ressaltam que a luz do sol é um ingrediente essencial para o bem-estar: pesquisas recentes confirmaram que a Bolsa de Valores de Nova York tem um desempenho significativamente pior em dias nublados do que em dias ensolarados.[7] Mas essa explicação não se mantém de pé, visto que setembro também é um mês ruim na Austrália e na Nova Zelândia, onde esse mês marca o início da primavera e dos dias mais longos.[8]

Talvez os retornos ruins de setembro sejam uma consequência de os investidores liquidarem as ações (ou postergarem a compra de mais ações) para bancar as férias de verão. Tal como analisado a seguir, até recentemente segunda-feira era de longe o dia da semana de pior desempenho. Para muitos, setembro é a versão mensal da segunda-feira, momento em que se enfrenta o trabalho após um período de lazer. Entretanto, até mesmo o efeito de setembro talvez sucumba no futuro ao mercado eficiente. Como ressaltado anteriormente, nos Estados Unidos os investidores estão começando a vender ações mais cedo, reduzindo agosto ao mês de pior desempenho desde 1995.

OUTROS RETORNOS SAZONAIS

Embora os psicólogos afirmem que muitas pessoas sofrem silenciosamente de depressão em torno do Natal e do Ano-Novo, os investidores acreditam que esse é um período para festejar. A Tabela 21.1 exibe os retornos de preço diários, com base no índice industrial Dow Jones, para várias época do ano e do mês. Nos últimos 127 anos, os retornos de preço diários, entre o Natal e o Ano-Novo, foram em média dez vezes o retorno médio.

Ainda mais surpreendente é a diferença entre os retornos das ações na primeira e na segunda metade do mês.[9] Ao longo do período completo estudado de 127 anos, a mudança percentual no índice industrial

Tabela 21.1 Retornos de preço diários do índice industrial Dow Jones, 1885–2012

	1885-2012	1885-1925	1926-1945	1946-1989	1946-2012	1995-2012
Médias gerais						
Mês inteiro	0,0233%	0,0192%	0,0147%	0,0273%	0,0293%	0,0342%
Primeira metade do mês	0,0402%	0,0203%	0,0621%	0,0500%	0,0465%	0,0365%
Segunda metade do mês	0,0062%	0,0182%	–0,0316%	0,0040%	0,0112%	0,0316%
Último dia do mês	0,0926%	0,0875%	0,1633%	0,1460%	0,0746%	–0,0923%
Dias da semana						
Segunda-feira	–0,0902%	–0,0874%	–0,2106%	–0,1313%	–0,0558%	0,0741%
Terça-feira	0,0415%	0,0375%	0,0473%	0,0307%	0,0422%	0,0870%
Quarta-feira	0,0566%	0,0280%	0,0814%	0,0909%	0,0665%	0,0092%
Quinta-feira	0,0246%	0,0012%	0,0627%	0,0398%	0,0274%	0,0091%
Sexta-feira	0,0630%	0,0994%	0,0064%	0,0942%	0,0577%	–0,0063%
Com sábado	0,0539%	0,0858%	–0,0169%	0,0747%	N/A	N/A
Sem sábado	0,0714%	0,3827%	0,3485%	0,0961%	0,0566%	–0,0063%
Sábado	0,0578%	0,0348%	0,0964%	0,0962%	N/A	N/A
Retornos de feriado						
Dia anterior ao feriado						
4 de Julho	0,2989%	0,2118%	0,8168%	0,2746%	0,1976%	0,1598%
Natal	0,3544%	0,4523%	0,3634%	0,3110%	0,2918%	0,2582%
Ano-Novo	0,2964%	0,5964%	0,3931%	0,2446%	0,0840%	–0,2394%
Média do feriado	0,3165%	0,4201%	0,5244%	0,2767%	0,1911%	0,0595%
Semana do Natal	0,2247%	0,3242%	0,2875%	0,1661%	0,1331%	0,0425%

Dow Jones durante a primeira metade do mês – que inclui o último dia de negociação do mês anterior até o décimo quarto dia, inclusive, do mês atual – é em torno de sete vezes o ganho que ocorre na segunda metade.[10] A porcentagem média muda no índice industrial Dow Jones em todos os dias do calendário do mês mostrados na Figura 21.5.

No decorrer do período completo, é notável como o ganho percentual médio no último dia de negociação do mês (e no trigésimo dia do calendário, quando esse dia não é o último dia de negociação) e nos primeiros seis dias do calendário é superior ao retorno total do mês! A mudança líquida no Dow Jones é negativa para todos os outros dias.

Mas esse padrão mudou um pouco nos últimos anos. Embora os ganhos nos primeiros seis dias do mês na verdade tenham ficado mais altos, a mudança no último dia do mês tornou-se levemente negativa, enquanto o primeiro dia do mês tornou-se ainda mais positivo.

Os ganhos pronunciados no início do mês provavelmente estão relacionados à entrada de fundos no mercado de ações, provenientes dos trabalhadores que investem automática e diretamente parte de seu salário no mercado no primeiro dia do mês. Observa-se outro ganho no décimo sexto dia do mês, no qual os trabalhadores que são pagos duas vezes por

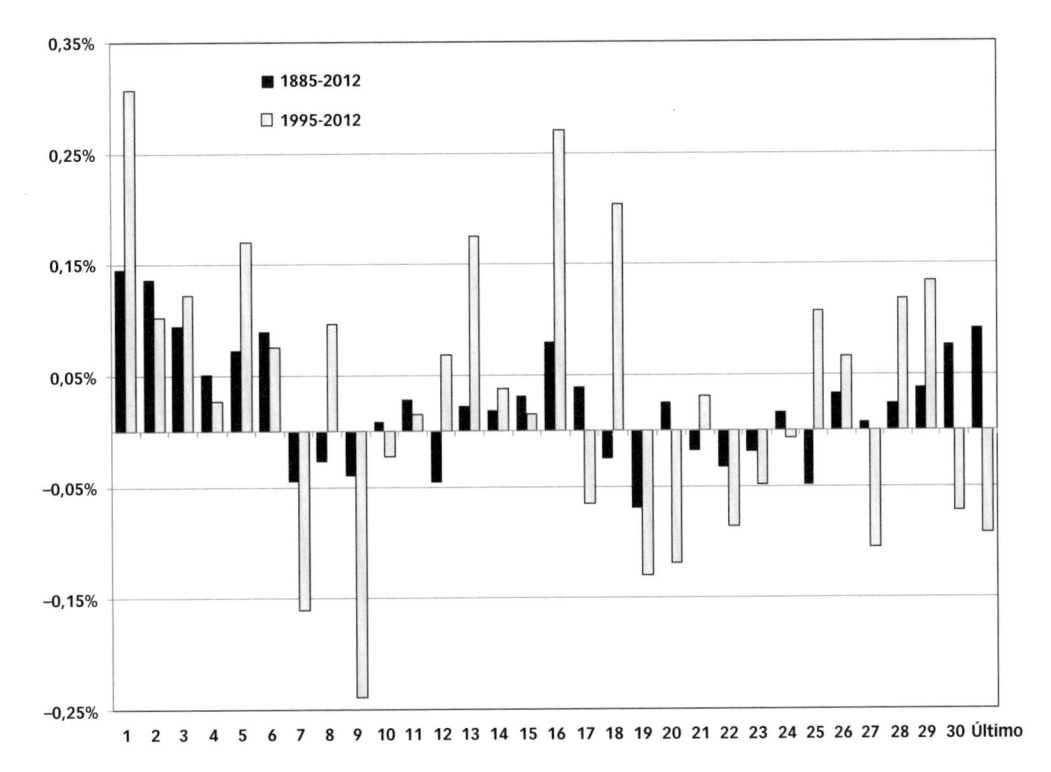

Figura 21.5 Retornos de preço diários do índice industrial Dow Jones, 1885–2012.

mês investem em ações. Contudo, desde 1995, o retorno da primeira metade do mês supera apenas levemente o da segunda metade.

EFEITOS DO DIA DA SEMANA

Muitas pessoas detestam segunda-feira. Após dois dias de relaxamento e de realizar quase tudo o que você gosta, ter de enfrentar o trabalho na segunda é uma chatice. E, ao que parece, os investidores sentem-se da mesma forma. Segunda-feira tem sido de longe o pior dia da semana para o mercado. Ao longo dos últimos 127 anos, os retornos de segunda-feira foram decisivamente negativos – tão negativos que, se os retornos de segunda na realidade fossem como os de terça ou sexta, o retorno real histórico das ações seria superior a 13% ao ano, quase o dobro da média histórica!

Embora os investidores detestem as segundas, eles apreciam as sextas. A sexta-feira foi o melhor dia da semana, oferecendo retornos de preço em torno de três vezes superiores à média diária. Mesmo quando os mercados ficavam abertos aos sábados (todo mês antes de 1946 e nos meses fora da estação de verão antes de 1953), os retornos de preço de sexta eram os melhores.

Mas esses padrões diários mudaram nos últimos anos. Desde 1995, a segunda-feira passou do pior para o segundo melhor dia, ficando atrás apenas da terça-feira. E sexta, além de passar do melhor para o pior dia, na verdade registrou retornos médios negativos. Um dos motivos dessa mudança é que vários *traders* de ações gostam de proteger suas posições em ações durante o fim de semana e vendem suas posições compradas no ou próximo do fechamento de sexta-feira. Os retornos negativos de sexta também podem ser provocados pelos *traders* que, por terem aprendido que segunda-feira normalmente é um dia ruim, vendem na sexta. Portanto, os *traders* restabelecem suas posições em ações na segunda, aumentando assim os retornos nesses dias. Sejam quais forem os motivos, a mudança demonstra que as anomalias muito difundidas com frequência são eliminadas do mercado.

Outra anomalia de calendário é que as ações se saem muito bem antes de feriados importantes, tal como mostrado na Tabela 21.1. Os retornos de preço antes de Quatro de Julho, Natal e véspera de Ano-Novo são em média quase 14 vezes o retorno de preço diário médio. Mas algumas dessas anomalias, como o efeito do dia da semana, mudaram nos últimos anos. Embora os retornos das ações no dia anterior a Quatro de Julho e ao Natal tenham permanecido altos, os retornos do último dia do ano de negociação mudaram de um nível bastante positivo de 0,30% para o nível decisivamente negativo de 0,24% desde 1994. Os retornos negativos do último dia de negociação em anos recentes provavelmente decorrem do grande número de ordens de "venda no fechamento" que são executadas automaticamente para compensar as posições em futuros de índices de ações, fundos negociados em bolsa e outros instrumentos de *hedge* personalizados. O movimento descendente dos preços das ações geralmente ocorre nos últimos 30 minutos de negociação. Obviamente, é possível que assim que esse padrão se torne amplamente conhecido ele também desapareça.

Concluindo, parece haver um padrão diurno nos retornos das ações. Evidências demonstram que normalmente existe uma queda temporária de manhã, em particular na segunda-feira. Durante o almoço o mercado se firma, depois pausa ou cai no meio da tarde, para então subir vigorosamente na última meia hora de negociação. Isso com frequência faz o mercado fechar com os níveis mais altos do dia.

O QUE O INVESTIDOR DEVE FAZER?

Essas anomalias são um guia extremamente tentador para a formulação de uma estratégia de investimento. Entretanto, os retornos relacionados ao calendário nem sempre ocorrem e, como os investidores estão mais atentos a eles, alguns se tornaram moderados, enquanto outros desapareceram por completo. O famoso efeito de janeiro esteve predominantemente ausente nas duas últimas décadas. Enquanto algumas anomalias reverteram-se completamente, como os retornos das ações no último dia de negociação do ano e os retornos de segunda e sexta-feira, outras, como os grandes retornos no início do mês e os retornos ruins em setembro, permanecem.

Para tirar proveito dessas anomalias, é necessário comprar e vender ações, o que gera custos de transação e (a menos que a negociação ocorra em fundos com abrigo tributário) pode incorrer em impostos sobre ganhos de capital. No entanto, os investidores que já decidiram comprar ou vender, mas têm certa margem de manobra para escolher o momento dessa transação, talvez desejem levar em conta essas anomalias antes de suas negociações.

22

Finanças comportamentais e psicologia do investimento

O homem racional – como o monstro do Lago Ness – é visto com frequência, mas raramente fotografado.
— David Dreman, 1998[1]

O mercado é mais arriscado quando parece melhor; é mais convidativo quando parece pior.
— Frank J. Williams, 1930[2]

Este livro é repleto de dados, números e gráficos que respaldam uma estratégia de longo prazo internacionalmente diversificada para os investidores acionários. Contudo, é bem mais fácil aceitar um conselho em teoria do que colocá-lo em prática. A classe financeira está cada vez mais consciente de que os fatores psicológicos podem cercear a análise racional e impedir que os investidores obtenham os melhores resultados. O estudo sobre esses fatores psicológicos floresceu no campo de *finanças comportamentais*.

Para facilitar a compreensão da pesquisa básica e das questões relacionadas às finanças comportamentais, este capítulo foi escrito em forma de narrativa. Dave é um investidor que cai em armadilhas psicológicas que o impedem de ser eficaz. Você provavelmente perceberá semelhanças entre o comportamento de Dave e o seu. Se isso ocorrer, o conselho oferecido neste capítulo certamente o ajudará a se tornar um investidor mais bem-sucedido. Dave primeiro conversa com sua mulher, Jennifer, e depois com um consultor de investimento que entende bem de finanças comportamentais. Essa narrativa tem início no outono de 1999, vários meses antes do auge da bolha de tecnologia e da internet que dominou os mercados na virada do século.

A BOLHA DE TECNOLOGIA, 1999 A 2001

Época: Outubro de 1999

Dave: Jennifer, tomei algumas decisões importantes com relação aos nossos investimentos. Nossa carteira só tem ações de empresas "antiquadas". Por exemplo, Philip Morris, Procter & Gamble e Exxon. Essas ações não estão tendo nenhuma movimentação neste exato momento. Tenho dois colegas de trabalho que estão ganhando uma fortuna em ações da internet. Conversei com Allan, nosso corretor, sobre as perspectivas dessas ações. Ele disse que, segundo os especialistas, a internet é a onda do futuro. Estou pensando em vender algumas de nossas ações que não estão tendo movimentação e depois adquirir ações da internet, tipo AOL, Yahoo! e Inktomi.

Jennifer: Ouvi dizer que essas ações são muito especulativas. Você tem certeza de que sabe o que está fazendo?

Dave: De acordo com o Allan, estamos entrando em uma "nova economia", estimulada por uma revolução na comunicação que vai mudar completamente nossa maneira de fazer negócios. As ações que possuímos são de uma economia antiga. Eles já tiveram seus dias, e agora devemos investir no futuro. Eu sei que essas ações da internet são voláteis e vou observá-las com muito cuidado para não perdermos dinheiro. Confie em mim. Acho que finalmente estamos no caminho certo.

Época: Março de 2000

Dave: Jennifer, você viu nossas últimas demonstrações financeiras? Crescemos 60% desde outubro. O Nasdaq ultrapassou os 5.000 pontos, e de todas as pessoas com as quais conversei ninguém acha que vai parar por aí. A empolgação com relação ao mercado está se espalhando. No escritório não se conversa sobre outra coisa.

Jennifer: Parece que você tem comprado e vendido ações com mais frequência do que antes. Não consigo acompanhar o que temos de fato!

Dave: As informações chegam ao mercado cada vez mais rapidamente. Preciso ajustar nossa carteira frequentemente. Agora as comissões são tão baixas que vale a pena negociar sempre que houver alguma notícia que afete as ações. Confie em mim – veja como estamos indo bem.

Época: Julho de 2000

Jennifer: Dave, dei uma olhada na demonstração que nosso corretor enviou. Não temos mais aquelas ações da internet. Agora temos (ela lê na demonstração) Cisco, EMC, Oracle, Sun Microsystems, Nortel Networks, JDS Uniphase. Não sei nada sobre o que essas empresas fazem. Você sabe?

Dave: Quando as ações da internet despencaram em abril, vendi todas exatamente antes que perdêssemos todos os nossos ganhos. Infelizmente, não obtivemos quase nada com essas ações, mas também não perdemos.

Tenho certeza de que estamos no caminho certo agora. Aquelas empresas de internet não estavam tendo nenhum lucro. Todas as novas empresas das quais temos ações agora formam a espinha dorsal da internet, e todas elas são lucrativas. O Allan me passou um princípio importante. Você sabe quem ganhou mais dinheiro na corrida do ouro na Califórnia na década de 1850? Não foram os mineradores de ouro. Alguns dos primeiros garimpeiros encontraram ouro, mas a maioria não encontrou nada. Os verdadeiros vencedores da corrida do ouro foram aqueles que venderam suprimentos para os garimpeiros – picaretas, botas, bateias e equipamento para caminhada. A lição é bastante clara; a maior parte das empresas de internet vai entrar em colapso, mas aquelas que suprem a espinha dorsal da internet – que fornecem roteadores, *software* e cabos de fibra óptica – serão as grandes vencedoras.

Jennifer: Mas acho que ouvi alguns economistas dizerem que agora essas empresas estão com um preço exageradamente alto; elas estão vendendo por centenas de vezes o lucro.

Dave: É verdade, mas observe o crescimento nos últimos cinco anos – ninguém jamais viu isso antes. A economia está mudando, e vários parâmetros de avaliação tradicionais não se aplicam mais. Confie em mim. Vou acompanhar de perto essas ações. Eu nos tirei daquelas ações da internet na hora certa, não tirei?

Época: Novembro de 2000

Dave (*para si mesmo*): O que devo fazer? Os últimos meses foram terríveis. Estou com uma baixa de mais ou menos 20%. Há apenas dois meses, a Nortel estava acima de 80. Agora está em torno de 40. A Sun Microsystems estava a 65 e agora está em torno de 40. Esses preços são muito baixos. Acho que vou usar parte do meu dinheiro restante para comprar mais ações por esses preços mais baixos. Daí minhas ações não precisarão subir tanto para eu ajustar as contas.

Época: Agosto de 2001

Jennifer: Dave, acabei de dar uma olhada na demonstração que nosso corretor enviou. Estamos arruinados! Quase três quartos do dinheiro de nossa aposentadoria se foram. Pensei que estivéssemos monitorando de perto nossos investimentos. Nossa carteira não está mostrando nada além do que um imenso prejuízo.

Dave: Eu sei. Estou me sentindo péssimo. Todos os especialistas disseram que essas ações teriam uma recuperação, mas elas não param de cair.

Jennifer: Isso já ocorreu antes. Não entendo por que você se sai tão mal. Há anos você acompanha de perto o mercado, analisa todos esses relatórios financeiros e parece estar muito bem informado. Mesmo assim você toma as decisões erradas. Você compra próximo às altas e vende próximo às baixas. Você se atém às ações perdedoras e ao mesmo tempo vende as vencedoras. Você...

Dave: Eu sei, eu sei. Meus investimentos acionários sempre dão errado. Acho que vou abandonar as ações e aderir aos títulos.

Jennifer: Ouça, Dave. Conversei com algumas pessoas sobre seus problemas de investimento e gostaria de procurar um consultor de investimento. Os consultores utilizam psicologia comportamental para ajudar os investidores a compreender por que eles se saem mal. Um consultor de investimento o ajudará corrigir esse comportamento. Agendei um horário para você, Dave. Gostaria muito que você fosse consultá-lo.

FINANÇAS COMPORTAMENTAIS

Época: Semana Seguinte

Dave estava cético. Ele imaginou que, para compreender as ações, era necessário conhecer economia, contabilidade e matemática. Ele nunca havia visto a palavra *psicologia* empregada em qualquer uma dessas disciplinas. Mas ele sabia que precisava de ajuda. Portanto, não faria mal algum dar uma olhada.

Consultor de investimento (CI): Tive a oportunidade de ler seu perfil e conversei muito com sua esposa. Você tem um perfil muito parecido com o dos investidores que costumamos aconselhar aqui. Sou adepto de um novo ramo da economia chamado de *finanças comportamentais*. Muitas das ideias que minha profissão investiga baseiam-se em conceitos psicológicos que raramente foram aplicados ao mercado acionário e à gestão de carteiras.

Vou lhe passar algumas informações preliminares. Até recentemente, a área de finanças era dominada por teorias que presumiam que os investidores maximizavam sua utilidade esperada, ou bem-estar, e sempre agiam racionalmente. Tratava-se de uma extensão da teoria de escolha racional do consumidor em situação de certeza aplicada a resultados incertos.

Na década de 1970, dois psicólogos, Daniel Kahneman e Amos Tversky, perceberam que muitos indivíduos não se comportavam tal como essa teoria previa. Kahneman e Tversky desenvolveram um novo modelo – chamado de teoria da perspectiva – sobre como os indivíduos de fato se comportavam e tomavam decisões diante da incerteza.[3] Esse modelo os consolidou como pioneiros das finanças comportamentais e as pesquisas que eles realizaram têm feito muitos progressos na comunidade financeira.

Modismos, dinâmicas sociais e bolhas acionárias

CI: Vamos analisar primeiro sua decisão de adquirir ações da internet. Volte a outubro de 1999. Você se lembra por que você decidiu comprar essas ações?

Dave: Sim. Minhas ações simplesmente não estavam indo a lugar algum. Meus colegas de trabalho estavam investindo na internet e ganhando muito dinheiro. Havia tanto entusiasmo com relação a essas ações; todo mundo dizia que a internet era uma revolução na comunicação que mudaria os negócios para sempre.

CI: Quando todos estão muito empolgados com o mercado, você deve ter extrema cautela. Os preços das ações não se baseiam apenas em valores econômicos, mas em fatores psicológicos que influenciam o mercado. O economista Robert Shiller, da Universidade Yale, um dos líderes do movimento das finanças comportamentais, enfatizou que os modismos e as dinâmicas sociais desempenham um papel importante na determinação dos preços dos ativos.[4] Shiller demonstrou que os preços das ações têm apresentado uma volatilidade inaceitavelmente alta para serem explicados por flutuações em fatores econômicos como dividendos ou lucros.[5] Ele levantou a hipótese de que grande parte dessa volatilidade extra pode ser explicada por modas e modismos que têm grande impacto sobre as decisões dos investidores.

Dave: Tive lá minhas dúvidas sobre essas ações da internet, mas todo mundo parecia ter certeza de que elas eram vencedoras.

CI: Observe como as outras pessoas influenciaram sua decisão contra o seu bom senso. Os psicólogos há muito tempo já sabem o quanto é difícil ser diferente da maioria. Isso foi confirmado por um psicólogo social chamado Solomon Asch. Ele concluiu um famoso experimento em que apresentava quatro linhas aos participantes para que eles escolhessem as duas que tinham a mesma extensão. A resposta correta era óbvia. Porém, quando os cúmplices do Dr. Asch apresentaram visões conflitantes, os demais deram a resposta incorreta.[6]

Experimentos subsequentes confirmaram que não foi a pressão social que levou os participantes a agir contra o bom senso, mas a descrença de que um grande grupo não poderia estar errado.[7]

Dave: Exatamente. Eram tantas as pessoas que estavam falando bem dessas ações que senti que tinha de haver alguma coisa nisso tudo. Imaginei que se eu não comprasse as ações da internet estaria perdendo alguma coisa.

CI: Compreendo. A bolha da internet e da tecnologia é um exemplo perfeito de quando as pressões sociais influenciam os preços das ações. As conversas no ambiente de trabalho, as manchetes dos jornais e as previsões dos analistas – tudo isso alimentou o frenesi de investimento nessas ações. Os psicólogos chamam essa inclinação por seguir a maioria de instinto *gregário* ou de *rebanho* – tendência dos indivíduos de adaptar seu pensamento à opinião prevalecente.

A bolha da internet tem vários precedentes. Em 1852, Charles Mackay escreveu o clássico *Extraordinary Delusions and the Madness of Crowds* (*Ilusões Populares e as Loucuras das Massas*), no qual ele descreve cronologicamente inúmeras bolhas financeiras durante as quais os especuladores foram induzidos a um frenesi pelo movimento ascendente dos preços: a bolha dos Mares do Sul na Inglaterra, a bolha do Mississippi na França em torno de 1720 e a febre ou mania da tulipas na Holanda um século antes.[8] Vou ler minha passagem favorita do livro. Observe se você consegue compreender isso:

> Percebemos que comunidades inteiras de repente se fixam em um objeto e enlouquecem em sua busca; que milhões de pessoas simultaneamente se impressionam por uma ilusão e correm atrás dela [...]. Nações sóbrias tornaram-se de uma só vez apostadores desesperados e quase arriscaram a própria existência por um pedaço de papel. [...] Os homens, como muito já se disse, pensam em bando [...]. Eles enlouquecem em bando, mas só recuperam os sentidos lentamente, cada um à sua vez.

Dave (*meneando a cabeça*): Isso ocorre repetidamente na história. Mesmo que outras pessoas estivessem apontando para esses mesmos excessos no ano passado, fui persuadido de que "daquela vez era diferente".

CI: Do mesmo modo que inúmeras outras pessoas. A propensão dos investidores a seguir a multidão, ou o rebanho, é um artefato permanente da história financeira. Muitas vezes a "multidão" está certa,[9] mas com frequência segui-la pode desviá-lo do caminho.

Dave, alguma vez você já enfrentou a situação de precisar escolher entre dois restaurantes em uma cidade que você está visitando pela primeira vez? Uma forma racional de decidir, se eles forem próximos, é observar qual deles está mais cheio, porque há uma boa probabilidade de pelo menos alguns dos clientes terem experimentado os dois restaurantes e terem escolhido comer no melhor. Porém, quando você opta por comer no restaurante mais movimentado, você está aumentando a probabilidade de um novo cliente, que utiliza o mesmo raciocínio, comer lá, e assim por diante. Com o tempo, todos optarão por comer nesse mesmo restaurante, ainda que o outro pudesse ser bem melhor.

Os economistas chamam esse processo de tomada de decisão de *cascata informacional*, e acreditam que isso sempre ocorre nos mercados financeiros.[10] Por exemplo, quando uma empresa faz uma oferta de compra para outra, isso normalmente atrai outros pleiteantes. Quando uma oferta pública inicial atrai um amplo séquito, outros investidores se tornam adeptos. As pessoas têm o pressentimento de que "alguém sabe de alguma coisa" e que elas não podem perder essa oportunidade. Algumas vezes esse pressentimento está correto, mas com muita frequência está errado.

Negociações excessivas, excesso de confiança e viés de representatividade

CI: Dave, mudando de assunto, ao examinar seu histórico de negociações, observei que você costumava ser um *trader* extremamente ativo.

Dave: Tive de ser. O mercado não parava de ser bombardeado por informações; senti que precisava reposicionar minha carteira regularmente para refletir as novas informações.

CI: Deixe-me lhe dizer uma coisa. A negociação constante não provoca outra coisa senão maior ansiedade e menores retornos. Uma dupla de economistas publicou um artigo em 2000 intitulado "Trading Is Hazardous to Your Wealth" ["A Negociação é Prejudicial à Sua Riqueza"] (e, acrescento, à sua saúde também). Examinando o histórico de dezenas de milhares de *traders*, eles demonstraram que os retornos dos *traders* mais ativos eram 7,1% inferiores aos retornos daqueles que negociavam raramente.[11]

Dave: Você está certo. Acho que isso prejudicou meus retornos. Pensei que estivesse um passo à frente dos outros, mas acho que me enganei.

CI: É extremamente difícil ser um *trader* bem-sucedido. Mesmo as pessoas brilhantes que dedicam toda a sua energia à negociação de ações raramente obtêm retornos mais altos. O problema é que a maioria das pessoas simplesmente *confia exageradamente* em suas próprias capacidades. Em outras palavras, o indivíduo médio – seja um estudante, *trader*, piloto ou outra coisa qualquer – acredita que está acima da média, o que, é claro, é estatisticamente impossível.[12]

Dave: O que provoca esse excesso de confiança?

CI: O excesso de confiança tem várias fontes. Primeiro, existe o que chamamos de *viés de autoatribuição*, que faz com que a pessoa atribua a si mesma o crédito pelo resultado favorável de um evento quando na verdade ela não merece esse crédito.[13]

Dave: Isso parece ser a pura verdade! Lembro-me de ter me gabado à minha mulher em março de 2000 do quanto eu havia sido inteligente por ter comprado aquelas ações da internet. E estava errado!

CI: Seu sucesso inicial alimentou seu excesso de confiança.[14] Você e seus amigos atribuíram os ganhos que vocês obtiveram com as ações a uma habilidade pessoal para investir, ainda que esses resultados com frequência tenham ocorrido ao acaso.

Outra fonte de excesso de confiança parte da tendência a ver paralelos em demasia entre acontecimentos que parecem semelhantes.[15] Isso é chamado de *viés de representatividade*. Na verdade, esse viés decorre do processo de aprendizagem dos seres humanos. Quando vemos algo que nos parece familiar, formamos uma heurística representativa para nos ajudar a aprender. Mas as analogias que enxergamos com frequência não são válidas e nossas conclusões são mal orientadas.

Dave: Os boletins de investimento que recebo afirmam que, toda vez que tal e tal evento ocorreu no passado, o mercado mudou para uma determinada direção, o que significa que ele está fadado a fazê-lo novamente. Porém, quando tento utilizar esse conselho, ele nunca funciona.

CI: Os economistas financeiros convencionais há anos têm alertado contra a tendência a identificar padrões nos dados quando na verdade eles não existem. A busca de padrões em dados passados é chamada de *"data mining"* ou *"mineração de dados"*. Como o poder computacional está cada vez mais barato, isso está mais fácil do que nunca.[16] Insira um monte de variáveis para explicar os movimentos das ações e certamente você encontrará algumas coincidências espetaculares – por exemplo, nos últimos 100 anos, as ações subiram em toda terceira quinta de lua cheia do mês!

O viés de representatividade tem sido responsável por alguns movimentos espetacularmente errados no mercado acionário, mesmo quando as situações parecem extraordinariamente semelhantes. Quando a Primeira Guerra Mundial estourou em julho de 1914, as autoridades da Bolsa de Valores de Nova York acharam que isso era uma catástrofe tão grande, que fecharam a bolsa por cinco meses. Errado! Os Estados Unidos tornaram-se fornecedores de armas para a Europa; os negócios floresceram e 1915 foi um dos melhores anos da história do mercado acionário.

Quando a Alemanha invadiu a Polônia em setembro de 1939, os investidores examinaram o comportamento do mercado quando a Primeira Guerra Mundial foi deflagrada. Observando retornos fantásticos, eles compraram ações como loucos e provocaram uma alta no mercado de mais de 7% na negociação do dia seguinte! Mas isso também estava errado. Franklin Roosevelt estava determinado a não deixar as corporações prosperarem com a Segunda Guerra Mundial tal como haviam com a Primeira Guerra. Após mais alguns dias de alta, o mercado acionário tomou o rumo de um severo mercado baixista e só depois de quase seis anos o mercado retornou ao nível de 1939. Obviamente, o culpado desse erro foi o viés de representatividade, e os dois acontecimentos não foram tão semelhantes quanto as pessoas imaginaram.

Psicologicamente, os seres humanos não estão estruturados para aceitar todas as aleatoriedades existentes no mundo.[17] É muito desconfortável constatar que os movimentos no mercado são em sua maioria aleatórios e não têm uma causa ou razão identificável. Os seres humanos têm uma profunda necessidade psicológica de saber por que determina coisa ocorre. É aí que entram os jornalistas e "especialistas". Eles se sentem mais do que satisfeitos em preencher as lacunas em seu conhecimento com explicações grande parte das vezes equivocadas.

Dave: Eu consigo compreender na pele esse viés. Lembro-me de que, antes de comprar as ações de tecnologia em julho de 2000, meu corretor comparou essas empresas com os fornecedores de equipamentos para os participantes da corrida ao ouro da década de 1850. Na época, parecia uma comparação reveladora, mas, na verdade, as situações eram bem diferentes. É curioso que meu corretor, que deveria ser um especialista, está sujeito ao mesmo excesso de confiança que eu.

CI: Na verdade existem evidências de que os especialistas estão até mais sujeitos ao excesso de confiança do que os não especialistas. Os supostos especialistas foram capacitados para analisar o mundo de uma forma específica e, para vender suas recomendações, eles precisam encontrar evidências corroborativas, e não contraditórias.[18]

Lembre-se da falha dos analistas em 2000, que não mudaram suas previsões de lucro para o setor de tecnologia, não obstante as notícias que indicavam que havia algo seriamente errado na visão deles sobre o setor como um todo. Depois de serem alimentados durante tantos anos com uma perspectiva otimista por parte das corporações, os analistas não tinham ideia de como interpretar as notícias pessimistas e, por isso, a maioria as ignorou.

A propensão a desconsiderar as notícias ruins foi ainda mais pronunciada entre os analistas do setor da internet. Muitos estavam tão convencidos de que essas ações eram a onda do futuro, que, não obstante a profusão de notícias desagradáveis, vários só subestimaram essas ações *depois* que elas já haviam caído 80% ou 90%!

O confronto com notícias que não correspondem à nossa visão de mundo cria o que é chamado de *dissonância cognitiva*. A dissonância cognitiva é o desconforto que sentimos quando nos deparamos com evidências que conflitam com nossa visão ou indicam que nossa capacidade ou nossos atos não são tão bons quanto imaginávamos. Todos nós exibimos uma tendência natural a minimizar esse desconforto e com isso fica mais difícil reconhecermos nosso excesso de confiança.

Teoria da perspectiva, aversão à perda e decisão de manter negociações fracassadas

Dave: Compreendo. Podemos falar sobre ações individuais? Por que eu acabei mantendo tantas ações perdedoras em minha carteira?

CI: Você se lembra que eu disse que Kahneman e Tversky deram o pontapé inicial das finanças comportamentais com a teoria da perspectiva? Um conceito fundamental dessa teoria é que os indivíduos formam um ponto de referência baseados na avaliação de seu próprio desempenho. Kahneman e Tversky constataram que, com base nesse ponto de referência, os indivíduos ficam bem mais preocupados com a possibilidade de perder determinado valor do que com a possibilidade de ganhar o mesmo valor. Os pesquisadores chamaram esse comportamento de *aversão à perda* e propuseram que a decisão de manter ou vender um investimento será sensivelmente influenciada pelo fato de as ações estarem em alta ou em baixa – em outras palavras, pelo fato de você ter tido um ganho ou uma perda.

Dave: Uma coisa de cada vez. Do que se trata esse "ponto de referência" do qual você está falando?

CI: Primeiro, uma pergunta. Quando você compra uma ação, de que modo você acompanha o desempenho dela?

Dave: Calculo quanto ela subiu ou caiu desde que a comprei.

CI: Exatamente. Com frequência o ponto de referência é o preço de compra que os investidores pagam pela ação. Os investidores ficaram tão obcecados por esse ponto de referência, que chegam a desconsiderar qualquer outra informação. Richard Thaler, da Universidade de Chicago, que realizou um influente trabalho na área de comportamento do investidor, chama isso de *contabilidade mental* ou *enquadramento estreito* (*narrow framing*).[19]

Quando você compra uma ação, você abre uma conta mental, e o ponto de referência é o preço de compra. De modo semelhante, quando você compra um grupo de ações, você pensará nas ações individualmente ou poderá agregar todas as contas.[20] O fato de suas ações estarem exigindo ganhos ou perdas influenciará sua decisão sobre manter ou vender determinada ação. Além disso, em contas com múltiplas perdas, é provável que você agregue as perdas individuais porque pensar em uma grande perda é mais fácil de engolir do que pensar em várias perdas menores. Evitar a realização de perdas torna-se a principal meta de vários investidores.

Dave: Você está certo. Só a ideia de realizar essas perdas em minhas ações de tecnologia já me apavorava.

CI: Essa é uma reação completamente natural. Seu orgulho é um dos principais motivos que o levam a evitar vender em virtude de perdas. Todo investimento envolve um compromisso emocional e igualmente financeiro que dificulta a avaliação objetiva. Você se sentiu melhor por ter vendido todas as suas ações da internet realizando um pequeno ganho, mas as ações das empresas de fornecimento de rede que você comprou subsequentemente nunca evidenciaram nenhum ganho. Mesmo quando as perspectivas esmaeceram, você não apenas persistiu nessas ações, mas comprou mais, esperando contra todas as possibilidades que elas se recuperariam.

A teoria da perspectiva prevê que muitos investidores agirão tal como você – aumentarão sua posição e consequentemente o risco na tentativa de ajustar as contas.[21] Curiosamente, os pesquisadores constataram que os indivíduos vendem fundos mútuos que perderam dinheiro e perseguem aqueles que registram ganhos. Mas as finanças comportamentais também têm uma boa explicação para isso. No caso dos fundos, os investidores sempre podem culpar o gestor do fundo por escolher ações ruins, o que não é possível fazer quando você tomas suas próprias decisões sobre qual ação comprar.[22]

Dave: Nunca comprei nenhum fundo mútuo. Portanto, só podia culpar a mim mesmo por minhas perdas. Achei que comprar mais ações depois que o preço despencasse aumentaria minhas chances de recuperar minhas perdas quando o preço voltasse a subir.

CI: Você e milhões de outros investidores. Em 1982, Leroy Gross escreveu um manual para os corretores de ações no qual ele chamou esse fenômeno de *empatite* (*get-even-itis disease*), mania de tentar ajustar as contas e ficar de igual para igual.[23] Ele afirmou que provavelmente essa mania provocou mais destruição para as carteiras do que qualquer outro erro.

É difícil admitirmos que fizemos um investimento ruim e é ainda mais difícil admitirmos esse erro perante os outros. Porém, para ser um investidor bem-sucedido, você não tem outra escolha a não ser reconhecer. As decisões sobre sua carteira devem ser tomadas prospectivamente. Não é possível mudar o que ocorreu no passado. Trata-se de um "custo irrecuperável", dizem os economistas. Quando as perspectivas não parecem boas, venda as ações independentemente de você ter uma perda.

Dave: Pensei que as ações estivessem baratas quanto comprei mais. Muitas delas estavam 50% ou mais abaixo de suas altas.

CI: Baratas em relação a quê? Em relação ao preço passado ou às perspectivas futuras? Você imaginou que o preço de 40 para uma ação que chegou a custar 80 a tornou barata; o que você não considerou em nenhum momento foi a possibilidade de 40 ser ainda um preço muito alto. Isso demonstra outra constatação comportamental de Kahneman e Tversky: a *ancoragem*, isto é, tendência das pessoas que estão enfrentando decisões complexas de utilizar uma "âncora" ou um número proposto para fundamentar sua avaliação.[24] Descobrir o preço "correto" de uma ação é uma tarefa tão complexa, que é natural utilizar o preço recente como âncora e então considerar o preço atual uma pechincha.

Dave: Se eu seguir seu conselho e vender minhas ações perdedoras sempre que as perspectivas estiverem obscuras, vou ter muito mais perdas nas minhas negociações.

CI: Ótimo! A maioria dos investidores faz exatamente o oposto, em detrimento deles mesmos. Pesquisas demonstram que os investidores vendem ações por um ganho de 50% com maior frequência do que eles vendem em virtude de uma perda.[25] Isso significa que as ações que estão acima de seu preço de compra são 50% mais propensas a serem vendidas do que as ações que demonstram perda. Os *traders* procedem dessa forma, embora essa seja uma estratégia ruim do ponto de vista de negociação e do ponto de vista tributário.

Gostaria de lhe falar sobre um *trader* de curto prazo para o qual minha consultoria foi favorável. Ele me mostrou que 80% de suas negociações geraram lucro, mas que ele havia tido um prejuízo de maneira geral porque havia perdido tanto dinheiro em suas negociações malsucedidas, que isso acabou dissipando os ganhos de suas ações vencedoras.

Depois que eu o aconselhei, ele se tornou um *trader* bem-sucedido. Segundo ele, agora apenas um terço de suas negociações geram lucro, mas de modo geral ele está tendo muito sucesso. Quando as coisas não saem como ele planejou, ele se livra rapidamente das negociações malsucedidas e, ao mesmo tempo, mantém as que estão tendo bom desempenho. Existe um antigo ditado em Wall Street que resume bem o que é uma negociação bem-sucedida: "Abrevie suas ações perdedoras e deixe suas ações vencedoras correr".

Regras para evitar armadilhas comportamentais

Dave: Não me sinto suficientemente seguro para voltar a negociar tão logo. Só queria conhecer a estratégia de longo prazo correta. Como posso superar essas armadilhas comportamentais e me tornar um investidor bem-sucedido?

CI: Dave, estou contente que você não esteja negociando ativamente, porque a negociação constante é adequada apenas para uma pequena porcentagem de meus clientes.

Para ser um investidor de longo prazo bem-sucedido, você precisa estabelecer regras e incentivos para acompanhar seus investimentos – isso é chamado de *compromisso prévio*.[26] Estabeleça uma regra de alocação e seja fiel a ela. Se você tiver um bom conhecimento, poderá fazer isso sozinho; do contrário, poderá fazer com a ajuda de um consultor de investimento. Não critique suas regras *a posteriori*. Lembre-se de que os fatores básicos que geram retornos mudam bem menos do que imaginamos quando observamos os altos e baixos diários do mercado. Uma estratégia de investimento disciplinada é quase sempre uma estratégia de sucesso.

Se você assim desejar, não precisa eliminar todas as suas negociações. Se você comprar ações para uma transação de curto prazo, estabeleça um argumento de venda real para que assim consiga minimizar suas perdas. Você não deseja deixar que suas perdas aumentem racionalizando para si mesmo que em algum momento as ações terão uma recuperação. Além disso, não fale com seus amigos a respeito de suas negociações. Tentar corresponder às expectativas de seus amigos o deixará ainda mais relutante a assumir uma perda ou admitir que você estava errado.

Dave: Devo admitir que sempre gostei de negociar ativamente.

CI: Se você de fato gosta, crie uma pequena conta de negociação completamente separada do restante de sua carteira. Todos os custos de corretagem e todos os impostos devem ser pagos com os recursos dessa conta. Considere a possibilidade de que o dinheiro nessa conta de negociação pode ser perdido completamente, porque a probabilidade é grande. E você nunca deve superar o rígido limite que você estabelece com relação à quantia que deve colocar nessa conta.

Se isso não funcionar, ou se você se sentir apreensivo quanto ao mercado ou tiver compulsão por negociar, ligue para mim; posso ajudá-lo. Além disso, de acordo com algumas reportagens, existem alguns *traders* regenerados que estão criando programas de "*traders* anônimos" com o objetivo de ajudar as pessoas que não conseguem resistir à tentação de negociar com exagerada frequência.[27] Talvez você deva examinar esses programas.

Aversão míope à perda, monitoramento de carteiras e prêmio de risco das ações

Dave: Como eu estava tendo um péssimo desempenho no mercado, até pensei em desistir das ações e manter títulos, embora saiba que a longo prazo essa é uma péssima ideia. Com que frequência você acha que devo monitorar minha carteira de ações?

CI: Boa pergunta. Se você comprar ações, é bem provável que o valor caia abaixo do preço que você pagou, ainda que durante um curto período após a compra. Já falamos sobre como a aversão à perda torna essa queda extremamente incômoda. Entretanto, como a longo prazo as ações tendem a subir, se você esperar um período para verificar sua carteira, a probabilidade de observar uma perda diminuirá.

Dois economistas, Shlomo Bernartzi e Richard Thaler, testaram se o "intervalo de monitoração" afetava a escolha entre ações e títulos.[28] Eles conduziram um "experimento de aprendizagem" no qual permitiam que os indivíduos vissem seus retornos em duas classes de ativos não identificadas. A um dos grupos foram mostrados os retornos anuais das ações e aos outros foram mostrados os mesmos retornos, mas, em vez de anuais, os retornos eram agregados em períodos de 5, 10 e 20 anos. Em seguida, os grupos eram solicitados a escolher entre ações e títulos.

O grupo que viu os retornos anuais investiu uma porcentagem bem menor em ações do que os grupos que viram os retornos agregados em intervalos mais longos. Isso porque a volatilidade de curto prazo das ações dissuadiu as pessoas de escolher essa classe de ativos, ainda que em períodos mais longos essa fosse sem dúvida a melhor opção.

Essa tendência a fundamentar as decisões em flutuações de curto prazo no mercado foi chamada de *aversão míope à perda*. Como em períodos mais longos a probabilidade de as ações mostrarem uma perda é bem menor, os investidores influenciados pela aversão à perda ficariam mais propensos a persistir nas ações se eles monitorassem seu desempenho com menor frequência.

Dave: Essa é uma verdade e tanto. Quando examino as ações a curtíssimo prazo, elas parecem tão arriscadas, que me pergunto se alguém de fato as mantém. Contudo, a longo prazo o desempenho superior das ações é tão convincente, que me pergunto por que nem todas as pessoas as mantêm!

CI: Exatamente. Bernartzi e Thaler afirmam que a aversão míope à perda é o segredo para solucionar o *enigma do prêmio das ações*.[29] Há anos os economistas vêm tentando descobrir por que as ações ofereceram um retorno tão mais alto do que os investimentos em renda fixa. Estudos demonstram que, ao longo de um período de 20 anos ou mais, uma carteira diversificada de ações não apenas oferece retornos mais altos após a inflação, como na verdade é mais segura do que os títulos governamentais. Entretanto, como os investidores concentram-se em um horizonte de investimento muito curto, as ações parecem bastante arriscadas, e por isso é preciso seduzi-los com um prêmio vultoso para que mantenham as ações. Se os investidores avaliassem sua carteira com menor frequência, o prêmio das ações poderia cair consideravelmente.

Bernartzi e Thaler demonstraram que o alto prêmio das ações condiz com a aversão míope à perda e a monitoração anual dos retornos. Contudo, eles mostraram também que se os investidores tivessem avaliado a alocação de sua carteira somente uma vez a cada dez anos, teria sido necessário um prêmio de apenas 2% para seduzi-los a manter as ações. Com uma avaliação no período de 20 anos, o prêmio caiu para somente 1,4%, e teria sido próximo de 1% se o período de avaliação fosse de 30 anos. Os preços das ações teriam que ter subido consideravelmente para diminuir o prêmio para esses níveis baixos.

Dave: Você está dizendo que talvez eu não deva examinar minhas ações com tanta frequência?

CI: Você pode examiná-las sempre que desejar, mas não deve mudar sua estratégia de longo prazo. Lembre-se de estabelecer regras e incentivos. Comprometa-se com uma alocação de carteira de longo prazo e não a altere, a menos que haja evidências significativas de que determinado setor está ficando muito acima do preço em relação aos fundamentos, tal como ocorreu com as ações de tecnologia no auge da bolha.

Investimentos contrários e entusiasmo do investidor: estratégias para melhorar os retornos de carteira

Dave: Existe uma forma de um investidor tirar proveito da falha comportamental de outros e obter retornos superiores aos deles?

CI: Manter-se afastado da opinião da maioria pode ser bastante lucrativo. Um investidor que assume um ponto de vista diferente é considerado *contrário* ou *dissidente*, ou seja, aquele que diverge da opinião prevalecente. A estratégia contrária foi apresentada originalmente por Humphrey B. Neill em um folheto intitulado "It Pays to Be Contrary" ("Vale a Pena Ser Contrário"), que foi distribuído pela primeira vez em 1951 e depois se transformou no livro *The Art of Contrary Thinking*. Nesse livro, Neill afirmou: "Quando todos pensam da mesma forma, todos tendem a estar errados".[30]

Algumas abordagens contrárias baseiam-se em indicadores determinados psicologicamente, como o "sentimento" ou "entusiasmo" do investidor. A ideia subjacente é que os investidores ficam, em sua maioria, indevidamente otimistas quando os preços das ações estão altos e indevidamente pessimistas quando estão baixos.

Essa ideia também não é nova. O grande investidor Benjamin Graham afirmou há quase 80 anos: "A psicologia do especulador milita consideravelmente contra seu sucesso. Em virtude da relação de causa e efeito, ele fica mais otimista quando os preços estão em alta e mais desanimado quando estão em baixa".[31]

Dave: Mas de que forma saberei quando o mercado está muito pessimista e muito otimista? Isso não é subjetivo?

CI: Não completamente. A Investors Intelligence, empresa de New Rochelle, no Estado de Nova York, publica um dos indicadores de entusiasmo mais consagrados na área de investimento. Nos últimos 50 anos, a empresa avaliou as pontuações dos boletins do mercado, determinando se cada um é otimista ou altista, pessimista ou baixista ou neutro com relação à futura direção das ações.

Com base nos dados da Investors Intelligence, calculei um índice de entusiasmo do investidor por meio da identificação da proporção entre boletins otimistas e boletins otimistas mais pessimistas (omitindo a categoria neutra). Em seguida, avaliei os retornos das ações subsequentes à interpretação desses sentimentos.

O indicador de entusiasmo do investidor é representado graficamente desde janeiro de 1986 na Figura 22.1. Após a quebra de outubro de 1987, os investidores ficaram pessimistas. Nos anos seguintes, sempre que o mercado caía, tal como ocorreu em maio e dezembro de 1988 e fevereiro de 1990, os investidores temiam outra quebra e o entusiasmo diminuiu drasticamente. O sentimento otimista ou altista também ficou abaixo de 50% durante a invasão do Kuwait pelo Iraque, o colapso do mercado de títulos em 1994, a crise asiática de outubro de 1997, o resgate financeiro do LTCM no final do verão de 1998, os ataques terroristas de setembro de 2001 e o fundo do mercado de outubro de 2002. O entusiasmo despen-

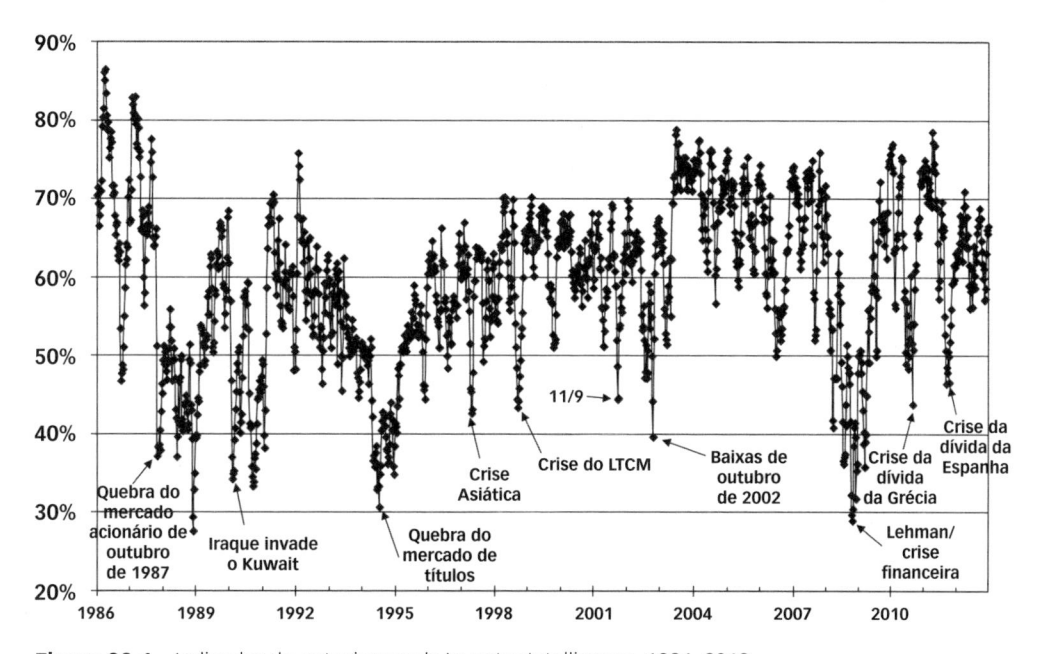

Figura 22.1 Indicador de entusiasmo da Investor Intelligence, 1986–2012.

cou também no fundo do grande mercado baixista que se seguiu à crise financeira de 2008 e igualmente durante a crise da dívida governamental da Grécia e da Espanha. Todos foram excelentes períodos para investir.

Vale notar que o VIX, índice de volatilidade implícita do mercado calculado com base nos preços das opções, dispara praticamente ao mesmo tempo em que o entusiasmo do investidor despenca.[32] A ansiedade no mercado, que pode ser avaliada de acordo com os prêmios das opções de venda, está negativamente correlacionada com o entusiasmo do investidor.

Ações desfavorecidas e estratégia Dow 10

Dave: Podemos utilizar a estratégia contrária para escolher ações individuais?

CI: Sim. Os contrários acreditam que as oscilações entre otimismo e pessimismo contagiam as ações individuais e também os mercados em geral. Portanto, comprar ações desfavorecidas pode ser uma estratégia de sucesso.

Por meio da análise dos retornos do passado recente, Werner De Bondt e Richard Thaler examinaram as carteiras de ações passadas vencedoras e perdedoras para verificar se os investidores se tornaram exageradamente otimistas ou pessimistas quanto aos retornos futuros.[33] As carteiras de ações vencedoras e perdedoras foram analisadas em intervalos de cinco anos. As carteiras que haviam sido vencedoras nos últimos cinco anos subsequentemente ficaram defasadas 10% em relação ao mercado, enquanto os retornos posteriores na carteira de ações perdedoras superaram o mercado em 30%.

Um dos motivos pelos quais essa estratégia funciona está relacionado com a heurística de representatividade da qual falamos anteriormente. As pessoas extrapolam as tendências recentes nos preços das ações para um futuro muito longínquo. Embora haja evidências de que o *momentum* de curto prazo é positivo nos retornos das ações, a mais longo prazo várias ações que se saíram mal têm um desempenho superior e as ações que se saíram bem têm um desempenho inferior. Outra estratégia que se baseia nas ações desfavorecidas é chamada de *Dogs of the Dow* (Cães do Dow) ou *estratégia Dow 10*.[34]

Dave: Tenho muito a absorver com nosso encontro de hoje. Parece que caí em quase todas essas armadilhas comportamentais. O reconfortante é que não sou o único e que sua orientação psicológica ajudou outros investidores.

CI: Além de terem sido amparados, eles prosperaram. Para inúmeras pessoas, o sucesso nos investimentos exige um conhecimento bem mais profundo sobre elas mesmas do que o sucesso profissional ou mesmo de seus relacionamentos pessoais. Há uma grande verdade neste antigo ditado de Wall Street: "O mercado acionário é um lugar muito caro para você descobrir quem você é".

PARTE V

CONSTRUINDO RIQUEZA POR MEIO DE AÇÕES

23

Desempenho dos fundos, indexação e superação do mercado

Tenho pouca confiança até mesmo na capacidade dos analistas, quanto mais nos investidores destreinados, para escolher ações ordinárias que ofereçam resultados acima da média. Consequentemente, sinto que a carteira padrão deve mais ou menos duplicar o DJIA.

— Benjamin Graham, 1934[1]

Como é que um investidor institucional pode esperar superar o mercado [...] quando, a rigor, eles são o mercado?

— Charles D. Ellis, 1975[2]

Corre uma velha história em Wall Street. Dois gestores de grandes fundos de ações vão acampar em um parque nacional. Depois de assentar acampamento, o primeiro menciona ao outro que ouvira o guarda do parque avisar que ursos-negros foram vistos nos arredores do *camping*. O segundo sorri e diz: "Não estou preocupado; sou um corretor bastante veloz". O primeiro balança a cabeça e afirma: "Você não consegue ser mais rápido dos que os ursos-negros; sabe-se que eles correm 40 quilômetros por hora para capturar uma presa!". O segundo responde: "É claro que eu sei que não consigo ser mais veloz do que um urso. A única coisa que importa é que consigo ser mais veloz do que você!".

No mundo competitivo de gestão monetária, o desempenho é medido não com base nos retornos absolutos, mas nos retornos relativos a alguma referência. Para as ações, essas referências incluem o índice S&P 500, o Wilshire 5.000, os índices de ações globais ou os índices de "estilo" mais recentes e comuns em Wall Street. Mas existe uma diferença fundamentalmente importante em investimento em comparação com praticamente qualquer outra atividade competitiva: a maioria de nós não tem nenhuma chance de ser tão bom quanto os indivíduos que treinam durante horas para aperfeiçoar suas habilidades. Mas qualquer um pode ser tão bom quanto o investidor *médio* no mercado de ações ainda que não tenha nenhuma experiência.

O motivo dessa afirmação surpreendente baseia-se em um fato bastante simples: a soma de todos os investimentos dos investidores deve ser igual ao mercado e o desempenho do mercado deve ser, por definição, o desempenho *médio* ponderado pelo dólar de todo e qualquer investidor. Portanto, para cada dólar de um investidor que supera o desempenho do mercado, deve haver um dólar de outro investidor que tem um desempenho inferior ao do mercado. Se você simplesmente se igualar ao desempenho do mercado em geral, já terá a garantia de que não se sairá pior do que a média.

Mas como você obtém um desempenho correspondente ao mercado em geral? Até 1975, esse objetivo teria sido praticamente impossível, exceto para os investidores mais afluentes. Quem consegue manter ações em cada uma das inúmeras empresas listadas nas bolsas de valores dos Estados Unidos?

Entretanto, desde meados da década de 1970, os fundos mútuos de índice e depois os fundos negociados em bolsa (*exchange-traded funds* – ETFs) têm se desenvolvido para ter um desempenho correspondendo ao desses índices amplos de ações. Ao longo das últimas décadas, o investidor médio conseguiu um desempenho correspondente ao de uma variedade de índices de mercado com custos muito baixos e um investimento bem modesto. E no decorrer de vários anos, novos índices foram criados, com base nas pesquisas discutidas no Capítulo 12, e esses índices talvez possibilitem que os investidores superem as médias.

O DESEMPENHO DOS FUNDOS MÚTUOS DE AÇÕES

Muitos alegam que lutar pelo desempenho médio do mercado não é a melhor estratégia. Se houver um número suficiente de *traders* mal informados que sempre têm um desempenho inferior ao do mercado, pode ser que os investidores bem informados ou os profissionais que estudam as ações superem o desempenho do mercado.

Infelizmente, o histórico da vasta maioria dos fundos gerenciados não respalda essa argumentação. Existem duas formas de avaliar os retornos de longo prazo dos fundos. Uma é calcular os retornos de todos os fundos que sobreviveram ao longo do período examinado. Contudo, os retornos de longo prazo desses fundos estão sujeitos ao *viés de sobrevivência*, que superestima os retornos disponíveis para os investidores. O viés de sobrevivência existe porque os fundos que apresentam um péssimo desempenho com frequência são encerrados, caso em que somente os mais bem-sucedidos com histórico de desempenho superior são incluídos nos dados. O segundo método, mais preciso, é calcular, ano por ano, o desempenho médio de todos os fundos mútuos de ações disponíveis ao investidor naquele ano.

Esses dois cálculos são mostrados na Tabela 23.1. De janeiro de 1971 a dezembro de 2012, o retorno anual de um fundo mútuo médio de ações nos Estados Unidos foi 9,23%, 1 ponto percentual inferior ao do Wilshire 5.000 e 0,88 ponto percentual inferior ao do índice S&P 500. Aliás, os fundos sobreviventes tiveram um retorno anual 0,25% superior ao do Wilshire 5.000, mas dentre os milhares de fundos havia somente 86 deles. E os retornos de todos esses fundos excluem as comissões de venda e taxas de resgate que diminuiriam ainda mais os retornos líquidos para os investidores.[3]

O subdesempenho dos fundos mútuos não ocorre todos os anos. Os fundos de ações gerenciados ativamente, em média, superaram o desempenho dos índices Wilshire 5.000 e S&P 500 durante o período de 1975 a 1983, quando as ações de baixa capitalização ofereceram um retorno espetacular de 35,32% ao ano. Geralmente os fundos mútuos de ações se saem bem quando as ações de baixa capitalização superam o desempenho das ações de alta capitalização, quando muitos gestores de recursos financeiros procuram incrementar o desempenho comprando ações de empresas de menor porte. Entretanto, de 1983 em diante, momento em que a onda de ações de baixa capitalização chegou ao fim, o desempenho do fundo mútuo médio revelou-se pior do que ao longo do período completo.

Tabela 23.1 Fundos mútuos de ações e retornos de referência, 1971-2012

	Todos os fundos	Fundos "Sobreviventes"	Wilshire 5.000	S&P 500	Ações de baixa capitalização	Todos os fundos menos Wilshire 5.000	Fundos "sobreviventes" menos Wilshire 5.000
1971-2012	9,23%	10,48%	10,23%	10,11%	11,85%	-0,99%	0,25%
	(17,67%)	(17,27%)	(18,18%)	(17,74%)	(21,93%)		
1975-1983	18,83%	20,28%	17,94%	15,84%	35,32%	0,89%	2,34%
	(12,92%)	(13,06%)	(14,98%)	(15,59%)	(14,35%)		
1984-2012	8,92%	9,72%	10,19%	10,44%	8,54%	-1,27%	-0,47%
	(17,05%)	(16,56%)	(17,63%)	(17,44%)	(18,93%)		

Desvio padrão entre parênteses.

Mesmo os fundos sobreviventes tiveram um desempenho inferior ao do índice Wilshire 5.000 nas últimas três décadas.

A porcentagem de fundos de ações gerais que superaram o desempenho dos índices Wilshire 5.000 e S&P 500 a cada ano, no período de 1972 a 2012, é exibida na Figura 23.1.

Durante o período de 40 anos, houve apenas 12 anos nos quais a maioria dos fundos mútuos superou o Wilshire 5.000. Exceto dois desses anos encontram-se em um período em que as ações de baixa capitalização superaram o desempenho das ações de alta capitalização. Nos últimos 25 anos, houve somente seis anos em que mais da metade dos fundos mútuos de ações superou o mercado em geral.

O subdesempenho dos fundos mútuos não iniciou na década de 1970. Em 1970, a Becker Securities Corporation surpreendeu Wall Street ao compilar o histórico dos gestores de fundos de pensão corporativos. A Becker mostrou que o desempenho mediano desses gestores apresentava uma defasagem de 1 ponto percentual em relação ao desempenho do S&P 500 e que somente um quarto deles era capaz de superar o desempenho do mercado.[4] Esse estudo se seguiu imediatamente após os artigos acadêmicos, em particular os de William Sharpe e Michael Jensen, que também confirmavam o subdesempenho dos fundos mútuos de ações.

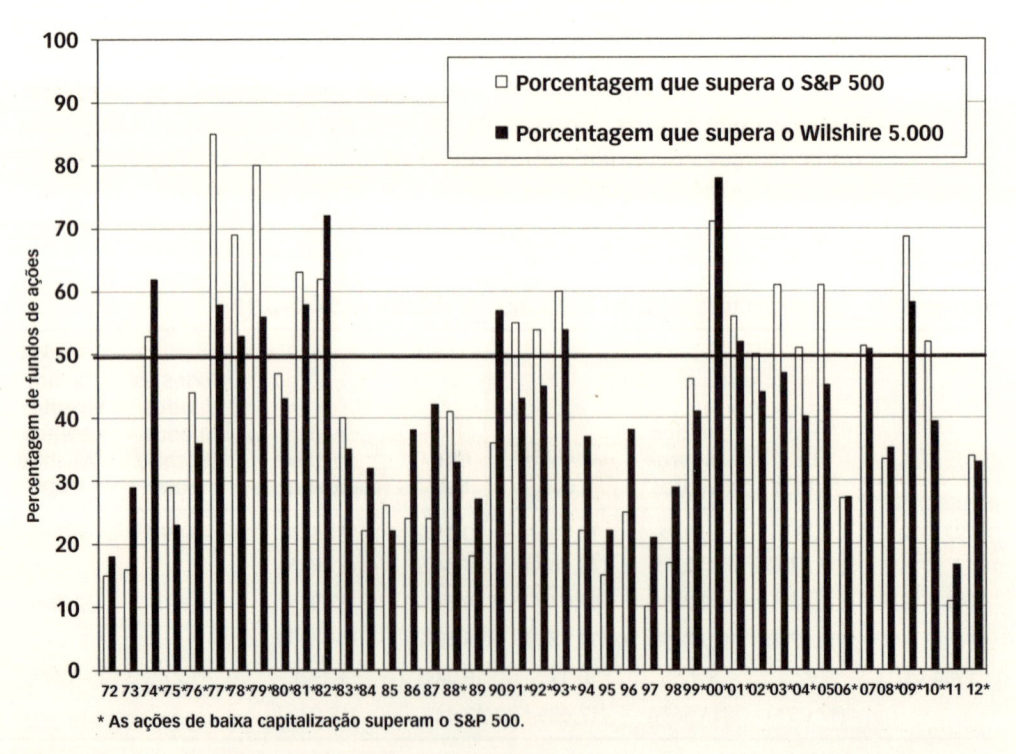

Figura 23.1 Porcentagem de fundos de ações que superam os índices de mercado, 1972–2012.

CAPÍTULO 23 Desempenho dos fundos, indexação e superação do mercado   **361**

A Figura 23.2 exibe a distribuição da diferença entre os retornos de 86 fundos mútuos que sobreviveram desde janeiro de 1972 e os do Wilshire 5.000.

Somente 38 dos 86 fundos, ou menos da metade, que sobreviveram nos últimos 35 anos conseguiram superar o desempenho do Wilshire 5.000. Apenas 22 conseguiram superar o desempenho do mercado em mais de 1% ao ano, enquanto apenas 7 sobrepujaram o mercado em pelo menos 2%. Entretanto, mais da metade dos fundos sobreviventes teve um desempenho inferior ao do mercado e quase metade deles teve um desempenho inferior de mais de 1% ao ano. Tal como observado anteriormente com relação à Tabela 23.1, os retornos reais de vários desses fundos são piores porque eles excluem comissões de venda e taxas de resgate.

Não obstante o desempenho geralmente ruim dos fundos mútuos de ações, existem alguns vencedores, tal como mostrado na Tabela 23.2. O fundo mútuo de melhor desempenho ao longo do período completo é o Sequoia Fund, operado pela empresa de investimento Ruane, Cunniff & Goldfarb, que ofereceu aos investidores um retorno anual de 14,2% de 1972 a 2012, superando o retorno do Wilshire 5.000 em 4 pontos percentuais por ano. Esse fundo segue de perto a filosofia de Warren Buffett e mantém uma grande porção de seus investimentos na Berkshire Hathaway. Em segundo lugar, vem o Mutual Shares Z Fund, operado pela Franklin Templeton, com um retorno de 13,7% ao ano. O Fidelity Magellan Fund

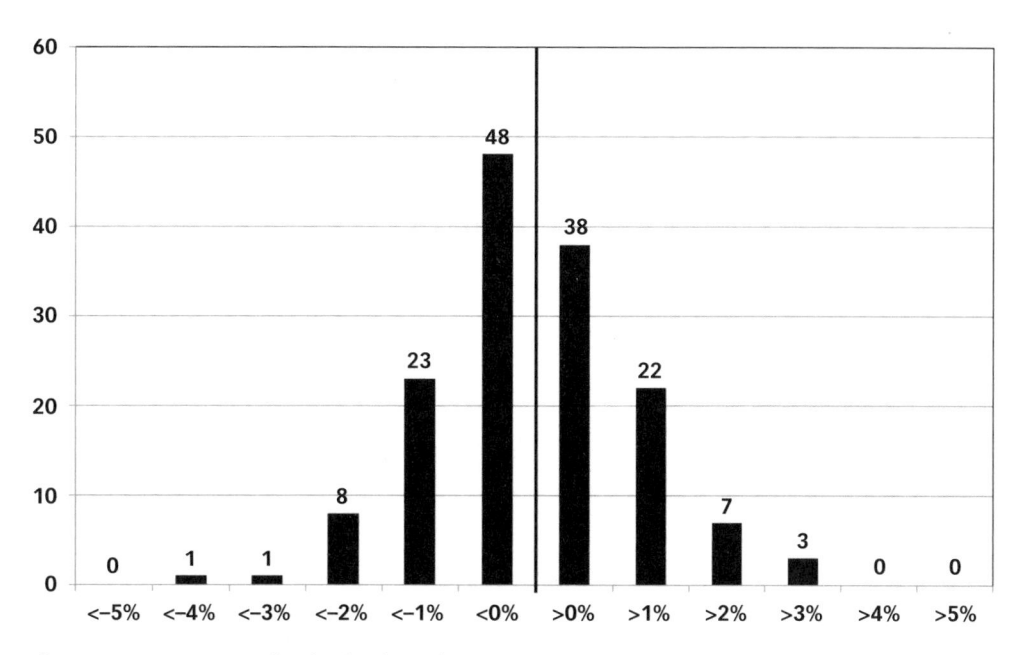

Figura 23.2 Desempenho dos fundos mútuos sobreviventes em relação ao Wilshire 5.000, 1972–2012.

ocupa o terceiro lugar, com um retorno anual divulgado de 13,6% de 1971 a dezembro de 2012, seguido pelo Columbia Acorn Fund (anteriormente conhecido como Liberty Acorn Fund), operado por Charles McQuaid e Robert Mohn, com um retorno divulgado de 12,9%.

Não obstante esses retornos brilhantes, o acaso provavelmente exerceu um papel importante nesses desempenhos superiores. A probabilidade de que um fundo pudesse superar o Wilshire 5.000 em 4 pontos percentuais ou mais ao longo desse período, apenas por acaso, é de 1 em 12. Isso significa que dos 86 fundos examinados, esperaríamos que sete conseguissem fazê-lo, mas somente um conseguiu.

Contudo, a sorte não poderia explicar o desempenho do Magellan de 1977 a 1990. Durante esse período, o lendário selecionador de ações Peter Lynch operava o Magellan Fund e superou inacreditavelmente o desempenho do mercado em 13% ao ano. O Magellan assumiu riscos um tanto superiores ao obter esse retorno,[5] mas a probabilidade de que ele pudesse superar apenas por sorte o Wilshire 5.000 segundo essa margem, ao longo desse período de 14 anos, é de somente 1 em 500.000!

Um histórico ainda mais extenso de superação de desempenho pertence a Warren Buffett, o lendário investidor da Berkshire Hathaway, uma pequena empresa têxtil que ele adquiriu em 1965. A Berkshire não fez parte do universo examinado anteriormente porque é um fundo "fechado", que contém ativos negociados e não negociados. O retorno anualizado de Buffett de 1972 a 2012 é 20,1% ao ano, mais de 10 pontos percentuais por ano superior ao do S&P 500. A probabilidade de que esse retorno tenha sido obtido puramente por acaso é de menos de 1 em 1 bilhão.

Em 1984, em homenagem ao quinquagésimo aniversário de publicação do livro *Security Analysis*, de Graham e Dodd, Buffett fez um discurso

Tabela 23.2 Fundos mútuos de melhor desempenho, 1972–2012

Fundo mútuo	Retorno anual
Sequoia Fund	14,2%
Mutual Shares Z	13,7%
Fidelity Magellan Fund	13,6%
Columbia Acorn Fund	12,9%
T Rowe Price Small Cap	12,9%
Fidelity Contrafund	12,4%
Davis NY Venture A	12,4%
Invesco Comstock A	12,3%
Fidelity Adv Diversified O	12,2%
Janus Fund D	12,1%
Wilshire 5.000	**10,2%**
Índice S&P 500	**10,1%**

na Universidade Columbia intitulado "Os Superinvestidores de Graham-and-Doddsville", sobre nove gestores de recursos financeiros que superaram em grande medida o desempenho do mercado utilizando a abordagem direcionada ao valor defendida por Graham e Dodd.[6] A alegação de Buffett é respaldada pelos dados apresentados no Capítulo 12, que mostram o desempenho superior das estratégias orientadas ao valor.

ENCONTRANDO GESTORES DE RECURSOS FINANCEIROS COMPETENTES

É fácil determinar se o desempenho de Warren Buffett e Peter Lynch deveu-se à habilidade de ambos para selecionar ações. Contudo, com relação a gestores de carteira mais mortais, é extremamente difícil determinar com algum grau de confiança se os retornos superiores dos gestores de recursos financeiros foram devidos à habilidade ou à sorte. A Tabela 23.3 calcula a probabilidade de os gestores com capacidade acima da média para escolher ações superarem o desempenho do mercado.[7]

Os resultados são surpreendentes. Mesmo que os gestores de recursos financeiros escolham ações com um retorno esperado de 1% ao ano acima do retorno do mercado, há uma probabilidade de apenas 62,7% de que eles superem o retorno médio do mercado após 10 anos e uma probabilidade de somente 71,2% de que eles superem o retorno do mercado após 30 anos. Se os gestores escolherem ações que superarão o mercado em 2% ao ano, ainda assim haverá uma probabilidade de apenas 74,0% de que eles superem o mercado após 10 anos. Isso significa que existe uma probabilidade de 1 em 4 de que eles fiquem aquém do desempenho médio do mercado. A extensão de tempo necessária para que seja razoavelmente garantido que os gestores superiores superarão o mercado com certeza será maior do que a do período de teste para determinação de seu valor real.

Tabela 23.3 Probabilidade de desempenho superior ao do mercado, com base nos riscos e retornos históricos de 1972–2012

Retorno em excesso esperado	Horizonte de investimento (anos)						
	1	2	3	5	10	20	30
1%	54,1%	55,7%	57,0%	59,0%	62,7%	67,6%	71,2%
2%	58,1%	61,3%	63,8%	67,5%	74,0%	81,9%	86,7%
3%	61,9%	66,6%	70,1%	75,2%	83,2%	91,3%	95,2%
4%	65,7%	71,6%	75,8%	81,7%	89,9%	96,4%	98,6%
5%	69,2%	76,1%	80,8%	86,9%	94,4%	98,8%	99,7%

Identificar um gestor com desempenho ruim é igualmente uma tarefa difícil. Na verdade, um gestor de recursos financeiros precisaria ter um desempenho 4% ao ano inferior ao do mercado durante quase 15 anos para se ter certeza estatística (definida como uma probabilidade de menos de 1 em 20 de se estar errado) de que ele é de fato ruim e não está apenas tendo má sorte. Nessa época, seus ativos teriam caído para a metade do que você teria obtido se indexasse o mercado.

Mesmo os casos extremos são difíceis de identificar. Certamente você seria levado a supor que um gestor que escolhe ações que deverão superar o mercado em uma média de 5% ao ano, um feito que não é alcançado por nenhum fundo mútuo sobrevivente desde 1970, rapidamente se destacaria. Mas isso não é necessariamente verdadeiro. Após um ano existe uma probabilidade de apenas 7 em 10 de esse gestor superar o desempenho do mercado. E a probabilidade de esse gestor superar o mercado após dois anos aumenta para somente 76,8%.

Suponhamos que você desse o seguinte ultimato a um Peter Lynch jovem e desconhecido – alguém que a longo prazo superará o desempenho do mercado com uma vantagem de 5% ao ano: que ele seria demitido se não oferecesse um desempenho no mínimo equivalente ao do mercado após dois anos. A Tabela 23.3 mostra que a probabilidade de ele superar o mercado em dois anos é de somente 76,1%. Isso significa que ainda assim existe uma probabilidade de quase 1 em 4 de ele ter um desempenho inferior ao do mercado e de você o demitir, julgando-o incapaz de escolher ações vencedoras!

Persistência dos retornos superiores

Alguns gestores de recursos financeiros são "pé-quente", isto é, se eles superarem as médias do passado eles tenderão a voltar a fazê-lo no futuro? As conclusões de inúmeros estudos são vagas. Existem algumas evidências de que os fundos que superaram o desempenho em um ano são mais propensos a superá-lo no ano seguinte.[8] Essa persistência de curto prazo provavelmente se deve ao fato de os gestores adotarem um "estilo" de investimento específico, e os estilos com frequência manterem-se favorecidos durante vários anos.

Entretanto, no decorrer de períodos mais longos, existem menos evidências de que os gestores de fundos são capazes de continuar a superar o desempenho. Edward Elton, Martin Gruber e Christopher Blake afirmam que o desempenho superior persiste ao longo de períodos de três anos,[9] mas Burton Malkiel, Jack Bogle e outros discordam.[10,11] De qualquer forma, o desempenho pode mudar repentinamente e imprevisivelmente. Talvez o subdesempenho do Magellan depois que Peter Lynch deixou o fundo não tenha surpreendido alguns investidores. Contudo, o pé-quente Bill Miller no Value Trust da Legg Mason, que registrou um recorde de superação de desempenho de 15 anos consecutivos em relação ao índice S&P 500, de repente e inesperadamente tornou-se pé-frio em 2006 e 2007.

MOTIVOS DO SUBDESEMPENHO DO DINHEIRO GERENCIADO

O desempenho geralmente ruim dos fundos em comparação com o mercado não se deve ao fato de os gestores de fundos estarem escolhendo ações perdedoras. O desempenho deles apresenta grande defasagem em relação às referências porque os fundos impõem taxas e custos de negociação que frequentemente chegam a 2% ou mais ao ano. Primeiro, ao procurar retornos mais altos, o gestor compra e vende ações, o que exige pagamento de comissões de corretagem e também pagamento do *spread*, ou diferença, entre o preço de compra e venda. Segundo, os investidores pagam taxas de administração (e possivelmente comissões de venda ou "comissão inicial") às organizações e aos indivíduos que vendem esses fundos. Por fim, os gestores estão sempre competindo com outros gestores com habilidades iguais ou superiores para escolher ações. Tal como mencionado anteriormente, é matematicamente impossível todos se saírem melhor do que o mercado – para cada dólar que supera a média, deve haver um dólar de outro investidor que tem um desempenho inferior à média.

TER POUCO CONHECIMENTO É PERIGOSO

É curioso que um investidor com algum conhecimento sobre os princípios de avaliação acionária geralmente tem um desempenho pior do que alguém sem nenhum conhecimento que decide indexar sua carteira. Por exemplo, considere um principiante – um investidor que está apenas começando a se informar sobre avaliação de ações. Esse é o investidor para quem a maior parte dos livros intitulados *Como Superar o Mercado* é vendida. Um principiante pode perceber que uma empresa acabou de divulgar um lucro extremamente bom, mas seu preço não está subindo tanto quanto ele acredita que seria justificável por essa boa notícia. Por isso, ele compra as ações dessa empresa.

Já os investidores informados sabem que circunstâncias especiais fazem com que os lucros aumentem e igualmente que essas circunstâncias não tendem a se repetir no futuro. Portanto, eles ficam mais do que satisfeitos em vender suas ações aos principiantes, constatando que a elevação de preço dessas ações é injustificada. Os investidores informados obtêm lucro com seus conhecimentos especiais. Eles lucram em cima dos principiantes que acreditam ter encontrado uma pechincha. Os investidores indexados desinformados, que nem sequer sabem qual é o lucro da empresa, normalmente se saem melhor do que o investidor que está apenas começando a se informar sobre as ações.

O ditado "ter pouco conhecimento é perigoso" revela-se bastante adequado nos mercados financeiros. Muitas anomalias ou discrepâncias aparentes nos preços das ações (ou, aliás, na maior parte dos outros ativos financeiros) devem-se à atividade de negociação de investidores informados que têm informações especiais que não são facilmente processadas pelos demais. Quando uma ação parece muito barata ou muito estimada, a explicação natural – de que os *traders* emocionais ou não informados atribuíram um preço incorreto à ação – normalmente é incorreta. Com muita frequência existe um bom motivo para as ações serem precificadas como são. É por isso que os iniciantes que compram ações individuais com base em pesquisas próprias normalmente se saem muito mal.

TIRANDO PROVEITO DE NEGOCIAÇÕES INFORMADAS

Quando os principiantes ficarem mais bem informados, sem dúvida encontrarão algumas ações genuinamente subvalorizadas ou supervalorizadas. A negociação dessas ações começará a compensar os respectivos custos de transação e as negociações malsucedidas e mal informadas. Em algum momento, um *trader* pode se tornar suficientemente bem informado para superar os custos de transação e obter um retorno correspondente ou talvez superior ao do mercado. A palavra-chave aqui é *talvez*, porque o número de investidores que conseguiram superar sistematicamente o desempenho do mercado é na verdade pequeno. E com relação aos indivíduos que não dedicam muito tempo à análise de ações, a possibilidade de superarem sistematicamente as médias é remota.

No entanto, a simplicidade aparente de escolher as vencedoras e evitar as perdedoras atrai inúmeros investidores para a negociação ativa. Vimos no Capítulo 22 que existe uma tendência inerente de os indivíduos atribuírem uma classificação acima da média a si mesmos e ao seu desempenho. O jogo dos investimentos atrai algumas das mentes mais brilhantes do mundo. Muitos investidores se convencem equivocadamente de que são mais inteligentes do que outro cara que está participando do mesmo jogo de investimento. Contudo, até mesmo ser tão inteligente quanto outro investidor não é bom o suficiente. No jogo para encontrar ações vencedoras no mercado, ser mediano resulta em subdesempenho, porque os custos de transação diminuem os retornos.

Em 1975, Charles D. Ellis, sócio-diretor da Greenwood Associates, escreveu um influente artigo intitulado "The Loser's Game". Nesse artigo, ele demonstrou que, quando os custos de transação são levados em conta, as margens segundo as quais os gestores de recursos financeiros médios precisam superar o desempenho do mercado são impossíveis, visto que eles mesmos são os principais atores do mercado. Ellis conclui: "Ao contrário do objetivo frequentemente enunciado pelos gestores de investimento de superar as médias do mercado, eles não estão superando o mercado; o mercado é que os está superando".[12]

COMO OS CUSTOS AFETAM OS RETORNOS

Os custos de negociação e administrativos de 2% ou 3% ao ano podem parecer pequenos se comparados com a volatilidade ano a ano do mercado e podem parecer igualmente pequenos para os investidores que estão lutando por retornos anuais de 20% ou 30%. Mas esses custos são extremamente prejudiciais à acumulação de riqueza a longo prazo. O investimento de US$ 1.000 por um retorno composto de 11% ao ano, quase o retorno nominal médio das ações desde a Segunda Guerra Mundial, aumentará para US$ 23.000 ao longo de 30 anos. Uma taxa anual de 1% diminuirá o acúmulo final em quase um terço. Com uma taxa anual de 3%, o acúmulo corresponderá a um pouco mais de US$ 10.000, menos da metade do retorno do mercado. Todo ponto percentual extra de custos anuais exige que os investidores com 25 anos de idade aposentem-se dois anos depois do que eles se aposentariam na ausência desses custos.

A CRESCENTE POPULARIDADE DO INVESTIMENTO PASSIVO

Muitos investidores constataram que o péssimo desempenho dos fundos gerenciados ativamente em relação aos índices de referência indica fortemente que eles se sairiam muito bem se simplesmente obtivessem um retorno *equivalente* ao retorno de mercado de um dos índices mais amplos. Por isso, a década de 1990 testemunhou um enorme crescimento no *investimento passivo*, investimento de fundos com o único propósito de ter um desempenho equivalente ao de um índice.

O fundo de índice mais antigo e mais popular é o Vanguard 500 Index Fund.[13] Esse fundo, criado pelo visionário John Bogle, ergueu apenas US$ 11,4 milhões quando foi iniciado em 1976, e poucos imaginavam que essa ideia sobreviveria. Contudo, lenta e certeiramente, esse índice ganhou ímpeto e seus ativos atingiram US$ 17 bilhões no final de 1995. Nos estágios posteriores ao mercado altista da década de 1990, a popularidade da indexação ascendeu. Por volta de março de 2000, quando o índice S&P 500 atingiu uma alta inédita, o fundo reclamou o título de maior fundo de ações do mundo, com mais de US$ 100 bilhões em ativos. A indexação tornou-se tão popular que nos primeiros seis meses de 1999 quase 70% do dinheiro investido foi para os fundos de índice.[14] Em 2013, todos os fundos do Vanguard 500 Index haviam atraído mais de US$ 275 bilhões em ativos e o Vanguard Total Stock Market Fund, que incluía ações de menor capitalização, atraiu US$ 250 bilhões.

Um dos atrativos dos fundos de índice é o custo extremamente baixo. O custo anual total do Vanguard 500 Index Fund é somente 0,15% do valor de mercado (e tão baixo quanto 2 pontos-base para grandes investidores institucionais). Em virtude das técnicas de negociação por conta própria e dos juros dos títulos de empréstimo, os fundos do Vanguard S&P 500 Index para investidores individuais caíram apenas 9 pontos-

-base ao longo dos últimos dez anos e o fundo do índice S&P 500 para investidores institucionais na verdade superou o desempenho do índice de referência.[15]

AS ARMADILHAS DA INDEXAÇÃO PONDERADA POR CAPITALIZAÇÃO

Não obstante o sucesso dos fundos de índice no passado, sua popularidade, especialmente daqueles fundos associados ao índice S&P 500, pode gerar problemas para os investidores de índice no futuro. O motivo é simples. Se a mera entrada de uma empresa no S&P 500 elevar o preço de suas ações, em virtude da compra adiantada por parte dos fundos de índice, os fundos de índice manterão inúmeras ações sobrevalorizadas que reduzirão os retornos futuros.

Um exemplo extremo de sobrevalorização ocorreu quando o Yahoo!, famosa empresa de internet, foi acrescentado ao índice S&P 500 em dezembro de 1999. Após o fechamento das negociações em 30 de novembro, a Standard & Poor's anunciou que o Yahoo! seria acrescentado ao índice em 8 de dezembro. Na manhã seguinte, o Yahoo! abriu em US$ 115 – com uma alta de quase US$ 9 por ação em relação ao seu fechamento no dia anterior – e continuou em alta até fechar em US$ 174 por ação em 7 de dezembro, quando os fundos de índice tiveram de comprar as ações para se equiparar ao índice. Em apenas cinco dias de negociação entre a divulgação de inclusão do Yahoo! no índice até o momento em que se tornou membro oficial, as ações aumentaram 64%. Durante esses cinco dias, o volume médio foi 37 milhões de ações, mais de três vezes a média dos trinta dias anteriores. Em 7 de dezembro, quando os fundos de índice tiveram de adquirir as ações do Yahoo!, o volume atingiu 132 milhões de ações, o que corresponde a US$ 22 bilhões em ações negociadas.

Essa história se repete com a maioria das ações acrescentadas ao índice, embora o ganho seja consideravelmente inferior ao do Yahoo!. A Standard & Poor's publicou um estudo em setembro de 2000 que havia determinado o quanto a inserção de uma empresa no índice S&P influenciava o preço de suas ações. Esse estudo ressaltou que, da data de divulgação à data efetiva de admissão no índice S&P 500, as ações subiram em média 8,49%.[16] Durante os dez dias seguintes à admissão, essas ações caíram em média 3,23% ou um terço do ganho anterior à entrada. Contudo, um ano após a divulgação, essas perdas pós-entrada foram dissipadas e o ganho médio dos novos participantes foi 8,98%. Todas essas porcentagens foram corrigidas em relação a movimentos no mercado em geral. Um estudo posterior demonstrou que, embora o ganho anterior à entrada tenha caído nos últimos anos, o preço das ações das empresas admitidas no S&P 500 saltou mais de 4% em resposta à divulgação.[17]

INDEXAÇÃO PONDERADA FUNDAMENTALMENTE *VERSUS* PONDERADA POR CAPITALIZAÇÃO

A despeito da sobrevalorização dos novos participantes do índice S&P 500, praticamente todos os índices que têm um séquito de investidores significativo, como aqueles criados pela Standard & Poor's, pelo Russell Investment Group ou pela Wilshire Associates, são *ponderados por capitalização*. Isso significa que cada empresa no índice é ponderada pelo *valor de mercado* ou pelo preço atual vezes o número de ações em circulação. Mais recentemente, a maior parte dos índices ajusta a quantidade de ações excluindo os *investimentos com informações privilegiadas*, que compreendem grandes posições mantidas por *insiders* (pessoas com acesso a informações privilegiadas) e por governos em relação ao total de ações em circulação. Os investimentos governamentais podem ser especialmente grandes nas economias emergentes. O número de ações após esse ajuste é chamado de *ações ajustadas à flutuação,* caso em que flutuação refere-se ao número de ações que podem ser compradas imediatamente.[18]

Não há dúvida de que os índices ponderados por capitalização têm algumas características extremamente favoráveis. Primeiro, tal como ressaltado neste capítulo, esses índices representam o desempenho médio ponderado pelo dólar de todos os investidores. Portanto, para toda pessoa que se sai melhor do que o índice, deve haver alguém que se sai pior. Além disso, essas carteiras, com base nas suposições de um mercado eficiente, oferecem aos investidores o "melhor" *trade-off* entre risco e retorno. Isso significa que, para qualquer nível de risco, essas carteiras ponderadas por capitalização oferecem os retornos mais altos; e, para qualquer retorno, essas carteiras oferecem o menor risco. Essa característica é chamada de *eficiência de média-variância*.

Entretanto, as suposições com base nas quais essas características desejáveis prevalecem são bastante rigorosas. As carteiras ponderadas por capitalização serão ótimas somente se o mercado for *eficiente* no sentido de que o preço de cada ação é em todos os momentos uma estimativa imparcial do verdadeiro valor subjacente da empresa ou do empreendimento. Isso não significa que o preço de cada ação está sempre correto; significa, na verdade, que não existe nenhuma informação facilmente ao alcance que possibilite que os investidores façam uma estimativa melhor de seu verdadeiro valor. Em mercados eficientes, se o preço unitário de uma ação aumenta de US$ 20 para US$ 25, a melhor estimativa de mudança no valor subjacente da empresa é também 25%, e não existe nenhum fator não relacionado com o valor fundamental que possa mudar o preço da ação.

Entretanto, como ficamos sabendo no Capítulo 12, vários são os motivos pelos quais os preços das ações mudam que não refletem mudanças no valor subjacente da empresa. As transações realizadas por motivo de liquidez, fiduciário ou tributário podem afetar os preços das ações, bem como os especuladores que agem em resposta a informações infundadas ou exageradas. Quando os movimentos nos preços das ações podem ser provocados por fatores não relacionados a mudanças fundamentais no valor da empresa, os preços do mercado sofrem "interferências" e deixam de ser estimativas imparciais do verdadeiro valor. Como ressaltado anteriormente neste livro, chamo essa forma de olhar para o mercado de hipótese de mercado ruidoso e a considero uma alternativa atraente para a hipótese de mercado eficiente, a qual prevaleceu na classe financeira nos últimos 40 anos.

Se a hipótese de mercado ruidoso for uma representação mais adequada de como o mercado funciona, os índices ponderados por capitalização não serão mais as melhores carteiras para os investidores. Um índice melhor é o índice *ponderado fundamentalmente*, no qual cada ação é ponderada por alguma medida dos dados financeiros fundamentais da empresa, como dividendos, lucros, fluxos de caixa e valor contábil, e não pela capitalização de mercado de suas ações.[19]

Os índices ponderados fundamentalmente funcionam da maneira descrita a seguir. Suponhamos que se escolha o lucro como medida do valor da empresa. Se E representar o total de lucros em dólar das ações escolhidas para o índice e E_j for o lucro de uma determinada empresa j, o peso atribuído à empresa j no índice fundamental será E_j/E, sua proporção em relação ao lucro total, e não sua proporção em relação ao valor de mercado, tal como ocorre nos índices ponderados por capitalização.

Em um índice ponderado por capitalização, as ações nunca são vendidas, independentemente do preço que elas atinjam. Isso porque, se os mercados são eficientes, o preço representa o valor fundamental da empresa, e nenhuma compra ou venda é permitida.

Entretanto, em um índice ponderado fundamentalmente, quando o preço da ação sobe, mas o fundamento – por exemplo, o lucro – não sobe, as ações são vendidas até que seu valor no índice seja reduzido para os níveis originais. O oposto ocorre quando uma ação cai por motivos não relacionados com os fundamentos – nesse caso, as ações são compradas pelo preço mais baixo para que seu valor volte aos níveis originais. A realização dessas vendas ou compras é chamada de *rebalanceamento* da carteira ponderada fundamentalmente e em geral ocorre uma vez por ano.

Uma das vantagens das carteiras ponderadas fundamentalmente é que elas evitam "bolhas", altas meteóricas nos preços das ações que não são acompanhadas por altas nos dividendos, nos lucros ou em outras medidas objetivas de valor da empresa. Isso com certeza ocorreu em 1999 e início de 2000, quando as ações de tecnologia e internet saltaram para valores extraordinários com base na expectativa de que seus lucros em algum momento justificariam seus preços. Qualquer carteira ponderada fundamentalmente teria vendido essas ações quando os respectivos preços subissem, mas os índices ponderados por capitalização continuaram a mantê-las porque a hipótese de mercado eficiente pressupõe que todas as elevações de preço são justificadas.

Observe que a indexação fundamental não identifica quais ações estão sobrevalorizadas ou subvalorizadas. Trata-se de um índice "passivo", e a compra e venda de ações individuais são realizadas de acordo com um fórmula predeterminada. Com certeza algumas ações sobrevalorizadas serão compradas e algumas ações subvalorizadas serão vendidas. Contudo, é possível mostrar que, se os preços forem determinados pela hipótese de mercado ruidoso, em média, uma carteira que compra ações cujo valor diminui abaixo dos fundamentos e vende ações cujo valor sobe acima dos fundamentos incrementará os retornos em relação a uma carteira ponderada por capitalização e reduzirá o risco.[20]

A HISTÓRIA DA INDEXAÇÃO PONDERADA FUNDAMENTALMENTE

A motivação pela indexação ponderada fundamentalmente começou nos mercados internacionais. Na década de 1980, quando o mercado acionário do Japão encontrava-se em uma bolha, muitos investidores com carteiras diversificadas internacionalmente estavam procurando um método congruente para reduzir o peso das ações japonesas. Na época, o Morgan Stanley Capital International (MSCI) formulou um índice internacional que atribuía um peso a cada país de acordo com o PIB, e não com a capitalização de mercado, e, felizmente, reduziu a alocação a ações japonesas.[21]

Em 1987, Robert Jones, do grupo de gestão de ativos quantitativos do Goldman Sachs, desenvolveu e gerenciou um índice de ações americanas no qual os pesos de cada empresa no índice eram lucros corporativos. Jones chamou sua estratégia de "investimento econômico" porque a proporção de cada empresa no índice estava relacionada com sua importância econômica, e não com sua capitalização de mercado.[22] Posteriormente, David Morris, fundador e diretor executivo da Global Wealth Allocation, idealizou uma estratégia que associava vários fatores fundamentais em uma única variável de "riqueza".

Em 2003, Paul Wood e Richard Evans publicaram uma pesquisa sobre uma abordagem fundamentalista que avaliou um índice ponderado pelo lucro das 100 maiores empresas.[23] No início de 2005, Robert D. Arnott, da Research Affiliates, com Jason Hsu e Philip Moore, publicaram um artigo no *Financial Analysts Journal* intitulado "Fundamental Indexation" que expôs as falhas dos índices ponderados por capitalização e argumentou a favor de estratégias baseadas fundamentalmente.[24] Em dezembro de 2005, o primeiro ETF ponderado fundamentalmente foi lançado pela Powershares (FTSE RAFI US1000) para acompanhar um índice criado pela Research Affiliates com base em vendas, fluxos de caixa, valores contábeis e dividendos. Seis meses depois, a WisdomTree Investments lançou 20 ETFs com base em dividendos, que foram acompanhados em 2007 de seis outros baseados em lucro.

As evidências históricas para respaldar a indexação ponderada fundamentalmente são impressionantes. De 1964 a 2012, o retorno anual composto de um índice ponderado por dividendos baseado em praticamente todas as ações americanas foi 10,84% ao ano, 117 pontos-base superior ao de uma carteira semelhante ponderada por capitalização e baseada nas mesmas ações, enquanto a volatilidade e o beta da carteira ponderada em dividendos foram inferiores aos da carteira ponderada por capitalização. Esse desempenho superior do retorno e a volatilidade mais baixa foram divulgados em setores importantes e internacionalmente. De 1996 a 2012, especificamente, um índice MSCI EAFE ponderado por dividendos superou o desempenho de um índice EAFE em quase 3,5 pontos percentuais por ano.

O desempenho superior de longo prazo dos índices ponderados fundamentalmente depende em especial de sua ênfase sobre estratégias baseadas em valor. As ações com rendimentos de dividendos acima da média ou índices de P/E abaixo da média recebem pesos mais altos nos índices ponderados fundamentalmente do que nos índices ponderados por capitalização. Contudo, os índices ponderados fundamentalmente são mais bem diversificados do que as carteiras formadas apenas por ações de valor e, historicamente, eles ofereceram melhor *trade-off* entre risco e retorno. Em resumo, os índices ponderados fundamentalmente têm características bastante atraentes que desafiam a supremacia dos índices ponderados por capitalização para os investidores de longo prazo.

CONCLUSÃO

O desempenho passado dos fundos de ações gerenciados ativamente não é encorajador. As taxas que a maior parte dos fundos cobra não oferece aos investidores retornos superiores e podem ser um empecilho significativo para a acumulação de riqueza. Além disso, é extremamente difícil identificar um bom gestor de recursos financeiros, porque a sorte desempenha um papel em todos os resultados de investimento bem-sucedido.

Quando os custos são levados em conta, grande porcentagem dos fundos de ações gerenciados ativamente fica em grande medida aquém dos índices de referência. Portanto, a maioria dos investidores ficaria em melhor situação com fundos de índice ponderados por capitalização ou ponderados fundamentalmente.

24

Estruturando uma carteira para um crescimento de longo prazo

[O] longo prazo é uma orientação enganosa para a atualidade. A longo prazo todos estaremos mortos. Os economistas terão estabelecido para si mesmos uma tarefa muito fácil e muito fútil se em épocas tempestuosas eles só conseguirem nos dizer que depois da tempestade vem a bonança.
— John Maynard Keynes, 1924[1]

Meu horizonte de investimento predileto é eternamente.
— Warren Buffett, 1994[2]

Ninguém pode contestar a afirmação de Keynes de que a longo prazo todos estaremos mortos. Mas a visão de longo prazo deve servir de orientação para iniciativas presentes. Aqueles que mantêm o foco e a perspectiva em tempos difíceis são bem mais propensos a se sobressair como investidores bem-sucedidos. Saber que depois da tempestade vem a bonança não é fútil, tal como Keynes afirmou, mas enormemente reconfortante.

ASPECTOS PRÁTICOS DO INVESTIMENTO

Ser um investidor de longo prazo bem-sucedido é fácil em princípio, mas difícil na prática. É fácil em princípio porque a estratégia de comprar e manter uma carteira de ações diversificada, com a abstenção de qualquer capacidade de previsão, está ao alcance de todos os investidores, independentemente de sua inteligência, julgamento ou posição financeira. Contudo, é difícil na prática porque todos nós somos vulneráveis a forças emocionais que podem nos fazer desviar do caminho. Histórias sobre pessoas que adquiriram rapidamente grande riqueza no mercado nos incitam a participar de um jogo muito diferente daquele que pretendíamos.

A memória seletiva também nos impele para a direção errada. Aqueles que acompanham o mercado de perto com frequência afirmam com veemência: "Eu sabia que as ações (ou o mercado) estavam subindo! Quem me dera se eu tivesse agido de acordo com minha avaliação. Teria ganhado uma fortuna!" Mas a compreensão tardia, *a posteriori*, engana nossa mente. Esquecemo-nos das dúvidas que tivemos quando tomamos a decisão de não comprar. A compreensão a *posteriori* pode distorcer nossas experiências passadas e afetar nosso julgamento, estimulando-nos a utilizar palpites e a tentar ser mais espertos que os outros investidores, que, por sua vez, estão fazendo o mesmo jogo.

Para a maioria dos investidores, a escolha desse caminho leva a resultados desastrosos. Assumimos riscos em demasia, os custos de transação são altos e acabamos por ceder às emoções do momento – ao pessimismo quando o mercado está em baixa e ao otimismo quando o mercado está em alta. Isso gera frustração porque nossos atos equivocados resultam em retornos consideravelmente menores do que aqueles que poderíamos ter obtido se tivéssemos apenas nos mantido no mercado.

ORIENTAÇÕES PARA UM INVESTIMENTO BEM-SUCEDIDO

A obtenção de bons retornos em ações exige um foco de longo prazo e uma estratégia de investimento disciplinada. Os princípios enumerados a seguir, extraídos da pesquisa descrita neste livro, possibilitam que investidores novos e experientes concretizem melhor suas metas de investimento.

1. Mantenha suas expectativas de acordo com os dados históricos. Historicamente, nos últimos dois séculos, as ações ofereceram retornos entre 6% e 7% após a inflação e foram vendidas segundo um índice de P/E médio de 15.

Um retorno real anual de 6,5%, que inclui dividendos reinvestidos, praticamente dobrará o poder aquisitivo de sua carteira de ações a cada década. Se a inflação permanecer no intervalo de 2% a 3%, os retornos nominais das ações serão de 9% ao ano, o que dobra o valor monetário de sua carteira de ações a cada oito anos.

Não obstante esse excelente desempenho de longo prazo, os retornos das ações não são independentes de sua avaliação. Um retorno real de 6% a 7% é coerente com um mercado que negocia a 15 vezes o lucro estimado.

Mas não há nenhum motivo para um índice de P/E de 15 ser sempre "correto" para os preços das ações. Tal como afirmado no Capítulo 12, provavelmente existem motivos, como custos de transação mais baixos e retornos menores sobre os títulos, que justificam por que o mercado acionário pode subir para um índice de P/E mais alto no futuro.

2. Os retornos das ações são bem mais estáveis a longo prazo do que a curto prazo. Ao longo do tempo, as ações, diferentemente dos títulos, compensam os investidores pela inflação mais alta. Por isso, à medida que seu horizonte de investimento se ampliar, invista uma fração maior de seus ativos em ações.

A porcentagem de ações que você deve manter em sua carteira depende de circunstâncias individuais. Contudo, com base em dados históricos, um investidor com um horizonte de longo prazo deve manter uma porção esmagadora de seus ativos financeiros em ações. O Capítulo 6 mostrou que ao longo de horizontes de investimento de 20 anos ou mais, as ações têm retorno mais alto e menor risco descontada a inflação do que os títulos.

Os únicos ativos de longo prazo isentos de risco são os títulos do Tesouro protegidos contra a inflação (TIPS). Nos últimos anos o rendimento real desses títulos girou entre –1% e +1%, consideravelmente abaixo dos retornos históricos das ações. A diferença entre os retornos das ações e os retornos dos títulos é chamado de prêmio das ações e, historicamente, isso favoreceu as ações em todos os países em que existem dados disponíveis.

3. Aloque a maior porcentagem dos ativos de sua carteira de ações em fundos de índices de ações de baixo custo.

O Capítulo 23 mostrou que os índices amplos, como o Wilshire 5.000 e o S&P 500, superaram o desempenho em dois dentre três fundos mútuos desde 1971. Equiparando-se ao mercado ano após ano, um investidor indexado tenderá a ficar entre os primeiros quando os retornos de longo prazo são calculados.

Vários fundos negociados em bolsa (*exchange-traded funds* – ETFs) e fundos mútuos indexados acompanham de perto os principais índices do mercado de ações. Os investidores de fundos de índice ponderado por capitalização devem insistir em um índice de despesas anual total inferior a 0,15%.

4. Aloque pelo menos um terço dos ativos de sua carteira em ações internacionais, atualmente definidas como ações de empresas não sediadas nos Estados Unidos. As ações de países de alto crescimento com frequência ficam acima do preço e geram retornos ruins para os investidores.

Hoje os Estados Unidos têm apenas metade do capital social e essa fração está diminuindo rapidamente. Ter ações estrangeiras é imprescindível na atual economia global. No futuro, o local geográfico da sede da empresa perderá a importância enquanto fator de investimento. O que, onde e a quem uma empresa vende seus produtos prevalecerão em um novo sistema de classificação.

Não obstante a maior correlação de curto prazo entre os retornos dos países, o argumento a favor do investimento internacional é persuasivo. Em todos os países estudados, o retorno das ações superou facilmente o dos títulos e dos ativos de renda fixa no último século. Não dê demasiada importância aos países de alto crescimento cujo índice de avaliação for superior a 20 vezes o lucro. Os dados apresentados no Capítulo 13 mostram que os investidores com frequência pagam a mais por esse crescimento.

5. Historicamente, as ações de valor – aquelas com índice de P/E mais baixos e rendimento de dividendos mais alto – tem retornos superiores e menor risco do que as ações de crescimento. Penda sua carteira para o valor comprando carteiras indexadas passivas de ações de valor ou fundos de índice ponderados fundamentalmente.

O Capítulo 12 demonstrou que as ações com índice de P/E baixo e alto rendimento de dividendos superaram o mercado nos últimos 50 anos e o fizeram com um risco menor. Um dos motivos desse desempenho superior é que os preços das ações frequentemente são influenciados por fatores que não estão relacionados com seu verdadeiro valor, como liquidez e transações motivadas por impostos, especulação baseada em rumores e compra e venda por parte de *traders* de *momentum*. Nessas circunstâncias, as ações que recebem um preço baixo em relação a seus fundamentos tenderão a oferecer aos investidores um perfil de risco e retorno mais adequado.

Os investidores podem tirar proveito desse erro de apreçamento comprando carteiras de ações de valor de baixo custo gerenciadas passivamente ou índices ponderados fundamentalmente que atribuem um peso a cada ação de acordo com sua parcela de dividendos ou ganhos, e não de acordo com seu valor de mercado. Historicamente, os índices ponderados fundamentalmente tiveram retornos mais altos e riscos menores do que os índices ponderados por capitalização.

6. Concluindo, estabeleça regras firmes para manter sua carteira nos trilhos, especialmente se você perceber que está cedendo à emoção do momento. Se você estiver particularmente apreensivo em relação ao mercado, sente-se e releia o primeiro capítulo deste livro.

As oscilações emocionais do investidor com frequência fazem os preços das ações ficarem acima e abaixo de seus valores fundamentais. É difícil resistir às tentações de comprar quando todos estão otimistas e de vender quando todos estão pessimistas. Como é difícil se afastar desse sentimento do mercado, a maioria dos investidores que negocia frequentemente obtém retornos ruins. O Capítulo 22 mostra como as finanças corporativas ajudam os investidores a compreender e evitar armadilhas psicológicas comuns que ocasionam um desempenho de mercado ruim. Os Capítulos 1 e 5 mantêm os investidores concentrados no quadro global de risco e retorno.

IMPLEMENTAÇÃO DE UM PLANO E PAPEL DE UM CONSULTOR DE INVESTIMENTO

Escrevi *Investindo em Ações no Longo Prazo* para explicar claramente quais retornos podem ser esperados das ações e títulos e para analisar os principais fatores que influenciam esses retornos. Muitos investidores considerarão este livro um "guia faça você mesmo" para escolher ações e estruturar uma carteira. Contudo, conhecer os investimentos corretos não é a mesma coisa que implementar a estratégia de investimento correta. Tal como Peter Bernstein mencionou tão habilmente na Apresentação, existem muitas armadilhas no caminho para um investimento de sucesso que impedem que os investidores atinjam as metas pretendidas.

A primeira armadilha é negociar frequentemente na tentativa de "superar o mercado". Muitos investidores não se contentam em obter um retorno anual de 9% sobre as ações quando sabem que sempre existem ações que dobrarão ou triplicarão de valor ao longo dos 12 meses seguintes. Encontrar essas preciosidades é extremamente gratificante e muitos sonham em comprar o próximo gigante corporativo quando ele ainda está engatinhando. Porém, existem evidências convincentes de que os investidores que procuram esses investimentos experimentam retornos ruins porque os custos de transação e o *timing* incorreto reduzem consideravelmente os retornos.

Os investidores que foram lesados por escolher ações individuais com frequência voltam-se para os fundos mútuos em sua busca por retornos mais altos. Mas a escolha de um fundo mútuo apresenta obstáculos semelhantes. Os "gestores em alta" com desempenho passado superior substituem as "ações em alta" como uma nova estratégia para superar o mercado. Por esse motivo, vários investidores acabam fazendo o mesmo jogo que fizeram com ações específicas e também experimentam retornos abaixo da média.

Aqueles que finalmente abandonam as ações, tentando escolher os melhores fundos, são induzidos a perseguir uma estratégia ainda mais difícil. Eles tentam superar o mercado cronometrando os seus ciclos. Surpreendentemente, não raro são os investidores mais bem informados que caem nessa armadilha. Tendo em vista a profusão de notícias, informações e comentários financeiros à nossa disposição, é extraordinariamente difícil nos mantermos neutros diante das opiniões do mercado. Consequentemente, o impulso dos investidores é render-se ao medo quando o mercado está afundando ou à ganância quando as ações estão disparando.

Muitos tentam resistir a esse impulso. O intelecto talvez diga "Mantenha o curso!", mas não é fácil fazer isso quando se ouvem tantos outros – incluindo "especialistas" bastante respeitados – aconselhando os investidores a bater em rápida retirada. É mais fácil seguir o que todas as outras pessoas estão fazendo, em vez de agir independentemente. E tal como John Maynard Keynes afirmou habilmente em *The General Theory*, "A sabedoria terrena ensina que é melhor para a reputação fracassar convencionalmente do que vencer anticonvencionalmente".[3] Fracassar por seguir o conselho de "especialistas" é bem mais fácil do que fracassar por recusar o consenso quanto aos investimentos e apartar-se do rebanho.

O que tudo isso significa para o leitor deste livro? A estratégia de investimento apropriada é um desafio psicológico tanto quanto intelectual. Do mesmo modo que outros desafios na vida, muitas vezes é melhor procurar um profissional para ajudar a estruturar e manter uma carteira bem diversificada. Se você decidir procurar assessoria, tome o cuidado de escolher um consultor de investimento profissional que concorde com os princípios básicos de diversificação e investimento de longo prazo que defendi nesses capítulos. Está ao alcance de todos evitar as armadilhas e colher as generosas recompensas que podem ser obtidas por meio das ações.

COMENTÁRIOS FINAIS

O mercado acionário é empolgante. Seus movimentos diários predominam na imprensa financeira e representam o fluxo de bilhões de dólares em capital de investimento. Mas os mercados acionários são muito mais que o símbolo quintessencial do capitalismo. Hoje existem bolsas de valores em praticamente todos os países ao redor do mundo e elas são a força motriz por trás da alocação do capital mundial e o motor fundamental do crescimento econômico. A principal tese deste livro, de que as ações representam a melhor forma de acumular riqueza a longo prazo, continua tão verdadeira no presente quanto era na época em que publiquei a primeira edição de *Investindo em Ações no Longo Prazo* em 1994.

Notas

Capítulo 1

1. Benjamin Graham & David Dodd, *Security Analysis*, New York: McGraw-Hill, 1934, p. 11.
2. Roger Lowenstein, "A Common Market: The Public's Zeal to Invest", *Wall Street Journal*, September 9, 1996, p. A11.
3. Comentário feito em um programa do CNBC em março de 2009, no fundo do mercado baixista de 2008–2009.
4. Irving Fisher, *The Stock Market Crash and After*, New York: Macmillan, 1930, p. xi.
5. "The Crazy Things People Say to Rationalize Stock Prices", *Forbes*, April 27, 1992, p. 150.
6. Raskob atraiu os investidores que desejavam enriquecer arquitetando um esquema alternativo por meio do qual eles tomavam um empréstimo de US$ 300 e acrescentavam US$ 200 de seu próprio capital para investir US$ 500 em ações. Embora em 1929 isso certamente não fosse tão bom quanto investir gradualmente no mercado, até mesmo esse plano superou o investimento em letras do Tesouro após 20 anos.
7. Irving Fisher, *How to Invest When Prices Are Rising*, Scranton, PA: G. Lynn Sumner & Co., 1912.
8. Edgar L. Smith, *Common Stocks as Long-Term Investments*, New York: Macmillan, 1925, p. v.
9. *Ibid.*, p. 81.
10. "Ordinary Shares as Investments", *The Economist*, June 6, 1925, p. 1.141.
11. John Maynard Keynes, "An American Study of Shares Versus Bonds as Permanent Investments", *The Nation & The Athenaeum*, May 2, 1925, p. 157.
12. Edgar Lawrence Smith, "Market Value of Industrial Equities", *Review of Economic Statistics*, vol. 9 (January 1927), pp. 37–40, e "Tests Applied to an Index of the Price Level for Industrial Stocks", *Journal of the American Statistical Association*, Supplement, March 1931, pp. 127–135.
13. Siegfried Stern, *Fourteen Years of European Investments, 1914–1928*, London: Bankers' Publishing Co., 1929.
14. Chelcie C. Bosland, *The Common Stock Theory of Investment, Its Development and Significance*, New York: Ronald Press, 1937.
15. Do prefácio de Irving Fisher em Kenneth S. Van Strum, *Investing in Purchasing Power*, New York: Barron's, 1925, p. vii. Van Strum escrevia para o jornal semanal *Barron's* e confirmou a pesquisa de Smith.
16. Robert Loring Allen, *Irving Fisher: A Biography*, Cambridge: Blackwell, 1993, p. 206.
17. *Commercial and Financial Chronicle*, September 7, 1929.
18. "Fisher Sees Stocks Permanently High", *New York Times*, October 16, 1929, p. 2.
19. Lawrence Chamberlain & William W. Hay, *Investment and Speculations*, New York: Henry Holt & Co., 1931, p. 55, grifos do autor.

20. Benjamin Graham & David Dodd, *Security Analysis*, 2nd ed., New York: McGraw-Hill, 1940, p. 357.
21. Ele calculou uma subvalorização de aproximadamente 25% do "valor intrínseco". Alfred Cowles III & Associates, *Common Stock Indexes 1871–1937*, Bloomington, IN: Principia Press, 1938, p. 50.
22. Wilford J. Eiteman & Frank P. Smith, *Common Stock Values and Yields*, Ann Arbor: University of Michigan Press, 1962, p. 40.
23. "Rates of Return on Investment in Common Stocks", *Journal of Business*, vol. 37 (January 1964), pp. 1–21.
24. *Ibid.*, p. 20.
25. *Journal of Business*, vol. 49 (January 1976), pp. 11–43.
26. *Stocks, Bonds, Bills, and Inflation Yearbooks, 1983–1997*, Chicago: Ibbotson and Associates.
27. William Baldwin, "The Crazy Things People Say to Rationalize Stock Prices", *Forbes*, April 27, 1992, pp. 140–150.
28. Três meses depois, em dezembro de 1995, Shulman rendeu-se ao lado altista, afirmando que sua antiga ênfase sobre os rendimentos dos dividendos estava incorreta.
29. Roger Lowenstein, "A Common Market: The Public's Zeal to Invest", *Wall Street Journal*, September 9, 1996, p. A1.
30. Floyd Norris, "In the Market We Trust", *New York Times*, January 12, 1997.
31. Henry Kaufman, "Today's Financial Euphoria Can't Last", *Wall Street Journal*, November 25, 1996, p. A18.
32. Robert Shiller & John Campbell, "Valuation Ratios and the Long-Run Stock Market Outlook", *Journal of Portfolio Management*, vol. 24 (Winter 1997). O modelo de Shiller é analisado mais detalhadamente no Capítulo 11.
33. *Newsweek*, April 27, 1998. As matérias de capa sobre o mercado acionário nos principais semanários com frequência foram mal cronometradas. A matéria de capa "The Death of Equities" na *BusinessWeek*, em 13 de agosto de 1979, foi publicada catorze anos depois de o mercado ter atingido o pico e três anos antes do início da maior alta no mercado de ações.
34. Refutei imediatamente seus argumentos no *Wall Street Journal* (consulte a entrevista que dei a Jonathan Clements em "Throwing Cold Water on Dow 36,000 View", *Wall Street Journal*, September 21, 1999), afirmando que a análise desses economistas estava errada e que as ações deveriam ter retornos reais superiores aos dos títulos do Tesouro dos Estados Unidos protegidos contra a inflação, cujo rendimento havia atingido 4% na época.
35. "Big Cap Tech Stocks Are a Sucker's Bet", *Wall Street Journal*, March 14, 2000, p. A8.
36. Paul Sloan, "The Craze Collapses", *US News &World Report Online*, November 30, 2000.
37. A palavra *hedge* significa "compensar", no sentido de que uma pessoa que investe no mercado externo pode querer se proteger ou compensar movimentos cambiais adversos realizando uma transação no mercado a termo. Os *hedge funds* com frequência, mas não sempre, assumiram posições contrárias ao mercado de ações.
38. Jeremy Grantham, "A Global Bubble Warns Against the Stampede to Diversify", *Financial Times*, April 24, 2007, p. 38.
39. Na verdade, justamente alguns dias antes da falência do Lehman, o índice REIT estava apenas 25% abaixo do nível recorde que havia atingido em julho de 2007. Em contraposição, as ações de empreendimentos imobiliários atingiram o pico

em julho de 2005 e já estavam 60% abaixo no momento em que a crise do Lehman irrompeu.

40. Consulte "At Lehman, How a Real-Estate Start's Reversal of Fortune Contributed to Collapse", *Wall Street Journal*, October 1, 2008.

Capítulo 2

1. Já em junho, o Natixis, banco de investimento francês, havia cortado todas as atividades com o Lehman e no início de setembro foi divulgado pelo *Financial Crisis Inquiry Report* que o JPMorgan, Citigroup e Bank of America haviam exigido maiores garantias do Lehman sob a ameaça de que poderiam "excluir o Lehman se não as recebessem".
2. Os *spreads* de risco, como *spread* TED (entre títulos do Tesouro e eurodólar), *spread* Libor-OIS (entre Libor e fundos do Fed), *spread* entre *commercial papers* e títulos do Tesouro e outros aumentaram acentuadamente. Por volta de quarta-feira, o índice de risco Bloomberg Financial Conditions já havia depreciado em quatro a cinco desvios padrão em relação aos níveis normais, com base nos últimos 16 anos de dados. (Consulte Michael G. Rosenberg, "Financial Conditions Watch", *Bloomberg*, September 18, 2008.)
3. Na segunda-feira, 15 de setembro, o Primary Fund avaliou o *commercial paper* do Lehman em 80 centavos de dólar. Na terça-feira, o fundo postou em seu *site* "O valor dos títulos de dívida emitidos pelo Lehman Brothers Holdings Inc. (valor nominal de US$ 785 milhões) e mantidos pelo Primary Fund foi considerado zero efetivo às 16 horas de hoje em Nova York. Por esse motivo, o NAV efetivo do Primary Fund às 16 horas é US$ 0,97 por ação".
4. Recordo-me de dizer aos meus alunos na década de 1980, quando a taxa das letras do Tesouro era 16%, que os investidores ficavam empolgados por obter rendimentos de 10 pontos-base na década de 1930. Incrédulos, os alunos meneavam a cabeça, e nós todos ríamos dessa curiosa história que imaginávamos que nunca mais poderia voltar a ocorrer.
5. O desvio padrão das variações trimestrais no PIB nominal caiu de 5,73% de 1947 a 1983 para 2,91% de 1983 a 2009.
6. Instituto Econômico Jerome Levy, Bard College, Working Paper No. 74, May 1992; consulte também Robert Pollin, "The Relevance of Hyman Minsky", *Challenge*, March/April 1997.
7. As hipotecas *subprime* não foram fruto apenas das empresas de Wall Street. Os políticos que queriam oferecer a milhões de americanos a possibilidade de realizar o "Sonho Americano" da casa própria estimularam as concessoras de empréstimo do governo Fannie Mae e Freddie Mac a emitir empréstimos àqueles que normalmente não seriam considerados aptos a hipotecas convencionais.
8. Como as hipotecas são denominadas em dólar, é o índice nominal, e não real, que interessa aos compradores de títulos.
9. É verdade que houve declínios consideráveis nos preços nominais de moradia durante a Grande Depressão e que o índice real de preços imobiliários teve uma queda de 25,9% entre 1928 e 1932. Contudo, isso foi provocado inteiramente por uma deflação no índice geral de preços, visto que o índice de preço ao consumidor teve uma queda percentual quase idêntica. Como o Federal Reserve havia se comprometido a evitar a deflação e podia fazê-lo por meio de seu poder de criar dinheiro, seria bastante razoável presumir que os pesquisadores ignorariam esses dados.

10. "Absence of Fear", discurso na CFA Society de Chicago, em 28 de junho de 2007, relatado por Robert Rodriguez, diretor executivo da First Pacific, http://www.fpafunds.com/docs/special-commentaries/absence_of_fear.pdf?sfvrsn=2.
11. Deutsche Bank Trustee Reports, http://csmoney.cnn.com/2007/10/15/markets/junk_mortgages.fortune/index.htm?postversion=2007101609.
12. Noelle Knox, "43% of First Time Home Buyers Put No Money Down", *USA Today*, January 18, 2006, p. 1A.
13. Charles Himmelberg, Chris Mayer & Todd Sinai, "Assessing High House Prices, Bubbles, Fundamentals and Misperceptions", *Journal of Economic Perspectives*, vol. 19, no. 4 (Fall 2005), pp. 67–92. Eles redigiram também o artigo "Bubble Trouble? Not Likely", que foi publicado na página editorial do *Wall Street Journal* (em 19 de setembro de 2005) no pico dos preços habitacionais.
14. De acordo com dados da Lei de Divulgação sobre Hipotecas Residenciais, a parcela nacional de empréstimos para a compra de uma segunda residência – definida como "qualquer outra residência não ocupada pelo proprietário como moradia principal" – aumentou de 8,6% para 14,2% entre 2000 e 2004. Isso representa uma taxa de crescimento média anual de 16% durante esse período. O número real de empréstimos de compra dobrou, saltando de 405.000 para 881.200. Consulte Keunwon Chung, *Second-Home Boom*, em http://www.realtor.org/resorts/resorts/reisecond homeresearch. Chung é economista estatístico na Associação Nacional de Corretores de Imóveis
15. Robert Shiller, *Irrational Exuberance*, 2nd ed., Princeton, NJ: Princeton University Press, 2005, Chap. 2. Consulte também Gary Shillin, colunista da *Forbes*; por exemplo: "End of the Bubble Bailouts", *Forbes*, August 29, 2006.
16. Dean Baker, "The Menace of an Unchecked Housing Bubble", *Economists' Voice*, vol. 3, no. 4 (2006), article 1; "The Run-Up in Home Prices: Is It Real or Is It Another Bubble?", *CEPR*, August 2002; e "The Housing Bubble and the Financial Crisis", *Real-World Economics Review*, no. 46, March 20, 2008.
17. Outros indivíduos que chamaram a atenção para a crise econômica foram Gary Shilling ("End of the Bubble Bailouts", *Forbes*, August 29, 2006), consultor econômico e colunista da *Forbes*, e George Magnus ("What This Minsky Moment Means", *FT*, August 22, 2007), consultor econômico sênior do UBS.
18. Muitos daqueles que questionaram a sustentabilidade da elevação dos preços ressaltaram que, quando uma maior demanda provoca uma elevação no preço dos imóveis, o aumento consequente na oferta refreia e reverte as elevações de preço. Somente os fatores que são fixos na oferta, como escassez de terrenos, experimentarão uma elevação constante nos preços se a demanda aumentar permanentemente. Como os custos dos terrenos para imóveis residenciais equivalem a apenas 20% do preço total de uma casa, os preços dos terrenos precisariam aumentar cinco vezes para que o preço de uma casa dobrasse de valor.
19. Esse livro foi publicado exatamente três meses antes de sua morte prematura aos 68 anos de idade.
20. Depoimento do Dr. Alan Greenspan perante o Comitê de Supervisão e Reforma do Governo, 23 de outubro de 2008, p. 2.
21. Há quem atribua o silêncio de Greenspan à sua crença ingênua no mercado e na hipótese de mercado eficiente (EMH). Contudo, se Greenspan sempre tivesse acreditado que os preços do mercado estavam corretos, ele nunca teria feito seu discurso sobre "exuberância irracional" em dezembro de 1996. Além disso, a EMH não postula que os preços estão "sempre corretos"; na verdade, eles estão quase sempre errados com base em todas as informações futuras que são disponibilizadas. Em virtude da interação entre *traders* bem informados, a EMH

de fato implica que os preços do mercado não são "obviamente" errados, de uma forma tal que o investidor médio tenha maior facilidade para obter lucro. Como já mencionado, havia um amplo desacordo, mesmo entre especialistas, sobre se teria havido uma mudança de paradigma no mercado habitacional que justificasse os preços mais altos.

22. John G. Taylor, professor na Stanford e autor de *Getting off Track: How Government Actions and Invention Caused, Prolonged, and Worsened the Financial Crisis*, culpou o Fed de Greenspan por manter taxas de juros excessivamente baixas durante um tempo demasiadamente longo. Dentre os demais indivíduos que acusaram o Fed de provocar a crise habitacional encontram-se Gerald O'Driscoll, Jr., do Instituto Cato, David Malpass, presidente da Encima Global, e o deputado do Texas Ron Paul, um crítico constante do Fed.
23. Notícias da BBC sobre o Federal Reserve, o Banco da Inglaterra e a SIFMA, news.bbc.co.uk /2/hi/business/7073131.stm.
24. Esses fundos tinham nomes de fantasia, como High-Grade Structured Credit Strategies Enhanced Leverage Fund.
25. O Bear Stearns e o Citibank tentaram se proteger emitindo fundos e instrumentos de investimento especiais que eram itens não constantes do balanço patrimonial. Quando as inadimplências aumentaram, os investidores começaram a reclamar de que não haviam sido totalmente informados sobre os riscos desses títulos, o que levou a assessoria jurídica desses bancos a recomendar que eles inserissem várias dessas hipotecas em seu balanço patrimonial.
26. Quando a dívida do governo federal não é explicitamente garantida pelo banco central, ela não é mais considerada "isenta de risco", tal como se evidenciou na crise da zona do euro de 2011–2012.
27. Essa nova linha de crédito foi chamada de Linha de Liquidez aos Fundos Mútuos de Mercados Monetários de Commercial Papers (Asset-Backed Commercial Paper Money Market Mutual Fund Liquidity Facility).
28. As contas não remuneradas (depósitos à vista de livre movimentação) eram utilizadas pela empresa para processar salários e outros pagamentos. Sua segurança no sentido de manter os sistemas de pagamento funcionando era considerada de suprema importância pelo Fed.
29. Em 1996, o índice entre fundos fiduciários e depósitos da FDIC, denominado índice de depósito designado, foi fixado em 1,25%, mas em setembro de 2008 ficou abaixo de 1,0%.
30. Bernanke tirou o doutorado oito anos depois que obtive o meu no Departamento de Economia, na mesma especialidade. Embora o Departamento de Economia do MIT fosse conhecido por sua orientação "keynesiana", o pensamento monetarista e particularmente a história monetária recebiam ampla cobertura.
31. Divulgado em 8 de novembro de 2002. O Capítulo 14 oferece uma descrição mais abrangente da política monetária.
32. 12 USC 343. De acordo com adendo da lei de 21 de julho de 1932 (47 Stat. 715); e emendado pelas leis de 23 de agosto de 1935 (49 Stat. 714) e 19 de dezembro de 1991 (105 Stat. 2386).
33. Consulte o Capítulo 8 em Henry M. Paulson, Jr., *On the Brink*, New York: Hachette Book Group, 2010.
34. Consulte Peter Chapman, *The Last of the Imperious Rich: Lehman Brothers 1844–2008*, New York: Penguin Group, 2010, pp. 262–263.
35. Bernanke, um republicano, não apreciou a experiência de socorrer essas empresas financeiras. Durante um evento na prefeitura de Kansas City em julho de 2009, ele afirmou: "Não me tornaria o presidente do Federal Reserve da segunda

Grande Depressão. Fui obrigado a fechar os olhos [e impedir que essas empresas falissem]. Estou tão indignado quanto vocês [por ter de socorrer essas empresas financeiras]." Divulgado pela Associated Press, segunda-feira, em 27 de julho de 2009, "Bernanke Had to 'Hold My Nose' over Bailouts".
36. Allan Meltzer, "What Happened to the 'Depression'?", *Wall Street Journal*, August 31, 2009.

Capítulo 3

1. O declínio seria maior se houvesse dados trimestrais. Até 1946 não havia dados sobre o PIB trimestral.
2. Joseph Swanson & Samuel Williamson, "Estimates of National Product and Income for the United States Economy, 1919–1941", *Explorations in Economic History*, vol. 10, no. 1 (1972); e Enrique Martínez-García & Janet Koech, "A Historical Look at the Labor Market During Recessions", Federal Reserve Bank of Dallas, *Economic Letter*, vol. 5, no. 1 (January 2010).
3. Esse declínio ocorreu entre julho de 2008 e dezembro de 2008 quando o preço do petróleo despencou.
4. Isso é calculado com base na queda de preço de 27% (1/0,73) citada anteriormente.
5. Outros fatores que moderaram a queda do PIB durante a Grande Contração inexistiam durante a Grande Depressão: a existência do seguro de depósito da FDIC; um generoso seguro-desemprego; a redução automática da receita tributária à medida que os rendimentos e os preços dos ativos diminuíam, o que amorteceu o declínio da renda disponível; e a ampliação dos gastos governamentais.
6. Com base na Tabela A-1, em Milton Friedman & Anna Schwartz, *A Monetary History of the United States, 1867–1960,* Princeton, NJ: Princeton University Press, 1963.
7. Em termos reais, as quedas do mercado acionário de 1974 e 2008 foram praticamente idênticas em virtude da inflação bem mais alta que se deu no episódio de 1973–1974.
8. Na manhã de 20 de outubro, o VIX (calculado com base em opções de índice levemente diferentes) chegou a quase 170. Desde então, o VIX atingiu 50 em 1997, durante a crise monetária asiática, em 1998, quando o Long-Term Capital Management faliu, em 2001, imediatamente após os ataques terroristas de 11 de setembro, e em 2002, no fundo do mercado baixista precedente. Consulte o Capítulo 19 para obter mais detalhes.
9. Consulte os Capítulos 16 e 19 para obter uma análise mais detalhada da volatilidade do mercado e os eventos que a provocaram.
10. Em termos de dólar, todos os mercados tiveram uma queda de pelo menos 50%. A Itália, Finlândia, Bélgica, Rússia, Grécia e Áustria tiveram uma queda de pelo menos 70% e a Irlanda teve uma queda de mais de 80%. Depois de se recuperarem das baixas de março de 2009, inúmeros mercados europeus atingiram novas baixas durante a crise do euro, dentre os quais Itália, Portugal, Espanha e Grécia. O índice da Bolsa de Valores de Atenas caiu 92,7% desde sua alta em setembro de 1999 a junho de 2012.
11. O índice do JPMorgan de moeda de mercados emergentes caiu 19% em relação ao dólar de outubro de 2007 a março de 2009. Em moedas locais, os mercados emergentes caíram em média 53%, aproximadamente a mesma porcentagem dos mercados desenvolvidos.

12. As ações do General Growth Properties, que controla alguns dos *shoppings* de mais alta qualidade dos Estados Unidos, caíram de um valor acima de US$ 20 quando o Lehman foi a pique para menos de 20 centavos, momento em que os credores exigiriam a liquidação dos empréstimos estendidos.
13. O índice Morgan Stanley Dot Com, mais especulativo, teve uma queda de 96% de janeiro de 2000 a março de 2002.
14. Por volta de setembro de 2012, dois anos e meio depois de o mercado baixista chegar ao fundo, essas ações ainda apresentaram baixas de 89%, 95% e 98%, respectivamente, em relação às altas.
15. Os bancos que evitaram amplamente a crise financeira, como o Wells Fargo, que havia perdido 80% de seu valor patrimonial no fundo do mercado baixista, e o JPMorgan, que perdeu mais de 70%, apresentaram uma virada, atingindo novas altas em 2013.
16. Em virtude da queda no nível de preços na Grande Depressão, o declínio nos lucros *reais* foi ainda mais drástico na década de 1930. Consulte o Capítulo 10 para uma análise mais abrangente.
17. Consulte o Capítulo 11 para uma explicação mais completa.
18. De acordo com os índices de Case-Shiller, os preços imobiliários atingiram um pico em maio de 2006 e já haviam caído 8% no momento em que o mercado acionário atingiu o auge em outubro de 2007. Os preços de imóveis residenciais chegaram ao seu ponto máximo em maio de 2006.
19. Preços do Centro de Imóveis do MIT, todos índices comerciais.
20. Atif Mian & Amir Sufi, "Household Leverage and the Recession of 2007–09", *IMF Economic Review*, vol. 58, no. 1 (2010), pp. 74–117.
21. Ainda que o retorno das notas (moeda) do Federal Reserve fosse zero, os investidores consideraram esse pequeno retorno negativo um baixo preço a ser pago para manter milhões de dólares em um instrumento monetário conveniente e seguro.
22. Não obstante essa cotação, King negou que tivesse qualquer conhecimento de que a taxa havia sido manipulada durante a crise financeira.
23. O Barclays alegou que a Autoridade de Serviços Financeiros do Reino Unido havia aprovado suas baixas taxas de submissão a fim de manter a fé no sistema financeiro durante a crise financeira.
24. Isso se baseia na média aritmética de 19 *commodities*, em que a produção de petróleo recebeu um peso de um terço.
25. De acordo com o escritório de advocacia Davis Polk & Wardwell LLP em seu "Summary of the Dodd-Frank Wall Street Reform and Consumer Protection Act, Enacted into Law on July 21, 2010".
26. A Lei Dodd-Frank também proibiu a utilização de outros fundos, como o Fundo de Estabilização, que foi usado para garantir US$ 50 bilhões para fundos mútuos logo depois que o Lehman entrou com pedido de falência.
27. De acordo com um relatório do Tesouro publicado em janeiro de 2013, com data de 31 de dezembro de 2012, o Tesouro havia recebido um total de dinheiro de volta de mais de US$ 405 bilhões nos investimentos do Tarp, o que corresponde a 97% dos US$ 418 bilhões desembolsados nesse programa.

Capítulo 4

1. Centro de Pesquisa Pew, "The Impact of Long-Term Unemployment", July 26, 2010.

2. Esses dados provêm do Centro Nacional de Estatísticas de Saúde: *National Vital Statistics Reports*, www.cd.gov/nchs. As expectativas de vida para não brancos ficaram abaixo das expectativas para brancos, mas essa diferença está diminuindo e hoje é de quatro anos.
3. James Vaupel, "Setting the Stage: A Generation of Centenarians?", *Washington Quarterly*, vol. 23, no. 3 (2000), pp. 197–200.
4. "Forever Young", *Economist*, March 27, 2004, p. 15.
5. Pauline Givord & Jean-Yves Fournier, "Decreasing Participation Rates for Old and Young People in France", Institute of Economics and Statistics, 2001.
6. Obviamente, os indivíduos poderiam se aposentar mais cedo do que isso se reduzissem suficientemente o consumo durante o período de aposentadoria. Esse período de aposentadoria é deduzido com base na suposição de que os aposentados têm uma taxa de consumo de 80% em relação ao seu nível de consumo antes da aposentadoria.
7. Constulte Robert D. Arnott & Denis B. Chaves, "Demographic Changes, Financial Markets, and the Economy", *Financial Analysts Journal*, vol. 68, no. 1 (January/February 2012), p. 23; e Zheng Liu & Mark M. Spiegel, "Boomer Retirement: Headwinds for US Equity Markets?", *Federal Reserve of San Francisco Economic Letter*, August 22, 2011. A primeira obra consagrada que descreve o impacto da demografia sobre os preços das ações foi escrita por Harry Dent, *The Great Boom Ahead*, em 1989. Suas terríveis previsões, baseadas em dados demográficos de países específicos, são reveladas em *The Great Depression Ahead*, publicado em 2009.
8. Homi Khara, "The Emerging Middle Class in Developing Countries", Working Paper No. 285, OECD Development Centre.
9. Charles Tansey, "Expanding US Sales Overseas with Export Financing", *Trade and Industry Development*, February 29, 2012, http://www.tradeandindustrydev.com / Industry/Manufacturing/expanding-us-sales-overseas-export-financing-6169.
10. Nos Estados Unidos, a produtividade é definida como produção por hora trabalhada, embora na Europa muitas vezes ela seja definida como produção por trabalhador.
11. O crescimento da produtividade foi um pouco maior imediatamente após a Segunda Guerra Mundial. Porém, desde 1960 o crescimento da produtividade nos Estados Unidos não demonstrou nenhuma tendência decrescente significativa.
12. Robert Gordon, "Is US Economic Growth Over? Faltering Innovation Confronts Six Headwinds", NBER #18315, August 2012. Para uma réplica, veja a resposta de John Cochrane, da Universidade de Chicago, em seu *blog*, em http://johnhcochrane.blogspot.com/2012/08/gordon-on-growth.html.
13. Tyler Cowen, *The Great Stagnation: How America Ate All the Low-Hanging Fruit of Modern History, Got Sick, and Will (Eventually) Feel Better*, New York: Dutton Adult, 2011.
14. Essas não são as datas de quando esses itens foram divulgados, mas de quando eles se tornaram operacionais ou difundidos entre a população geral nos Estados Unidos e a maioria das outras economias avançadas.
15. Tal como citado em *The Economist*, January 12, 2013, p. 21.
16. El-Erian é autor de "The New Normal", publicado em maio de 2009 no boletim mensal *PIMCO Newsletter*, e Bill Gross escreveu um mês depois "Staying Rich in the New Normal", no qual especificou os parâmetros de crescimento no novo normal.
17. Jeremy Grantham, da GMO, e Christopher Brightman, da Research Affiliates.
18. Michael Rothschild, *Bionomics*, New York: Henry Holt, 1990.

19. Charles I. Jones, "Sources of US Economic Growth in a World of Ideas", *American Economic Review*, vol. 92, no. 1 (March 2002), p. 234; e Charles I. Jones & Paul M. Romer, "The New Kaldor Facts: Ideas, Institutions, Population, and Human Capital", *American Economic Journal: Macroeconomics*, vol. 2 (January 2010), pp. 224–245.
20. Para examinar outra opinião otimista, consulte Martin Neil Baily, James M. Manyika & Shalabh Gupta, "US Productivity Growth: An Optimistic Perspective", *International Productivity Monitor*, Spring 2013, pp. 3–12.
21. Ben Bernanke, discurso de formatura, Bard College, em Simon's Rock, MA, 18 de maio de 2013.

Capítulo 5

1. G. William Schwert, "Indexes of United States Stock Prices from 1802 to 1897", *Journal of Business*, vol. 63 (July 1990), pp. 399–426.
2. Consulte Walter Werner & Steven Smith, *Wall Street*, New York: Columbia University Press, 1991, para uma descrição sobre alguns rendimentos de dividendos antigos. Consulte também um trabalho anterior de William Goetzmann & Phillipe Jorion, "A Longer Look at Dividend Yields", *Journal of Business*, vol. 68, no. 4 (1995), pp. 483–508, e William Goetzmann, "Patterns in Three Centuries of Stock Market Prices", *Journal of Business*, vol. 66, no. 2 (1993), pp. 249–270. Uma breve descrição sobre os primórdios do mercado acionário encontra-se no Apêndice 1, no final deste capítulo.
3. William Goetzmann & Roger G. Ibbotson, "A New Historical Database for NYSE 1815–1925: Performance and Predictability", reimpresso em *The Equity Risk Premium*, New York: Oxford University Press, 2006, pp. 73–106.
4. Goetzmann e Ibbotson criaram duas séries de retornos acionários, uma que presume que essas ações tinham zero dividendos (correspondente à estimativa de "baixo rendimento de dividendos") e outra que presume que as ações para as quais eles não conseguiram identificar dividendos tinham o mesmo rendimento médio de dividendos daquelas para as quais eles de fato tinham dados de dividendos (correspondente à estimativa de "alto rendimento de dividendos"). O ponto intermediário de suas estimativas de alto e baixo rendimento é 6,52%, um pouco acima da estimativa de 6,4% que eu havia presumido originalmente.
5. Robert Shiller, *Market Volatility*, Cambridge, MA: MIT Press, 1989.
6. *Ibbotson Stocks, Bonds, Bills, and Inflation (SBBI) Classic Yearbook*, publicado anualmente pela Morningstar, Chicago.
7. Blodget, economista do início do século XIX, avaliou que a riqueza dos Estados Unidos na época girava em torno de US$ 2,5 bilhões, de modo que o valor de US$ 1,33 milhão corresponderia a apenas metade de 1% da riqueza total; de S. Blodget, Jr., *Economica, A Statistical Manual for the United States of America*, 1806 ed., p. 68.
8. Consulte Jeremy Siegel, "The Real Rate of Interest from 1800–1990: A Study of the US and the U.K.", *Journal of Monetary Economics*, vol. 29 (1992), pp. 227–252, para uma descrição sobre o processo pelo qual se construiu uma série de rendimentos históricos.
9. Isso é analisado mais detalhadamente no Capítulo 14.
10. Paradoxalmente, não obstante a tendência inflacionária de um sistema de papel-moeda, o papel-moeda bem preservado do início do século XIX tem um valor várias vezes superior ao seu valor nominal no mercado de colecionadores, ultrapassando em muito a barra de ouro como investimento de longo prazo. A

descoberta de um colchão antigo com papel-moeda do século XIX é mais valiosa para um antiquário do que uma soma equivalente acumulada em barras de ouro!
11. Esse retorno real de longo prazo sobre ações americanas foi apelidado de "constante de Siegel" por Andrew Smithers & Stephen Wright, *Valuing Wall Street: Protecting Wealth in Turbulent Markets*, New York: McGraw-Hill, 2000.
12. Bill Gross, "The Death of the Cult of Equities", *PIMCO Newsletter*, August 2012.
13. O crescimento do PIB é coerente com o consumo dos investidores de cerca de metade do retorno real anual de longo prazo de 6,6% proveniente das ações.
14. Durante um breve período, o rendimento dos TIPS subiu para 3%, quando os temores de outra Grande Depressão fizeram com que os investidores corressem para comprar títulos não vinculados que prometiam protegê-los contra a deflação.
15. Para uma análise rigorosa sobre o prêmio das ações, consulte Jeremy Siegel & Richard Thaler, "The Equity Premium Puzzle", *Journal of Economic Perspectives*, vol. 11, no. 1 (Winter 1997), pp. 191–200; e, mais recentemente, "Perspectives on the Equity Risk Premium", *Financial Analysts Journal*, vol. 61, no. 1 (November/December 2005), pp. 61–73, reimpresso em Rodney N. Sullivan, *Bold Thinking on Investment Management*, CFA Institute, 2005, pp. 202–217.
16. Consulte Stephen J. Brown, William N. Goetzmann & Stephen A. Ross, "Survival", *Journal of Finance*, vol. 50 (1995), pp. 853–873.
17. Elroy Dimson, Paul Marsh & Michael Staunton, *Triumph of the Optimists: 101 Years of Global Investment Returns*, Princeton, NJ: Princeton University Press, 2002.
18. Dimson, Marsh & Staunton, *Triumph of the Optimists*. Os pesquisadores acrescentaram três países à lista desde a publicação desse livro.
19. Na verdade, *Triumph of the Optimists* pode ter *subestimado* os retornos de longo prazo das ações internacionais. O mercado acionário americano e outros mercados mundiais para os quais temos dados se saíram muito bem nos 30 anos anteriores a 1900, quando o estudo do livro *Triumph* foi iniciado. Os retornos das ações americanas avaliados desde 1871 superaram significativamente o desempenho dos retornos avaliados desde 1900. Dados do Reino Unido demonstram retornos semelhantes.
20. Até recentemente, a empresa com operação contínua mais antiga era a Dexter Corp., fundada em 1767; a fabricante de Connecticut de matérias-primas especiais foi adquirida em setembro de 2000 pela Invitrogen Corp., que em 2008 fundiu-se com a Applied Biosystems para formar a Life Technologies Inc. A segunda maior era a Bowne & Co. (1775), especializada em impressão. A RR Donnelley adquiriu a Bowne em 2010. Os bancos mais antigos com mercados ativos para suas ações são o First National Bank of Pennsylvania, fundado em 1782 (hoje pertencente ao Wells Fargo), e o Bank of New York Corp. (hoje do BNYMellon), fundado em 1784.
21. Werner & Smith, *Wall Street*, p. 82.
22. Dois outros canais, o Chesapeake and Delaware e o Schuylkill, eram sociedade anônima por ações e haviam vendido mais de US$ 1 milhão em ações em 1825. Devo essa observação a Stephen Skye, presidente do Museu de História e Inovação de Neversink Valley.

Capítulo 6

1. Irving Fisher et al., *How to Invest When Prices Are Rising*, Scranton, PA: G. Lynn Sumner & Co., 1912, p. 6.
2. R. Arnott, "Bonds, Why Bother?", *Journal of Indexes*, May/June 2009.

3. O Capítulo 22, sobre economia comportamental, analisa como a aversão dos investidores em assumir perdas, independentemente do quanto elas sejam pequenas, afeta o desempenho das carteiras.
4. Isso significaria que os *rendimentos* dos títulos e os preços das ações movem-se na mesma direção.
5. Esta seção, cujo conteúdo é em parte avançado, pode ser ignorada sem que se perca a continuidade.
6. Para examinar uma excelente revisão dessa literatura, consulte Luis M. Viceira & John Y. Campbell, *Strategic Asset Allocation: Portfolio Choice for Long-Term Investors*, New York: Oxford University Press, 2002. Consulte também Nicholas Barberis, "Investing for the Long Run When Returns Are Predictable", *Journal of Finance*, vol. 55 (2000), pp. 225–264. Paul Samuelson demonstrou que a reversão à média aumentará os investimentos em ações se os investidores tiverem um coeficiente de aversão ao risco superior à unidade, argumento que a maioria dos pesquisadores acredita que se aplique. Consulte Paul Samuelson, "Long-Run Risk Tolerance When Equity Returns Are Mean Regressing: Pseudoparadoxes and Vindications of 'Businessmen's Risk'", in W. C. Brainard, W. D. Nordhaus & H. W. Watts, eds., *Money, Macroeconomics, and Public Policy*, Cambridge, MA: MIT Press, 1991, pp. 181–200. Consulte também Zvi Bodie, Robert Merton & William Samuelson, "Labor Supply Flexibility and Portfolio Choice in a Lifecycle Model", *Journal of Economic Dynamics and Control*, vol. 16, no. 3 (July–October 1992), pp. 427–450. Bodie, Merton e Samuelson demonstraram que os investimentos em ações podem variar com a idade porque os retornos das ações podem estar correlacionados com a renda de trabalho.

Capítulo 7

1. A Chicago Gas Company, membro original das 12 empresas Dow, tornou-se a Peoples Energy, Inc. e fazia parte do índice de serviços de utilidade pública Dow até maio de 1997.
2. O procedimento para calcular as médias Dow Jones quando uma nova ação (ou uma divisão de ações) é substituída é o seguinte: os preços das ações componentes são somados antes e depois da mudança e um novo divisor que oferece a mesma média anterior à mudança é determinado. Em virtude da divisão de ações, geralmente o divisor apresenta um declínio com o passar do tempo, mas ele pode aumentar se as ações de preço mais alto forem substituídas por ações de preço mais baixo, tal como ocorreu em setembro de 2013.
3. O índice ponderado pelo preço tem a seguinte propriedade: quando uma ação componente é dividida, ela tem menor impacto sobre a média e todas as outras ações têm um impacto levemente maior. Antes de 1914, o divisor era mantido inalterado quando se dividia uma ação e, para calcular o índice, o preço da ação era multiplicado pela taxa de divisão. Isso fez com que as ações ascendentes tivessem em média um peso maior, algo semelhante aos índices de ações ponderados pelo valor do presente.
4. Provavelmente esse retorno está subestimado, visto que o rendimento médio das ações Dow tende a ser superior ao do mercado geral.
5. Para examinar uma situação em que uma referência consagrada rompeu-se em virtude da inflação, consulte a primeira seção do Capítulo 11, "Retornos Que Anunciam Maus Presságios".
6. Em 2004, a Standard & Poor's passou a utilizar um procedimento de ponderação de ações "ajustada à flutuação" que excluía as ações mantidas por *insiders*, outras

corporações e governos. Isso diminuiu o peso de grandes corporações no índice S&P 500, como no caso do Walmart, cujas ações pertencem em grande parte à família Walton.

7. Os critérios de 2013 para admissão incluíam: (1) a capitalização de mercado deve ser no mínimo de US$ 4 bilhões, (2) a parcela dos Estados Unidos de ativos fixos e receitas deve ser a maior dentre todos os ativos e receitas (não precisa ser superior a 50%), (3) deve haver quatro trimestres consecutivos de lucros positivos de acordo com a divulgação (lucros GAAP) e (4) a estrutura de governança corporativa deve ser coerente com a prática nos Estados Unidos.
8. Reconhecidamente, existe uma contagem dupla de volume no sistema de intermediários Nasdaq porque o distribuidor compra o título em vez de atuar como um leiloeiro. Consulte Anne M. Anderson & Edward A. Dyl, "Trading Volume: NASDAQ and the NYSE", *Financial Analysts Journal*, vol. 63, no. 3 (May/June 2007), p. 79.
9. Um índice intimamente relacionado com os índices CRSP é o Dow Jones Wilshire 5.000, que foi criado em 1974 e abrange em torno de 5.000 empresas.
10. O Value Line Index original de 1.700 ações, que se baseava na média geométrica das variações em ações individuais, era enviesado para baixo. Com o tempo, isso levou o Value Line a abandonar a média geométrica em favor da aritmética, que pode ser reproduzida.

Capítulo 8

1. Critérios de listagem e outras informações podem ser encontrados no *site* da Standard & Poor's.
2. Em 1997, os códigos foram ampliados para incluir empresas do Canadá e do México e a lista revisada passou a ser chamada de Sistema Norte-Americano de Classificação de Setores (North American Industrial Classification System – NAICS).
3. A Fannie Mae e Freddie Mac foram excluídas do índice quando ambas entraram em concordata em julho de 2008.
4. Os cálculos na Tabela 8.3 incluem o retorno de todos os *spin-offs* e distribuições, enquanto os da Tabela 8.2 presume que todas as distribuições de ações são vendidas e reinvestidas na empresa sobrevivente.
5. A empresa manteve o símbolo de cotação MO, ou "Big Mo", tal como os *traders* costumam se referir afetuosamente à Philip Morris.
6. Se a empresa mantiver seu capital fechado, presume-se que os retornos se acumulam no mesmo nível do índice S&P 500.
7. Essa estimativa baseia-se em uma pesquisa minuciosa que demonstrou um desempenho superior de 89 pontos-base desde a origem do índice até 2006. Desde essa época, as empresas financeiras, quase todas acrescentadas desde 1957, apresentaram um desempenho consideravelmente inferior ao do mercado.

Capítulo 9

1. Carta para M. Leroy, 1789.
2. *McCulloch versus Maryland*, 1819.
3. Excertos de "The Templeton Touch", de William Proctor, citados em Charles D. Ellis, ed., *Classics*, Homewood, IL: Dow Jones-Irwin, 1989, p. 738.
4. A Figura 9.2 presume um retorno real total de 7% (valorização real de 5% e rendimento de dividendos de 2%) e alíquotas de imposto de 23,8% sobre ganhos

de capital e rendimento de dividendos. Se a inflação for de 3%, o retorno total antes de impostos sobre as ações será de 10% em termos nominais. O aumento do imposto máximo sobre os ganhos de capital de 15% para 23,8% praticamente dobrou o imposto inflacionário sobre os ganhos de capital.

5. Para os casais que declararam renda em 2013, as alíquotas de imposto marginal sobre ganhos de capital (incluindo o imposto sobre o Medicare) foram: 0% até US$ 72.500, 15% até US$ 250.000, 18,8% até US$ 450.000 e 23,8% acima de US$ 450.000.

Capítulo 10

1. Robert Arnott, "Dividends and the Three Dwarfs", *Financial Analysts Journal*, vol. 59, no. 2 (March/April 2003), p. 4.
2. O lucro por ação real aumentou cerca de 50% em relação ao PIB real, enquanto os lucros corporativos NIPA aumentaram proporcionalmente ao PIB.
3. Os lucros corporativos após os impostos são extraídos da Tabela 1.12, linha 45, da NIPA. A renda "nacional" (em contraposição à "renda doméstica") inclui o retorno proveniente de rendimentos de capital americanos em mercados externos.
4. Myron J. Gordon, *The Investment, Financing, and Valuation of the Corporation*, Homewood, IL: Irwin, 1962.
5. Presume-se também que não exista nenhum imposto diferencial sobre ganhos de capital e dividendos. (Consulte o Capítulo 9 para uma discussão sobre essa questão.)
6. Empresas que não pagam dividendos, como a Berkshire Hathaway, de Warren Buffett, se valorizaram porque seus ativos, que obtêm retornos de caixa, podem ser liquidados e desembolsados para os acionistas no futuro.
7. John Burr Williams, *The Theory of Investment Value*, Cambridge, MA: Harvard University Press, 1938, p. 30.
8. Embora os lucros declarados no IRS possam ser diferentes desses lucros.
9. Sou grato a David Bianco, estrategista-chefe de ações americanas do Deutsche Bank, por grande parte das informações.
10. Essas normas não são mais chamadas de SFAS. Agora, todas as regras estão organizadas em uma "codificação de normas contábeis" (*accounting standard codification* – ASC) e o Conselho de Normas Contábeis e Financeira (FASB) no momento publica uma "atualização das normas contábeis" (*accounting standard update* – ASU).
11. Consulte Dan Givoly & Carla Hayn, "Rising Conservatism: Implications for Financial Analysis", *Financial Analysts Journal*, vol. 58, no. 1 (January–February 2002), pp. 56–74.
12. As normas internacionais de divulgação financeira (*international financial reporting standards* – IFRS) permitem que o valor dos ativos seja reavaliado para cima em algumas situações.
13. Essas diferenças nas duas séries impeliram o BEA a publicar um informe intitulado "Comparing NIPA Profits with the S&P 500 Profits", redigido por Andrew W. Hodge em *Survey of Current Business*, vol. 91 (March 2011). O BEA define *lucros corporativos* como a receita obtida pelas corporações americanas de sua produção atual com base "no ajuste, na complementação e na integração de dados de fontes financeiras e tributárias". Hodge indica que a Tabela 1.12, linha 45, oferece os dados mais comparáveis com os lucros do S&P 500.
14. Essa subcapitalização ocorre tanto na contabilidade quanto nas contas de PIB. Consulte Leonard Nakamura, "Investing in Intangibles: Is a Trillion Dollars Missing from GDP?", *Business Review*, Federal Reserve Bank of Philadelphia,

Fourth Quarter 2001, pp. 27–37. Em 2013, o BEA começou a considerar a pesquisa e desenvolvimento como investimento nas contas de PIB.
15. Essas questões são igualmente discutidas no Capítulo 14.
16. Os analistas de Wall Street fazem a previsão de lucros operacionais com base na informação sobre quais itens essas empresas costumam incluir ou excluir de seus relatórios. Os lucros GAAP raramente são previstos, visto que é difícil predizer quando as empresas assumirão encargos especiais para reestruturação ou divulgarão itens não recorrentes como ganhos de capital.
17. O valor de 65% com frequência é considerado uma referência para analisar quão bom foi o desempenho trimestral para os lucros em geral.

Capítulo 11

1. Graham & Dodd, "The Theory of Common-Stock Investment", *Security Analysis*, New York: McGraw-Hill, 1940, 2nd ed., p. 343.
2. *BusinessWeek*, August 9, 1958, p. 81.
3. "In the Markets", *BusinessWeek,* September 13, 1958, p. 91.
4. Molodovsky, "The Many Aspects of Yields", *Financial Analysts Journal*, vol. 18, no. 2 (March–April 1962), pp. 49–62.
5. Consulte Jeremy J. Siegel, "The S&P Gets Its Earnings Wrong", *The Wall Street Journal*", February 25, 2009, p. A13.
6. Se todos os lucros fossem pagos como dividendos, o rendimento de dividendos seria igual aos ganhos de rendimento. Os ganhos de rendimento podem ser diferentes do retorno sobre o patrimônio (*return on equity* – ROE) citado normalmente, que em geral mede o índice de lucro/valor *contábil* do patrimônio e não o valor de mercado.
7. Em 2013, Robert Shiller recebeu o Prêmio Nobel de Economia em parte por seu trabalho sobre volatilidade do mercado acionário e finanças comportamentais.
8. J. Y. Campbell & R. J. Shiller, "Valuation Ratios and the Long-Run Stock Market Outlook", *Journal of Portfolio Management,* Winter 1998, pp. 11–26. O artigo anterior de Campbell & Shiller foi "Stock Prices, Earnings and Expected Dividends", *Journal of Finance*, vol. 43, no. 3 (July 1988), pp. 661-676. Robert Shiller postou o artigo "Price Earnings Ratios as Forecasters of Returns: The Stock Market Outlook in 1996" em seu *site*, em 21 de julho de 1996, que serviu de base para a sua apresentação ao Federal Reserve.
9. O modelo CAPE é capaz de explicar menos de um terço da variação nos retornos reais de dez anos futuros sobre as ações, um valor alto para as equações de previsão das ações.
10. Na Figura 11.3, os retornos reais de dez anos futuros sobre as ações são definidos como 6,54% (média de longo prazo) de janeiro de 2013 em diante. O modelo CAPE, de Shiller, prevê um retorno real médio de dez anos de 4,16% de 2013 a 2023. Se o retorno de dez anos futuros fosse substituído pelo prognóstico de Shiller, a previsão e os retornos reais convergiriam no final de 2012.
11. Nesse artigo de julho de 1996, Shiller previu que o S&P 500 real teria uma queda de 38,07% nos dez anos seguintes. Embora o S&P 500 tenha tido uma valorização de 41% após a inflação durante esse período e o retorno real das ações tenha sido de 5,6%, os sinais dos índices CAPE tornaram-se mais precisos à medida que o mercado altista evoluiu. Na verdade, a partir de março de 1999, o índice S&P 500 real teve uma queda de mais de 50%, confirmando as previsões baixistas de Shiller.

12. Outras fontes incluem uma elevação na taxa de crescimento tendencial dos lucros e o "viés de agregação" decorrente do fato de poucas empresas prestarem conta de grande parte das perdas em um período de recessão. Consulte Jeremy J. Siegel, "The CAPE Ratio: A New Look", working paper, May 2013.
13. Os lucros NIPA foram deflacionados pelo mesmo divisor utilizado nos lucros do S&P 500 durante o período de 1967–2012, que data de 1928.
14. Joel Lander, Athanasios Orphanides & Martha Douvogiannis, "Earnings Forecasts and the Predictability of Stock Returns: Evidence from Trading the S&P", Federal Reserve, January 1997. Reimpresso em *Journal of Portfolio Management,* vol. 23 (Summer 1997), pp. 24–35. Refere-se a uma versão anterior que foi apresentada em outubro de 1996.
15. James Tobin, "A General Equilibrium Approach to Monetary Theory", *Journal of Money, Credit, and Banking,* vol. 1 (February 1969), pp. 15–29.
16. Andrew Smithers e Stephen Wright, *Valuing Wall Street: Protecting Wealth in Turbulent Markets,* New York: McGraw-Hill, 2000.
17. Grande parte desse conteúdo foi extraída de estudos exaustivos de David Bianco, do Deutsche Bank, sobre a margem do S&P 500. Consulte Bianco, "S&P 500 Margins: Facts and Fiction", *DB Markets Research,* May 17, 2013, e Bianco, *Monthly US Strategy Update,* January 24, 2013, p. 26.
18. Charles M. Jones, "A Century of Stock Market Liquidity and Trading Costs", working paper, May 23, 2002.
19. John B. Carlson & Eduard A. Pelz, "Investor Expectations and Fundamentals: Disappointment Ahead?", Federal Reserve Bank of Cleveland, *Economic Commentary,* May 1, 2000.
20. Rajnish Mehra e Edward C. Prescott, "The Equity Premium: A Puzzle", *Journal of Monetary Economics,* vol. 15 (March 1985), pp. 145–162.
21. Mehra e Prescott utilizaram dados da Fundação Cowles que datam de 1872. Nessa pesquisa, eles nem sequer mencionaram as características de reversão à média dos retornos das ações, que teriam diminuído ainda mais o prêmio das ações.
22. Consulte Jeremy Siegel, "Perspectives on the Equity Risk Premium", *Financial Analysts Journal,* vol. 61, no. 1 (November/December 2005), pp. 61–73. Reimpresso em Rodney N. Sullivan, ed., *Bold Thinking on Investment Management, The FAJ 60th Anniversary Anthology,* Charlottesville, VA: CFA Institute, 2005, pp. 202–217.
23. Chelcie C. Bosland, *The Common Stock Theory of Investment,* New York: Ronald Press, 1937, p. 132.

Capítulo 12

1. Graham & Dodd, "Price Earnings Ratios for Common Stocks", *Security Analysis,* 2nd ed., New York: McGraw-Hill, 1940, p. 530.
2. São utilizadas letras gregas para designar os coeficientes das equações de regressão. O beta, o segundo coeficiente, é calculado com base na correlação do retorno de uma ação (ou carteira) individual com uma carteira de mercado ponderada por capitalização. O primeiro coeficiente, o alfa, é o retorno médio histórico da ação ou da carteira acima ou abaixo do retorno no mercado.
3. Consulte William Sharpe, "Capital Asset Prices: A Theory of Market Equilibrium Under Conditions of Risk", *Journal of Finance,* vol. 19, no. 3 (September 1964), p. 442, e John Lintner, "The Valuation of Risk Assets and the Selection of Risky Investment in Stock Portfolios and Capital Budgets", *Review of Economics and Statistics,* vol. 47, no. 1 (1965), pp. 221–245.
4. A partir de 1980, a Exxon-Mobil apresentou um beta de 0,60, *versus* 0,93 da IBM.

5. Eugene Fama & Ken French, "The Cross Section of Expected Stock Returns", *Journal of Finance*, vol. 47 (1992), pp. 427–466.
6. Eugene Fama & Ken French, "The CAPM Is Wanted, Dead or Alive", *Journal of Finance*, vol. 51, no. 5 (December 1996), pp. 1947–1958.
7. Benjamin Graham & David Dodd, *Security Analysis*, New York: McGraw Hill, 1934.
8. Rolf Banz, "The Relationship Between Return and Market Value of Common Stock", *Journal of Financial Economics*, vol. 9 (1981), pp. 3–18.
9. Esses dados são adaptados de *Stocks, Bonds, Bills, and Inflation (SBBI) 2007 Yearbook*, Chicago: Morningstar Publications, Capítulo. 7.
10. O índice de ações de baixa capitalização refere-se ao tamanho do quintil inferior (20%) das ações da NYSE até 1981; portanto, constitui o desempenho do Dimensional Fund Advisors Small Company Fund de 1982 e 2000 e o índice Russell 2.000, de 2001 em diante.
11. Graham & Dodd, *Security Analysis*, 2nd ed., 1940, p. 381.
12. Consulte Robert Litzenberger & Krishna Ramaswamy, "The Effects of Personal Taxes and Dividends on Capital Asset Prices: Theory and Empirical Evidence", *Journal of Financial Economics*, 1979, pp. 163–195.
13. James P. O'Shaughnessy, *What Works on Wall Street*, 3rd ed., New York: McGraw-Hill, 2003.
14. John R. Dorfman, "Study of Industrial Averages Finds Stocks with High Dividends Are Big Winners", *Wall Street Journal*, August 11, 1988, p. C2.
15. Curiosamente, um investimento equivalente nas 30 ações do índice industrial Dow Jones supera o desempenho do índice S&P 500 de 1957 a 2012 em 80 pontos-base, ainda que o beta do Dow seja inferior a 1. A principal responsabilidade do editor executivo do *Wall Street Journal* é escolher as ações Dow Jones. Tal como evidenciado no Capítulo 7, as empresas do índice S&P 500 são escolhidas com base principalmente no valor de mercado, partindo do pressuposto de que a empresa é lucrativa.
16. S. F. Nicholson, "Price-Earnings Ratios", *Financial Analysts Journal*, July/August 1960, pp. 43–50; e Sanjoy Basu, "Investment Performance of Common Stocks in Relation to Their Price-Earnings Ratio: A Test of the Efficient Market Hypothesis", *Journal of Finance*, vol. 32 (June 1977), pp. 663–682.
17. Graham & Dodd, *Security Analysis*, 1934, p. 453. Grifo dos autores.
18. Contudo, até mesmo Graham e Dodd devem ter sentido que era necessário ter flexibilidade com relação ao que constituía um índice de P/E "excessivo". Na segunda edição dessa obra, publicada em 1940, essa frase se mantém, mas o número 16 é substituído por 20 em relação ao limite máximo de um índice de P/E razoável! (Graham & Dodd, *Security Analysis*, 2nd ed., 1940, p. 533.)
19. As empresas com lucro zero ou negativo enquadram-se no quintil de alto índice de P/E. Os retornos eram calculados de 1º de fevereiro a 1º de fevereiro para que os investidores pudessem utilizar os lucros reais do quarto trimestre, em vez de os projetados.
20. Dennis Stattman, "Book Values and Expected Stock Returns", dissertação de MBA não publicada, Universidade de Chicago; e Fama & French, "The Cross Section of Expected Stock Returns".
21. Graham & Dodd, *Security Analysis*, 1934, pp. 493–494.
22. Trabalho não publicado que calcula o alfa com base na escolha do quintil de estratégias de valor de 1987 a 2006 utilizando dados do *site* de Fama-French, http://mba.tuck.dartmouth.edu/pages/faculty/ken.french/data_library.html.
23. Esses dados provêm do *site* de Fama-French citado na nota anterior.

24. A obtenção de IPOs pelo preço de oferta, particularmente no caso daqueles para os quais há grande demanda, é muito difícil porque os bancos de investimento e as empresas de corretagem racionam essas ações para seus melhores clientes.
25. Até 31 de dezembro de 2003, em torno de um terço dessas empresas havia conservado sua configuração corporativa vigente. Do contrário, eu substituía o retorno sobre o índice Ibbotson de ações de baixa capitalização (consulte a nota 9).
26. John Y. Campbell (com Jens Hilscher & Jan Szilagyi), "In Search of Distress Risk", revisão do Working Paper No. 12362, National Bureau of Economic Research, Cambridge, MA, March 2007.
27. John Y. Campbell & Tuomo Vuolteenaho, "Bad Beta, Good Beta", *American Economic Review*, vol. 94, no. 5 (December 2004), pp. 1249–1275.
28. O tema do Capítulo 22 é finanças comportamentais.
29. Consulte Jeremy Siegel, "The Noisy Market Hypothesis", *Wall Street Journal*, June 14, 2006.
30. Setembro de 2006. Robert D. Arnott, Jason C. Hsu, Jun Liu & Harry Markowitz, "Can Noise Create Size and Value Effects?" (October 24, 2011), AFA 2008 New Orleans Meetings Paper, disponível em SSRN, http://ssrn.com/abstract=936272 or http://dx.doi.org/10.2139/ssrn.936272.
31. Roger G. Ibbotson, Zhiwu Chen, Daniel Y. J. Kim & Wendy Y. Hu, "Liquidity as an Investment Style", no prelo, *Financial Analysts Journal*.
32. Para obter mais informações, consulte o Capítulo 9, "Liquidity Investing", em *SBBI, 2013 ClassicHandbook*.

Capítulo 13

1. Transcrito de um discurso realizado na Conferência Anual da Federação de Analistas Financeiros, em 2 de maio de 1984.
2. Consulte a seção a respeito dos retornos mundiais sobre ações e títulos no Capítulo 5.
3. EAFE designa Europa, Australásia e Extremo Oriente e até junho de 2013, abrangia Austrália, Áustria, Bélgica, Dinamarca, Finlândia, França, Alemanha, Hong Kong, Irlanda, Israel, Itália, Japão, Holanda, Nova Zelândia, Noruega, Portugal, Cingapura, Espanha, Suécia, Suíça e Reino Unido. Essa lista exclui o Canadá. A Grécia foi rebaixada a nação emergente em junho de 2013.
4. Martin Mayer, *Markets*, New York: Norton, 1988, p. 60.
5. As outras cinco eram as empresas canadenses Nortel Networks, Alcan, Barrick Gold, Placer Dome e Inco.
6. Os Estados Unidos são representados pelo índice S&P 500, as regiões desenvolvidas, excluindo os Estados Unidos, são representadas pelo índice EAFE (descrito na nota 3), a Europa, pelo iShares S&P Europe 350, símbolo IEU, e os mercados emergentes, pelo índice iShares MSCI Emerging Markets, símbolo EEM.
7. Todas essas empresas são classificadas por valor de mercado do patrimônio e não incluem nenhuma dívida. Portanto, as classificações por ativos totais seriam diferentes do que é mostrado nas tabelas subsequentes.
8. *Economist*, "Supermajordammerung", August 3, 2013, p. 22.

Capítulo 14

1. Edição revista de Martin Zweig, *Winning on Wall Street*, New York: Warner Books, 1990, p. 43.

2. Linda Grant, "Striking Out at Wall Street", *US News & World Report*, June 30, 1994, p. 59.
3. "World Crisis Seen by Vienna Bankers", *New York Times*, September 21, 1931, p. 2.
4. "British Stocks Rise, Pound Goes Lower", *New York Times*, September 24, 1931, p. 2.
5. A inflação de ano a ano diminuiu para menos de 2,1% em julho de 2008 imediatamente após a queda do preço de petróleo, mas no ano civil completo não houve deflação durante a recessão que se seguiu à crise financeira.
6. Quando o governo emitiu dinheiro não lastreado pelo ouro durante a Guerra Civil, as notas eram chamadas de *"greenbacks"* (papel-moeda) porque o único "lastro" era a tinta verde impressa nas notas. Contudo, apenas 20 anos depois, o governo resgatou todas essas notas em ouro, revertendo completamente a inflação do período da Guerra Civil.
7. "We Start", *BusinessWeek*, April 26, 1933, p. 32.
8. *Economic Report of the President*, Washington, D.C.: Government Printing Office, 1965, p. 7.
9. *Economic Report of the President*, Washington, D.C.: Government Printing Office, 1969, p. 16.
10. Em 2000, o Congresso permitiu que a Lei Humphrey-Hawkins caducasse, mas a legislação ainda assim exigia que o presidente do Federal Reserve se reportasse bianualmente ao Congresso.
11. Consulte Irving Fisher, *The Rate of Interest*, New York: Macmillan, 1907. A equação de Fisher exata para a taxa de juros nominal é a soma da taxa real com a taxa de inflação esperada e o produto vetorial da taxa real e da taxa de inflação esperada. Se a inflação não for muito alta, esse último termo com frequência pode ser ignorado.
12. Pesquisa de opinião Gallup realizada de 2 a 5 de agosto de 1974.

Capítulo 15

1. "Science and Stocks", *Newsweek*, September 19, 1966, p. 92.
2. Peter Lynch, *One Up on Wall Street*, New York: Penguin Books, 1989, p. 14.
3. Wesley C. Mitchell & Arthur Burns, "Measuring Business Cycles", *NBER Reporter*, 1946, p. 3.
4. Os dados de 1802 a 1854 são extraídos de Wesley C. Mitchell, *Business Cycles: The Problem and Its Setting*, Studies in Business Cycles No. 1, Cambridge, MA: National Bureau of Economic Research, 1927, p. 444. Os dados sobre as recessões americanas foram obtidos no *site* do NBER (http://www.nber.org), que relaciona os ciclos econômicos desde 1854.
5. Robert Hall, "Economic Fluctuations", *NBER Reporter*, Summer 1991, p. 1.
6. O Capítulo 19 analisará a quebra do mercado acionário de 1987 e explicará por que ela não provocou uma crise econômica.
7. Existem duas formas de abordar o mercado baixista de 2000 a 2002. A primeira interpretação é de que um mercado baixista havia atingido o pico em retorno total em 1º de setembro de 2000 e o fundo em 9 de outubro de 2002, registrando uma perda de 47,4%. A segunda é de que havia dois mercados baixistas: um mercado baixista com uma queda de 35,7% de 1º de setembro de 2000 a 21 de setembro de 2001, apenas dez dias após os ataques terroristas de 11 de setembro, e uma recuperação subsequente de 22,1% até 19 de março de 2002; e outro mercado baixista de 33,0%, que terminou em outubro.

8. Consulte "Does It Pay Stock Investors to Forecast the Business Cycle?", *Journal of Portfolio Management*, vol. 18 (Fall 1991), pp. 27–34.
9. Stephen K. McNees, "How Large Are Economic Forecast Errors?", *New England Economic Review*, July/August 1992, p. 33.
10. "New Wave Economist", *Los Angeles Times*, March 18, 1990, Business Section, p. 22.
11. Leonard Silk, "Is There Really a Business Cycle?", *New York Times*, May 22, 1992, p. D2.
12. Consulte Steven Weber, "The End of the Business Cycle?", *Foreign Affairs*, July/August 1997.
13. *Blue Chip Economic Indicators*, September 10, 2001, p. 14.
14. *Blue Chip Economic Indicators*, February 10, 2002, p. 16.
15. Transcrição do encontro do Comitê Federal de Mercado Aberto em 11 de dezembro de 2007, p. 35.

Capítulo 16

1. A Tabela 16.1 exclui a variação de 15,34% de 3 de março a 15 de março de 1933, para levar em conta o Feriado Bancário dos Estados Unidos.
2. Esses dados ampliam a pesquisa originalmente publicada em David M. Cutler, James M. Poterba & Lawrence H. Summers, "What Moves Stock Prices", *Journal of Portfolio Management*, Spring 1989, pp. 4–12.
3. O declínio em outubro de 1989, embora com frequência atribuído ao colapso da compra alavancada, pode ser questionado porque o mercado já estava consideravelmente em baixa em virtude de notícias pouco significativas antes do colapso ser divulgado.
4. Virginia Munger Kahn, *Investor's Business Daily*, November 16, 1991, p. 1.

Capítulo 17

1. Normalmente, tanto a média quanto um intervalo de estimativas são divulgados. A estimativa consensual de fato varia de serviço para serviço, mas as estimativas geralmente são bastante próximas.
2. John H. Boyd, Jian Hu & Ravi Jagannathan, "The Stock Market's Reaction to Unemployment News: 'Why Bad News Is Usually Good for Stocks'", EFA 2003 Annual Conference, December 2002, Paper No. 699.
3. Martin Zweig, *Winning on Wall Street*, New York: Warner Books, 1986, p. 43.

Capítulo 18

1. Leo Melamed foi quem fundou o Mercado Monetário Internacional, que abriga o mercado de futuros de índices de ações mais bem-sucedido do mundo. Citado em Martin Mayer, *Markets*, New York: Norton, 1988, p. 111.
2. Peter Lynch, *One Up on Wall Street*, New York: Penguin, 1989, p. 280.
3. *2013 Investment Company Fact Book*, Investment Company Institute, p. 9.
4. Robert Steiner, "Industrials Gain 14.53 in Trading Muted by Futures Halt in Chicago", *Wall Street Journal*, April 14, 1992, p. C2.
5. "Flood in Chicago Waters Down Trading on Wall Street", *Wall Street Journal*, April 14, 1992, p. C1. Atualmente, a proliferação da negociação eletrônica impossibilita que um incidente como o que estropiou a Bolsa de Chicago há 20 anos volte a ocorrer.

6. A SEC eliminou a "regra do incremento ou *uptick*" (proibição da venda a descoberto a menos que a última mudança tenha sido um incremento) em 2007, mas em fevereiro de 2010 a restabeleceu para que seja aplicada quando o preço cai 10% ou mais.
7. De 1997 a 2012, não houve distribuição de ganhos de capital provenientes de *spiders* (ETFs S&P 500), embora o Vanguard 500 Index Fund tenha tido vários (ainda que nenhum desde 2000).
8. Na verdade, as 100 maiores ações no índice S&P 500, chamadas de *S&P 100*, compõem as opções de índice mais popularmente negociadas. As opções baseadas no índice S&P 500 são mais utilizadas por investidores institucionais.
9. O Capítulo 19 analisará o VIX, um valioso índice de volatilidade de opções.
10. O artigo original foi publicado em 1973: Fischer Black & Myron Scholes, "The Pricing of Options and Corporate Liabilities", *Journal of Political Economy*, vol. 81, no. 3, pp. 637–654. Fischer Black já havia falecido quando o Prêmio Nobel lhe foi concedido em 1997. Myron Scholes compartilhou o Nobel com William Sharpe e Bob Merton. Merton contribuiu para a descoberta da fórmula.

Capítulo 19

1. Isso se baseia em um valor total mundial de ações de US$ 55 trilhões no final de 2012.
2. James Stewart & Daniel Hertzberg, "How the Stock Market Almost Disintegrated a Day After the Crash", *Wall Street Journal*, November 20, 1987, p. 1.
3. Martin Mayer, *Markets*, New York: Norton, 1988, p. 62.
4. O índice da Bolsa de Valores de Nova York substituiu o índice industrial Dow Jones para calcular a regra de 2%.
5. Antes de 1998, a Bolsa de Valores de Nova York suspendia as negociações por meia hora quando o Dow apresentava uma queda de 350 pontos e fechava quando o Dow caía 550 pontos. Essas duas interrupções foram acionadas em 27 de outubro de 1997, quando o índice industrial Dow caiu 554 pontos em decorrência da crise cambial asiática. Em virtude das críticas a respeito desses fechamentos, a NYSE ampliou acentuadamente os limites para manter as negociações abertas. Os novos limites de negociação para fechamento da bolsa não foram rompidos nenhuma vez até o momento.
6. Quando os mercados reabriram, depois que o limite de 350 pontos foi atingido, os *traders* ficaram tão ansiosos para sair que o limite de 550 pontos foi atingido em questão de minutos. Consulte também a nota 5.
7. SEC & CFTC, *Findings Regarding the Market Events of May 6, 2010*, September 30, 2010.
8. Esses futuros foram vendidos por meio do mercado de *E-minis*, avaliado em cerca de US$ 50.000 por contrato.
9. Essas explicações foram imediatamente contestadas pela Bolsa Mercantil de Chicago, que alegou que a grande ordem de venda representava menos de 5% do volume total no mercado de futuros S&P durante os 3,5 minutos que precederam o fundo do mercado à 1h45min28s. A resposta da CME pode ser encontrada em seu *site*, em http://cmegroup.mediaroom.com/index.php?s=43&item=3068.
10. Tom Lauricella & Peter McKay, "Dow Takes a Harrowing 1010.14 Point Trip", *Wall Street Journal*, May 7, 2010.
11. No caso de títulos alavancados ou de títulos negociados abaixo de US$ 3, os limites são mais altos.

12. Charles D. Ellis, ed., "Memo for the Estates Committee, King's College, Cambridge, May 8, 1938", *Classics,* Homewood, IL: Dow Jones-Irwin, 1989, p. 79.
13. Para isso, encontramos a volatilidade por meio da fórmula de determinação de preço de opções de Black-Scholes. Consulte o Capítulo 18.
14. Até 2003, o VIX baseava-se no S&P 100 (as 100 maiores ações no índice S&P 500).
15. John Maynard Keynes, *The General Theory of Employment, Interest, and Money,* First Harbinger Edition, New York: Harcourt, Brace & World, 1965, p. 157. (Esse livro foi originalmente publicado em 1936 pela Macmillan & Co.)
16. Robert Shiller, *Market Volatility,* Cambridge, MA: MIT Press, 1989. O influente artigo que deu vazão às publicações sobre o excesso de volatilidade foi "Do Stock Prices Move Too Much to Be Justified by Subsequent Changes in Dividends?", *American Economic Review,* vol. 71 (1981), pp. 421–435.
17. Robert Shiller recebeu o Prêmio Nobel de Economia em 2013 em parte por sua pesquisa sobre a volatilidade do mercado.
18. Memorando de Dean Witter, 6 de maio de 1932.
19. Keynes, *The General Theory,* p. 149.

Capítulo 20

1. Benjamin Graham & David Dodd, *Security Analysis,* New York: McGraw-Hill, 1934, p. 618.
2. Martin Pring, *Technical Analysis Explained,* 3rd ed., New York: McGraw-Hill, 1991, p. 31. Consulte também David Glickstein & Rolf Wubbels, "Dow Theory Is Alive and Well!", *Journal of Portfolio Management,* April 1983, pp. 28–32.
3. *Journal of the American Statistical Association,* vol. 20 (June 1925), p. 248. Comentários feitos no Aldine Club em Nova York, em 17 de abril de 1925.
4. Paul Samuelson, "Proof That Properly Anticipated Prices Fluctuate Randomly", *Industrial Management Review,* vol. 6 (1965), p. 49.
5. Em linhas gerais, a soma do produto de cada mudança de preço possível vezes a probabilidade de sua ocorrência ser zero. Isso é chamado de *martingale,* em que um passeio aleatório (50% probabilidade para cima, 50% de probabilidade para baixo) é um caso especial.
6. A Figura 20.1B cobre 15 de fevereiro a 1º de julho de 1991; a Figura 20.1E cobre 15 de janeiro a 1º de junho de 1992; e a Figura 20.1H cobre 15 de junho a 1º de novembro de 1990.
7. Martin Zweig, *Winning on Wall Street,* New York: Warner Books, 1990, p. 121.
8. Consulte William Brock, Josef Lakonishok & Blake LeBaron, "Simple Technical Trading Rules and the Stochastic Properties of Stock Returns", *Journal of Finance,* vol. 47, no. 5 (December 1992), pp. 1731–1764. A primeira análise definitiva sobre médias móveis foi realizada no livro de H. M. Gartley, *Profits in the Stock Market,* New York: H. M. Gartley, 1930.
9. William Gordon, *The Stock Market Indicators,* Palisades, NJ: Investors Press, 1968.
10. Robert W. Colby & Thomas A. Meyers, *The Encyclopedia of Technical Market Indicators,* Homewood, IL: Dow Jones-Irwin, 1988.
11. Na verdade, se os preços das ações forem passeios aleatórios, a quantidade de compra e venda será inversamente proporcional ao tamanho do intervalo.
12. Tradicionalmente, os níveis diários de alta e baixa das médias das ações eram calculados com base no preço mais alto ou mais baixo que cada ação atingia em qualquer momento do dia. Isso é chamado de *alta* ou *baixa teórica.* A *alta real* é o nível mais alto atingido em qualquer momento pelas ações, em média.

13. Narasimhan Jegadeesh e Sheridan Titman, "Returns to Buying Winners and Selling Losers: Implications for Stock Market Efficiency", *Journal of Finance*, vol. 48, no. 1 (March 1993), pp. 65–91.
14. Moskowitz e Grinblatt descobriram que grande parte do sucesso dessas estratégias deve-se ao *momentum* de preço nos setores, e não das ações individuais. Consulte Tobias Moskowitz & Mark Grinblatt, "Do Industries Explain Momentum?", *Journal of Finance*, vol. 54, no. 4 (August 1999), pp. 1249–1290.
15. Thomas J. George & Chuan-Yang Hwang, "The 52-Week High and Momentum Investing", *Journal of Finance*, vol. 59, no. 5 (October 2004), pp. 2145–2176.
16. Werner F. M. De Bondt & Richard Thaler, "Does the Stock Market Overreact?", *Journal of Finance*, vol. 40, no. 3 (July 1985), pp. 793–805.
17. Glenn N. Pettengill, Susan M. Edwards & Dennis E. Schmitt, "Is Momentum Investing a Viable Strategy for Individual Investors?", *Financial Services Review*, vol. 15, no. 3 (2006), pp. 181–197.
18. Burton Malkiel, *A Random Walk Down Wall Street*, New York: Norton, 1990, p. 133.
19. Consulte William Brock, Josef Lakonishok & Blake LeBaron, "Simple Technical Trading Rules and the Stochastic Properties of Stock Returns", *Journal of Finance*, vol. 47, no. 5 (December 1992), pp. 1731–1764, e Andrew Lo, Harry Mamaysky & Jiang Wang, "Foundations of Technical Analysis: Computational Algorithms, Statistical Inference, and Empirical Implementation", *Journal of Finance*, vol. 55 (2000), pp 1705–1765.
20. Benjamin Graham & David Dodd, *Security Analysis*, 2nd ed., New York: McGraw-Hill, 1940, pp. 715–716.

Capítulo 21

1. Isso inclui o dramático período de 1975 a 1983, durante o qual as ações de baixa capitalização rendiam mais de 30% ao ano.
2. Donald Keim, "Size-Related Anomalies and Stock Return Seasonality: Further Empirical Evidence", *Journal of Financial Economics*, vol. 12 (1983), pp. 13–32.
3. Robert Haugen & Josef Lakonishok, *The Incredible January Effect*, Homewood, IL: Dow Jones-Irwin, 1989, p. 47.
4. Consulte Gabriel Hawawini & Donald Keim, "On the Predictability of Common Stock Returns: World-Wide Evidence", in Robert A. Yarrow, Vojislav Macsimovic & William T. Ziemba, eds., *Handbooks in Operations Research and Management Science*, vol. 9, North Holland, 1995, Chap. 17, pp. 497–544.
5. Para examinar um excelente resumo sobre todas essas evidências, consulte Gabriel Hawawini & Donald Keim, "The Cross Section of Common Stock Returns: A Review of the Evidence and Some New Findings", in Donald B. Keim & William T. Ziemba, eds., *Security Market Imperfections in Worldwide Equity Markets*, Cambridge: Cambridge University Press, 2000.
6. Jay Ritter, "The Buying and Selling Behavior of Individual Investors at the End of the Year", *Journal of Finance*, vol. 43 (1988), pp. 701–717.
7. Edward M. Saunders, Jr., "Stock Prices and Wall Street Weather", *American Economic Review*, vol. 83 (December 1993), pp. 1.337–1.345.
8. Obviamente, muitos investidores no mercado da Austrália e Nova Zelândia vivem acima do equador.
9. R. A. Ariel, "A Monthly Effect in Stock Returns", *Journal of Financial Economics*, vol. 18 (1987), pp. 161–174.

10. A diferença nos retornos das ações Dow entre a primeira e segunda metade do mês é realçada pela inclusão de dividendos. Atualmente, em torno de dois terços das ações do índice industrial Dow Jones pagam dividendos na primeira metade do mês, o que significa que a diferença entre os retornos da primeira e segunda metade é maior do que a relatada aqui.

Capítulo 22

1. David Dreman, *Contrarian Investment Strategies: The Next Generation*, New York: Simon & Schuster, 1998.
2. Frank J. Williams, *If You Must Speculate, Learn the Rules*, Burlington, VT: Freiser Press, 1930.
3. Daniel Kahneman & Amos Tversky, "Prospect Theory: An Analysis of Decision Under Risk", *Econometrica*, vol. 47, no. 2 (March 1979).
4. Robert Shiller, "Stock Prices and Social Dynamics", *Brookings Papers on Economic Activity*, Washington, DC: Brookings Institution, 1984.
5. Robert Shiller, "Do Stock Prices Move Too Much to Be Justified by Subsequent Movements in Dividends?", *American Economic Review*, vol. 71, no. 3 (1981), pp. 421–436. Consulte o Capítulo 19 para uma análise mais ampla.
6. Solomon Asch, *Social Psychology*, Englewood Cliffs, NJ: Prentice Hall, 1952.
7. Morton Deutsch & Harold B. Gerard, "A Study of Normative and Informational Social Influences upon Individual Judgment", *Journal of Abnormal and Social Psychology*, vol. 51 (1955), pp. 629–636.
8. Charles Mackay, *Memoirs of Extraordinary Popular Delusions and the Madness of Crowds*, London: Bentley, 1841.
9. Consulte James Surowiecki, *The Wisdom of Crowds*, New York: Anchor Books, 2005.
10. Robert Shiller, "Conversation, Information, and Herd Behavior", *American Economic Review*, vol. 85, no. 2 (1995), pp. 181–185; S. D. Bikhchandani, David Hirshleifer & Ivo Welch, "A Theory of Fashion, Social Custom and Cultural Change", *Journal of Political Economy*, vol. 81 (1992), pp. 637–654; e Abhijit V. Banerjee, "A Simple Model of Herd Behavior", *Quarterly Journal of Economics*, vol. 107, no. 3 (1992), pp. 797–817.
11. Brad Barber & Terrance Odean, "Trading Is Hazardous to Your Wealth: The Common Stock Investment Performance of Individual Investors", *Journal of Finance*, vol. 55 (2000), pp. 773–806.
12. B. Fischhoff, P. Slovic & S. Lichtenstein, "Knowing with Uncertainty: The Appropriateness of Extreme Confidence", *Journal of Experimental Psychology: Human Perception and Performance*, vol. 3 (1977), pp. 552–564.
13. A. H. Hastorf, D. J. Schneider & J. Polefka, *Person Perception*, Reading, MA: Addison-Wesley, 1970. Isso é chamado também de *erro de atribuição fundamental*.
14. Para examinar um modelo que inclui o sucesso como fonte de excesso de confiança, consulte Simon Gervais &Terrance Odean, "Learning to Be Overconfident", *Review of Financial Studies*, vol. 14, no. 1 (2001), pp. 1–27.
15. Para examinar modelos que incluem a heurística representativa como fonte de excesso de confiança, consulte N. Barberis, A. Shleifer & R. Vishny, "A Model of Investor Sentiment", Working Paper No. 5926, National Bureau of Economic Research (NBER), Cambridge, MA, 1997, ou Kent Daniel, David Hirshleifer & Avandihar Subrahmanyam, "Investor Psychology and Security Market Underand Overreactions", *Journal of Finance*, vol. 53, no. 6 (1998), pp. 1839–1886.

16. Para informações sobre mineração de dados (*data mining*), consulte Andrew Lo & Craig MacKinlay, "Data-Snooping Biases in Tests of Financial Asset Pricing Models", *Review of Financial Studies*, vol. 3, no. 3 (Fall 1999), pp. 431–467.
17. Consulte Nassim Taleb, *Fooled by Randomness: The Hidden Role of Chance in Life and the Markets*, 2005.
18. Dreman, *Contrarian Investment Strategies*.
19. Richard Thaler, "Mental Accounting and Consumer Choice", *Marketing Science*, vol. 4, no. 3 (Summer 1985), pp. 199–214, e Nicholas Barberis, Ming Huang & Richard H. Thaler, "Individual Preferences, Monetary Gambles, and Stock Market Participation: A Case for Narrow Framing", *The American Economic Review*, vol. 96, no. 4 (Sep., 2006), pp. 1069-1090.
20. Richard H. Thaler, "Mental Accounting Matters", *Journal of Behavioral Decision Making*, vol. 12 (1999), pp. 183–206.
21. Hersh Shefrin & Meir Statman, "The Disposition to Sell Winners Too Early and Ride Losers Too Long: Theory and Evidence", *Journal of Finance*, vol. 40, no. 3 (1985), pp. 777–792.
22. Consulte Tom Chang, David Solomon & Mark Westerfield, "Looking for Someone to Blame: Delegation, Cognitive Dissonance, and the Disposition Effect", May 2013.
23. Leroy Gross, *The Art of Selling Intangibles*, New York: New York Institute of Finance, 1982.
24. Amos Tversky & Daniel Kahneman, "Judgment Under Uncertainty: Heuristics and Biases", *Science*, vol. 185 (1974), pp. 1.124–1.131.
25. Terrance Odean, "Are Investors Reluctant to Realize Their Losses?", *Journal of Finance*, vol. 53, no. 5 (October 1998), p. 1786.
26. Hersh Shefrin & Richard Thaler, "An Economic Theory of Self-Control", *Journal of Political Economy*, vol. 89, no. 21 (1981), pp. 392–406.
27. Consulte Paul Sloan, "Can't Stop Checking Your Stock Quotes", *US News & World Report*, July 10, 2000.
28. Shlomo Bernartzi & Richard Thaler, "Myopic Loss Aversion and the Equity Premium Puzzle", *Quarterly Journal of Economics*, 1995, pp. 73–91.
29. Consulte o Capítulo 5 para examinar uma descrição mais detalhada do enigma do prêmio das ações
30. Humphrey B. Neill, *The Art of Contrary Thinking*, Caldwell, ID: Caxton Printers, 1954, p. 1.
31. Benjamin Graham & David Dodd, *Security Analysis*, New York: McGraw-Hill, 1934, p. 12.
32. No Capítulo 19 encontra-se uma análise sobre o VIX.
33. Werner F. M. De Bondt & Richard H. Thaler, "Does the Stock Market Overreact?", *Journal of Finance*, vol. 49, no. 3 (1985), pp. 793–805.
34. Essa estratégia é discutida detalhadamente no Capítulo 12.

Capítulo 23

1. Benjamin Graham & Seymour Chatman, ed., *Benjamin Graham: The Memoirs of the Dean of Wall Street*, New York: McGraw-Hill, 1996, p. 273.
2. Charles D. Ellis, "The Loser's Game", *Financial Analysts Journal*, vol. 31, no. 4 (July/August 1975).
3. Os dados sobre fundos são fornecidos por Walter Lenhard, do Vanguard Group. Consulte John C. Bogle, *Bogle on Mutual Funds*, Burr Ridge, IL: Irwin Professional Publishing, 1994, para uma descrição mais completa desses dados.

4. Burton G. Malkiel, *A Random Walk Down Wall Street: The Time-Tested Strategy for Successful Investing*, 5th ed., New York: Norton, 1990, p. 362.
5. O desvio padrão do Magellan Fund durante o período de Lynch foi 21,38%, em comparação com 13,88% do Wilshire 5.000, ao passo que seu coeficiente de correlação com o Wilshire foi 0,86.
6. "The Superinvestors of Graham-and-Doddsville", *Hermes, the Columbia Business School Magazine*, 1984 (reimpresso em 2004).
7. Presume-se que os gestores monetários expõem seus clientes ao mesmo risco que o mercado ofereceria, e o coeficiente de correlação dos gestores com os retornos do mercado é 0,88, o que tem sido típico nos fundos mútuos de ações desde 1971.
8. Darryll Hendricks, Jayendu Patel & Richard Zeckhauser, "Hot Hands in Mutual Funds: Short-Run Persistence of Relative Performance, 1974–1988", *Journal of Finance*, vol. 48, no. 1 (March 1993), pp. 93–130.
9. Edwin J. Elton, Martin J. Gruber & Christopher R. Blake, "The Persistence of Risk-Adjusted Mutual Fund Performance", *Journal of Business*, vol. 69, no. 2 (April 1996), pp. 133–157.
10. Burton G. Malkiel, *A Random Walk Down Wall Street*, 8th ed., New York: Norton, 2003, pp. 372–274.
11. John C. Bogle, *The Little Book of Common Sense Investing*, Hoboken, NJ: Wiley, 2007, Chap. 9.
12. Ellis, "The Loser's Game", *Financial Analysts Journal*, p. 19.
13. Cinco anos antes do Vanguard 500 Index Fund, o Wells Fargo criou um fundo de índice igualmente ponderado, denominado "Samsonite", mas seus ativos permaneceram relativamente pequenos.
14. Heather Bell, "Vanguard 500 Turns 25, Legacy in Passive Investing", *Journal of Index Issues*, Fourth Quarter 2001, pp. 8–10.
15. As ações do Vanguard Institutional Index Fund Plus, cujo investimento mínimo é US$ 200 milhões, superaram o desempenho do índice S&P 500 em 3 pontos-base ao longo de um período de 10 anos finalizado em 30 de junho de 2013.
16. Roger J. Bos, *Event Study: Quantifying the Effect of Being Added to an S&P Index*, New York: McGraw-Hill, Standard & Poor's, September 2000.
17. Consulte David Blitzer & Srikant Dash, "Index Effect Revisited", *Standard & Poor's*, September 20, 2004.
18. Na prática, não existe nenhum limite nítido entre as ações "prontamente disponíveis" e as que não são. Os investimentos mantidos pelos fundos de índice na verdade podem estar menos disponíveis do que os mantidos pelos membros de uma família.
19. A título de esclarecimento, sou consultor sênior de estratégia de investimento na WisdomTree Investment, Inc., empresa que emite fundamentalmente ETFs ponderados.
20. Robert D. Arnott, Jason C. Hsu & Philip Moore, "Fundamental Indexation", *Financial Analysts Journal*, vol. 61, no. 2 (March/April 2005). Consulte também a Rede de Pesquisa em Ciências Sociais (SSRN).
21. Henry Fernandez, "Straight Talk", *Journal of Indexes*, July/August 2007.
22. Robert Jones, "Earnings Basis for Weighting Stock Portfolios", *Pensions and Investments*, August 6, 1990.
23. Paul C. Wood & Richard E. Evans, "Fundamental Profit-Based Equity Indexation", *Journal of Indexes*, Second Quarter, 2003.
24. Arnott, Hsu & Moore, "Fundamental Indexation", *Financial Analysts Journal*.

Capítulo 24

1. John Maynard Keynes, *A Tract on Monetary Reform*, London: Macmillan, 1924, p. 80.
2. Linda Grant, "Striking Out at Wall Street", *US News & World Report*, June 20, 1994, p. 58.
3. John Maynard Keynes, *The General Theory of Employment, Interest, and Money*, New York: Harcourt, Brace & World, 1965, First Harbinger Edition, p. 158.

Índice

A

"A Common Market: The Public's Zeal to Invest", 3
A Random Walk Down Wall Street, 323
Abe, Shinzo, primeiro-ministro, 202
Accenture, 298–299
Ações
  bolha da tecnologia e, 15–17
  crises financeiras e, 16–19
  desde 1802, visão geral, 5–7
  durante 1982–2000, 11–17
  "Everybody Ought to Be Rich" nas, 3–5
  fatores favoráveis às, 139
  fatos históricos sobre, 3–19
  ficção da imprensa sobre, 3–19
  Fisher, sobre, 8–9
  fundos mútuos, 358–363
  globalmente, 196
  Lehman Brothers e, 17–19
  mundiais, 88–90
  nas visões pós-quebra, 10–12
  "patamar permanentemente alto" das, 8–10
  perspectivas históricas, 6–10
  picos de mercado e, 8–9
  pontos de vista a respeito, 9–11
  prêmios, 87–88
  prêmios de risco, 170–172, 350–352
  retorno exigido sobre, 144, 146–148
  retorno real sobre, 169–170
  Smith, sobre, 7–8
  supervalorização e, 13–15
  teoria de ações ordinárias e, 7–9
  topo do mercado e, 15–16
Ações ajustadas à flutuação, 369
Ações de "valor" *versus* de "crescimento", 179–180, 189–190
Ações de alta capitalização, 176-177
Ações de baixa capitalização, 176–178, 187–188
Ações de média capitalização, 179–180
Ações desde 1802
  ações mundiais e, 88–90
  inflação e, 79–81
  introdução às, 75–76
  o dólar e, 79–81
  ouro e, 79–81
  prêmios das ações em, 87–88
  retorno total dos ativos, 76–78
  retornos de longo prazo nas, 89–92
  retornos internacionais reais sobre, 88–89
  retornos reais sobre ativos de renda fixa, 82–87
  retornos reais totais e, 80–84
Ações desfavorecidas, 354
Ações lendárias, 189–191
Ações mundiais, 88–90
ADP (Automatic Data Processing) Corporation, 262–264
AEE (Ameren) Corp., 116
África, 63–66
Afrouxamento quantitativo, 40–41
AIG (American International Group)
  após a crise financeira de 2008, 44
  na crise financeira de 2008, 22, 32, 35–36
  Regra Volcker e, 53
  Título II e, 54
  viés de agregação e, 160–161
Alavancagem, 281
Alcoa, 108
Aleatoriedade dos preços das ações, 312–314
Alocação de ativos, 100–101
Alocação setorial, 203–205
Altas em 52 semanas, 322
Altria Group, 125–126
AmBev, 205
Ameren (AEE) Corp., 116
América Latina, 197
America Online (AOL), 152–153
American Cotton Oil, 115
American International Group (AIG). *Consulte* AIG (American International Group)
American Sugar, 115
American Telephone and Telegraph (AT&T), 119, 123–125, 205
American Tobacco, 115
Amoco, 122–124
"An Evil Omen Returns", 157–159
Análise técnica
  aleatoriedade dos preços das ações, visão geral, 312–314
  conclusões sobre, 323–324
  de Charles Dow, 312
  distribuição de ganhos/perdas na, 321–322
  estratégia de média móvel de Dow Jones na, 317–318
  fuga de mercados baixistas na, 320–321
  investimento *momentum* e, 322–323
  médias móveis de 200 dias na, 318–320
  médias móveis na, 316–322
  mercados tendenciais na, 314–317
  natureza da, 311–312

reversões de preço na, 314–317
simulações na, 314
Analistas. *Consulte também* Análise técnica, 311–312
Analistas fundamentalistas, 311
Anheuser-Busch Inbev, 205
Anjos caídos, 113–114
Anomalias de calendário
  efeito de janeiro, 326–330
  efeito de setembro, 330–334
  efeitos do dia da semana, 335–337
  escolhas do investidor e, 336–337
  feriados de inverno e, 333–335
  grandes retornos mensais e, 330
  introdução às, 325
  períodos do mês e, 334–336
  sazonais, 326
Anomalias sazonais. *Consulte também* Anomalias de calendário, 326
AOL (America Online), 152–153
Apple, 108, 205
Aramco, 206
Arbitradores, 274
Arbitragem, 278–279
Archstone-Smith Trust, 35
Argentina, 197
Arnott, Robert, 143, 371
Ásia. *Consulte também países específicos*
  crise de benefícios sociais na, 58
  crise financeira na, 14–15, 219–220
  na crise financeira de 1997–1998, 42
  taxa de poupança na, 66
Associação Americana de Estatística, 313
Associação Nacional de Corretores de Imóveis (NAR), 29
AT&T (American Telephone and Telegraph), 119, 123–125, 205
Ativos de renda fixa, 94, 169–171
Ativos de risco, 31–32

Automatic Data Processing (ADP) Corporation, 262–264
Autoridade Regulatória do Setor Financeiro (Finra), 298–300
Avaliação do mercado de ações
  conclusões sobre, 171–172
  critérios de Kelly, 185–188
  futuro da, 168–172
  ganhos de rendimento na, 159–166
  historicamente, 159–169
  índices CAPE na, 162–164
  índices de preço/lucro na, 159–160
  introdução à, 175–176, 179–180
  lucros corporativos na, 166
  margens de lucro na, 167–169
  maus presságios na, 157–159
  modelo do Federal Reserve de, 163–166
  PIB na, 166
  prêmio de risco das ações e, 170–172
  Q de Tobin na, 166–168
  queda dos custos de transação e, 169–170
  rendimentos dos títulos na, 163–166
  retornos reais dos ativos fixos e, 169–171
  reversões dos rendimentos na, 157–159
  superando o desempenho do mercado e. *Consulte* Superando o desempenho do mercado
  valor para os acionistas e, 146–149
  valores contábeis na, 166–168
  valores de mercado na, 166–168
  viés de agregação na, 160–161
Avaliação do mercado de ações futuro, 168–172
Aversão à média dos retornos, 98–99
Aversão à perda, 347–349

Aversão míope à perda, 350–352

B

B.A.T. Industries, 115
Babson, Roger, 9–10
Baby boom versus baby bust (explosão e implosão demográfica), 58
"Bad Beta, Good Beta", 189–191
Bagehot, Walter, 32
Baker, Dean, 29
Banco Central Europeu, 31
Banco da Inglaterra, 45–46, 47
Banco de Nova York, 90–91
Banco dos Estados Unidos, 90–91
Banco Real da Escócia, 44
Bancos centrais. *Consulte também* Federal Reserve System (Fed)
  Bernanke no, 33–35
  fluxo de dados econômicos e, 267–268
  na crise financeira de 2008, 23, 32–37
Bank Holiday (Feriado Bancário), 214–215, 243
Bank of America
  após a crise financeira de 2008, 44
  na crise financeira de 2008, 33, 35
  Regra Volcker e, 53
Banz, Rolf, 176
Barclays, 44, 47
Basu, Sanjoy, 183
BEA (Escritório de Análise Econômica), 153–154
Beam Inc., 115
Bear Stearns
  na crise financeira de 2008, visão geral, 17–18
  Regra Volcker e, 53
  resgate financeiro do, 34–36
  superalavancagem no, 31
  Título II e, 54
Becker Securities Corporation, 360

Bens de consumo de primeira
 necessidade ou básicos,
 setor, 121–125, 205
Bens de consumo
 discricionário, setor, 121–
 125, 131, 205
Berkshire Hathaway, 203–
 205, 361–363
Bernanke, Ben, presidente
 do Fed
  sobre afrouxamento
   quantitativo, 267–268
  sobre bancos centrais,
   33–35
  sobre inovação, 71–72
  sobre mercados mundiais,
   21–22
  sobre o Tarp, 246–247
  sobre taxas de
   desemprego, 262–263
  Tarp e, 54–55
Best Global Brands, 68
Beta, 175, 189–191
BHP Billiton, 205
Birrell, Lowell, 106
Black, Fischer, 285–286
Black Monday. *Consulte
 também* Quebra do mercado
 acionário de 1987, 291–295
Blackstone, 17–19
Blake, Christopher, 363–364
BLS (Departamento de
 Estatísticas do Trabalho),
 261–263, 266–267
*Blue Chip Economic
 Indicators*, 235–238
BNP Paribas, 17–18, 44–46
Bogle, Jack, 364–365
Bogle, John, 367
Bolhas
  carteiras ponderadas
   fundamentalmente, 370
  imóveis, 28–30
  mercado acionário, 342–
   344, 371
  Mercado japonês, 199–200
  tecnologia, 15–17, 340–342
Bolhas de ações, 342–344
Bolsa de Opções de Chicago
 (CBOE), 284–286, 303–305
Bolsa de Valores Americana,
 112–113
Bolsa de Valores de Nova
 York (NYSE)
  ações e, 10–11

após 11 de setembro de
 2001, 243
assassinato de Kennedy e,
 247–248
bolsa de futuros de
 Chicago e, 274–276
em maio de 2010, 298–299
especialistas na, 274–275,
 281
índice S&P 500 e, 119
início da, 90–91
introdução à, 76
na quebra do mercado
 acionário de 1987, 292–293
Nasdaq e, 110–114
padrão-ouro e, 209–210
Primeira Guerra Mundial e,
 252–253
suspensões no pregão na,
 296–297
Bolsa de Valores de Tóquio,
 112–113, 253–254
Bosland, Chelcie, 170–171
BP (British Petroleum), 122–
 124, 205
Brasil, 197
Bretton Woods, acordo,
 214–215
British Petroleum (BP), 122–
 124, 205
Brookings Papers, 29
Buffett, Warren
  produtos de índice, 271,
   288
  sobre fundos mútuos, 361–
   363
  sobre horizontes de
   investimento, 373
Burns, Arthur, 231
Bush, George W., presidente,
 55, 135
Business Week, 12–13, 157–
 158, 214–215

C

Cálculo do DJIA. *Consulte
 também* Índice industrial
 Dow Jones (DJIA), 108
Câmara de Comércio de
 Chicago, 274
Câmara de Comércio de
 Kansas, 276
Campbell, John, 13–14, 162,
 189–191

Canais, 108–110
Canal de Delaware e Hudson,
 91–92
Capital privado *versus*
 público, 206
Capital público *versus*
 privado, 206
CAPM (modelo de
 precificação de ativos
 financeiros), 175–177
Carnegie, Andrew, 124–125
Carry trade, 48
Carteiras
  assegurando, 293–297
  monitorando, 350–352
  rebalanceamento, 370
  retornos das, 352–354
Carter, Jimmy, presidente,
 249–252
CBOE (Bolsa de Opções de
 Chicago), 284–286, 303–305
Centro de Pesquisa de Preços
 de Títulos (CRSP), 113–114,
 176
Centro de Pesquisa de Preços
 de Títulos, 76
Chamberlain, Lawrence, 9–10
Chase, 205
Chevron, 122–124, 205
Chicago Gas, 116
China
  após a crise financeira de
   2008, 40
  crescimento econômico da,
   64–66
  na crise de benefícios
   sociais, visão geral, 58
  proporção entre
   aposentados e
   trabalhadores, 63–65
  retorno das ações na, 197
China Mobile, 205
Ciclos econômicos
  conclusões sobre, 237–238
  ganhos por meio da
   cronometragem dos, 234–
   236
  introdução aos, 229–230
  pontos de retorno nos,
   232–235
  previsão de, 235–237
  retorno das ações nos,
   232–235
  teoria de, 7–8

volatilidade do mercado e, 307–308
Ciclos econômicos. *Consulte* Ciclos econômicos
Cisco Systems, 112–113, 187–188
Citibank
   após a crise financeira de 2008, 44
   Regra Volcker e, 53
   Título II e, 54
   viés de agregação e, 160–161
Citigroup, 33
Classe média, 66
Classificações, 25–27
Classificações AAA, 27, 36, 144
Cleveland, Grover, presidente, 247–248
Clinton, William, presidente, 142, 248–249, 257
Clough, Charles, 12–13
CNBC, 3, 14–17
Coca-Cola, 205
Código Industrial Padrão (SIC), 120
Coeficientes de correlação, 98–99
Colby, Robert, 316–317
Columbia Acorn Fund, 361–362
Comissão Cowles para Pesquisa Econômica, 10–11, 76
Comissão de Negociação de Futuros de *Commodity*, 277, 297–298
Comissão de Valores Mobiliários (SEC), 52, 297–300
Comitê de Datação de Ciclos Econômicos, 231–233
Comitê Federal de Mercado Aberto
   após a crise financeira de 2008, 45
   ciclos econômicos e, 238
   inflação e, 267–268
   na crise financeira de 2008, 31
Common Stocks as Long-Term Investments, 6–8, 10–11, 221

Commonwealth Bank of Australia, 205
Comprando opções de índice, 286–287
Comprar e lançar, estratégia, 287–288
Comte, Auguste, 57
Conference Board, 264–265
Conflitos pós–1945, 253–256
Congresso dos Estados Unidos. *Consulte também leis específicas* do, 33, 34
ConocoPhillips, 122–124
Conselho Consultivo de Recuperação Econômica, 53
Conselho de Normas Contábeis e Financeiras (FASB), 150–156, 163–164
Conselho de Normas Contábeis e Financeiras, 203
Consultores, 377–378
Consultores de investimento, 377–378
Contas com impostos diferidos (TDAs), 140–141
Contas de aposentadoria individuais (IRAs), 284–285
Contas de renda e produto nacionais (NIPA), 144–146, 152–155, 163–165
Contas de reserva, 216–217
Contratos de futuros, definição, 276
Contratos de futuros negativos, 277
Contratos de futuros positivos, 277
Controle de estoque, 23
Corporação de Proteção do Investidor em Títulos, 54
Corporação Federal de Seguro de Depósito (FDIC), 33, 52–54
Correlações entre as classes de ativos, 48–52
   dos retornos, 98–101
   negativas, 98–101
   positivas, 99–100
Correlações negativas, 98–101
Correlações positivas, 99–100
Corvis Corporation, 188–190
Cotações muito fora do padrão (*stub quotes*), 299–300

Cowen, Tyler, 69–70
Cowles III, Alfred, 10–11
Crane, Richard, 127–128
Credores de última instância, 32–37
Crescimento da produtividade, 69–72
Crescimento econômico
   dados sobre, 260–262
   expectativa e, 259
   no investimento global, 64–66, 196–198
Crescimento econômico acima das expectativas, 259
Crescimento econômico mais rápido do que o esperado, 259
Crise de benefícios sociais
   conclusões sobre, 71–72
   crescimento da produtividade na, 69–72
   demografia mundial e, 62–65
   economias emergentes e, 58–59, 64–68
   expectativas de vida na, 59
   idades de aposentadoria na, 59–67
   introdução à, 57–58
   onda de envelhecimento na, 58–59, 62–65
Crise financeira de 2008
   abrandamento pelo Federal Reserve, 32–37
   ativos de risco na, 31–32
   causas da, 23–32, 36–37
   correlações entre as classes de ativos após, 48–52
   credores de última instância na, 32–34
   deflação após, 40–41
   economia após, visão geral, 39–40, 55–56
   efeitos legislativos após, 52–55
   erros de classificação na, 25–27
   falha regulamentar na, 30–31
   Grande Depressão *versus*, 22–23
   Grande Moderação e, 23–24
   hipotecas *subprime* na, 24–25

Lehman Brothers na, 34–36
mercado acionário após, 40–45
mercado imobiliário na, 17–19, 28–30, 45
mercado Libor após, 45–47
mercados de *commodities* após, 47–48
mercados de moedas estrangeiras após, 48
mercados financeiros após, visão geral, 39–40, 55–56
mercados mundiais na, 21–22
política governamental subsequente. *Consulte* Política governamental
recessão subsequente. *Consulte* Grande Recessão
resumo da, 36-37
retorno dos ativos após, 48-50
rumores da, 16–19
superalavancagem na, 31-32
títulos do Tesouro após, 45–46
Critérios de tamanho, 185–193
Crowther, Samuel, 3–4
CRSP (Centro de Pesquisa de Preços de Títulos), 113–114, 176
Cubes, 273
Custos
  de capital próprio, 144
  de juros, 225–226
  de transação, 169–170
  dos funcionários, 265–266
  inflação dos, 224–225
  retornos *versus*, 366–367
Custos de juros nominais, 225–226
Custos de transação, 169–170
Custos do emprego, 265–266
CVS Corporation, 129

D

Dados econômicos
  conclusões sobre, 268
  conteúdo informativo dos, 259–261
  crescimento econômico, 260–262
  custos do emprego, 265–266
  divulgação de, 262–265
  fluxo de, visão geral, 257–258
  inflação básica, 265–267
  mercados financeiros e, 258, 266–268
  política do banco central e, 267–268
  preço das ações e, 260–262
  reação do mercado aos, 258–259
  relatórios sobre emprego, 261–263
  relatórios sobre inflação, 264–267
Dados sobre ciclo econômico, 262–265, 307
Daimler AG, 205
Datas de liquidação, 276–277, 280
David, Joseph, 90–91
De Bondt, Werner, 323
Dean Witter, 308
Décima Sexta Emenda, 141–142
Declaração das Normas Contábeis e Financeiras (SFAS), 152–153
Deere, John, 127–128
Deflação, 40–41
Deflator de despesa de consumo pessoal (PCE), 266–267
Deflator PCE (despesa de consumo pessoal), 266–267
Democratas, 247–252
Demografia como destino. *Consulte também* Crise de benefícios sociais, 57–58
Demografia mundial, 62–65
Departamento de Comércio, 225–226
Departamento de Estatísticas do Trabalho (BLS), 261–263, 266–267
Departamento de Trabalho, 259
Depressão. *Consulte* Grande Depressão
Descontos, 278
Desempenho do mercado. *Consulte também* Superando o desempenho do mercado
Desempenho dos fundos. *Consulte também* Superando o desempenho do mercado
  custos *versus* retornos em, 366–367
  de fundos mútuos de ações, 358–363
  gestores de recursos financeiros para, 362–364
  índices ponderados fundamentalmente em, 369–372
  índices ponderados por capitalização em, 368–371
  informações insuficientes em, 363–365
  introdução ao, 357
  investimentos passivos em, 367–368
  negociação informada e, 366
  subdesempenho do dinheiro gerenciado em, 362–365
Desempenho ponderado pelo dólar, 358
Desvio padrão dos retornos, 96–99
Diamonds, 273
Diferença entre expectativa/ realidade, 258–262
Dimson, Elroy, 88–90
Dinâmica social, 342–344
Dinheiro em circulação, 210–213
Discrepâncias, 295–296
Distilling & Cattle Feeding, 116
Diversificação, 198–205
Dividendos
  de títulos *versus* ações, 157-159
  desconto de, 148–149
  histórico dos, 144–145
  índices de *payout* de, 146–149
  modelo de crescimento de Gordon para, 146–149
  por ação, 144–145
  superando o desempenho do mercado e, 179–183
Dividendos em dinheiro. *Consulte* Dividendos

DJIA (Índice industrial Dow Jones). Consulte Índice industrial Dow Jones (DJIA)
Dodd, Christopher, senador, 53
Dodd, David
  abordagem direcionada ao valor, 10–11
  Buffett e, 362–363
  sobre a febre de apostas, 3
  sobre análise de títulos, 173, 176
  sobre análise técnica, 311
  sobre dividendos, 179–180
  sobre especulação, 157
  sobre índices de preço/lucro, 183–184
  sobre índices de preço/valor contábil, 184–185
"Dogs of the Dow", 181–182
Dólar americano
  ações desde 1802 e, 79–81
  correlação com as ações, 50–51
  investimento global e, 199
  retornos reais sobre, 81–82
  taxas de câmbio e, 293–295
  títulos desde 1802 e, 79–81
  valor após 2008, 48
Domino Foods, Inc., 115
Dow, Charles, 106, 312
"Dow 10", 181–182
Dow 36,000, 15–17
"Dow 5.000", 16–17
"Dow Plunges 120 in a Scary Stock Sell-Off: Biotechs, Programs, Expiration and Congress Get the Blame", 246–247
Dow Theory, 312
Downes, John, 182
Dreman, David, 339
Duer, William, 90–91
Duke Energy, 205

E

E. F. Hutton, 12–13
EAFE (Índice Europa, Australásia e Extremo Oriente)
  indexação ponderada fundamentalmente e, 372
  introdução ao, 48–49
  retorno das ações no, 199
  riscos das ações no, 201
"Earnings Forecasts and the Predictability of Stock Returns: Evidence from Trading the S&P", 163–164
Economias emergentes. Consulte também Países em desenvolvimento
  crise de benefícios sociais e, 58–59, 64–68
  mercados acionários nas, 49
  no investimento global, 195–196
  PIB real nas, 67
  proporção entre aposentados e trabalhadores nas, 59–65
"Economic Exuberance Envisioned for 1982", 237
Economic Report of the President, 214–215
Efeito de dezembro. Consulte também Anomalias de calendário, 326–330
Efeito de feriados. Consulte também Anomalias de calendário, 333–337
Efeito de janeiro
  causas do, 328–329
  enfraquecimento do, 329–330
  introdução ao, 326–328
Efeito de setembro, 330–334
Efeitos da oferta, 223–225
Efeitos do dia da semana, 335–337
Eficiência de média-variância, 369
Eficiência dos mercados, definição, 369
Eggert, Robert J., 235–236
Eisenhower, presidente, 246–248
Eiteman, Wilford J., 10–12
El-Erian, Mohammed, 69–70
Ellis, Charles D., 357, 364–365
Elton, Edward, 363–364
Emanual, Rahm, 39
E-minis, 276
Empresas de tecnologia, 15–17
Empresas industriais. Consulte também Índice industrial Dow Jones (DJIA), 106
Empresas sobreviventes, 127–128
Energia, setor, 120–125
Entusiasmo do investidor, 352–354
Equação de Fisher, 223
Escalas logarítmicas, 5
Escritório de Análise Econômica (BEA), 153–154
Escritório Nacional de Pesquisa Econômica (NBER), 230–236, 238
Escritório Nacional de Pesquisa Econômica, 47
Esquemas Ponzi, 24
Estados Unidos
  Constituição dos, 141–142
  Guerra Civil dos, 95–96
  moeda dos. Consulte Dólar americano
  PIB dos, 39–42
  preços ao consumidor nos, 79–80
  Tesouro dos, 32–33
  títulos governamentais dos. Consulte Títulos do Tesouro
Estimativas de consenso, 259
Estrada de Ferro Mohawk e Hudson, 91–92
Estratégia Dow 10, 354
ETFs (fundos negociados em bolsa). Consulte Fundos negociados em bolsa (ETFs)
EUA (Estados Unidos). Consulte Estados Unidos
Europa
  após a crise financeira de 2008, 40
  Bens de consumo de primeira necessidade ou básicos, setor, 205
  crise da dívida na, 297–298
  crise monetária na, 51
  diminuição das idades de aposentadoria na, 59–60
  Guerras Mundiais na, 252–254
  onda de envelhecimento na, 58–60, 68
  políticas de taxa de câmbio e, 293–295
  retorno das ações na, 199–204
Evans, Richard, 371

Eventos mundiais
  conclusões sobre, 255–256
  conflitos pós-1945 em, 253–256
  guerra em, 249–256
  incerteza e, 246–248
  mercados financeiros e, 241–247
  partidos políticos e, 247–252
"Everybody Ought to Be Rich", 3–5
Evitando armadilhas comportamentais.
  Consulte também Finanças comportamentais, 350–351
Excesso de confiança, 344–347
Expectativas
  de inflação, 266–268
  histórico e, 374
  realidade *versus*, 258–262
  volatilidade e, 303–304
Expectativas de vida, 59–60, 63–64
Expectativas do mercado.
  Consulte Expectativas
Exuberância irracional, 13–14, 30, 162
Exxon, 122–124, 205, 206

F

Fabricantes de automóveis, 131
Facebook, 153–154
Falha regulamentar, 30–31
Falsos alarmes, 233–234
Fama, Eugene, 176, 184–185, 189–190
Fannie Mae, 34, 44, 121–122
FASB (Conselho de Normas Contábeis e Financeiras), 150–156, 163–164
FDIC (Corporação Federal de Seguro de Depósito), 33, 52-54
"Fear and Greed", 12–13
Federal Reserve de Nova York, 264–265
Federal Reserve System (Fed)
  ambiente econômico e, 267–268
  após a crise financeira de 2008, 40–41

avaliação do mercado acionário e, 163–166, 217–220
criação de dinheiro, 216–217
criação do, 8–10, 213–214
deflação e, 40–41
em 1982–2000, 11–14
estabilização do dólar pelo, 294–295
falha regulamentar do, 30–31
inflação e, 79, 217–222
mercado de títulos do Tesouro e, 45–46
mercado imobiliário e, 45
mercado Libor e, 47
na crise financeira de 2008, 17–18, 22–25, 32–37
notas do, 213–214
política monetária e, 213–214
Tarp e, 54–55
taxas de juros e, 79, 217–218
Título II e, 54
Título XI, 54
Feriados de inverno, 333–335
Ferrovias, 91–92
Fidelity, 361–362
Finanças comportamentais
  ações desfavorecidas em, 354
  aversão à perda em, 347–352
  aversão míope à perda em, 350–352
  bolha de tecnologia, 1999–2001, em, 340–342
  bolhas de ações em, 342–344
  dinâmica social em, 342–344
  entusiasmo do investidor em, 352–354
  estratégia Dow 10 em, 354
  evitando armadilhas comportamentais em, 350–351
  excesso de confiança em, 344–347
  introdução às, 339–340, 342
  investimentos contrários em, 352–354
  mantendo negociações fracassadas em, 347–349

melhorando os retornos das carteiras em, 352–354
modismos em, 342–344
monitorando carteiras em, 350–352
negociação excessiva em, 344–347
prêmios de risco das ações em, 350–352
regras *versus*, 376
teoria da perspectiva em, 347-349
viés de representatividade em, 344–347
Financial Analysts Journal, 158, 371
Financial Times, 246–247
Finra (Autoridade Regulatória do Setor Financeiro), 298–300
First Pacific Advisors, 27
"*First-in–first-out*", contabilidade de estoque, 225–226
Fisher, Irving
  CRSP e, 113–114
  sobre a inflação, 223
  sobre as ações, 8–9
  sobre o "patamar permanentemente alto", 8–14
  sobre poder aquisitivo, 93, 102–103
Fitch, agência de classificação, 27
Fluxo de dados econômicos.
  Consulte Dados econômicos
Fluxos de caixa descontados, 143–144
Folhas de pagamento não rurais, 261–262
Foman, Robert, 12–13
Forbes, revista, 4, 12–13
Ford, Gerald, presidente, 235–236
Fórmula de Black-Scholes, 285–287
França, 17–18
Frank, Barney, 53
Franklin, Benjamin, 133
Freddie Mac, 34, 44, 121–122
French, Ken, 176, 184–185, 189–190
Friedman, Milton, 21, 34, 212
Frost, Robert, 119
Fuld, Richard, 18–19, 22, 35

"Fundamental Indexation", 371
Fundamentos da economia, definição, 159
Fundo de Estabilização Cambial, 33
Fundos mútuos
  ações, 358–363
  de 1995–2012, 272
  ETFs versus, 273
  índice, 282–285
Fundos mútuos de ações, 358–363
Fundos mútuos de índice, 282–285
Fundos negociados em bolsa (ETFs)
  arbitragem nos, 278–279
  introdução aos, 271
  ponderados fundamentalmente, 371
  vantagens dos, 282–285
  vantagens tributárias dos, 282–283
  visão geral dos, 272–273
Fundos sem encargos, 283–284
Futuros, definição, 276
Futuros da Bolsa Mercantil de Chicago e, 274–276, 281
  investimento global e, 200
  volatilidade do mercado e, 296–298
Futuros de índices de ações
  alavancagem e, 281
  Globex e, 279–280
  hora das bruxas dupla e, 280–281
  hora das bruxas tripla e, 280–281
  importância dos, 287–288
  introdução aos, 267–268
  margens nos, 281
  mercados, arbitragem nos, 278–279
  mercados, visão geral, 276–277
  vantagens dos, 282–285
  vantagens tributárias dos, 282–283
  visão geral dos, 273–276

G

GAAP (princípios contábeis geralmente aceitos), 150-156
General Electric, 106, 115–116, 205
General Food, 129
General Motors (GM), 54–55, 124–126, 182
Gerentes de compra de Chicago, 264–265
Gestores de recursos financeiros, 362–364
GICS (Global Industry Classification Standard), 120, 203–205
Glassman, James, 15–16, 181
Global Industry Classification Standard (GICS), 120, 203–205
Global Wealth Allocation, 371
Globex, 279–280
GM (General Motors), 54–55, 124–126, 182
Goethe, Johann Wolfgang, 105
Goetzmann, Bill, 76
Goldman Sachs, 27, 371
Golfo de Tonquim, 253–255
Google, 108, 153–154, 205
Gordon, Robert, 69–70
Gordon, Roger, 146–147
Gordon, Wiliam, 316–317
Graham, Benjamin
  abordagem direcionada ao valor, 10–11
  Buffett e, 362–363
  desempenho das ações, 357
  sobre a febre de apostas, 3
  sobre análise de títulos, 173, 176
  sobre análise técnica, 311, 324
  sobre dividendos, 179–180
  sobre especulação, 157
  sobre índices de preço/lucro, 183–184
  sobre índices de preço/valor contábil, 184–185
Gramlich, Edward, 30
Grande Crise Financeira. Consulte Crise financeira de 2008
Grande Depressão
  crise financeira de 2008 e, 22-23, 33-34
  Federal Reserve System e, 213–215
  Grande Recessão versus, 39–46, 56
  inflação e, 211
  padrão-ouro e, 213–215
  Títulos do Tesouro dos Estados Unidos na, 23
  volatilidade do mercado e, 300–304
Grande Moderação, 23–24, 37
Grande Quebra de 1929, 3–5, 289–291
Grande Recessão
  crise financeira de 2008 e, 23
  déficits orçamentários do governo na, 57
  deflação na, 40–41
  Grande Depressão versus, 39–46, 56
  mercado imobiliário na, 45
  PIB na, 40
  previsão, 238
  valor para os acionistas na, 153–154
Grandes retornos mensais, 330
Grandes variações diárias, 305–307
Grantham, Jeremy, 16–17
Great Stagnation, 69–70
Greenspan, Alan
  na "exuberância irracional", 13–14, 162
  na alta do mercado acionário, 163–164
  na crise financeira de 2008, 30–31, 36
Greenwood Associates, 366
Gross, Bill, 15–16, 69–70
Gruber, Martin, 363–364
Guerra da Coreia, 253–254
Guerra do Afeganistão, 255–256
Guerra do Vietnã, 253–254
Guerras
  Afeganistão, 255–256
  Civil dos Estados Unidos, 95–96
  Coreia, 253–254
  durante o padrão-ouro, 213
  mercado acionário e, 249–256
  Primeira Guerra Mundial, 252–253
  Segunda Guerra Mundial, 253–254
  Vietnã, 253–254
Guerras mundiais, 252–254
Guttenberg, Johannes, 70–71

H

Hall, Robert E., 231–233
Hamilton, Alexander, 90–91
Hamilton, William, 312
Harding, Warren, presidente, 247–248
Hassett, Kevin, 15–16
Hedge cambial, 201
Hedge funds, 16–17
Henry, Patrick, 75
HFTs (*traders* de alta frequência), 297–298
Himmelberg, Charles, 29
Hipotecas *subprime*, 24–25, 29
Hipotecas totalmente financiadas, 29
Hipótese de instabilidade financeira, 24
Hipótese de mercado eficiente, 313, 329
Hipótese de mercado ruidoso, 190–191, 369–371
Hipótese do passeio aleatório, 98, 313–314
Hiroshima, 253–254
Histórico
  da avaliação do mercado de ações, 157–169
  da indexação ponderada fundamentalmente, 371-372
  da inflação, 209–210
  da volatilidade das ações, 300–304
  das ações, 3–19
  das ações como investimento, 6–10
  das margens de lucro, 167—169
  do código tributário, 141–142
  do Federal Reserve, 163–166, 213–214
  do ganho de rendimento, 159–162
  do PIB, 166
  do S&P 500, 119–120, 144–146
  do viés de agregação, 160–161
  dos ganhos de rendimento, 163–166
  dos índices CAPE, 162–164
  dos índices de preço/lucro, 159–160
  dos lucros corporativos, 166
  dos lucros operacionais, 150–153
  dos rendimentos dos títulos, 163–166
  dos valores contábeis, 166–168
  expectativas e, 374
Home Depot, 187–189, 205
Homem de Marlboro, 125–126
Hoover, Herbert, presidente, 247–249
Hora das bruxas, 280–281
Hora das bruxas dupla, 280–281
Hora das bruxas tripla, 280–281
Horizontes, 94–97
Horizontes de investimento (ou períodos de manutenção), 100–102
How to Beat the Market, 364–365
HSBC, 44, 205
Hsu, Jason, 371
Hussein, Saddam, 12–13

I

Ibbotson, Roger, 11–12, 76, 191–192
IBM
  desempenho da, 173–176, 193
  internacionalmente, 205
  no índice S&P 500, 123–124
  no setor de tecnologia, 121–122
  preço de mercado da, 108
ICE (Intercontinental Exchange), 112–114
Idades de aposentadoria, 59–67
Iene. *Consulte também* Japão, 48, 202
Imposto de renda, 141–142
Imposto de renda federal, 141–142
Imposto inflacionário, 137–138
Impostos
  ações e, 139
  adiamento sobre ações *versus* títulos, 140–141
  conclusões sobre, 141–142
  contas com impostos diferidos, 140–141
  ETFs e, 282–285
  futuros de índices de ações e, 282–285
  ganhos, 146–147
  histórico do código de, 141–142
  inflação e, 137–139
  introdução aos, 133
  retornos reais após os impostos e, 135
  sobre dividendos *versus* capital
  sobre ganhos de capital, adiamento, 135-137
  sobre ganhos de capital, historicamente, 133-135
  sobre ganhos de capital, inflação e, 137–139
  TDAs (contas com impostos diferidos), 140–141
Impostos corporativos, 224–226
Impostos sobre ganhos de capital
  adiamento, visão geral, 135–137
  adiamento sobre ações *versus* títulos, 140–141
  histórico dos, 133–135, 141–142
  inflação e, 137–139
  na política monetária, 226–227
Incerteza, 246–248
Indexação
  desempenho dos fundos e. *Consulte* Desempenho dos fundos
  introdução à, 347–349
  ponderada fundamentalmente, 369–372, 376
  ponderada por capitalização, 368-371
Índia, 58, 64–66
Indicadores de sentimento dos consumidores, 264–265
índice Case-Shiller, 25

Índice Commodity Research Bureau (CRB), 47–49
Índice CRB (Commodity Research Bureau), 47–49
Índice de fundos de investimento imobiliário (REITs), 18–19, 43
Índice de gerentes de compra (PMI), 263–265
Índice de preço ao consumidor, 79–80, 265–266
Índice de preço ao produtor (PPI), 264–266
Índice de Volatilidade (VIX), 42, 303–305
Índice Europa, Australásia e Extremo Oriente (EAFE). *Consulte* EAFE (Índice Europa, Australásia e Extremo Oriente)
Índice industrial Dow Jones (DJIA)
　após 11 de setembro de 2001, 243, 254–256
　cálculo do, 108
　criação do, 312
　efeito de setembro e, 330–333
　em 13 de abril de 1992, 275
　em 1929, 4
　em 1982–2000, 12–13
　em 2008, 18–19
　em maio de 2010, 297–298
　estratégias de rendimento de dividendos e, 181–182
　grandes retornos mensais e, 330
　grandes variações diárias no, 305–307
　início do, 91–92
　introdução ao, 105–107
　linhas de tendência no, 108–110
　mandatos presidenciais e, 248–249
　médias móveis de 200 dias no, 317–322
　na quebra do mercado acionário de 1987, 291–293
　no período pós-guerra, 233–234, 253–256
　padrões históricos no, 289–290
　pressão do petróleo pela Opep e, 224–225
　previsão de retornos futuros no, 108–110
　Primeira Guerra Mundial e, 252–253
　retornos em feriados e, 333–335
　Segunda Guerra Mundial e, 253–254
　suspensões no pregão e, 296–297
　Tarp e, 55
　tendências de longo prazo no, 108–109
　variação percentual média diária no, 301–305
　variações relacionadas a notícias no, 245–247
Índice REIT (fundo de investimento imobiliário), 18–19, 43
Índice S&P (Standard & Poor's) 500
　AOL no, 152–153
　após a crise financeira de 2008, 42–45
　Berkshire Hathaway no, 205
　ciclos econômicos e, 231
　classes de ativos no, 48–49
　desempenho do, visão geral, 130–131, 375–376
　efeito de janeiro e, 326–330
　efeito de setembro e, 330–331
　em 11 de setembro de 2001, 241–243
　em 13 de abril de 1992, 275
　em 2007, 16–17
　empresas de melhor desempenho no, 125–130
　empresas sobreviventes no, 127–128
　fundos mútuos de ações no, 359–360
　futuros no, 258, 276–277
　ganhos de rendimento e, 144–146, 180–183
　grande retorno mensal no, 330
　histórico do, visão geral, 119–120
　indexação ponderada por capitalização no, 368–369
　índices de preço/lucro e, 183–185
　índices ponderados pelo preço *versus*, 108
　introdução ao, 105
　investimento global *versus*, 202
　lucros divulgados no, 144–146, 150–154
　lucros operacionais/divulgados nos, 150–154
　maior alta de todos os tempos, 367
　na crise financeira de 2008, 25–26
　na quebra do mercado acionário de 1987, 292
　na quebra-Relâmpago de maio de 2010, 297–300
　notícias ruins *versus* notícias boas no, 127–128
　opções de índice *versus*, 285–286
　ponderado por valor, 109–111
　retorno das ações de alta capitalização e, 179–180
　retorno das ações de baixa capitalização e, 177–178, 182
　rotatividade setorial no, 120–126
　taxa de fundos federais, 217–220
Índice Standard & Poor's (S&P) 500. *Consulte* Índice S&P (Standard & Poor's) 500
Índice Vanguard 500, 367–368
Índices. *Consulte também* Índices de preço/lucro (P/E), 5, 146–149, 184–186
Índices CAPE (preço/lucro ajustado ciclicamente), 160–165
Índices de ações, definição. *Consulte também índices específicos*
　ações originais em, 115–117
　CRSP, 113–114
　índice industrial Dow Jones, 106–110, 115–117
　médias do mercado, visão geral, 105–106
　Nasdaq, 110–114
　ponderados por valor, 109–114, 376
　S&P 500, 109–111

tendenciosidades dos retornos em, 113–115
Índices de ações de baixo custo, 375–376
Índices de ações ponderados pelo valor, 109–114, 376
Índices de pagamento, 146–149
Índices de preço/lucro (P/E)
  ajustados ciclicamente, 160–165
  após a crise financeira de 2008, 44–45
  desempenho dos, 376
  ganhos de rendimento e, 160–162
  na avaliação do mercado de ações, 159–160
  superando o desempenho do mercado e, 183–185
  viés de agregação e, 160–161
Índices de preço/lucro ajustado ciclicamente (CAPE), 160–165
Índices de preço/valor contábil, 184–186
Índices de Russell, 113–114, 187–188, 329–330
Índices de valor contábil/valor de mercado, 184–186
Índices ponderados fundamentalmente, 369–372, 376
Índices ponderados pelo preço. *Consulte também* Índice industrial Dow Jones (DJIA), 108
Índices ponderados por capitalização. *Consulte também* Índice S&P (Standard & Poor's) 500.
  como o melhor indicador de retorno, 109–110
  desempenho dos fundos e, 368-371
  histórico dos, 76
  horizontes de investimento de curto prazo e, 94–95
  índices ponderados pelo preço *versus*, 108
Industrial, setor, 120–125, 205
Inflação
  dinheiro em circulação e, 210–213

historicamente, 209–210
impostos e, 137–139
lucros GAAP e, 154–155
mercado acionário e, 76–83
mercado de títulos e, 79–85
padrão papel-moeda e, 99–100
preços e, 211
relatórios sobre, 264–267
valor para os acionistas e, 144
Inflação abaixo da expectativa, 266–267
Inflação acima das expectativas, 266–268
Informações insuficientes, 363–365
Inglaterra. *Consulte também* Reino Unido, 209–210
Inovação, 69–72
Instituto de Gestão de Oferta (ISM), 263–265
Instrumentos de poupança, 140–141
Integrys Energy Group, 116
Intel, 112–113, 187–191
Intensidade das pesquisas, 71–72
Interbrand, 68
Intercontinental Exchange (ICE), 112–114
Internet, 14–17, 70–72
Invenções, 69–71
Invenções de ruptura, 69–71
Investimento de curto prazo
  horizontes de investimento em, 94–95
  inflação e, 222–227
  longo prazo *versus*. *Consulte* Investimento de longo prazo
  política monetária e, 222–227
  títulos em, 78, 84–85
Investimento de longo prazo.
  ações em, 6–15, 89–92
  aspectos práticos do, 373–374
  consultores de investimento para, 377–378
  crescimento das carteiras em, visão geral, 373, 378
  diretrizes para, 374–376
  horizontes de investimento em, 94–95

índice industrial Dow Jones, 108–109
planos de implementação para, 377–378
retornos reais em, 84–85
tendências em, 108–109
títulos "*on the run*" em, 191–192
títulos em, 78–79, 84–85, 100–101
Investimento em liquidez, 190–193
Investimento externo. *Consulte* Investimento global
Investimento global
  alocação setorial em, 202-205
  bolhas do mercado e, 199–200
  capital privados *versus* público em, 206
  como estratégia de investimento, 375–376
  conclusões sobre, 206
  crescimento econômico e, 196-198
  diversificação em, 198–205
  efeito de setembro e, 330–333
  incorporações internacionais em, 203
  introdução ao, 195–196
  países em, 202–203
  PIB e, 40–42
  retorno de ações internacionais em, 199
  risco da taxa de câmbio e, 201–202
  riscos das ações em, 201-206
Investimento internacional. *Consulte* Investimento global
Investimento passivo, 367–368, 376
Investimentos com informações privilegiadas, 369
Investimentos contrários, 352–354
Investindo em Ações no Longo Prazo, edições anteriores
  Glassman e Hassett em, 15–16

índices de preço das ações em, 75
retornos reais sobre as ações em, 80–81
Shulman em, 13–14
sobre a construção de riqueza, 377
sobre Anomalias de calendário, 325
sobre consultores de investimento, 377
sobre os retornos das ações americanas *versus* globais, 88
sobre títulos de longo prazo, 95–96
Investor's Business Daily, 246–247
IPC. Consulte Índice de preço ao consumidor
IPO (oferta pública inicial), 187–190
Iraque, 12–13, 231–232, 254–256
IRAs (contas de aposentadoria individuais), 284–285
IRS (Serviço da Receita Federal), 225–226
"Is There a Housing Bubble?", 29
"Is There Really a Business Cycle?", 237
ISM (Instituto de Gestão de Oferta), 263–265

J

Japão
  após a crise financeira de 2008, 40, 48
  bens de consumo discricionário, setor no, 205
  bolha do mercado acionário no, 199–200, 371
  efeito de janeiro no, 328
  hedge cambial e, 202
  mercado altista no, 200–201
  poupança no, 66
Jegadeesh, Narasimhan, 322–323
Jensen, Michael, 361
Johnson & Johnson, 205
Johnson, Lyndon, presidente, 214–215, 247–248
Jones, Charles, 71–72, 169–170
Jones, Robert, 371
Jornalismo de ficção, 3–19
Journal of Finance, 176
Journal of the American Statistical Association, 8–9
JPMorgan, 17–18, 22, 205

K

Kaufman, Henry, 13–14
Keim, Donald, 326
Kennedy, John F., presidente, 247–248
Keta Oil & Gas, 106
Keynes, John Maynard
  sobre a volatilidade do mercado, 300–301
  sobre *Common Stocks as Long-Term Investments*, 7–8
  sobre convenções, 377
  sobre estimativas de rendimento, 309
  sobre longo prazo, 373
  sobre tendência no mercado, 307
Khara, Homi, 65–66
Kindleberger, Charles, 24
King, Mervyn, 47
KKR (Kohlberg Kravis Roberts & Co.), 130
Knowles, Harvey, 181
Kohlberg Kravis Roberts & Co. (KKR), 130
Kraft Foods, 129
Kuwait, 12–13, 231–232, 254–255

L

Laclede Gas, 115–116
Ladies' Home Journal, 4
"Last-in–first-out", contabilidade de estoque, 225–226
Legg Mason's Value Trust, 364–365
Legislação. Consulte também leis específicas, 52–55
Lehman Brothers
  crise financeira de 2008 e, 17–19
  falência do Lehman, 21–23
  falha regulamentar do, 34–36
  mercado acionário e, 40–42
  Regra Volcker e, 53
  Título II e, 54
Lei da Previdência Social, 58-59
Lei da Receita de 1913, 141–142
Lei de Alívio ao Contribuinte Americano, 139
Lei de Conciliação de Impostos para Emprego e Crescimento, 135, 142
Lei de Estabilização Econômica de Emergência, 33
Lei de Proteção da Renda de Aposentadoria dos Assalariados, 178
Lei de Valores Mobiliários, 52
Lei do Federal Reserve. Consulte também Federal Reserve System (Fed), 34, 54–55, 213
Lei Dodd-Frank de Reforma de Wall Street e de Proteção ao Consumidor, 53-55
Lei Glass-Steagall, 52-53
Lei Gramm-Leach-Bliley, 53
Lei Humphrey-Hawkins, 215–216
Levantamentos por estabelecimento, 261–263
Levantamentos sobre folhas de pagamento, 261–263
Libra esterlina, 201–202
Libras esterlinas. Consulte também Inglaterra, 201–202
Limited Stores, 188–189
Limites inferiores, 314–317
Limites superiores, 314–317
Linha de Financiamento ao Investidor do Mercado Monetário, 33
Linhas de tendência, 108–110
Lintner, John, 175
Litzenberger, Robert, 180
London Interbank Offered Rate (Libor), 43, 45–47, 217–218
London Interbank Offered Rate, 43, 45–47, 217–218
Long-short de alta frequência, 317–318

Long-Term Capital
  Management, 14–15, 219–220
Lorie, James H., 11–14,
  113–114
Lowenstein, Roger, 3, 13–14
Lucro líquido Consulte
  Lucros
Lucro/dividendos por ação,
  144–145, 155–156
Lucros
  como valor para os
    acionistas, visão geral,
    144–145
  conceitos de, 148–156
  crescimento histórico dos,
    144–149
  desconto de, 148–149
  ganhos de rendimento,
    159–166
  métodos de divulgação de,
    150–153
  operacional, 152–155
  orientação, 154–156
  por ação, 144–145
  relatórios trimestrais de,
    154–156
  retidos, 144–145
Lucros corporativos, 166
Lucros divulgados. Consulte
  também Lucros, 150–153
Lucros operacionais.
  Consulte também Lucros,
  150–155, 165
Lucros retidos. Consulte
  também Dividendos, 146–148
Lun, Ts'ai, 70–71
Lynch, Peter
  sobre Buffett, 271
  sobre ciclos econômicos,
    229
  sobre fundos mútuos, 361–
    365
  sobre produtos de índice,
    271, 288
Lyondell Basell Industries,
  116

M

Macaulay, Frederick, 313
Magellan Fund, 361–362,
  364–365
Magnitudes de fluxos de
  caixa, 144

Main Street versus Wall
  Street, 258
Maio de 2010, 297–301
Maiores movimentos diários
  do mercado, 244–245
Major Market Index, 292
Malkiel, Burton, 323, 364–
  365
Manias, Panics, and Crashes:
  A History of Financial Crises,
  24
Mantendo negociações
  fracassadas, 347–349
Mantendo negociações
  fracassadas, 347–349
Marcas, 68
Marcas ocidentais, 68
Margens, 281
Margens de lucro, 167–169
Markit Group Limited,
  264–265
"Married to the Market",
  14–15
Marsh, Paul, 88–90
Marshall, John, 133
Massacre do Sábado à Noite,
  216–217
Matéria-prima, setor, 120–
  126, 205
Mayer, Chris, 29
Mayer, Martin, 200
McGraw, James H., 127–128
McKinley, William,
  presidente, 247–248
McNees, Stephen, 235–236
McQuaid, Charles, 361–362
Measuring Business Cycles,
  231
Média do custo do dólar,
  10–11
Médias móveis
  200 dias, 318–320
  distribuição de ganhos/
    perdas em, 321–322
  estratégia Dow Jones para,
    317–318
  fuga de mercados baixistas
    em, 320–321
  introdução às, 316–317
  teste, 317–318
  teste retrospectivo, 318
Mehra, Rajnish, 170–171
Melamed, Leo, 200, 294–295
Melhor preço seguinte,
  295–296

Meltzer, Allan, 35
Melville, Frank, 129
Mercado de ações
  após a crise financeira de
    2008, 40–45
  avaliação dos. Consulte
    Avaliação do mercado de
    ações
  ciclos econômicos
    e. Consulte Ciclos
    econômicos
  dados econômicos
    e. Consulte Dados
    econômicos
  desde 1802. Consulte Ações
    desde 1802
  desde 1802. Consulte Ações
    desde 1802
  eventos mundiais e.
    Consulte Eventos
    mundiais
  índice S&P 500 dos.
    Consulte Índice S&P
    (Standard & Poor's) 500
  inflação e, 217–227
  internacionalmente.
    Consulte Investimento
    global
  maiores variações diárias
    nos, 244–245
  mandatos presidenciais e,
    250, 251
  na crise financeira de 2008,
    21–22
  onda de envelhecimento e,
    62–63
  padrões históricos nos,
    6–10, 289–291
  política monetária e, 219–
    227
  preços das ações nos, 217–
    220, 260–262
  quebra de 1929 do, 3–5,
    289–291
  quebra de 1987 do.
    Consulte Quebra do
    mercado acionário de 1987
  quebra-relâmpago de 2010,
    297–301
  superando o desempenho.
    Consulte também
    Superando o desempenho
    do mercado
  títulos versus. Consulte
    Títulos versus ações

Mercado de fundos federais, 217–218
Mercado de futuros, 294–297
Mercado de títulos
  1802 até o presente. Consulte Títulos desde 1802
  ações versus. Consulte Títulos versus ações
  fluxo de dados econômicos e. Consulte Dados econômicos
  rendimentos no, 163–166
Mercado imobiliário
  após a crise financeira de 2008, 45
  bolha em 2008, 28–30
  boom nos preços de moradia, 25–28
  classificações de crédito no, 25–27
  em 2007-2008, 17–19
  hipotecas subprime no, 24–25, 29
Mercados à vista, 278
Mercados à vista, 278, 280
Mercados abertos, 216–217
Mercados altistas
  antes da crise financeira de 2008, 219–220
  de 1982–2000, 11–17, 82–85, 163, 367
  em títulos do Tesouro, 52, 55–56
  índices CAPE em, 163
  na década de 1920, 4–5, 7–11, 170–171
  no Japão, 200–201
Mercados baixistas
  ações de baixa capitalização nos, 178–180
  ações de valor versus de crescimento nos, 189–190, 193
  após a crise financeira de 2008, 42–48, 55
  após a quebra de 1929, 289
  após a quebra de 1987, 291
  durante a presidência de Hoover, 247–248
  e quebra-relâmpago de 2010, 299–301
  especulação e, 4–5
  estratégias de rendimento de dividendos e, 182
  evitando, 320–321
  no setor de tecnologia, 15–18
  volatilidade nos, 42–43, 303–304
Mercados de commodities, 47–48
Mercados de moedas estrangeiras, 48
Mercados financeiros. Consulte Mercado de títulos; Mercado de ações
Mercados mundiais. Consulte Investimento global
Mercados risk on/risk off, 52
Mercados tendenciais, 314–317
Merrill Lynch, Pierce, Fenner & Smith, 12–13, 113–114
Metz, Michael, 12–13, 274
México, 197
Meyers, Thomas, 316–317
Michelin Group, 117
Microsoft Corp., 112–113, 190–191
Miller, G. William, 216–217
Miniversão, 276
Minsky, Hyman, 24
Mitchell, Wesley C., 231
Modelo de crescimento de dividendos de Gordon, 146–149
Modelo de precificação de ativos financeiros (CAPM), 175–177
Modismos, 342–344
Moeda "elástica", 213
Mohn, Robert, 361–362
Molodovsky, Nicholas, 158–159
Monsanto, 205
Moody's, 25–26
Moore, Philip, 371
Moore, Randell, 235–236
Morgan, J. P., 124–125
Morgan Stanley Capital International (MSCI), 12–13, 42, 330–332, 371–372
Morris, David, 371
Movimentos do mercado relacionados a notícias. Consulte também Eventos mundiais, 243–247
MSCI (Morgan Stanley Capital International), 12–13, 42, 330–332, 371–372
Mutual Shares Z Fund, 361–362

N

Nabisco Group Holdings, 129–130
NAR (Associação Nacional de Corretores de Imóveis), 29
Nasdaq
  Bolsa de Valores de Nova York e, 110–114
  em 1999, 15–17
  índice S&P 500 e, 120
  introdução à, 105
  investimento global e, 200-201
Natal. Consulte também Anomalias de calendário, 326, 333–337
National Grid, 205
National Lead, 116
NBER (Escritório Nacional de Pesquisa Econômica), 230–236, 238
Negociação excessiva, 344–347
Negociação informada, 366
Negociação intradiária, 281
Negociação programada, 274, 279
Nestlé, 205
New Century Financial, 17–18
New normal (novo normal), 69–70
"New Wave Manifesto", 237
New York Times, 13–14, 237
Newsweek, 14–15
Newton, Isaac, 241
Nicholson, S. F., 183
"Nifty Fifty", 178
Nikkei Dow Jones, 200–201
NIPA (contas de renda e produto nacionais), 144–146, 152–155, 163–165
Nippon Telephone and Telegraph (NTT), 200
Níveis de resistência, 316–317
Nível dos mercados, 303–305
Nixon, Richard, presidente, 215–216, 254–255
NOIC, 206
Norris, Floyd, 13–14
North American, 116

Notícias boas para os investidores, 127–128
Notícias ruins para as empresas, 127–128
Nova Política Econômica, 215–216
Novartis, 205
NTT (Nippon Telephone and Telegraph), 200
Número *versus* valor das empresas, 121–122
NYSE (Bolsa de Valores de Nova York). *Consulte* Bolsa de Valores de Nova York (NYSE)

O

O'Higgins, Michael, 182
O'Shaughnessy, James, 180
Obama, Barak, presidente, 53, 249–252
Oeppen, James, 59
Oferta pública inicial (IPO), 187–190
Onda de envelhecimento, 58–59, 62–65
Ondas primárias, 312
11 de setembro de 2001, 241–243, 254–256
Opções. *Consulte* Opções de índice
Opções de compra, 284–288
Opções de índice
  comprando, 286–287
  importância das, 287–288
  introdução às, 267–268, 284–287
  vendendo, 286–288
Opções de venda, 284–288
Opções de venda no preço, 286–287
Opções fora do preço, 286–287
Opep, 50, 223–225
Oracle Corp., 112–113
Ordens de mercado, 295–296
Ordens *stop loss*, 295–297
Ouro
  após a crise financeira de 2008, 48, 51–52
  deflação e, 80–81
  lastreado por. *Consulte* Padrão-ouro como fator econômico, visão geral, 209–210

mercados financeiros e, 79–81
  retorno real sobre, 81–83
Outubro de 1987. *Consulte* Quebra do mercado acionário de 1987

P

Padrão papel-moeda, 80–81, 99–100, 210
Padrão-ouro
  crise financeira de 2008 e, 29, 80–81
  historicamente, 79–81
  na Inglaterra, 209–210, 213–214
  política monetária e, 213–217
  queda do, 213–214
Países desenvolvidos
  distribuição das ações mundiais, 195–196
  economias emergentes e, 68
  onda de envelhecimento nos, 63–64
  PIB nos, 197
  PIB real nos, 67
  proporção entre aposentados e trabalhadores nos, 59–65
  retorno das ações nos, 199
Países em desenvolvimento. *Consulte também* Economias emergentes
  distribuição das ações mundiais nos, 195–196
  PIB nos, 197
  retorno das ações nos, 199
Parâmetros de avaliação. *Consulte* Avaliação do mercado de ações
Paridade do poder de compra, 202
Participantes autorizados, 273
"Patamar permanentemente alto", 8–10
Paulson, Henry, secretário do Tesouro, 34–35, 54–55, 246–247
PayPal, 69–70
Pearl Harbor, 253–254

Períodos de aposentadoria, 59–63
Períodos do mês, 334–336
Pés-quentes, 363–365
Pessimismo, 57–58, 62–63
Petrochina, 205
Petróleo
  crise financeira de 2008 e, 47, 49–51
  desempenho do mercado e, 174
  índice S&P 500 e, 121–124
  invasão do Kuwait e, 254–255
  títulos governamentais de longo prazo *on the run*, 191–192
Petty, Damon, 181
Pfizer, 153–154
Phillip Morris, 125–129, 205
PIB (produto interno bruto)
  em 1980–2035, 67
  após a crise financeira de 2008, 39-42
  futuro do, 64–65
  globalmente, 197
  na avaliação do mercado de ações, 166
PIB (produto interno bruto) mundial, 64–65
PIB (produto interno bruto) real. *Consulte também* PIB (produto interno bruto), 67
Picos de mercado, 8–9
PIMCO, 15–16, 69–70
Pioneering Portfolio Management: An Unconventional Approach to Institutional Investment, 16–17
Planos Keogh, 284–285
Plossser, Charles, 36
PMI (índice de gerentes de compra), 263–265
Poder aquisitivo, 5, 93, 102–103
Política governamental, 39-55
Política monetária
  ações e inflação na, 219–227
  conclusões sobre, 226–227
  dinheiro em circulação e, 210–213
  efeitos da oferta na, 223–225

Federal Reserve e, 213-214, 216–217
imposto sobre ganhos de capital na, 226–227
impostos corporativos, 224–226
inflação na, 219–227
introdução à, 209–210
irrupções no mercado e, 244–246
padrão-ouro e, 213–217
pós-desvalorização, 214–216
pós-ouro, 215–217
preços na, 210–213
taxas de juros na, 223, 225–227
Política monetária pós-desvalorização, 214–216
Política monetária pós-ouro, 215–217
Políticas de taxa de câmbio, 293–295
Pontos de reabastecimento de liquidez, 299–300
Pontos de virada, 232–235
Powershares, 371
PPI (Índice de preço ao produtor), 264–266
Preços, na política monetária. *Consulte também* Custos, 210–213
Preços de exercício, 285–286
Preços de moradia reais, 25–26
Preços nominais, 25–26, 137–139
Prêmio Nobel, 71–72, 286–287
Prêmios, 278, 285–286
Prêmios de risco das ações, 170–172, 350–352
Prescott, Edward, 170–171
Presidências, 247–252
Previsões, 108–110, 235–237
Princípios contábeis geralmente aceitos (GAAP), 150–156
Pring, Martin J., 312
Procter & Gamble, 205, 297–298
Produto interno bruto (PIB). *Consulte* PIB (produto interno bruto)
Produtores de gás, 129

Programa de Alívio/Recuperação de Ativos Problemáticos (Tarp), 35, 54–55, 246–247
Programas de compra, 279
Programas de venda, 279
Projeções *sell side*, 154–155
Proteção contra o risco, 219–221, 282–283
Psicologia do investimento. *Consulte* Finanças comportamentais

Q

Q de Tobin, 166–168
Quatro de Julho, 336–337
Quebra do mercado acionário de 1987
  causas da, 293–297
  mercado de futuros e, 294–297
  políticas de taxa de câmbio e, 293–295
  visão geral da, 291–293
Quebra-relâmpago de 2010, 297–301

R

Rail Average, 106
Ramaswamy, Krishna, 180
Rao, Narasimha, primeiro-ministro, 64–65
Raskob, John J., 3–5
Reagan, Ronald, presidente, 293
Rebalanceando carteiras, 370
Recessões. *Consulte também* Grande Recessão, 231–238
Recibos de depósito do S&P 500 (SPDRs), 271
Recompra, 144–145
Referências, 358–359
Regra Volcker, 53-54
Reino Unido. *Consulte também* Inglaterra, 79–80
Relatório de Atividade Fabril do Fed da Filadélfia, 264–265
Relatório de Desenvolvimento Humano das Nações Unidas, 70–71
Relatório econômicos abaixo da expectativa, 260–262

Relatório sobre o Fluxo dos Fundos, 44–45
Relatórios sobre emprego, 261–263
Relatórios sobre inflação básica, 265–267
Renda familiar média, 28–29, 210–211
Rendimentos reais, definição, 162
Republicanos, 229–230, 247–252
Research Affiliates, 371
Reserve Primary Fund, 32
Retorno dos ativos. *Consulte também* Retornos, 5–7, 48–50
Retorno sobre o patrimônio, 144, 146–148
Retorno total dos ativos, 76–78
Retornos
  ativos, 5–7, 48–50, 76–78
  aversão à média dos, 98–99
  ciclos econômicos e, 232–235
  das carteiras, 352–354
  desvio padrão dos, 96–99
  grandes mensais, 330
  nominais, 76–77
  reais, 5–7, 80–87, 135, 169–171
  versus risco. *Consulte* Risco *versus* retorno
Retornos nominais totais, 76–77
Retornos antes de impostos determinados, 139
Retornos reais, 82–87, 135, 169–171
Retornos reais totais, 5–7, 80–84
Reversão à média, 6, 162
Reversões de preço, 314–317
Reversões dos rendimentos, 157–159
Review of Economic Statistics, 7–8
Rhea, Charles, 312
Risco da taxa de câmbio, 201–202
Risco diversificável, 176
Risco residual, 176
Risco *versus* retorno
  avaliação de, 93–94
  conclusões sobre, 101–103

fronteiras eficientes e, 100–102
horizontes de investimento e, 94–97
investimento global e, 199, 201-206
medidas de risco padrão em, 96–99
mix de carteira e, 100–102
na avaliação de ações, 175–176
nas correlações dos retornos das ações *versus* títulos, 98–101
RJ Reynolds Tobacco Co., 129–130
Roberts, Harry, 313–314
Robinson, Arther, senador, 4
Roche Holdings, 205
Rodriguez, Robert, 27
Roosevelt, Franklin D., presidente, 214–215, 247–249
Rotatividade, 191–192
Rotatividade setorial, 120–126
Royal Dutch Petroleum, 122–124, 202, 205
Ruane, Cunniff, & Goldfarb, 361

S

Salomon Brothers, 12–14
Samsung, 205
Samuelson, Paul
  SAP, 205
  sobre a hipótese de mercado eficiente, 313
  sobre ciclos econômicos, 229–230, 233–234
  sobre poder aquisitivo, 93
Saúde, setor, 121–125, 205
Scholes, Myron, 285–287
Schwert, William, 75
SEC (Comissão de Valores Mobiliários), 52, 297–300
Security Analysis
  abordagem direcionada ao valor, 10–11, 176
  Buffett e, 362–363
  sobre a febre de apostas, 3
  sobre índices de preço/lucro, 183–184
Segundas-feiras. *Consulte também* Anomalias de calendário, 335–336

Sequoia Fund, 361
Serviço da Receita Federal (IRS), 225–226
Serviços de telecomunicações, 121–125, 205
Serviços de utilidade pública, setor, 120–125, 205
Setor financeiro, 121–125, 203–205
Sextas-feiras, 335–336
SFAS (Declaração das Normas Contábeis e Financeiras), 152–153
Sharpe, William, 175, 361
Shell Oil, 122–124
Shiller, Robert
  sobre a bolha imobiliária, 29
  sobre a supervalorização do mercado, 13–14
  sobre a variabilidade do preço das ações, 307
  sobre avaliação do mercado de ações, 162
Shulman, David, 12–13
SIC (Código Industrial Padrão), 120
Siemens, 205
Silk, Leonard, 237
Símbolos de cotação DIA, 273
Símbolos de cotação QQQ, 273
Simulações, 314
Sinai, Todd, 29
Sinquefield, Rex, 11–12
Sistema Eletrônico de Cotação da Associação Nacional de Intermediários de Valores (Nasdaq). *Consulte* Nasdaq
Slatter, John, 181
Smith, Edgar Lawrence
  Bosland e, 170–171
  Graham e Dodd e, 10–11
  Shulman e, 12–13
  sobre o desempenho das ações, 6–8, 221
Smith, Frank P., 10–12
Smithers, Andrew, 167–168
Socony Mobil Oil, 122–124
"Sources of US Economic Growth in a World of Ideas", 71–72
Southwest Airlines, 188–189

SPDRs (recibos de depósito do S&P 500), 271
Spiders, 271, 273
Standard Oil, 122-124, 173–176, 193
Standard Statistics Co., 109–110
Stattman, Dennis, 184–185
Status de paraíso seguro, 51–52
Staunton, Mike, 88–90
Stock Market Barometer, 312
"Stocks, Bonds, Bills, and Inflation: Year-by-Year Historical Returns (1926–74)", 11–12
Stockton, Dave, 238
Subdesempenho do dinheiro gerenciado, 362–365
Subprime Mortgages: America's Latest Boom and Bust, 30
Superalavancagem, 31–32
Superando o desempenho do mercado. *Consulte também* Desempenho dos fundos.
  conclusões sobre, 193
  critérios de tamanho e avaliação em, 185–193
  hipótese de mercado ruidoso em, 190–191
  índices de preço/lucro em, 183–185
  índices de preço/valor contábil em, 184–186
  investimento em liquidez, 191–193
  investimento *momentum* em, 323
  oferta pública inicial e, 187–190
  por meio de ações, visão geral, 173–176
  por meio de ações de "valor" *versus* "crescimento", 179–180, 189–190
  por meio de ações de alta capitalização, 176–177
  por meio de ações de baixa capitalização, 176–178, 187–188
  rendimentos de dividendos em, 179–183

Superando o mercado.
  Consulte Desempenho dos fundos
Supervalorização, 13–15
Suspensões no pregão (*circuit breakers*), 296–300
Swaps de risco de inadimplência, 32
Swenson, David, 16–17

T

Tamanho do mercado acionário, 176
Tarp (Programa de Alívio/Recuperação de Ativos Problemáticos), 35, 54–55, 246–247
Taxa de fundos federais, 217–219
Taxas de desemprego, 261–263
Taxas de fertilidade, 58
Taxas de juros
  Federal Reserve e, 217–218
  historicamente, 78–79
  na política monetária, 223, 225–227
Taxas de natalidade, 58–59
Taxas de poupança, 66
Taxas isentas de risco, 144
Tecnologia da informação, setor, 121–125, 205
Tecnologia em economias emergentes, 69–70
Templeton, Franklin, 361–362
Templeton, John, 133, 195–196
Tendenciosidades dos retornos, 113–115
Tennessee Coal and Iron, 116
Teoria da perspectiva, 347–349
Teoria de investimento em ações ordinárias, 7–9
Teoria do capital, 8–9
Teoria financeira, 175
Teoria Q, 167–168
Terrible Tuesday (Terça-Feira Horrível), 292
Thaler, Robert, 323
Thatcher Glass, 129
The ADP National Employment Report, 262–264
"The Crazy Things People Say to Rationalize Stock Prices", 12–13
The Dividend Investor, 182
The Economist, 7–8
"The Equity Premium: A Puzzle", 170–171
The General Theory, 309, 377
"The Loser's Game", 366
The Monetary History of the United States, 33–34, 212
"The Superinvestors of Graham-and-Doddsville", 362–363
Theory of Investment Value, 148–149
Thiel, Peter, 69–70
Time Warner, 152–153, 160–161
Timing do ciclo econômico, 234–236
TIPS (títulos do Tesouro protegidos contra a inflação), 86–87, 169–170, 375–376
Tishman Speyer, 35
Titman, Sheridan, 322–323
Título II, 53–54
Título XI, 53–54
Títulos desde 1802
  ações mundiais e, 88–90
  ativos de renda fixa em, 82–87
  desempenho de longo prazo das, 78–79
  inflação e, 79–81
  introdução às, 75–76
  o dólar e, 79–81
  ouro e, 79–81
  prêmios das ações em, 87–88
  retorno total dos ativos, 76–78
  retornos internacionais reais sobre, 88–89
  retornos reais em, 80–87
Títulos do Tesouro
  após a crise financeira de 2008, 45–46
  correlação com as ações, 50–52
  declínio dos retornos sobre, 86–87
  horizontes de investimento e, 94–97
  impostos e, 135
  inflação e, 78
  na crise financeira de 2008, 22–23
  retornos reais sobre, 82–85
Títulos do Tesouro protegidos contra a inflação (TIPS), 86–87, 169–170, 375–376
Títulos garantidos por hipotecas, 25–31
Títulos governamentais.
  Consulte Títulos do Tesouro
Títulos russos, 14–15
Títulos *versus* ações
  correlação dos retornos, 98–101
  desempenho das, 221–222
  fronteiras eficientes em, 100–102
  horizontes de investimento em, 94–97, 100–102
  mix de carteira e, 100–102
  reversão de rendimentos e, 157–159
  risco, medidas padrão de, 96–99
  risco *versus* retorno, visão geral, 93–94
Tobin, James, 167–168
Topo do mercado, 15–16
Total S.A., 205
Toyota Motors, 205
Traders de alta frequência (HFTs), 297–298
13 de abril de 1992, 274–275
Triumph of the Optimists: 100–101 Years of Global Investment Returns, 88–89
Trocas em espécie, 273
Truman, Harry, presidente, 210
Twain, Mark, 325
  médias móveis de 200 dias, 316–322, 324

U

Unidade de criação, 273
Unilever, 115, 202
Universidade de Michigan, 264–265
US Leather Corp., 106, 117
US Rubber, 117
US Steel Corp., 116, 124–125

V

Vales, 233–235
Valor contábil, 166–168
Valor para os acionistas
  avaliação de ações em, 146–149
  conclusões sobre, 155–156
  crescimentos dos lucros, historicamente, 144–149
  desconto de dividendos, 148–149
  dividendos, historicamente, 144–145
  fluxos de caixa descontados em, 143–144
  introdução ao, 143
  lucro, conceitos de, 148–156
  lucros, métodos de divulgação de, 150–153
  lucros, não descontados, 148–149
  lucros, relatórios trimestrais sobre, 154–156
  lucros em, visão geral, 144–145
  lucros NIPA em, 152–155
  lucros operacionais, 152–155
  modelo de crescimento de dividendos de Gordon sobre, 146–149
  recompras em, 144–145
Valores de mercado, 166–168, 369
Valores justos de mercado, 279-280
"Valuation Ratios and the Long-Run Stock Market Outlook", 162
Valuing Wall Street, 167–168
Varejistas, 131
Vaupel, James, 59
Vendendo ações a descoberto, 282–283
Vendendo opções de índice, 286–288
Verizon, 205
Véspera de Ano-Novo. *Consulte também* Anomalias de calendário, 326, 333–337
Viés de agregação, 160–161
Viés de representatividade, 344–347
Viés de sobrevivência, 76, 88, 359
Viés decrescente, 225–226
Visões pós-quebra, 10–12
VIX (Índice de Volatilidade), 42, 303–305
Vodafone Group, 205
Volatilidade do mercado. *Consulte* Volatilidade dos mercados
Volatilidade dos mercados
  ciclos econômicos e, 307–308
  das ações, 300–304
  distribuição de grandes variações diárias em, 305–307
  fundamentos econômicos da, 307–308
  Índice de Volatilidade e, 303–305
  introdução à, 289–291
  mercado de futuros e, 294–297
  na quebra do mercado acionário de 1987, 291–297
  natureza da, 300–301
  políticas de taxa de câmbio e, 293–295
  quebra-relâmpago de maio de 2010, 297–301
  significado da, 308–309
  suspensões no pregão e, 296–297
  tendências históricas da, 300–304
Volatilidade implícita, 303–304
Volker, Paul, 53, 79, 216–217

W

"Wall Street Drops 120 Points on Concern at Russian Move", 246–247
Wall Street Journal, 13–14, 289, 293, 312
Walmart, 184–186
Walt Disney, 205
WaMu (Washington Mutual), 44
Washington Mutual (WaMu), 44
Washington Post, 181
Wien, Bryon, 12–13
Williams, Frank J., 339
Williams, John Burr, 148–149
Wilshire 5.000, 358–362, 375–376
WisdomTree Investments, 371
Wood, James Palysted, 257
Wood, Paul, 371
Wright, Stephen, 167–168

X

Xiaoping, Deng, 64–65

Y

Yahoo!, 368
Yardeni, Ed, 237

Z

Zell, Sam, 17–19, 35
Zweig, Martin, 209, 267–268, 313

IMPRESSÃO:

Pallotti
GRÁFICA EDITORA
IMAGEM DE QUALIDADE

Santa Maria - RS - Fone/Fax: (55) 3220.4500
www.pallotti.com.br